卢海君 著

BANQUAN KETI LUN
版权客体论（第二版）

图书在版编目（CIP）数据

版权客体论／卢海君著 .—2 版 .—北京：知识产权出版社，2014.11
ISBN 978-7-5130-3142-4

Ⅰ.①版… Ⅱ.①卢… Ⅲ.①版权—研究 Ⅳ.①D913.04

中国版本图书馆 CIP 数据核字（2014）第 261875 号

责任编辑：刘 睿 文 茜　　　　　责任校对：董志英
文字编辑：文 茜　　　　　　　　　责任出版：刘译文

版权客体论（第二版）
卢海君 著

出版发行：知识产权出版社 有限责任公司		网　址：http：//www.ipph.cn	
社　址：北京市海淀区马甸南村1号		邮　编：100088	
责编电话：010-82000860 转 8113		责编邮箱：liurui@cnipr.com	
发行电话：010-82000860 转 8101/8102		发行传真：010-82000893/82005070/82000270	
印　刷：保定市中画美凯印刷有限公司		经　销：各大网上书店、新华书店及相关专业书店	
开　本：720mm×960mm　1/16		印　张：41.75	
版　次：2014 年 11 月第一版		印　次：2014 年 11 月第一次印刷	
字　数：748 千字		定　价：98.00 元	
ISBN 978-7-5130-3142-4			

出版权专有　侵权必究
如有印装质量问题，本社负责调换。

北京高等学校"青年英才计划项目"（2013，项目编号：YETP0919）。2013年度北京市哲学社会科学规划项目："北京市文化创意产业保护的立法研究"，项目编号：13FXC037。"对外经济贸易大学学科建设专业经费资助"，项目编号：XK2014406。

第二版说明

知识产权出版社于2011年出版的《版权客体论》一书，是我国知识产权理论界研究版权客体基本原理的一部力作。该书自出版发行之后，受到广大读者的喜爱，几经重印，并荣获"2012年度北京市哲学社会科学优秀成果二等奖"。

学术研究是一个系统工程，且须长期积累、磨炼，尽管作者有扎实的理论功底，且学术态度极为严谨，编辑在组织审读及编校等工作上亦颇费苦工，还是难免留下一些遗憾。鉴于此，我们邀请作者对《版权客体论》一书进行修订。

本次修订参考专家及读者意见，全面审视第一版的内容，主要从以下两个方面对原书进行了修订：其一，结合我国司法实践，在第一版四章的基础之上再加一章，理论联系实际，主要论述版权客体基本原理在我国司法实践中的应用；其二，按照英文注释通行规范，对全书的英文注释统一修订，将引用参考精确到文章所在文献的具体页码，这样更有利于读者参考。

然而，因水平有限，并且好文都是持续打磨的结果，任何事物都不可能尽善尽美，故本次修订工作难免有不足之处，恳请读者一如既往地提出宝贵意见，共同为我国知识产权基础理论研究添砖加瓦。

知识产权出版社

2014年10月1日

第二版自序

要对版权客体制度进行深入研究，首先要厘清版权客体论的基本范畴。范畴是反映事物本质属性和普遍联系的基本概念，是人类理性思维的逻辑形式。建立版权制度的目的在于促进文化、科学和实用艺术的进步，版权制度欲实现这种目的，需要恰当地确定版权的客体范围。版权客体范围的划定关系到版权制度激励创作和维护公共利益之间的平衡。如果版权客体范围划定得过窄，就可能达不到激励创作的目的；反之，如果版权客体范围划定得过宽，就有可能危害公共利益，后来者进一步创作的源泉可能会枯竭。作为知识产权之一种的版权的本质属性是客体的非物质性。❶ 这种客体的非物质性的本质属性和客体的精神属性甚至使黑格尔也感到踌躇和困惑。❷ 版权客体范围的适当和准确的划定的必要性和版权客体本身的属性与特性决定了版权客体制度研究的必要性和重要性。只有正确确定版权客体范围划定的机制和原理，并针对特殊的版权客体进行特别的研究，才能够适当确定版权客体的范围，较好地实现版权制度建立的目的。

一、作者权体系与版权体系下的版权客体制度的差异及融合

在版权客体制度的研究中，需注意作者权体系与版权体系的区别。通常认为，作者权体系着眼于保护作者的自然权利，而版权体系则是实用主义的典范，保护版权是一种手段，目的是促进科学与实用艺术的进步。在版权体系，版权被有些学者视为"privilege"，并非"right"，由此

---

❶ 吴汉东主编：《知识产权法》，中国政法大学出版社1999年版，第5页。
❷ 吕世伦：《黑格尔法律思想研究》，中国人民公安大学出版社1989年版，第32页。转引自吴汉东："关于知识产权本体、主体与客体的重新认识——以财产所有权为比较研究对象"，载《法学评论》2000年第5期，第11页。

可以看出其实用主义倾向。传统观点认为，我国著作权法继承了作者权体系的衣钵，例如，在我国著作权法中，有作者精神权利的规定。所以，有些学者或法官就顺势推理，认为我国著作权法的规定与解释都应该遵循作者权体系的规范，例如，他们认为原创性中应该包含所谓"创作高度"的应有之义。然而，在知识产权制度日益国际化与一体化的大背景下，作者权体系与版权体系的界限日益模糊，例如，美国版权法中也增加了对作者精神权利的保护；再如，我国著作权法有关电影作品主体的设定也并没有采纳作者权体系的典范——德国与法国的做法，而是采用了实用主义的做法，将制片人规定为著作权人。然而，通过对知识产权制度的观察与研究，可以发现，作者权体系相对于版权体系，似乎已经日渐式微，例如，著作权的各项权能设置背后都代表了一个产业或利益团体，例如，传统的复制权、发行权，背后是传统的出版印刷业。著作权保护作者的自然权利，似乎只是一种神话。

二、著作权—邻接权二元结构体系与著作权一元体系下版权客体制度的差异

在我国现行著作权法中，采取的是"著作权—邻接权"二元结构体系，著作权保护的是作品的"创作"，邻接权保护的是作品的"传播"。在这种体系之下，以动作、声音为构成要素的作品的表演是作品的"传播"行为，这种"传播"行为的产物应该是邻接权的客体而不是著作权的客体。需要注意的是，邻接权制度并不是世界上普遍采用的制度。例如，美国版权法中并没有邻接权制度，表演者的表演、录音"制品"、录像"制品"都是作为作品而受到保护的。所以，从世界版权立法来看，存在"著作权—邻接权"二元结构体系与著作权一元结构体系的分野。研究版权客体制度必须厘清两种不同立法例的差别，否则会产生混淆与误解。音乐作品是什么？戏剧作品是什么？舞蹈作品是什么？曲艺作品是什么？杂技艺术作品是什么？是乐谱、剧本、舞谱、曲艺剧本、杂技动作设计还是乐谱、剧本、舞谱、曲艺剧本、杂技动作设计的表演所形成的表现形式？学界有不同观点。普通观点认为，音乐作品、戏剧作品、舞蹈作品、曲艺作品、杂技艺术作品是乐谱、剧本、舞谱、曲艺剧本、

杂技动作设计。然而，有些学者认为音乐作品、戏剧作品、舞蹈作品、曲艺作品、杂技艺术作品是综合艺术，都是表演的艺术，文字（或类同文字的符号）是它们共有的要素。❶ 这种观点尽管独到，并且同文艺理论❷有些一致，不过，它将上述作品视为综合艺术并不确切，其根本原因在于并没有认清上述立法例的区别，混淆了邻接权的客体与著作权的客体。

　　值得思考的是，上述不同立法例的选择是否是历史的必然选择？以电影作品为例，我国著作权法将电影作品作为单独一类作品进行保护，赋予其独立的版权客体地位。电影作品的本质就是一系列画面，这些画面借助于机器放映的时候，能够给人动态的感觉。而这一系列画面最终又能够被还原为线条、颜色等基本符号。作品的本质是一系列符号的排列组合，以及由这些排列组合所直接限定的要素。例如，文字作品就表现为一系列文字、字母等的排列组合。从这个意义上说，也就是从作品的本质意义上来说，电影作品和文字作品是一致的。作品的表演，例如音乐作品的表演，也是一系列动作、声音的排列组合，从表现形式的角度讲，电影作品和对作品的表演所形成的表现形式是一致的。因此，从作品本质出发，从终极意义上讲，著作权的客体与邻接权的客体没有本质区别。那为何要采取"著作权—邻接权"二元结构体系，可能合理的解释是：著作权的保护要件严格，范围宽泛；邻接权的保护要件宽容，范围狭窄。采取二元结构体系，是针对不同类型的表现形式，赋予适当的保护，除此之外，并无其他高深的理论基础。在此，二元结构体系有一定优势。然而，其并非尽善尽美。例如，二元结构体系可能导致对表演者的保护并不周延。而打破"著作权—邻接权"二元结构体系可以为特殊类型的表演者提供周到的保护。虽然竞技表演不应受版权保护，但

---

❶ 刘春田主编：《知识产权法（第二版）》，中国人民大学出版社2002年版，第51~54页。

❷ 著作权的现行规定同文艺界对表演艺术的认识不尽相同。文艺界一般认为，作品的表演也是一种作品。著作权学界对作品的表演的认识也不尽一致。这些现状导致著作权法适用的困惑。表演者对作品的表演可以被视为作品的演绎作品。表演者对作品的表演不仅仅是机械地传播作品，而是在原作品基础之上所进行的再创作。从这个角度讲，从著作权法律制度吻合文艺理论的角度讲，将作品的表演界定为新作品是合适的。

是艺术表演，例如柔术表演应该受保护。此类表现形式并非对作品的表演，在现行的著作权和邻接权体系中都找不到相应的位置。但如果打破"著作权—邻接权"二元结构体系的桎梏，就可以将这类表演所形成的表现形式融入作品当中，使其受到应有的保护。另外，在新的时代条件下，从作品的本质出发，将以声音、动作等要素表现出来的作品的表演也认定为著作权的客体，重构"著作权—邻接权"二元结构体系，将作品的表演界定为基础作品的演绎作品，这样会更有利于表演者利益的保护，也不会减损著作权人的利益。

可见，邻接权制度产生并非逻辑的必然，而是实用的选择。在研究版权客体制度时，应该正视我国版权法采取"著作权—邻接权"二元结构体系的事实，区分著作权客体与邻接权客体，分别研究。不过，采取二元结构体系是否意味着：著作权客体的保护要件是否除了原创性之外还有更高的要求？学界普遍认为，在英美法系的版权法中，原创性的要求较低，相对而言，欧陆法系的著作权法对原创性的要求较高。机械地以法系的分野来区分原创性的含义并非科学的做法，正确的做法应该是：从作品的本质出发，联系版权法的立法目的，区分不同类型的作品，合理确定作品的可版权性标准。

三、版权客体论的哲学视角

思想表达两分法是版权法的基本原则，意指版权保护思想的表达，而不保护思想本身。为什么？能够从哲学的角度寻求答案？洛克的劳动财产理论认为，劳动是财产权的基础，此理论能否圆满解释思想表达两分原则？似乎不能，具有原创性的表达确实是作者劳动的产物，应受版权保护；然而，思想并非都是从公共领域而来，有时，思想是由作者所提出，例如科斯定律，由此，该思想也是作者劳动的产物，于是依据洛克的劳动财产理论，是不是意味着该思想应该获得版权保护？版权法给出的答案是否定的。为什么？究其根本原因，在于版权法的立法目的并非仅仅是犒赏作者的劳动，而是通过赋予原创性的作品以版权保护，从而促进科学与实用艺术的进步。可见，洛克的劳动财产理论不足以解释思想表达两分法存在的合理性。该两分法的存在还须从产业发展与竞争秩序维护的角度找答案。如果作者所提出的思想都受版权法保护，事实上会产生阻碍产业发展的不利后果。因此，从自然权利的角度来解释版权客体，当然，不限于版权客体，还包括其他类型的知识产权客体范围，往往不能够得出满意的结论。相反，实用主义哲学❶在知识产权领域更加合适。

在各种哲学理论中，符号学似乎能够为版权客体范围的确定提供相对有说服力的解释。符号学通常将符号解释为由能指（signifier）、所指（signified）和对象（referent）组成的三元结构或能指与所指构成的二元结构。通常而言，能指就是可以被感知的形式，如单词读音；所指，则是由上述可感知的形式所代表的特定心理概念构成；对象，可以是现实世界中的物理对象或思维世界的心理实体。以 book（书）这个词为例，单词 book 的音响形象为能指，book（书）这一心理概念为所指，而物理实体的书便是对象。❷ 符号学理论在解释思想表达两分法时具有一定理论魅力：版权保护的客体应该是符号组合（符号组合本身在终极意义上还是符号）；表达即能指，思想即所指；能指是可以被感知的形式，可以适格地成为财产权的客体，所以，满足财产权客体的要件从而可能获得版权保护；而所指是特定心理概念构成，而不同的人在面对同样的能指时，其心理概念构成是不同的，作者创作出作品之后便"死了"说的就是这个道理。基于此，对思想赋予版权保护不可行。

四、客体与对象

版权客体制度研究的基础理论之一是厘清有关客体的概念。在我国知识产权学界，有关客体的概念存在客体与对象的用语之争。有学者区

---

❶ "The enactment of copyright legislation... is not based upon any natural right that the author has in his writings,... but upon the ground that the welfare of the public will be served and progress of... useful arts will be promoted by securing to authors for limited periods the exclusive rights to their writings." H. R. REP. No. 2222, 60th Cong., 2d Sess. 7 (1909), reprinted in 6 Legislative History Of The 1909 Copyright Act, at SI, S7 (1976). See Elizabeth A. Brainard, Innovation And Imitation: Artistic Advance And The Legal Protection Of Architectural Works, 70 Cornell L. Rev. 81, 82 n. 8 (1984～1985).

❷ 彭学龙："商标法基本范畴的符号学分析"，载《法学研究》2007 年第 1 期。

5

分知识产权的对象与客体，认为知识产权的对象是"知识"本身，知识产权领域的知识是指创造性智力成果和工商业标记，是知识产权法律关系发生的前提和基础。知识产权的客体是基于对知识产权的对象的控制、利用和支配行为而产生的利益关系或称社会关系，是法律保护的内容。对象是具体的、感性的、客观的范畴，是第一性的，它是法律关系发生的客观基础和前提；客体是法律关系的要素之一，客体是抽象的、理性的范畴，是利益关系即社会关系，是第二性的。法律关系的客体是对象即法律事实与一定的法律规范相互作用的结果。❶ 更多的学者是在相同的意义上使用客体和对象两个概念。例如，有学者从民法学理论出发，得出可以在同等概念上认识知识产权的客体与对象的结论。该学者分析道，民法学理论认为民事客体是民事权利和义务共同指向的事物。民法学理论一般不将抽象的、理性的社会关系作为客体看待。民事权利的客体应当具有客观性、对象性和可支配性等特性，抽象的、理性的社会关系不具有这一特性。❷ 有学者确实是在等同意义上使用"客体"和"对象"两词，该学者认为："著作权的客体，或者说著作权法保护的对象，是作品。"❸ 诸多学者是在具体意义的作品的基础之上论述版权客体的。❹ 因此，不论是从民法学的一般理论来讲，还是从知识产权学者的一般用法来说，本文主张客体和对象的意义是相同的，版权的客体就是版权的对象，版权的对象就是版权的客体，两者指的都是版权权利和义务共同指向的对象。

五、民事权利客体、知识产权客体与版权客体

从权利体系来讲，知识产权是民事权利的一种，版权又是知识产权的一种。因此，民事权利和知识产权的一般规定性应当适用于版权。民事权利客体的界定是民事权利一般规定性的一种，从而，有关版权客体

---

❶ 刘春田主编：《知识产权法》，高等教育出版社、北京大学出版社 2000 年版，第 4 页。
❷ 吴汉东等：《知识产权基本问题研究》，中国人民大学出版社 2005 年版，第 31 页。
❸ 李明德、许超：《著作权法》，法律出版社 2003 年版，第 26 页。
❹ 郑成思：《知识产权法》，法律出版社 1997 年版，第 234～271 页。

的研究可以从民事权利的客体的认识出发。"权利义务必有主体,亦必有客体,主体为权利义务之所属,客体为权利义务之所附"。❶ 民法学者一般将民事法律关系的客体描述为民事权利和民事义务共同指向的对象。❷ "主体非人莫属,客体则以权利之种类而不同。人格权之客体为存在于权利人自身的人格利益。身份权之客体为权利人一定身份关系上之利益。债权的客体为债务人之行为。物权的客体为物,准物权之客体为权利"。❸ 民事法律关系是以民事权利义务为内容的社会关系,❹ 民事权利和义务是民事法律关系的表现,所以,民事法律关系的客体就是民事权利义务的客体。而权利的反面就是义务,所以权利和义务的客体是相同的,民事权利和民事义务的客体也是一致的。"民事法律关系的客体,是与民事法律关系的主体相对应的概念"。"民事法律关系的主体,亦即民事权利的主体,同样民事法律关系的客体也就是民事权利的客体"。❺ 所以,知识产权的客体也就是知识产权法律关系的客体。

有关知识产权客体,不同时期和同一时期的不同学者有着不同的界定。20世纪80年代初期,我国许多学者将对精神财富所享有的权利称之为"智力成果权",而相应的将这种权利的客体归结为"智力成果",并且强调期价值不能用货币衡量。❻ 1986年《民法通则》制定和颁布之后,正式使用了"知识产权"这一概念代替了"智力成果权"的传统说法。❼ 自进入20世纪90年代后,我国学者对知识产权的客体进行了新的理论概括。❽ 上述主张对象与客体为不同范畴法律概念的学者所谓的对象就是人们通常所说的客体。该学者认为知识产权的对象是以"形式"为存在

---

❶ 梁慧星、陈华彬编著:《物权法》,法律出版社1997年版,第27页。
❷ 彭万林主编:《民法学》,中国政法大学出版社1999年版,第60页。
❸ 梁慧星、陈华彬编著:《物权法》,法律出版社1997年版,第27页。
❹ 彭万林主编:《民法学》,中国政法大学出版社1999年版,第52页。
❺ 梁慧星:《民法总论》,法律出版社1996年版,第50页。
❻ 统编教材:《民法原理》,法律出版社1983年版,第383页。转引自吴汉东等:《知识产权基本问题研究》,中国人民大学出版社2005年版,第33页。
❼ 吴汉东等:《知识产权基本问题研究》,中国人民大学出版社2005年版,第33页。
❽ 同上书,第34页。

方式的知识。❶ 将知识界定为知识产权的客体似乎并不合理。首先，知识的范围很广，而从实证的角度将，知识产权的客体范围是限制在一定范围之内的，因此，将知识产权的客体界定为知识并没有突出知识产权客体的特色，这种界定并没有让人们清晰地认识知识产权到底要保护什么；其次，用以"'形式'为存在方式"的定义界定"知识"并没有说明知识产权客体的特殊性。从一般意义上讲，"'形式'为存在方式"可能说明了一般知识的本质，但这种说明并没有明晰知识产权客体的特性。再次，将对知识产权客体的认识上升到哲学层面似乎对这个问题的认识并没有很大的帮助。哲学是有关人们生活最一般问题的学问，哲学是有关人生观、世界观等重大问题的学问，用过于上位的哲学术语和思维解决知识产权客体这一具体问题似乎并不令人信服。有学者认为知识产权的对象是与智力活动有关的非物质性信息。❷ 这种界定同样存在这样或那样的问题。第一，信息是个广泛的范畴，可以说整个世界出了物质世界就是信息世界，不能说信息世界的所有信息都是知识产权的客体；第二，信息本身就是非物质性的，没有必要在信息之前加上"非物质性"作为强调。针对上述主张的缺点和不足，有学者主张知识产权的客体为知识产品。所谓知识产品，是人们在科学、技术、文化等精神领域所创造的产品，具有发明创造、文学艺术创作等各种表现形式。它是与物质产品（有体物）相区别而独立存在的客体范畴。❸ 这种主张较好的界定了知识产权客体的本质。第一，这种主张并没有将知识产权的客体宽泛的界定为"知识"或"信息"，而是采用了"知识产品"这一较为狭窄的概念，从术语的选择就可见知识产权客体范围的限制性。第二，"产品"强调了知识产权客体的产生一般来说注入了人类的创造性劳动，知识产权的客体是人类创造性劳动的产物，这种术语的选择和蕴含的意义本身说明了知识产权制度建立的目的和意义，即通过激励人们的创造性劳动的投入增进整个社会的公共福利。第三，知识产品较之物和智力成果来讲，知识产权

---

❶ 刘春田主编：《知识产权法》，高等教育出版社、北京大学出版社 2000 年版，第 5 页。

❷ 张玉敏主编：《知识产权法学教程》，西南政法大学出版社 2001 年版，第 20 页。

❸ 吴汉东等：《知识产权基本问题研究》，中国人民大学出版社 2005 年版，第 33 页。

概括了知识形态产品的本质含义，强调这些客体产生于科学、技术、文化等精神领域，是人类知识的创造物，明显地表现出客体的非物质性。❶第四，知识产品的内涵突出了它在商品生产条件下的商品属性和财产属性，反映了著作权、专利权和商标权中的财产权利内容。而智力成果作为权利对象的含义，难以明确指向"知识产权"中所包含的"知识所有权"的原意，无法揭示非物质财富具有价值和使用价值的商品形态。❷

版权是知识产权的一种，是知识产权的下位概念；版权客体是知识产品的一种表现形式。具体而言，版权客体是文学艺术和科学领域的创作者创作的作品。版权客体是一种具有非物质性特征的精神产物，不同于物权的客体。作为物权客体的物是一种有形物，它可以被人类的视觉、触觉等感觉，容易被人类的思维所把握，法律的处理相对而言比较简单。然而，具有非物质性特征的作品则不能用视觉、触觉等去把握，而只有通过脑力去认识和理解，用思维去把握。通常而言，特定事物如果要成为权利义务的客体，需要该事物具有一定的客观性，即人们可以通过一定的表现形式去把握，只有具有能够客观把握的表现形式的事物才能够作为法律关系的客体。作品的非物质性决定了人们只有通过思维来把握，而人都是具有主观性的，如果作品仅以思维的抽象形式存在，其难以满足成为法律关系客体的资格。作品要成为法律关系的客体需要具有一定的客观表现形式。"如果人类希望自己智慧所拥有、加工和创造的东西为他人所知晓，他就需要把这些东西转化为一种客观上能够被人们从外部知晓的对象，在这个过程中，他把智慧里的那些东西固定在某种特定的对象上面就实现了该智慧的对象化"。❸ 作者把精神产物转化为一种客观上能够被人们从外部知晓的对象的通常方式就是将作品固定在有形表达载体之上。例如，现行1976年《美国版权法》第102条规定，作品需要固定在有形表达载体上才能够满足可版权性要件，尽管固定性并非所有国家作品可版权性的必要条件。

---

❶ 吴汉东等著：《知识产权基本问题研究》，中国人民大学出版社2005年版，第34页。

❷ 同上。

❸ [德] M. 雷炳德著，张恩民译：《著作权法》，法律出版社2005年版，第41页。

需要注意的是，作品客观化的要求需要作品固定在有形表达载体上，固定作品的有形表达载体并不是版权的客体，作为版权客体的仍然是体现在有形表达载体上的作品。承载作品有形表达载体是物权的客体。版权为一种无体财产权，是一种独立于有形物之所有权以外而且与物之所有权无关之权利，因此，纵使作品所借以表现之有形物所有权转移让与给他人，版权并不随之转移；版权之让与也不以有形物的交付为必要。在权利侵害的情形，对有形载体的所有权的侵害并不构成对版权的侵害；对版权的侵害也不以对特定的有形物取得实质上的支配权为必要，在版权侵害的场合，往往并不会使权利人的财产权发生现实减损的现象，而是造成权利人无法获得预期的经济利益。[1] 我国学者吴汉东教授将知识产品不同于物的属性概括为知识产品不发生有形控制的占有、不发生有形损耗的使用、不发生消灭知识产品的事实处分与有形交付的法律处分。[2] 作品是知识产品的一种，当然也具有这些区别于物的特性。

六、作品的经济属性

知识产品是一种公共物品，具有非竞争性和非排他性。作为知识产品之一种的作品也具有公共物品的属性。随着复制技术的发展，作品的公共物品的属性更加突出。作品的公共物品的属性在一定程度上说明了赋予作品以版权保护的必要性，也在一定层面回应了版权客体范围不断扩大的趋势。

经济学家迈克尔·帕金认为，"公共物品是每个人都可以同时消费，而且不能把一个人排除在外的物品与劳务。公共物品的第一个特点称为非竞争性。如果一个人的消费并没有成为另一个人的消费，这种物品就是非竞争的"。"公共物品的第二个特性就是非排他性，如果要不使一个人从一种物品中受益是不可能的，或者是代价高昂的，这种物品就是非

---

[1] 谢铭洋：《智慧财产权之基础理论》，翰卢图书出版有限公司2004年版，第21～22页。

[2] 吴汉东主编：《知识产权法》，中国政法大学出版社1999年版，第5～6页。

排他性的"。❶ 经济学家保罗·萨缪尔森在定义公共品时，将公共品与外部性紧密联系在一起。"非效率的第二种类型是溢出效应或外部性，它所指的是强加于他人的成本或效应"。"外部性（externalities）（或溢出效应）指的是企业或个人向市场之外的其他人所强加的成本或效益"。"外部性分为正外部性和负外部性"。"正外部性的极端情况是公共品。公共品（public goods）是指这样一类商品：将该商品的效用扩展于他人的成本为零，无法排除他人参与共享"。"公共品的两个关键性特征是：增加一个人的消费服务所追加的成本为零（非相克性），不排除他人享用（非相斥性）"。❷ 经济学家曼昆认为"私人物品（private goods）既有竞争性又有排他性"，"公共物品（public goods）既无排他性又无竞争性；公共资源（common resources）有竞争性，但没有排他性"。国防基础研究和反贫穷是典型的公共物品。❸ 可见，经济学家一般认为公共物品具有非竞争性和非排他性。公共品由于具有极强的正外部性，即企业或个人向市场之外的其他人所强加的效益，必然伴随搭便车者（free rider），即只享受其利益而不付费的企业或个人。由于公共品的正外部性和搭便车者的存在，私人企业或个人没有提供公共品的激励，公共品不可能由私人企业或个人提供，而只能由政府来提供。❹ 私人生产公共产品势必导致供应不足。因为生产这些物品的收益非常分散，单个企业或消费者不会有经济动力去提供这些服务，并试图从中获利。❺

作品特别是在现代信息技术条件下的作品的公共物品的属性比较突出。作品具有非物质的特性，并不发生有形控制的占有，多个人可以同时使用某个作品，并不是一个人使用了某部作品其他人就不可以使用该

---

❶ [英]迈克尔·帕金著，梁小民译：《经济学》，人民邮电出版社 2003 年版，第 355 页。

❷ [英]保罗·萨缪尔森、威廉·诺得豪斯著，萧琛译：《经济学》，人民邮电出版社 2004 年版，第 29 页。

❸ [英]曼昆著，梁小民译：《经济学原理》，机械工业出版社 2003 年版，第 189~190 页。

❹ [英]保罗·萨缪尔森、威廉·诺得豪斯著，萧琛译：《经济学》，人民邮电出版社 2004 年版，第 29 页。

❺ 同上。

部作品，因此，作品具有非竞争性。作品的非竞争性的典型表现是许多人可以同时在不同的地方欣赏同一部作品。作者一旦将作品传播出去，特别是在现代信息技术之下，作品以数字化的方式传播到网络上之后，作者就很难控制他人从该作品中受益。因此，作品具有非排他性。从而，作品是一种公共物品。作为公共物品的作品的正外部性决定了大量搭便车者的存在，私人并不存在生产这种公共物品的激励。然而，并不同于国防，政府在提供社会亟需的作品方面并不会有什么作为。作品虽然具有公共物品的属性，但仍然要由私人来提供。于是，法律设计了版权这种赋予作品以有限垄断权的方式来激励作品的创作。通过这种有限的垄断权的赋予，作品的公共物品的属性得到一定程度的克服。因为版权赋予作者控制作品传播和使用的权利，未经作者的许可，他人不得以特定的方式传播和使用作品。作者通过版权的行使可以控制他人对作品的使用，通过版权法的手段排除他人从其创作的作品中受益，从而使作品获得一定程度的竞争性和排他性。因此，对受到版权法保护的作品而言，私人具有生产这种产品的激励。所以，作品的公共物品的属性和社会对作品的需求在一定程度上证成了作品版权保护的必要性。

另外，作品的公共物品的属性并不是固定不变的，而是发展变化的。随着科学技术的不断发展和复制技术的进步，特别是因特网时代的来临，作品的复制和传播日益容易，一旦作品处于公众可以获得的状态，更多的人就可以同时使用一部作品，作者排除他人使用自己创作的作品的困难程度日益增加，作品的公共物品的属性日益突出。作品公共物品属性的增加需要法律采取一定措施来克服作品的这种属性，使私人创作作品的激励不受减损。版权客体范围的适当扩大和版权保护力度的适当扩大是版权法企图克服作品的这种日益增加的公共物品的属性的表现。

七、历史维度的版权客体

从版权客体的历史发展来看，版权客体的范围经历了一个不断扩大的过程。例如，美国版权法对版权客体的规定经历了一个由狭小到宽泛、由具体到抽象的过程。美国第一部版权法，1790年版权法赋予地图

（maps）、图表（charts）和书籍（books）以版权保护。❶ 1802 年，印刷物（prints）和雕刻（engravings）合法受版权法保护。❷1831 年，音乐作品（musical compositions）成为版权法的保护对象。❸1856 年，版权保护客体扩展到包括戏剧作品的公开表演（public performance of dramatic works）。❹ 1865 年，照片成为版权法的保护对象。❺ 1870 年，绘画（paintings）、素描（drawings）和雕像（statues）成为版权保护对象。❻ 1909 年版权法经过彻底修订，对所有作者的作品（all the writings of an author）赋予版权保护。1976 年版权法将版权法的保护范围界定为以任何现在已知或者以后出现的表达方式——通过此种方式可以直接或者借助于机械或装置可感知、复制或者以其他方法传播作品——固定的独创性作品。❼ 1976 年版权法对作者创作的原创性作品（original works of authorship）进行保护，根据 1976 年版权法的立法历史，国会故意没有对"作者创作的原创性作品"（original works of authorship）进行定义，以将以前司法所创造的原创性的内涵并入其中。对"作者创作的原创性作品"的适当解释依靠以前司法对宪法语言的解释。❽

版权客体范围的历史变迁既受到一国经济发展的影响，又受到科学技术发展的推动。在国际知识产权制度还不是那么完善的时候，各国为了本国经济利益的需要，可能有意识地将版权客体的范围限制在一定的领域之内。另外，科学技术的发展也确实推动了版权客体范围的扩展。例如，在电影技术产生之前，版权客体中不可能包括电影作品这一项；在电影技术出现之后，电影的发展对社会产生重要的影响之后，版权法需要将电影作品作为版权客体来进行保护以促进电影作品的创作。又如，

---

❶ Copyright Act，ch. 15，1 Stat. 124（1790）.
❷ Copyright Act，ch. 36，2 Stat. 171～72（1802）.
❸ Copyright Act，ch. 16，4 Stat. 436～39（1831）.
❹ Copyright Act，ch. 169，11 Stat. 138～39（1856）.
❺ Copyright Act，ch. 126，13 Stat. 540～41（1865）.
❻ Copyright Act，ch. 230，16 Stat. 212～17（1870）.
❼ 《美国版权法》第 102 条（版权客体：总论，参见孙新强、于改之译，孙新强校：《美国版权法》，中国人民大学出版社 2002 年版，第 8 页。
❽ Alfred C. Yen, The Legacy of Feist: Consequences of the Weak Connection Between Copyright and the Economics of Public Goods, 52 *Ohio St. L. J.* 1343, 1349（1991）.

在计算机技术产生之前，计算机软件的保护不会称为争论的焦点，版权客体里也不可能出现计算机软件这一项；在计算机技术产生之后，当计算机软件在计算机运作和解决实际问题中发挥了重要作用之后，国家需要将对计算机软件赋予一定程度的保护以推动软件产业的发展，而计算机软件具有易被复制性，所以多数国家和地区将软件作为版权客体来进行保护。

八、作品的类型化研究

对事物进行分类是清晰认识和把握该事物的方法和手段。为了清楚认识版权客体，正确适用法律，需要按照一定的标准对作品进行一定的分类。对作品进行分类首先要确定分类标准。就作品的分类标准而言，作品的分类应当是以作品的艺术性质还是作品的表现形式来进行？我国著作权法对作品的分类采取的是艺术性质标准。根据我国《著作权法》第3条的规定，著作权法上所称的作品，包括以下列形式创作的文学、艺术和自然科学、社会科学、工程技术等作品：（1）文字作品；（2）口述作品；（3）音乐、戏剧、曲艺、舞蹈、杂技艺术作品；（4）美术、建筑作品；（5）摄影作品；（6）电影作品和以类似摄制电影的方法创作的作品；（7）工程设计图、产品设计图、地图、示意图等图形作品和模型作品；（8）计算机软件；（9）法律、行政法规规定的其他作品。我国著作权法有关作品的分类重内容性质标准，轻表现形式标准。这种粗线条杂糅的立法技术照顾了人们对艺术形式的一般认识，却不利于建立严谨的作品分类法律体系。[1] 在对作品进行适当和合乎目的的分类时，首先应该确定分类的目的。作品分类的目的应当强调其法律意义，即经过不同分类后的不同作品的类型在法律上效果有何不同。版权保护一切智力创作的作品，不问作品的艺术价值如何[2]；并且版权保护表达，而不保护思

---

[1] 刘剑文、王清："关于版权客体分类方法与类型的比较研究"，载《比较法研究》2003年1期。

[2] 《法国知识产权法典》第L.112-1条规定："本法典的规定保护一切智力作品的著作权，而不问作品的体裁、表达形式、艺术价值或功能目的。"参见黄晖译，郑成思校：《法国知识产权法典（法律部分）》，商务印书馆1999年版，第4页。

想。因此，在法律上有意义的作品类型化方法应当是根据作品的表现形式而不是根据其艺术性质。《美国版权法》第102条对版权客体的分类就是注重客体分类的法律意义来进行的。1990年，美国建筑作品版权法之所以将建筑作品从绘画、图形和雕塑作品中提出来单独进行规定，就是要避免建筑作品的版权保护适用可分离性标准。着眼于作品分类的法律意义，我们从以下几个类别来探讨作品的类型化的意义。

（一）文字性作品与非文字性作品

文字是最为常见的作品表现方式，文字性作品也是最为常见的作品之一。作品的表现方式除了文字之外，还有其他形式。由文字之外的其他形式表现的作品被称为非文字性作品。文字性作品与非文字性作品区分起来比较简单，在这两种作品的区分上有些作品却不易归类。这些作品包括戏剧作品、电影作品、音乐作品、舞蹈作品、杂技艺术作品、曲艺作品等。在戏剧、电影、音乐、舞蹈、杂技艺术、曲艺创作的过程中，往往都要有一个文字性作品作为基础。例如，戏剧和电影一般都要有剧本，音乐一般有乐谱等，剧本和乐谱等都是文字性作品。确定这些作品到底是文字性作品还是非文字性作品的意义在于确定作品的利益归属。

在这些作品之中，有关客体的认识最有争议的应该是戏剧作品。有学者认为戏剧作品指的是剧本，而不是一台戏的现场演出活动，并引用《伯尔尼公约》第11条第2款作为支持。该款规定，戏剧作品或者戏剧——音乐作品的作者在其原作受保护期内，对作品的译本享有同样的权利。只有文字性作品才可能有译本，所以，戏剧作品应当是文字性作品，也即剧本。❶有学者从戏剧理论出发，得出相反的结论。该学者认为戏剧是指以舞台的演出形式而存在的综合艺术，戏剧理论并不否认戏剧的一部分是文学，但就整个戏剧来说，绝不是文学，而是一项独立的艺术。戏剧不一定要以文字作为工具。戏剧并不是起源于文学，当戏剧还处于原初状态时，首先存在的是表演。表演一直是戏剧的中心，戏剧是表演艺术。不能因为法律将剧本作为保护对象，就把剧本等同于戏剧作品。❷

---

❶ 郑成思：《知识产权法》，法律出版社1997年版，第337页。
❷ 刘春田主编：《知识产权法》，高等教育出版社、北京大学出版社2000年版，第41~42页。

虽然电影作品在许多方面类似于戏剧作品，但有关电影作品的客体并不存在如同戏剧作品那样的争议。电影作品不是指电影剧本，而是指拍摄完成的影片。❶ 著作权法所称的电影作品是指摄制完成的影片，而不是其中的阶段性成果，也不是电影艺术中的构成要素。❷ 我国台湾地区学者罗明通认为剧本是文字著作，这从另一方面说明他认为电影作品的客体并不是剧本，而是有别于剧本的其他东西。❸ 将电影作品的客体界定为剧本很容易被推翻。按照大多数国家版权法的规定，电影作品的作者是制片人而不是剧本的作者；如果将电影作品的客体界定为剧本将同这一规定相冲突，因为如果电影作品的客体是剧本的话，电影作品的版权人应当是剧本作者而不是制片人。

虽然戏剧作品、电影作品、音乐作品、舞蹈作品、杂技艺术作品、曲艺作品等作品在是否文字性作品或者非文字性作品方面不好区分，但相较于电影作品而言，其他几种作品更具有相似的性质。电影剧本的创作只是整个电影作品创作的一小部分，电影剧本完成后，离整个电影作品的创作还有很长的路要走。导演、摄影师、演员、布景制作者、剪辑师等人在整个电影作品的创作过程中都发挥了重要作用。❹ 可以说，电影作品是剧本作者、导演、摄影师、布景制作者、剪辑师等共同创作的作品。不过，版权法为了电影作品市场建设和交易成本节省的考虑，将电影作品的版权人规定为制片人。现实生活中，不同的制片人就相同的剧本拍摄的不同版本的电影风格可能完全不同，市场效果也迥异的情形经常发生，这就是电影作品的客体不同于剧本的明证。不同于电影作品，戏剧作品、音乐作品、舞蹈作品、杂技艺术作品、曲艺作品的剧本或者设计同经过演员或者表演者的表演所最终形成的这些作品具有相当程度的同一性。不同的表演者演绎或演奏同一戏剧、音乐、舞蹈、杂技艺术、曲艺剧本或设计所得到的结果往往相同或相似，尽管有可能因为演员的

---

❶ 郑成思：《知识产权法》，法律出版社1997年版，第351页。
❷ 刘春田主编：《知识产权法》，高等教育出版社、北京大学出版社2000年版，第41～45页。
❸ 罗明通：《著作权法论（第六版）》（第一卷），群彦图书股份有限公司经销，第202页。
❹ 郑成思：《知识产权法》，法律出版社1997年版，第351～352页。

知名度或特色导致不同的市场效果。现实生活中不同的歌手演唱同一个乐谱所表现出来的旋律是一样的，这就是音乐作品等同于乐谱的最好的明证。有学者对上述特殊类型的作品作出如下解释，即电影剧本、乐谱、戏剧剧本、杂技动作设计、曲艺剧本都应当是文字作品，电影作品、音乐作品、戏剧作品、杂技艺术作品和曲艺作品都指的是通过表演者的表演活动最终形成的东西。这些最终形成的作品类型可以说是文字作品的演绎作品。❶ 尽管这种解释似乎能够说明现实中存在的一些问题，然而该解释似乎曲解了邻接权制度。例如，表演者对音乐作品的表演中同音乐作品的作者形成的关系应当是一种邻接权关系，而不是一种基础作品和演绎作品的关系。我国台湾地区学者罗明通先生将音乐著作解释为将思想或感情以旋律表现之著作，亦可以歌曲与歌词结合之形态出现，故音乐著作实包含乐谱、歌词之文字著述及演奏、歌唱之表演著作。❷ 这种解释放在存在邻接权制度的国家或地区的版权立法中来看，违背了邻接权制度的相关规定。但在我国台湾地区的"著作权法"中并不存在邻接权制度，出现这种对音乐作品客体的这种解释也在情理之中。

综上，戏剧作品、音乐作品、舞蹈作品、杂技艺术作品、曲艺作品的客体是剧本或者设计（艺术性设计），是一种文字性作品；电影作品的客体不是电影剧本，而是最终形成的影片。虽然电影作品同戏剧作品等在艺术性质上存在相似之处，但版权法对电影作品的单独提出和强调的原因之一是为了适当确定电影作品的主体，恰当分配电影作品上的利益关系，便利电影作品市场的建立和交易成本的节省。

（二）虚构性作品与事实性作品

版权法保护作者的创作，但并非任何创作都能够受到版权法的保护。作者的创作要想获得版权法的保护需要满足一定的条件，这种条件一般称之为可版权性。原创性是可版权性的核心内涵。思想表达两分原则是版权法的基本原理，其基本含义是版权只保护思想的表达而不保护思想本身。思想表达两分原则和原创性标准决定了纯粹的事实不能够成为版

---

❶ 张辉："也从郭德纲案谈曲艺作品的概念"，载《中国版权》2007年第2期。
❷ 罗明通：《著作权法论（第六版）》（第一卷），群彦图书股份有限公司经销，第206页。

权客体，不能受到版权法的保护；基本上建立在陈述事实的基础上的作品受到版权保护的可能性比较小。因此，为了正确适用可版权性要件，恰当实现版权法激励创作和维护公共利益之间的平衡，有必要将作品区分为虚构性作品与事实性作品，在适用可版权性要件和赋予版权保护的时候适当作出区别性对待。虚构性作品指的是并不是建立在叙述或描述事实基础之上的作品，典型的虚构作品是小说；事实性作品是建立在叙述或描述事实基础之上的作品，典型的事实性作品是新闻报道或者对历史事实的叙述。在虚构性作品中，作者创造的成分比较多，比较容易满足原创性要件；而事实性作品需要忠实和尊重历史或客观事实，作者自由发挥的空间比较小，相较于虚构性作品而言，比较难以满足原创性要件。法院在适用法律的时候需要首先判定涉案作品到底是虚构性作品还是事实性作品，如果是虚构性作品，可以比较容易得出其具有原创性的结论；相反，如果涉案作品是事实性作品，法官在判定作品是否满足可版权性要件的时候，需要区分纯粹的事实和作者的个性表达，只有作者的个性表达才可能受到版权法保护。

（三）纯粹艺术作品与实用艺术作品

版权制度和专利制度同样属于知识产权制度，都是用来保护创作者创作的知识产品。然而，两者保护的范围并不相同，制度设计的目的也不太一样，版权客体与专利权客体之间存在显著的区别。版权制度和专利制度都是为了保护创造。然而，两种法律制度保护的侧重点和方法不同，版权制度只保护创造的表达形式，专利制度则保护创造本身；❶版权保护的是创造性但非功能性的创作，专利保护的是创造性和功能性的发明。❷一般而言，诸如艺术、文学和音乐等非功能性的作品受到版权法的保护；而诸如技术等的功能性产品则受到专利法的保护。是否具有功能性和改进性（functionality and incremental improvability）是专利权和版权客体的本质区别。传统的专利法的客体是"功能性客体"（the functional subject matter），而传统的版权法客体是"信息性客体"（the informational

---

❶ Dennis S. Karjala, Distinguishing Patent and Copyright Subject Matter, 35 Conn. L. Rev. 439, 448 (2003).

❷ 同上。

subject matter)。❶ 功能性的技术是渐进性发展的，而版权保护的期限比较长，并不适合功能性技术的保护。❷ 版权的本质是，受版权保护的作品的内容总是具有一些非功能性的美学、信息或娱乐的品质传达给人类受众。❸ 传统的版权客体并不是功能性的（nonfunctional），因为其只在使人类获得娱乐或者信息方面有用（useful）。❹ 虽然计算机软件也是功能性的，但是由于计算机代码的易被复制的特性，对计算机软件赋予版权保护是必要的。❺ 如果渐进性的功能性技术受版权保护，将会阻碍该种功能性技术的发展。因为在先前技术的技术之上发展出来的技术非常容易被认定为同先前的技术存在实质性相似而构成版权侵权。传统的版权客体并没有像功能性技术一样渐进发展（incremental improvement），或者说同功能性技术相似的渐进发展对传统的版权客体来说没有那么重要，对传统的版权客体赋予版权保护并不会阻碍这种客体的正常发展。❻ 将特定的技术性的客体（例如计算机软件代码）置于版权之下而非专利之下的唯一正当性理由是，这种客体的易复制性导致已开发者的领先时间（lead time）减至为零。❼ 因此，专利比版权更适合保护实用物品，因为专利的标准更高、期限更短，专利更适应于不断变化的价值很大的客体，在界定侵权的时候，专利更为确定。❽ 总之，功能性（functionality）是区分专利和版权的基本决定性因素，能够归属于《美国版权法》第 101 条所定

---

❶ Dennis S. Karjala, Distinguishing Patent and Copyright Subject Matter, 35 Conn. L. Rev. 439, 449 (2003).

❷ Dennis S. Karjala, Distinguishing Patent and Copyright Subject Matter. 35 Conn. L. Rev. 439, 456 (2003).

❸ Pamela Samuelson, CONTU Revisited: The Case Against Copyright Protection for Computer Programs in Machine-Readable Form, 1984 DUKE L. J. 663, 749 (1984).

❹ Dennis S. Karjala, Distinguishing Patent and Copyright Subject Matter. 35 Conn. L. Rev. 439, 450 (2003).

❺ 同上。

❻ Dennis S. Karjala, Distinguishing Patent and Copyright Subject Matter. 35 Conn. L. Rev. 439, 455 (2003).

❼ Dennis S. Karjala, The Relative Roles of Patent and Copyright in the Protection of Computer Programs, 17 J. Marshall J. Computer & Info. L. 41, 50~51 (1998).

❽ Glynn S. Lunney, Lotus v. Borland: Copyright and Computer Programs, 70 TUL. L. REV. 2397, 2420 n. 70. (1996).

义的"实用物品"(useful article)的物品应当至少表面上看是专利的客体而不是版权客体。对于特定的通过快速、廉价和容易的复制的盗用看来是特别危险的作品是例外。❶

从反面来看，版权制度禁止的是对独特表达的"抄袭"，专利制度禁止的是对创造性想法的"利用"。版权法的保护期限较长、要求比较低，如果采用版权法保护本当由专利法保护的客体，则会降低保护标准、延长保护期限，对细微进步的长期保护将不利于技术的快速发展。因此，技术的改进领域更适合于用专利法进行保护。版权法和专利法的诸多不同构成知识产权政策❷的考量因素：对何种产业领域适合用何种知识产权制度模式来保护。因此，版权制度和专利制度之间的协调不仅涉及法律适用的层面，而且涉及国家知识产权政策的考量。从而，对版权制度与专利制度的"不同质"的考量则可能更有意义。

考虑到版权制度和专利制度的不同性质和相异的关注点，以及不同的创造的不同属性，需要将功能性要素或者功能性要素决定而设计排除于版权保护的范围之外。如此，有必要在纯粹性艺术作品和实用艺术作品之间作出区分，纯粹性艺术作品的创作并没有实用功能的考量，相关作品的表达完全是艺术性考量，作者自由发挥的空间比较大，作品显现作者的个性的可能性比较大，比较容易满足可版权性要件而受到版权保护；实用艺术作品中作者的有些设计是受到功能性考量的影响或者由功能性考量所决定的，这些设计适合作为专利权的客体而不适合作为版权客体，因此，由功能性考量所决定的设计要素并不受版权保护。按照现行美国版权法的规定，实用艺术作品如果要受到版权保护，需要满足可分离性标准。

（四）基础作品与演绎作品、汇编作品

万丈高楼平地起，任何作品的创作都是建立在前人的基础之上的，

---

❶ Dennis S. Karjala, Distinguishing Patent and Copyright Subject Matter. 35 *Conn. L. Rev.* 439, 452 (2003).

❷ "知识产权制度是政府公共政策的重要组成部分，其政策功能在于维护知识权利的正义秩序和实现知识进步的效益目标"。吴汉东："利弊之间：知识产权制度的政策科学分析"，载《法商研究》2006年第5期。

只不过程度有所不同罢了。任何创作都是从模仿开始，版权法并不否定模仿的合法性，只确认抄袭是版权法禁止的行为。在版权法中，有些作品是完全建立在先前作品的基础之上进行创作的，例如对已存作品进行改编、翻译、注释、整理、汇编所形成的作品。版权法有必要将这些作品单独提出来以恰当处理其与基础作品之间的关系。由此，版权法区分了基础作品与建立在其基础之上而创作的演绎作品和汇编作品。演绎作品和汇编作品是建立在基础作品的基础上进行创作的，这种作品的可版权性要件应当不同于一般作品，至少要同基础作品存在一定的区别，否则可能构成对基础作品的抄袭。因此，各国版权法和版权案例都发展出一系列处理这些特殊作品的版权保护的法律原则。例如，在确定汇编作品的可版权性的时候，美国著名的费斯特（Feist）案确立了汇编作者对原材料的选择、协调或编排具有原创性的作品可以获得版权保护的法律原则。

九、客体路径与主体路径

在知识产权理论界，存在这样一种声音：不必纠结于应受版权保护的作品到底是什么，应该转换视角，从主体利益分配与行为规制方面进行制度设计，规避或者没有必要纠结于版权客体的真实所指与边界。确实，这种想法为纠纷的解决提供了一种有益的视角。然而，仅从主体的角度进行思考与分析，可能在个案中能够解决纠纷，然而，著作权法的立法目的并非仅为解决纠纷，而是要实现科学与实用艺术的进步。从著作权法的立法目的出发，仅从个案主体之间的纠纷解决与利益分配为视角，并不能够为社会公众提供清晰与可预见的社会规则。版权客体是一种无体物，尽管因为具有非物质性而不同于物权的客体"物"，然而，在其上所建构的权利都是绝对权、对世权，不同于相对权、对人权的是，绝对权与对世权的客体必须具有清晰的界限，否则，社会公众便不知道自己合法的行为界限。所以，尽管思想表达两分法被批评为模糊、随意、主观，然而，其还是能够为社会公众提供大概的行为界限。对较为模糊的领域，可以寄望受过专业训练的法官，其心中须谙熟思想表达两分法、原创性等版权法的基本原理，结合各个案件的具体案情，形成不同类型作品思想表达界分的一贯具体行为规则，如此还是可以提供较为清晰与可预见性的规范。所以，尽管版权客体制度的研究尤其是思想表达两分法是一门"鬼学"，从版权法的制度设计与规范目的出发，还是应该信任并坚持从客体的角度出发确定行为规则。

是为序。

卢海君

2014 年 10 月 1 日于北京

第一版序

整个著作权制度发展进化的历史，可以说是复制和传播技术不断进步、著作权客体范围不断扩大的历史。不管经济和社会的大环境如何发展变化，对著作权立法而言，著作权客体范围的适当界定可以说是永恒的主题。著作权的立法目的在于促进科学和实用艺术的进步，而著作权客体范围的恰当界定关乎这一目的能否顺利实现。著作权客体范围界定得过宽，可能会阻碍社会公共利益的实现，不利于著作权制度的目标的实现；著作权客体范围界定得过窄，则不能对作品的创作提供足够的激励，同样有悖于著作权制度的功能的实现。

围绕著作权客体范围这一主题话语，思想表达两分原则和原创性原则成为著作权法律的两项基本原则。思想表达两分原则回答著作权法保护的对象，即"是什么"的问题；原创性原则回答保护对象在满足何种要件的时候才能够受保护的问题，即"怎么样"的问题。两大原则的有机结合和准确运用，共同界定了著作权的客体范围。于是，思想表达两分原则和原创性原则这两个貌似神离的制度，在著作权客体范围界定这一根本问题上统一起来了。

关于著作权客体，我国不少学者对此问题已经有所研究。早年，我和王毅老师曾经合著了一篇名为《著作权客体论》的文章，发表在《中南政法学院学报》1990年第4期上。在这篇文章中，我们对著作权客体制度的相关问题作了一些初步的研究。由于知识产权的客体具有不同于所有权客体的非物质性，人们不能对其进行"形象"把握。而对著作权客体，虽然人们取得了一致的认识，将客体称为"作品"，但作品同样具有非物质性，不易把握。自著作权制度产生伊始，对"作品"内涵的把握便被国内外学术界和实务界视为一个最根本的难题。在当时的《著作权客体论》中，我们指出：作品的内容是作品存在的基础；作品的表现形式则是作品内容的组织构造或外在的物质显现。作品的表现形式，是著作人将无形、抽象的内容用语言、色彩、符号等表达媒体客观地表现于外部的一种物质手段。根据马克思的哲学原理，形式和内容是对立统一的关系，是同一事物的两个侧面。一部作品，当其内容存在于作者头脑中还未产生具体的表现形式时，著作权法是无法对其进行保护的；而当它以某种形式显现出来，使他人得以感知时，这时作者的创造性劳动才有可能遭受他人侵犯，作者才需借助著作权法进行保护。就一般意义而言，作品是内容与表现形式的有机统一体。根据文艺创作的一般理论，作品的内容一般包括题材、主题、概念和事实、情节等要素。一般而言，题材、主题、概念和事实不能够由某人所垄断，不应当受著作权法保护；而情节则应当分别不同的具体情况而论，对于单纯的情节，著作权法不会也不应该给予保护。但是，如果情节被赋予了特定的环境、特定的题材和特定的人物，这一情节的发展序列就应该受到著作权法的保护。与作品内容相对应的作品表现形式，也是作者创造性智力成果的有机组成部分，并且是作品完成的最终形态。作品的表现形式一般包括符号、结构和体裁等要素。符号作为作品表现形式的第一要素，在文字作品中表现为语言，在美术作品中表现为色彩和线条，在音乐作品中表现为旋律。反映一定内容，具有可复制性和独创性的符号应当受到著作权法的保护。结构是指对作品总体的组织和安排。结构是作者创造性脑力劳动最为充分和最为关键的外在体现。独创性的结构应当受到著作权法的保护。体裁是指作品的类别，也是作品的表现形式之一。以文学作品为例，体裁大体上可以分为诗歌、小说、戏剧、散文、电影文学和说唱文学等。著作权法对体裁的保护相对较弱，只有当体裁与作品表现形式的其他要素相结合共同表现作品内容时，才能成为保护对象，单纯的体裁本身并不能受到保护。

厘清著作权法保护的对象只是界定客体范围的第一步。这些对象只有在具备一定条件的情况之下才能够受到版权保护。一般而言，作品必须反映一定的思想或感情，作品应当具有独创性，作品应当具有固定性，作品应当具有可复制性。只有满足上述各项要件的作品才能够成为著作权法的保护对象。

海君是我指导的博士,他在硕士阶段就是我的科研助手,在本科阶段选修过我所开的《罗马法》。可以说,我亲历了海君博士的成长。在本科阶段,海君就喜欢在课堂上向我提一些问题,在硕士阶段他喜欢写一些小文章拿给我看,在博士阶段发表了不少作品。他在科研方面的兴趣和努力逐渐得以显现。

海君在硕士阶段做我的科研助手的时候,曾经跟我讨论过思想表达两分法的问题,我对他也作出了一定的指导,并且就他所提出的问题进行了解答。海君2005年成为我的博士研究生。在2006年,有一天,我正在给研究生上知识产权法的课程,海君在课间把他的博士论文开题的设想跟我作了交流,他将题目定为"版权客体论",我当即答应下来。这个选题作为博士论文的选题确实很好。尽管很多学者已经对这一问题作出了研究,版权客体论虽然是一个老问题,却也是一个新问题,值得研究。我对海君的博士论文有所期许。

2007年年底,海君将他的博士论文初稿交给我。当时文章的基本框架已经出现,不过梳理不够,剪裁不足。我让他对文章进行修改。当海君将博士论文的修改稿提交给我的时候,他向我陈述了论文的主线,即围绕"客体可版权性"这一中心,结合"思想表达两分原则"和"原创性原则"两大基本原则,以汇编作品、演绎作品、实用艺术作品等特殊类型的作品为分析对象,企图回答版权客体的范围这一根本性问题。虽然他的文章在一些地方可能打磨不精,但至少能够自圆其说。所以,我同意他的博士论文进入答辩。十分高兴,他的文章顺利通过答辩,并且还获得了校级优秀博士论文的称号。毕业不久,其论文又获得了湖北省优秀博士论文的称号。

如今,海君已经在对外经济贸易大学法学院工作两年。他的博士论文参与中国法学会知识产权法研究会与知识产权出版社联合举办的2009年度知识产权类优秀博士论文评选活动,并获第一名,知识产权出版社准备出版他的博士论文。再次打开他的这篇《版权客体论》的时候,发现他在毕业后的两年确实针对版权客体论这一问题作了一些可以称道的研究,对《版权客体论》这篇论文作了精心修改。本书中,海君博士首先以思想表达两分法为中心,结合合并原则、约减主义与整体概念和感觉原则、思想的法律地位等问题，对版权客体的范围进行界定，即认为版权的客体即作品，而作品的本质就是表达。紧接着，回答了作品的可版权性要件，即原创性。结合思想表达两分原则和原创性原则，他以非独立创作因素、功能性因素、非文字性因素、事实性因素、表达量的因素和传统文化因素对客体可版权性的影响为着眼点，结合汇编作品、数据库、演绎作品、实用艺术作品、建筑作品、软件、角色、事实作品、标题和民间文学艺术作品等特殊类型的作品，具体分析了版权保护的对象以及对象的可版权性要件。在行文过程中，海君博士还较多地运用了案例分析和比较法的研究方法，书中许多资料也可以作为版权客体制度进一步研究的依据。

    时值本专著出版之际，提笔草涂数语，以此推介年青学人，并表笔者祝福之意。

    是为序。

2010 年 9 月

目 录

导 论
- 一、选题的意义 …………………………………………… 3
- 二、研究现状 ……………………………………………… 5
- 三、研究思路和研究方法 ………………………………… 7

第一章 版权客体的范围
——以思想表达两分法为中心

第一节 思想表达两分法 ………………………………… 11
- 一、概念追问：是否真的有思想表达两分法 ………… 11
- 二、历史追索：思想表达两分法缘何被提起 ………… 14
- 三、根基追究：为何要有思想表达两分法 …………… 20
- 四、方法探索：怎样区分思想与表达 ………………… 24
- 五、效果反思：思想表达两分法是否真的有用吗 …… 38
- 六、未来展望：思想表达两分法何去何从 …………… 39
- 七、结语 ………………………………………………… 41

第二节 合并原则与情景原则 …………………………… 42
- 一、合并原则：表达方式有限性之克服 ……………… 42
- 二、情景原则：表达方式必要性之保障 ……………… 44
- 三、适用范围：不同类型作品之个别适用 …………… 48
- 四、结语 ………………………………………………… 53

第三节 约减主义与整体概念和感觉原则 ……………… 53
- 一、南辕北辙：约减主义与整体概念和感觉
  原则的价值取向 …………………………………… 54

1

二、各有千秋：约减主义与整体感念和感觉
　　　　原则的实践发展 …………………………………… 54
　　三、一张一弛：约减主义与整体概念和感觉
　　　　原则的适用范围 …………………………………… 57
　　四、利弊权衡：约减主义与整体概念和感觉
　　　　原则的实施效果 …………………………………… 62
　　五、结语 ………………………………………………… 64
　第四节　思想的法律地位 …………………………………… 65
　　一、视角转换：思想应否受法律保护 ………………… 65
　　二、性质界定：思想上可否存在普通财产权 ………… 68
　　三、一般特殊：思想上可否存在版权 ………………… 73
　　四、分道扬镳：思想上可否存在专利权 ……………… 76
　　五、视线转移：思想上可否存在相对权 ……………… 79
　　六、结语 ………………………………………………… 90
　第五节　表达的实质与表达的形式 ………………………… 91
　　　　——版权客体的重新解读
　　一、"表达的实质"与"表达的形式"的
　　　　概念的提出 ………………………………………… 91
　　二、"表达的实质 vs. 表达的形式"两分法与
　　　　"思想 vs. 表达"两分法之间的关系 ……………… 93
　　三、"表达的实质 vs. 表达的形式"两分法与
　　　　"作品 vs. 载体"两分法之间的关系 ……………… 94
　　四、"表达的实质 vs. 表达的形式"两分法提出的理论
　　　　意义和现实意义 …………………………………… 95
　　五、结语 ………………………………………………… 101

第二章　客体可版权性的要件
　　　　——以原创性为中心

　第一节　基本前提：原创性要件的法律地位 …………… 105
　　一、美国版权法 ………………………………………… 105

二、英国版权法 …… 106

三、德国著作权法 …… 107

四、日本著作权法 …… 109

五、我国台湾地区"著作权法" …… 110

六、我国内地著作权法 …… 112

七、结语 …… 115

第二节 不断深入：原创性要件的历史发展 …… 116

一、Burrow-Giles Lithographic Co. v. Sarony 案 …… 116

二、Bleistein v. Donaldson Lithographing Co. 案 …… 118

三、Alfred Bell & Co. v. Catalda Fine Arts, Inc. 案 …… 119

四、Gracen v. Bradford Exchange 案 …… 121

五、Feist Publications, Inc. v. Rural Telephone Service Co. 案 …… 123

六、结语 …… 128

第三节 内涵丰富：原创性要件的基本范畴 …… 129

一、原创性的基本含义 …… 130

二、原创性与艺术价值 …… 132

三、原创性与作者 …… 133

四、原创性与个性 …… 134

五、原创性与创作意图 …… 136

六、原创性与劳动和投资 …… 139

七、原创性与可区别性变化 …… 143

八、原创性与新颖性 …… 145

九、原创性与创造性 …… 147

十、结语 …… 151

第四节 多种视角：原创性要件的分析方法 …… 152

一、作者导向型分析与作品导向型分析 …… 152

二、特征导向型分析和目的导向型分析 …… 161

三、定性研究与定量研究 …… 164

四、主观与客观之分 …… 167

五、结语 …… 169

3

第五节　另辟蹊径：原创性要件的悖论 …………………………… 170
　一、事实性汇编作品中的原创性悖论 ………………………… 170
　二、临摹作品中的原创性悖论 ………………………………… 170
　三、重建类、考证类作品中的原创性悖论 …………………… 171
　四、结语 ………………………………………………………… 172

第三章　客体可版权性的影响因素（一）

第一节　非独立创作因素对客体可版权性的影响之一 ………… 175
　　　　——以汇编作品为中心
　一、制度概况：汇编作品是否在世界范围内
　　　普遍受版权保护 …………………………………………… 175
　二、基本含义：汇编作品对原作品做了什么 ………………… 177
　三、利益衡量：汇编作品中的事实若受保护会怎样 ………… 178
　四、范围界定：汇编作品的何种要素应受版权保护 ………… 179
　五、理论基础：汇编作品缘何受版权保护 …………………… 181
　六、结语 ………………………………………………………… 198

第二节　非独立创作因素对客体可版权性的影响之二 ………… 199
　　　　——以数据库为中心
　一、辛勤收集原则：建立在劳动基础上的版权
　　　保护是否合理 ……………………………………………… 200
　二、原创性原则：数据库中的何种要素具有原创性 ………… 200
　三、合同保护理论：数据库的合同保护是否可行 …………… 204
　四、对动产的侵害理论：数据库与动产之间是否
　　　存在类推适用的余地 ……………………………………… 207
　五、反不正当竞争法：知识产权与反不正当竞争法
　　　之间是何种关系 …………………………………………… 208
　六、技术措施的保护：技术措施与栅栏之间
　　　是否具有同质性 …………………………………………… 209
　七、数据库的特殊保护：是否为数据库保护的
　　　必然选择 …………………………………………………… 210

八、结语 …………………………………………………… 223

第三节 非独立创作因素对客体可版权性的影响之三……… 223
　　　　——以演绎作品为中心
一、他山之石：演绎作品的内涵及界定 ………………… 224
二、青出于蓝：演绎作品的可版权性要件 ……………… 226
三、万丈高楼：非法演绎作品的法律地位 ……………… 236
四、结语 …………………………………………………… 238

第四节 功能性因素对客体可版权性的影响之一 …………… 239
　　　　——以实用艺术作品为中心
一、抉择之痛：艺术与实用之较量 ……………………… 240
二、难舍难分：实用艺术作品版权保护之必要性 ……… 248
三、分离之难：实用艺术作品的可版权性要件 ………… 251
四、结语 …………………………………………………… 270

第五节 功能性因素对客体可版权性的影响之二 …………… 272
　　　　——以建筑作品为中心
一、利益衡量：建筑作品版权保护的正当性分析 ……… 272
二、正本清源：建筑作品的概念分析 …………………… 275
三、统筹兼顾：建筑作品的可版权性分析 ……………… 278
四、利益衡量：建筑作品的版权保护 …………………… 284
五、结语 …………………………………………………… 287

第四章 客体可版权性的影响因素（二）

第一节 非文字性因素对客体可版权性的影响之一 ………… 291
　　　　——以计算机软件为中心
一、可版权性分析：软件的功能性是否可否定其
　　可版权性 ………………………………………………… 292
二、含义分析：软件在何种意义上是文字作品 ………… 294
三、范围界定：软件的非文字性要素
　　是否受版权保护 ………………………………………… 295
四、结语：软件的专利保护是否可行 …………………… 311

第二节　非文字性因素对客体可版权性的影响之二 …… 313
——以角色为中心

一、角色的构成要素：实质性人格特征 …… 314

二、角色版权保护的必要性：角色与作品的关系 …… 317

三、角色的版权保护：可版权性标准的确立 …… 323

四、角色的版权保护与公开权：两者关系的分析 …… 330

五、结语 …… 333

第三节　事实性因素对客体可版权性的影响 …… 334
——以事实作品为中心

一、利益衡量：事实作品版权保护的相关考量因素 …… 335

二、编排之术：对于选择、协调与编排的版权保护 …… 337

三、事实还原：对于调查的版权保护 …… 338

四、真相何在：对于推测的版权保护 …… 341

五、思想表达：对于分类的版权保护 …… 343

六、主观客观：对于评价的版权保护 …… 346

七、主观创作：对于预测的版权保护 …… 347

八、结语 …… 350

第四节　表达量的因素对客体可版权性的影响 …… 350
——以标题为中心

一、标题的版权保护：简短作品也可能具备原创性 …… 351

二、标题的商标权保护：标题也可能成为区分商品来源的符号 …… 353

三、标题的反不正当竞争法保护：对标题的使用可能构成不正当竞争行为 …… 358

四、结语 …… 361

第五节　传统文化因素对客体可版权性的影响 …… 361
——以民间文学艺术作品为中心

一、集体创作：民间文学艺术作品的内涵 …… 362

二、利益衡量：民间文学艺术作品保护的必要性 …… 364

三、举步维艰：民间文学艺术作品国际保护的实践 …… 369

四、多种选择：民间文学艺术作品的保护模式 …………………… 372
五、结语 …………………………………………………………… 385

第五章　版权客体基本原理的应用

第一节　思想表达两分法的应用
一、思想表达两分法在书法作品中的应用——以"猴寿"案为例 … 389
二、思想表达两分法在电视节目模式中的应用 …………………… 392

第二节　作品本质原理的应用 ……………………………… 406
一、作品本质原理在"电影作品"中的应用 ……………………… 406
二、作品本质基本原理在体育赛事节目中的应用 ………………… 421
三、作品本质基本原理在同人创作中的应用 ……………………… 441

第三节　抽象测试法的应用 ………………………………… 447
一、抽象测试法在《人在囧途》vs.《人再囧途之泰囧》案中的应用 ……………………………………………………………… 447
二、抽象测试法在"扒剧"行为中的应用——以琼瑶诉于正案为例 …………………………………………………………… 454

第四节　合并原则与情景原则的应用 ……………………… 460
一、合并原则在"时事新闻"中的应用 …………………………… 460
二、合并原则在中小学教辅对教材进行"结构性使用"中的应用 … 481

第五节　约减主义与整体概念和感觉原则的应用 ………… 486
一、约减主义与整体概念和感觉原则在美术作品著作权侵权构成的判定 ………………………………………………………… 486
二、约减主义与整体概念和感觉原则在音乐作品中的应用 …… 492

第六节　原创性原则及实用艺术作品理论的应用 ………… 496
一、原创性原则及实用艺术作品理论在单字形体设计中的应用 …………………………………………………………… 496
二、原创性原则及实用艺术作品理论在"死海卷宗案"中的应用 …………………………………………………………… 512

第七节　汇编作品基本原理的应用 ………………………… 521
一、汇编作品基本原理在期刊作品中的应用 ……………………… 521

二、汇编作品基本原理在数据库中的应用及启示 …………… 528
第八节　简短文字作品基本原理的应用 ……………………………… 530
　　一、简短文字作品的著作权法地位 …………………………… 530
　　二、简短广告词的商标法地位 ………………………………… 536
第九节　版权客体基本原理的拓展应用 ……………………………… 537
　　一、作品本质基本原理在合作作品中的应用——以合作作品的
　　　　立法模式建构为中心 ………………………………………… 537
　　二、自媒体时代的版权制度 …………………………………… 552
第十节　版权保护、竞争法规范与产业发展 ………………………… 554
　　一、文化产品的版权保护、竞争法规制与文化产业的发展——
　　　　"《人在囧途》诉《人再囧途之泰囧》"案引发的思考 …… 554
　　二、"著作权法＋竞争法"整体视野下新型智力成果的法律
　　　　保护 …………………………………………………………… 560

结论　版权客体范围之界定与公共领域之促进 …………… 595
　　一、公共领域的内涵与外延 …………………………………… 595
　　二、公共领域的提出与扩展 …………………………………… 596
　　三、公共领域的平衡与协调 …………………………………… 597
　　四、公共领域的威胁与挑战 …………………………………… 599
　　五、公共领域的保护与促进 …………………………………… 601
　　六、结语 ………………………………………………………… 605

参考文献 …………………………………………………………………… 607
后　　记 …………………………………………………………………… 619
再版后记 …………………………………………………………………… 622

导 论

一、选题的意义

随着知识产权理论研究的不断深入,知识产权的一些根本性问题成为知识产权学界研究的热点,建构知识产权的学术理论体系成为知识产权深入研究的目标。其中,一个值得关注的课题就是知识产权客体理论的研究。

学界对知识产权客体的界定经历了一个发展过程。20世纪80年代初期,学界普遍将知识产权称为"智力成果权",将"智力成果权"的客体界定为"智力成果"。1986年《民法通则》制定和颁布之后,正式将"知识产权"这一概念代替了"智力成果权"的传统说法。

自进入20世纪90年代后,学界对知识产权的客体进行了新的理论概括。出现了"知识产品说""形式说""信息说""信号说""符号说"和"符号组合说"等几种有关知识产权客体的新学说。

"形式说"认为知识产权的对象是知识,而知识的本质是形式。这种界定值得商榷。首先,知识的范围很广,而知识产权的客体是被限制在一定范围之内的,因此,将知识产权的客体界定为知识并没有对知识产权的客体范围进行适当限制,这种界定并没有让人们清晰地认识知识产权的保护对象;其次,将知识界定为"形式"并没有说明知识产权客体的特殊性。从一般意义上讲,"形式"可能说明了普通知识的本质,但并没有明晰知识产权客体的特性;再次,将对知识产权客体的认识上升到哲学层面似乎对版权客体范围的认识和界定并没有很大的帮助。哲学是有关人们生活最一般问题的学问,哲学是关乎人生观、世界观等宏大命题的学科,用哲学的术语和思维解决知识产权客体这一具体的法律问题似乎并不令人信服。

"信息说"认为知识产权的客体是信息,同样值得商榷。首先,信息是个广泛的范畴,可以说整个世界除了物质世界就是信息世界,不能说信息世界的所有信息都是知识产权的客体;其次,将知识产权的客体界定为信息也不符合知识产权的基本理论。例如,版权法保护的对象是思想的表达,而不是思想本身。信息应当属于不受版权法保护的范畴,版权法保护的应该是反映该信息的表达。再如,商标能够为人们提供一定的信息，引导人们对商品和服务作出选择。但商标法保护的并非这种信息，而是反映这种信息的符号。

"信号说"认为知识产权的客体是信号，也存在不合理之处。信号反映信息，例如，"乌云密布"是"天将降雨"的信号。这种信号是人们对自然界的一种普遍联系的总结，应当属于公共领域，不应当受法律保护。

"符号说"认为知识产权的客体是符号，违背了知识产权法的基本原理。因为符号是人类社会长久以来经验总结的产物，应当处于公共领域，而不应当置于私权之下。

"符号组合说"认为知识产权的客体是一种符号组合。这种总结可以解释版权法和商标法的客体，但不能恰当地解读专利法的客体。专利法的保护对象是一种技术方案，这种技术方案尽管是通过"符号组合"表现出来的，然而这种由"符号组合"所组成的表达形式不是专利法保护的对象。专利法保护的对象应当是这种表达形式所要表达的思想，只不过这种思想应当是一种具体性思想，而不能够是一种抽象思想而已。

针对上述主张的缺点和不足，吴汉东教授主张知识产权的客体为知识产品。所谓知识产品，是人们在科学、技术、文化等精神领域所创造的产品，具有发明创造、文学艺术创作等各种表现形式。它是与物质产品（有体物）相区别而独立存在的客体范畴。这种主张较好地界定了知识产权客体的本质。首先，这种主张并没有将知识产权的客体宽泛地界定为"知识"或"信息"，而是采用了"知识产品"这一较为狭窄的概念，从术语的选择就可见知识产权客体范围的限制性。其次，"产品"强调了知识产权客体的产生，一般来说注入了人类的创造性劳动，知识产权的客体是人类创造性劳动的产物，这种术语的选择和蕴涵的意义本身说明知识产权制度建立的目的和意义，即通过激励人们创造性劳动的投入增进整个社会的公共福利。再次，知识产品较之物和智力成果来讲，概括了知识形态产品的本质含义，强调这些客体产生于科学、技术、文化等精神领域，是人类知识的创造物，明显地表现出客体的非物质性。最后，知识产品的内涵突出了它在商品生产条件下的商品属性和财产属性，反映了著作权、专利权和商标权中的财产权利内容。

版权是知识产权的一种，是知识产权的下位概念。版权客体是知识产品的一种表现形式。具体而言，版权客体是作者所创作的作品。版权客体是一种具有非物质性特征的精神产物，不同于物权的客体。作为物权客体的物是一种有体物，这种有体物人类可以运用视觉、触觉等去感知，容易被人类的思维所把握，法律对其的处理比较简单。然而，具有非物质性特征的作品则不能用视觉、触觉等去把握，而只有通过脑力去认识和理解，用思维去把握。于是，版权客体范围的界定成为版权法研究的难题和重点。对版权客体的正确认识也有利于解决知识产权客体制度的理论建构问题。

版权客体是版权法保护的对象，是版权权利和义务共同指向的对象，是作品。版权客体制度是整个版权制度的基石，版权的正确行使依赖于对版权客体范围的恰当界定；版权客体范围的恰当界定加上版权的正确行使关系到版权法促进科学和实用艺术进步的目的能否实现。版权客体制度既是版权法的一项基础制度，又是一项前沿的研究课题。版权客体制度的基础性在于整个版权制度都要以其为基础并围绕其展开。版权的对象是版权客体，版权主体以版权客体为对象行使版权。版权客体论的前沿性在于科学技术的不断发展和经济社会的不断进步导致新型版权客体不断涌现，这给版权制度带来了新挑战。

版权法的目的是促进科学和实用艺术的进步，欲达此目的，版权客体范围的界定牵涉政策考量。然而，版权制度的运行不能仅仅依靠政策考量，因为这会导致版权制度具有不确定性和不可预见性。要想建立确定性和可预见性的版权客体制度，需要借助于一定的法律原则和制度，这些原则和制度主要有思想表达两分原则、原创性原则等。它们对指导版权客体范围的确定具有重要意义，但其本身也具有模糊性和不确定性。因此，为了建构版权客体制度的原则与规范，需要对这些法律原则进行深入研究，并且利用司法实践中的相关做法来充实这些原则的内容，使它们的内涵和外延更加丰富和清晰。

二、研究现状

版权客体制度是一项基础性课题，自然并不是崭新的话题。在我国，不少学者对版权客体制度中的某些制度作过研究，例如思想表达两分法、原创性原则、某些类型的作品等，这些研究取得了一定的成果，对版权司法实践起到了一定的指导作用。有关版权客体制度的代表性论文有：吴汉东、王毅先生的《著作权客体论》（《中南政法学院学报》1990年第4期），金渝林先生的《论作品的独创性》（《法学研究》1995年第4期）、《论版权理论中的作品概念》（《中国人民大学学报》1994年第3期），刘春田先生的《著作权法实践中的独创性判断》（《著作权》1994年第4期），郑成思先生的《临摹、独创性与版权保护》（《法学研究》第18卷第2期），王太平先生的《著作权中的思想表现两分理论》（《知识产权年刊〔创刊号〕》，北京大学出版社2005年版，第191页）等。另外，一些知识产权法或著作权法教材对版权客体制度进行了一些论述，如郑成思先生的《知识产权法》（法律出版社1997年版）第十三章第二节、《版权法》（中国人民大学出版社1997年版）第一章，刘春田先生主编的《知识产权法》（高等教育出版社、北京大学出版社2000年版）第三章，吴汉东先生的《知识产权基本问题研究》（中国人民大学出版社2005年版）第五章等。上述诸位先生的研究成果奠定了我国版权客体制度的研究基础，为我国版权制度的建设作出了不可磨灭的贡献。然而，任何学术研究都不能停留在曾经闪光的原点之上，我国现存版权客体制度的研究仍然有需要改进的地方。

首先，虽然已有的研究成果已经对版权客体制度中的某些制度作出了一定的研究，但是并没有出现一部包含所有版权客体制度在内的体系化的研究成果。版权客体制度研究的零散性不利于对该制度进行整体和系统的把握。本书试图克服版权客体制度的研究现状所存在的这种缺陷，对版权客体制度进行一定程度的整合，力图形成一个系统化和体系化的版权客体制度的研究成果。

其次，在我国，包含版权制度在内的知识产权制度的研究起步比较晚，许多研究成果还处于初级阶段。我国现有的有关版权客体制度的研究成果大多数还处于介绍版权客体制度一般原理的阶段，结合现实版权案例进行的实证性和针对性研究比较少。因此，这种一般性的研究所作出的研究成果具有很大的抽象性和不易把握性。本书试图克服这种抽象性，大量应用知识产权制度比较发达的国家尤其是美国的版权法案例对相关版权客体制度进行实证性研究，总结和分析相关案例的基本法律原则，形成相关版权客体制度的指导原则。

三、研究思路和研究方法

本书采取一般和特别相结合，理论研究和应用研究、一般原理和案例研究并重的研究思路。具体而言，本书不仅对版权客体制度的一般原理进行研究，而且针对客体可版权性的特殊影响因素进行比较深入探讨。本书不仅有版权客体制度一般理论性问题的逻辑分析和论证，而且将这些一般原理应用到特定作品版权保护的具体分析之中。本书的另一重要特色是，大量引用版权客体制度的案例来对相关版权客体制度问题进行论证和说理，并且利用相关案例建立起来的法律原则和制度来建构相关领域的版权客体制度。

本书的研究方法主要有实证分析和案例分析法、社会学法学分析法、比较法的研究方法等。本书将版权客体制度的一般原理放在实际发生的案例的鲜活事实中进行解读，并且利用案例的特殊事实建构特定的版权客体制度。对相关版权客体制度进行实证分析，明确其构成要件和法律效果。本书的研究不仅将制度解读和实证分析相结合，还将相关的制度放在整个社会的大背景下进行考察，进行制度的政策分析和目的分析。在寻找某种客体的适当保护措施和模式的时候，本书也应用比较法的研究方法，通过对相关制度的比较，分析各种制度和模式的利弊，寻求特定客体的适当保护模式。

本书还有一个比较明显的特色或谓研究方法是对版权客体制度的研究并不局限于版权法这一狭小的领域，而是将版权客体置于整个知识产权制度甚至整个法律制度的宏观论域里研讨，通过对版权客体保护模式与其他保护模式的比较，客体的可版权性及可保护性呈现比较清晰的轮廓和脉络，使读者对某一客体在版权法及知识产权法上的地位有更为清晰和完整的认知。

第一章
版权客体的范围
——以思想表达两分法为中心

版权制度的目的在于促进文化、科学和实用艺术的进步，欲达此目的，版权法应实现激励创作和维护公益之间的平衡；欲实现此种平衡，须恰当确定版权客体的范围。版权的客体是作品，而作品的基本属性是非物质性，此种属性增加了人们认识、理解和把握版权客体的难度。界定版权客体的必要性和困难性决定了研究此课题的重要性。

第一节　思想表达两分法

思想表达两分法是最基本的版权法律原则，其基本功能在于界定版权法的保护范围，平衡版权法激励创造与保留接触的利益关系，实现版权法的功能与目的。该两分法非常抽象，难以明确界定，自其发源之初至今，都被不断考证与思索，一系列可资借鉴的区分方法被发展出来。然而，即使在21世纪的今天，即便是版权法专家，在谈到思想表达两分法时，仍然感觉是在和"幽灵"对话。[1]

一、概念追问：是否真的有思想表达两分法

（一）制定法对思想表达两分法的界定

思想表达两分法（the idea/expression dichotomy）是版权法的基本原则，一些成文法对该原则作出了明确规定，如1976年《美国版权法》第102（b）条规定，版权法不保护思想（idea）、程序（procedure）、工序（process）、系统（system）、操作方法（method of operation）、概念（concept）、原则（principle）或发现（discovery），而不管它们在作品中被描述（described）、解释（explained）、演示（illustrated）或者体现（embodied）的形式如何。

我国《计算机软件保护条例》第6条规定，对软件著作权的保护不

---

[1] Leslie A. Kurtz, Speaking to the Ghost: Idea and Expression in Copyright, 47 *U. Miami L. Rev.* 1221, 1221 (May, 1993).

延及开发软件所用的思想、处理过程、操作方法或者数学概念等。

我国台湾地区"著作权法"第10条之一规定，依"本法"取得之著作权，其保护仅及于该著作之表达，而不及于其所表达之思想、程序、制程、系统、操作方法、概念、原理、发现。

主要的版权国际公约也都明确规定了思想表达两分法。例如，《伯尔尼公约》第2（8）条规定，版权保护不及于具有纯粹新闻消息性质的新闻或者各种各样的事实。《世界知识产权组织版权条约》第2条和《知识产权协定》第9（2）条都规定，著作权保护应延伸到表达方式，但不得延伸到思想、程序、操作方式或数学概念本身。

（二）概念主义路径不适合版权法用语的解释

有学者在探讨思想表达两分法时试图从思想的"字典含义"[1]或"哲学界定"[2]出发来确定思想与表达的界限。然而，思想的字典含义种类繁多，[3]而且大多不是从法学特别是版权法的角度来界定的，尽管其对理解思想与表达的界限可能会有所帮助，字典含义定义的繁杂性与一般性却往往不能为正确理解版权法中的思想表达两分法提供切实帮助。同理，哲学家对思想含义的探讨在一定意义上代表了特定时期一般人对思想的理解，但思想哲学含义的抽象性与不确定性对版权司法实践也没有多大帮助。因此，与其在概念的纠缠中兜圈子，不如透过思想表达两分法的功能，将版权法不受保护的要素从版权作品中剔除，直接从该两分法的实质出发认识这一法律问题。正如Goldstein教授所建议的一样，思想和表达不应该严格按照字面意义来把握，而是作为一部作品中"不受保护

---

[1] Leslie A. Kurtz, Speaking to the Ghost: Idea and Expression in Copyright, 47 *U. Miami L. Rev.* 1221, 1241-43 (1993).

[2] Amy B. Cohen, Copyright Law and the Myth of Objectivity: The Idea-Expression Dichotomy and the Inevitability of Artistic Value Judgments, 66 *Ind. L. J.* 175, 198-99 (1990).

[3] 例如在1975年版牛津英语辞典（The Compact Edition Of The Oxford English Dictionary 1367）对思想的解释占了一整页，字数超过4 000个单词，有12个主要意义和众多子范畴。See Amaury Cruz, What's the Big Idea behind the Idea-Expression Dichotomy? —— Modern Ramifications of the Tree of Porphyry in Copyright Law, 18 *Fla. St. U. L. Rev.* 221, 223 (1990).

的要素"（unprotected elements）和"受保护的要素"（protected elements）❶ 的比喻。❷

在我国，曾经存在"思想/表达"与"内容/形式"的用语之争。❸ 对这个问题，同样可以采取上述实质分析的方法进行考量。实际上，不论是"思想/表达"还是"内容/形式"，使用者用这些术语想要表达的意思都是作品的"不受保护的要素/受保护的要素"。只不过"内容/形式"的表达方式更容易使人对作品的版权保护范围产生误解，因为作品的内容与形式是一个有机整体，两者往往难以区分。例如，在音乐、抒情诗歌、抽象造型艺术等作品中，形式与内容互为关联而不可分割。而且，表达不仅包括形式，❹ 作品的内容也可能表现作者的个性。❺ 因此，大多数学者倾向于用"思想/表达"而不是"内容/形式"。基于对选用术语的实质的认识，即都是用来区分版权法"受保护的要素"与"不受保护的要素"，将"不受保护的要素"排除在版权保护范围之外，本书采用常用术语"思想/表达"，但不主张严格按照"思想"与"表达"的字面意义来理解思想表达两分法的内涵，而是应当考量版权法的目的，平衡激励创作和保留公共领域两种功能，根据作品类型，考察案件具体事实，适宜地判定特定案件中应当受版权保护的表达和不应当受版权保护的思想。

（三）思想的一般范围

虽然思想的范围不易界定，但经过实践的摸索和经验的总结，其大

---

❶ 对思想表达两分法中的"思想"与"表达"不能按照概念主义的路径进行理解，并不意味着要否定思想表达两分法在版权法中的地位。而是指如果先对"思想"与"表达"的内语与外延作出界定，再按照这种界定来将作品中不受保护的"思想"排除在版权保护的范围之外，就会犯削足适履和先入为主的错误。相对于这种不适当的概念主义路径，将作品的构成要素，例如字面意义上的文字表达、结构、情节、题材、主题思想、风格等抽象出来，考量版权法的立法目的，考虑个人利益与公共利益之间的协调与平衡，将某些应该处于公共领域的要素排除在版权保护范围之外，对于恰当界定版权的客体范围更有意义。

❷ Paul Goldstein, *Goldstein on Copyright* (Third Edition), Volume 1, Wolters Kluwer (2007), 2.3.1.

❸ 郑成思：《版权法（修订本）》，中国人民大学出版社1997年版，第41页。

❹ S. K. W, Derivative Works and the Protection of Ideas, 14 *Ga. L. Rev.* 794, 798 (1980).

❺ 蔡明诚等："国际著作权法令即判决之研究（四）德国著作权法令即判决之研究"，载我国台湾地区"内政部"1996年研究报告，第25页。

概范围还是可以勾勒出来的，即程序、工序、系统、操作方法、概念、原则、发现、游戏规则❶、会计方法❷等。

值得注意的是，在 1976 年《美国版权法》之前，美国版权办公室（the Copyright Office）已经发布了规定特定材料不具备可版权性的一些规则：❸（1）单词和诸如名字、标题与口号的短语；常见符号或图案；有关印刷装饰的简单变化，如字母或颜色的变化；成分或内容的简单列举。（2）同其所被表达或描述的作品的特殊方式相区别的思想、计划、方法、系统、装置。（3）诸如计时卡片、方格纸、账簿、日记、空白支票、记分卡、住址名册、报表、订货单等被设计用来记录信息而不是本身用来传达信息的空白表格。（4）全部由属于公共财产的信息组成的不具备原创性的作品，比如标准日历、高度重量表、卷尺、标尺、体育赛事进程表、从公文或者其他公共资源中提取的列表或表格。美国版权办公室这样解释该规定：思想、方法或系统不能获得版权保护。版权保护不及于制作、制造或建造事物的思想或程序；科学技术方法或发现；商业操作或程序；数学法则；公式；或任何其他思想、程序或操作方法。❹ 该总结虽然不具有绝对性，但极具参考价值。

二、历史追索：思想表达两分法缘何被提起

思想表达两分法源于司法实践，并且在其中得到丰富与完善。版权法的发展历程，可以说是版权客体不断丰富与发展的过程，作为版权法基本原则的思想表达两分法，其产生、发展与完善也是与版权客体范围的不断扩展相伴相随的。版权客体范围演绎了从文字性（literal）要素到非文字性（non-literal）要素，再到更为抽象的整体概念与感觉（total concept and feel）原则的进程，思想表达两分法也历经了源起、严格解释表达、保护进入非文字要素和高科技作品出现等阶段。该原则还经历了从普通法到制定法的发展历程。

---

❶ Chamberlin v. Uris Sales Corp., 150 F. 2d 512 (2d Cir. 1945).
❷ Baker v. Selden, 101 U. S. 99 (1879).
❸ Material Not Subject to Copyright, 37 C. F. R. § 202.1 (1988).
❹ Copyright Office, Ideas, Methods, or Systems, Circular R31 (1985).

(一) 源起

思想表达两分法在英国可以追溯到著名的米勒（Millar）案❶和唐纳森（Donaldson）案❷。在美国，思想表达两分法源自最高法院的 Selden 案❸。

1729 年，米勒以 242 英镑购买了汤普森的作品《四季》（Seasons）的权利，泰勒（Taylor）是一位书商，他在 1763 年出版了该作品，后来米勒起诉要求获得法律救济。原告米勒已经适时地将其复制本交存星公司登记处（the Stationers' Register），但《安娜法令》授予《四季》的法定权利期限至少在 1757 年就已经过期了。本案的焦点有两个：作者或其受让人在文学作品发表后是否在普通法（common law）上仍然保留着一个普通法上的永久财产权，以及《安娜法令》的本质特征及其对该普通法权利的影响。米勒要想在诉讼中获胜，其必须证明自己享有该作品上的普通法权利。王座法院以 3∶1 的多数支持了普通法文学财产的判决。其中曼斯菲尔德（Mansfield）勋爵、维尔斯（Willes）法官和阿斯顿（Aston）法官支持普通法文学产权，而叶茨（Yates）法官表示反对。支持者比较有说服力的理由是：创造者对其创造的财产享有自然权利；一个人可能对其身体、生命、名誉、劳动及诸如此类的事物享有财产权，即对一切可以称之为他的东西享有财产权；作者收获他自己独创性的劳动带来的财产利益是正当的；他人在未经允许的情形下不应使用其名字是正当的；由作者来决定何时出版或是否出版其作品是合适的；由作者来决定出版的时间、方式、数量、卷数、版次是适当的；等等。总之，有充分的理由来保护作品在出版前的复制；在作者出版作品之后，这些理由仍然存在。叶茨法官在其反对意见中指出，作者的普通法版权是不存在的，因为一个人不能就其作品的风格（style）和思想在普通法中享有财产权。如果思想、感情和个人的理解可以成为建立一种财产权的充

---

❶ Millar v. Taylor, 98 Eng. Rep. 201, 229 (K. B. 1769).
❷ Donaldson v. Beckett, 1 Eng. Rep. 837 (H. L. 1774).
❸ Baker v. Selden, 101 U. S. 99 (1879).

分基础的话,这将会带来多大的财产权范围![1] 唯一的版权就是《安娜法令》下的制定法版权。

在米勒案的判决宣布之后不久,上议院在唐纳森案中对有关普通法文学财产的地位问题进行了重新评议。米勒案并没有上诉,米勒本人于1768 年死亡,他的遗产管理人于 1769 年将其《四季》的复制本拍卖,贝克特和他的 14 个合伙人以 505 英镑将汤普森作品的版权买下,包括在米勒案中已经转让的作者的永久性普通法版权。《四季》的版权在 1757 年已经过期,唐纳森主张免费出版该作品并且已经在爱登堡（Edinburgh）卖出了《四季》的几千册复制本。1772 年 9 月,贝克特和他的合伙人获得了一个永久性禁令来限制唐纳森。唐纳森上诉。该案于 1774 年 2 月宣判结果,其中涉及与米勒案同样的问题,即是否存在一个永久性的普通法复制权；而且涉及的是同一部作品,即汤普森的《四季》,因此可以被看做是对米勒案判决的一个事实上的（de facto）的上诉。本案围绕是否存在一个永久性的普通法复制权展开。唐纳森的辩护律师约翰·达尔瑞母（John Dalrymple）主张在思想上不存在财产权：一个人在其思想中可以享有什么权利？当他将思想保留在自己之处时思想是他的；当他将思想发表之后,思想不再属于他所有。如果我从海洋中取出水,水是我的；如果我将水倒进海洋,水不再是我的。韦德本（Wedderburn）作为书商的律师,主张作者对其思想享有财产权：不论从自然法原则来看,还是从社会利益的角度讲,作者有权从其思想的发表中获益。是作者对其思想的控制赋予其对其手稿（manuscript）的财产权,只有转移这种控制或者弃权（right of disposal）,才能除去其对手稿的财产权。在上议院全体议员对此进行表决时,以 22 票比 11 票支持唐纳森,反对普通法上的永久性复制权。[2]

---

[1] Millar v. Taylor 案叶茨法官的意见。http://oxcheps.new.ox.ac.uk,2007 年 9 月 18 日访问。

[2] Millar v. Taylor 和 Donaldson v. Beckett 的案情参见 [澳] 布拉德·谢尔曼、[英] 莱昂内尔·本特利著,金海军译：《现代知识产权法的演进——1760－1911 英国的历程》,北京大学出版社 2006 年版,第 14～15 页。另参见 L. Ray Patterson & Stanley W. Lindberg, *The Nature of Copyright —a Law of Use's Rights*, the University of Georgia Press (1991). pp. 33～41.

在绍登（Selden）案中，绍登在1859年获得了一本名为簿记概述（*Selden's Condensed Ledger, or Book-keeping Simplified*）的书的版权，这本书的目的在于展示和解释一种特殊的簿记方法。在1860年和1861年，他获得了其他几本增补和改进该簿记方法的书的版权。绍登诉贝克侵犯了这些作品的版权。法院作出了对原告有利的判决，被告上诉。绍登的主张主要集中在贝克运用了绍登的书中所解释和阐明的相同方法（system）。于是，决定绍登在获得书的版权的时候，是否获得书中意图描述的簿记方法的专有使用权便成为该案的焦点问题。换言之，簿记方法的专有使用权是否可以在版权法项下主张。然而，在"书"（book）和书中所意图描述的"技艺"（art）之间存在明显区别。这种区分非常明显以至于不必进一步论述来证明。一篇有关药品的构成和使用的论文，不论其是新论文还是旧论文；有关犁或者手表或者搅乳器的构成和使用的论文；或有关绘画或染色中的颜色混合或者运用的论文；或有关通过画线来产生某种视觉效果的方法的论文，都将成为版权客体；然而，没有人会主张该论文的版权会赋予其中所描述的技艺或方法的专有使用权。

书中所描述的技艺或事物的新颖性同版权的有效性无关。赋予书的作者对书中所描述的技艺以专有权，而没有对其新颖性进行官方检验，是对公众的一种"突击"（surprise）和"欺诈"（fraud）。这属于专利法而不是版权法的领域。要就一项技术或者方法的发明或者发现获得专有权利必须经过专利局的检验，对其的专有权只有通过从政府授予的专利权中获得。一本有关透视画法的书，不管其中包含有多少制图和图表，其版权不能够赋予其中所描述的绘画方法的专有权，尽管这些方法以前不为人知或者不为人用。一部有关数学科学的书的版权不能够赋予作者有关他所提出的运算方法或者他用来解释这些运算方法的图表的专有权。

出版一本有关科学和实用技术的书的目的就是向世界传播书中所包含的知识。但这个目标可能会因为不适当地扩大版权保护范围至于包含书中所描述的知识的使用权而被破坏。如果不运用书中所描述的方法或图表或与之相似的方法或图表就不能够运用该书中所教导的技艺，那么这些方法和图表将会被认为是这些技艺的"必要的附带品"，应当随之进入公共领域。

在该案中，绍登通过他的书，解释和描述了一种特殊的簿记方法，他用线条、空白栏目和一些标题来描述他的方法。虽然没有人有权印刷或者出版他的书或者书中的任何实质性部分，但任何人都可以实践和使用书中所描述的技艺。技艺的使用同解释该技艺的书的出版是完全不同的事情。有关簿记方法的书籍的版权不能赋予制作、销售和使用建立在该簿记方法之上的账簿的专有权。该技艺是否可能获得专利权不是本案的重点。该技艺没有申请专利，因此处于为公众公开和自由使用的范畴。在使用这个技艺的时候，线条和标题是必需的。因此，空白账簿并不是版权客体；绍登对其书籍的版权并不能赋予其书中所描述的空白账簿的专有权利。

上述三个案例虽然发生在版权制度进化的早期，但是其已经涉及思想表达两分法的实质，尤其是绍登案更是详细和深入地阐述了版权法为何不能够保护表达中所体现的思想的原因，奠定了思想表达两分法的基石，对后来案件的判决产生了巨大影响。尽管当今版权制度已经进化到数字版权时代，上述案例所阐述的版权法基本原则仍是版权法实现促进科学与实用艺术进步的基础和前提。

（二）严格解释表达阶段

早期涉及思想表达两分法的案例企图建立"真正的"思想与表达的区分。在这一时期，版权保护仅禁止"字面侵权"（literal copying），而不禁止对版权作品"更为抽象的借取"（a more abstract taking）。❶ 由于版权保护仅禁止字面侵权，版权保护往往限制在诸如"手稿"等有形载体之上，这个阶段的版权保护范围比较狭窄，思想与表达的区分也相对容易。

例如，在斯通（Stowe）案❷中，法院认为版权不存在于被传达的思想、知识或信息上，而是存在于表达相同思想的"相同语词"上。当作者出版了他的书，将他的思想、感情、知识或发现呈现给整个世界时，他对它们不再享有专有权。作者的思想成为读者的共同财产。不能剥夺社会公众对上述共同财产的使用权，也不能限制社会公众用自己的表达

---

❶ Edward Samuels, The Idea-Expression Dichotomy in Copyright Law, 56 Tenn. L. Rev. 321, 325 (1989).

❷ Stowe v. Thomas. 23 F. Cas. 201 (C. C. E. D. Pa. 1853) (No. 13, 514).

形式将上述共同财产传达给他人。在该案中，法院将版权的范围解释得非常狭窄，将之限制于作者思想的有形表达形式即严格字面意义的语词上。在一部文学作品中，只有对作者语词的原样复制才构成侵权。除了字面意义的语词之外的所有其他事物，都可以被称为思想、情感、观念或想法，而不被版权法保护。❶

在斯通案中，"原样提取"（exact takings）才处于版权法禁止的范围之内，"抽象提取"（abstract takings）不受版权法控制，思想表达两分法是"真正的"两分法。因此，在思想和表达的区分上没有模糊之处。❷

在严格解释表达阶段，版权侵权被限制在严格的字面意义上，除原样复制被视为侵权之外，其他对版权作品的利用都不被认为是侵权，正是这种版权保护的"有限性"导致了思想与表达区分的"简易性"和"清晰性"。不过，版权制度发展到今天，随着新型版权客体的不断出现以及其对版权制度带来的冲击，当今的版权制度早已不将版权保护的范围严格限制在"字面意义"上了，而是超出该种意义之外许多。因此，严格解释表达阶段的思想表达两分法具有历史局限性，不能够为现代版权制度所用。

（三）保护范围扩展至"非文字性要素"阶段

当版权保护范围限于作品的文字性要素时，划清思想与表达的界限相对容易。当版权保护范围扩展至作品的非文字性要素时，思想表达两分法变得更为重要，因为使用版权作品的任何要素都可能构成侵权，需要一个限制责任的机制；❸ 区分思想与表达也变得更为困难，因为版权保护不再局限于作品的文字层面（literal aspects），在仅窃取内容（content）而没有窃取形式（form）的情形下版权责任也可能存在，但作品的内容与形式不易区分；❹ 同时，思想表达两分法在这一阶段变得更有价值，因

---

❶ Leslie A. Kurtz, Speaking to the Ghost: Idea and Expression in Copyright, 47 *U. Miami L. Rev.* 1221, 1227 (1993).

❷ Edward Samuels, The Idea-Expression Dichotomy in Copyright Law, 56 *Tenn. L. Rev.* 321, 338 (1989).

❸ Leslie A. Kurtz, Speaking to the Ghost: Idea and Expression in Copyright, 47 *U. Miami L. Rev.* 1221, 1228 (1993).

❹ 同上。

为在严格解释表达阶段，版权保护范围被严格限定在作品的文字性层面，思想表达两分法在这一阶段的适用意义似乎不大。而在版权保护范围扩展至作品的非文字性要素时，版权保护范围的界定变得更为困难，思想表达两分法在此时变得更有意义。事实上，思想表达两分法只有在非文字性复制（nonliteral copies）的情形下才有意义。❶

在这一阶段，一系列思想与表达的区分方法被发展出来。该阶段的标志性事件就是汉德（Hand）法官在尼克尔斯（Nichols）案中提出所谓"抽象测试法"。该测试法在版权司法实践中发挥了重要作用。

（四）新科技作品出现阶段

计算机领域的革命给世界带来翻天覆地的变化。计算机软件这种新的版权客体出现之后，为在促进计算机产业的发展与保证后来者的创作自由之间取得平衡，加上计算机软件本身所具有的实用物品属性，区分软件作品的思想与表达成为一个既困难又不得不解决的课题。

这时，抽象测试法已经成为版权法上判别思想与表达的主流，但是否能够适用于软件作品则不无争议。自20世纪90年代起，美国巡回上诉法院陆续对抽象测试法进行修正，用它来区别软件的思想与表达。❷ 在抽象测试法的基础上，"露特丝（Lotus）三步测试法""阿尔泰（Altai）抽象-过滤-对比三步测试法"等思想与表达的区分方法被提出。

（五）制定法阶段

在思想表达两分原则判例法发展的同时，该原则的成文化也在同步进行。例如，在1976年《美国版权法》之前，美国版权办公室已经发布了有关规则，来界定不受版权保护的思想。❸ 1976年《美国版权法》第102（b）条明确规定了思想表达两分法，使该原则演变成成文法规范。

三、根基追究：为何要有思想表达两分法

思想同表达一样，往往也是作者劳动的产物，其对经济社会发展的

---

❶ Edward Samuels, The Idea-Expression Dichotomy in Copyright Law, 56 Tenn. L. Rev. 321, 371 (1989).

❷ 罗明通：《著作权法论（第二卷）》，群彦图书股份有限公司2005年第六版，第419页。

❸ Material Not Subject to Copyright, 37 C. F. R. § 202.1 (1988).

作用不可小视，一个重大思想会促进重大的理论发展甚至会带来巨大的经济社会效益。自然科学领域爱因斯坦相对论的提出和社会科学领域科斯定律的出现都是明证。不论按照自然法理论，还是依据洛克的劳动学说，抑或考虑思想的重大社会价值，似乎都应该对思想赋予版权保护。然而，思想表达两分法要求版权法只保护思想的表达，而不保护思想本身，这似乎违背社会常理和正义原则，但版权法的这一原则有其深层原因。

（一）创作实践的要求

版权法的目的是促进整个社会文化艺术的进步，这一目的的实现是通过赋予作者以作品专有权的形式进行的。但作者的作品专有权同时也是他人创作的障碍。❶ 形象地讲，"版权保护的范围越广，文学想象越受限制"。❷ 因此，为了保证文化创作的顺利进行，应当将版权保护限制在一个合理的范围之内。

（1）人类的创作行为是一种"累积性增长"的过程，版权制度应当遵循这一规律。任何创作都是建立在已有材料的基础之上，而不是凭空产生的。❸ 作者在文学创作的过程中，不可避免地受到他人作品中的思想的启发与指导。

（2）思想的数量是有限的，应当成为人们创作的公共素材。例如，实际上只存在 36 种悲剧情境及相应的 36 种情感。同一种思想、研究和主题经常会反复出现。❹ 如果一个作者能够就特定思想创造出新的表达形式且可以将该思想从原材料中拿走的话，每一个版权都会使思想领域变狭窄，科学、诗歌、戏剧和其他文学领域都将会被版权阻碍而不是促进。❺ 如果承认思想本身的专有权利，则会束缚这些思想的传播并因此阻

---

❶ Leslie A. Kurtz, Speaking to the Ghost: Idea and Expression in Copyright, 47 *U. Miami L. Rev.* 1221, 1223 (1993).

❷ Richard A. Posner, *Law and Literature* (Third Edition), Harvard University Press (2009), p. 348.

❸ Emerson v. Davies, 8 F. Cas. 615, 619 (C. C. D. Mass. 1845) (No. 4, 436).

❹ ［西］德利娅·利普希克：《著作权与邻接权》，中国对外翻译出版公司、联合国教科文组织 2000 年版，第 41～42 页。

❺ Eichel v. Marcin, 241 F. 404, 408 (S. D. N. Y. 1913).

碍创造力的自由发挥，会妨碍作品的创作。我们不但可以借用他人作品的思想，而且可以个别地借用它的不同成分，如个别的事实、观念、主题、结构、方法、文学风格、文学形式、艺术手法、词汇等。❶

总之，思想、程序、工序、系统、操作方法、概念、原则、发现等是可版权性表达的"基石"（basic building blocks），如果授予这些项目以版权，将同版权法的目的相违背。❷

（二）经济基础的反映

思想表达两分法的存在不仅与创作实践吻合，而且具有深刻的经济基础。

（1）思想的垄断增加了作品的创作成本，导致作品数量的减少。❸ 任何创作都建立在前人作品的基础之上，不可避免地要用到前人作品中的某些要素。如果第一个将某种思想表达出来的作者可以对该思想享有垄断权的话，任何后来的创作者要利用该思想都应该获得第一个作者的同意。再者，一部作品中不可能只包含一个版权法意义上的思想，这样创作者在创作作品的过程中如果不想招致诉讼，势必要一一搜寻其将要在作品中使用的思想的出处，这种操作即使在实践中是可能的，成本也将大大提高。如果赋予思想以版权保护，作品的创作将受到极大阻碍，版权法促进科学和实用艺术进步的目的将不能够圆满实现。

（2）对思想赋予版权保护还会鼓励寻租行为。一种新思想的开发成本相对于将该思想许可给他人获得的潜在收入而言很可能是较低的，如果对思想赋予版权保护会引发一个开发思想并对其主张权利的狂潮。如此，社会和经济资源就会被吸收到开发最低表达的思想（ideas with minimal expression）上，所开发的思想将被储存起来，以期将来的作者因为使用它们而支付费用。

（3）对思想进行保护不具有可行性。因为思想权利的管理成本很高。

---

❶ [西]德利娅·利普希克：《著作权与邻接权》，中国对外翻译出版公司、联合国教科文组织2000年版，第41～42页。

❷ [美]朱莉·E.科恩等著：《全球信息化经济中的著作权法》，中信出版社2003年版，第90页。

❸ [美]威廉·M.兰德斯、理查德·A.波斯纳著，金海军译：《知识产权法的经济结构》，北京大学出版社2005年版，第116～117页。

作者在创作过程中，用到前人的数以千计的零星思想，❶ 法院不得不界定每一个思想，设定其边界，确定它与其他思想的重叠之处，其中确认作品中的原创性思想最为困难。❷

总之，版权法保护思想会增加作品的创作成本和减少作品的数量。版权提供了创作激励，但也破坏竞争。仅从社会个体来看，保护思想尤其是重大的思想是公平的，但我们将视野放大到整个社会，保护思想不符合社会公共利益。

（三）言论自由的保障

言论自由是宪法保障的一项重要人权，其基本含义是每个人都有表达个人思想和观点的自由。各国宪法一般都规定了言论自由权。

版权的实质在于版权人通过控制版权作品的复制与传播达到获取经济利益的目的；而言论自由则通过法律保障鼓励言论的交流与传播。因此，至少从表面上看，版权法规则同言论自由权的精神相左，但两者有以下共通之处。

（1）版权法的激励机制丰富了表达，促进了言论自由。

（2）大法官布兰代斯（Brandeis）指出："最高贵的人类创造——知识、真理、概念和思想——在自愿传达给别人后，就变得像空气一样供公众自由使用。"❸ 思想表达两分法遵循了思想的本质，将思想排除在版权保护的范围之外，丰富了思想市场。

（3）思想市场并没有被版权限制，版权被限制在对表达的保护。在思想表达两分法的限定之下，版权限制的只是那些仅重复他人已经表达的事物的人的言论，妨碍的只是在思想市场中未添加任何新东西的表达。❹

综上，版权制度要同宪法保护言论自由的精神相一致，必须坚持思

---

❶ Nash v. CBS, Inc., 899 F. 2d 1537, 1540 (7th Cir. 1990).

❷ [美] 威廉·M. 兰德斯、理查德·A. 波斯纳著，金海军译，《知识产权法的经济结构》，北京大学出版社2005年版，第118～119页。

❸ International News Serv. v. Associated Press, 248 U. S. 215, 250 (1918) (Brandeis, J., dissenting).

❹ Melville B. Nimmer, Does Copyright Abridge the First Amendment Guarantees of Free Speech and Press?, 17 *UCLA L. Rev.* 1191, 1192 (1970).

想表达两分法，否则，公民便无言论自由可言。

四、方法探索：怎样区分思想与表达

思想表达两分法作为版权法的基本原则之一，承载着相当大的使命。要完成这项使命，必须通过一定的方式有效地将两者区分开来。但思想与表达的区分并不容易。有学者形象地说道，版权就像瑞士硬干酪一样，上面有很多洞。作品中不受保护的要素不能够简单地用剪刀剪掉，观察者必须使用判断和评价从观念上将这些要素去除。虽然经过较长时间的摸索，思想与表达的含义及界限仍然模糊不清。思想和表达都是未被定义的没有内容的术语（terms without content），就像未装酒的酒瓶一样（bottles without wine）。❶ 没有法律原则阐明模仿者何时超过模仿思想的阶段而进入借用表达的阶段。因此，判决不可避免地即兴和随意（ad hoc）。❷

思想表达两分法是个较为抽象的法律原则，需要具体的标准来指导该原则的贯彻与落实。司法实践的发展及经验的总结产生了一系列区分方法，有关思想表达的判断方法有：内容形式区分法、减除测试法、抽象测试法、模式测试法、功能目的测试法和抽象—过滤—对比测试法等。

（一）内容形式区分法

如上文所述，在版权制度发展的早期，版权保护被限制在狭窄和有形的范围之内。在这一时期，思想与表达的区分方法相对简单。如果版权仅禁止字面复制，受保护的表达和不受保护的思想之间的区分界限可以在作者表达她的思想的"形式"和这些思想的"内容"之间划定。❸ 这时作品的形式是严格意义上的形式，往往被限制在作者所用的语词与手稿之上，同当时受保护的表达的含义相同。因此，除此之外的事物都是内容，都属于思想的范畴，都不受版权法保护；换言之，除字面复制之

---

❶ Leslie A. Kurtz, Speaking to the Ghost: Idea and Expression in Copyright, 47 *U. Miami L. Rev.* 1221, 1222 (1993).

❷ Peter Pan Fabrics, Inc. v. Martin Weiner Corp., 274 F. 2d 487, 489 (2d Cir. 1960).

❸ Leslie A. Kurtz, Speaking to the Ghost: Idea and Expression in Copyright, 47 *U. Miami L. Rev.* 1221, 1226 (1993).

外的所有借鉴和利用作品的行为都在版权法的禁止范围之外,都是合法行为。

内容形式区分法是在特定历史条件下产生和发展的区分方法,只在当时有意义。当版权保护范围从严格的"字面"上扩展开来之后,法律意义上的内容与形式的划分不再如当时特定历史背景下的区分那么明确。而且当时法律意义上的"内容"与"形式"的含义与通常认为的含义也不相同。一般而言,作品的内容与形式是密不可分的,作品中独创性因素也不限于形式,在内容中也可能存在作者独创性的因子。现代版权法的保护范围已经不限于一般意义上的形式。因此,思想与表达的界限不能通过作品的形式和内容来划分。❶

(二) 减除测试法

减除测试法(subtractive test)是区分思想表达的传统方法。依照该测试法,法官必须先解构(dissect)受版权保护的作品,滤除不受版权保护的成分,然后将剩余受版权保护的部分与被告的作品比较。❷

亚利桑德拉(Alexander)案❸即利用该方法来确定作品版权保护的范围。在此案中,法院发现,涉嫌侵权的作品同原告作品在表达或语词方面没有任何相似之处,但在主题和布局方面表现出一些相似性。然而,作品的主题和布局是创造性作品的"骨架"(skeleton)而不是"血肉"(flesh),不应当受到版权保护,而应当从受版权保护的要素中减除。

可见,此案法院在力图确定作品版权保护范围的时候,首先对作品进行了解构,分解出作品构成的四项因子:语言、表达、主题、布局。在分析和解构的基础上,法院剔除了主题和布局这两项不具有可版权性的要素,为比较涉案作品是否具有实质性相似奠定了基础。

减除测试法虽然指出在比较两部作品以判定两者是否存在侵权关系

---

❶ Leslie A. Kurtz, Speaking to the Ghost: Idea and Expression in Copyright, 47 u. Miami L. Rev. 1221, 1228 (1993).

❷ Information Infrastructure Task Force: Intellectual Property and the National Information Infrastructure, the Report of the Working Group on Intellectual Property Rights (September 1995), pp. 103~104. 另参见罗明通:《著作权法论(第二卷)》,群彦图书股份有限公司2005年第六版,第405页。

❸ Alexander v. Haley, 460 F. Supp. 40, 46 (S.D.N.Y. 1978).

时应当"解构"作品,将不受保护的思想排除在比较的范围之外,但并没有阐明如何将思想从作品中减除,即如何区分一部作品中的思想与表达,❶ 参考意义由此减小。再者,减除测试法对作品保护范围的界定采取的是约减主义的判断方式,这种判断方式是否不适当地缩小了版权作品的保护范围也值得进一步考虑。这一问题将在下文"约减主义与整体概念和感觉"一节中加以详细阐述。❷

(三)抽象测试法

以汉德法官在尼克尔斯案中所提出的抽象测试法(abstractions test)为标志,区别思想和表达的方法进入相对成熟的阶段。

在尼克尔斯案❸中,原告是一个名为《阿比的爱尔兰玫瑰》(*Abie's Irish Rose*)的戏剧的作者,该戏剧受版权法保护。被告公开发行了一部名为《科恩家与凯利家》(*The Cohens and The Kellys*)的电影剧本。《阿比的爱尔兰玫瑰》描述了在繁华的纽约的一个犹太人的家庭生活。犹太父亲希望儿媳妇是个犹太人,而其子却同一个爱尔兰天主教女孩结婚。女孩的父亲仇视犹太教,两个父亲都对这一结合感到愤怒。但最后两个父亲和好。

《科恩家与凯利家》上演了两个家庭——一个爱尔兰家庭、一个犹太家庭,两家处在敌意状态的故事。两个家庭的妻子、小儿子和狗都处于仇视状态。犹太家庭的女儿和爱尔兰家庭的儿子相爱,并且秘密结婚。犹太父亲从律师处得知其成为一大笔财富的继承人。就在这时,爱尔兰父亲和犹太父亲之间的仇视因为得知儿女的婚事而升级。律师后来告诉犹太父亲称其继承的财产实际上属于爱尔兰父亲。犹太父亲冒雨走到爱尔兰家庭告知了真相。两个父亲之间的和解从此产生。

在此案的判决之中,汉德法官作了如下经典分析:

对于任何文学产权的保护来说,不论是根据普通法还是制定法,权利不能严格地限于文本(literally to the text),否则抄袭者可能通过非实

---

❶ 罗明通:《著作权法论(第二卷)》,群彦图书股份有限公司2005年第六版,第405页。

❷ 参见本书第一章第三节的内容。

❸ Nichols v. Universal Pictures Corp. 45 F. 2d 119, 121 (2d Cir. 1930).

质性的更改（immaterial variations）来逃避责任。如果剽窃者剽窃了对话的整个场景或部分，那么问题的关键点在于被告所"拿走"的部分是否具备"实质性"，构不构成版权法上的合理使用。当剽窃者拿走的不是文字性部分，而是整个作品的抽象，判决则更加麻烦。

对于任何作品尤其是戏剧作品来说，当越来越多的特定情形被"抽象和剥离"（abstractions）后，会产生越来越具有"普遍性"（generality）的模式。在一系列"抽象和剥离"的过程中有这样一点，经过这样一个"临界点"，版权保护将消失。否则，剧作家将会阻止他人对其作品中的思想的使用。版权保护从来不延伸到这些思想上来。没有人固定也没有人能够固定这个界限。

虽然拿走情节或者角色都可能足以构成版权侵权。但在本案中，就事件和角色来说，如果说被告从原告处"拿走"什么的话，他"拿走"的只是法律允许的部分。

因此，在本案中，被告并不侵犯原告的版权。

汉德法官指出，在判断两部作品是否具有实质性相似时，所应比较的对象是作品受版权保护的部分。人们首先要做的就是通过抽象提炼的方法将作品分为层次不等的思想与表达。如果两部作品相似的地方属于较高层次的思想，这种相似就不是实质性的，但如果两部作品相似的地方属于较低层次的表达，则就有可能具备实质性。❶例如，在比较两作品的情节和故事线索时，需要在两作品存在相似的最低程度的抽象层次处（at the lowest level of abstraction）进行检验。如果作品之间的相似仅存在于较高的抽象层次（at a high level of abstraction），这些相似性构成侵权的可能性较小。❷

汉德法官主张在侵权判断中应当比较作品中受版权保护的部分，这同减除测试法如出一辙。抽象测试法既在一定程度上代表了版权司法审判的方向，又不可避免地带有同减除测试法一样的瑕疵。抽象测试法相较于减除测试法，进步之处在于，它在一定程度上找到了只在特定作品

---

❶ 李响：《美国版权法：原则、案例及材料》，中国政法大学出版社2004年版，第285页。

❷ Nichols v. Universal Pictures Corp., 45 F. 2d 119, 121 (2d Cir. 1930).

中有意义的区分思想与表达的方法,即在抽象提炼的基础上分析何等抽象层次的要素构成版权保护的表达,何等抽象层次的要素构成不受版权保护的思想。

汉德法官在尼克尔斯案所提出的抽象测试法对版权司法实践产生了重要影响,成为美国版权法上判别普通作品的思想与表达的最重要的方法。❶ 但该测试法也招致各种批评。例如有学者认为,抽象测试法仍然建立在"直觉"(instinct)的基础之上,而不是建立在对思想表达的"规则性"(principled)区分之上。很明显不存在明晰的规则来区分模仿者何时超越模仿思想而进入窃取表达的阶段。❷ 就连汉德法官自己也承认没有人已经确定(思想与表达)的界限,也没有人能够确定这一界限。虽然如此,抽象测试法的重要意义仍然不能忽视,因为其毕竟为版权司法实践提供了一条可资遵循的路径。

(四) 模式测试法

模式测试法(pattern test)由 Chafee 教授首先提出。他认为,尽管作品的一般主题(general theme)不受版权保护,然而版权保护作品的"模式"(pattern):事件的次序(sequence)与角色互动(interplay of characters)的发展。例如,一部戏剧中爱尔兰人和犹太人结婚的思想可以被借鉴。就这个主题而言,一些角色和情景的相似是不可避免的,在存在这种相似的情况下,侵权的界限尚没有达到。但戏剧的模式——事件的次序和角色的互动发展——必须不被逐场模仿,❸ 否则"模仿者"将构成对原告作品的版权侵权。

在适用模式测试法时,事实审判者(the trier of fact)从版权作品中提取(extract)构成作品模式的重大角色和事件,然后将该模式同涉嫌侵权作品进行比较,以确定后者是否存在相同的模式,如果存在,作品之间就存在实质性相似。

---

❶ 罗明通:《著作权法论(第二卷)》,群彦图书股份有限公司 2005 年第六版,第 405 页。

❷ Peter Pan Fabrics, Inc. v. Martin Weiner Corp. 274 F. 2d 4879 (2d Cir. 1960).

❸ Zechariah Chafee, Reflections on the Law of Copyright, 45 *Colum. L. Rev.* 503, 513~514 (1945).

梅尔维尔·尼默（Melville Nimmer）和大卫·尼默（David Nimmer）在《尼默论版权》一书中举了一个例子来说明模式测试法的适用。❶ 他们比较了尼克尔斯案中讨论的《阿比的爱尔兰玫瑰》《西域故事》（Western story）和莎士比亚的《罗密欧和朱丽叶》（Romeo and Juliet）。《阿比的爱尔兰玫瑰》同《罗密欧和朱丽叶》只有"两个敌视家庭成员之间的浪漫故事"这一"基本思想"（basic idea）相同。因此，在"模式测试法"下没有实质性相似存在。但就《西域故事》和《罗密欧和朱丽叶》而言，前者同后者不仅"基本思想"相同，而且"事件次序"与"角色互动"都直接来自于后者。下列 13 个要素在两部作品中都存在：

（1）男孩和女孩是仇视群体的成员；

（2）他们在舞会上相遇；

（3）他们夜里在阳台（防火梯）坠入情网；

（4）女孩已与他人订婚；

（5）男孩和女孩定下婚约；

（6）当两个仇视群体相遇时，女孩的堂兄（兄弟）杀死了男孩最好的朋友；

（7）该事件的发生是因为男孩为了阻止暴力的发生企图让其最好的朋友住手；

（8）为了报复，男孩杀死了女孩的堂兄（兄弟）；

（9）结果男孩逃亡（隐藏）；

（10）在男孩逃亡途中，女孩捎信安排男孩同女孩见面的计划；

（11）男孩一直没收到信息；

（12）男孩收到错误信息：女孩死了；

（13）在伤痛之中男孩自杀（或让自己被杀）。

（括号中表示的是《西域故事》中的相应情节。）

两个故事一致或基本一致的故事细节处于一定的抽象层次之上，这级抽象层次并未到达版权法不予版权保护的临界点。可见，两部作品的

---

❶ Melville B. Nimmer & David Nimmer, *Nimmer on Copyright*, Matthew & Bender Company, Inc.（2009），§13.03 [A][1][b].

模式相同，因而存在实质性相似。❶

抽象测试法与模式测试法都为涉案作品之间是否存在侵权关系提供了有益的分析路径，❷ 模式测试法比抽象测试法更精确，其明确指出了文学作品中何种要素应受版权保护。❸ 但该测试法也存在不少缺陷。首先，该测试法没有明确在判断两部作品存在实质性相似的时候，何种程度的相似性应当存在。❹ 形象言之，模式测试法同抽象测试法一样未能区分"抽象之树"（the tree of abstractions）的"分枝"（branches），❺ 没有告诉我们不受版权保护的思想与受版权保护的表达的界限到底在哪里。❻ 模式测试法看来也只不过是尼默教授"全面非文字性要素相似性测试法"（comprehensive nonliteral similarity test）❼ 的翻版，因此，同抽象测试法存在实质性相似。❽ 其次，即使该测试法可行，其适用范围也极其有限。很明显，该测试法在不包含"模式"的作品的案件中是没有帮助的。申言之，模式测试法对在文学作品中区分思想与表达有帮助，但对其他类

---

❶ Michael L. Sharb, Getting a "Total Concept and Feel" of Copyright Infringement, 64 U. Colo. L. Rev. 903, 913 (1993).

❷ Arjun Gupta, "I'll Be Your Mirror" - Contemporary Art and the Role of Style in Copyright Infringement Analysis, 31 Dayton L. Rev. 45, 51 (2005).

❸ Aaron M. Broaddus, Eliminating the Confusion: A Restatement of the Test for Copyright Infringement, 5 DePaul-LCA J. Art & Ent. L. 43, 57 (1994-1995).

❹ Arjun Gupta, "I'll Be Your Mirror" - Contemporary Art and the Role of style in Copyright Infringement Analysis, 31 Dayton L. Rev. 45, 51 (2005).

❺ Melville B. Nimmer & David Nimmer, Nimmer on Copyright, Matthew & Bender Company, Inc. (2009), §13.03 [A] [1] [b].

❻ Aaron M. Broaddus, Eliminating the Confusion: A Restatement of the Test for Copyright Infringement, 5 DePaul-LCA J. Art & Ent. L. 43, 57 (1994-1995).

❼ Nimmer 教授所谓的全面非文字要素的相似性指的是作品基本本质或结构（fundamental essence or structure of one work）的重构（recreation），适用于相似性是全面（comprehensive）相似，而不是逐字相似，也不是其他种类的文字相似（literal similarity）。See Melvile B. Nimmer & David Nimmer, Nimmer on Copyright, Matthew & Bender Company, Inc. (2009), §13.03 [A] [1].

❽ Amaury Cruz, What's the Big Idea Behind the Idea - Expression Dichotomy? —— Modern Ramifications of the Tree of Porphyry in Copyright Law, 18 Fla. St. U. L. Rev. 221, 248 (1990).

型的作品作用甚小,❶适用范围具有局限性。例如,在现代艺术雕刻、连环漫画的角色、职业棒球比赛广播、视觉艺术作品等情形中是否能够适用模式测试法还有待观察。因为,从文学作品的原创性表达中分析抽象层次相对容易,而这对于其他类型的作品则不尽然。

(五)功能目的测试法

在威兰(Whelan)案❷中,贝克(Becker)法官阐述了区分思想和表达的功能目的测试法,即作品的目的和功能(purpose or function)是作品的思想,对目的和功能而言不必要的事物是思想的表达。当存在不同方式来达到所企图的目的时,该特定方式对达到此目的来说就是不必要的,从而是表达而不是思想。在本案中,实用性的Dentalab程序的目的就是协助牙医实验室的商业运作,这就是该程序的思想;除此之外的都是作品的表达。因此,该程序的结构、顺序和组织都是程序的表达而不是思想,应当受版权法保护。

功能目的测试法有其适用范围的限制,其运用在实用性(utilitarian)或功能性(functional)作品上是强有力的,因为这类作品的目的容易识别。反之,在文学、视觉艺术作品及其他非功能性作品的场合,界定作品的功能是困难的。该测试法较少适用于或不适用于小说、诗歌、雕刻、绘画等作品。

功能目的测试法自产生以来便遭到诸多批评与质疑。该测试法最大的缺陷在于将程序的思想限制在它的目的或功能上,将思想简化到作品中最为一般和最为抽象的层面,不适当地扩大了版权保护的范围。威兰案有关思想表达两分法的视角暗示程序作品或其他作品仅有一个思想,❸而实际上,计算机程序不止一个思想,其他类型的作品也恐怕不只包含一个思想;将思想的概念限制在程序的功能上,那么程序中任何处于较

---

❶ Aaron M. Broaddus, Eliminating the Confusion: A Restatement of the Test for Copyright Infringement, 5 *DePaul-LCA J. Art & Ent. L.* 43, 57 (1994–1995).

❷ Whelan Associates Inc. v. Jaslow Dental Laboratory, Inc., et al. 797 F.2d 1222, 230 USPQ 481.

❸ Alfred C. Yen, A First Amendment Perspective on the Idea/Expression Dichotomy and Copyright in a Work's "Total Concept and Feel", 38 *Emory L. J.* 393, 413 (1989).

低抽象水平的东西都构成受保护的表达。❶ 思想表达两分法的功能之一就是适当限制版权保护的范围以期实现版权法的平衡功能，而功能目的测试法完全破坏了思想表达两分法的这种限制功能。❷

（六）抽象—过滤—对比测试法

随着计算机科学技术的发展，围绕计算机程序的版权司法实践也在不断进步，区分思想表达的方法也越来越精细。由阿尔泰案发展出来的抽象—过滤—对比测试法（Altai's abstraction–filtration–comparison test）综合了先前司法实践中的各种经验和方法，可以说是区分思想与表达的集大成者。

在阿尔泰案❸中，曾经为计算机联盟（Computer Associates，下文简称"CA"）开发过 ADAPTER 的阿尼（Arney）为阿尔泰开发的 OSCAR 3.4 从 CA 的 ADAPTER，下文简称"CA"中复制了 30% 的源代码。下级法院认定版权侵权存在，阿尔泰并未上诉，而是向 8 位新的并没有参与开发 OSCAR 3.4 的程序员描述了该软件的功能，这些程序员写了新的代码，开发出 OSCAR 3.5。区法院认为 OSCAR 3.5 并没有侵犯 CA 的版权，CA 上诉到第二巡回上诉法院。沃克（Walker）法官在判断涉案两程序是否存在实质性相似的时候用到了抽象—过滤—对比测试法。

1. 第一步，抽象

尼克尔斯案中用来区分思想与表达的抽象测试法对本案是有用的。不同于威兰案（认为一部软件作品只存在一个功能或目的），抽象测试法承认任何特定作品都可能是许多思想和表达的混合。就计算机程序而言，该测试法应当作为检验实质性相似的第一步。将像反向工程（reverse engineering）一样，法院应当解构声称被复制的程序结构，离析（isolate）包含于其中的每一级别的抽象（each level of abstraction）。这一过程从代码开始，以陈述该程序的最终目的为结束。

---

❶ J. Dianne Brinson, Copyrighted Software: Separating the Protected Expression from Unprotected Ideas, a Starting Point, 29 *B. C. L. Rev.*, 831, 831 (1988).

❷ Peter G. Spivack, Does Form Follow Function? The Idea/Expression Dichotomy in Copyright Protection of Computer Software, 35 *UCLA L. Rev.* 723, 747 (1988).

❸ Computer Associates International, Inc. v. Altai, Inc. 982 F. 2d 693 (2nd Cir. 1992).

2. 第二步，过滤

一旦程序的抽象层级（abstraction levels）被确定，实质性相似的考察就应从观念化（conceptual）走向具体化（concrete）。采用 Nimmer 教授的连续过滤测试法（successive filtering method）将受保护的表达同不受保护的要素分离开来。这个过程需要考察每个抽象层级的构成要素，以确定包含在特定层级的要素是否是思想；或者由效率的考量所决定，从而依附于（incidental to）思想；或者由外在于程序本身的因素所决定；或者从公共领域中得来，从而是不受版权保护的表达。任何特定程序的结构都可能反映上述影响因素的一些或全部。每个案件都需要根据其特定事实来对其进行考察。

（1）由效率决定的因素（elements dictated by efficiency）。绍登案否定对必要地依附于思想的表达赋予版权保护，该案是合并理论的基石。合并理论指当在本质上（essentially）只有一种方式来表达思想时，该思想和表达便不可分离（inseparable），从而不禁止复制该表达。❶ 在这种情形下，该表达被视为同思想本身合并（merged）。为了不赋予版权人对思想的垄断权，这些表达不应当受版权保护。

程序员通常尽力开发出一种能以最有效率的方式满足用户需要的程序。因此，在程序版权保护范围的判定中，合并理论经常被适用。在计算机程序的设计中，效率观念类似于得出一个最简明的逻辑证明或者进行最简洁的数学计算。模块越有效率，就越接近于程序结构的特定方面中所体现的思想或程序。

程序员可能通过不同方式来完成特定功能，但效率的考量可能使可选择的范围变窄，从而只剩下一两个表达形式可行。对特定任务来说，只有非常有限的文件结构可行，从而这些结构不具备可版权性。为了确定合并理论是否排除对程序结构某一方面的版权保护，法院必须考察该特定系列模块的使用是否对有效执行程序是必需的。如果答案是肯定的，该程序员就特定模块或者模块组的表达就同思想合并，从而不受版权保护。

---

❶ 这里讲的是合并原则，有关论述参见第一章第二节的内容。

（2）由外部因素决定的要素（elements dictated by external factors）。当不运用特定的普通（stock）的或者标准（standard）的文学方法，实际上不可能写出有关特定历史时代或者虚构主题的文章时，那么这些表达就不具备可版权性。❶ 尼默教授指出，在许多情形之下，不运用标准的技术（standard techniques）实际上不可能写出一个在特定的计算机运行环境中能够执行特定功能的程序。程序员的设计自由通常受到以下外部因素的制约：安装程序的计算机的机器规格（mechanical specifications）、同其他程序的兼容性要求（compatibility requirements）、计算机制造商的设计标准（design standards）、被服务的产业要求（demands of the industry）、在计算机工业中被广泛接受的设计实践（programming practices）。法院必须检验声称被侵权的程序结构是否被上述外部因素制约。

（3）来自公共领域的要素（elements taken from the public domain）。处于公共领域的材料供公众自由使用，即使被包含在版权作品之中，也不能够由单个人享有独占的权利。

3. 第三步，对比

一旦法院滤除声称被侵权的程序中所有为思想或由效率考量决定的或由外部因素决定的或来自公共领域的要素，剩下的就是应受到版权保护的表达。法院应当考察被告是否抄袭了应受版权保护的表达的任何部分，并且评价被抄袭的部分在原告整个程序中所占的比重，以确定被告作品是否侵犯了原告作品的版权。

由上述可知，抽象—过滤—对比三步测试法中包含抽象测试法，而抽象测试法是在戏剧侵权的案件中发展出来的，抽象测试法是否适合于计算机程序不无疑问。有学者认为，计算机程序并不像戏剧一样较容易被归纳为不同的抽象层级（a hierarchy of abstractions），从而，抽象—过滤—对比三步测试法是否适合于软件版权范围的界定值得探讨。尽管如此，抽象测试法代表了相较于功能目的测试法而言重要和有用的进步。❷ 因为抽象—过滤—对比三步测试法承认在一个计算机程序中存在许多思

---

❶ 这里讲的是情景原则，有关论述参见第一章第二节的内容。

❷ Jon O. Newman, New Lyrics for an Old Melody: The Idea/Expression Dichotomy in the Computer Age, 17 *Cardozo Arts & Ent LJ* 691, 700 (1999).

想和表达，通过将不受版权保护的诸多思想过滤出版权保护的范围，将功能目的测试法赋予作品的过于宽泛的版权保护限制在一个相对合理的范围之内。

（七）基于思想的性质来区分思想与表达的方法*

除了上述传统的区分思想与表达的方法之外，有学者另辟蹊径，把分析的焦点放在思想上，基于思想的类型化，分析何种思想应当属于不受版权保护的范畴或应当受版权保护的范畴，企图为思想与表达的区分提供一个一般参考模式。该学者从简单思想与复杂思想、普通思想与特别思想、标准性质等几个角度出发作了如下分析。

1. 简单（simple）思想与复杂（complex）思想

简单思想来自外部世界对作者的直接影响（direct impact）所产生的经验和印象；更加复杂的思想则是作者的"创造"，作者能够接受简单思想，以各种方式重复、比较和整合简单思想，随意地创造出复杂思想。简单思想就像红、黄、蓝三原色或者物质的原理一样，它们的数量有限。版权保护存在于这些要素的混合和编排之上，存在于它们的结合之处。思想就像空气一样被人自由使用，但其结合却未必，虽然只有有限的三种原色，但其结合的数量却很多。❶ 普通形状的结合可能满足原创性的要求。❷ 赋予基本的、单一的和简单的思想以专有权会减少公共领域的资源。但保护作为简单思想的结合的复杂思想从公共领域中拿走的仅是简单思想用一种特别的方式加以混合和编排的部分。保护作者对简单思想的特殊组合并不会阻碍新作者利用已存材料进行创作，也不会增加创作成本。相反，如果赋予简单思想以专有权则会阻碍创造和增加交易成本。

2. 普通（general）思想与特别（specific）思想

普通思想倾向于不加选择和不完全，而不是完全的和清晰描绘的。普通思想是更为复杂的思想的抽象和局部。作者保留禁止他人复制这种

---

* Leslie A. Kurtz, Speaking to the Ghost: Idea and Expression in Copyright, 47 *U. Miami L. Rev.* 1221, 1253-60 (1993).

❶ Lewys v. O'Neill, 49 F. 2d 603, 607.

❷ Runstadler Studios, Inc. v. MCM Ltd. Partnership, 768 F. Supp. 1292, 1295 (N. D. Ill. 1991).

普通思想更为特别的细节的权利能够为创作提供充分的激励,而没有必要保护来自一部作品的更为普通的思想。越是作品的深层结构(deeper structures),越是普通的思想,越不属于作者。越是特别的思想,越是可以称之为表达,越是能够体现作者的个性和最真实的创造。任何来自作品的思想,不论是普通还是特别,至少是偏离作品本身的一步。当思想变得越来越普通或越来越抽象,其离作品越来越远,离作者所提供的东西越来越远。普通思想是创作的基石,是人类经验和世界观念的一部分。普通思想应当留给社会自由使用,以免将创作基石从公共领域内移走,避免供他人使用的原始材料耗尽。没有作者可以通过开发普通思想而获得阻止他人使用该思想的特权。确定被告是否从原告处复制或者自己独立创作这种普通思想很困难。赋予更为普通的思想以版权保护会对创作过程产生特别有害的影响。这种思想的渊源难以确定的事实加剧了剥夺新作者创作基石的风险。

3. 标准性质(standard quality)

我们在实践中看待事物存在习惯方式。标准的做事方式是平常的、明显的、常规的、一般的、自然的方式。标准惯用的视角比偏离惯例的视角更有可能被认定为思想。这种视角是最普通、最一般或最常见的。它们来自我们看待世界的方式,为观察者提供一种已经被接受的框架,观察者由于熟悉这种框架而常常忽视之。它们不应当被私有化,除了字面抄袭之外不应当被保护。一个不易被理解的偏离了既定假设来看待世界的方式更容易被界定为表达。如果一个作者看待事物的方式同标准方式不同,如果他选择一种不平常的、非显而易见的、反常的、特别的、不自然的方式来表达其思想,就能够期待免于更广泛的模仿和更抽象的复制的侵害的保护。总之,越是具有标准性质和惯例性质的表达方式,越有可能被认定为思想而不受版权保护;反之,越是偏离标准性质和惯例性质的表达方式,越有可能被认定为表达而受到版权保护。

(八)基于思想与表达的关系来区分思想与表达的方法

思想与表达之所以难以区分,实际上来源于思想与表达的复杂关系。作者的创作行为事实上是从思想到表达的转化过程。作者在创作某部作品的时候,脑海中首先形成的是思想,正所谓"有感而发",这里的

"感"就是思想。作者脑海中所存在的思想也是存在不同层次的，最初形成的是最基本的思想，经过作者逐渐的构思与酝酿，这种最基本的思想慢慢具体化，当思想发展到一定的具体性程度，作者已经在最初的最基本的思想之上加入了足够的个性取舍与判断，这足以使该具体化的思想区别于最基本的思想。此时的思想如果没有形诸一定的表达形式，而是存在于作者的脑海中，尽管还不可能成为财产权的客体（因为当这种存在于作者脑海中的思想没有形诸表达的时候，他人是无法感知的），却已经成为一种"表达"，尽管这种表达还不是一种"有形的表达"。一旦这种存在于作者脑海中的表达通过一定的有形表达形式表现于外部的时候，不管这种有形表达形式是什么，就都能受到版权法保护的"有形表达"得以产生。现代版权法保护的对象正是处于这一阶段的"有形表达"。❶

我们还可以从不受保护的信息到受保护的作品的形成过程来说明思想到表达的转化过程。信息是客观存在的东西，不能够获得版权保护，例如"天将降雨"就是不受版权法保护的信息。信息是通过一定的信号传达给人类的，例如"乌云密布"就是"天将降雨"的信号。不论是信息，还是信号，都不受版权法保护。受版权保护的是表达信息和信号的符号组合。❷ 符号组合是对人类所共同认可的意义符号的一种排列和组合。这种人类所共同认可的意义符号有文字、线条、色彩、旋律等，这些东西是人类共同的文化遗产，不能够获得版权保护。但是如果作者经过自己的创作行为，将上述意义符号进行排列和组合而达到一种独特的

---

❶ 参见本书第一章第五节。
❷ 有学者将知识产权的客体界定为符号组合。参见李琛：《论知识产权法的体系化》，北京大学出版社2005年版，第123页。"符号组合说"用来说明版权客体和商标权客体有一定说服力，但认为专利权的客体也是符号组合，认为技术方案和作品一样，也是一种思想的表达，似乎欠缺说服力。同版权法一样，专利法不保护基本的思想，但并不意味着专利法保护的是思想的表达。在版权法上有所谓的"思想表达两分法"，在专利法上也有"思想与思想的运用两分法"（idea vs. application dichotomy）。该两分法意指专利法保护的不是抽象的思想，而是对思想的运用。（O'Reilly v. Morse, 56 US 62 (1853).）但即使是思想的运用，也不同于版权法保护的表达，而是用符号组合表示的技术方案所反映的"具体思想"。这一判断也可以从专利权权能和版权权能的区分中看出端倪。我们知道，版权的基本权能是复制权，而专利权的基本权能是实施权。实施指的是按照技术方案的描述来制造相同产品或者运用相同方法，是对具体思想的利用。（参见本书第一章第四节。）

结果，这种具有独特性的符号组合就是版权法保护的对象。上述"天""将""降""雨""乌""云""密""布"都是符号，而"天将降雨"和"乌云密布"则是符号组合，这种组合才是可能获得版权保护的对象。❶

五、效果反思：思想表达两分法是否真的有用吗

思想表达两分法的基本含义是版权法只保护表达而不保护思想，但作为法律规则的思想表达两分法的内涵应当不限于此，应当结合思想与表达的区分方法一体把握。换言之，思想表达两分法是基本含义与区分方法的有机结合。思想表达两分法自产生以来，对区分版权法受保护的要素与不受保护的要素，实现版权法"激励创造"（incentive to the creation）与"接触信息"（access to the information）的平衡机制，成就版权法鼓励科学与文化事业进步的目的等起了重要作用。然而，该原则自产生以来便遭到来自各界的种种批评。

（一）思想表达两分法并未达到企图达到的目的

思想表达两分法的功能一般被定位为合理限制版权保护的范围。但从历史发展来看，思想表达两分法在版权法中并不是扮演一个"限制"版权范围的角色，而是扮演了一个"扩张"版权范围的角色。❷ 版权保护从起初限制于字面复制，扩张到非文字要素，再到更广保护范围的所谓"整体概念和感觉原则"，思想表达两分法同版权客体范围的扩张相伴相随，而且不时还作为版权客体范围扩张的工具。例如，模式测试法主张

---

❶ 将版权客体界定为符号组合具有一定理论魅力，尤其是对作品的文字性要素的说明有说服力。不过，当版权保护范围不断扩大，从文字性要素扩展到非文字性要素时候，符号组合说至少不能恰当描述一部分由非文字性要素组成的版权客体。实质性相似标准的采纳、整体概念和感觉原则（参见本书第一章第三节）的采取、模式测试法的提出等都证明当下版权保护的范围不限于作品的文字性要素，还包括结构、顺序、组织、情节、角色等非文字性要素。这些要素不同于文字性要素，不是直观地呈现于读者或观赏者面前，而需要读者或观赏者通过文字性要素，借助抽象思维进行把握的。那么，将这部分要素也界定为符号组合至少从表面上看并不适当。不过，牵强一点讲，作品的非文字性要素虽然不同于文字性要素，但还是由文字性要素所限定的。因此，尽管非文字性要素在直观上并不表现为符号组合，最终还是由符号组合所限定的。因此，将版权客体解释为符号组合及其必然限定的表达也许更加符合实际情况。

❷ Edward Samuels, The Idea-Expression Dichotomy in Copyright Law, 56 *Tenn. L. Rev.* 321, 346 (1989).

作品中的"事件次序"与"角色互动"也是版权保护的对象，大大扩张了版权客体的范围。

（二）思想表达两分法对作品版权保护范围的界定没有帮助

思想表达两分法不是一种能够预测特定作品版权保护范围的工具；相反，它好像是一种事后的（ex post facto）描述，即如果特定作品被判被其他作品侵权，那么该作品就被视为可版权性的表达；相反，该作品就被描述成思想。❶这样，思想表达两分法被"印象主义"（impressionistically）运用，用来正当化判决结果，而不是提供一个达到这种判决结果的理由。❷

六、未来展望：思想表达两分法何去何从

思想表达两分法是版权法的基石，对版权司法实践产生了重要影响。针对思想表达两分法，有些学者作了一些有益的探索。

（一）市场分析法

有学者提出以"市场分析法"❸来代替思想表达两分法。他认为，思想表达两分法这一术语没有直接涉及版权法的根本目的（这一根本目的是创造一种激励艺术和科学作品创作的市场环境），而是作为市场效果分析（market affect analysis）的替代或比喻。所谓市场效果分析就是考察一部作品对另一部作品的市场效应。法院也经常考察两部作品的市场互动来确定是否存在版权侵权。法院应当不再使用思想表达两分法这一术语，而应当适用市场分析法（a market-based analysis），在分析涉嫌侵权作品时，考察每部作品的市场，确定涉嫌侵权作品中所复制的同原告作品相似的地方是否足以使涉嫌侵权作品"替代"原告作品或者"篡夺"原告作品适当的市场地位，果如此，被告构成版权侵权；反之，如果两个作品可以作为"独立产品"（separate products）竞争（两作品之间不存在市

---

❶ Herbert Rosenthal Jewelry Corp. v. Kalpakian, 446 F. 2d 738, 742 (9th Cir. 1971).

❷ Edward Samuels, The Idea-Expression Dichotomy in Copyright Law, 56 *Tenn. L. Rev.* 321, 324 (1989).

❸ Edward C. Wilde, Replacing the Idea/Expression Metaphor with a Market-Based Analysis in Copyright Infringement Actions, 16 *Whittier L. Rev.* 793, 830-41 (1995).

场替代关系），那么就不存在侵权。❶

（二）版权法保护思想

有学者主张既然思想表达两分法如此难以界定，该两分法应当被忽略，版权法应当在一定程度上保护思想。❷ 而且，在法律实践中，版权法并非没有保护思想：实质性相似标准评判的实际上是思想的相似；抽象测试法的实施过程和对演绎权的保护表明思想受到版权保护。❸ 尽管如此，版权法也只是在一定程度上或者通过其他版权法原则对思想赋予"反射"保护，保护思想不能像保护表达一样成为版权法的基本原则。因此，主张版权法保护思想只不过反映了版权法规则的一些"附带"效果，并不能从根本上改变版权法的原则。因此，主张版权法保护思想充其量有其"发现"的意义，即观察到版权法原则的另一侧面而已。

（三）思想的法益保护——一种新的解释路径*

民法所规范的生活资源分别依附于"权利""法益"和"自由资源"的外观出现。"权利"指享有特定利益之法律上之力；"法益"指法律上主体得享有经法律消极承认之特定生活资源；"自由资源"指法律放任其存在的生活资源。

随着经济和社会的发展，传统的思想表达两分法理论已经不能满足版权实践发展的新需求，这时需要一种新理论来应对这种需求。借助民法原理有关权利、法益和自由资源的三分法，可以从以下角度解释版权客体：版权法并非完全不保护思想，从资源本位出发，版权保护的对象可分为权利、法益和自由资源三种，版权法将表达权利化给予直接保护，

---

❶ 市场分析法确实有一定的理论魅力。如果他人复制的仅仅是作品的思想与观念，一般而言，就不可能形成原告作品的市场替代效应。反之，如果他人复制了作品的独特表达方式，则在一般情况下具有产生市场替代效应的可能性。反过来讲，如果被告作品复制了原告作品的构成要素，并产生了对原告作品的市场替代效应，则被告作品极有可能复制了原告作品的独特表达方式，这种复制行为构成了版权侵权。

❷ S. K. W, Derivative Works and the Protection of Ideas, 14 Ga. L. Rev. 794, 798 (1980).

❸ 王太平："著作权法中的思想表现两分理论"，见吴汉东主编：《知识产权年刊》，北京大学出版社2005年版，第219~221页。

* 卢海君："著作权保护对象新解"，载《黑龙江省政法管理干部学院学报》2007年第4期。

将思想作为一种法益给予反射保护,对于进入公共领域的表达和思想则作为自由资源不对其进行干涉,但对于这些自由资源的运用不能违背诚信原则和公序良俗原则。此种解释也许是版权客体范围解释的一种有益启迪。

七、结　语

纵然有关思想表达两分法的是非曲直众说纷纭,但该原则广泛地受到制定法的支持,普遍地被司法实践运用,它在版权制度中的根本地位没有被动摇,仍然是现代版权法的一项基本原则和版权法司法实践的重要指导思想,因此我们当然应当继续遵循这一基本原则。只不过在适用该项原则的时候,心中要谙熟伴随该原则的各种思想与表达的区分方法,明了思想表达两分法可能存在的各种缺点,考量版权法的立法目的,结合版权法其他基本原则,综合评判特定案件的正当结果。

爱德华·塞缪尔（Edward Samuels）教授对思想表达两分法的适用提出了几点颇具参考价值的建议：[1]（1）思想表达两分法应当作为最后手段来使用。实质性相似标准,原创性原则,合理使用制度及实用性原则等版权法规范是建立在更强有力的政策考量的基础之上的,而且具有思想表达两分法所常常不具备的灵活性。在判定涉案作品是否构成侵权关系时,可以首先适用上述规范,在上述规范解决不了相关问题时,再适用思想表达两分法。（2）思想表达两分法应当适用于侵权阶段以比较版权作品和涉嫌侵权作品,而不应当适用于版权作品的要件阶段（the threshold stage）。即其应当在版权侵权判定中适用,而不应在判定某部作品是否具备可版权性要件时适用。（3）思想表达两分法中所要求的表达应当是最低限度的（a minimal amount）。一部作品仅需要最低限度的表达内容（only a modest expressive content）以具备可版权性。即使一部作品包含很多可以被称之为思想的东西,在它体现表达的范围内仍然可以受到版权保护。（4）合并理论应当被特别注意。当特定思想仅有一种或有

---

[1] Edward Samuels, The Idea-Expression Dichotomy in Copyright Law, 56 *Tenn. L. Rev.* 321, 462-63 (1989).

限的几种表达方式时，该表达不受版权保护。❶

综上，思想表达两分法是版权法的基本原则，是实现版权法立法目的的基石，是指导版权立法和司法的根本准则。然而，该原则在我国著作权法制度中却未受到应有的重视，其仅仅在《著作权法》的相关条文中得到间接的表述，明确的表述也仅仅出现在《计算机软件保护条例》中，这不足以提升其版权法的基本地位，也不足以引起人们对其的重视。所以，在未来《著作权法》的修订过程中，思想表达两分法应当受到足够的重视，应当在《著作权法》的第2条（第1条规定著作权法的立法目的）明确规定思想表达两分法，使该项基本法律原则成文化。

第二节 合并原则与情景原则

版权保护表达而不保护思想，然而，并非任何表达都受版权法保护。当特定思想只有一种表达方式或仅有有限的几种表达方式时，或描述特定主题必须要用到特定的表达时，保护表达可能会产生思想垄断的后果，而思想应当属于公共领域，应供社会公众自由使用。因此，版权法此时不应当保护该特定表达。版权法所采取的在特定情形下不保护特定表达的这种法律处理方式称之为"合并原则"（merger doctrine）或"情景原则"（the scenes a faire doctrine）。事实上，情景原则是合并原则中的一种特殊情形，也是合并原则的一种，只不过情景原则的适用集中体现在小说、戏剧等文学作品上。❷

一、合并原则：表达方式有限性之克服

人类的表达方式是有限的，当特定思想只有一种或有限的几种可能的表达方式时，思想与表达交织在一起而成为一体，因为思想不受版权

---

❶ 参见本书第一章第二节的相关内容。

❷ 如果只谈思想表达两分法而不讲合并原则与情景原则，并不能恰当地界定版权客体的范围，因此，可以说合并原则和情景原则是思想表达两分法的有机组成部分或合理内核。

保护，那么思想的表达亦不具备可版权性。❶

合并原则是为了防止思想的垄断而对作品版权保护范围所作的一种限制。❷ 合并原则与思想表达两分法具有共同的理论基础：版权法不保护思想。当思想的表达方式具有唯一性或有限性时，该思想和表达便不可分离，❸ 表达被视为同思想本身合并，❹ 如果赋予该种表达以版权保护，实际上就保护了思想，而在思想之上不应存在垄断性权利。❺

例如，在莫里西（Morrissey）案❻中，原告拥有一套基于参与者的社会安全号码的赌金类晋升规则，被告宝洁（Procter & Gamble）逐字复制了这套规则中的一条。但法院判决被告并未侵犯原告的版权，因为当主题仅有一种表达方式或有限的几种表达方式时，如果赋予该种或该有限的几种表达方式以版权就意味着，主体通过对一种或几种有限的表达方式享有版权，将穷尽将来对该主题进行使用的所有可能性。

又如，在科恩（Kern）案❼中，法院判决一个绘制天然气管道路线的地图不受版权保护，因为该地图描述了特定管道的唯一可行路线。因此，根据合并原则，该地图应该被排除在版权保护范围之外，否则就会赋予在选定的通道放置计划的管道的思想以垄断权，从而会限制竞争。

版权法保护的对象是作品，作品的本质是一种表达形式，这种表达形式是由人们所共同认可的意义符号构成的。这些意义符号有文字、线条、色彩和旋律等。然而，到目前为止，人类所创造的有共通意义的符号数量并不多，从而导致在表达特定思想时可能出现意义符号的有限性，为了克服这种有限性，有必要规定当只有一种或有限的几种表达方式来表达特定思想时，该表达同思想合并，不受版权法保护。

---

❶ Michael D. Murray, Copyright, Originality, and the End of the Scenes a Faire and Merger Doctrines for Visual Works, 58 *Baylor L. Rev.* 779, 788 (2006).

❷ Educ. Testing Servs. v. Katzman 793 F. 2d 533, 539 (3d Cir. 1986).

❸ Concrete Machinery Co. v. Classic Lawn Ornaments, Inc., 843 F. 2d 600, 606 (1st Cir. 1988).

❹ Herbert Rosenthal Jewelry Corp. v. Kalpakian, 446 F. 2d 738, 742 (9th Cir. 1971).

❺ Brian Johnson, An Analysis of the Copyrightability of the "Look and Feel" of a Computer Program: Lotus v. Paperback Software, 52 *Ohio St. L. J.* 947, 951 (1991).

❻ Morrissey v. Procter & Gamble Co. 379 F. 2d 675 (1st Cir. 1967).

❼ Kern River Gas Transmission Co. v. Coastal Corp. 899 F. 2d 1458 (5th Cir. 1990).

二、情景原则：表达方式必要性之保障

从情景原则英文表达的构成来看，Scenes a Faire 是法文，Scene 指戏剧中的布景、环境，a Faire 指"action to be done"，法官里昂·杨科维奇（Leon Yankwich）将其意译为"scene which must be done"（必要的场景或必须采用的场景），以描述不受著作权法保护的主题或情节。[1] 一般而言，情景原则中的"情景"（"必要场景"）指当讨论一个特定话题、故事线索或流派时，要想适当地论述这个话题，必须使用的特定主题、情节、事件、角色类型或背景，例如普通图像、经考验证明好的故事情节、寓言和民间传说、自然景色、普通的视觉和文化情境等。[2] 如果不运用这些普通的（stock）或者典型的（standard）特定文学方法，实际上不可能写出有关特定历史时代或者虚构主题的文章时，为保证社会公众的言论自由和创作自由不被不适当地限制，这些表达不应具备可版权性。[3]

情景原则同原创性原则[4]的要求是一致的。情景原则的基本理由在于，由客体必要（necessarily）规定的要素缺乏原创性。作者在作品中讨论普通情节和主题时，将在相当低的抽象层次上[5]使用相同语词，因为需要被表达的思想要求作者用到特定术语和措辞。作者对普通情节和主题所必需的这些术语或措辞的运用不具有原创性，不能对伴随这些情节与主题的术语和措辞享有垄断权。[6] 在真正的必要情景之中，原告作者和涉

---

[1] 罗明通：《著作权法论（第二卷）》，群彦图书股份有限公司 2005 年第六版，第 438 页。

[2] Michael D. Murray，Copyright，Originality，and the End of the Scenes a Faire and Merger Doctrines for Visual Works，58 *Baylor L. Rev.* 779，793（2006）。

[3] Hoehling v. Universal City Studios, Inc., 618 F. 2d 972, 979 (2d Cir.), cert. denied, 449 U. S. 841, 101 S. Ct. 121, 66 L. Ed. 2d 49 (1980)。

[4] 原创性最为基本的含义是作品来源于作者，而不是抄袭他人作品的结果。（参见本书第二章的论述。）

[5] 一般而言，两作品相似的成分在作品中的抽象层次越低，两者之间越可能构成侵权关系。

[6] Paul Goldstein，*Goldstein on Copyright*（Third Edition），Volume 1，Wolters Kluwer（2007），§2.3.2.

嫌抄袭者都有可能是从公共领域里❶获取他们需要的材料，❷我国"末代皇帝的后半生"一案的判决正好印证了这一判断，这一事实从另外一个层面说明了情景原则存在的必要性。

亚利桑德拉案❸详细阐述了情景原则。原告亚利桑德拉享有小说《大赦年》（*Jubilee*）和小册子《我是如何写"大赦年"的》（*How I Wrote Jubilee*）两部作品的版权，被告哈雷（Haley）写了小说《祖先》（*Roots*），原告认为被告作品同自己作品之间存在相似而主张被告及其出版者版权侵权和不正当竞争。《祖先》和《大赦年》都来自美国黑暗的奴隶历史，其中有对历史事实的描述，也有作者的虚构。每个人都企图将自己的故事建立在自己祖先的生活经历之上。《大赦年》是一部历史小说，叙述了维雷（Vyry）（被描述为作者的祖母）的生活，故事从1835年开始，从她的以奴隶身份存在的孩提时代到青春期，经过了内战和重建时期。该小说大概可分为三部分，以内战的开始和结束为标志。《我是如何写"大赦年"的》是对作者职业的叙述，包括作者对家族历史的兴趣，作者多年的研究，他完成手稿的努力，及对《大赦年》的经历的解释，其中有的是历史事实，有的是作者的虚构。《祖先》包含了更为广泛的主题，从对非洲所发生的事情开始进行叙述，包含了对一个家庭数代的描述，这些家庭被描写为作者的祖先。故事开始于1750年，贯穿了作者的出生与后来的生活。将近三部分的内容是描写早于《大赦年》故事开始时期的事情。在小说结束的时候，叙述了作者本人的生活，其对家族过去的关注过程，及其对写作不断发展的兴趣等。该小说特别关注了其家族的非洲根源痕迹。

原告为了证明被告侵权，列举了一系列被告作品同原告作品之间的相似之处。而法院认为这些相似之处都不受版权保护。

（1）原告所主张的相似之处中的许多地方都是建立在历史或当代事

---

❶ 一般而言，要证明版权侵权的存在，须证明被告接触了原告作品，并且两作品之间存在实质性相似。如果被告作品来自公共领域，其不可能构成对原告作品的版权侵权。

❷ Michael D. Murray, Copyright, Originality, and the End of the Scenes a Faire and Merger Doctrines for Visual Works, 58 *Baylor L. Rev.* 779, 794 (2006).

❸ Alexander v. Haley. 460 F. Supp. 40, 45 (S. D. N. Y. 1978).

实❶的基础之上的。不能因为原告写了这些历史和事实他就可以对他们享有版权。例如，原告作品和被告作品都涉及新奥尔良和那里居住的混合种族的女人、美国西进运动的主题、奴隶反抗和奴隶主镇压反抗的历史事实。

（2）原告所主张的被告与原告作品的主要相似之处包括起源于共同资源、公共领域或民间习俗的材料。❷例如，被告很多被主张为侵权的部分都是美国黑人文化历史或美国黑人和白人演绎的以白人压迫黑人为主要特征的奴隶制度的残酷悲剧。又如，虽然本案中原被告作品都包含把死人的尸体安放在冷却的木板的情节，但这只是当时民间习俗的真实表述，这些材料都不是原告原创的，不具有可版权性。

（3）被告作品中部分被主张为与原告作品相似的要素构成必要情景。必要情景指的是在论述某个特定主题时事实上不可避免或至少是典型的事件、角色或布景。奴隶企图逃跑、奴隶在树林中被狂吠的狗追逐、奴隶悲伤地或高兴地唱歌、买卖人类的残酷行为及其他的悲惨故事至少在斯托（Stowe）时代都已经被发现。在作品中描述这些东西不会也不可能会对任何作者构成侵犯。没有人能够写出完全原创性的书。无论如何，原告将必要情景列举进侵权的范围是误解了版权法的保护范围。比如男奴隶主同女奴隶之间的性关系和女奴隶主的怨恨，奴隶的孩子被卖出他们的家庭及当事人的痛苦，对惩罚的恐惧和奴隶主对奴隶高价的抱怨等都是描述美国奴隶制度的必要情景。

（4）被告作品中一部分被主张为侵权的要素可以被描述为陈腐的语言和修辞及构成语言的基本词汇。❸语言和修辞不受版权保护；传达某个思想的词组和表达，当只能够用或者典型的用有限的几种陈腐的方式来表达的话，该词组和表达也不受版权保护。例如，"贫穷的白人垃圾"和"蓬松的棉花"等。

---

❶ 历史和事实属于"思想"的范畴，按照思想表达两分原则，其不应受版权保护。
❷ 起源于共同资源、公共领域或民间习俗的材料，是人们公有的文化遗产，不是来源于某个作者，按照思想表达两分原则和原创性原则，它们都不能受版权保护。
❸ 基本词汇、通常修辞是人类文明的产物，是人们公有的文化遗产，不是来源于某个作者，按照思想表达两分原则和原创性原则，它们都不能受版权保护。

（5）原告所主张的被告其他构成侵权的部分不是表达或语词方面的相似，而至多表现出主题或布景❶的相似。而主题和布景等是作品的"骨架"而不是"血肉"，不受版权法保护。只有表达这些要素的方式才受版权法保护。

综上，每一个原告所主张的原被告作品之间的相似之处至少是上述所列举的不受保护的要素的一种或几种。因此，被告不构成对原告作品的侵权。

亚利桑德拉案界定了情景原则的含义，详细分析了必要情景的构成要件，为以后司法实践对情景原则的恰当适用奠定了坚实基础。

亚利桑德拉案涉及的是以一定历史时期的历史事实为背景所创作的虚构作品之间的版权侵权问题。这类作品尽管是虚构作品，但不能脱离历史背景。所以，不同作者在创作这类作品的时候，由于受特定历史背景的限制，在比较低的抽象层次上存在实质性相似。

相对于以历史事实为创作背景的作品，以某段历史事实的考证为己任的作品以准确和真实地再现特定历史事实为目的，表达方式更有可能在多方面受到限制。哈林（Hoehling）案❷充分地说明了这一问题。原告哈林于1962年出版了一本有关兴登堡（Hindenburg）号飞艇失事原因的具有客观性和报道性风格的书，名为谁摧毁了兴登堡号（*Who Destroy the Hindenburg*）。10年后被上诉人穆尼（Mooney）出版了他的书兴登堡号（*The Hindenburg*），该书更具有文学性，穆尼承认在创作的过程中参考了哈林的书，并且在一些细节上以其为基础。穆尼将其作品摄制成电影的权利转让给了环球影视公司（Universal City Studios, Inc.），该公司就此制作了电影故事和电影剧本。哈林主张被上诉人复制了其故事情节、经过调查研究得出的特定事实及描述事件的词语和事件发展的次序。在评判词语和事件发展次序的相似性时，法院适用了情景原则。涉案作品之间确实存在词语和事件发展次序方面的相似性，例如，作品中都有德国啤酒娱乐中心的情景，在出发前飞艇的全体人员在中心狂欢；都有当

---

❶ 主题和布景属于"思想"的范畴，按照思想表达两分原则，不能受版权保护。

❷ Hoehling v. Universal City Studios, Inc., 618 F.2d 972, 979 (2d Cir. 1980).

47

时德国流行的问候语"嗨，希特勒"（Heil Hitler）；都有德国的国家圣歌等。而法院认为这些相似的要素仅仅是必要场景，即在论述某个既定主题时不可避免或至少是典型的事件、角色或布景。而不应用普通的或典型的文学方法，实际上不可能来描述某个特定的历史时期或虚构主题。因此，这些必要场景不受版权法保护。

综上，当描述特定情景必须用到特定的表达时，该表达对表达该特定情景具有决定性意义，此时，其应当处于公共领域，社会公众可以自由使用，否则，第一个表达特定情景的人通过版权法不适当地控制了某种特定表达方式，其他人本应该有的自由便被剥夺了。

三、适用范围：不同类型作品之个别适用

合并原则与情景原则的理论基础在于思想不受版权法保护，适用前提是特定思想的表达方式有限。不过，是否所有类型的表达方式都可能受到特定限制？如果特定表达方式不可能只有一种，以该种表达方式表现的作品就不可能适用合并原则与情景原则。

（一）合并原则或情景原则在虚构作品、事实作品和功能性作品中的可适用性探讨

不同类型作品的思想的表达所受限制的程度并不相同，适用合并原则与情景原则的几率也不一样。一般而言，在虚构作品中，作者自由发挥的空间较大，其表达方式相对比较丰富，适用合并原则的几率较小。对此类作品赋予相对宽泛的版权保护不会产生对单个作品的保护蜕化成对整个一类的人类表达产生垄断的风险。❶ 而事实作品与功能性作品由于受到描述特定事实或达到特定功能的限制，作者表达的自由空间相对较小。因此，至少从理论上讲，相对于虚构作品，合并理论与情景原则适用于事实作品与功能性作品的几率比较大。

（1）在事实作品中，由于作品的创作要以事实为基础或反映某种事实，所以，其表达方式受到上述创作背景或目的的限制。合并原则或情

---

❶ Landsberg v. Scrabble Crossword Game Players, Inc. 736 F.2d 485 (9th Cir.), cert. denied, 488-89 U.S. 1037 (1984).

景原则在此类作品中适用的可能性比较大。申言之，事实作品是以事实为基础创作的作品，或企图反映事实的作品。❶ 事实作品一般包括地图、航海图、航空图、新闻节目、科学及其他学术作品、统计报表和股票交易所行情报告等。❷ 不同于虚构作品，事实作品主要以反映信息为主，价值也主要表现为人们需要的这些信息。因此，事实作品的思想的表达受到相关客观因素的制约，例如，地图必须能客观反映地理实况或人口分布实况或矿藏实况，❸ 因此由地理实况决定的地形图或政区图的表达要素，由人口分布实况决定的人口分布地图的表达要素，由矿藏实况决定的矿藏地图的表达要素，应当被视为同其背后的思想合并，不应当受到版权保护。

（2）功能性作品的创作受到功能性考量的制约，❹ 其版权保护也经常受到合并原则的限制，软件作品就是典型。软件创作既可能受功能性要求的制约，也可能受编程语言的限制。在两种限制并存的情况之下，如果对具有唯一性或有限性的表达赋予版权保护，会产生不适当的垄断权，阻碍软件创作的进步。❺ 如果特定的计算机程序可以用其他方式来写并且可以达到相同功能，那么该程序就是思想的表达，可以受到版权保护。如果不存在或者只存在有限的其他方式来表达特定思想，思想与表达合并，表达不受版权保护。❻

合并原则在软件版权保护中的适用经历了一个不断扩展的过程。威兰案几乎不存在合并原则的适用，而经过司法实践的不断发展，阿尔泰案已经对该原则进行了广泛界定。❼ 威兰案❽认为，如果只存在"一种"

---

❶ 参见本书第四章第三节。
❷ 郑成思：《知识产权法》，法律出版社1997年版，第363页。
❸ 同上书，第362页。
❹ 参见本书第三章第四节、第五节。
❺ Michael D. Murray, Copyright, Originality, and the End of the Scenes a Faire and Merger Doctrines for Visual Works, 58 *Baylor L. Rev.* 779, 792 (2006).
❻ Apple Computer, Inc. v. Franklin Computer Corp. 714 F. 2d 1240 (3d Cir. 1983).
❼ Andrew O. Martyniuk, Abstraction–Filtration–Comparison Analysis and the Narrowing Scope of Copyright Protection for Computer Programs, 63 *U. Cin. L. Rev.* 1333, 1364 (1995).
❽ Whelan Associates Inc. v. Jaslow Dental Laboratory, Inc., et al. 797 F. 2d 1222, 230 USPQ 481.

方式实现计算机程序的目的，那么这种方式不受版权保护。该案对合并原则的狭义解释导致了对计算机程序作品广泛的版权保护。即仅存在"一种"方式来表达特定思想的时候才能够适用合并原则；而在只有"有限的几种"方式来表达思想的情形下则不能适用。这种对合并原则的解释必然导致版权保护范围的扩张。赛门铁克（Symantec）案❶采取了较为折中的标准来解释合并原则在软件作品中的适用。该案法院认为，在许多情形下，除了原告的表达方式之外，只有有限的几种其他表达方式来实现程序的设计，但其他表达方式可能存在很冗长、没效率、高成本的缺陷，以致授予原告作品以版权保护将会对该特定的程序设计造成垄断。即当思想只能用有限的几种方式来表达，表达同思想合并而不受版权保护。与威兰案对合并原则的狭义解释相对的是阿尔泰案对该原则最为宽泛的解释。阿尔泰案❷根据程序设计的效率性来界定合并原则，即如果程序员采取最有效率的方式编程以实现特定功能，那么这种最有效率的表达就不受版权保护。

情景原则在软件作品中的适用也经历了同合并理论相似的历程。❸威兰案拒绝适用情景原则来限制软件作品的版权保护范围；赛门铁克案将必要情景界定为标准表达（standard expression），这种解释是一种折中界定，潜在地赋予法院决定适用该原则的效果的灵活性；阿尔泰案将必要情景界定为由外部因素（external factors）决定的要素，尤其是兼容性（compatibility）和工业需求（industry demands）。

总之，一般而言，在软件作品中，逻辑、效率、硬件标准、软件标准、电脑制造商的设计标准、软件使用者商业上的惯例、电脑软件工业在设计程序时的习惯等❹决定在软件中必须采用某种表达方式，由上述要素所决定的软件的表达同表达背后的思想不可分离，即同思想合并或构成必要情景，不应当受版权保护。

---

❶ Brown Bag Software v. Symantec Corp., 960 F. 2d 1465, 1476 (9th Cir. 1992).

❷ Computer Assocs. Int'l, Inc. v. Altai, Inc., 982 F. 2d 693, 708 (2d Cir. 1992).

❸ Andrew O. Martyniuk, Abstraction‐Filtration‐Comparison Analysis and the Narrowing Scope of Copyright Protection for Computer Programs, 63 *U. Cin. L. Rev.* 1333, 1364 (1995).

❹ 罗明通：《著作权法论（第二卷）》，群彦图书股份有限公司2005年第六版，第429～434页。

(二) 合并原则或情景原则在视觉艺术作品中的可适用性探讨

用可视的方式来表现特定思想是否存在表现方式的唯一性或有限性，决定了在视觉艺术作品中是否可以适用合并原则与情景原则。

杨基（Yankee）案❶确认了合并原则在视觉艺术作品中的可适用性。该案涉及香蜡的图形标签之间的版权争议。在初审中，马萨诸塞地区法院运用了合并原则和情景原则来解构（dissect）杨基的图形标签，将图形标签中的许多要素排除在实质相似性测试范围之外，这些要素包括：矩形形状、金边、包含香料名称的小的方形中心盒、"丰满"（full-bleed）的相片及用相片在图形标签上表现水果、花卉、植物和散发香味的物体。上述所有要素都被认为是构成必要情景的要素或受合并原则限制的要素或包含有公共领域特征的要素。第一巡回法院认可了马萨诸塞地区法院的判决。

而在美泰（Mattel）案❷中，法院否定了合并原则在视觉艺术作品中的可适用性。第二巡回法院认为，有无数方法来组合洋娃娃的典型特征以描述年轻女性的脸。这意味着每个洋娃娃的创作者都可以使用相同的普通特征而不受限制，例如，弓形嘴唇、灵敏的鼻子、大眼睛等；但洋娃娃的创作者不能复制他人对上述特征的原创性安排。合并原则并不适用于美泰的洋娃娃图像，因为洋娃娃的创作者在如何描述一个年轻女性的面部特征时并不受限制；情景原则也不适用，因为洋娃娃的普通特征有无限的组合方式，所有这些方式都可以获得版权保护。

尽管上述两个案例的判决结果不同，在判决精神方面却存在一致性，即表达特定思想的可视的表达方式是否具有唯一性或有限性。学者之间有关合并原则或情景原则在视觉艺术作品中的可适用性的探讨也是围绕上述问题展开的。主张肯定说的学者认为用可视的方式来表达某一思想可能只存在一种方式或有限的几种方式；持否定说的学者认为用可视的方式表达特定思想不可能只有一种方式或有限的几种方式，其他的描述方式总是存在的：❸首先，将合并原则与情景原则适用到视觉艺术作品中

---

❶ Yankee Candle Co. v. Bridgewater Candle Co., 259 F. 3d 25 (1st Cir. 2001).

❷ Mattel, Inc. v. Goldberger Doll Mfg. Co., 365 F. 3d 133, 135 (2d Cir. 2004).

❸ Michael D. Murray, Copyright, Originality, and the End of the Scenes a Faire and Merger Doctrines for Visual Works, 58 *Baylor L. Rev.* 779, 848 (2006).

的逻辑缺陷在于将在文学作品中正确的理论适用到视觉艺术作品中。虽然在文学作品中可能存在只有有限的词汇来描述相同观念的情形。然而，对视觉艺术作品而言，尽管在一定的抽象层次，一些图像同另一些图像会有一些共同特征。但描述相同观念的可视的方式却不具有唯一性或有限性。其次，法官在将合并原则与情景原则扩张适用到视觉艺术作品时，忽视了原创性艺术组合的存在。最后，合并原则与情节原则的扩张适用可能会不适当地否定视觉艺术作品的版权保护。在扩张适用合并原则或情景原则的大多数案例中，法官都会对作品进行剥离与过滤分析，而否定被告作品与原告作品存在内在相似（intrinsic similarity）的可能性。

综上所述，探讨合并原则与情景原则的适用范围的基础是确定不同品性的作品之间的区别。合并原则与情景原则的适用前提是表达方式的有限性。在虚构作品中，表达方式具有多样性，合并原则与情景原则适用的几率较小；在事实性作品与功能性作品中，表达方式受到多种因素的限制，可能具有唯一性或有限性，合并原则与情景原则适用的几率较大；在视觉艺术作品中是否可能适用合并原则与情景原则的关键在于，用可视的方式表达特定思想时是否存在表达方式的有限性的可能。尽管用可视的方式表达特定思想的表达方式众多，却不排除有限性的可能，例如，画一幅毛泽东畅游长江的图，毛泽东本人的基本形象、长江的基本轮廓等都是必要的情景，应当适用情景原则，这些必要情景不应当受版权法保护。所以，对视觉艺术作品而言，尽管合并原则与情景原则适用的可能性比较小，但并非不存在。❶

---

❶ 作品的原创性构成要素可能存在于作品的基本构成要素之上，也可能存在于这些基本构成要素的排到与组合之上。视觉艺术作品也是如此。所以，合并原则与情景原则在视觉艺术作品中的适用实际上应在两个层面进行，一是视觉艺术作品的基本构成要素这一层面，一是这些基本构成要素的排列与组合这一层面。在第一个层面，合并原则与情景原则更有可能被适用；而在第二个层面，合并原则与情景原则适用的可能性较小一些，因为基本构成要素的排列组合的方式在大多数情况之下不具有唯一性和有限性，但也不排除有这样的可能性。上文所谈的 Yankee 案和 Mattel 案，从表面上看，前者肯定了合并原则或情景原则在视觉艺术作品中的可适用性，而后者则否认了其适用性，两者存在矛盾。但在笔者看来，两者的分析对象并不相同，前者针对的是作品的基本构成要素，而后者针对的是作品基本构成要素的排列与组合，两个案例对合并原则或情景原则在视觉艺术作品中的可适用性的一个肯定和一个否定恰恰从两个不同侧面共同印证了笔者的上述判断。

四、结　语

合并原则与情景原则的适用，丰富了思想表达两分法的内涵，缩小了版权保护的范围，平衡了私人权利与公共利益之间的冲突，促进了版权法立法目的的实现，彰显了其在版权制度中的重要地位与作用。然而，在我国现行著作权制度中，《著作权法》（2010年）并没有对合并原则与情景原则作出明确规定，虽然《计算机软件保护条例》（2002年）在第29条❶提及合并原则，但这种立法模式并不能保证合并原则与情景原则在版权法中的基础地位。在条件成熟时，有必要在《著作权法》中或者在《著作权法》的实施条例中明确规定这一原则，这样有利于司法实践更为精确地确定版权客体的范围，更加圆满地实现版权法的立法目的。

第三节　约减主义与整体概念和感觉原则

"约减主义"（reductionism）与"整体概念和感觉原则"（principle of total concept and feel）实际上是判断被告作品是否构成与原告作品的实质性相似及两者是否构成版权侵权关系的两种不同路径。之所以在版权客体制度中研究这个问题，是因为采取两种不同路径所导致的版权保护范围事实上是不同的。约减主义有一种"限制"版权保护范围的倾向，而整体概念和感觉原则则呈现出一种"扩张"版权保护范围的趋势。当然，两者在适用范围方面并不相同，在不同类型的作品中，两者的适用也会产生不同效果。为了对创作提供充分的激励，需要适度扩张版权保护范围；但为了不至于对潜在的创作造成一种阻碍效果，又需要适当限制版权保护范围。约减主义与整体概念和感觉原则分别置于"限制"与"扩张"的两端，如何恰当适用这两项原则，在版权法的激励创造与保护公

---

❶ 《计算机软件保护条例》（2002年）第29条规定，软件开发者开发的软件，由于可供选用的表达方式有限而与已经存在的软件相似的，不构成对已经存在的软件的著作权的侵犯。

益之间达到较好平衡，是个值得探讨的法律问题。

一、南辕北辙：约减主义与整体概念和感觉原则的价值取向

在实质性相似的认定和版权侵权的判断之中，约减主义与整体概念和感觉原则分别代表两种不同的方向，前者侧重"分析和解构"，后者注重"整体把握"：采取约减主义的抽象测试法和模式测试法更注重构成作品整体的"组成部分"（segments），整体概念和感觉原则更关注作品的"整体性"（holistic nature）；❶ 前者主张在进行实质性相似的认定时，首先应当把不受保护的要素从作品中"过滤"出去，仅对受保护的要素进行比对来确定原被告作品之间是否存在实质性相似，后者则将作品中受保护的要素与不受保护的要素作为一个"整体"，以此为基础将原被告作品进行比对，以确定是否存在侵权。

二、各有千秋：约减主义与整体概念和感觉原则的实践发展

（一）约减主义

约减主义可以追溯到汉德法官的抽象测试法：对于任何作品尤其是戏剧作品来说，当越来越多的特定情节被剥离后，会产生越来越具有普遍性的模式。在一系列剥离的过程中有这样一点，经过这样一个临界点，版权保护将消失。否则，剧作家将会阻止思想的使用。❷ 从汉德法官有关抽象测试法的经典表述中我们可以发现约减主义的因子：在对原被告作品进行比较以确定侵权是否存在时，应当进行抽象和剥离，形成不同的抽象层次，将构成思想的普遍性模式剔除，仅就剩下的受保护因素进行比对，如果构成实质性相似，则侵权成立；反之，如果只是较高抽象层次的思想具有相似性，侵权主张不成立。

不仅抽象测试法，模式测试法、抽象—过滤—对比测试法、连续过滤测试法等都表现出约减主义的倾向。采用约减主义的案例一般涉及文字作品，例如文学作品和软件作品等。不过，在视觉艺术作品之中，也

---

❶ Michelle Brownlee, Safeguarding Style: What Protection is Afforded to Visual Artists by the Copyright and Trademark Laws? 93 Colum. L. Rev. 1157, 1184 (1993).

❷ Nichols v. Universal Pictures Corp., 45 F.2d 119, 121 (2d Cir. 1930).

有这方面的案例。

例如，在 Concrete Mach. 案❶中，原告主张其七个草坪装饰物的版权受到侵犯。其中一些设计是以各种摆好姿势的真实动物形象为基础的，例如天鹅或鹿。法院确认对动物进行真实描述的思想是不受版权保护的。原告只能够禁止其对动物的真实描述的实际复制。然而，对复制的证明可能非常困难，因为一个雕塑是对真实的鹿的详细复制，后来的艺术家也可以这样做。在发回复审的时候，法院指示下级法院应该从作品中"识别"和"解构"受保护的要素来证明复制的存在。法院通过比较受保护的要素，来决定在"一般观察者测试标准"（the ordinary observer test）之下，原告是否可能证明被告的作品同他的作品之间存在实质性相似。

又如，Cooling Systems & Flexibles案❷涉及一个附有插图的散热器目录的侵权。原告主张一般的观察者将发现原告和被告的目录实际上是不可区分的。但法院没有认可原告的主张，认为重点不是作品的整体概念和感觉是否存在实质性相似，而是原告目录中非常少量的受版权保护的表达同被告目录中的相应部分是否存在实质性相似。

上述两个案例都涉及视觉艺术作品的侵权，而法院都主张将不受保护的要素从作品中剥离，比较剩下的受保护要素，都采取的是约减主义路径。

（二）整体概念和感觉原则

在 Arnstein案❸的判决中，整体概念和感觉原则初见端倪。在该案中，实质性相似测试被分为两个问题：（1）是否有复制；（2）是否有盗用。复制测试由专家在"解构"和"分析"的基础上进行。就盗用的测试，法院提出所谓"观众测试法"（audience test），即盗用是由"一般的外行人"（the ordinary lay person）基于整个作品的印象来决定的。整个作品包括受保护的要素和不受保护的要素，因此观众测试法是以作品整体为基础进行的。在观众测试法中，专家证言、详细分析或仔细解构是不

---

❶ Concrete Mach. Co. v. Classic Lawn Ornaments, 843 F.2d 600, 608-09 (1st Cir. 1988).

❷ Cooling Systems & Flexibles, Inc. v. Stuart Radiator 777 F.2d 485 (9th Cir. 1985).

❸ Arnstein v. Porter, 154 F.2d 464, 468 (2d Cir. 1946).

合适的。

整体概念和感觉原则来自第九巡回上诉法院的罗斯贺卡（Roth Greeting Cards）案❶。该案涉及贺年卡版权侵权诉讼，罗斯（Roth）主张联合卡片公司（United）侵犯了其贺年卡的版权。罗斯的贺年卡很简单，由原创性的美术作品同诸如"I miss you already"和"You Haven't even Left"等短语组成。尽管联合卡片公司的卡片同罗斯的卡片相似，联合卡片公司认为其并不侵犯罗斯的版权；因为其并没有侵犯罗斯的具有原创性的美术作品的版权；罗斯在卡片中使用的短语属于公共领域而不受版权保护。但法院判决道：尽管贺年卡中的文本材料本身因为处于公共领域而不受版权法保护，对此问题的适当分析需要考量每张卡片的所有要素，包括文本、文本的安排、图片及文本和图片之间的联系，这些要素都应当作为"整体"来考虑。作为整体考虑，原告的每一张卡片都代表了原告的表达，被告复制了原告卡片的"整体概念和感觉"。联合卡片公司的卡片侵犯了罗斯卡片的版权并不是因为两部作品中的美术作品或短语相同，而是因为艺术作品中描述的角色、艺术作品传达的特殊感受（mood）同特殊信息的结合及卡片上的词语安排实质上是相同的。

Sid & Marty Krofft 案❷发展出了"外部测试法"（extrinsic test）和"内部测试法"（intrinsic test）。类似于阿恩斯坦（Arnstein）案中的"复制测试"和"盗用测试"，该案在内部测试法中，采取了整体概念和感觉的分析路径。在该案中，Pufnstuf 连续剧是一个安排在周六上午的儿童电视节目，该节目中包含几个奇异着装的角色和一个名为吉米（Jimmy）的小男孩，他住在一个被称为"Living Island"的幻境中，这个地方还居住了会说话的书和会移动的树。1970 年一个广告公司曾经和 Pufnstuf 连续剧的制片人联系，意图将麦当劳的广告建立在 Pufnstuf 连续剧的基础上但未果。1971 年，麦当劳开始了其 McDonaldland 的广告活动，该广告活动中包含了多处同 Pufnstuf 连续剧相似的地方。原告克罗夫特（Krofft）诉麦当劳侵权，在抗辩中，麦当劳承认借用了 Pufnstuf 连续剧中有关

---

❶ Roth Greeting Cards v. United Card Co. 429 F. 2d 1106，1110（9th Cir. 1970）.

❷ Sid & Marty Krofft Television Productions，Inc. v. McDonald's Corp. 562 F. 2d 1157（9th Cir. 1977）.

"有各种奇异特征的角色的幻境"的思想。但麦当劳主张其对该思想的表达同原告的表达存在实质性的非相似,因此版权侵权不存在。麦当劳指出了两个表达的各种构成要素,并指出其不相似之处。

第九巡回法院反对被告的抗辩,认为这种分析忽视了思想表达两分法。法院用了"两步测试法"来分析两部作品之间是否存在实质性相似:(1)第一步称之为"外部测试法",用来确定两部作品是否具有相同的思想,通过列举和分析两部作品的特定特征来进行,这一步测试需要详细分析,解构和专家证言在这一步是适当的。(2)第二步称之为"内部测试法",用来确定在第一步确定的思想上的相似性是否足以构成表达的实质性相似。这一点由"普通的通情达理的人"(the ordinary reasonable person)的反应来决定,这一步不需要解构或者专家分析。在本案中,麦当劳已经承认从原告处获得思想,因此,外部测试法不必要进行,法院直接进行了内部测试。因为解构是不合适的,法院对两部作品的主观性质进行了比较,认为麦当劳不适当地复制了 Pufnstuf 电视剧的"整体概念和感觉",因而构成侵权。

三、一张一弛:约减主义与整体概念和感觉原则的适用范围

探讨约减主义与整体概念和感觉原则的适用范围意义重大:前者有"限制"版权保护范围的倾向,而后者有"扩张"版权保护范围的倾向,如果两者都适用在适宜的场合,可以较好地实现版权法的目的,否则可能阻碍该目的的实现。

从司法实践来看,法院一般将约减主义适用在文字作品之中,而整体概念和感觉原则通常适用在视觉艺术作品之上。尼克尔斯 Nichols 案所发展出来的"抽象测试法"就是约减主义适用于文字作品的典型表现。而适用整体概念和感觉原则的作品一般都带有视觉因素。例如,雷(Reyher)案[1]涉及电视节目侵权。在该案中,法院发现原被告作品的事件次序相同,但这些次序属于公共领域,法院接着检验了两部作品的整

---

[1] Reyher v. Children's Television Workshop533 F. 2d 87 (2d Cir.), cert. denied, 429 U. S. 980 (1976).

体概念和感觉是否相同。因为两部作品在布景、角色发展、情景和细节等方面并不相同，法院认为两部作品在整体感觉上不同，侵权并不存在。阿泰瑞（Atari）案❶涉及游戏侵权。原告诉被告的游戏"K. C. Munchkin"侵犯了其游戏"PAC - MAN"的版权。法院指出两个游戏在尺寸、形状和角色行为等方面相似，认为尽管被告的游戏不是实质上等同于原告的游戏，但被告的游戏窃取（captures）了原告游戏的整体概念和感觉，因此两者之间存在实质性相似。华纳兄弟公司（Warner Brothers）案❷涉及角色侵权，即电视角色"最伟大的美国英雄"（The Greatest American Hero）是否侵犯了受版权保护的角色超人（Superman）的版权。法院认为在确定一个角色是否侵犯其他角色的版权的时候，不仅要考虑角色的视觉外貌，而且要对角色的整体特征进行考虑。被诉侵权的角色在何种程度上窃取了受版权保护的角色的整体概念和感觉是本案的焦点问题。拉尔夫·欣克利（Ralph Hinkley）（即"最伟大的美国英雄"）的整体感觉同超人的整体感觉不具备实质性相似。法院还列举了两个角色在外表、行为和个性方面的不同。

上述适用整体概念与感觉原则的案例中涉及的作品分别是电视节目、游戏、角色，三者的共同点是都带有"视觉"因素。司法实践的经验是否表明在视觉艺术作品中适宜于适用整体概念和感觉原则，这虽然还有待进一步观察，但至少透露出一些有益的暗示。

对约减主义与整体概念和感觉原则的适用范围，学界从不同角度进行了有益的探索。有学者从简单作品或复杂作品的分野出发来界定该两项原则的适用范围。例如，尼默教授认为，整体概念与感觉原则适合于简单（simplistic）作品，这种作品只需要高度本质化和内在化（intrinsic）的评价；而当亟需分析解构和专家证言时，该原则并不能服务于任何目的。❸ 确实，在相对简单的作品的侵权案件中，有时候确实可以就整体概

---

❶ Atari, Inc. v. North American Philips Consumer Electronics Corp. 672 F. 2d 607（7th Cir.）, cert. denied, 459 U. S. 880（1982）.

❷ Warner Brothers, Inc. v. American Broadcasting Cos., Inc. 720 F. 2d 231（2d Cir. 1983）.

❸ Melville B. Nimmer & David Nimmer, *Nimmer on Copyright*, Matthew & Bender Company, Inc.（2009）, §13.03 [A] [1] [c].

念与感觉一眼看出两部作品之间是否存在实质性相似。但简单作品与复杂作品之间的划分不易,也没有明确的标准;再者,该两项原则适用范围的探讨似乎应当从作品的性质入手。因此,如果笔者对尼默教授的观点没有理解错误的话,他的观点在解决两者适用范围的问题上并不能提供很大帮助。

另外,有学者从合并原则与情景原则的可适用与否出发,来探讨该两项原则的适用范围:就视觉作品而言,合并原则和情景原则并不适用;在这一领域,应当运用整体概念和感觉原则来判断涉嫌侵权作品和被侵权作品之间是否相似。❶ 合并原则和情景原则是限制版权保护范围的两种方式,如果特定作品易于适用合并原则与情景原则,表明在该特定作品中,存在较多的可能属于公共领域的要素,如果不将这些要素剔除,就包含公共领域要素的作品整体进行比较以确定是否存在版权侵权,可能将处于公共领域的东西变为私有,不适当地扩大版权保护范围,所以适宜于约减主义的方式,首先将处于公共领域的要素从作品中剥离出来,比较剩下的受保护的要素,适当"限缩"版权保护范围。

有学者从作品性质的角度来探讨两项原则的适用范围。❷ 其认为,在决定更为抽象的视觉艺术作品是否侵权的时候,整体概念和感觉的路径有意义。在这些案件中,更多的表达方式存在,判决原被告作品"整体印象"(overall impression)的相似符合逻辑。非虚构的事实性文字作品由于具有事实性质,容易受合并原则的限制。对该类作品中不受保护的因素进行解构,来考察作品剩下的要素是否受版权保护是有必要的。再者,在非虚构的事实性文字作品中,思想的表达方式的选择范围比较小,适用整体概念和感觉原则可能会产生对事实的垄断。而对虚构的文字作品来说,整体概念和感觉原则的适用有问题,因为整个作品的一般情节或中心思想属于公共领域。另外,整体概念和感觉原则不能够解决部分文字相似的问题。尽管只有一小部分的文字相似,如果这一小部分在"质"

---

❶ Michael D. Murray, Copyright, Originality, and the End of the Scenes a Faire and Merger Doctrines for Visual Works, 58 *Baylor L. Rev.* 779, 859 (2006).

❷ Sarah Brashears - Macatee, Total Concept and Feel or Dissection?: Approaches to the Misappropriation Test of Substantial Similarity, 68 *Chi. - Kent. L. Rev.* 913, 923 - 34 (1993).

上具有重要性，那么也可能构成侵权。这一在质上具备重要性的小部分尽管可能导致侵权，但如果包含在一部作品之中可能并不会改变该作品的整体概念和感觉。总之，对非虚构作品来说，解构应当彻底进行，只保护作品中的原创性要素。对这些作品保护的范围过宽会从公共领域拿走过多的东西；对音乐作品和非自然主义的视觉艺术作品（non‐naturalistic visual works）而言，应当用更接近整体概念和感觉原则的路径来对原被告作品是否构成版权侵权关系进行判断。这类作品表达方式的可选择范围更为广泛，如果这些作品很相似，相似的原因不是缺乏表达方式的选择。

上述有关约减主义与整体概念和感觉原则适用范围的探讨具有一定程度的合理性和指导意义，其中，从作品的性质出发对两种原则的适用范围的探讨最为合适。从作品性质来看。有些作品本来就表现为不同层次，适合分析与解构，比如文字作品。看一部小说，可以分析出小说的主题、情节、人物、线索、次序、背景等；而有些作品创作出来后，似乎只能从整体上进行欣赏，进行分析和解构不合适，比如视觉艺术作品。欣赏一幅画，却不能作出如小说一样的分析，往往只能从整体上说这幅画非常美和传神，或者这幅画将我们带入某种意境。对前者而言，适合运用约减主义的方法对其进行分析解构；对后者来说，则适合运用整体概念和感觉原则进行评价。

不仅是视觉艺术作品或者类似于视觉艺术作品的作品，音乐作品侵权与否也应当从整体上进行判定。正如有观点所言，音乐作品和一般的非文字作品，相较于文字作品，比较不适宜文字描述。因此"整体路径"（a "totalities" approach）看来更适合这些创作的版权分析。对音乐进行解构来确定侵权是否存在可能是容易使人产生误解的。[1]尽管外部测试法似乎表明在两部作品之间存在诸多相似之处，该两部作品却可能"听起来并不相似"。如果该两部作品听起来不相似，则让被告负担侵权责任是不

---

[1] Elliott M. Abramson, How Much Copying Under Copyright? Contradictions, Paradoxes, and Inconsistencies, 61 *Temple L. Rev.*, 148, 148 (1988).

合理的。❶

但有学者认为采纳"一般观众标准的整体路径"对音乐作品并不合适。❷ 音乐并不像文字作品和演讲一样清晰地传达思想,而是在听众中产生印象。因此,思想的相似不能在音乐作品侵权的场合被考虑。一般人的听觉感受并不发达,对大多数人而言,有见地的比较两部作品是困难的。另外,音乐乐谱的视觉比较也不太可行,因为只有专家通过阅读乐谱才能够"听见"一部音乐作品。在音乐作品中确定盗用与否,需要对作品进行解构,不是解构为单个的"音符",而是解构为独特的"音乐风格""和声""旋律"和"节奏"。不像其他作品中的一般观众测试法,在音乐作品中,"专家"将提供分析比较,协助事实审判者从听觉上确定涉案作品是否相似。随着表达区别于思想的程度的增加,版权保护范围随之增加。❸

从实质性相似的司法实践可以看出,约减主义与整体概念和感觉原则两种测试方法司法实践都有涉猎。有些法院在同一案件中同时采取两种测试方法,一般是先进行分析和解构,再从整体概念和感觉方面进行评价。有些案例似乎还将一种测试方法建立在另一种测试方法测试结果的基础之上。诚然,在适合分析解构的作品与不适合分析解构的作品之间似乎存在中间领域。例如,对于音乐作品,虽然笔者认为应当从整体上评价两部作品是否存在实质性相似,但也有反对观点认为音乐作品可以在分析和解构的基础上进行侵权判定,即音乐可以分解为风格、和声、旋律和节奏。对音乐作品进行上述分解对认识该作品确实有帮助;是否有风格、和声、旋律和节奏都相似,但从整体上考察,最终的音乐作品给人们带来的感觉就是不一样的情形存在,值得研究。如果对音乐作品采取类似于汇编作品的保护思路进行分析,尽管两部作品在风格、和声、旋律和节奏方面都相似,给人带来的整体印象和感受却是不同的,该情

---

❶ Sarah Brashears - Macatee, Total Concept and Feel or Dissection?: Approaches to the Misappropriation Test of Substantial Similarity, 68 *Chi. - Kent. L. Rev.* 913, 926 (1993).

❷ Raphael Metzger, Name That Tune: A Proposal for an Intrinsic Test of Musical Plagiarism, 5 *Loy. Ent. L. J.* 61, 85 - 93 (1985).

❸ SID & Marty Krofft Television Prods., Inc. v. McDonald's Corp., 562 F. 2d 1157, 1168 (9th Cir. 1977).

形发生的原因可能是第二个创作者对已经存在的这些音乐要素进行了富有个性的"排列组合",达到一种原创性的效果。在这种情形中,第二部作品对原作品就没有形成市场上的替代关系,赋予第二部作品以版权保护不会对原作品产生经济上的不良影响。可见,如果将约减主义与整体概念和感觉原则结合起来对音乐作品是否构成侵权关系进行分析未尝不是一种有益的路径。外部测试法与内部测试法似乎就是将约减主义与整体概念和感觉原则结合起来进行使用的,尽管外部测试法声称是确定"思想"是否相似,内部测试法声称是确定"表达"是否相似。

在将约减主义与整体概念和感觉原则结合起来进行适用的时候,不同的分析顺序也会带来不同效果。也即先对原告作品进行分析解构,抽出不受保护的要素,将剩下的受保护的部分同被告作品进行比较;还是先对两部作品进行比较,找出相似的要素,再对原告作品进行分析解构,看这些相似的要素是否属于原告作品中受保护的要素,进而确定侵权与否,两者会产生不同效果。笔者认为应当采取后一种分析顺序,因为前一种分析顺序可能会忽视版权保护的一些原则,比如汇编原则。在汇编作品的场合,虽然构成汇编作品的各个要素都不受版权保护,但是汇编者对这些要素的"选择、协调或编排"可能具有原创性,从而使汇编作品获得受保护的资格。如果先剔除原告作品不受保护的要素,可能会忽视原告对不具有可版权性的要素的原创性的"选择、协调与编排",从而对原告作品保护不力。❶ 有案例就采取了在过滤掉不受保护的要素之前将作品作为整体进行比较的分析路径。❷ 这种适用法律的方法注意到了不受保护要素的"选择、协调或编排"可能具备原创性的情形,更加精确地保护了汇编作品。❸

四、利弊权衡:约减主义与整体概念和感觉原则的实施效果

如上文所述,约减主义倾向于"限缩"版权保护的范围,而整体概

---

❶ Hassan Ahmed, The Copyrightability of Computer Program Graphical User Interfaces, 30 *Sw. U. L. Rev.* 479, 492 (2001).

❷ Gates Rubber Co. v. Bando Chem. Indus., 9 F. 3d 823 (10th Cir. 1993).

❸ Hassan Ahmed, The Copyrightability of Computer Program Graphical User Interfaces, 30 *Sw. U. L. Rev.* 479, 492 (2001).

念和感觉原则偏好于"扩张"版权保护的范围，两者的不当适用可能会产生违背版权法目的的效果。即如果运用不恰当，约减主义可能导致版权保护"力度不够"，不能够对作者的创作产生足够激励；而整体概念和感觉原则则可能导致版权保护"范围过宽"，而对潜在创作者的创作行为造成了阻碍。例如，帕翠（Patry）教授对阿尔泰的抽象—过滤—对比三步测试法（采取约减主义的路径）批判道：法院误将戏剧作品的侵权测试法作为计算机程序的可版权性测试法来进行使用，阿尔泰的三步测试法更像"水的净化过程"而不像是"版权侵权分析"，结果是整个计算程序"相当少于"部分之和。❶ 言外之意，运用该测试法，软件版权保护范围被不适当地缩小了。有学者对上述罗斯案和克罗夫特案的判决评论道，两案所采取的整体概念和感觉原则表明作品创造的"感觉"（mood）都构成受保护的表达，如果版权诉求可以在如此高的抽象层次进行，实际上任何相似都可以支持侵权主张的成立。❷ 言外之意，整体概念和感觉原则导致不适当地扩大了版权保护范围。

约减主义的理论基础在于"思想表达两分原则"，该原则之所以在侵权判定的时候要先对作品进行解构，剔除其中不受保护的要素，仅比较作品受保护的要素，是为了达到只保护思想的表达而不保护思想本身的效果。而整体概念和感觉原则的法理基础在于"不受版权保护的要素的原创性组合可以获得版权保护"❸，即虽然特定作品的构成要素不受版权保护，但如果这些要素的组合具有独特性，该部作品可以获得版权保护。

约减主义对作品进行分析和解构，能够更深刻地认识作品，从理论上讲，更有利于对版权侵权与否的判断；整体侵权路径的吸引力也是明显的，适用该路径，事实发现者的任务被简化，因为他可以从"整体上"对作品进行检验，不经过过多分析，不需要仔细地、精确地区分事实和表达，就可以决定后来作者是否拿走了原作品的"心脏"。而且，整体路

---

❶ William F. Patry, *Copyright Law & Practice*, Bna Books (1995), p. 224.

❷ Alfred C. Yen, A First Amendment Perspective on the Idea/Expression Dichotomy and Copyright in a Work's "Total Concept and Feel", 38 *Emory L. J.* 393, 405-06 (1989).

❸ Michael D. Murray, Copyright, Originality, and the End of the Scenes a Faire and Merger Doctrines for Visual Works, 58 *Baylor L. Rev.* 779, 807 (2006).

径使事实发现者可以回应"内心"有关某些不公平的事情发生了的感觉。❶

相较于约减主义,整体概念和感觉原则可能产生同言论自由的冲突。该原则本身比较抽象,有关此概念也没有达成共识,法院也没有对此进行界定,这种状况增加了版权法的不确定性,这种不确定性限制了人们的言论自由,因为社会公众不知道权利的边界在哪里。❷ 因此,为了达到该原则的目的,使其既产生有效地激励创作的结果,又避免违宪行为的发生,应当增加该项原则适用的清晰度和确定性。为了预防违宪的发生,首先要把握好该项原则的适用范围,将其适用于适当的作品之上;其次,要结合版权法的其他原理和原则,限制该原则适用时所可能产生的不良效果。

五、结　语

约减主义与整体概念与感觉原则是法院在评判涉案作品是否具有实质性相似及两者是否构成版权侵权关系的时候所运用的两种方法与路径。前者侧重于对作品进行"分析与解构",后者侧重于"从整体上"对作品进行认识;前者具有"限缩"作品版权保护范围的趋势,后者具有"扩张"作品版权保护范围的倾向;前者在司法实践中主要运用于"文字作品"中,后者在司法实践中主要适用于"视觉艺术作品"中。这两种方法的适用可以从不同的角度与侧面揭示作品的真相,有利于更加清晰地认识作品。在版权法司法实践中,需要谙熟这两种方法的内涵,注意两者的不同特质及两者适用范围的差异,结合其他版权法的基本原则与规范,适当界定作品的版权保护范围。

---

❶ Elliott M. Abramson, How Much Copying Under Copyright? Contradictions, Paradoxes, and Inconsistencies, 61 *Temple L. Rev.* 133, 147 (1988).

❷ Alfred C. Yen, A First Amendment Perspective on the Idea/Expression Dichotomy and Copyright in a Work's "Total Concept and Feel", 38 *Emory L. J.* 393, 396 (1989).

第四节 思想的法律地位

法谚云，法律的基本原则是最高尚的人类创造——知识、真理、观念和思想——在自愿传达给他人之后，就像空气一样为公众自由使用。版权法遵循这一原则，坚持思想表达两分法，将思想本身排除在保护范围之外。版权法将思想排除在保护范围之外考虑了版权的特殊属性和社会公共利益的维护。其一，版权是一种绝对权、对世权，是一种垄断权，具有强大的效力；其二，版权保护的对象同社会共同利益密切相关。然而，这是不是意味着思想不应当受到任何法律部门的保护？思想不受版权法的保护，是不是意味着知识产权的其他法律部门都不对其提供保护？在思想上建构不同于版权的普通财产权可行吗？在思想上确立不同于绝对权的相对权可以吗？

一、视角转换：思想应否受法律保护[*]

众所周知，思想尤其是伟大的思想具有重要的经济价值和社会价值。同时，思想又和社会公共利益紧密联系在一起。思想是人类文化发展与进步的源泉，是经济社会成长与前进的动力，是社会公众言论自由的保障。思想的公共利益性导致思想的法律保护受到不少质疑。然而，如果不把思想放在整个人类社会这样一个大环境中，不是把思想的保护都定位为在思想上赋予对世权和绝对权；而是在思想提供者和思想接受者这样一个相对的关系中，从各种法律渊源出发来考虑思想的保护模式，答案会不会不同？

---

[*] 按照通常的理解，法律的调整对象一般是行为，而不是思想。对思想的约束是道德、伦理、宗教等社会规范的范畴。本书讨论思想的法律地位不是从思想应否受法律调整的角度进行的，而是着眼于思想可否作为专有权利的客体，这些专有权利包括普通财产权、版权、专利权、相对权等。

（一）思想的价值性是思想应受保护的重要基础

根据市场经济的一般原理，只有有价值和稀缺的东西才可能成为商品，才有必要由法律介入。阳光和空气虽然具有价值，但不具有稀缺性，所以没有成为财产权的客体，对阳光和空气的利用也没有受到法律规制。而思想具备了价值性和稀缺性这两方面的特征。首先，思想是有价值的。一些未被开发的思想，也具有独立于未来的表达的价值。❶ 思想的提供者曾被判决获得3 000万美元的赔偿，❷ 这是思想具备价值性最为直接的证据。另外，思想也具有稀缺性。正是由于思想是有价值的，并且具有稀缺性，要促进有价值并且稀缺的思想的产生，有必要对思想赋予一定程度的法律保护。

（二）思想的法律保护具有一定的现实需要

思想的法律保护在诸多场合成为一种现实需要。例如，在电影产业中，制片人往往依靠剧作家提供剧本。制片人是商人，只会开发具有商业价值的剧本。然而并非每个剧本都有市场价值。剧本作者往往并非一次提交制作完整的、具有可版权性的剧本给制片人，而是先只提交故事大纲给制片人，待制片人考察完毕对此予以认可之后，其才会制作完整的剧本。因为思想不具备可版权性，当作者将思想提交给制片人时，思想可能会被制片人窃取。为了平衡制片人和作者双方的利益，有必要对思想赋予一定程度的保护。因此对思想进行一定程度的保护是实现制片人和思想的提供者两者之间公平正义的需要。❸ 申言之，制片人从作者处得到思想并就此为自己谋取利益，如果其不给予作者以公平补偿，这在本质上是不对的。思想保护的政策同不当得利的基本考量相似，作者提供了服务，而制片人获得利益，作者应当受到公平补偿。

---

❶ Celine Michaud & Gregory Tulquois, Idea Men should Be Able to Enforce Their Contractual Rights: Considerations Rejecting Preemption of Idea - Submission Contract Claims, 6 *Vand. J. Ent. L. & Prac.* 75, 75 (2003).

❷ Wrench LLC v. Taco Bell. 290 F. Supp. 2d 821 (W. D. Mich. 2003).

❸ Brian Devine, Free As the Air: Rethinking the Law of Story Ideas, 24 *Hastings Comm. & Ent. L. J.* 355, 358 (2001~2002).

（三）思想的法律保护存在可资借鉴的立法例

思想曾经受到过法律保护。例如，在美国法律体系中，[1] 曾经存在利用各种法律模式保护思想的实践。从历史发展的维度来看，美国的思想保护法经历了从无到有的历程，其保护模式也在不断发展变化之中。总体而言，美国的思想保护法可以分为三个阶段：完全不受保护的时期；作为财产权受保护的时期；不作为财产权而以其他理论为基础受保护的时期。[2]

1. 完全不受保护的时期

在版权法发展的早期，法律仅禁止字面复制，往往将保护的范围限制在有形的载体和作者所用的语言文字之上，只有严格意义上的表达才能受到版权法的保护，除此之外包括思想在内的其他要素都在版权保护范围之外。

2. 作为财产权保护的时期

在美国，1978年之前一直存在普通法版权与联邦法版权的区别，除加州之外，普通法版权与联邦法版权的原则都是一样的。加州的普通法版权实际上是法定的，表现在《加州民法典》第980条中。在1947年以前，该民法典规定的版权保护要宽于联邦法版权，也宽于其他州的普通法版权。《加州民法典》第980条赋予作者就其任何思想上的产物（any product of the mind）享有专有权。任何思想上的产物，既包括符合可版权性要件的作品，也包括可版权性表达之外的思想。在1947年以前的司法实践中，加州法院的一些判决赋予作者的情节思想和广播节目大纲以保护，这些思想不受联邦版权法与除加州以外的普通版权法的保护。在这一时期的加州，思想被作为一种可受保护的财产。众所周知，加州是美国的娱乐产业基地，加州立法在一定程度上代表了美国对思想保护的态度。

---

[1] 本书之所以要以美国有关思想保护的法律为例，原因在于美国的立法和司法实践中对思想的法律保护最为细致和全面，因此更具有借鉴意义。再者，本书在研究思想的法律地位的时候，较多地运用了美国的资料，并不否定在其他国家或地区存在对思想赋予法律保护的实践，本书的意图在于借鉴美国立法和司法实践中思想法律保护的做法，并且以此为基础，企图建构我国思想法律保护的理论基础和理论体系。

[2] Lionel S. Sobel, The Law of Ideas, Revisited, 1 *UCLA Ent. L. Rev.* 9.（1994）.

3. 不作为财产权而以其他理论为基础受保护的时期

1947年,《加州民法典》第980条被修订,取消了对任何思想上的产物给予保护的条款,只保护表达而不保护纯粹思想。但工业实践要求对思想进行保护。于是,跳出财产权保护的范围,合同法等州法发挥了思想保护的功能。1947年以前《加州民法典》的规定毕竟是历史的产物,将思想作为财产进行保护毕竟有赋予思想以垄断之嫌疑,不以财产权理论为依据,转而寻求其他法律保护依据成为当代思想保护的主要法律路径。

二、性质界定:思想上可否存在普通财产权

在日常生活中,人们接触得比较多的是有形财产权,这些财产权的客体是有体物。而思想是一种无体物,在思想这种无体物之上可否存在财产权?在美国思想保护法的一个历史阶段,司法实践确实对思想提供了一种财产权保护。如上文所述,在美国,1947年以前的《加州民法典》赋予思想以财产权保护,1947年以后的民法典排除了这种保护。

(一) 思想财产权保护的含义

顾名思义,思想的财产权保护指的是通过对思想赋予财产权的方式对思想进行保护,即赋予思想的创造者以排他性的权利,在未经"创意人"同意的情况下以阻止思想的使用❶或披露。❷ 赋予思想以财产权可以有效地保护创意人的利益。

(二) 思想财产权保护的条件

思想欲获得财产权保护,通常须满足新颖性和具体性的要件。首先,

---

❶ 版权和专利权在很大程度上具有财产权的属性,之所以要在版权和专利权之外还要探讨思想的财产权保护,是因为版权、专利权所赋予的权利的属性跟普通财产权所赋予的权利的属性不同。版权最为重要的权能是复制权,版权人有权禁止他人未经许可对作品进行"复制";专利权主要表现为实施权,专利权人有权禁止他人在未经许可的情况之下对技术方案进行"实施",即按照技术方案的教导制造产品或利用技术方案中教导的方法进行生产或操作;思想的普通财产权最为重要的表现就是对思想的"使用",这种使用主要表现为利用该思想创作出作品或作出某些经营行为或进行发明创造。

❷ David M. McGovern, What Is Your Pitch? Idea Protection Is Nothing but Curveballs, 15 Loy. L. A. Ent. L. J. 475, 479-80 (1995).

不具备新颖性的思想应处于公共领域为社会公众自由使用,❶ 要求思想具备新颖性和具体性可以避免对事实上的公共财产赋予个人所有权。❷ 其次,虽然思想的创造花费了创造者的时间和劳动,可能有人愿意为其付费,但仅有这种事实还不足以确保思想具备财产属性。❸

1. 新颖性(novelty)

新颖性是专利法中常用的概念,是发明创造能够获得专利权保护所需要的"三性"要求中的"一性",另外"两性"是创造性和实用性。具备新颖性的发明创造一般指的是该发明创造不同于现有技术。发明创造的新颖性因为有可资比较的对象,即现有技术;而且现有技术往往有所记录,常常表现为专利文献。所以,专利法中的新颖性要求具有一定程度的统一性和确定性。然而,由于思想本身难以明确界定,又没有可资比较以判断是否具备新颖性的有文字记录的对象,所以,思想是否具备新颖性难以确定,学界和司法实践中对于新颖性的含义也没有统一的认识。有观点从正面对其进行界定:新颖性指思想必须是新的、不同的或未被使用的。❹ 有观点从反面对其进行界定:当思想本质上只是基本主题的变种,新颖性不存在。❺ 新颖性的思想不必反映天才的智慧之光,但它必须表现真实的新颖性,而不仅仅是对已存知识的仅仅是聪明的或有用的改编。❻ 有法院用版权法中的原创性标准代替新颖性要求。

新颖性要求是一个发展变化的概念。在新颖性的要求上,纽约州法律经历了由严格到逐渐宽松的发展过程。❼ 纽约州的法律曾经在一般意义

---

❶ Murray v. National Broadcasting Co., 844 F. 2d 988, 993 (2d Cir.), cert. denied, 488 U. S. 955 (1988).

❷ Belt v. Hamilton National Bank. 108 F. Supp. 689 (D. D. C. 1952), aff'd, 210 F. 2d 706 (D. C. Cir. 1953).

❸ Desny v. Wilder, 299 P. 2d 265 (Cal. 1956).

❹ David M. McGovern, What Is Your Pitch?: Idea Protection Is Nothing but Curveballs, 15 *Loy. L. A. Ent. L. J.*, 482, 482 (1995).

❺ Surplus Equip. v. Xerox Corp., 502 N. Y. S. 2d 491, 492 (App. Div. 1986).

❻ AEB & Associates v. Tonka Corp. 853 F. Supp. 724 (S. D. N. Y. 1994).

❼ Aileen Brophy, Whose Idea Is It Anyway? Protecting Idea Purveyors and Media Producers after Grosso v. Miramax, 23 *Cardozo Arts and Entertainment Law Journal* 507, 513 - 14 (2005).

上要求思想具备新颖性或独特性。❶ 在阿普费尔（Apfel）案❷之后，关键的问题变成思想是否具有价值，而不是思想是否新颖。为了具有价值，思想只须在披露时对被告来说是新的即可，即使该思想在一般意义上不具备新颖性或独特性。

另外，需要注意的是，在思想保护的不同理论体系中，新颖性的含义也可能有所不同，新颖性要求的程度可能并不一样。纳达尔（Nadel）案❸认为以合同为基础主张思想受保护只需要证明被披露的思想对购买者而言具有新颖性以符合合同对价要求即可。反之，以财产权为基础主张思想受保护要求思想在绝对意义上具备新颖性。不过，如果思想过于普通和平常，购买者很可能知道该思想。在这种情况下，不论是以财产权为基础的还是以合同为基础对思想赋予保护的主张都不成立。

2. 具体性（concreteness）

同新颖性的含义一样，有关具体性的内涵，也呈现众说纷纭的状态。例如，有观点从是否具有财产特征这一角度来界定具体性，认为具体性指的是思想被充分描绘以至于被认为具备财产特征。有观点从表现形式这一角度来界定具体性，认为具体性指思想必须以有形形式被固定。❹ 有观点从思想的价值这一角度界定具体性，或认为当思想可以被立即付诸使用而不需要额外的修饰时，该思想具备具体性要件；❺ 或认为如果原告和被告能够在 24 小时内将思想变为可使用的形式，那么该思想具备具体性；❻ 或提出所谓"精心制作之思想的标准"（the elaborated idea standard）：考察思想的接受者是否能够在思想的提供者所创作的思想的基础之上创作出最终作品，如果答案是肯定的，该思想具有具体性。❼ 有学者

---

❶ Murray v. Nat'l Broad. Co. , 844 F. 2d. 988, 990 (2d Cir. 1988).
❷ Apfel v. Prudential‐Bache Securities, Inc81 N. Y. 2d 470 (1993).
❸ Nadel v. Play‐By‐Play Toys. 208 F. 3d 368 (2d Cir. 2000).
❹ O'Brien v. RKO Radio Pictures, 68 F. Supp. 13, 14 (S. D. N. Y. 1946).
❺ Bergman v. Electrolux Corp. , 558 F. Supp. 1351 (D. Nev. 1983).
❻ Jones v. Ulrich, 95 N. E. 2d 113, 120 (Ill. 1950).
❼ Joseph E. Kovacs, Beyond the Realm of Copyright: Is There a Legal Sanctuary for the Merchant of Ideas, 41 *Brook. L. Rev.* 284, 290 (1974).

从抽象层次这一角度界定具体性，在汉德法官的"抽象测试法"❶的基础上提出自己有关具体的可受保护的思想的界定。如上文"思想表达两分法"一节所述，汉德法官用"抽象测试法"来区分思想与表达。他认为在一定的抽象层次上，作品不再受版权保护，因为这样会赋予思想以垄断权。该学者认为可以将思想保护的新形式看做是一个抽象层次，这个思想受保护的抽象层次正好在传统版权法停止赋予版权保护的层次之上的那个层次。正好在汉德法官归类为表达这一抽象层次之上的思想应被确认为受版权保护的被充分描绘的思想（sufficiently delineated idea）。❷ 综上，具体性的含义为何物至今没有统一的标准。虽然如此，上述观点都普遍认为基本思想不能够获得财产权保护。

思想的具体性要求同"抽象测试法"中所体现的版权法思想不谋而合。当版权保护范围从文字性要素扩展到非文字性要素的时候，版权保护的客体不再仅限于处于抽象层次最低端的严格意义上的文字性表达。在抽象层次最顶端的最基本的思想与抽象层次最低端的表达之间存在一个临界点，临界点之上的抽象思想不受版权保护，临界点之下的具体表达受版权法保护。而按照思想受财产权保护时的具体性要求，只有当思想发展到一定的具体性程度才能受到版权法保护。这个具体性程度不论有没有达到"抽象测试法"中的临界点，都说明基本思想不受保护。在这一点上，思想的具体性要求同"抽象测试法"具有一致性。如果思想的具体性程度达到或超过这个临界点，赋予"思想"以财产权保护没有问题，因为其已经发展成为可版权性的表达。此时，具体性要求同"抽象测试法"也是一致的。如果具体性程度的界定没有达到这一临界点，对于这种思想赋予财产权可能会对公共利益造成不利影响。上述从抽象层次这一角度入手对具体性进行界定的思想即是如此。综上，不管对思想的具体性如何解释，同"抽象测试法"一样，具体性要求都排除对基本思想的财产权保护。创意人要对一个思想提出财产权保护的要求，必须证明其有创造性的投入在其中。

---

❶ Nichols v. Universal Pictures Corp. 45 F. 2d 119，121（2d Cir. 1930）.

❷ Jonathan S. Katz，Expanded Notions of Copyright Protection：Idea Protection within The Copyright Act，77 *B. U. L. Rev.* 873，892（1997）.

不论是从财产特征，还是从表现形式；不论是从思想的价值，还是从抽象层次来界定思想的具体性，具体性的界定都不免显得模糊和不可预见。具备财产特征的思想，能够以有形形式固定的思想，能够立即使用的"思想"，处于抽象层次临界点之下的思想不再仅仅是"思想"，只是要求创造出一个可版权性的表达。❶

相对于具有非物质性的表达，思想更具有抽象性和难以把握性。为了对创意人提供法律保护，同时不对思想造成垄断，"思想法"应当在两者之间作出平衡。具体性要求正是思想法平衡私人利益和公共利益的工具，由于平衡受到不同案件特定事实的制约，所以具体性要求在不同案件中是不同的。❷ 也许，司法实践中对具体性要求五花八门的表述正是思想法的本质要求之所在。此时需要将"特征导向型"和"目的考量型"分析结合起来，要考量在特定案件中用特定的具体性标准来限制对思想的保护是否实现了思想法的目的。

（三）思想普通财产权保护的评价

思想的财产权保护赋予思想的是一种绝对权和对世权，意味着如果授予思想以财产权，不仅合同相对人，而且除思想的财产权人之外的所有人都不能够在未经允许的情况下"使用"❸思想。对思想赋予财产权的保护可能是思想的各种保护理论之中最为强有力的保护模式。然而，思

---

❶ David M. McGovern, What Is Your Pitch? Idea Protection Is Nothing but Curveballs, 15 Loy. L. A. Ent. L. J. 475, 484 (1995).

❷ Camilla M. Jackson, "I've Got This Great Idea for a Movie!" A Comparison of the Laws in California and New York That Protect Idea Submissions, 21 Colum. -VLA J. L. & Arts 47, 52-65 (1996).

❸ 如上文注释所述，普通财产权中最为重要的权能是"使用"，例如，所有权的诸项权能中最为重要的权能之一便是"使用"。在美国有关思想保护的司法实践中，之所以要求思想只有在具备"具体性"要件的时候才能够获得普通财产权保护的地位，是因为这跟思想的价值性与思想普通财产权保护中权能的属性有关。思想的普通财产权中最为重要的权能是"使用"，如果思想没有达到所谓的"具体性"程度，他人对思想的"使用"还必须经过"创造性劳动"才能够达到预期的效果，例如，"使用"思想创作作品。然而，基于对社会公共利益的保护，运用"创造性劳动"对思想进行"使用"，创作出有价值的作品，应当是合法正当的行为。所以，思想的价值性或者谓思想的法律价值性应当在于对其"使用"不需要付出"创造性劳动"，例如不需要付出诸如"创作行为"一样的创造性劳动。尽管有这样一种理论上的分析和判断，这种分析和判断还是有许多漏洞，这些漏洞的存在本身也说明了企图建构一种思想的财产权理论体系至少在逻辑上存在诸多困难。

想的财产权保护理论受到诸多质疑。

（1）思想的抽象特征决定了其不宜被归类为财产。能够成为财产权客体的事物通常能够为人类的官能所感知，人类能够通过一定的方式确定其界限。例如，土地之所以可以成为所有权的客体，是因为人类可以通过视觉感知土地，可以通过边界确定此土地与彼土地的界限。而思想在没有通过一定的意义符号加以表达的时候，还不能够为人类的官能所感知，还不可能通过一定的方式确定其界限，不宜成为财产权的客体。[1]

（2）财产权理论赋予思想的是一种绝对权和对世权，一旦对思想赋予财产权，影响的范围就特别大。用财产权理论对思想进行保护会促进对思想的垄断，会对文学艺术的发展造成限制。[2]

（3）思想的财产权保护需要其满足新颖性和具体性要求，但该要求常常否定了大多数思想的保护。因为，新颖性与具体性的要求从定义上讲不仅仅要求思想的存在，还要求思想发展到一定程度，而既新颖又具体的思想非常罕见。

因此，实践中很少用财产权理论来保护思想。

综上，赋予思想以"财产权"同社会公共利益相违背。即使在美国有关思想保护的司法实践中，有赋予思想以"财产权"的做法存在，但这些司法实践往往要求思想必须具备"新颖性"或"具体性"的要求，而这些要求又使得受保护的"思想"实际上不再仅仅是思想，而成为可以受到版权保护的一种表达。所以，不能够依据美国思想法实践中存在以"财产权"的方式保护思想的事实，就认为思想上可以存在普通财产权。

三、一般特殊：思想上可否存在版权

思想表达两分法是版权法的基本原则，该原则要求版权法不保护思

---

[1] 专利权也是财产权的一种，由此可不可以得出思想上也不适宜存在专利权的结论？不可。如后文所述，专利权的客体是思想，但这种思想是一种形诸于一定的产品或一定的方法，通过权利要求书加以限定和表达的具体性思想。这种思想是人类的官能可以感知的，是可以确定其界限的。

[2] Lionel Sobel, The Law of Ideas, Revisited, 1 *U. C. L. A. Ent. L. Rev.* 9, 29 (1994).

想，只保护思想的表达。但版权法的一些法律原则与规则折射出对思想进行保护的理性之光。

1. 对作者演绎权的保护，在一定程度上保护了思想[*]

演绎一般指的是改编、翻译、注释、整理等改写、改变、改编作品的行为。[❶] 所有类型的演绎特别是改编与翻译都改变了作品的表达形式。按照思想表达两分原则，版权法只保护表达而不保护思想，既然演绎行为改变了表达形式，形成了演绎者的表达，并没有抄袭原作者的表达，理应不受原作者的限制。但现代各国版权法及版权法国际公约基本上都规定了演绎权，即原作者有权控制作品的演绎。如果说这种控制不是对表达形式的控制，唯一合理的解释便是对作者思想的控制，也即版权法通过保护演绎权实际上部分保护了思想。正如有学者所言："如果说著作权不保护思想而只保护思想的表现，那么在作品改编中，实际上却保护了一部分思想。"[❷]

2. 版权法对功能性作品的保护实际上保护了思想

功能性作品的真正价值不在于其形式，而在于其功能（思想）。利用版权法对功能性作品进行保护表现出一定的工具因素：即利用版权法保护功能性作品不是为了保护其表达形式，只是借用版权法来达到保护作品功能的最终目的。例如，软件的保护模式在理论和实践中都存在争论，用版权法保护软件只是促进软件工业发展的一种选择。通过版权法对这种功能性作品进行保护的实际效果是部分思想受到保护。[❸]

3. 在合作作品中，思想有受版权法保护的嫌疑[*]

尽管思想不具有可版权性，如果贡献思想的人有合作意图，在其思想足够具体以至于对作品的创作构成实质性影响的时候，那么其与其他作品创作人还是构成合作作者的关系。仅从逻辑角度讲，如果仅贡献思

---

[*] 有关演绎权之所以受版权保护，参见本书第一章第五节。

[❶] 参见本书第三章第三节。

[❷] ［日］中山信弘著，张玉瑞译：《多媒体与著作权》，专利文献出版社1997年版，第34页。

[❸] 同上书，第39~40页。

[*] 卢海君："论合作作品的构成——以我国《著作权法》第13条的修订为背景"，载《知识产权》2009年第6期。

想可以成立合作作品的法律关系，那么仅贡献思想的人可以成为作者，在思想上可以存在版权。当然，在合作作品的场合，版权是存在于最后的表达形式之上。纵然如此，仅贡献思想也可以成为合作作者的事实不可避免地带有保护思想的影子。

4. 实质性相似标准的实行表明思想在一定程度上受到保护

版权侵权不限于字面侵权；当原被告作品存在"实质性相似"（substantial similarity）的时候，版权侵权也存在。在字面侵权的情形下，被告复制的是原告严格意义上的表达形式。如果版权侵权限制在字面侵权的范围之内，那么几乎不存在对作者思想进行保护的嫌疑。而被告作品与原告作品的实质性相似不限于作者的表达，在抽象测试法、模式测试法、外部/内部测试法、整体概念和感觉测试法等标准之下，实质性相似已经超越表达层面，而部分进入到作者的思想层面。因此，从版权侵权判断标准的角度来看，就实质性相似在版权侵权判断中发挥的角色而言，思想在一定程度上受到版权法的保护。

5. 对汇编作品的保护实际上在一定程度上保护了思想

版权法对汇编作品的保护要点是材料的选择和编排。汇编作品类似于功能性作品，对汇编作品的保护在很大程度上是保护了汇编者的劳动和投资，而劳动和投资的价值表现在汇编者对材料的独特选择与编排之上。选择与编排体现的不是传统艺术作品意义上的艺术构思，而更大程度上是对发挥汇编作品功能的考量，因此，同功能性作品相似，版权法对汇编作品的保护实际上保护了思想。

6. 现代著作权法实质上保护了思想，不仅和思想与表现无法被截然分开有关，同时也与思想的可受保护性有关

首先，无论是艺术作品中的思想与表现还是内容与形式均无法被截然分开，而是同时进展、平行一致，不能分离独立的。其次，纯思想和被表现了的思想是不同的。纯粹的思想是人脑中的意识活动，没有外现，没有让人可以捉摸的客观的形，无法受到法律保护。任何一部作品均是

作者思想的客观化（表现）或者客观化（被表现）了的思想。❶ 不仅是表达形式受到版权法的保护，思想在某种程度上也受到版权法保护。

7. 版权法目的的实现需要对思想赋予版权保护*

通过赋予思想以有期限的版权保护可以促进科学和艺术的进步。赋予思想以版权保护将会对新思想的开发提供激励，而不会造成思想永远被垄断的结果：（1）思想的版权保护是有期限的。期限过后，他人可以自由利用思想；（2）合理使用等版权限制原则也会限制思想的保护范围；（3）赋予思想以版权保护也不意味着建立一个新的受版权保护的类型，只是将现有种类的作品的版权扩展到包括作品中的思想因素；（4）即使思想受版权保护，他人也可以通过合同获得对思想的利用。

四、分道扬镳：思想上可否存在专利权

在思想上不应存在普通财产权，也不应存在版权。一般认为，版权法保护的是艺术性表达，而专利法保护的是功能性思想。这种判断是否符合实际？在思想之上可否存在专利权？

（一）版权制度和专利制度各自保护的侧重点和方法

版权制度和专利制度都是为了保护"创造"。然而，两种法律制度保护的侧重点和方法并不相同，版权制度只保护"创造的表达形式"，专利制度则保护"创造本身"。一般而言，诸如艺术、文学和音乐等非功能性的作品受到版权法的保护；而诸如技术等功能性的产品则受到专利法的保护。是否具有功能性和改进性（functionality and incremental improvability）是专利权和版权客体的本质区别。传统的专利法的客体是"功能性客体"（the functional subject matter），而传统的版权法客体是"信息性客体"（the informational subject matter）。❷ 版权制度禁止的是对独特性表达的"抄袭"，专利制度禁止的是对创造性想法的"实施"，这一点也说明

---

❶ 王太平："著作权法中的思想表现两分理论"，见吴汉东主编：《知识产权年刊（创刊号）》，北京大学出版社 2005 年版，第 221～222 页。

* Jonathan S. Katz, Expanded Notions of Copyright Protection: Idea Protection within the Copyright Act, 77 B. U. L. Rev. 873, 892-94 (October, 1997).

❷ Dennis S. Karjala, Distinguishing Patent and Copyright Subject Matter, 35 Conn. L. Rev. 439, 449 (2003).

了版权法和专利法保护的对象并不相同。

（二）思想表达两分法——版权保护和专利保护的临界点

思想表达两分法要求思想、程序、工序、系统、操作方法、概念、原则和发现等思想不受版权法保护。版权法仅仅保护上述思想的表达形式。专利法保护的对象不同于版权法，其保护的是一种技术方案，往往是思想本身。版权法所不保护的"部分领域"正是专利法的保护范围，如程序、工序、操作方法等，如果符合专利法的保护要件，则可能处于专利法的保护范围。但并非版权法所不保护的所有领域，都可以受到专利法的保护。诸如思想、概念、原则和发现等思想，不仅不能获得版权法的保护，也不能够获得专利法的保护，应当处于公共领域的范畴。

（三）思想 vs. 思想的运用两分法

虽然专利权保护的对象是不同于表达的思想，但受专利权保护的思想也是有限度的。抽象的思想不能够获得专利权保护，在专利法中，存在所谓"思想 vs. 思想的运用两分法"（idea vs. idea application dichotomy）。按照该两分法，专利权不保护抽象的思想，只保护思想的运用。

"思想 vs. 思想的运用两分法"发源于莫尔斯（Morse）案❶。该案认为，专利权保护的对象不是抽象的思想，而是对抽象思想的运用。该案主要涉及有关电报的发明的可专利性问题，争议的焦点是莫尔斯的第 8 项权利要求是否可以获得专利权保护。此项权利要求指向一种通过电磁力达到远程传输可识别信息的一种方法。在该项权利要求中，莫尔斯主张其并不想将自己的权利要求限制在通过说明书和权利要求书所描述和界定的特定机器或机器装置上。莫尔斯认为其发明的实质在于对电流所产生的动力，也就是电磁的一种新的利用方式，这种方式可以用来远程制作或打印数字、标识或字母。❷

莫尔斯对将电磁作为动力、结果是远程制作或打印可识别的数字、标

---

❶ O'Reilly v. Morse，56 US 62（1853）.

❷ I do not propose to limit myself to the specific machinery or parts of machinery described in the foregoing specification and claims; the essence of my invention being the use of the motive power of the electric or galvanic current, which I call electro‑magnetism, however developed for marking or printing intelligible characters, signs, or letters, at any distances, being a new application of that power of which I claim to be the first inventor or discoverer.

识或字母的领域的所有进步主张独占权利。莫尔斯并没有"发明"其所主张的东西。大法官泰利（Taney）认为，莫尔斯并没有发现，不论电流通过的机器为何，该电流总是会产生远程打印的效果。莫尔斯仅仅是发明了其所描述的机器装置。他人可以发明更好的方式以实现利用电磁力来传输信息的效果。事实上，莫尔斯是在对其所没有描述、事实上没有发明的方式或程序主张专有权利。该项权利主张太过宽泛，不能受到专利法保护。

Morse案对可专利性的法制产生了重要影响。该案的核心思想是，抽象思想不能够获得专利权保护，专利法保护的是思想的运用。所谓思想的运用指的是将抽象的思想通过形诸一定的产品或一定的方法的方式而达到一种足够具体化的程度。没有达到这一程度的思想，不能够获得专利权。否则，可能会保护到发明者所没有发明的东西，而产生阻碍社会公共利益的效果。因此，版权法和专利法有一个共同点，就是都不保护抽象的思想。

思想的运用具体表现为技术方案，技术方案是以权利要求书的形式表现出来的。权利要求书是文字、数字、线条、颜色等要素的排列组合。但这些排列组合并不是专利权保护的对象，专利权保护的对象是通过权利要求书界定的具体性思想。

综上，抽象思想不受版权法保护，也不受专利法保护。专利权保护的对象虽然是"功能性要素"，不同于版权所保护的"表达性要素"，但专利权保护的并非抽象思想本身，而是对抽象思想的一种运用。这种运用使得抽象思想超越抽象的程度，成为一种具体化的东西。这种东西由于形诸一定的产品或方法，而通过权利要求书能够界定这种产品或方法的范围，从而取得财产权的地位。❶

---

❶ 思想可以分为"未被表现的思想"和"已被表现的思想"。表现思想的方式是一定的表达方式。就版权法而言，不论某种思想是否通过一定的表达方式予以表现，该思想都不可能受到保护。在专利法领域，如果某种具体性思想通过一定的表达方式予以表现，该种思想可以受到专利权的保护。版权法和专利法的区别在于，版权法保护的是表达，而专利法保护的是表达所表现的思想；其共同点在于，"未被表现的思想"既不受版权法保护，也不受专利法保护。这种结论也与上文相符，即"未被表现的思想"不能够被感知，也不能够被勘界。所以，从严格意义上讲，上文所谓不能够被感知和不能够被勘界的思想应当是"未被表现的思想"。不过，并非任何"已被表现的思想"都会受到专利权保护，其必须满足新颖性、创造性和实用性的条件。

五、视线转移：思想上可否存在相对权

诸如版权等绝对财产权具有对世性，效力范围比较广泛，影响面比较宽。对思想赋予这种性质的财产权可能会产生违背社会公共利益的不当后果。那么，如果不对思想赋予绝对性的财产权，而仅仅对思想赋予相对权的保护，是否会产生如同绝对权保护一样的不当后果？美国思想保护法的司法实践中就有赋予思想以相对权的做法，也许我们可以从美国的做法中获得思想保护的有益启示。

（一）思想的明示合同（express contract）保护

明示合同即双方当事人通过明确的意思表示签订的合同。用明示合同保护思想被司法实践广泛确认。司法实践普遍认可利用明示合同保护思想的做法有其原因。（1）排除对抽象思想以版权法保护有充分的政策基础，❶ 但这种基础并不排除思想的合同保护。即使思想不是专有财产权的客体，它的披露对被披露人来说也可能具有实质性利益，这个披露可以成为允诺支付报酬的对价。❷ （2）通过合同产生的债权是一种相对权、对人权，而不是绝对权、对世权。也即明示合同仅约束合同双方当事人，当事人之外的其他人可以自由使用思想。所以，利用明示合同保护思想不会产生思想垄断的结果。另外，明示合同可以为创意人提供宽泛的保护。

为了保证依据明示合同保护思想不致产生不利后果，司法实践一般要求受保护的思想具备一定的要件。不过，不同司法实践的具体性要求并不相同。加州的法院认为思想的新颖性是不必要的，除非双方当事人另有相反约定。❸ 纽约州的法院的做法不一致，有的认为思想需要具备新颖性，有的认为思想不需要具备新颖性。❹

利用明示合同保护思想并不需要其满足新颖性要求：（1）按照合同

---

❶ 参见本书第一章第一节。

❷ Stanley v. Columbia Broadcasting System Inc.，35 Cal. 2d 653，674，221 P. 2d 73，85，23 A. L. R. 2d 216.

❸ Lionel S. Sobel，The Law of Ideas，Revisited，1 *UCLA Ent. L. Rev.* 9，60（1994）.

❹ Ronald Caswell，A Comparison and Critique of Idea Protection in California，New York，and Great Britain，14 *Loy. L. A. Int'l & Comp. L. Rev.* 717，747-48（1992）.

自由原则，当事人可以按照自己的意思自由订立合同。因此，不论思想是否具备新颖性，只要当事人愿意，都可以自由就此订立合同。正如有学者所言，在明示合同中要求思想具备新颖性和具体性是荒谬的，双方当事人自愿达成协议披露思想，并没有关注思想的新颖性、具体性或财产地位。通过要求思想具备这些要件，法院实际上添加了双方当事人认为并不重要的条件。[1] 同理，在明示合同中思想不需要具备保密性（confidentiality）。（2）从合同对价的角度讲，是"思想的披露"而不是"思想本身"构成思想披露合同的对价。[2] 在 Chandler 案中，加州上诉法院认为即使思想不是专有财产权的客体，它的披露对被披露人来说可能具有"实质性利益"，该"披露"因此可能成为支付允诺的对价。[3] 按照加州法律，即使是最为明显的思想也可能通过合同受到保护。[4] 尼默教授认为，即使由原告提供的思想不具备原创性或新颖性，甚至被告不是通过原告的披露而是通过其他方式获得思想的，只要作为原告披露思想的回报，被告允诺如果使用思想将支付报酬，而原告确实披露了思想，那么该披露应当构成合法和有约束力的对价。[5] 同理，在明示合同中具体性是不必要的。[6]

如上文所述，赋予思想一定程度的保护有一定的现实基础，尤其是在思想的提供者提供思想给思想的接受者的场合。但依据明示合同保护思想可能并不能圆满实现思想保护的目标。第一，在思想提供合同的场合，思想的提供者相对于思想的接受者往往是弱势群体，他们往往没有

---

[1] David M. McGovern, What Is Your Pitch?: Idea Protection Is Nothing but Curveballs, 15 *Loy. L. A. Ent. L. J.* 475, 493 (1995).

[2] Ronald Caswell, A Comparison and Critique of Idea Protection in California, New York, and Great Britain, 14 *Loy. L. A. Int'l & Comp. L. Rev.* 717, 727~737 (1992).

[3] Chandler v. Roach. 156 Cal. App. 2d at 443.

[4] Brian Devine, Free As the Air: Rethinking the Law of Story Ideas, 24 *Hastings Comm. & Ent. L. J.* 371, 389 (2002).

[5] Steve Reitenour, The Legal Protection of Ideas: Is It Really a Good Idea? 18 *Wm. Mitchell L. Rev.* 131, 140 (1992).

[6] Vantage Point, Inc. v. Parker Bros., 529 F. Supp. 1204, 1216 (E. D. N. Y. 1981) (quoting Krisel v. Duran, 258 F. Supp. 845, 860 n. 59 (S. D. N. Y. 1966)), aff'd without op., 697 F. 2d 301 (2d Cir. 1982).

话语权，被迫签订弃权协议。通过弃权协议，思想接受者要求提供者放弃自己的合同权利，甚至要求放弃就思想的使用支付报酬的权利。第二，思想提供的明示合同仅仅在合同当事人之间有效，不具有对抗第三人的效力，第三人即使破坏合同的效力，任何一方当事人对该第三人都没有权利进行干涉。❶

（二）思想的默示合同（implied-in-fact contract）保护

默示合同不是通过双方当事人之间明示的协议，而是从当事人的行为之中推断出来的。在思想保护的场合，由于财产权保护理论可能导致思想垄断，而制片人基于自己的强势地位往往又不愿意同思想的提供者签订明示合同，所以依据默示合同理论对思想提供保护成为一种常态。在思想保护的默示合同理论之中，最重要的是要明晰默示合同的成立要件，明确新颖性与具体性要件存在的必要性。

1. 默示合同的成立

（1）怀尔德（Wilder）测试法。怀尔德案❷阐述了思想提供的默示合同的成立要件，确立了怀尔德测试法。

在该案中，迪斯尼（Desny）写了一个电影情节，想投给就职于派拉蒙（Paramount）公司的制片人怀尔德（Wilder）。在怀尔德秘书的要求下，迪斯尼将故事缩减为大纲形式，并给秘书回电话，告诉秘书他的大纲准备好了，并且通过电话他读了自己的故事大纲。他明确表示他想出卖这个故事，只有怀尔德支付合理报酬才能够使用这个故事。在迪斯尼的证词中证实："我明确对她（秘书）表示，我写了这个故事并且我想出卖它……我自然地又提到，这个故事是我的故事，它花费了我很多努力、研究和时间，因此，任何人如果使用这个故事，都应当为其支付报酬……她（秘书）说，如果怀尔德或派拉蒙使用了这个故事，自然会支付报酬。"秘书确认如果迪斯尼的思想被使用，他们自然会付给迪斯尼报酬。派拉蒙的电影"Ace in the Hole"同迪斯尼的思想极为相似，迪斯尼起诉怀尔德和派拉蒙违约。

---

❶ Jonathan S. Katz, Expanded Notions of Copyright Protection: Idea Protection within the Copyright Act, 77 *B.U.L.Rev.* 873, 875 (1997).

❷ Desny v. Wilder. 46 Cal. 2d 715 (1956).

在本案的判决中，加州最高法院（California Supreme Court）确认故事的思想可以适当地成为明示合同或默示合同的标的物。在没有明示合同的情形下，如果满足以下两个条件，视为默示合同存在：作者必须明确表示其思想的披露是建立在如果思想被使用，使用者就要承担支付报酬的义务的基础之上的；制片人在接受思想之前必须知道如果使用思想就必须支付报酬这一事实，并且在原告披露思想的时候自愿接受思想的披露。如果思想的提供者明确表示其思想的提供是建立在如果接受者使用了思想就必须负担支付报酬的义务的基础之上，思想的接受者在知道该思想之前知道该条件，自愿地接受了思想的披露，发现其是有价值的，并且使用了它，法律将确认支付报酬的允诺存在。这些推断的或默示的允诺的确认必须建立在制片人在思想披露时及之前知道思想提供者给出的交易条件的情形之上，他必须自愿接受该披露，知道思想披露的条件。除非接受人有机会拒绝，否则不能说他接受了思想。创意人在没有说出自己的交易条件之前就不加思索地说出其思想，从而失去协议的权力，只能责怪自己。仅有思想被传达、有价值和已经被用来营利的事实，法律不能够推断为思想支付报酬的允诺存在；即使是思想的传达是抱有支付报酬的义务将伴随的希望或期望的情形下也是如此。

有学者将怀尔德案有关思想受默示合同保护的要件概括为"四步测试法"（"怀尔德测试法"）：①一个人必须提供有价值的思想给制片人；②制片人必须或者请求了思想的披露或者自愿接受了思想的披露；③制片人必须知道思想的披露是在期望获得报酬的基础之上的；④制片人必须实际使用了该思想。[1] 怀尔德案的判决成为迄今为止有关思想保护的主要的里程碑式的案件之一。[2]

从怀尔德案及跟随该案判决的案例中可以看出，要成立思想提供的默示合同，证明原告在披露思想的时候期望获得报酬是问题的关键。如

---

[1] Celine Michaud, Gregory Tulquois, Idea Men Should Be Able to Enforce Their Contractual Rights: Considerations Rejecting Preemption of Idea - Submission Contract Claims, 8 *Vand. J. Ent. L. & Prac.* 75, 77 (2003).

[2] Lionel S. Sobel, The Law of Ideas, Revisited, 1 *UCLA Ent. L. Rev.* 9, 22 - 23 (1994).

果原告表明是在期望获得报酬的条件之下披露思想的,法院通常推断默示协议的存在。反之,如果原告在披露思想的时候不是为了获得报酬,而是为了其他目的,法院通常判决默示合同不存在。

例如,在法里斯(Faris)案❶中,原告将一个以体育为主题的智力竞赛电视节目的思想提交给了被告,希望成为该节目的主持人,被告拒绝了原告的提议,但后来成为一个非常相似的体育智力竞赛节目的主持人。法院并没有认定原告和被告之间有关使用思想的默示合同存在,因为原告将节目计划提交给被告是为了让被告决定是否愿意同原告建立商业关系,而不是为了出卖这个节目规划。原告并没有想过要将他的思想出卖给包括被告在内的任何人,原告也没有告诉被告其提交节目规划是为了出卖。没有证据证明原告在将节目规划披露给被告的时候期望获得报酬,或者原告曾表明他有这种期望。没有理由认为被告相信原告思想的提供是出卖某事物,如果该事物被使用使用者就要支付报酬的要约。根据怀尔德测试法,单纯提交思想的事实不能够推断出支付义务的存在。

又如,在阿利奥蒂(Aliotti)案❷中,原告将其设计展示给被告,希望被告雇用她以获得她的设计,在设计被展示给被告之后,有关被告购买特定设计或者有关雇用原告的事项才在双方展开讨论,法院没有认定默示合同的存在。因为,根据 Wilder 测试法,如果要认定默示合同的存在,原告在披露思想之前应当明确表示其思想的提供是建立在接受人如果使用思想应当支付报酬的基础之上的,而在本案中,原告在向被告展示思想之前没有任何表示,因此法院认定默示合同不存在。

尽管怀尔德测试法成为指导有关思想提供的默示合同是否成立的基本判断标准,该标准却可能存在缺陷。例如,要证明一个对思想使用支付报酬的允诺非常困难,❸ 因为大多数作者完全缺乏协商权利,如果作者必须清楚地表明以允诺支付报酬为条件进行披露,没有制片人会接受这

---

❶ Faris v. Enberg 97 Cal. App. 3d 309,158 Cal. Rptr. 704 (1979).
❷ Aliotti v. R. Dakin & Co. 831 F. 2d 898,902-903,(9th Cir. 1987).
❸ Desny v. Wilder, 299 P. 2d 257,264 (Cal. 1956).

一披露。❶

(2) 基于缔约过程对思想提供的默示合同成立的分析。从缔约过程的角度来分析思想提供合同，也是一种判断默示合同是否成立的路径。缔约过程一般包括要约和承诺两个阶段。法院通常认为原告思想的提供构成要约，而被告的使用构成承诺。❷ 如果思想的接受者没有机会拒绝思想的提供，则不应推断默示合同的存在。反之，如果思想接受者有机会拒绝思想的提供并且接受了思想的提供，则默示合同存在。❸ 但对思想接受者施加积极的义务也遭到学者的质疑。

(3) 基于产业惯例对思想提供的默示合同成立的分析。在思想提供的默示合同的成立中还有一个重要问题就是按照产业惯例是否可以推断默示合同的存在。有法院依据有关思想提供和补偿的产业惯例来推断默示合同的存在。❹ 法院认可的这些可以推断出默示合同成立的惯例包括"如果制片人对特定剧本没有兴趣，他会将剧本置于未打开的状态返还给作者；如果制片人被告知该剧本是有开发前途的，打开看了该剧本，按照惯例，制片人已经默示的允诺为思想的使用支付报酬"，❺ "娱乐业中思想的提供者将会因为他们的思想而受到补偿"❻ 等。卡特（Carter）大法官认为应该假定接受者在交换思想的时候知道作者期望获得报酬：有时双方当事人什么也不用说，但双方都知道一方在卖，一方在买。百货公司就是明证：当商品摆放在柜台上时，进入百货公司的任何人都知道摆放在柜台上的商品是用来出卖的，店主或其雇员完全没有必要对每一个进入百货公司的人说所有的商品都是用来出卖的。思想虽然不是常规商品，但应当适用相同规则。❼

---

❶ Brian Devine, Free as the Air: Rethinking the Law of Story Ideas, 24 *Hastings Comm. & Ent. L. J.* 355, 384 (2002).

❷ Liggett & Meyer Tobacco Co. v. Meyer, 194 N. E. 206, 210 (Ind. Ct. App. 1935).

❸ Minniear v. Tors, 72 Cal. Rptr. 287 (1968).

❹ Vantage Point, Inc. v. Parker Bros., Inc., 529 F. Supp. 1204, 1217 (E. D. N. Y. 1981).

❺ Whitfield v. Lear. 751 F. 2d 92 (2d Cir. 1984).

❻ Chandler v. Roach, 319 P. 2d 776 (Cal. Ct. App. 1957).

❼ Brian Devine, Free As the Air: Rethinking the Law of Story Ideas, 24 *Hastings Comm. & Ent. L. J.* 355, 384 (2002).

支持产业惯例可以推断出默示合同成立的观点通常这样解释默示合同的成立过程：思想的提供可能导致习惯上为思想支付报酬的产业中默示合同的产生，因为在这样的产业中，思想的接受者对其选择使用的思想支付报酬的惯例构成持续要约（continuing offer），这将使原告的思想提供构成被告要约的承诺。反对按照产业惯例可以推断默示合同成立的学者认为这种按照商业惯例可以推断默示合同成立的原则对制片人的要求过于严厉，使其承担责任的可能性大大增大，制片人最终别无选择只好限制接受思想的数量。反对者认为是否存在对思想支付报酬的商业惯例也值得怀疑。弃权（releases）和有限责任协议（limited liability agreements）等免除思想接受者为纯粹思想支付报酬的义务的条款本身就说明了在当今娱乐业中不存在这样的商业惯例，即使这样的惯例曾经存在过。❶ 有法院也反对在商业惯例的基础上推断默示合同的存在。❷

另外，法院通过特定情形也可以推断默示合同的存在。例如，如果被告实际请求了原告思想的提供，法院将推断默示合同的存在。

不过，如果创意人通过代理人向制片人提交思想，则法院通常认为默示合同存在。如果被告是从其他人而不是原告处获得思想，或者被告非自愿地接受了原告未经请求的思想，则默示合同不存在。❸ 当购买者通过其他方式而不是通过与创意人协商的方式来使用思想，双方之间有关思想的默示合同并不存在。❹ 另外，只有在当事人之间没有明示合同的场合才能产生默示合同。

2. 新颖性和具体性的要求

（1）新颖性。当依据默示合同对思想提供保护，是否要求思想具备新颖性，存在不同的观点。

①肯定说。在默示合同项下，有些法院要求思想具备新颖性和具体

---

❶ Lionel S. Sobel，The Law of Ideas，Revisited，1 *UCLA Ent. L. Rev.* 9，45（1994）.

❷ Grombach Productions v. Waring. 293 N. Y. 609，59 N. E. 2d 425（1944）.

❸ Melville B. Nimmer & David Nimmer，*Nimmer on Copyright*，Matthew Bender Company，Inc.（2009），§19D.

❹ Donahue v. Ziv Television Programs，Inc.，54 Cal. Rptr. 130（1966）.

85

性，[1] 否则默示合同不能够被强制执行。首先，法律不应当允许作者提出一个普通的、经常使用的思想，而在制片人使用该思想的时候诉求获得补偿。如果作者的这种行为被允许，制片人将潜在地面临过多琐碎的诉讼。因此需要思想具备新颖性要求来避免这些诉讼。[2] 其次，虽然依照明示合同保护思想不需要思想具备新颖性，但默示合同不同于明示合同，默示合同来自"不知情的交易"（blind deals），在这个交易之中，思想的提供者知道他披露的是什么，而思想的接受者并不知道提供者所提供的内容。[3] 在这种"不知情的交易"中，如果不要求思想具备新颖性，而让被告承担为思想使用支付报酬的义务将不符合公平正义原则。再次，诸如"如果提高产品的销售价值，利润会增加"的思想既不新也不具有原创性，不能视为有价值，仅仅是个常识（common knowledge），以该思想为标的的合同缺乏对价。[4] 最后，在思想提供的案例中，新颖性要件还发挥了以下证明功能，即被告实际使用的思想是由原告提供，还是自己独立创造的思想或者从其他渊源获得的思想。[5] 如果原告提供的思想具备新颖性，则被实际使用的思想来自原告的可能性更大一些。

史丹利（Stanley）案[6]中特雷纳（Traynor）法官的反对意见经典表述了在思想提供的默示合同中思想应当满足的要件。

在该案中，原告制作了一个广播节目大纲提交给了哥伦比亚广播公司（CBS）。CBS制作了一个相似的广播节目，原告认为CBS抄袭了他的大纲。原告主张其同被告有默示协议，如果被告使用了他的大纲就应当支付报酬。陪审团同意付给他35 000美元的赔偿，该案的判决得到加州最高法院的认可。加州最高法院说：思想的原创者就他人使用或侵犯其

---

[1] David M. McGovern, What Is Your Pitch?: Idea Protection Is Nothing but Curveballs, 15 Loy. L. A. Ent. L. J. 475, 496 (1995).

[2] Brian Devine, Free As the Air: Rethinking the Law of Story Ideas, 24 Hastings Comm. & Ent. L. J. 355, 390 (2002).

[3] Educational Sales Programs v. Dreyfus Corp., 317 N. Y. S. 2d 840, 844 (Sup. Ct. 1970).

[4] Soule v. Bon Ami Co., 201 A. D. 794 (N. Y. App. Div. 1922), aff'd, 235 N. Y. 609 (1923).

[5] Lionel S. Sobel, The Law of Ideas, Revisited, 1 UCLA Ent. L. Rev. 9, 62 (1994).

[6] Stanley v. Columbia Broadcasting System. 35 Cal. 2d 653, 221 P. 2d 73 (1950).

思想而获得救济的权利似乎要依赖于思想是否具备新颖性,当新颖性存在的时候,救济可以建立在默示合同理论的基础之上。陪审团发现原告的思想具备新颖性,法院的多数意见确认了有利于原告的判决。

但特雷纳法官发表了反对意见,他的反对意见被接受为加州法律。特雷纳法官之所以不同意多数判决,是因为他认为原告的思想不具备新颖性。首先,在特定情形下,思想的披露足以构成对思想的使用支付报酬的允诺的对价。即使思想不是专有财产权的客体,它的披露对被披露人来说充分有利,该披露可以成为支付允诺的对价。即使被披露的思想可能被广泛认知和一般了解,如果不论它是否具备新颖性都将被支付报酬,它可能受到明示合同的保护。因此,不论思想是否具备新颖性,它都可能受到明示合同的保护。其次,默示合同区别于明示合同的地方仅在于默示合同的允诺不是使用语言来表达的而是通过允诺者的行为推断出来的。然而,在没有明示合同或可推断出的行为的情形下,假定一个人将使自己承担为本来可以自由使用的思想的使用支付报酬的义务是不合理的。甚至在明示合同中,为原告提供的有价值的信息支付报酬并不意味着即使原告披露的是普通知识被告也必须支付报酬的允诺。如果思想不具备新颖性,必须证明合同当事人明示或默示的同意不论思想新颖与否都要为思想的使用支付报酬。

可见,特雷纳法官认为,在一般情况下,只有具备新颖性的思想才能够成为默示合同的标的物。有关新颖性的含义,有学者认为,新颖性指思想是原告原创的,在特征上是创新的(innovative in character)。❶ 有学者认为,判断思想是否新颖要看思想提交时被"详述"(detail)的程度:如果提出的仅是相似情节或无聊角色的模糊叙述,只是基本主题的变种,该思想不具备新颖性。反之,如果采用基本主题但作深度叙述以区别于先前作品,思想应当被视为具备新颖性。思想的新颖性同思想被开发的程度相一致。新颖性要件比较容易被满足,只要作者在思想上添加足够的区别特征即可。唯一被视为不具备新颖性的思想为仅是基本主

---

❶ Margreth Barrett, The "Law of Ideas" Reconsidered, 71 *J. Pat. & Trademark Off. Soc'y.* 710, 711 (1989).

题变种的思想。任何特别的、被充分开发的思想都应当被视为具备新颖性。[1]一般而言，诸如"如果企业提高商品的价格就会获取更大利润"的思想[2]不具备新颖性。

②否定说。否定说认为在思想提供的默示合同中并不需要新颖性的存在。首先，双方当事人有订立合同的自由，有权决定自己认为合适的合同条款，将新颖性作为默示合同的条款有悖当事人的真实意思表示。[3]其次，从对价的角度看，默示合同的对价是"思想的披露"而不是"思想"本身，因此在默示合同中并不需要思想具备新颖性。[4]再次，新颖性的要求比原创性要求更高，难以满足。[5]第四，怀尔德法院暗示不论思想是否具备新颖性，思想的接受人都可能进入一个思想合同。[6]最后，既然可以为不具备新颖性的思想签订明示合同，在默示合同中要求思想具备新颖性是不具备正当性的。[7]

（2）具体性。当依据默示合同对思想提供保护时，是否要求思想具备具体性，存在不同的观点。

①肯定说。传统观点认为，思想如果要受到默示合同的保护须具备具体性。具体性具有确定被告是否使用了原告的思想或者使用了其他人的思想或同时使用了原告与其他人的思想的功能。[8]法院在适用具体性的时候所采取的标准不一致。同思想的财产权保护理论一样，有关何种思想构成具体性的思想存在不同的观点，这些观点从不同角度阐述了思想的具体性。有认为具体性的思想必须是经过充分开发的思想；有认为具

---

[1] Brian Devine, Free as the Air: Rethinking the Law of Story Ideas, 24 *Hastings Comm. & Ent. L. J.* 355, 392 (2002).

[2] Soule v. Bon Ami Co., 201 A. D. 794 (N. Y. App. Div. 1922), aff'd, 235 N. Y. 609 (1923).

[3] Chandler v. Roach, 319 P. 2d 780 (Cal. Dist. Ct. App. 1957).

[4] Lionel S. Sobel, The Law of Ideas, Revisited, 1 UCLA Ent. L. Rev. 9, 62 (1994).

[5] David M. McGovern, What Is Your Pitch? Idea Protection Is Nothing but Curveballs, 15 *Loyola L. A. Ent. L. J.* 475, 482 (1995).

[6] Ronald Caswell, A Comparison and Critique of Idea Protection in California, New York, and Great Britain, 14 *Loy. L. A. Int'l & Connp. L. J.* 717, 730 (1992).

[7] Donahue v. Ziv Television - Programs, Incorporated. 54 Cal. Rptr. 130 (Cal. Dist. Ct. App. 1966).

[8] Lionel S. Sobel, The Law of Ideas, Revisited, 1 UCLA Ent. L. Rev. 9, 55 (1994).

体性的思想必须是具备有形形式的思想；有认为具体性的思想必须是能够被立即使用的思想；有认为具备具体性要件的思想可能不再仅仅是思想，而已经成为一种可版权性的表达。

②否定说。否定说不承认具体性在思想默示合同保护中的地位，理由同上述新颖性的否定理论大同小异。具体性要求的否定说也是从合同自由和合同对价两个方面证成自己的观点的。否定说认为双方当事人具有订立合同的自由，有权决定合同的条款，将具体性要求作为合同条款不符合当事人真实的意思表示。另外，是"披露思想的服务"而非"思想"本身构成默示合同的对价，思想无需具有具体性。

在思想提供的默示合同中，除了新颖性和具体性要件之外，有观点认为思想还需要具备秘密性。因为在思想已经公之于众的情形下，没有真正的披露；如果认为思想的披露构成充分的对价，这时默示合同就没有对价。❶

在保护思想提供者的利益方面，默示合同理论确实发挥了很大作用。但默示合同理论存在以下问题，默示合同的成立难以证明；新颖性和具体性的要件难以满足；如果不要求思想具有新颖性和具体性就对其赋予保护，又有可能对思想的接受者造成不公平的后果；默示合同不能够约束独立的第三人❷等，这些问题的存在约束了默示合同理论功能的发挥。纵然如此，同其他理论相比，思想保护的最好方式还是合同法。因为以思想为标的物的合同产生了补偿作者的义务，而该义务只在合同双方当事人之间有效，思想仍然处于公共领域，供合同当事人之外的其他人自由使用。相对于财产权理论，在合同理论中，责任是建立在"允诺"而不是"所有权"的基础之上。❸ 用合同理论保护思想避免了用财产权理论保护思想可能带来的所有问题。

不论是依据明示合同理论，还是按照默示合同理论，对思想所赋予

---

❶ Lionel S. Sobel, The Law of Ideas, Revisited, 1 *UCLA Ent. L. Rev.* 9, 55 (1994).

❷ Jonathan S. Katz, Expanded Notions of Copyright Protection: Idea Protection within The Copyright Act, 77 *B. U. L. Rev.* 873, 876 (1997).

❸ Brian Devine, Free As the Air: Rethinking the Law of Story Ideas, 24 *Hastings Comm. & Ent. L. J.* 355, 383 (2002).

的权利都是一种相对权。相对权的赋予将本来由绝对权所放大的不良社会影响缩小在一个可以被社会所接受的范围之内。在思想的提供者和思想的接受者之间，一方提供思想，另一方接受思想，思想的接受者建立在所接受的思想之上，创作出了可版权性的表达，如果拒绝支付给思想提供者一定的报酬，此时，思想的提供者和思想的接受者之间的关系是不公平的、不合理的。此时，如果赋予思想以相对权，至少可以平衡这种不公平、不合理的局面，在思想的提供者和思想的接受者之间建立一种公平合理的关系。法律的公平正义要求至少在思想的提供者和思想的接受者之间得以实现。另外，在思想上赋予的这种相对权并没有对抗第三人的效力，第三人并不受其约束。对于社会公众而言，这种思想依然是处于公共领域，供大家自由使用的。所以，相对权的赋予并不会带来违背社会共同利益的后果。因此，对思想赋予绝对权违背社会公共利益，但对思想赋予相对权则可以避免这种不利后果，而可以在思想提供者和思想接受者这种相对关系中，维护思想提供者的正当利益。

六、结　语

从思想的性质出发，从公益的保护入手，思想之上不能够存在绝对性的普通财产权。但如果仅将思想保护的视角放在思想的提供者和思想的接受者之间的相对关系之上，从平衡双方的利益分配来看，思想的提供者应当获得公平合理的报酬，思想应当获得一定程度的保护。诚然，对思想进行保护必然意味着思想中存在财产利益，但并不一定意味着一定要对思想赋予绝对性的财产权，因为这种财产权是一种绝对权，具有对世的效力，有可能产生违反版权法立法目的的消极后果。因此，借助合同理论保护思想，赋予思想以相对权成为思想保护的主流。赋予思想以相对权的保护，应采取不同的法律措施来平衡思想的提供者、接受者与社会公众之间的利益关系，力图达到既促进思想的创造，又不限制公共领域范围的均衡状态。

我国经济和社会正迅猛发展，伴随着娱乐产业而产生的思想提供和使用的纠纷必然增多，面对这些纠纷，为了促进娱乐产业的健康发展，可以在一定条件下对思想赋予一定程度的相对权保护。

第五节　表达的实质与表达的形式
　　——版权客体的重新解读

　　思想表达两分法是版权法的基本原理，该原理意指版权法保护的对象是思想的表达，而不是思想本身。尽管对于什么是思想、什么是表达，学者之间有不同意见，有关思想与表达的区分也有不同的方法，然而对于思想表达两分法本身在版权法中的基础地位，学者之间的意见是一致的，也即，大家普遍认为版权法保护的对象是表达。这些受版权保护的表达表现为由人们所共同认可的意义符号所构成的排列组合。这些符号的排列组合固然是版权法保护的对象，但这些"形式化"和"符号化"的表达在形成之前，实际上表达已经存在。

一、"表达的实质"与"表达的形式"的概念的提出

　　思想的"表达"可以分为两个层面：其一，是"表达的实质"（"思想中的表达"）；其二，是"表达的形式"（"符号化的表达"）。前者是版权保护的"实质"，后者是版权保护的"对象"。

　　（一）作品的创作过程反映了"表达的实质"与"表达的形式"的区分

　　版权法保护的是形诸有形形式的表达。这些有形形式就是人们所共同认可的意义符号的排列组合。在作品的创作过程中，作者头脑中最初形成的仅仅是抽象思想，这种抽象思想当然不受版权法保护。随着创作进程的推进，作者日益将自己的个性选择与判断融入抽象思想中，最终形成有形形式的表达，但在表达形诸有形形式之前，应受到版权保护的表达实际上在人们的头脑中已经存在，只不过，如果没有形诸一定的有形形式，就没有形成人们可以感知（perceivable）的客观外在形式，不能成为财产权客体，不能够享有版权法保护而已。但是，这一阶段的表达是版权法保护的实质。

（二）作品的固定性要件表明了"表达的实质"独立于"表达的形式"的存在

作品要获得版权法保护，一般需要满足固定性的要求。所谓固定性，指的是作品须存在于有形表达载体之上。从版权法只保护固定在有形表达载体上的表达的规定可以反推出，表达并不只是存在于有形的表达载体上，它在存在于有形表达载体上之前已经存在，这个阶段的表达存在于作者的思想中。存在于作者思想中的表达，就是"思想中的表达"，这是"表达的实质"；表现为一定的符号组合的表达，是"符号化的表达"，这是"表达的形式"。❶

由于各种作品"符号化"的方式并不一样，思想中的表达同符号化的表达之间的关系也呈现多种样态。就普通文字作品而言，由于该类作品的构成要素具有有限性，导致其"表达的形式"与其"表达的实质"具有同一性。申言之，普通文字作品的最终表达形式是由文字和数字等符号所构成。这些符号都是人类长期实践发展的结果，它们所具有的意义是约定俗成的。据统计，目前世界上有5 000多种文字，但真正被广泛使用的文字并不多。在一个国家或一个地区，往往只有一种通用的语言文字。这种语言文字往往成为这个国家或地区的人民的思维习惯和范式：人们在思考某一个问题的时候，是在该地区通用的语言文字的约束之下进行的。由于这些语言文字的有限性和约定俗成性，导致"表达的形式"同"表达的实质"具有同一性。但在普通文字作品中存在的构成要素

---

❶ 在我国知识产权理论界，有关版权的基本属性存在一些争论，基本上可以分为两派观点：第一种观点认为版权是一种无形财产权，第二种观点认为版权是一种有形财产权。从作品的形成过程，从"表达的实质"与"表达的形式"的分野的角度出发，笔者认为上述两种观点实际上是不冲突的，不过是两者的出发点或者谓论述的基点不同而已。"表达的实质"虽然是"表达的形式"的前阶段或基础，但是在"表达的实质"没有通过一定的意义符号予以表现之前，其不能够被人们所识别，不能够成为一种适格的财产，不能够受到版权保护。从这一意义上来讲，"表达的实质"在没有通过一定的意义符号予以"有形化"之前，是不可能受到版权保护的，谓版权是一种"有形"财产权有一定道理。不过，即便"表达的实质"通过一定的符号予以表现而成为一种"形式化"或"符号化"的表达之后，其虽然能够满足作为财产的基本要求（可识别，范围可以通过一定的方式对其予以界定，如土地），但是不同于一般的有形财产，例如动产和不动产，不能够通过触觉去感受它，而只能通过思维去认识它。从这个角度上来讲，将包括版权在内的知识产权理解为无形财产权也是有道理的。

（人们所共同认可的意义符号）的有限性并非在一切类型的作品中都存在，对于有些作品而言，由于其构成要素具有多样性，"表达的形式"呈现多样化状态。而在现有版权法理论中，由于人们没有认识到"表达的形式"背后"表达的实质"的存在，可能导致对表面上呈现多样化状态的"表达的形式"产生错误认识，认为这些"表达的形式"是不同的作品，从而导致司法实践的混乱。❶

二、"表达的实质vs. 表达的形式"两分法与"思想vs. 表达"两分法之间的关系

"表达的实质"在产生阶段上，属于"表达的形式"形成之前人们思想中已经客观存在的表达，这种表达尽管没有形诸一定的意义符号，但是在人脑中确实已经客观存在，而且这种客观存在是区别于不受版权法保护的"思想"的客观存在；"表达的实质"在存在样态上，是人类创作行为的产物，但这种产物尚没有形诸外部，不能够被他人所识别，不能够通过一定的方法确定其界限，所以不能够成为一种适格的财产，在其上不能够产生财产权，各国版权法一致规定"作品"没有通过一定的意义符号形诸外部的时候，不能够获得版权保护，就是明证；"表达的实质"在实质意义上，是人类个性创作行为所导致的"符号化表达"的实质，厘清这个本质有利于理解版权客体的真相，有利于更清楚地认识"作品"的构成，有利于解决诸多版权法的疑难问题。

由此可知，"表达的实质 vs. 表达的形式"两分法不同于"思想 vs. 表达"两分法。首先，"表达的实质"不是"思想"，而是"表达"的一种客观存在形式；其次，区分"表达的实质"与"表达的形式"，不是为了区分"版权法不予保护的客体"与"版权法予以保护的客体"，而是对版权法予以保护的客体"表达"作出更进一步清晰的认识，在"符号化的表达"背后指出有"实质性的表达"的存在。

---

❶ 参见后文对建筑作品的论述。

三、"表达的实质vs. 表达的形式"两分法与"作品vs. 载体"两分法之间的关系

通常意义上的受版权保护的"作品"指的是"表达的形式",而作品的"载体"指的是承载这些"表达的形式"的介质;"作品"是版权的客体,"载体"是所有权的客体。"表达的实质"经过"符号化"成为"表达的形式","表达的形式"又往往借助一定的"载体"或"介质"成就一种可以识别的状态,不管人们识别该作品的方式是什么。也即不论是通过听觉还是视觉,只要"表达的形式"成为一种"可以被识别"的状态,其就可以成为一种适格的财产,就可以获得版权保护。

举例来讲,普通文字作品是借助纸张变成一种可识别的状态,在这种可识别的状态之下,人们可以通过视觉来认识作品、理解作品、欣赏作品;口头作品则是借助空气等介质处于一种可识别的状态,在这种可识别的状态之下,人们可以通过听觉来认识作品、理解作品、欣赏作品;只要"表达的形式"能够通过一定的介质,处于一种可识别的状态,就可以成为一种适格的财产,就可以受到版权保护。因此,版权法规定口头作品可以受保护是有道理的,是符合客观规律的。

综上,可以用图1-1来表示思想、表达、表达的实质、表达的形式、载体之间的关系。

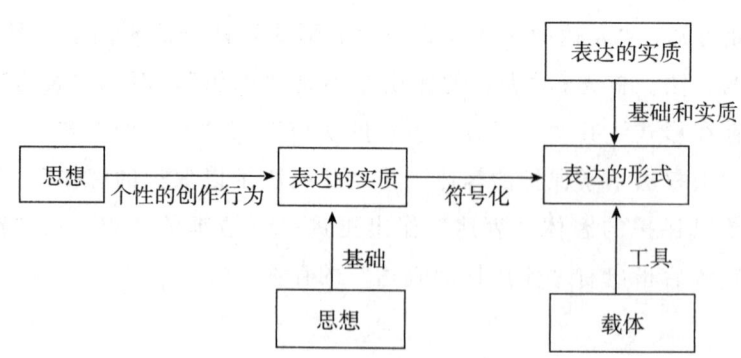

图1-1 思想、表达、表达的实质、表达的形式、载体间的关系

对图1-1的简要说明如下:

第一，思想是"表达的实质"形成的前一个阶段，在作品的创作过程中，首先存在于作者头脑中的就是抽象的思想。按照思想表达两分原则，这种抽象的思想不受版权法保护。

第二，作者通过自己的个性创作行为，将抽象思想不断地具体化，不断地加入作者个性的取舍、选择、判断、排列、组合，最终形成一个创作的产物，也即"表达的实质"，这是版权法应予保护的客体。

第三，在作品形成的过程意义上，"表达的实质"存在于人脑中后，尚须借助一定的意义符号，例如文字、数字、线条、颜色、旋律、节奏等，成为一种可以被识别且范围能够被界定的财产。当"表达的实质"被符号化之后，就形成"表达的形式"，这是版权实际上保护的客体。

第四，"符号化的表达"即"表达的形式"要能够成为一种可识别的状态，还必须借助一定的介质，否则无法完成这项任务。于是，"载体"成为"表达的形式"得以成就的一种可识别状态的工具。这种工具是所有权的客体，不是版权的客体。

第五，从作品的形成过程来看，"表达的实质"处于"表达的形式"的前阶段，是"思想中的表达"，从作品的实质来看，"表达的实质"属于"表达的形式"的根本基础，没有"表达的实质"就没有"表达的形式"。

第六，"表达的实质"与"表达的形式"的区分具有普适性意义，从创作阶段来看，任何作品的创作都要经过从"表达的实质"向"表达的形式"的转化；从实质意义来讲，任何"符号化的表达形式"背后都有"表达的实质"的存在。

四、"表达的实质vs.表达的形式"两分法提出的理论意义和现实意义

"表达的实质 vs. 表达的形式"两分法的提出既具有重要的理论意义，也具有深刻的现实意义。从理论层面来讲，"表达的实质"这一概念的提出使我们能够对版权客体作出更为清晰和深刻的认识；从实践方面来看，"表达的实质"与"表达的形式"的区分有利于解决在版权法司法实践中遇到的诸多疑难问题。

（一）"表达的形式"与"表达的实质"的区分有利于论证演绎权的合理性

演绎权存在的合理性，可以从作者的创作过程，也即从思想到表达的转化过程中得到答案。作者的演绎权之所以受版权保护，是因为尽管演绎作品和原作品"表达的形式"不同，但是"表达的实质"却具有同一性，所以，基础作品的作者可以控制他人对其作品的演绎。举例来讲，一个作者在创作作品的过程中，首先想要表达一个"爱情"的主题，这个主题是最为抽象的思想，不受版权保护；当这个作者在这个主题之上不断融入自己个性的思想与观念之后，最终形成一句表达"你是风儿，我是沙，缠缠绵绵到天涯"。此时，"表达的实质"已经存在。只不过，人们受到自己所学语言的限制，在构思表达的时候，往往是以自己的语言进行思考。如果这位作者懂中文和英文两门语言，在他还没有形成形诸有形形式的表达之前，在其大脑中存在的"表达的实质"也可能是"You are the wind, I am the sand to the End of the World"。如果作者在进行构思的时候，没有语言文字的限制，在形成受保护的"表达的形式"之前的"表达的实质"是具有同一性的。所以，对基础作品的演绎实际上是用到基础作品"表达的实质"，这是版权法应当保护的实质；尽管演绎作品的"表达的形式"同基础作品并不相同，基础作品的作者也可以控制他人对其作品进行演绎，因为他人用到了其作品的"表达的实质"。

（二）"表达的实质"与"表达的形式"的区分有利于正确认识软件作品的实质

我国《计算机软件保护条例》（2002年）第3条规定，同一计算机程序的源程序和目标程序为同一作品。根据版权法的基本原理，版权保护的对象是表达形式。源程序和目标程序是用不同的符号表示的，表达形式自然不同。按照通常的理解，源程序和目标程序肯定不是同一作品。而《计算机软件保护条例》为什么作出上述规定，认为同一计算机程序的源程序和目标程序是同一作品？一个可行的解释可能是，软件的源程序和目标程序之间的转化不需要创造性的劳动。一般而言，软件的源程序是通过一个编译程序将其转化为机器可读的目标程序的，这种转化不需要人的"不可复制性"❶的劳动的投入，往往是一种机械性的结果。

不过，如果将受版权保护的表达区分为"表达的实质"与"表达的形式"，可能对这一疑问的解释更有说服力。如上文所述，由于人类语言的有限性，在一般文字作品中，作品"表达的形式"同"表达的实质"具有同一性。

然而，对于软件这类特殊的文字作品而言，由于软件语言并不具有有限性，而是呈现多样性的状态。虽然构成软件语言的最终意义上的符号还是语言文字和数字，但是软件语言事实上不能够等同于一般的语言文字和数字这些普通的符号。申言之，软件语言中有意义的符号实际上是由这些语言文字和数字所构成的新的组合，这些组合表达了特定的含义。计算机语言的种类很多，总体可以分成机器语言、汇编语言、高级语言三大类。机器语言即由 0 和 1 构成的代码，这是计算机所唯一能够识别的语言。汇编语言的指令采用了英文缩写的标识符，也是直接对硬件操作。高级语言主要是相对于汇编语言而言，目前流行的有 Basic 语言、Fortran 语言、Logo 语言、Cobol 语言、Pascal 语言、C 语言、Prolog 语言等，这些语言的语法、命令格式都各不相同。

因为软件语言的多样性，所以同样一个计算机程序可以用多种软件语言来书写。但是不论用哪一种软件语言来写，事实上，这些软件"表达的实质"是一样的。所以，《计算机软件保护条例》规定，同一计算机程序的源程序与目标程序是同一作品。进一步讲，即使同样是计算机软件的源程序，只要"表达的实质"具有同一性，那么不管是用哪种高级语言进行书写的，也都具有同一性。

（三）"表达的实质"与"表达的形式"的区分有利于正确认识建筑作品的实质

建筑作品在各国著作权法中普遍受保护，我国著作权法也是如此。不过，什么是建筑作品？建筑规划、建筑图纸、建筑模型、建筑物同建筑作品之间是什么关系？这些问题在理论界和实务界都存在争议，有两种比较典型的观点。一种观点以我国著作权法为代表，认为建筑作品指

---

❶ 判断一种劳动是否构成"创作行为"的时候，考察该劳动是否具有"可复制性"是一个"试金石"。如果某种劳动具有"可复制性"，该种劳动就不构成"创作行为"；反之，如果某种劳动具有"不可复制性"，该种劳动就可能构成"创作行为"。

的是建筑物或构筑物等表达形式,将建筑物或构筑物理解为建筑作品本身。例如,我国《著作权法实施条例》(2002年)第4条第1款第(9)项规定,建筑作品,是指以建筑物或者构筑物形式表现的有审美意义的作品;一种观点以美国版权法为代表,认为建筑规划、建筑图纸、建筑模型、建筑物是建筑作品的载体,建筑作品指的是通过这些载体所体现出来的建筑设计(design)。建筑作品包含设计的总体形式(overall form),及设计的空间和要素的安排与组合,但并不包括个别的一般特征(standard features)。❶ 可见,在美国版权法中,建筑作品的最终落脚点是"设计",建筑规划、建筑图纸、建筑模型和建筑物等只是设计的"有形表达载体",建筑作品还可以体现在其他任何有形的表达载体之上,例如蓝图或计算机碟片。❷

这两种理解建筑作品本质的看法各有利弊。如果将建筑物或构筑物本身理解为建筑作品,至少从表面上讲更加符合思想表达两分法的基本原理。但这种理解有以下弊端,即如果将建筑规划、建筑图纸、建筑模型和建筑物等界定为建筑作品,它们的表达形式并不具有同一性,那么它们相互之间就不存在复制关系,如果按照建筑规划、建筑图纸或建筑模型来建造建筑物就不构成版权侵权关系,这不仅与大多数国家的普遍做法相违背,也不符合建筑作品的真正价值。如果将建筑规划、建筑图纸、建筑模型和建筑物等理解为建筑作品的载体,将建筑作品理解为载体中所体现的设计,则很容易得出体现同一设计的建筑规划、建筑图纸、建筑模型和建筑物相互之间可以构成复制关系,按照建筑规划、建筑图纸或建筑模型建造建筑物会侵犯建筑作品版权的结论,这和大多数国家的立法和司法实践相一致,也符合建筑作品的真正价值。不过,这种解释似乎同思想表达两分法之间又有一定出入。申言之,按照思想表达两分法,版权法保护的客体是思想的表达形式,这种表达形式具体表现为人们所共同认可的意义符号的排列组合。从直观上讲,建筑规划、建筑图纸、建筑模型和建筑物等都是建筑设计思想的表达形式。因此,如果

---

❶ Architectural Works Copyright Protection Act, Pub. L. No. 101-650, § 702 (a), 104 Stat. 5133, 5133 (1990) (amending 17 U. S. C. § 101).

❷ H. R. Rep. No. 735, 101st Cong., 2d Sess. 19 (1990).

将建筑规划、建筑图纸、建筑模型和建筑物等理解为建筑作品的载体，似乎不合乎思想表达两分法，也不符合"作品 vs. 载体"两分法。

可见，仅从字面意义上对建筑作品进行理解并不能得到满意的结论，如果借助"表达的实质 vs. 表达的形式"两分法理论，则可以得出更为满意的结论。在诸如普通的文字作品等传统的版权作品领域，由于作为表达的构成要素的意义符号具有有限性，"表达的形式"与"表达的实质"具有同一性。而在建筑作品的场合，表现建筑设计的"符号"有多种，表达的构成要素具有多样性，"表达的形式"具有多元性，"表达的形式"与"表达的实质"之间不具有一一对应性。如上文所述，某一国或某一地区的语言文字往往只有一种，应用该语言文字进行表达也成为该国或该地区人们的思维习惯。文字作品的表达不可避免地同特定文字联系起来，人们在构想某个故事情节的时候就天然地将特定语言文字作为构想的要素。然而，建筑作品不同于文字作品，构想建筑的设计并不需要与特定的语言文字联系起来，建筑设计的构想是"形象"的，在特定语言文字出现之前就可以进行。在思维中构想的建筑设计就是一种思想的表达（表达的实质），这些表达可以通过不同的方式进行体现，例如建筑规划、建筑图纸、建筑模型和建筑物本身（表达的形式），这些体现形式类同于语言文字的组合。如同在"表达的实质"上具有同一性的不同的语言文字的排列组合实质上仍然是同一部作品，用建筑规划、建筑图纸、建筑模型和建筑物表现的同一设计也是同一部作品。所以，按照建筑规划、建筑图纸和建筑模型建造建筑物是对建筑规划、建筑图纸和建筑模型的复制。❶

---

❶ 这种对建筑作品本质的理解可能会带来一定的疑问。如果认为建筑作品的本质是一种设计，这种设计实际上在思维的阶段已经存在，以建筑规划、建筑图纸、建筑模型和建筑物表现出来的设计具有同一性。那么大家可能会联想到其他的类似于建筑作品的版权作品，例如雕塑。雕塑在本质上也是一种设计，按照上述对建筑作品的本质进行分析的逻辑，雕塑的设计图纸和雕塑本身就是同一部作品。可是，绘制出一张雕塑的设计图纸同完成这张图纸中所体现的设计本身有很大的差别，能够完成图纸并不一定能够完成雕塑，因为按照雕塑的设计图纸来完成雕塑本身还需要很多"创造性"的技艺，而按照建筑规划、建筑图纸和建筑模型建造建筑物，需要的不是"创造性"的技艺，而是具有"可复制性"的劳动。所以，按照图纸完成的雕塑同图纸本身似乎并不是同一部作品。不过，在侵权判定上，上述结论似乎并没有障碍，即不论是复制图纸，还是复制雕塑，都可能构成版权侵权。

综上，基于"表达的实质"与"表达的形式"的区分，如果一个人思维中的设计并没有表现为建筑规划、建筑图纸、建筑模型或建筑物本身，该设计并不能受版权保护。但思维中的同一设计不管是表现为建筑规划、建筑图纸、建筑模型还是建筑物本身，该设计是同一的。也即建筑规划、建筑图纸、建筑模型和建筑物统一于其中的设计，建筑作品的实质是设计。换言之，只要建筑规划、建筑图纸、建筑模型和建筑物中体现的建筑设计具有一致性，即这些"表达的形式"具有同一的"表达的实质"，它们就是同一作品，相互之间就可以构成复制关系。

正确理解建筑作品的本质有利于解决各种有关建筑作品版权保护的法律问题。

1. 对建筑作品本质的正确认识有利于实现建筑作品的真正价值

建筑规划的价值并不在于"复制"，而在于"实施"（execution），❶即利用建筑规划来建造建筑物。❷ 基于此，有必要将按照建筑规划建造建筑物视为版权法意义上的复制。因为建筑作品的实质是设计，建筑规划、建筑图纸、建筑模型和建筑物中所体现的设计如果相同，这些作品视为同一作品，所以按照建筑规划、建筑图纸和建筑模型来建造建筑物应当是一种复制行为。

2. 对建筑作品本质的正确认识可以避免建筑作品的过度保护

如果版权人对建筑物和建筑图纸（建筑物是根据建筑图纸建造的）的侵权主张都成立，那么法院在确定损害赔偿的数额方面应当如何操作？是判定侵权人分别赔偿侵犯建筑物的版权所带来的损失和侵犯建筑图纸的版权所带来的损失，还是只承担一次侵权的侵权责任？这个问题乍看比较复杂，但若以上述对建筑作品的本质界定为基础进行分析，则容易解决。因为如果建筑物是在建筑图纸的基础上建成的，建筑物和建筑图纸便是同一作品，当事人的侵权主张应当视为同一种侵权主张，损害赔偿当然应当是单一的。

---

❶ David E. Shipley, Copyright Protection for Architectural Works, 37 *S. C. L. Rev.* 429, 401 (1985～1986).

❷ Robert R. Jones Assoc. v. Nino Homes, 858 F. 2d 274, 278, 8 U. S. P. Q. 2d（BNA）1224, 1228 (6th Cir. 1988).

3. 正确理解建筑作品的本质有利于正确适用思想表达两分法等版权法基本原理

思想表达两分法的经典案例 Selden 案❶区分了会计方法的描述和会计方法本身，认为会计方法的描述可以享有版权保护，会计方法本身却不在版权保护范围之内。Selden 案的判决精神可否适用于建筑规划和建筑规划中描述的构造？即认为建筑规划是构造的描述，应当受版权保护，而构造则是作品所描述的方法，不应受版权保护？若采取这种观点，则按照建筑规划中描述的构造建造建筑物并不构成对建筑作品的版权侵权。而按照上述对建筑作品本质的界定，建筑作品的实质是一种设计，这种设计可以体现在建筑规划、建筑图纸、建筑模型和建筑物中。因此，按照建筑规划来建造建筑物应当认为是对建筑作品的复制，构成版权侵权。这种解释也得到诸多学者的赞同。学者一般认为，将施工图转化为立体建筑物构成复制，❷ 按照受版权保护的建筑规划建造建筑物应当受到版权法的保护。

五、结　语

虽然版权法只保护固定在有形表达载体上的表达，但表达在思维中已经存在，只不过版权法为了兼顾各方的利益，同时基于法律技术的考虑，规定仅仅处于思维层次的表达并不能受版权保护。"表达的实质"与"表达的形式"这一组概念的提出，有利于更加清晰地认识版权的客体。这种新的认识并不是要颠覆现行版权法制度，要求版权法将保护的触角延伸到"思想中的表达"，即在"表达的实质"还没有上升为"表达的形式"的时候就受到版权保护。这一理论提出的意义重在对作品为进一步更为清晰的认识，确定两部作品或多部作品之间是否具有"同一性"，从而在作品版权保护范围及作品与作品相互关系的界定方面作出更为正确的结论。

---

❶ Baker v. Selden. 101 U.S. 99.
❷ 郑成思：《知识产权法》，法律出版社 1997 年版，第 359 页。

第二章

客体可版权性的要件
——以原创性为中心

版权客体范围的确定只是确定版权法保护范围的第一步，因为并非任何处于版权客体范围的作品都受版权法保护，作品要想受到版权法保护，还需要满足一定的条件。版权法理论一般将这种条件称之为"可版权性"（copyrightability）。一般而言，作品可版权性的要件包括原创性、可复制性和（或）固定性等。其中，原创性是作品可版权性的核心要件。

如同思想表达两分法，原创性也是个极为抽象的概念。例如，大二学生的学期论文同余秋雨先生的小说受到的版权保护是否存在区别？从来没有听说过李白"蜀道难"这首诗的人创作了相同的诗，其可否就该诗获得版权？一个人画画的时候突然出现肌肉痉挛，由于痉挛而导致的一笔可否获得版权保护？一个人经过一个城镇的街道，记录下每一个居民的名字、职业和电话号码，他能够就该资料获得版权保护吗？历史文本的重建、天气预报、二手车的价格评估能够获得版权保护吗？欲回答这些问题，需要对原创性要件进行深入解读与分析。

第一节　基本前提：原创性要件的法律地位

世界各国、各地区的立法例一般将原创性作为作品可版权性的核心要件。对于原创性要件的含义，立法、司法、学理在不同程度上作了探讨。

一、美国版权法

在版权法史上，1976 年《美国版权法》是第一个明确确立原创性标准的成文法。该法第 102 条规定版权保护存在于"作者创作的原创性作品"（original works of authorship）之上。❶ 按照该条规定，作品要获得版权保护，需要具备原创性，并且必须固定在有形表达载体上。实际上，

---

❶ 17 U.S.C. 102 (a) (1994).

在原创性要件成文化之前,其已经成为版权法司法实践中所普遍遵循的标准。虽然美国宪法和 1976 年之前的版权法都没有明确要求作品受版权保护需要具备原创性,但法院从将版权保护授权给"作者"的立法语言中推断出原创性的要求。❶ 因为从定义上看,作者就是一个"原创者"(originator)。❷ 最高法院在商标系列案(Trade-Mark Cases)案和萨乐尼(Sarony)案"发现"了宪法中的原创性观念。❸ 在商标系列案中,最高法院认为,一部作品要成为宪法意义上的作品,需要具备原创性,应当是思维"创造性力量"(creative powers)的结果,是"智力劳动"(intellectual labor)的产物。❹ 在萨乐尼案中,最高法院将宪法中的"作者"解释为"任何事物来源于其的人"(he to whom anything owes its origin)"原创者""创作者"(maker),即版权法中的作者就是"原创者"。❺ 商标系列案和萨乐尼案中所阐述的原创性要求至今仍是版权保护的标准。❻ 另外,宪法知识产权条款中的"进步"(progress)表明被赋予版权保护的作品包含"超过仅仅是微小的原创性"(more than merely trivial originality)。❼ 可见,在美国版权法中,原创性是版权法的"试金石"(touchstone)❽,是作品获得版权保护的必要条件(sine qua non)❾,是作品受版权保护的基础。

二、英国版权法

1988 年《英国版权法》所保护的对象可分为具有原创性的文学、戏

---

❶ Elizabeth M. Saunders, Copyright Protection for Compilations of Fact: Does the Originality Standard Allow Protection on the Basis of Industrious Collection? 62 *Notre Dame L. Rev.* 763, 764 (1987).

❷ Burrow-Giles Lithographic Co. v. Sarony, 111 U. S. 53, 57-58 (1884).

❸ Julia Reytblat, Is Originality in Copyright Law a "Question of Law" or a "Question of Fact?": The Fact Solution, 17 *Cardozo Arts & Ent LJ* 181, 183 (1999).

❹ Trade-Mark Cases. 100 U. S. 94 (1879).

❺ Burrow-Giles Lithographic Co. v. Sarony. 111 U. S. 58 (1884).

❻ Feist Publications, Inc. v. Rural Tel. Serv. Co. , 499 U. S. 340, 346 (1991).

❼ Chamberlin v. Uris Sales Corp. , 150 F. 2d 512 (2d Cir. 1945).

❽ J Suk, Originality, 115 *Harv. L. Rev.* 1988 (2002).

❾ Feist Publications, Inc. v. Rural Tel. Serv. Co. , 499 U. S. 340, 345 (1991).

剧、音乐或美术等作品，以及不以原创性为要件的录音、电影、（无线）播送节目或者有线播送节目以及发行版本的制版等。该版权法还保护利用电脑产生的文学、戏剧、音乐或者美术作品。1988年《英国版权法》并未就原创性提供任何定义性的界定。英国法院的立场一向是作品只要具备"技能与劳务标准"（skill and labor criterion）即广泛受到版权保护。英国版权法还在原创性上采取双重标准，规定数据库的原创性标准同其他作品不同，数据库制作者只有就数据库内容的选择或者编排构成"作者本身智慧之创作"，❶数据库才具备原创性。

三、德国著作权法

《德国著作权法与邻接权法》（2003年）第2条第2款规定作品应当是"个人的智力创作成果"。一般认为，作品要获得版权保护需要具备独创性。

德国教授乌尔里希·勒文海姆认为独创性应当包括以下标准：(1) 必须有产生作品的创造性劳动；(2) 作品中应体现人的智力，思想或感情的内容必须通过作品传达出来；(3) 作品应当体现作者的个性，打上个性智力的烙印；(4) 作品应当具有一定的创作高度，这是著作权保护的下限。❷

有学者根据德国著作权法对作品概念的界定将德国法中作品的可版权性要件概括为以下四个方面。❸

(1) 作品须有精神的内涵。具言之，文学和学术作品须表现出作者的思想和感情；造型作品、实用艺术作品、音乐作品需通过外观或旋律使人产生美感。不过，学理上认为美感要求是一种误会，从德国著作权法有关作品的定义也可以看出原创性作品并不需要使人产生美感。

(2) 作品须是人格的创作。即作品须是人类智慧的产物。另外，作

---

❶ 太颖国际法律事务所：《通讯科技与法律的对话》之"第二十四章 编辑著作的原创性"，载 http://www.elitelaw.com，2007年5月29日访问。

❷ [德] 乌尔里希·勒文海姆著，郑冲译："作品的概念"，载《著作权》1991年第3期。转引自胡开忠：《知识产权法比较研究》，中国人民公安大学出版社2004年版，第31页。

❸ 我国台湾地区"内政部"委托蔡明诚编印：《国际著作权法令即判决之研究 肆 德国著作权法令即判决之研究》，1996年4月，第22～29页。

品还需具备创作性。单纯模仿前人的创作，而无创作性时，也不符合人格创作的要求；反之，如果与前人的创作保持较大距离，以至于可以认为前人仅属单纯倡议或刺激，作品是由自己创作而成者，则具备此人格创作的要件。

（3）作品须为人类的官能得以感知的形式表现。即精神内涵须表现出为人类官能得以感知的形式。至于作品是否直接或间接（如借助技术装置）使人感知其存在的，则在所不问。此外，表现形式无须全部完成，但须精神内涵已经获得形态，并显示出足以获得著作权保护的独创性。于作品阶段性逐渐形成时，如果阶段性作品已经发展成得经官能可加以感知的表现形式，原则上其个别单独受到保护。

（4）作品的创作须达到著作权法所规定的足够的创作特性或独创程度。独创程度的判断是按照个案情形，就具体形式的智慧创作的整体印象判断之，而非分离观察。首先要与先存在的形式进行整体比较，这里所谓的比较不含有新颖性审查，而是对于已知形式而言该具体表现形式是否取得独特性。❶ 经过与先存在形式为整体比较而具有创作特性之后，进而审查其是否具有必要的创作高度。在判断特定作品是否具备必要的创作高度时，应将已经确认的创作特性及因此产生的整体印象，与平均水准的创作人的创作加以比较。此所谓平均水准的创作人，既不是指完全无关的外行人，也不是该领域经过特别训练的专家，而是对此类创作形式能够有所感受的创作人。❷ 而著作权法有时不要求作品须具备特别的创

---

❶ "新颖性"不能够成为作品原创性的标准（参见本书第二章的相关论述），否定原创性要件中包含"新颖性"要求是一种合理的立法选择。不过，在否定作品须具备"新颖性"的同时要求其须具备"独特性"，似乎并不是一种明智的选择。一部作品是否具备"独特性"，需要同"已知形式"进行比对之后才能够恰当确定。然而，"已知形式"的范围如何界定却是个难以解决的问题。就算是能够依据一定标准（实际上根本不存在这样的标准）对"已知形式"的范围进行界定，作者创作的作品相对于"已知形式"的变化在满足何种条件时才算具有"独特性"也难以确定。

❷ 同"独特性"的要求一样，"创作高度"的确定也要首先确定据以比对的对象"已知形式"，而"已知形式"难以确定。退一步讲，即使恰当地确定了"已知形式"，"创作高度"是否存在也难以合理判定。因为作品的好坏、高与不高本来就是个相当主观的东西，一部后现代艺术作品在产生之初可能被视为"垃圾"，但在多年之后又可能成为人人趋之若鹜的"宝贝"。因此，要求作品在具备一定的"创作高度"的条件之下才能受版权保护也不恰当。

作高度，而依据"小铜币理论"，只要求作品具有适度的创作水平即可受著作权法保护。依据"小铜币理论"受保护的作品有商品说明书、表格、目录等。

四、日本著作权法

根据《日本著作权法》（2010 年）第 2 条第 1 款第（i）项的规定，作品是通过创造性方式表达思想或者情感的产品，并且该产品属于文学、科学、艺术或者音乐的领域。日本有判例这样定义作品："可以取得版权的作品，指作为精神劳动成果的思想、感情的具有独创性的表现且属于文艺、学术或美术范畴的客观存在的东西。"❶ 由作品的定义可知作品受保护的要件如下。❷❸

1. 作品必须表达"思想或情感"（thoughts or sentiments）

不表现思想或感情，仅罗列事实的东西，如餐馆的菜单、车站的列车时刻表、票价表等不能成为作品。包括提单格式在内的各种合同格式都不能成为作品。❹

2. 思想和情感必须通过"创造性（creative）"的方式表达出来

仅仅复制一部作品是不够的，即使在复制的过程中需要专业的技能和努力。不过这也并不意味着作品必须达到专利法所要求的创新性或者非显而易见性，只要作者的个性以某种形式表现出来，即可认为具有"创造性"。

---

❶ 参见大阪上诉法院 1936 年 5 月 19 日判决，《判例新闻》第 4006 号第 12 页。转引自［日］半田正夫、纹谷畅男编，魏启学译：《著作权法 50 讲》，法律出版社 1990 年版，第 27 页。

❷ Peter Ganea Christopher Heath, Hiroshi Saitô, *Japanese Copyright Law*, *Writings in Honour of Gerhard Schricker*, Kluwer Law International (2005). pp. 19～20.

❸ ［日］半田正夫、纹谷畅男编，魏启学译：《著作权法 50 讲》，法律出版社 1990 年版，第 28～29 页。

❹ 作品必须表达"思想或情感"同后文所讲的作品必须具备"个性"之间既有联系又有区别。一般而言，作品中都有作者"思想或情感"的体现，如果这种"思想或情感"以一种独特的方式被表现出来，作品满足"个性"要件。从这个角度来看，作品中体现作者的"思想或情感"是作品具备"个性"的基础。但并非一切体现作者"思想或情感"的作品都具有"个性"。例如，列举南加州所有的餐厅也体现了作者的"思想"，即把南加州所有的餐厅呈现出来。但这种"作品"欠缺"个性"，不能受版权保护。因此，准确地说，罗列事实的产物之所以没有可版权性，并非该作品中没有体现作者的"思想或情感"，而是作品没有"个性"。

3. 该思想和感情必须"表达（express）"出来

这并不要求作品必须被固定在任何介质上，只要它可被"感知（perceivable）"即可。作品必须表现于外部，仅存于作者内心的东西，不能成为作品。只要内心的东西表现于外部即可，不管其是否完成，草案、草图、备忘录等都可以成为作品。

4. 该作品必须属于"文学、艺术或者音乐"的领域

只有属于文艺、学术、美术或音乐范畴中的创作才能够成为作品。属于技术范畴中的东西，包括《专利法》保护对象的发明、《实用新型法》保护对象的技术方案等都不能成为作品。但这一要件随着越来越多的版权保护客体主要用于实践和商业领域，例如计算机软件或者工业品设计，而变得宽松。

五、我国台湾地区"著作权法"

学者罗明通将我国台湾地区"著作权法"中作品受保护的要件概括为以下四个方面。❶

1. 作品应当具备原创性

原创性指的是作者基于其人格精神而独立创作，以表达其思想、感情或个性，并具有最低程度之创意。原创性是作品受保护的基本要件。我国台湾地区对原创性的认定标准，以台湾地区"最高法院"1992年第3063号判决为代表，该判决认为：凡具有原创性的人类精神上的创作，且达足以表现作者个性或独特性之程度者，即享有著作权。❷ 原创性的内涵应包括原始性和创作性。原始性指的是作品为作者所原始独立创作完成，而未抄袭他人作品。凡经由接触并进而抄袭他人作品即失其原始性而非独立创作，因此不受著作权法的保护。作品不需要具备专利法所要求的客观新颖性。原始性的著作保护要件重在作者创作时的"独创"，有学者将独立创作之原始性称为"独创性"。独立创作并不禁止作者接触他人的作品之后进行

---

❶ 罗明通：《著作权法论（第一卷）》，群彦图书股份有限公司2005年版，第164~199页。

❷ 太颖国际法律事务所：《通讯科技与法律的对话》之"第二十四章 编辑著作的原创性"，载 http://www.elitelaw.com，2007年5月29日访问。

创作。作者在参考他人的作品后另为创作，如因其作品与该他人创作时所参考的资料或思想相同，因为表达方式有限，故其创作之作品与他人之雷同或近似，仍不影响独立创作的成立。创作性也可称为创意性，指作品须系基于人格的精神作用，以表达作者内心的思想或感情，而具有最低程度的创意，足以显示作者的个性者。作品仅须具有少量之创意（at least a modicum of creativity）即符合创作性要件，其要求之创作程度甚低（exceedingly low），甚至轻微分量（slight amount）之创意也可符合该要件。❶至于作品的品质及美感则非创作性考量的要素。所谓创意性必须是基于人类精神作用（即人格创作），以表达思想或感情，展现作者个性方属之。如果作品的完成完全无人类的精神作用在内，而与人类的思想感情无关，未能展现作者的个性的，不是著作权法上所称的"创作"，无创作性可言。

2. 作品须具有一定之外部表现形式

即作品的创作内容已形诸外部，具有一定的表现形式，属客观化的表达，为外部所能感知。所谓一定表现形式，并不以有形为必要，作品如果以文字、言语、动作、音、色等形式表现其创作内容已合乎外部之表现的要求，其创作是否有形或无形，或有无将之固着于有体物均非所问。❷ 所

---

❶ 从罗明通先生对"创作性"的界定中所使用的表达可以看出，其所谓"创作性"就是美国最高法院在 Feist 案中所谓的"创造性"。根据本书对原创性内涵的界定与分析，"创造性"不应该一体地适用于所有类型的作品，而只适用于非独立作品原创性有无的判断。（参见本书第二章第三节的相关内容。）

❷ 作品的实质是一种表达，表达是人们所共同的意义符号的排列组合，加上由这些排列组合所界定的部分非文字性要素，如处于一定范围和满足一定标准的结构、情节和角色等。构成表达的意义符号一般表现为文字、数字、色彩、线条、旋律、节奏等。至于动作和声音是否为构成作品的意义符号，要看立法例对邻接权与著作权关系的处理。在我国现行著作权法制度中，采纳的是"著作权-邻接权"二元结构体系，著作权保护的是作者的"创作"，邻接权保护的是作品的"传播"。（参见本书第三章第三节的相关内容。）在这种体系之下，以动作、声音为构成要素的作品的表演是作品的"传播"行为，这种"传播"行为的产物应该是邻接权的客体而不是著作权的客体。换言之，以动作、声音为构成要素的表现形式不同于以文字、数字、色彩、线条、旋律、节奏等为构成要素的表现形式，前者属于邻接权的客体，后者属于著作权的客体。有疑问的是，即兴表演所形成的表现形式应当怎样解释？在"著作权-邻接权"二元结构体系中，学界一般这样解读即兴表演行为：这种行为还是可以被区分为"创作"与"传播"两个阶段，只不过不同于普通情形，在即兴表演的情形中，在作者"创作"作品的瞬间，他将作品通过表演"传播"出去了。综上，在"著作权-邻接权"二元结构体系之下，将动作与声音也作为作品的构成要素并不恰当。

谓"感知",不以人力直接理解为限,如果借助机器也能理解作品内容,也在感知的范围。一定的外部表现形式不包括思想本身,但包含非文字的结构、布局或造型。

3. 作品须属于文学、科学、艺术或其他学术范围

所谓文学、科学、艺术乃是知识与文化的总括概念,是否具有应用价值,则在所不论。机器等实用物品的技术性的创新,该创新的成分,纵有原创性的创作,也不属于文学、科学、艺术或学术范围的作品,而属于专利法保护的范围。

4. 须非不得为著作权标的之作品

我国台湾地区"著作权法"不予保护的对象包括,宪法、法律、命令或公文,各级"政府机关"就宪法、法律或命令做成的翻译物或编辑物,标语及通用之符号、名词、公式、数表、表格、簿册或时历,单纯为传达事实之新闻报道所做成的语文作品,依法令举行的各类考试试题及其备用试题。

六、我国内地著作权法

根据我国《著作权法实施条例》(2002 年)第 2 条的规定,作品指的是文学、艺术和科学领域内具有独创性并能以某种有形形式复制的智力成果。根据我国著作权法的相关规定,学界对作品的保护要件有不同的解读。

有学者认为,一部作品要取得著作权必须具备下列条件:[1](1) 作品必须反映一定的思想或情感。所谓反映一定的思想和情感,是指作品必须反映一定的内容,即作者通过创作作品而将自己的创作意图呈现出来。因此,某些单纯的摘录、素材的收集记录等则不能认为是著作权意义上的作品。(2) 作品必须具有独创性。作品的独创性,是法律保护作品表现形式的客观依据,也是作品获得著作权的最主要条件之一,根据世界知识产权组织所作的权威性解释,作品的独创性是指"作品是作者自己的创作,完全不是或基本上不是从另一作品抄袭来的"。由此可见,作品

---

[1] 吴汉东、王毅:"著作权客体论",载《中南政法学院学报》1990 年第 4 期。

的独创性是法律保护的前提，也是认定版权侵权行为的根据。（3）作品必须具有固定性。作品的固定性是指作品能以某种物质形式固定下来，从而为其他人所利用。（4）作品必须具有可复制性。作品一经创作出来，即成为人类文化的一个组成部分，必须为他人所自由利用。基于传播的角度考虑，它要求作品可以通过印刷，绘画，电影、图形和摄影等各种手段予以复制。因此，著作权法所称的作品应具有可复制性这一条件。

有学者认为，著作权法所保护的作品应当具备以下三个要件❶：（1）作品应当是思想或感情的表现。思想和感情属于主观范畴，是无形的，本身不受法律保护。表现属于客观的范畴，可以成为人的行为支配的对象。著作权法只保护表现形式，不保护被表达的思想和感情。（2）应当具有独创性或原创性。即一件作品的完成是该作者自己的选择、取舍、安排、设计、综合的结果，既不是依已有的形式复制而来，也不是依既定的程式或程序或手法推演而来。前者如单纯的临摹品；后者如按一定的顺序、公式或结构完成的一件智力成果，如按一定的定律、公式和会计制度经过对一系列数据的处理，表现为运算过程及其总结的一整套数据成果，当然是一项智力成果。但这种智力成果没有运算人的个人创造和设计，运算人付出的只是经过学习和训练的知识和能力。凡是经过同样训练和具备同样能力的人，只要其运算方法和过程不出现错误，所有人都会作出同样的结果。上述两种智力成果都不受版权保护。（3）作品的表现形式应当符合法律的规定。即作品需要以一种有形形式为他人感知，❷而且属于著作权法所认可和保护的范围。

有学者认为，作品的构成要件包括独创性和可复制性。独创性的基本含义是作品必须是作者独立创作完成的。独创性的含义包括两个不可分割的方面：一是作品必须来源于作者的劳动；二是作品必须体现作者的个性特征。个性特征是指只要作品是作者创作活动的劳动结晶，就必

---

❶ 刘春田主编：《知识产权法》，高等教育出版社、北京大学出版社 2000 年版，第 37~39 页。

❷ 作品能够以一定的有形形式为他人所感知，并非作品的"合法性"要件，而是作品能够成为适格的财产所应当具备的前提条件。一种客体要成为适格的财产，必须能够为人们所感知，并且能够通过一定的方法客观地确定其范围。（参见本书第一章第四节的相关内容。）

然体现出作者独有的区别于他人作品的个性特征。独创性是对作品的表达方式而言，而不针对作品的思想、主题。独创性即作品性，是著作权理论上头等重要的问题。独创性并不要求独一无二，而是要求创作成果与已有的成果相比，在表现形式上存在差别。❶ 作品的独创性只有在发生权属争议或侵权纠纷的时候才需要认定。因为著作权是自动产生的，作品创作完成自然产生著作权而无须经过国家的承认，因此作品完成即可视为具有独创性。❷ 可复制性，是指作品必须以一定客观形式表现出来为第三人所感知，进而以某种有形形式加以复制和利用。能够复制，首先要求作品具有一定的表现形式，仅仅是停留在主观意识中的思想、观念、信息等，无论多么伟大，多么具有科学、艺术价值，都不能成为著作权法的保护对象。通过一定的形式表达思想感情，必须掌握相应的技能和技巧即创作能力。因此，完成表达形式的过程本身就是创作过程，即创作活动。创作的伟大之处就在于将散佚的思想和信息相对固定，将思想、情感、事实等材料作出有个性的系列化的排列组合。著作权的客体是一种精神产品而不是精神本身。无形的思想感情必须以有形的形式和物质载体加以体现，成为客观的、具体的东西，才能称之为作品，成为著作权的保护对象。独创性原则规定了著作权保护对象的内在特征；可复制性原则规定了作品所应具备的外部特征。两项原则结合起来不仅确定了著作权保护的对象，而且也规定了著作权的保护方式和效力。❸

有学者认为独创性是作品获得著作权保护的必要要件，只有具有独创性的作品才能够获得著作权法的保护。独创性指作者在创作作品的过程中投入了某种智力性劳动，创作出来的作品具有最低限度的创造性。

---

❶ 谓"独创性不要求独一无二"无疑是正确的，但要求独创性的创作成果与已有成果相比在表现形式上存在差别，却是一件不合理的要求。该项要求的实际效果是作品必须具备新颖性才能够受到版权法保护。因为在表现形式上存在差别，就是要求作者所创作的作品不同于已有作品，也就是要求具有可版权性的作品必须是"新"作品。然而，要求作品必须具备新颖性才能够受版权法保护并不合理，因为已有作品的范围和表现形式的差别都难以客观界定。（参见本书第二章第三节的相关内容。）

❷ 作品独创性的认定虽然通常不是发生在要件阶段，而往往是在发生权属争议或侵权纠纷的时候才需要。但是以此为理由认为作品创作完成即为具有独创性并不合适。实际上，作品创作完成即自动获得版权保护同作品独创性的有无是两个不同的问题。

❸ 黄勤南主编：《知识产权法》，法律出版社2000年版，第301～303页。

即作品是作者独立创作的，而非抄袭的，作品体现了作者的精神劳动和智力判断，而非简单的摹写或材料的汇集。某一部作品具备原创性，指的是该部作品的表述是新的或原创的，而非被表述的思想是新的或原创的。作品的独创性与作品的学术质量或艺术质量无关，与作品的市场销售量无关。不同类型的作品中，独创性的体现方式或对独创性的要求程度是不同的。❶

有学者通过对比英美法系和大陆法系对独创性要件的不同规定与解读，结合不同学者对独创性的不同解释，认为应当从"量"和"质"两个方面结合起来对独创性的内涵作出界定。❷ 首先，从"量"的方面来看，独创性意味着作品是由作者独立创作而成的；其次，从"质"的方面看，应当要求作品具有"最低限度的创造性"。❸

可见，在我国，不论学者对原创性或独创性内涵的认识有何不同，学者普遍认为原创性或独创性是作品获得版权保护的前提条件。我国现行《著作权法实施条例》（2002年）对独创性在作品版权保护中的基础地位也作了明确规定。因此，在我国著作权制度中，原创性或独创性是作品获得版权保护的前提条件和必要要件。

七、结　语

综上，从世界范围来看，各国版权法普遍规定原创性是作品获得版权保护的必要条件。美国版权法强调作品须来源于作者；英国版权法则注重作者投入到作品中的技能和劳务；德国著作权法要求作品须具有一定的创作高度；日本著作权法规定作品须表达思想或感情；我国台湾地区"著作权法"主张作者的个性或独特性在原创性认定中的根本地位；

---

❶ 李明德、许超：《著作权法》，法律出版社2003年版，第31~32页。
❷ 吴汉东等：《知识产权基本问题研究》，中国人民大学出版社2005年版，第199~200页。
❸ 从不同侧面和不同角度对独创性的内涵进行解读当然是一种不错的尝试，从"质"和"量"两个层面出发来认识独创性也是如此。不过，将独创性的"量"的方面的要求界定为独立创作，"质"的方面的要求界定为最低限度的创造性似乎有颠倒的嫌疑。即便认可最低限度的创造性是所有类型作品可版权性的要件，也应当将其界定为独创性"量"的方面的要求，相应地，独立创作应当被界定为独创性"质"的方面的要求。

我国著作法重视独立创作在作品可版权性要件中的地位。

第二节　不断深入：原创性要件的历史发展

原创性要件的根本地位在制定法、判例法、司法实践和理论界都已经得以确定。厘清原创性要件的历史发展线索对原创性要件内涵的理解，外延的界定都有极大帮助。不过，历史的研究不论对何种学科来说都是一件极为困难的事情，同样，要想搞清楚原创性要件在世界范围内的历史发展也极为困难。美国版权法制度可以说是当今世界最为成熟的版权法制度，其中所发展出来的各种理论、学说、制度许多都极具借鉴意义。原创性要件也是美国版权法中较为成熟的制度。本节就以美国版权法中原创性制度的发展为例说明原创性要件的发展。在版权制度中，1976年《美国版权法》是第一个明确规定原创性标准的制定法。虽然如此，1976年之前的诸多版权判例已经将原创性作为作品可版权性的要件，并对此进行了深入的探讨。1976年《美国版权法》故意没有对"作者创作的原创性作品"进行定义，意图将1976年以前版权司法中所确立的原创性标准纳入1976年《美国版权法》之中。1976年《美国版权法》制定和颁布之后，围绕版权法第102条，又产生了不少有关原创性的判例。其中，具有里程碑意义的是美国最高法院在1991年所作的Feist案的判决。制定法有关原创性的规定，加上判例法有关原创性的解释，两者有机结合共同构成了原创性的法律制度。

一、Burrow-Giles Lithographic Co. v. Sarony 案

在萨乐尼案[1]中，原告诉被告侵犯了其照片"Oscar Wilde, No. 18"

---

[1] Burrow-Giles Lithographic Co. v. Sarony, 111 U.S. 53, 4 S. Ct. 279, 28 L. Ed. 349 (1884).

的版权。被告辩称，他的行为不构成版权侵权，因为相片只是对外部事物的机械复制，而不是一个可版权性的、原创性的创造。一个雕刻、一幅画、一个印刷物确实体现了作者的智力观念，在这些作品中包含了新颖性（novelty）、发明性（invention）和原创性（originality），因此对这些作品赋予专有使用权符合宪法的目的。而相片只是一些自然特征或物体外形的机械复制（mechanical reproduction），不包含思想的原创性或任何新颖性。它仅仅是通过器械和一些设备，将一些已经存在的物体的有形表现形式转移到感光版上的手工操作，表现的精确性是相片的最高价值。

法院不同意被告的观点。法院认为，作者指的是作品来源于其的人；原创者；创作者；完成科学或文学作品的人。作品不仅意味着纸上的词语，还包括其他方式，例如雕刻，通过这些方式作者心目中的思想被赋予有形的表达形式。法院认为，照片并非本身（per se）具备可版权性，因为一些照片并不是作者原创性的、智力创作的、思想和观念的创作。但就本案中的照片来说，其特征全部来自于原告原创性的思想观念，通过一系列努力，他将这些思想观念转化为可视形式（visible form）。这些努力包括将"Oscar Wilde"摆好姿势放在照相机前面，选择和安排服装、织物装饰和其他装饰物，对拍摄对象进行布置以呈现优美的线条，安排和设置灯光与阴影，再现期望的表达，通过这些全部由原告所为的布置（disposition）、安排（arrangement）或表现（reprensentation），他制作了本案中的照片。因此，照片"Oscar Wilde"具有充分的原创性以获得版权保护。

Sarony案的法院首先从作者概念入手，认为作者是作品的来源，并从作者概念中导出原创性的分析。该案强调原创性的作品是智力创造的产物，是思想和观念的表现；换言之，判断一部作品是否具备原创性，要看该作品是否是智力创造的结果，是否表现了作者的思想和观念。照片表面上机械的制作过程并不否定在照片制作的过程中存在作者思想和观念的表现。照相机实际上是作者进行艺术创作的工具，运用工具并不排除作者在作品创作的过程中表现自己思想和观念的可能性。与拍摄照片相似的情形是，在现代文学艺术作品的创作过程中，大多数人借助诸如电脑等现代书写和编排工具，尽管电脑的使用代替了人类的某些机械劳动，但作品的创作和产出主要还是由人类所决定的，因此，与不能因为借助照相机来进行艺术创作而否定照片的可版权性一样，也不能因为运用现代技术手段创作文学作品而否定文学作品的版权保护。

二、Bleistein v. Donaldson Lithographing Co. 案

布雷斯顿（Bleistein）案[1]为现代美国原创性法制奠定了基础。[2] 在本案中，原告的雇员为一个由 Wallace 所有的马戏团的广告准备了三幅多彩石印版（chromolithographs）的画。三幅中的每一幅都包含放置在一个角落的马戏团所有人的肖像和来自马戏团的不同情景。第一幅平版画描绘了一个普通的芭蕾表演，第二幅描绘了一个家庭在自行车上的表演，第三幅描绘了变白了以代表雕像的人。

法院认为，平版画制作的机械性（mechanical nature）并不阻止可版权性。尽管原告的平版画表现了客观的实在物，但并不由此而丧失原创性。虽然原告作品仅是马戏团情景的复制，但这些复制是个人对自然的个性反应。个性（personality）总是包含独特的东西。即使在笔迹之中它也表现出独特性。一个非常一般的艺术品也包含有某种"不可减约的"属于某人独自享有的东西。

对是否应当就作品的艺术价值来判断作品的原创性，法院认为让一个仅受法律训练的人来判断艺术作品的价值是个危险的作业（dangerous undertaking）。如果让法官将原创性要求建立在对作品艺术价值进行判断的基础之上，一些极具新颖性的杰作可能被认为不具备可版权性，因为在这些杰作创作之初，包括法官在内的大众可能还不适应这些作品所表现的艺术视角和艺术品味；或者法官具有比社会公众相对较高的艺术品味，他将会否定那些从商业价值的角度值得版权保护但在艺术价值方面可能存在问题的作品的版权。由于审美标准的不确定性，经济价值为确定一部作品的法律地位提供了更为可靠的标准，原告画作的价值和成功

---

[1] Bleistein v. Donaldson Lithographing Co. 188 U. S. 239，23 S. Ct. 298，47 L. Ed. 460.

[2] Ryan Littrell，Toward a Stricter Originality Standard for Copyright Law，43 *B. C. L. Rev* 193，197（December，2001）.

从不顾原告的权利而期望复制他的作品中得到充分体现。❶ 因此，原告对该画享有版权。

布雷斯顿案建立了原创性判断的个性理论和"美学不歧视原则"（the principle of aesthetic non-discrimination）。原创性标准的基础是一个人"不可减约"的、独特的个性；一部作品尽管只是对客观物体的"复制"，艺术家也将不可减约的本质（irreducible core）投射到自然之上，这部作品必要地负载了作者的"烙印"（imprint）。Bleistein案并没有考虑作品的新颖性或创造性，而是考察作者个性表达（personal expression）的存在与否。由于法官进行艺术价值判断是一项危险作业，法院暗示，法律不应当检验作品负载个性烙印的程度，而应当仅询问这种个性烙印是否存在。❷

三、Alfred Bell & Co. v. Catalda Fine Arts, Inc. 案

在艾尔弗雷德（Alfred）案❸中，原告诉被告侵犯了其8个金属雕刻（mezzotint engravings）的版权。原告的雕刻对象都是18世纪晚期19世纪早期知名画家的画作，这些画作在作者进行雕刻时都处于公共领域。制作金属雕刻的方法使得原告作品是对这些油画相当现实主义的复制。但制作金属雕刻是个需要技巧和耐心并且非常繁重的作业。被告制作了原告金属雕刻的平版画（lithographs）。被告抗辩自己的行为不构成版权侵权，因为原告的金属雕刻不具备原创性和可版权性。初审法院认为金属雕刻的目的就是忠实复制18世纪和19世纪的杰作，因此，基本的思想、安排和颜色设计来自于原初的艺术家而不是来自于雕刻者。然而，精确复制是不可能的。在金属雕刻的过程中，雕刻者首先将一幅画的图像置于一个铜板上，然后用一个工具在铜板上雕刻这幅画，对粗糙的铜

---

❶ 一部作品具有经济价值本身往往能够说明原创性的存在；然而，具有原创性的作品却不一定具有经济价值。因此，将经济价值存在与否作为原创性有无的衡量标准显然是不合理的。作品具有经济价值至多可以作为作品具备原创性的证据，而且这种证据可以由被告在举出反证的情况之下被推翻。

❷ Ryan Littrell, Toward a Stricter Originality Standard for Copyright Law, 43 B. C. L. Rev 193, 199 (December, 2001).

❸ Alfred Bell & Co. v. Catalda Fine Arts, Inc. 191 F. 2d 99 (2d Cir. 1951).

板进行雕琢的时候有深浅之分，依此获得明暗的效果。因此，金属雕刻的过程需要雕刻者在决定深浅和形状时的个人观念、判断和执行，这一过程满足了布雷斯顿案所确立的独特性（uniqueness）要求。在上诉审中，第二巡回法院确认了初审法院的判决，认为在此案中，即使作者企图完美再现另一部作品，而不是创作他自己的原创性作品，Bleistein案所确立的原创性测试标准也能够被满足。在版权作品中，原创性指的是特定作品来源于（owes its origin）某作者。大量的新颖性并不需要。如果一本书不是从其他作品抄袭得来的，不考虑其是否具备新颖性都享有版权保护。"作者"一词中所蕴含的含义同"发明者"一词中所蕴含的含义有广泛的区别，后者带有排除仅是一般技巧的（only ordinary skill）结果的暗示，而这在前者中并不必要。宪法和法律要求的只是作者贡献出仅仅是超过微小（merely trivial）的变化，可以被确认为他自己的（his own）东西。原创性仅意味着对实际复制（actual copying）的禁止。复制者的坏视力或有缺陷的肌肉或由于雷击所导致的一颤，都可以导致充分的可区别性的变化（distinguishable variation）。对无意之中（unintentionally）偶然促成的这些变化，作者也可以就其获得版权。

艾尔弗雷德案确认并适用了布雷斯顿案有关原创性的判断标准，即考察作品中是否显现出作者的个性。对处于公共领域的作品进行金属雕刻纵然是忠实的复制，在雕刻的过程中也不可避免地带有作者的个性观念和判断。只要作品中表现出作者的个性观念和判断，就可以满足布雷斯顿案所确立的个性标准，而达到原创性的要求。除此之外，艾尔弗雷德案还否定了新颖性和创作意图在原创性要件中的作用。作品只要是独立创作的，而不是从他人的作品中抄袭得来的，即使同他人作品实质性相似或完全相同，该作品仍然具备原创性，从而能够获得版权保护。艾尔弗雷德案认为创作意图并不影响作品原创性的有无。作者所贡献出的变化即使是偶然的变化，这个变化只要是来自于该作者，作者可以就该变化获得版权。布雷斯顿案虽然要求作品中存在个性烙印以获得原创性，但没有问个性烙印是怎么产生的。换言之，作者是否在主观上意图创作出作品或者创作出具有原创性的作品，并不影响作品的原创性和可版权性。

四、Gracen v. Bradford Exchange 案

在葛利森（Gracen）案❶中，1939年米高梅公司制作了电影"The Wizard of Oz"并就该电影获得了版权。该电影中的主要人物是多萝西（Dorothy），由朱迪·加兰（Judy Garland）扮演，1966年米高梅公司就该电影的版权进行了更新。1976年，米高梅许可布拉德福交易中心（Bradford Exchange）使用该部电影中的角色和情景来制作一套供收藏的盘子。布拉福德邀请了数位画家提供由朱迪·加兰扮演的多萝西的画像，并表示同提供最好画作的画家就整套盘子的制作签订合同。Bradford对画家作画的要求是，画家所作的朱迪/多萝西（Judy/Dorothy）必须是每个人心目中的朱迪/多萝西（"So, your Judy/Dorothy must be very recognizable as everybody's Judy/Dorothy."）。在这些相互竞争的画家中，葛利森胜出，布拉福德要同葛利森就整套盘子的制作签订合同，但葛利森并不喜欢该合同的条款，拒绝签订合同。布拉福德转而同另一个起初并没有参加竞赛的艺术家奥克兰（Auckland）就整套盘子的制作签订了合同。布拉福德将葛利森的画给了奥克兰，以帮助他对多萝西进行绘画。布拉福德在将葛利森的画给奥克兰的时候说"clean it up"，奥克兰将这句话理解为做相同的事情但更专业一点。

奥克兰完成了画的制作，承载这些画的盘子被生产和出售了。葛利森就她的画作获得了版权登记，1978年起诉被告侵权，地区法院作出了对原告不利的简易判决，认为原告的画作不具备原创性，她不能够就其画作取得版权。在本案中，波斯纳（Posner）法官发表了判决意见。他认为"艺术的原创性"（artistic originality）不能等同于"版权法意义上的原创性"。一幅画像不能因为同对象特别像（a good likeness）而不具备原创性。特别在适用于演绎作品的时候，版权法中原创性的观念具有法律而不是审美的功能，以避免相互重叠的（overlapping）主张。假设艺术家A制作了处于公共领域的画作"蒙丽莎"的复制品，同原作只有些微不同。艺术家B也制作了"蒙娜丽莎"的复制品。艺术家A就原作"蒙娜丽莎"

---

❶ Gracen v. Bradford Exchange 698 F. 2d 300（7th Cir. 1983）.

的演绎作品享有版权，起诉 B 侵犯其版权，B 抗辩说他复制的是原作而不是 A 的复制品。但如果 A 的复制品与原作的区别是些微的，那么 A 的复制品与 B 的复制品的区别也是些微的，假如 B 接触了 A 的复制品，那么事实审判者将被迫判定 B 是复制了 A 的复制品还是复制了原作"蒙娜丽莎"本身。该案的情形同上述假设的情形非常相似，奥克兰的证词中说他没有抄袭或甚至没有看原告的画作。假如他看了原告的画作，判定他是复制电影的静止画面还是复制原告的画作将很困难。一幅画不可能同所画的对象完全一致，不管这个对象是一副照片、一个静物、一处风景或一位模特，因为大多数画家不能和不想达到同所画对象照片般的相似程度。我们不认为将一幅受版权保护的照片置于另一个载体上就构成原创性的作品。演泽作品版权制度的目的不是要求进行美学判断，而是要确保演绎作品和原作品之间存在充分区别（a sufficiently gross difference）以避免使后来描述原作品的艺术家陷入版权法的困境。

如果一个画家的画作来自于生活，没有法院会主张他的画因为同所画对象存在照片般的相似而不能够获得版权。如果葛利森的画作来自于现实生活中的朱迪·加兰，即使我们认为他的画作是粗劣作品，该画作也具备可版权性，但演绎作品必须同其所赖以创作的原作品（the underlying work）之间存在实质性的区别（substantially different）以具备可版权性。而原告作品同基础相比不存在这种区别，因此，原告作品不是具备原创性的演绎作品。

葛利森案的意义在于确认了演绎作品的原创性标准，即演绎作品同原作品之间应存在实质性的区别。从质上讲，该案的判决对原创性的分析采取的是一种客观路径，将演绎作品同原作品进行比较，考察其间是否存在实质性区别。这种客观路径不同于布雷斯顿案和艾尔弗雷德案中所采取的个性路径。在葛利森对电影中的形象进行绘画的时候，即便付出了自己的选择和判断，也不足以证成原创性演绎作品的诞生。事实上，对电影中的角色形象的绘画同对现实生活中的人物的绘画在性质上不存在本质区别，甚至在对电影中的形象进行绘画时作者所付出的创造性劳动更多，其中不可避免地带有个性观念与判断，如果按照布雷斯顿案所确立的个性判断标准，本案中葛利森的画作应当具备原创性而可以获得版权保护。但如果将演绎作品同普通作品一体对待却可能会产生不当结果。如果演绎作品同原作品不存在实质性区别,对演绎作品的版权保护将可能会阻碍原作品版权的行使,影响到其版权法地位,因为在这种情况下对演绎作品的版权保护实际上达到了禁止他人按照原作品进行创作的效果。也许,葛利森案的判决给我们的有益启示在于,对不同类型的作品不能采取一样的原创性标准,应当按照作品的类型和属性的不同采取不同的原创性要求,这样也许更能够实现版权法的目的。❶ 从量上看,该案对演绎作品原创性量的要求非常高,即要求演绎作品和原作品之间存在实质性的区别。尽管原创性量的要求比较高,但较高量的要求对演绎作品原创性的确定似乎并不存在不合理的地方,基于演绎作品的版权保护不能阻碍原作品版权有效行使的道理,要求演绎作品应同原作品之间存在实质性区别也许是一种合理的选择。

五、Feist Publications, Inc. v. Rural Telephone Service Co. 案

在费斯特（Feist）案❷中,罗拉（Rural）电话服务公司是一家公用事业公司,为堪萨斯州西北的几个社区提供电话服务。按照州的一个规定,所有在堪萨斯州运营的公司每年都得发布一个最新的电话号码簿。由于罗拉的垄断特权地位,其出版了一个"特定"地区的（typical）电话号码簿,包括白页和黄页。白页按照字母顺序列举了其客户的名字、所在城镇和电话号码。黄页按照字母顺序列举了罗拉的商业客户,旁边有以种类和特征为标准进行分类的不同规模的商业广告。罗拉向其客户免费提供这些电话号码簿,依靠黄页上的商业广告赚钱。费斯特出版公司是一家专业出版"全地区"（area-wide）电话号码簿的公司。并不像"特定"地区的电话号码簿,费斯特"全地区"的电话号码簿覆盖更广的地区范围。涉诉的费斯特的电话号码簿覆盖了15个县的11个不同的电话服务区域,包含了46 878个白页电话号码,而罗拉公司的电话号码簿将近有

---

❶ 对于原创性标准中是否应当包括创造性的要求,学界存在不同看法。实际上,区分不同类型的作品,对原创性标准作不同界定,似乎更符合实际情况。（参见本书第二章第三节的相关内容。）

❷ Feist Publications, Inc. v. Rural Telephone Service Co., 499 U. S. 340 (1991).

7 700 个电话号码。同罗拉的电话号码簿一样，费斯特的电话号码簿也是免费提供，包括白页和黄页。费斯特和罗拉在黄页的商业广告上竞争激烈。

费斯特为了得到它的电话号码簿的白页信息，同在堪萨斯州西北部经营的 11 家电话公司接洽，要约支付报酬使用它们的白页信息。在这 11 个电话公司里，只有罗拉拒绝许可费斯特使用它的白页信息，费斯特在未经罗拉同意的情况下使用了这些信息。费斯特首先将不在其电话号码簿范围内的几千个电话号码移除，并雇人对剩下的 4 935 个号码进行调查，这些雇员核实了罗拉公司报告的数据，并企图获得额外的信息。结果费斯特所提供的大多数罗拉电话号码簿中所没有的特别信息是客户的街道名称。尽管如此，1983 年费斯特电话号码簿 46 878 个电话号码中有 1 309 个同罗拉公司 1982 年至 1983 年白页电话号码簿中的电话号码相同。其中有 4 个是罗拉为了监测抄袭故意设置的虚假电话号码。

在本案中，最高法院就原创性的问题展开了论述。其认为，为了获得版权保护，一部作品必须原创于作者。原创性是一项宪法性的要求。版权法中的原创性仅意味着作品是作者独立创作的（而不是从其他作品中抄袭得来的），并且具有最低限度的创造性。创造性的要求非常低（extremely low），只要微小的量（a slight amount）便足够了。大多数作品能够非常容易地满足该要求，当它们拥有一些创造性的火花（creative spark），不管这些火花多么粗糙（crude）、卑微（humble）和明显（obvious）。要求作品具备原创性并不意味着要求作品具备新颖性，尽管一部作品有可能极像另一部作品，只要这个相似性是偶然的（fortuitous），不是抄袭的结果，该作品就可能具备原创性。

没有人能够对事实主张原创性。因为事实并不来源于创作行为。第一个发现和报道特定事实的人并没有创造该事实，他只是发现了该事实的存在。包括科学事实、历史事实、传记事实和当天新闻在内的所有事实都不是原创于作者的，它们不可能获得版权，属于供任何人自由使用的公共领域的范畴。

虽然如此，事实汇编可能具备法定的原创性要求。汇编作者选择所包括的事实，放置事实的顺序，安排这些收集的事实以使读者有效率地利用这些事实。这些选择和编排，只要是由汇编者独立进行的，且具有最低限度的创造性，就会具备充分的原创性。即使电话号码簿完全不包含受保护的书面表达而只有事实，如果其在选择或编排方面具有原创性，就会满足版权法的保护要求。

Feist案否定了原创性判断中的额头出汗原则，认为版权法的首要目的并不是犒赏作者的劳动，而是促进科学和实用艺术的进步。为了达到这个目的，版权法保证作者对其原创性表达的权利，但鼓励他人建立在作品所传达的思想和信息的基础之上自由创作。额头出汗原则有诸多弊端，最为明显的就是该原则将版权保护扩展到汇编者原创性的选择与编排之外，置于事实本身之上。在额头出汗原则之下，唯一的侵权抗辩便是独立创作。后来的汇编者不允许从先前出版的信息中摘取一个字，不得不独自完成这些事情，从同样的信息源中得到同样的结果。

一部汇编作品如果要获得版权保护，必须具备原创性。在确定一部以事实为基础的（fact-based）的作品是否具备原创性的时候，应该重点考察事实被选择、协调和编排的方式。事实不可能具备原创性，汇编者只有对事实被提供的方式主张可版权性。汇编作品是否具备可版权性要看事实的选择、协调和编排是否具备原创性。汇编作品要获得版权保护，事实必须如此（in such a way）被选择、协调和编排使该作品作为整体（as a whole）具备原创性。一些方式可以使汇编作品具备原创性，其他方式则有可能不会。

就本案而言，因为事实本身不能够满足原创性要求，罗拉公司可能是第一个发现和报道这些客户的名字、城镇和电话号码的，但这些事实并非来源于罗拉公司。这些信息是不具有可版权性的事实，在罗拉报道它们之前就已经存在了，如果罗拉从来没有出版一个电话号码簿，他们也将继续存在。判断原创性的关键问题是罗拉是否以一种原创性的方式选择、协调和编排这些不受版权保护的事实。原创性要求并不是个严格的要求，不需要事实以一种创新的或令人惊奇的方式被提供。但这种对事实的选择和编排也不能如此机械或常规而不具备任何创造性。原创性的标准是很低，但它确实存在。本案罗拉公司在准备它的白页的时候，仅仅是提取了客户提供的数据，然后按照姓氏的字母顺序进行排列，最

125

终产品仅是普通平凡的（garden-variety）的白页电话号码簿，缺乏最低限度的创造性。罗拉公司对电话号码的选择再明显不过了，它出版了向其申请获得电话服务的每个人的最基本的信息：名字、城镇和电话号码。这是某种意义上的"选择"，但这种"选择"缺乏将单纯的选择转化为可版权性的表达所必要的最低限度的创造性。罗拉公司付出了充分的努力使白页电话号码簿具备有用性，但并没有充分的创造性使其具备原创性。罗拉公司对这些事实的协调和编排也不具备原创性。罗拉公司的电话白页只是将客户按照字母顺序进行了排列。但在电话号码簿中将名字按照字母顺序进行排列没有任何创造性，而是一种古老的（age-old）实践，深深扎根于传统之中，如此的普通以至于被认为是一种理所当然的事情（a matter of course）。它不仅仅是不具备原创性，而且在实践中也是不可避免的。这种历史悠久的（time-honored）实践不具备宪法和版权法所要求的最低限度的创造性的火花。版权法并不保护以完全缺乏原创性的方式选择、协调和编排的事实汇编。因此，罗拉公司的白页电话号码簿不具备原创性，不能受到版权保护。

费斯特案的重大意义在于以下几个方面：首先，确认原创性是一项宪法性的要求；其次，否定了额头出汗原则；再次，确定原创性的含义是独立创作加最低限度的创造性；最后，确立了汇编作品的原创性标准，汇编作品须是独立创作的且在事实的选择、协调或编排方面具备最低限度的创造性。

与先前通过对宪法知识产权条款或者从作者的概念中推断出作品的原创性要求相比，[1] 费斯特案对原创性标准宪法地位的确认具有重大的理论意义和实践意义。

额头出汗原则是依据作者在作品创作过程中所付出的劳动来对作品赋予版权保护的，该原则实际上是对作者劳动的犒赏。费斯特案明确否定了额头出汗原则作为作品可版权性的基础，认为尽管作者在创作作品的过程中付出了艰辛的劳动或者大量的投资，但这些劳动和投资本身不能够作为作品应受版权保护的正当理由。

---

[1] 参见本书第二章第一节的相关内容。

费斯特案进一步明确了原创性的含义，虽然原创性被认为是一个主观的和不确定的概念，但并不意味着不能在一定程度上达成一般意义上的共识，该案对原创性概念的表述不仅要求作品是独立创作的，而且明确要求作品应当具备最低限度的创造性。从费斯特案的判决可以看出，特定作品不具备创造性，例如可以被称之为机械的、完全典型的、普通平凡的、明显的、实际上是不可避免地对不具有可版权性的事实和材料的处理，基本信息，起码的选择，深深扎根于传统之中的古老的实践，如此的普通以至于被认为是理所当然的事情，悠久的历史传统等。[1] 通过对作品创造性的确认，将一定范围内的可能成为后来者创作障碍的"版权作品"排除在版权保护范围之外，能够更好地促进科学和实用艺术的进步。虽然作品要受到版权保护需要具备创造性，但创造性的要求非常低，只需要最低限度的量即可。

根据思想表达两分原则，版权法只保护思想的表达而不保护思想本身。事实属于思想的范畴，不应当受到版权保护；但事实不受到版权保护，并不意味着对事实的选择、协调或编排不能够受到版权保护，只要这些选择、协调或编排表现出最低限度的创造性。费斯特案明确了汇编作品的可版权性要素。

虽然费斯特案进一步明确了原创性的含义，并且认为创造性是作品受到版权保护的重要条件，但费斯特案的法院并没有对创造性进行定义，也没有阐述构成创造性的标准。费斯特案的法院虽然用了五种表述方式来表达作品可版权性所需要的创造性：（1）原告作品是否具有最低限度的创造性（possesses at least some minimal degree of creativity）；（2）原告作品是否表现出适度的创造性（a modicum of creativity）；（3）在原告的作品中是否完全缺乏创造性的火花（the creative spark is utterly lacking）；（4）原告作品中的创造性火花（the creative spark）是否如此的微不足道以至于实际上不存在（so trivial as to be virtually nonexistent）；（5）原告作品是否缺乏最轻微的创造性痕迹（devoid of even the slightest trace of

---

[1] Russ Versteeg, Rethinking Originality, 34 *Wm and Mary L. Rev.* 801，823（1993）.

creativity)。但诸如限度、适度、火花、痕迹都是模糊和不清晰的概念。[1] 因此，尽管费斯特案对作品可版权性标准的建立和明确做出了重大贡献，也许是因为原创性本身就是一个主观性概念的原因，该案对创造性的界定大都是描述性的，并没有提供一个可操作性的标准。

六、结　语

原创性要件的判例法从不同视角界定了原创性标准，有的将原创性标准建立在作品中是否表现了作者的思想与观念的基础之上，有的认为作者的个性表现是原创性的基石，有的认为原创性的含义是独立创作加上最低限度的创造性。上述探讨都是确立原创性标准的有益尝试，都从某一个侧面显示出合理性。虽然在研究中将上述不同标准归结为不同的理论派别，但各种原创性的标准也并不是相互排斥的，而在某种程度上具有共通性。例如表现出作者观念或个性的作品往往能够满足最低限度创造性的要求，而费斯特案所谓创造性的火花在多数情形下实际上指的就是作者表现在作品中的观念或个性。

通过对上述案例法的考察也可以发现，法院对非独立作品的原创性分析似乎与独立作品有所不同。尽管任何作品的创作不可避免的借鉴先前作品或材料的要素，但不同类型的作品对先前作品或材料的依赖性程度并不一样。基于这种依赖性程度的差异，作品可以分为独立作品和非独立作品。所谓独立作品（freestanding works），指的是对已存作品或材料的依赖性程度较低的作品，例如小说、散文、戏剧等普通作品都是独立作品。所谓非独立作品（non-freestanding works），指的是建立在原有作品或原有材料的基础之上创作的作品，汇编作品和演绎作品是其典型。法院在对非独立作品进行原创性分析的时候，往往注重将涉案作品同原作品或者基础材料进行比较，在比较的基础上进行判决。例如，对演绎作品而言，葛利森案对原创性的判定建立在演绎作品同原作品进行比较分析的基础之上，考察演绎作品同原作品之间是否存在实质性的区别；又如，费斯特案对汇编作品原创性的界定，不仅要求作品是独立创作的，

---

[1] Russ Versteeg, Rethinking Originality, 34 *Wm and Mary L. Rev.* 801, 824 (1993).

而且要具有最低限度的创造性，考察作品是否满足创造性要求似乎也要将汇编作品同原作品或基础材料进行对比分析。葛利森案和费斯特案对演绎作品和汇编作品原创性的分析都注重对作品本身的分析。因此，在进行原创性分析的时候似乎应当视作品类型的不同而作不同处理。有学者将原创性分析分为"主观路径"和"客观路径"，并指出了"客观路径"的内涵及其适用范围和方法。建立在对作品进行分析的基础之上的微小/可区别性的变化（trivial/distinguishable variation）测试法就是一种客观路径。在适用这种测试法的时候，应当考虑作品的性质，看其是汇编作品、演绎作品还是独立作品，必须仔细就涉案作品相对于其接触的先前作品的变化的数量、尺寸和重要性来考察作者所作的变化。当变化极其普通的时候，变化具备微小性，作品不具备原创性。总之，在决定特定类型作品是否具备可版权性的时候，法院应当考虑相对于作者接触的先前作品而言该作品是否包含超过微小程度的变化（more-than-trivial variation）。❶ 从上述判例法的精神和学界的探讨中可以看出对作品进行类型化以在原创性标准上采取不同处理方法的端倪。❷

第三节　内涵丰富：原创性要件的基本范畴

　　范畴是反映事物本质属性和普遍联系的基本概念，是人类理性思维的逻辑形式。任何具体科学部门都有自己的范畴体系，原创性制度也不例外。该制度的基本范畴有创造性、个性等。

---

❶ Russ Versteeg, Rethinking Originality, 34 *Wm and Mary L. Rev.* 801，883（1993）.
❷ 事实上，不同作品的创作方法、对现有作品或已存材料的依赖程度、版权保护对社会公共利益的影响并不相同，在原创性标准的确立上理应不同。（参见本书第二章第三节"原创性与创造性"部分的相关论述。）

一、原创性的基本含义

（一）原创性最为基本的内涵就是作品来源于作者，而不是抄袭、剽窃、篡改他人作品的结果*

原创性的英文表述是 originality，该词的形容词形式是 original，词根是 origin。origin 的含义是源泉、起源、来源和根源。从 originality 的词根可以看出，版权法中利用原创性所表达的意思是作品来源于、起源于、根源于、肇始于作者，作者是作品的源泉。重庆一中院在"重庆教案著作权纠纷案"中，以"独立创作"作为独创性的基本要求，判定原告的教案具有独创性，应当受到我国著作权法的保护。❶ 根据美国最高法院在费斯特案中的经典表述，原创性指的是作品是独立创作的（independently created），且具有最低限度的创造性（at least some minimal degree of creativity）。❷

（二）作品来自于思维的创造性力量，是作者的创作行为这一"智力劳动"的成果*

由此可见，作品必须是人类劳动的结晶，动物的"涂鸦"不可能成为作品，由机器随意生成的结果也不可能成为作品；并且，作品必须是人类"智力"劳动的结果，也就是说作品中必须有人类智力选择的印记，换言之，即使是人类的劳动，如果仅仅是"机械"的体力劳动，也不能够产生原创性的作品。有学者形象地描述道，如果据此主张版权的行为仅仅是一个"管道"（conduit），通过这个管道，诸如一桩事实或一个先前存在的文本片段等素材（matter）从其来源中出来并由此经过，那么在这种情况下，不存在原创性。❸ 该学者意图说明的意思就是机械劳动不可能产生原创性的作品。能够导致原创性作品诞生的是不同于机械劳动的

---

* 吴汉东：《知识产权法新论》，湖北人民出版社 1995 年版，第 82 页。

❶ "重庆教案著作权纠纷案"，载 http://www.sipo.gov.cn/sipo2008/albd/2006/200804/t20080402_366887.html，2009 年 10 月 13 日访问。

❷ Feist Publications, Inc. v. Rural Tel. Serv. Co., 499 U.S. 345 (1991).

* Trade-Mark Cases, 100 U.S. 82, 94 (1879).

❸ Kenneth L. Port, Foreword: Symposium on Intellectual Property Law Theory, 68 Chi-Kent L. Rev. 599, 600 (1993).

人类创作行为。这种创作行为受作者"才情"的影响和制约,不具有可复制性,而机械性劳动具有可复制性。例如,将铝材料倒入模具中最终会形成一个雕塑品。模具的设计者可以就该模具获得版权保护,但是灌注铝材料的工人却不能够成为最终形成的雕塑品的作者,因为其所付出的劳动仅仅是具有可复制性的机械劳动。又如"床""前""明""月""光"几个字大家都认识,但只有李白将这几个字组合起来形成"床前明月光"这首脍炙人口的诗句。因为李白所特有的"才情"导致他能够通过自己的个性取舍与判断将上述几个字进行有意义的排列组合。李白的"劳动"具有不可复制性,是一种创作行为,这种创作行为可以导致原创性作品的诞生。

(三)原创性的作品是人类主观选择的结果

版权保护的是主观的人类选择,而不是对客观情况的简单描述,作品只有包含作者的主观选择(subjective choice)才能够获得可版权性。[1] 仅仅对客观事实的描述本身并不能够获得版权保护。例如,对原子结构的描述、对相关人精神状态的分析、对他人作品的恢复(restoring)及对客观目录(objective list)的制作不可构成版权客体,因为该行为不是进行一项艺术活动,而是为了确定一个事实。相反,尽管汇编作品是建立在已有材料的基础之上,但汇编者对这些材料的选择、协调或编排是一种主观选择活动,这种活动的产物可能构成版权客体。[2]

(四)原创性的要求是最低限度的

原创性标准尽管存在,但仅需要极少的创新(innovation)。[3] 易言之,作品要获得版权保护,只需要最低限度的原创性。所以,大二学生所写的毕业论文同余秋雨先生所著的小说所享有的版权保护是一样多的,尽管前者的"艺术原创性"可能不及后者。所以,不论是三岁小孩,还是智力障碍者,都可以创作出原创性的作品。这种判断跟民法学原理不谋而合。我们知道,创作作品是事实行为,而非法律行为;事实行为不需

---

[1] David Nimmer, Address Copyright in the Dead Sea Scrolls: Authorship and Originality, 38 *Hous. L. Rev.* 1, 22 (2001).

[2] 参见本书第三章第一节。

[3] Alfred Bell & Co. v. Catalda Fine Arts, Inc., 191 F. 2d 99, 102 (2d Cir. 1951).

要当事人具有行为能力，法律行为则需要。所以，三岁小孩或智力障碍者尽管没有行为能力，但其照样可以创作出原创性的作品来，不论其作品中所存在的"艺术原创性"多么稀少。而事实上，现代社会上大多数作品都是比较平庸的。

（五）原创性标准是客观存在的

尽管原创性标准是最低限度的，在效果上看起来根本就不存在标准，但存在这样一点，在这一点上，努力会被认为太微小（too trivial），作品不能够获得版权保护。❶ 一般来说，简短的作品、❷ 约定俗成的词汇或短语、口号、数字、事实的简单列举、由功能考量限定的作品等都可能不能够获得版权保护。

综上，原创性要件主要强调作品来源于作者的主观创作性活动，这种活动同作品之间是"源"和"流"的关系。事实上，没有作品是"真正"原创性的，所有的作品都利用了已经存在的因素。考察一部作品是否具备原创性，关键是考察该作品是怎样利用已存材料的，是全面复制，还是加入了作者自己的选择与判断。

二、原创性与艺术价值

一般而言，原创性是个法律概念，而不是艺术概念；因此，应当将对作品的法律判断和艺术评判区分开来，在对作品是否具备原创性进行法律判断的时候，不能够考虑作品的艺术价值，在判断某部作品是否具备原创性的时候避免对其艺术价值进行评判的原则一般称为"美学不歧视原则"❸。根据该原则，作品的原创性没有最低限度的艺术价值（artistic merit）的要求。❹ 之所以如此，是因为艺术的原创性不等同于版权法意义上的原创性。❺ 再者，艺术价值是个相当主观的概念，受到个人偏好和品味的影响，容易导致判决的不一致和对作品版权保护的不周全。因

---

❶ Magic Mktg., Inc. v. Mailing Servs. of Pittsburgh, Inc., 634 F. Supp. 769, 771 (W. D. Pa. 1986).

❷ 参见本书第四章第四节。

❸ 参见本书第二章第二节有关 Bleistein 案的相关论述。

❹ Bleistein v. Donaldson Lithographing Co., 188 U. S. 239, 250 (1903).

❺ Gracen v. Bradford Exch., 698 F. 2d 300, 304 (7th Cir. 1983).

此，法院拒绝适用艺术价值标准，确认版权保护的存在不是建立在个别法官的偏好和审美观上。❶ 另外，"美学不歧视原则"同最低限度的原创性要求❷是一致的，按照该要求，原创性只意味着对实际复制的禁止，只要该作品是他自己的就足够了。❸ 多数作品很容易满足原创性要求，只要作品具有一些创造性的火花，而不论该火花有多拙劣、多粗糙或多明显。❹

三、原创性与作者

作品和作者是版权法中一对相伴相生的范畴，作品是由作者创作的，对作品赋予版权实际上是保护作者的利益。作者权利体系和版权体系采取不同的作者权利基础，前者认为著作权是一种自然权利，后者认为赋予作者以版权是为了促进科学和实用艺术的进步，赋予作者的垄断权是一种必要的恶（a necessary evil），是一种达到目的的手段（a means to an end），而不是目的本身（an end in itself）。❺ 自然权利基础和工具主义基础下的作者观对原创性的理解和要求不同，前者强调原创性要件中的人格和精神的层面，要求作品具有一定的创作高度，原创性的要求比较高；后者的关注焦点在作品，考察该作品的创作是否在原作品的基础之上有所进步，对产业发展的保护是其重点，原创性的要求比较低。

另外，法律意义上的作者同艺术层面的作者特别是浪漫主义作者观（romantic authorship）下的作者的内涵是不同的。在法律层面，作者指开始者、首先行动者、作品来源于其人、创造者或原创者。❻ 可见，法律意义上的作者观强调的是作品的来源。而在艺术层面，作者往往同艺术家的概念等同。在文艺复兴和浪漫主义期间的某个时候，人文主义思想

---

❶ Christine Wallace, Overlapping Interests in Derivative Works and Compilations, 35 *Case W. Res.* 103, 111 (1985).

❷ 参见本书第二章第三节第一部分"原创性的基本含义"相关部分的论述。

❸ Alfred Bell & Co. v. Catalda Fine Arts Inc. 191 F. 2d 99, 103 (2d Cir. 1951).

❹ Urantia Found. v. Maaherra, 114 F. 3d 955, 959 (9th Cir. 1997).

❺ Brian A. Dahl, Originality and Creativity in Reporter Pagination: A Contradiction in Terms?, 74 *Iowa L. Rev* 713, 734 - 35 (1988~1999).

❻ Burrow-Giles Lithographic Co. v. Sarony, 111 U. S. 53, 58 (1884).

(humanist ideas) 催生了现代艺术家的观念,即创造性的天才,创作出不受外界影响的独特作品的自由和自治的人。❶ 浪漫主义作者观认为作品是作者完全新的和独特的创作,真正的作者身份的产生是"原创性"的结果,这种"原创性"不是来自于变更、模仿、改编和复制。"原创性"的作品是一种全新的和独特的作品,该作品可以说是作者的财产而享有法律的保护。❷ 这种作者观主张作者是用词汇、音符、形状或色彩来装饰(clothe)来自每个作者内心世界(inner being)的冲动(impulses)。❸ 可见,不同于法律意义上的作者观,浪漫主义作者观对作品"原创性"的要求比较高。如果采取这样的作者观,实际上大多数应受版权法保护的作品将被排除在受保护的范围之外。

然而,虽然浪漫主义作者观是艺术层面的作者观,但其也对司法实践产生了一定程度的影响,例如 Feist 案的判决就被有的学者称之为遵循浪漫主义作者观的产物。❹

四、原创性与个性

一般而言,作品是个人智力劳动的成果,作品中或多或少会留下个性特征的烙印。因为每个作者都是独特的个人,不可避免地将他自己的特征印在作品之上。❺ 在日常生活中,没有两个对相同事实的描述是相同的,每个人对描述事实所选用的词汇就像他的面容一样独特。❻ 例如,没有照片,即使是简单的照片,不受作者个性的影响,没有完全一样的两

---

❶ David Nimmer, Address Copyright in the Dead Sea Scrolls: Authorship and Originality, 38 *Hous. L. Rev.* 1, 10 (2001).

❷ The Construction of Authorship: Textual Appropriation in Law and Literature 15 (Martha Woodmansee & Peter Jaszi eds., 1994) at 3. See Jisuk Woo, Genius with Minimal Originality?: The Continuity and Transformation of the "Authorship" Construct in Copyright Case Law Regarding Computer Software, 15 *Alb. L. J. Sci. & Tech.* 109, 113 (2004).

❸ Jessica Litman, The Public Domain, 39 *Emory L. J.* 965, 1008 (1990).

❹ Peter Jaszi, On the Author Effect: Contemporary Copyright and Collective Creativity, 10 *Cardozo Arts & Ent. L. J.* 302, 303-04 (1990).

❺ Jane C. Ginsburg, Creation and Commercial Value: Copyright Protection of Works of Information, 90 *Colum. L. Rev.* 1865, 1847 (1990).

❻ Jeffreys v. Boosey, 4 H. L. C. at 869, 10 Eng. Rep. at 703.

张照片。❶ 俗话说，摄影是一种"快门艺术"。摄影家的艺术技巧和判断往往集中体现在其按动相机快门的一刹那。摄影家对对象、时机、角度、阴影、灯光、服饰等的选择与判断加上按动快门的行为共同构成了摄影作品的创作行为。谓摄影作品是"快门艺术"，只是表明按快门的一刹那集中体现了作者所进行的选择与判断，并不意味着只有在按动快门的时候才存在作者的选择和判断。实践中出现了摄影家将所有的实质性准备工作做好，将按快门这一任务交由他人进行的案例。在上述情形中，按快门的人是否构成与做实质性准备工作的摄影家的合作作者？欲回答这一问题，关键看该按快门的人在整个作品的创作中是否有个性的创作行为的投入。一般而言，在摄影作品的创作过程中，按快门之前的准备工作更加具有实质性意义，按快门相对比较容易进行。而且有相机可以通过一根线来拉动快门，此时不管拉线人怎么拉都不会使相机抖动。尽管如此，如果不是拉线式相机，快门的按动在摄影作品的形成中还是具有实质性意义的。因为在按动相机快门的时候，只要手微微一动，整个照片的效果都会发生变化。所以，在普通情形下，在不是拉线式相机的情况之下，按快门的人也构成合作作品的合作作者。只不过，其在整个合作作品的利益分享之中，其只占据一小部分而已。

于是，从作品中寻找作者个性特征就成为正当化作品版权保护的基础。在18世纪晚期和19世纪早期，英美法系的法院开始将作者身份的获得看做是原创性劳动的结果，作者自身也开始将原创性界定为每个作者表达的个性。到20世纪早期，美国法院和法官发展出了两种相互补充的版权保护的理论基础：作品中所体现出的作者的个性；作品中所投入的劳动和资源。❷ 例如，在布雷斯顿案中，大法官霍姆斯（Holmes）认为最低程度的个性必要的包含一些独特的东西。作者即使在笔迹中也表现出自己的特性。最低限度的艺术性中包含某种"不可减约的"属于其个人所特有的东西，某种可以获得版权的东西。版权保护依赖于作品是

---

❶ Jewelers Circular Publishing Co. v. Keystone Publishing Co. 274 F. 932 (S. D. N. Y. 1921).

❷ Jane C. Ginsburg, Creation and Commercial Value: Copyright Protection of Works of Information, 90 *Colum. L. Rev.* 1865, 1874-75 (1990).

否表现出作者的个性。❶

五、原创性与创作意图

一般而言，作者在创作作品的时候有创作意图的存在。然而，一项创作成为受版权保护的作品是否必需作者有创作意图的存在？创作意图是否是可版权性的要件？假如某人拿了莎士比亚的十四行诗，将该诗从一本书中裁剪出来，从一栋建筑物顶上扔出去，在建筑物下面一个人行道上按照任意的顺序将散落的诗句集合起来。而另外一个人为在这首十四行诗中表现新的主题思想，经过辛苦思考，将莎士比亚的诗按照与上述的排列顺序相同的顺序进行了排列。❷ 在对这个新的排列进行原创性判断的时候，两个不同的案件事实存在何种法律效果的区别？艾尔弗雷德案讲到这样一个故事：一个画家由于其不能画出马嘴由于用力咀嚼食物所产生的气泡而烦恼。该画家将一个海绵扔到自己的画上，该海绵拍击到墙壁，然后达到所想要的目的。❸ 该画家通过这种方式创作的"作品"是否能够获得版权保护？有关创作意图是否影响作品的可版权性，学界存在不同的观点。

（一）否定说

否定说不承认创作意图是可版权性的要素。弗兰克（Frank）法官认为"意图"（intent）并不是原创性的要素，在老的艺术作品的基础之上所作的变化可能是无意的，但版权仍然是有效的。抄写者坏的视力或者有缺陷的肌肉组织或者雷击声所产生的颤抖都可能导致充分的可区别性的变化。作者虽然无意促成这些变化，但仍能够就其获得版权。❹ 有学者采取这种观点。❺ 从反面来讲，即使有创作意图，但作品实际上仅仅是对他人作品的复制或是在处于公共领域的材料上所作的变化仅是微小的，这样的情形很多，此时创作意图的存在并不能导致可版权性作品的产生。

---

❶ Bleistein v. Donaldson Lithographing Co., 188 U.S. 239, 250-252 (1903).（参见本书第二章第一节的相关内容。）

❷ Russ Versteeg, Rethinking Originality, 34 *Wm and Mary L. Rev.* 801, 855 (1993).

❸ Alfred Bell & Co. v. Catalda Fine Arts, Inc., 191 F.2d 99, 105 (2d Cir. 1951).

❹ Alfred Bell & Co. v. Catalda Fine Arts, Inc., 191 F.2d 99, 105 (2d Cir. 1951).

❺ Dale P. Olson, Copyright Originality, 48 *Mo. L. Rev.* 29, 49~56 (1982).

总之，不能将创作意图作为作品是否具备原创性的决定性要素。

（二）肯定说

肯定说主张创作意图是可版权性要件的必要组成部分。尼默教授认为意图是创作活动的必要因素，作者的创作意图是作品获得可版权性的关键要素，要使作品具备原创性，作者必须意图创作出一种具备个性或主观性的东西。尽管被告不必要意图侵权而承担侵权责任，一个创作者必须意图成为作者才能创作出能够获得版权保护的作品。反之，如果某人根本没有创作原创性作品的意图，就根本不存在获得版权的可能性。例如一个出版商在出版某部书籍的时候无意中遗漏了几页，这种遗漏不使遗漏之后的作品具备原创性，因为缺乏删节该书的意图阻止了可版权性的删节本的产生。❶

尼默教授采用了肯定说的观点对"死海卷宗案"（Dead Sea Scrolls）案❷进行了分析。该案的核心问题是重建的信件是否具有原创性。对于此问题，尼默教授认为，当作者创作时，如果想带上"艺术家的贝雷帽"（the artist's beret），在重建该文本时，加入属于自己带有修辞色彩的描绘，那么他就对其产品享有版权；反之，如果他的意图是穿戴着"学者的方帽长袍"（the scholar's Cap and Gown）提供古代学者的语词，那么该项产品就游离于版权保护之外。在本案中，译解（decipherment）缺乏原创性意图（original intent），即一种创造出新的表达方式的意图，❸作者就其作品不能够获得版权保护。

（三）折中说

折中说并不将创作意图作为作品可版权性的要件，但并不否定创作意图在确定作品是否具备原创性时的作用。❹原创性的判断应当集中在作品本身的属性之上。作者创作的过程和他的意图，至多仅仅是判定作品

---

❶ David Nimmer, Address Copyright in the Dead Sea Scrolls: Authorship and Originality, 38 *Hous. L. Rev.* 1，205（2001）.

❷ 卢海君："评'死海卷宗案'"，载《西南政法大学学报》2008年第5期。

❸ David Nimmer, Address Copyright in the Dead Sea Scrolls: Authorship and Originality, 38 *Hous. L. Rev.* 1，212（2001）.

❹ Russ VerSteeg, Intent, Originality, Creativity and Joint Authorship, 68 *Brooklyn L. Rev.* 123，128（2002）.

是否具备原创性的因素，可以作为作者所导致的变化是微小的变化还是可区别性的变化的相关证据。尽管创作意图是判定一部作品是否具备原创性的有用要素，但其不是决定性的。第一，"作者"主观上意图达到变化的效果并不一定使"作品"具备原创性。第二，"作者"主观上意图重造或者重构一部事实性作品能够作为一个很好的证据证明"作品"不具备原创性。第三，"作者"没有意图达到主观变化的结果并不必然意味着"作品"不具有原创性。第四，作者并没有意图重建一部事实性作品并不一定意味着该"作品"一定具备原创性。成为作者的意图（intent to author）既不保证也不否定版权保护。例如，某人列举波士顿100家最好的餐馆，碰巧该100家最好餐馆的清单是按照字母顺序排列的。此时，并不能因为清单创作者有创作意图而使该清单具有原创性。一个人无意之间打开了其便携式摄像机，在没有固定一部作品更谈不上有成为作者的意图的情形下，记录下了一些事件，他仍然对录像享有版权。一个人意图复制应当被认为是该人所创作出来的作品不具备可版权性的强有力的证据，但意图成为作者并不总是能证明原创性的存在。作者的意图至多应当仅仅是一个证据，通过这个证据可以评判一部作品是否具备原创性。换言之，如果在原创性判断的时候确实要考虑意图，意图也仅仅是个相关的因素。

原创性要件中是否需要作者存在创作意图，可以从创造性的过程和主观意图的属性的角度进行考察。诸多心理学家和哲学家认为潜意识在创造性的过程中具有重要地位。例如有学者认为，从创造性心理学的角度，潜意识在人类创造活动中发挥了很大作用，能够开发创造力、能够存储知识和信息、可以克服困难实现目标等。❶ 既然如此，在原创性要件中要求创作意图的存在似乎同创造性的自然过程相违背，似乎不符合创造心理的本质和规律。其次，要求创作过程中存在创作意图实际上是不能真正发挥作用的规则，因为创作意图的有无往往无法证明。即使作者在创作作品的过程中并没有创作意图，只要其在诉讼过程中主张自己有创作意图，对方当事人往往难以证明其创作意图不存在。如果版权法规

---

❶ 陶富国：《创造心理学》，立信会计出版社2002年版，第212~213页。

定作者需要具有创作意图才能够就其创作的作品获得版权保护,并且将存在创作意图的证明负担加于作者身上,由于创作意图作为一种思想意识的本质属性,这种做法会不适当地加重作者的负担。

六、原创性与劳动和投资

作者在创作作品的过程中往往付出了极大的努力和进行了相当的投资,对作品赋予版权保护在一定程度上和一定意义上保护的了作者的劳动和投资;但作者付出的劳动和投资是否可以成为作品获得版权保护的法理基础却存在疑问,仅仅根据作者付出的劳动和投资就赋予作品以版权是否可以达到促进科学与实用艺术进步的目的,甚至是否会阻碍该目的的实现,存在争论。

作品可版权性的法理基础有个演变过程,在早期的版权制度中,法院往往将作者在作品中所付出的劳动和投资作为作品可版权性的基础。许多18世纪和19世纪的英国和美国的版权判决即用投入作品中的劳动来界定可版权性和原创性。[1] 例如,在爱默生(Emerson)案[2]中,斯托雷(Story)大法官说,一个人可以就其付出了劳动、技巧或金钱通过对已存材料的编辑制作的一个州或一个国家的地图获得版权。另一个人可以通过运用相似的方式或材料,付出相似的技巧、劳动和投入,出版相同的州或国家的另一张地图。但他无权出版一个没有付出技巧、劳动或费用,实质性地和故意地从他人的地图中获取的地图。柯蒂斯(Curtis)在1847年的版权论文中认为要获得有效的版权,作品必须具备原创性,即作品必须是自己创作的,是其勤奋和技巧的产物,不论其是以前未出版的完全原创的思想或原则,还是思想和情感的新的组合,或是已知和普通材料的新的运用,或是一个收集。[3] 19世纪晚期的美国版权学者伊顿 S. 德龙(Eaton S. Drone)说,原创性的真正标准是作品是独立劳动还

---

[1] Jane C. Ginsburg, Creation and Commercial Value: Copyright Protection of Works of Information, 90 *Colum. L. Rev.* 1865, 1875 (1990).

[2] Emerson v. Davies. 8 F. Cas. 615 (C. C. D. Mass. 1845) (No. 4436).

[3] G. Curtis, *Treatise on the Law of Copyright* 171 (Boston 1847). See Jane C. Ginsburg, Creation and Commercial Value: Copyright Protection of Works of Information, 90 *Colum. L. Rev.* 1865, 1875 (1990).

是抄袭的产物。❶ 版权法学家金斯伯格（Ginsburg）分析道，也许是因为信息性客体的优势地位，司法判决中所体现的原创性观念和版权保护的基础直到19世纪中叶似乎都集中在劳动之上，而不是作品所体现的作者的灵感（inspiration）之中。到了19世纪后期，法院和评论者开始对原创性作出不同描述，提供了不同的版权保护的基本原理。原创性的要旨不再是作者独立的劳动，而是作品观念或风格的独特性。主观的判断，而非辛勤收集是作品原创性的根基之所在。上述版权哲学的转向，即对原创性的分析转化为更为主观的视角，并不意味着对以前劳动导向（labor-oriented）路径的完全放弃。事实上，两种路径继续共存。在整个19世纪，到进入20世纪，原创性观念包含独立的劳动和原创性的创造性实践两个方面的含义。❷ 20世纪90年代，美国最高法院在费斯特案中明确否定了将作者付出的劳动作为作品版权保护的理论基础。从此，原创性已经成为作品应受版权保护的根本基础。❸

将劳动作为作品可版权性的法理基础的理论也被称之为额头出汗原则（sweat of the brow principle），该原则又被称为辛勤收集原则（industrious collection principle），指只要作者在创作作品的过程中付出了劳动，付出劳动本身就可以构成作品获得版权保护的正当理由。不同于额头出汗原则，在原创性原则之下，仅仅是劳动本身并不能保证作者就作品获得版权保护，还需要作品来源于作者，根据费斯特案的判决，作品还应当具有最低限度的创造性。从上述作品可版权性的理论基础的发展史可以看出，额头出汗原则具有一定的历史基础，在保护产业发展的时候也具备一定的理论优势，但其有违背版权法基本原则的嫌疑，❹ 因为该原则

---

❶ Eaton E. Drone, *A Treatise on the Law of Property in Intellectual Productions in Great Britain and the United States*, Little, Brown, and Company (1879). p. 208.

❷ Jane C. Ginsburg, Creation and Commercial Value: Copyright Protection of Works of Information, 90 *Colum. L. Rev.* 1865, 1878 (1990).

❸ Steven S. Boyd, Deriving Originality in Derivative Works: Considering the Quantum of Originality Needed to Attain Copyright Protection in a Derivative Work, 40 *Santa Clara L. Rev.* 325, 328 (2000).

❹ Financial Info., Inc. v. Moody's Investors Serv., Inc., 808 F. 2d 204, 207 (2d Cir. 1986).

可能不适当地保护到思想。

（一）额头出汗原则的源起及扩展*

额头出汗原则来自于美国第二巡回法院对珠宝商（Jeweler）案❶的判决。在该案中，第二巡回法院认为，如果某人在创作作品的过程中付出了劳动，那么他对作品享有版权并不依赖于其在思想上或者在语言上显示出文学技巧（literary skill）或者原创性，或者任何超出辛勤收集努力的东西。一个人经过一个城镇的街道，记录下每一个居民的名称、职业和街道号码，那他就是该资料的作者。汇编者用他的劳动创造出了有价值的合成物，他能够就此获得版权，并就复制他的作品享有专有性的权利。当劳动被用来收集一部汇编作品，原创性和创造性的要求并不需要被满足。第七巡回法院在1977年的施罗德（Schroeder）案❷中完全放弃了原创性标准，赋予按照字母顺序排列的姓名与地址以版权。其认为，使某部作品可以受到版权保护的要件，仅仅是辛勤收集，而不是带有新颖性意义的原创性（originality in the sense of novelty）。除此之外，其他诸多法院也采取了辛勤收集原则。例如，在里昂（Leon）案❸中，第九巡回法院用辛勤收集原则作为作品受版权保护的基础。

（二）法院判决的转型

虽然辛勤收集原则曾经被不少法院采取，但诸多法院在后来的判决中否定了该项原则。例如，第七巡回法院虽然在施罗德案中采取了辛勤收集原则，但在后来的一些案例中，则认为版权法保护的是作品，而不是付出努力的数量。第九巡回法院在里昂案以后的案例中，完全拒绝了

---

* 额头出汗原则这一概念主要是由美国司法实践所提出并且在其中不断发展与完善的。然而，该原则在版权法理论研究尤其是原则性理论研究中具有普适意义。我国版权学者在研究版权法时也经常提到该项原则。本书对额头出汗原则历史发展的介绍，主要针对的是该原则的发源地—美国的司法实践。

❶ Jeweler's Circular Publishing Co. v. Keystone Publishing Co., 281 F. 83（2d Cir.），cert. denied，259 U. S. 581 (1922).

❷ Schroeder v. William Morrow & Co., 566 F. 2d 3（7th Cir. 1977）.

❸ Leon v. Pacific Telephone & Telegraph Co. 91 F. 2d 484（9th Cir. 1937）.

里昂案所采取的原则。[1] 美国最高法院在费斯特案中宣告了额头出汗原则的终结。[2]

(三) 额头出汗原则与原创性原则的法理基础分析

额头出汗原则强调对作者付出的劳动进行保护具有一定的理论基础,如洛克的劳动财产理论可以在一定程度上证明该原则的合理性。学界对该理论有不同的解读,有人建立在工具主义的视角上对社会赋予劳动以财产权进行解释,认为我们必须(must)提供报酬以获得劳动;有人则从规范的角度对劳动进行解释,认为劳动应当(should)被补偿。[3] 一般认为,应当采纳后种解释。既然如此,作者在创作作品的过程中付出了劳动,理应得到补偿,对作者付出劳动加以创作的作品赋予版权保护似乎具有合理性。

诚然,作者付出了劳动应当被补偿,但不一定要采取版权法的方式进行补偿。如果只要作者付出了劳动就对作品赋予版权保护,可能会违反思想表达两分法等版权法的基本原则,阻碍公共利益的实现。因为版权是一种垄断权,对作品赋予版权保护在一定意义上会限制信息自由;对作者进行犒赏只是版权法的目的之一,版权法还有促进公众接触信息的自由的目的;按照工具主义的观点,对作者赋予版权保护只是直接目的,最终目的是为了促进科学和实用艺术的进步从而保障公共利益的实现;加之不正当竞争法等其他法律规则也可能对作者的劳动赋予一定程度的保护,依靠版权来犒赏作者的劳动并不是一项明智的选择。因此,仅仅依据洛克的劳动财产理论来支持额头出汗原则的观点似乎不能够成立。

---

[1] Harper House, Inc. v. Thomas Nelson, Inc., 889 F. 2d 197 (9th Cir. 1989); Worth v. Selchow & Righter Co., 827 F. 2d 569 (9th Cir. 1987), cert. denied, 485 U.S. 977 (1988); Cooling Sys. and Flexibles, Inc. v. Stuart Radiator, Inc., 777 F. 2d 485 (9th Cir. 1985); Landsberg v. Scrabble Crossword Game Players, Inc., 736 F. 2d 485 (9th Cir. 1984). See John P. McDonald, The Search for Certainty, 17 *Dayton L. Rev.* 521, 528 (1992).

[2] Jane C. Ginsburg, No "Sweat"? Copyright and Other Protection of Works of Information after Feist v. Rural Telephone, 92 *Colum. L. Rev.* 338, 350 (1992).

[3] Justin Hughes, The Philosophy of Intellectual Property, 77 *Geo. L. J.* 287, 296 (1988).

从版权制度的进化来看，之所以早期的版权案例有不少采取额头出汗原则，原因之一在于早期版权法的客体大多是信息性（informational）或事实性（factual）的。❶ 这类客体的创作往往需要作者付出艰辛的劳动和大量的投资，而其社会价值又决定了作者个性的缺乏，额头出汗原则同该类客体的创作过程和社会价值相符。直到19世纪中叶，法院还是以投入到作品创作中的劳动而不是作者的个性表达（personal expression）来界定作者身份（authorship）。❷ 但从19世纪中叶到19世纪后期，随着文学作品的增多，版权保护开始关注作者的个性。❸ 从事实性作品到文学作品的发展，从注重劳动到注重个性的转变，从额头出汗原则到原创性原则的转型，不仅是作品不断丰富，也是版权理论不断进化的过程。信息性或事实性作品主体地位的逐渐丧失昭示着额头出汗原则的逐渐淡出。

总之，版权法的目的不是犒赏作者的劳动，而是促进科学和实用艺术的进步。❹ 为了达到此目的，作品必须具备原创性才能够获得版权保护。将额头出汗原则作为作品获得版权保护的基础不具有合理性。

七、原创性与可区别性变化

在对一部作品进行原创性判断的时候，有些法院将该作品同已存作品进行比较，找出其同已存作品相比所发生的变化，看该变化是可区别的还是仅是微小的，如果变化是可区别的（distinguishable），那么该作品具备原创性；❺ 如果变化是微小的（trivial），该作品不具备原创性。❻ 这种测试原创性的方法将焦点集中在作品之上，通过新旧作品的比较分析

---

❶ Jane C. Ginsburg, Creation and Commercial Value: Copyright Protection of Works of Information, 90 *Colum. L. Rev.* 1865, 1874~1881 (1990).

❷ 同上。

❸ Jane C. Ginsburg, Creation and Commercial Value: Copyright Protection of Works of Information, 90 *Colum. L. Rev.* 1865, 1874, 1881~1888 (1990).

❹ David Nimmer, Address Copyright in the Dead Sea Scrolls: Authorship and Originality, 38 *Hous. L. Rev.* 1, 118 (2001).

❺ Alfred Bell & Co. v. Catalda Fine Arts, Inc., 191 F. 2d 99, 102 (2d Cir. 1951).

❻ Alfred Bell & Co. v. Catalda Fine Arts, Inc., 191 F. 2d 99, 103 (2d Cir. 1951).

判断原创性的有无。❶ 仅仅是尺寸的改变❷、载体的改变❸、机械性的变化❹、由体力（physical）而不是技艺的运作所产生的变化❺、非实质性的变化❻被认为是不具有可区别性的微小变化。

虽然并非任何类型的变化都可以达到可区别性变化的标准，但超过仅是微小变化的限度却是容易的。因为在理论上存在无限可能的方式对固定在有形表达载体上的作品进行改变，譬如可以改变客体不同部分的相对比例关系，可以改变客体上的艺术装饰，也可以增加或减少诸如颜色等特征。❼

相对于将个性作为作品可版权性的理论基础，建立对新旧作品对比的基础之上所进行的原创性判断似乎更趋于客观性。然而，这种测试标准仍然具有不确定性。因为，在"可区别性变化测试法"下，只有在变化被确认之后，才能够确定该变化是否仅仅是微小的。在做这个决定的时候，法官或陪审团必须考虑特定的变化单独是否可以使作品获得版权保护，或者相对微小的变化的集合是否具备充分的创造性。这些判断是主观性的，并没有明确的规则用来确定某个变化是否超过了微小的限度。❽

诚然，"可区别性变化测试法"确实为某些类型的作品，特别是诸如汇编作品和演绎作品等非独立作品的原创性判断提供了一条有益路径。然而，该测试法是否适应其他类型的作品则不无疑问。由于原创性并不

---

❶ 参见本书第二章第四节"作者导向型分析与作品导向型分析"部分相关内容。

❷ Gregg Oppenheimer, Originality in Art Reproductions："Variations" in Search of a Theme, 27 *Copyright L. Symp.* 207，239 (1977).

❸ Julia Reytblat, Is Originality in Copyright Law a "Question of Law" or a "Question of Fact"?: the Fact Solution, 17 *Cardozo Arts & Ent LJ*. 181，191 (1999).

❹ Grove Press, Inc. v. Collector's Publications, Inc., 264 F. Supp. 603，605 (C. D. Cal. 1967).

❺ L. Batlin & Sons, Inc. v. Snyder, 536 F. 2d 486 (2d Cir.).

❻ Andrews v. Guenther Publishing Co., 60 F. 2d 555 (S. D. N. Y. 1932).

❼ Russ VerSteeg, Rethinking Originality, 34 *Wm. & Mary L. Rev.* 801，846，846 (1993).

❽ Julia Reytblat, Is Originality in Copyright Law a "Question of Law" or a "Question of Fact"?: The Fact Solution, 17 *Cardozo Arts & Ent LJ* 181，192 (1999).

要求新颖性，❶ 只要该作品是独立创作的而不是抄袭他人作品的结果，就可以受到版权保护。换言之，即使独立创作的作品同已经存在的作品实质性相似或者完全相同，两者之间并不存在可区别性的变化，其仍然可以受到版权保护。这种判断合理且公正，也不违反版权法的基本原理。因此，如果将"可区别性变化测试法"不加区分地适用于所有类型的作品之上，要求所有类型的作品要具备可版权性必须具有相较于已存作品的可区别性变化，似乎会造成不公平和不合理的结果。

八、原创性与新颖性

新颖性是专利法的概念，指的是一项技术方案要想获得专利保护，必须与现有技术不同。虽然专利技术和作品同属创造性的智力成果，但作品可版权性要件并不包含新颖性的要求。❷ 作品要具备可版权性，必须表现出某种不可减约的属于自己的东西，而不是同他人的作品相比具备新颖性。❸ 换言之，作品的新颖性同版权的合法性没有关系。❹

同先前作品实质性相似❺甚至同已存作品完全相同❻的作品，只要不是抄袭前人作品的结果，而是源于作者的独立创作，就具备原创性。如果通过某种魔力，一个从来不知道济慈（Keat）关于希腊之瓮颂歌（Ode on a Grecian Urn）的人重新创作了它，他就是作者；如果他就此获得了版权，其他人就不能复制那首诗，尽管他们可以复制济慈的诗。❼

之所以作品无须具备新颖性以满足原创性标准，原因有以下几个方面：

1. 新颖性的"新"，相对的是"旧"。作品的新颖性指的是作者创作

---

❶ 参见下文"原创性与新颖性"的分析。

❷ Alfred Bell & Co. v. Catalda Fine Arts. 191 F. 2d at 100.

❸ United States v. Hamilton, 583 F. 2d 448, 451 (9th Cir. 1978) (quoting Bleistein v. Donaldson Lithographing Co., 188 U. S. 239, 250 [1903]).

❹ Baker v. Seldon. 101 U. S. 99 (1879).

❺ Alfred Bell & Co. v. Catalda Fine Arts, Inc., 191 F. 2d 99, 102-103 (2d Cir. 1951).

❻ Novelty Textile Mills, Inc. v. Joan Fabrics Corp., 558 F. 2d 1090, 1092 (2d Cir. 1977).

❼ Sheldon v. Metro-Goldwyn Pictures Corp., 81 F. 2d 49, 54 (2d Cir. 1936).

的作品同现有作品不相同。这种意义上的新颖性是无法加以客观评判的。一方面，各国版权法多数采取的是作品自动保护原则，即作品一旦创作完成，就可以获得版权，并不需要履行诸如登记等任何手续。因此，不同于发明创造，现有作品的范围无法通过一定的文献资料加以确定。如此以来，可资比较的对象都不存在，何谈"新"？另一方面，作品的本质是表达形式，表达形式一般又表现为人们共同认可的意义符号的排列组合。于是，表达形式在何种意义上是"新"的难以确定。综上，要求作品具备新颖性不具有可操作性。

2. 如果要求作品须具备新颖性才能受版权保护，势必造成标准的不统一和版权保护的不公平。作品不同于技术方案，其中不可能总结出技术要点。法官在对作品是否具备新颖性进行判断时，难免陷入主观偏见之中。即使法律要求法官以一个抽象人的标准对作品进行评判，仍然逃脱不了主观性的困境。

3. 新颖性是个过高的要求，将会把众多应受版权保护的作品拒之门外。拿戏剧作品来说，其构成要素除了字面意义上的文字表述之外，还有情节、角色、结构、风格等。要求作品具备新颖性必然要从作品的构成要素出发进行分析和判断，新颖性的作品指的是所有的构成要素都是新的？还是只针对部分构成要素？如果采取前种标准，必然意味着要求过高；如果采取后种标准，又无法执行，因为无法确定到底要比对哪些构成要素。

4. 新颖性要求忽视了作品的创作规律。作品是用来表达作者的思想与感情的，作者在创作作品的过程中往往不会注重自己的作品须在构成要素方面不同于已存在作品。如果要求作品须具备新颖性才能受版权保护，作者在创作作品之前势必要看完所有的已存作品，而这是不可能的。另外，"英雄所见略同"在作品的创作过程中也经常会发生，新颖性要求势必抹杀这种正常现象。

5. 新颖性要求会增加作品的创作成本，减少作品产出的数量，最终不利于公共利益的实现。因为如果要求作品只有具备新颖性才能受版权保护，作者在创作作品之前势必要进行"检索"等繁多工作，势必导致成本增加。

6. 新颖性要求将会限制言论自由。如果作者表达自己思想和感情的结果不具备新颖性，就不能够获得版权保护，公众表达自己思想与观点的自由将大打折扣。❶

九、原创性与创造性

如上文所述，美国最高法院在费斯特案中将原创性要件表述为独立创作加上最低限度的创造性。诚然，费斯特案的判决自作出之后，成为法院判断作品是否具备原创性的指导性标准。但有关原创性和创造性之间关系的探讨并没有停止过，作品的原创性之中是否包含创造性的要求在实践中也存在争议。有关原创性与创造性之间关系的理论与实践的探讨也并非始于费斯特案。例如，早在森德（Sndyer）案❷中，法院就认为原创性不仅包括独立创作的要件，还包括创造性的要求。创造性是否为原创性的题中应有之义基本上存在肯定说和否定说两种观点。

（一）肯定说

肯定说认为原创性标准中包含创造性的要求，这种学说的代表是美国最高法院所判的费斯特案。该案认为创造性是可版权性的要素，是原创性的重要组成部分，❸ 这种判定的依据是19世纪美国最高法院在商标系列案（United States v. Steffens；United States v. Wittemann；United States v. Johnson，100 U.S. 82（1879））和萨乐尼等案例中所采取的观点，❹ 两案都认为原创性要求独立创作加上适量的创造性（independent creation plus a modicum of creativity）。❺ 费斯特案的主张被不少案例采取。在1976年《美国版权法》的立法过程中，美国全国广播公司（NBC）的

---

❶ 参见本书第二章第一节的相关论述。
❷ L. Batlin & Son, Inc. v. Snyder, 536 F. 2d 486, 490 (2d Cir. 1976).
❸ Feist Publications, Inc. v. Rural Telephone Service Co. 499 U.S. 340, 345～346 (1991).
❹ Russ VerSteeg, Sparks in the Tinderbox: Feist, "Creativity," and the Legislative History of the 1976 Copyright Act, 56 U. Pitt. L. Rev. 549, 554 (1995).
❺ Feist Publications, Inc. v. Rural Telephone Service Co., 499 U.S. 340, 349～350 (1991).

147

哈利·奥尔森（Harry Olsson）也认为创造性是可版权性的要件。❶

（二）否定说

否定说认为创造性不应当成为可版权性的要件。原因如下：

（1）如果将创造性包含在可版权性要件之中，可能会让法院认为可版权性的标准包含高水平的杰出智慧（some exalted level of towering genius）（例如新颖性、独创性或者艺术价值）；或者包含一种神秘的或者具有某种魔力的天赋，这种天赋只可意会，不可言传。❷ 这样可能会不适当地提高作品获得版权保护的门槛。

（2）创造性是个极度难以捉摸和主观性的概念。在诉讼过程中对创造性进行测量，在足够的创造性努力和非充足的创造性努力之间划出界线都很困难，❸ 在既不是演绎作品也不是汇编作品的情形下怎样测量创造性尤为困难。❹ 法院在界定和测量创造性方面已经摸爬滚打超过 100 年，通常很少成功。一些专门的方法被提出，但都是极度主观性的。❺ 反对将创造性作为可版权性要件的主张基于创造性的含义难以把握的事实，认为在作品版权保护要件中增加创造性的要求只会增加版权法的模糊性和

---

❶ Omnibus Copyright Revision Legislative History，89th Cong．，1st Sess．，Supplementary Report of the Register of Copyrights on the General Revision of the U. S. Copyright Law：1965 Revision Bill，pt. 2，at 12（1965）. See Russ VerSteeg，Sparks in the Tinderbox：Feist，"Creativity," and the Legislative History of the 1976 Copyright Act，56 *U. Pitt. L. Rev.* 549，567（1995）.

❷ Russ VerSteeg，Sparks in the Tinderbox：Feist，"Creativity," and the Legislative History of the 1976 Copyright Act，56 *U. Pitt. L. Rev.* 549，566（1995）.

❸ Mitzi S. Phalen，How Much Is Enough? The Search for a Standard of Creativity in Works of Authorship under Section 102（a）of the Copyright Act of 1976，68 *Neb. L. Rev.* 835，837～838（1989）.

❹ Julia Reytblat，Is Originality in Copyright Law a "Question of Law" or a "Question of Fact"?：The Fact Solution，17 *Cardozo Arts & Ent LJ* 181，192（1999）. 演绎作品和汇编作品等非独立作品的创作是建立在已有作品的基础之上的，如果要求这类作品只有在具备创造性的时候才能够获得版权保护，尚有可资比较的对象——非独立作品赖以创作的基础作品——存在。但对普通的独立作品来说，虽然任何作品的创作都不可避免地借鉴已存作品的因素，但其毕竟不同于非独立作品，没有严重依赖已有作品，要求独立作品只有具备创造性才能够获得版权保护，可版权性标准更加难以客观确定，因为此时根本不存在可资比较的对象。

❺ Julia Reytblat，Is Originality in Copyright Law a "Question of Law" or a "Question of Fact"?：The Fact Solution，17 *Cardozo Arts & Ent LJ* 181，185－86（1999）.

不确定性，不利于建立统一的作品版权保护标准，不利于版权法的统一遵守和执行，不利于版权法目的的实现。

（3）创造性要求可能造成原告获得版权保护的程序障碍。这种障碍表现为诉讼成本的增加和法律体系负担的加重。❶ 具言之，如果要求作品具备创造性才能够获得版权保护的话，原告在其作品受到被告侵犯而诉诸法院之后，可能会遭遇被告"创造性缺乏"的抗辩，即被告主张原告作品并不存在创造性，而不应受到版权保护；而创造性的要求不仅模糊，而且容易使法院无意中提高作品版权保护的要求，在法院认为创造性是一种高水平的杰出智慧的时候，原告正当的诉讼请求可能因为法院不适当地提高了作品版权保护的要求而遭到否定，导致对作者的保护不力。再者，在原创性之外增加创造性的要求，增加了法院对作品可版权性判定的负担，也增加了原被告双方的诉讼负担，不利于诉讼效率的提高。

（4）虽然费斯特案要求作品须具备创造性，但美国版权法的立法历史表明立法者并没有意图将创造性作为可版权性的必要要素。❷ 美国国会并不愿意将创造性要件用在版权法中，而是要保持已经建立的原创性标准的水平，没有暗示诸如美学价值、新颖性或灵巧性等更多的要求。❸

反对将创造性作为可版权性要件的立法参与者阐述了各种反对理由：要求作品具有创造性才能受版权保护可能使法院采取"高度的创造性（high degree of creation）标准"，即使将"适量的创造性（modicum of creative）"作为明确的法定要求也是一件太危险的事情；❹ 在原创性标准中加入创造性要求是一种倒退，创造性的含义无法界定。在专利法中要求

---

❶ Russ VerSteeg, Sparks in the Tinderbox: Feist, "Creativity," and the Legislative History of the 1976 Copyright Act, 56 *U. Pitt. L. Rev.* 549, 565 (1995).

❷ Russ VerSteeg, Sparks in the Tinderbox: Feist, "Creativity," and the Legislative History of the 1976 Copyright Act, 56 *U. Pitt. L. Rev.* 549, 550-51 (1995).

❸ H. R. 4347, 89th Cong., 2d Sess. Sec. 102. See Russ VerSteeg, Rethinking Originality, 34 *Wm and Mary L. Rev.* 801, 826 (1993).

❹ Omnibus Copyright Revision Legislative History, 89th Cong., 1st Sess., Supplementary Report of the Register of Copyrights on the General Revision of the U. S. Copyright Law: 1965 Revision Bill, pt. 6, at 447, 448 (1965) (written comments of John F. Whicher). See Russ VerSteeg, Sparks in the Tinderbox: Feist, "Creativity," and the Legislative History of the 1976 Copyright Act, 56 *U. Pitt. L. Rev.* 549, 561 (1995).

"天才的灵光"（a flash of genius）造成了混淆和不确定性，如果在版权法中要求"创造性"会造成同样的混淆和不确定性；❶ 要求作品必须具备区别于原创性的创造性包含极大的困难和风险，因为目前受版权法保护的许多作品很难被称之为具备创造性，而且法官个人品味的不同可能会导致创造性标准的不一致；❷ 创造性引起的问题要比解决的问题多，当增加创造性概念的时候，法院除了要关注原创性之外还要关注创造性，这样在非常清晰的版权侵权案件中都会存在各种抗辩，会导致诉讼成本的增加。❸

（三）对创造性的评价

考察是否应将创造性作为可版权性的必要要素首先要厘清创造性的含义。当依照常识对创造性的含义无法准确和一致地进行界定时，思维往往不自觉地滑向哲学或心理学层面，试图从中找到帮助。❹ 然而，哲学或心理学对创造的探讨，往往探讨的是创造的过程，即创造是如何诞生的。而法律意义上的创造性似乎更注重结果，即作为创作成果的作品中是否表现出了创造性因素。因此，尽管从哲学或心理学层面对创造性进行考察对理解创造性的含义有所帮助，但对建构法律意义上的创造性概念的指导意义似乎不大。

相反，按照作品的不同类型，对创造性进行类型化的分析似乎意义

---

❶ Omnibus Copyright Revision Legislative History, 89th Cong., 1st Sess., Supplementary Report of the Register of Copyrights on the General Revision of the U. S. Copyright Law: 1965 Revision Bill, pt. 2, at 11 (1965). See Russ VerSteeg, Sparks in the Tinderbox: Feist, "Creativity," and the Legislative History of the 1976 Copyright Act, 56 *U. Pitt. L. Rev.* 549, 563 (1995).

❷ Omnibus Copyright Revision Legislative History, 89th Cong., 1st Sess., Supplementary Report of the Register of Copyrights on the General Revision of the U. S. Copyright Law: 1965 Revision Bill, pt. 2, at 313 (1965). See Russ VerSteeg, Sparks in the Tinderbox: Feist, "Creativity," and the Legislative History of the 1976 Copyright Act, 56 *U. Pitt. L. Rev.* 549, 563 (1995).

❸ Omnibus Copyright Revision Legislative History, 89th Cong., 1st Sess., Supplementary Report of the Register of Copyrights on the General Revision of the U. S. Copyright Law: 1965 Revision Bill, pt. 2, at 9. (1965). See Russ VerSteeg, Sparks in the Tinderbox: Feist, "Creativity," and the Legislative History of the 1976 Copyright Act, 56 *U. Pitt. L. Rev.* 549, 566 (1995).

❹ Russ VerSteeg, Rethinking Originality, 34 *Wm and Mary L. Rev.* 801, 826 (1993).

更大。创造性的有无似乎不能一体化地要求，对非独立作品似乎应当要求最低限度的创造性；对独立作品而言，该项要件似乎并不需要。因为创造性的有无在存在可资比较的参照物（例如汇编作品赖以建立的事实或作品，演绎作品赖以建立的原作品）的情况下，相对来说比较容易判断。在这种情况下，可以通过比较来客观地确定新作品在原有作品的基础之上是否有可区别性的变化，如果这种可区别性的变化存在，则创造性存在，否则创造性不存在。❶反之，如果没有可资比较的参照物，"可区别性的变化"标准❷不适用，这时创造性评价的客观性标准似乎并不存在，而人们艺术品味的不一致可能导致判决的不一致，加之让只受过法律培训的法官进行艺术价值的评判是一项危险的作业❸，创造性要求对独立作品而言似乎并不合适。❹

十、结　语

综上，原创性与个性等相关概念具有一定的联系与区别，表2-1可在一定程度上反映原创性与相关概念之间的关系。

---

❶ 即使要求非独立作品只有在具备创造性的时候才能受版权保护，这种创造性要求的含义也应当具有内涵的特定性，指的是非独立作品相对于基础作品是要存在可区别性的变化。首先，非独立作品相对于基础作品应当有所变化；其次，这种变化应该达到可区别性的程度，而不仅仅是微小的变化。因此，在版权司法实践中，在对非独立作品的创造性标准进行把握的时候，我们不能够将通常意义上的创造性标准强加于非独立作品的原创性判断之上。在前文中，笔者还谈到原创性与可区别性变化之间的关系，最后得出的结论也是在独立作品原创性判断中，两者无关；在非独立作品原创性判断中，两者相关。这个结论与笔者有关原创性与创造性的关系的结论具有一致性。

❷ 参见本书第二章第三节"原创性与可区别性变化"部分相关内容。

❸ 艺术价值同创造性是两个不同的问题，但艺术价值确实影响到创造性的判断，而对艺术价值的判断是一项危险的作业。因此，对不同于演绎作品与汇编作品的其他类型作品来说，如果进行创造性判断，势必会受到法官个人艺术价值的影响，而这种影响会带来非常危险的结果，因此，这类作品不宜采取创造性标准。

❹ 之所以要求非独立作品只有在具备创造性的时候才能受版权法保护，而在独立作品中不作此种要求，还有对基础作品版权法地位的考虑。因为非独立作品是建立在基础作品的基础之上创作的作品，对其赋予版权保护不能对基础作品的版权法地位造成不利影响。（参见本书第三章第一节至第二节的相关论述。）

表 2 - 1　原创性内涵的界定

	独立创作	艺术价值	作者	个性	创作意图	劳动投资	可区别性变化	新颖性	创造性
原创性	1	0	1	1	0	0	0 或 1	0	0 或 1

注：其中"0"表示不相关；"1"表示相关；"0 或 1"表示在某些情形下相关，在某些情形下不相关。

通过对原创性基本内涵的界定，透过对原创性与个性等相关概念的比较与分析，笔者认为，在分析某部作品是否具有原创性的时候，首先应当确定该作品是独立创作的；在独立创作的前提条件之下，应当考虑作者个性的因素和作者的因素，在非独立作品的情形下，还应当考虑创造性因素，考察相对于已有作品或材料，其是否存在可区别性的变化。不应当考虑作品的艺术价值、新颖性、作者的创作意图、劳动和投资等因素。

第四节　多种视角：原创性要件的分析方法

由上述可知，原创性是作品可版权性的基石，是实现版权法目的的前提。然而，原创性的含义具有一定程度的抽象性和复杂性，需要综合各种因素来准确界定原创性的含义以及判定特定作品中原创性的有无。根据原创性的基本内涵及其相关基本要素，厘清特定作品原创性的有无可以从各个角度、各个层面进行分析。

一、作者导向型分析与作品导向型分析

在原创性分析中存在着"作者导向型分析"（the author-focused analysis）与"作品导向型分析"（the work-focused analysis）的分野，[1] 前者是

---

[1] Urszula Tempska, "Originality" after the Dead Sea Scrolls Decision: Implications for the American Law of Copyright, 6 *Marq. Intell. Prop. L. Rev.* 119, 125 (2002).

从"作者"本身的主观方面来考察某种成果是否能够成为版权法意义上的作品；而后者则是从"作品"方面来考察这个问题，看作品是否在原有作品或者材料上有"可区别性的变化"。

（一）作者导向型分析

作者的身份、意识、创作行为等都是作者方面的因素，在原创性分析的过程中，如果将焦点集中在这些问题上，可以说采取的是作者导向型分析的路径。影响作品原创性判断的作者身份表现为脑力劳动者和体力劳动者，作品一般是由脑力劳动者所创作的，但并不排除体力劳动者创作作品的可能性。因此，作者身份对确定作品原创性的有无虽然具有一定指导意义，但并不能成为决定性的因素。影响原创性判断的作者的意识主要包括作者的创作意图，如上文所述，其并不能成为决定作品是否具备原创性的要素。

作者导向型分析路径中最有意义的是确定创作行为的有无。一般来讲，在作品创作过程中存在着创作行为。但是随着新科技革命的出现，某些新的科学技术极大地方便了作品的创作甚至在一定程度上替代了人类的创作。例如，新科技的出现使运用人工智能技术来进行创造性的活动或者至少模拟创造性的活动成为现实，这种现象在一定程度上否定了人类参与作品创作的必要。在新的科学技术辅助创作的领域，只要人类行为在作品的形成过程中发挥了主导作用，创作出的作品仍然可以获得版权保护，这一点没有问题。但在科技完全代替或部分代替人类行为进行创作的领域，"创作"出的作品是否具有可版权性则存在疑问。例如，通过人工智能创作出来的作品尽管可能具备高度的创造性，但其中并不包含人类的创作行为，其是否可以获得版权保护成为一大难题。[1] 另外，在技术没有完全代替人类创作行为的领域，如果其对人类创作行为的辅助已经从量的规定性发展到质的规定性，也即虽然人类也参与了作品的创作，但技术在作品的创作过程中发挥了本质的决定性的作用，这时创作出来的作品是否能够获得版权保护也值得怀疑。因为在作品的创作过

---

[1] Ralph D. Clifford, Intellectual Property in the Era of the Creative Computer Program: Will the True Creator Please Stand Up?, 71 *Tul. L. Rev.* 1675, 1681 (1997).

程中所包含的人类劳动在质上是不重要的（qualitatively insignificant）或者至少在法律上是不充分的时候，新技术的应用使以前需要人类创造性劳动的作品的创作变得机械。❶ 总之，随着新科技革命的出现，某些新科技极大方便了作品的创作，甚至在一定程度上替代了人类的创作，这对在作品的形成中是否存在人类创作行为的判断造成了极大困扰。综上，我们可以依照下列原则对作品是否具备可版权性进行判定：其一，如果人类行为在作品的形成过程中发挥了主导作用，作品可以获得版权保护；其二，在技术完全替代人类创作行为的场合，作品不能够获得版权保护；其三，在技术没有完全取代人类的创作行为时，如果在作品的创作过程中所包含的人类劳动在本质上是不重要的或者至少在法律上是不充分的时候，作品不能获得版权保护。最近几年，网络上出现了"诗歌生成器"软件，只要提交几个关键词，电脑就在很短的时间里为提供关键词的人"作"出一首诗。我们知道，诗歌的创作行为往往是由人通过自己的"才情"将人们所共同认可的意义符号——文字——进行独特的排列组合的过程。人在诗歌的创作过程中发挥了主导作用。而在利用"诗歌生成器""写诗"的时候，人所进行的工作仅仅是提供关键词，并没有利用自己的"才情"对意义符号进行独特的排列组合，最终形成的"诗"是由电脑随机完成的。可见，在利用"诗歌生成器"进行"创作"的时候，人类的创作行为并未发挥主导和实质性作用，所以，由"诗歌生成器"所生成"诗歌"不具备原创性，不能够获得版权保护。

确实，创作行为的存在与否对决定原创性的有无意义重大。一部作品具备原创性意味着作品是由作者独立创作的，"独立"固然很重要，但如果连"创作"都没有，"独立"就失去了存在的基础，具有可版权性的作品就不可能产生。例如，没有人能够对事实主张原创性，因为事实并不是来源于作者的创作行为。❷

要使创作行为的要件在作品原创性判断中发挥应有的作用，首先要明确创作行为的含义。版权保护的是思想的表达，而不是思想本身，这

---

❶ Stuart Entm't, Inc. v. Am. Games, Inc., No. 1-96-CV-90036, sli Pop. at 1-6 (S. D. Iowa Mar. 19, 1998).

❷ Feist Publications, Inc. v. Rural Tel. Serv. Co., 111 S. Ct. 1288 (interim ed. 1991).

一版权法的基本原则对理解创作行为的含义具有指导意义。正是因为版权保护的是表达，版权意义上的创作行为应当是创作"表达"的行为，除此之外的行为都不能被认为是创作行为。为创作"表达"提供"准备"的行为，例如收集资料的行为并不是版权法意义上的创作行为，尽管在收集资料的过程中也可能体现出作者的某种"创造性"，但这种"创造性"并不能成为作品受版权保护的基础。然而，有学者似乎将创作行为理解得过于广泛，将汇编作品中收集信息和准备材料的行为也理解为版权法意义上的创作行为，并以此为基础对费斯特案的判决作出批评，认为费斯特案的观点的危害在于其没有说明收集信息的过程，没有确认信息的收集中包含了判断，而判断是版权保护的根源之所在。[1] 该学者将创作行为解释为包含收集信息的行为实际上回到了已被费斯特案所否定的辛勤收集原则上了，从而将作品受到版权保护的基础重新建立在劳动的基础之上。尽管收集信息的行为可能包含某种"创造性"，例如采取了新的方法或手段，但这种新的方法或手段似乎应当属于专利法的范畴，而不应当被版权法管辖。（当然，如果这种新的方法或手段并不符合专利授权的要件，则不应该获得专利权保护。）即使作者在信息收集的过程中采取了新的方法或手段，但收集得来的事实仍然不是来自于作者的创作行为，仍然属于不受版权保护的范畴。仅仅因为作者在信息收集的过程中采取了新的方法或手段，而不顾作品本身的属性，就授予作品以版权，会将本来处于公共领域的信息划为私有，不利于公共利益的维护。因此，将收集信息的劳动视为创作行为并不合适。综上，利用创作行为的含义来理解汇编作品的版权保护范围和要件，费斯特案中所谓对材料的"选择"、"协调"或"编排"都是一种创作行为，在这种创作行为中所显示出的创造性能够成为作品应受版权保护的基础；但汇编材料的收集行为只是创作的准备行为，这种准备行为并不是版权法意义上的创作行为，在材料的收集过程中所表现的"创造性"并不能够成为作品受版权保护的正当基础。

对创作行为的正确理解还有利于正确把握合作作品的构成要件。人

---

[1] Leo J. Raskind, Assessing the Impact of Feist, 17 *Dayton L. Rev.* 331, 336 (1992).

们所普遍认可的合作作品是两人或多人共同提出主题，共同确定题目，共同拟定大纲，共同完成初稿，共同进行修订，共同完成定稿的情况之下所完成的作品，这是最为典型的合作作品。但在司法实践中还会出现特殊类型的"共同"创作行为。即一方提供思想或指导，另一方按照该思想或指导实际完成作品的创作。此时，两者之间是否形成合作作品的关系？在认定这一问题时，可以从创作行为的有无这一角度进行分析。因为，要成为合作作者，某人必须进行了实质性的创作行为。如果其仅仅是提供抽象的思想或指导，例如"你去写一篇爱情小说"，这种抽象的思想或指导显然不是创作行为；而如果其所提供的思想或指导足够具体，以至于对作品的最终形成具有实质性影响，该人应当被认定为合作作者。尽管这种思想或指导并非假其手形诸表达，但已经成为可以受版权保护的"表达"，❶他的这种提供思想或指导的行为已经构成了创作行为。例如，一个人具体指导另一个人进行雕塑，这种指导足够具体，以至于没有这种指导，雕塑将无法最终完成。这种具体指导就是能够形成合作作品关系的创作行为。❷

（二）作品导向型分析

与作者导向型分析相对的是作品导向型分析，其在判断作品原创性的时候并不是将焦点集中在作者层面，而是在作品之上。作品导向型分析的基本方法是将作品同已存作品或材料进行比较，看该作品在已存作品或材料的基础之上是否有所变化；如果有变化，再进一步考察该变化是否达到可区别性的程度，还是仅仅是微小的变化；如果是前者，作品可以受到版权保护，后者则否。虽然作品导向型分析的基本方法是"可区别性变化测试法"，但是并不表明作品导向型分析的内涵限于上述基本方法。作者导向型分析与作品导向型分析的主要区别在于在分析原创性的有无时，两者的侧重点不同。例如，对个性有无进行判定时，作者导向型分析从作者的相关要素出发进行考察，而作品导向型分析则是从作品本身出发来分析。

---

❶ 参见第一章第一节第四部分。
❷ 卢海君："论合作作品的构成——以我国《著作权法》第13条的修订为背景"，载《知识产权》2009年第6期。

如果作品同已存作品或处于公共领域的材料相比，存在可区别性的变化，确实在一定程度上可以证明其具备原创性。如果按照费斯特案所确立的原创性标准，原创性指作品是作者独立创作的，并且具有最低限度的创造性。既然作品同已存作品或处于公共领域的材料相比存在变化，这些变化是由作者造成的，证明作品是独立创作的；而正是由于作者导致的这些变化具有可区别性，表明作品达到了最低限度的创造性要求。因此，作品具备原创性。

仅从理论上进行推理，"可区别性变化测试法"确实存在一定的魅力。但该标准存在的一个潜在问题是如何确定"可区别性变化"的含义，具备什么条件的变化构成"可区别性的变化"。就变化本身作一些类型化的分析可能对确定变化的属性有一定帮助。首先，变化可以分为量变和质变。这种区分从表面上看对原创性的判断具有一定指导意义，即质变一般会导致原创性作品的产生。但是否只有质变才会导致原创性作品的产生？答案应该是否定的。因此，这种区分的意义是相对的。其次，变化还可以区分为"具体"变化和"抽象"变化。不过，这种区分的意义也非常有限。正如有学者所言，就版权法的目的来说，这种划分是模糊的。就固定在有形表达载体上的版权作品来说，从定义上讲，任何变化都是有形形式方面的具体变化。换言之，所有的变化都是具体的，否则就根本不是变化。[1]

"可区别性的变化"的对立面是"微小的变化"，因此，恰当界定"微小的变化"的含义有利于正确界定"可区别性变化"的内涵。对于何种变化构成微小的变化司法实践也有一定的经验总结。例如，由功能考量所决定的变化、[2] 将电话号码中的数字同个人的姓名联系起来，对姓名和数字的随意的、由电脑生成的组合与安排、[3] 建立在销售量递减的基础之上的对饭店的编排、[4] 对处于公共领域里的单词和短语的拼凑[5]等都被

---

[1] Russ VerSteeg, Rethinking Originality, 34 *Wm. & Mary L. Rev.* 801, 847 (1993).

[2] Russ VerSteeg, Intent, Originality, Creativity and Joint Authorship, 68 *Brooklyn L. Rev.* 123, 141 (2002).

[3] 同上，第137页。

[4] 同上，第126页。

[5] M. M. Business Forms Corp. v. Uarco, Inc., 472 F. 2d 1137, 1140 (6th Cir. 1973).

认为是微小的变化。对于微小的变化同样有基于类型化的分析。有学者将微小的变化中的"微小"区分为"具体微小"（concrete triviality）和"抽象微小"（abstract triviality），企图通过这种划分来准确认定"可区别性变化"的含义，❶ 具有一定借鉴意义。一个变化当在其具体表现方面非常小的时候，可能是具体微小的变化。例如，在一个脸上长满雀斑的红头发的人的画像上添加一个雀斑，在蒙娜丽莎的头上添加一根头发都构成具体微小的变化。另一方面，一个变化也可能是抽象微小的变化。判断者可以建立在抽象判断的基础上而不是从变化的有形表现方面来判断变化是否微小。当判断者认为变化是"极度平凡的"或作者带来这些变化的原因是"非实质的"时候可以认定该变化是微小的。因为版权法保护思想的表达，而不保护思想本身，判断者应当将注意力集中在具体的微小方面：即变化的"有形表现"方面。当作者添加、减除或变换了大量要素，仅仅是这些变化的数量使变化极少可能被认为是微小的，而更有可能被认为是可区别性的。当作者以"极端的方式"改变作品所依赖的原型的时候，变化是可区别性的，例如将明朗的笑容改为轻蔑的皱眉。总之，作者对已存作品具体属性的"众多的"（具体性的）或"极端的"（抽象性的）变化都可能使该变化具备可区别性。另外，"具体微小"和"抽象微小"在证明变化是否具备可区别性的时候存在此消彼长的关系：当变化的数量增加，变化不再是具体微小的时候，变化需达到抽象微小以上以具备变化的可区别性的需要减少；反之，当变化以某种极端的或实质性的方式进行时，变化需达到具体微小以上以具备变化的可区别性的需要减少。不过，一个变化在具体上是微小的，但在抽象上具备可区别性的可能性基本上没有。在考察变化是否具有可区别性的时候作者的意图不应当被考虑。❷ 即如果变化在具体上是微小的，即使作者"正当化"（justify）其变化，也不能够认为该变化是具备可区别性的。否则会增加作者提供欺诈性证据的可能性，也会增加判决的不一致：即一

---

❶ Russ VerSteeg, Rethinking Originality, 34 *Wm. & Mary L. Rev.* 801, 853 (1993).

❷ 创作意图的存在与否对作品是否具备原创性并没有决定性作用。在非独立作品中的场合，作者在基础作品之上所作的变化就是作者的创作，这种创作是否具备原创性理应与创作意图的有无没有关系。参见本书第二章第三节的相关内容。

方面允许作者用他作出变化的原因使作品具备原创性,另一方面又禁止被告用相同原因来否定作品的原创性。❶

上述理论确实对"变化"作出了细致的和有意义的分类,具有一定的参考价值,但这些区分仍然带有很强的主观性因素。似乎一切原创性标准都含有大量主观性的要素,企图将原创性标准客观化只是一个理论上的空想。

(三) 对作者导向型分析与作品导向型分析的评价

作者导向型分析与作品导向型分析是判定作品是否具备原创性的两种路径,它们都表现出一定的合理性。要对作品的原创性作出准确判定,需要对两种路径的关系进行探讨,考察两者是相互排斥还是相互补充的关系。

有学者从创造性的不同领域出发来对两者的关系进行探讨。研究者将创造性分为四个不同的研究领域:"创造过程"、"创造性产品"、"创造者"和"创造的情景"。❷ 在此种分类的基础之上,该学者认为在版权领域,在确定作品中是否存在足够的智力创造性的时候,首要的焦点应当集中在"产品"之上,尽管产品的"创作过程"也是相关因素。创造者和创造的情景这两个方面是不相关的,优秀的作者或优良的创作环境都不一定导致原创性作品的诞生。版权法不应当关注创作作品的人多么具

---

❶ 上文谈到,将变化划分为"具体"变化与"抽象"变化在版权法上意义不大,而在此处又谓"具体微小"与"抽像微小"的区分有一定借鉴意义,是不是自相矛盾?不矛盾。因为两种区分方法是不同的。之所以说变化划分为"具体"变化与"抽象"变化在版权法上意义不大,是因为作品的本质是表达形式,而表达形式的实质是一系列人们所共同认可的意义符号的排列组合及由这些排列组合能够直接界定的作品的构成要素。新作品相对于已有作品的变化肯定都是表达形式方面的变化,都是"具体"的变化,而不是"抽象"的变化。但"具体微小"与"抽象微小"的区分是从另外一个角度进行的。当特定变化是"具体微小"的时候,一般判断作品不具备可版权性是没有问题的。但是,当变化不是"具体微小"的时候,一概判定作品具备可版权性却是有问题的。因为作品在具体有形表现形式方面变换了大量要素,但这些变化还不足以使作品具备可版权性的可能性还是存在的。此时,"抽象微小"的提出便具有现实意义。当作品在具体有形表现形式方面的变化很大,但在抽象判断方面却是微小的时候,作品并不能够获得可版权性。

❷ Donald W. MacKinnon, *Creativity: A Multi-faceted Phenomenon*, in *Creativity: A Discussion at the Nobel Conference* 17, 19 (John D. Roslansky ed., 1970). See Ralph D. Clifford, Random Numbers, Chaos Theory, and Cogitation: A Search for the Minimal Creativity Standard in Copyright Law, 82 *Denv. U. L. Rev.* 259, 271 (2004).

备创造性，不应当关注作者个性的任何内在特征，也不应当关注创作环境的优劣。总之，为版权法目的而做的原创性分析应当集中在"产品"和"产品如何被产出"这两个方面。❶ 其中，所谓将创造性分析集中在产品之上，实际上就是作品导向型分析；所谓要考察产品是如何产出的，实际上就是作者导向型分析，因为作品是如何产出的实际上就是考察作品是否来自于作者的创作行为。因此，这是一种将作品导向型分析与作者导向型分析结合起来对作品的原创性进行判定的分析路径。

笔者认为，作者导向型分析与作品导向型分析是相互结合、相互补充的关系，应当结合起来对作品是否具备原创性进行分析。首先，只关注作品或作者中的一方面对作品是否具备原创性进行分析可能存在潜在问题。例如，如果只检验产品而不检验产品的产出方法，不可能区分由人类所创作的作品与由人工智能所产出的作品，而后者不具有原创性。因为尽管原创性的产品显然是必要的，但其还必须是人类创作行为的产物。❷ 其次，创造性的过程层面和结果层面是相互联系的，有创造性的过程很可能有创造性的结果；但也存在有创造性的过程却没有创造性的结果的情形。版权法似乎更应当从结果层面对原创性进行思考，不过过程层面可以作为是否产生创造性结果的参考。作者导向型分析和作品导向型这两种分析路径在作品原创性分析中往往是交织在一起的，应当结合起来加以运用。❸

不过，对不同类型的作品而言，适用作者导向型分析或作品导向型分析的侧重似乎应该有所不同。采取"微小/可区别的变化测试法"的作品导向型分析在非独立作品中似乎更容易被适用，而且适用该标准具有相当的合理性。建立在其他作品或材料基础之上的非独立作品，有可资比较的参照物，如果非独立作品同基础作品之间有可区别性的变化，可

---

❶ Ralph D. Clifford, Random Numbers, Chaos Theory, and Cogitation: A Search for the Minimal Creativity Standard in Copyright Law, 82 *Denv. U. L. Rev.* 259, 272 (2004).
❷ Ralph D. Clifford, Random Numbers, Chaos Theory, and Cogitation: A Search for the Minimal Creativity Standard in Copyright Law, 82 *Denv. U. L. Rev.* 259, 272 (2004).
❸ Urszula Tempska, "Originality" after the Dead Sea Scrolls Decision: Implications for the American Law of Copyright, 6 *Marq. Intell. Prop. L. Rev.* 119, 125 (2002).

以初步判断"抄袭"[1]不存在；即使存在"抄袭"，也可能仅仅是思想的借鉴。抄袭不存在则表明作品是独立创作的；如果存在可区别性的变化，而此变化又是作者创造性思维导致的结果，该作品具有最低限度的创造性；从而使费斯特案所确立的原创性标准得以满足。独立作品并不存在可资比较的参照物，无所谓存在"可区别性变化"或"微小变化"的问题，不可能完全从作品分析的角度进行原创性有无的判定。因此，作品导向型分析应当侧重适用于非独立作品，尤其是在应用"可区别性变化测试法"对作品的原则性有无进行分析时。

将作品导向型分析限制在一定范围之内，同上文对创造性的分析相一致。创造性往往被理解为"可区别性的变化""有意义的变化"和"超过微小的变化"。[2]当创造性可以代之以"可区别性的变化"时，对创造性的分析就是作品导向型分析，两者都将适用范围的侧重点放在非独立作品之上，在这一点存在一定程度的一致性。

二、特征导向型分析和目的导向型分析

对作品原创性的法律评价和界定存在"特征导向型（characteristics-based model）分析"和"目的导向型（purpose-based model）或政策导向型（policy-oriented approach）分析"[3]的分野，前者从作品构成要件的角度考察特定作品是否具备原创性；后者的原创性判断则要考察如果赋予涉案"作品"以版权保护，是否能够促进知识产权法目的的实现。两者之间呈现相互彰显的关系。特征导向型分析的判断标准应当符合知识产权法的目的，同时特征导向型的"特征"是立法者在权衡利弊之后作

---

[1] 抄袭实际上并不是一个严谨的法律概念。在通常意义上，抄袭既指代复制他人的表达，也指称借鉴他人的思想。而版权法所禁止的仅是前种行为，因为依据思想表达两分原则，思想应当处于为公众自由使用的公共领域。

[2] SHL Imaging, Inc. v. Artisan House, Inc., 117 F. Supp. 2d 301（S. D. N. Y 2000）; Matthew Bender & Co., Inc. v. W. Publ'g Co., 158 F. 3d 674（2d Cir. 1998）. See Russ Ver-Steeg, Intent, Originality, Creativity and Joint Authorship, 68 *Brooklyn L. Rev.* 123, 142（2002）.

[3] Urszula Tempska, "Originality" after the Dead Sea Scrolls Decision: Implications for the American Law of Copyright, 6 *Marq. Intell. Prop. L. Rev.* 119, 141（2002）.

出的结论；换言之，前者是后者的表现，后者要制约依照前者对作品原创性有无的判断。

(一) 特征导向型分析

作品要获得版权保护必须满足一定构成要件或者具备一定特征。费斯特案确立的作品原创性的构成要件是，作品必须是独立创作的，并且具有最低限度的创造性。根据我国《著作权法实施条例》(2002年)第2条的规定，著作权法上的作品是文学、艺术和科学领域内具有独创性并且能以某种有形形式复制的智力成果。按照此规定，一部作品要获得版权保护必须满足以下四项要件：(1)必须是一项智力成果；(2)该智力成果属于文学、艺术和科学领域；(3)该智力成果具有独创性；(4)该智力成果能以有形形式复制。尽管法律明确规定了作品的构成要件，这些要件也难免模糊和不确定。

(二) 目的导向型分析

知识产权法的目的性条款是目的导向型分析的法源，例如，美国宪法知识产权条款规定，知识产权保护的目的在于促进科学与实用技术的进步。美国法官在判断特定作品原创性的有无时经常借助该条款。当然，该条款所阐释的立法目的并不是知识产权法所应当实现的唯一目的。知识产权法应当实现的法律价值还可以从知识产权法和宪法的关系中得到解读。因为宪法是国家的根本大法，是知识产权法的母法，同其之间是上位法和下位法的关系，所以知识产权法的相关规则不能够违背宪法所保障的利益和价值，❶ 版权法也是如此。各国版权法客体排除条款的制定就是基于目的导向型思考的产物。例如，各国版权法普遍对法律、法规等不予保护考虑到的是公共利益的保留；将纯粹事实消息排除在保护范围之外则维护的是宪法所保障的言论自由价值；尽管法院在阐述判决观点的时候有很多创造性，❷ 但不能够获得版权保护，❸ 因为制定法律的目的本身就是为了发挥规制社会生活的功能，该功能决定了法律应当被广

---

❶ 卢海君："知识产权体系论"，载《知识产权》2006年第4期。

❷ Susanna L. Blumenthal, Law and the Creative Mind, 74 Chi.-Kent L. Rev. 151, 153 (1998).

❸ Callaghan v. Myers, 128 U.S. 617, 661-62 (1888).

泛传播。

在考察版权法的目的时,有"自然法"(natural law)和"工具主义"(instrumentalism)的分野,前者一般为作者权体系的国家采用,后者则常常被版权体系的国家采纳。工具主义一般将版权法目的分为直接目的和最终目的两个层面。例如,在美国,授权国会授予版权背后的经济哲学是确认对个人努力的鼓励是增进公共福利的最好方式。❶ 基于此,版权法的目的被分为两个层次,直接目的是给作者的创造性劳动一个公平的回报;但最终目的是通过这种激励机制,刺激为社会公众利益所需要的艺术创造的产生。❷ 版权法的两种目的或功能存在潜在冲突。❸ 正如金斯坦(Goldstein)教授说:对创作者经济利益的完全保护需要法定的垄断权是绝对的,而对公众立即接触版权作品的利益的完全维护则要求没有法定的垄断权被允许。❹ 既然两种利益存在冲突,需要在两者之间作出平衡,平衡两种利益之后的版权法律制度对作品赋予版权保护既不能达不到促进创作的目的,也不能过度限制公众对信息的接触。版权法反映了两种竞争利益之间的妥协。在处理这两种目的的关系时,我们应当注意,直接目的和最终目的是具有层次性的,最终目的高于直接目的,直接目的服从于最终目的。

(三)特征导向型分析与目的导向型分析之间的关系

任何法律都有立法目的,特定法律事实的构成要件是在立法目的的指导之下建构的,因此,构成要件同立法目的之间应当具有一致性。表面上看,特征导向型分析与目的导向型分析的分野并不重要,至少在一般的法律领域里没有那么重要。尽管版权作品的构成要件确实是在考量了版权法的立法目的之下作出的,构成要件也应当符合此目的,但版权法不同于一般的法律领域,其对作品构成要件的规定极其抽象,充满了不确定性,导致法律适用的困难和判决的不一致。虽然客观化和明确化

---

❶ Mazer v. Stein, 347 U. S. 201, 219 (1954).

❷ Twentieth Century Music Corp. v. Aiken, 422 U. S. 151, 156 (1975).

❸ Christine Wallace, Overlapping Interests in Derivative Works and Compilations, 35 *Case W. Res.* 103, 106 (1985).

❹ Paul Goldstein, Copyright and the First Amendment, 70 *Colum. L. Rev.* 983, 1006 (1970).

作品构成要件的努力一直没有中断过，但效果似乎不太明显。在作品的构成要件相对不清晰的情况下，版权法目的的考量便成为决定作品是否能够获得版权保护，是否应该对作品赋予版权保护的一个重要因素。综上，在作品可版权性的判定中，目的导向型分析应当指导特征导向型分析。

我国《著作权法》（2010年）第1条规定了著作权法的立法宗旨，即保护文学、艺术和科学作品作者的著作权，以及与著作权有关的权益；鼓励有益于社会主义精神文明、物质文明建设的作品的创作和传播；促进社会主义文化和科学事业的发展与繁荣。此条规定奠定了在我国对作品可版权性进行判定时运用目的导向型分析的基础。法官在判案的时候应当将特征导向型分析和目的导向型分析有机结合起来，在考察作品构成要件的时候，同时也应当考虑著作权法立法的宗旨与目的能否实现。当作品构成要件的相关规定不能有效指导应否对某部作品授予版权的时候，法官可以参考我国著作权法的目的，结合对作品构成要件的分析，对作品的可版权性进行适当界定。

三、定性研究与定量研究

非独立作品要获得版权保护，需要作品是独立创作的，并且具有最低限度的创造性。考察非独立作品创造性的客观路径是看作品同基础作品或材料相比是否具有可区别性的变化。在对可区别性变化的有无进行判定的时候，产生了定性研究与定量研究的分野，前者强调的是非独立作品相对于已有作品是否在性质上有所变化；后者强调作品相对于已有作品在改变的量上是否已经超出版权法在原创性要求中对量的要求。

定性研究与定量研究不同于质变与量变。从哲学的一般原理来讲，量变和质变只是一个变化发展过程中的不同阶段，量变达到一定程度产生质变。但定性研究不同于质变，定性研究只不过考察作品同基础作品或材料相比是否产生了性质方面的变化，这种变化不一定达到质变的效果。定量研究也不同于量变，其只不过是看作品相对于基础作品而言所发生的变化是否达到一定量，达到一定量的变化可能已经产生质变。因此，定性研究和定量研究只不过从两个不同的方面来考察作品所产生的变化是否达到了原创性要求。

有学者指出,作品要具备可版权性,不仅需要最低限度的"质"(quality)的创造性投入,还需要最低限度的"量"(quantity)的创造性投入。❶ 例如,尽管一个电话号码簿可以合法获得版权保护,如果一张纸上仅载明"Doe, John, 123 Main St, 555-5151.",其并不能获得版权保护。这部"作品"没有满足版权法所要求的最低限度的"量"的创造性投入的要求。❷ 该学者还进一步指出衡量创造性的量的要素,他认为尽管没有建立明确的界限或应当建立明确的界限来确定版权保护需要什么程度的创造性的量,但有各种要素可以被考虑以确定特定创造性的量是否充分,如作品的大小、表达是否高度不寻常或与众不同、他人在思考相同主题的时候是否会产生出相似的结果、作品是否表现出对事实不寻常的协调、汇编之前数据的存在形式、查找数据在智力上有多困难、在创作作品的过程中所花费的劳动等。❸

这些衡量要素大多数对确定创造性的量确实有意义,但有些要素却似乎同此问题不相关,例如查找数据在智力上的困难程度是在创作的"准备行为"中存在的难度,而创作的"准备行为"区别于"创作行为",创作的"准备行为"中所付出的劳动的艰辛并不能够作为作品获得版权保护的正当理由,似乎也不应当作为衡量作品中存在的创造性的量的要素。

虽然如此,主张特定类型作品的可版权性不仅需要质的创造性投入,而且需要量的创造性投入的观点却颇有价值。例如,汇编作品受版权保护的要素是作者对材料的选择、协调或编排,如果作者进行了这些行为,该作品便具备创造性的质的要素;但仅有作者的选择、协调或编排的行为似乎还不能保证作品具备创造性,例如仅选择一个电话号码的汇编往往不能获得版权保护。换言之,作者创造性劳动的量需要达到一定程度,

---

❶ Beryl R. Jones, The Second Circuit Review —1984 - 1985 Term: Copyright: Commentary: Factual Compilations and the Second Circuit, 52 *Brooklyn L. Rev.* 679, 707 (1986).

❷ Beryl R. Jones, The Second Circuit Review —1984 - 1985 Term: Copyright: Commentary: Factual Compilations and the Second Circuit, 52 *Brooklyn L. Rev.* 679, 707 (1986).

❸ 同上。

才能够满足创造性的要求，从而使作品获得版权保护。

虽然定性研究与定量研究并不等同于质变与量变，但是质变与量变的区分却可以用来确定创造性的量何时才能够达到使作品具备可版权性的程度。即创造性的量如果达到一定程度，在这个程度之上，一部作品经过改变实际上已经变成另外一部作品，或者纯粹的事实已经变成加入作者主观要素的作品，创造性要素已经从量变转化为质变，此时，作品获得版权保护需要的创造性要素的量已经得到满足。

定性研究与定量研究不仅对于非独立作品原创性的判断具有指导意义，对普通作品也有应用价值。一首简短的作品，例如"生活（标题）网（正文）"，尽管从定量研究来讲，作品中所存在的表达要素的量很少；但从质上讲，从定性研究的角度而言，该作品具有丰富的内涵，表达了作者对生活的理解，体现了作者的思想与观念，带有极强的个性因素，能够获得版权保护。

因此，在对作品进行原创性判断时，应当将定性研究与定量研究结合起来。两者之间呈现出一种此消彼长的关系，即如果作品在质上表现出极大的原创性，该作品获得可版权性所需要的量的原创性可以较少一些；反之，如果作品原创性的量很大，该作品所需要的质的原创性可以较少一些。❶

---

❶ 上文已经分析了定性研究与定量研究的分野同量变与质变的分野之间的区别和联系。定性研究注重作品具备原创性的表达形式的质的规定性这一层面；而定量研究则在作品具备原创性的表达形式的时候，还要注意从原创性的表达形式的量的规定性这一角度出发来考察作品的可版权性。一般而言，作品的原创性表达形式只有在具备一定量的时候才能够使作品具备可版权性。在原创性要件的分析方法中探讨定性研究与定量研究强调的是要从两个方面，要把两个层面结合起来对作品是否具备可版权性进行界定。另外，需要注意的是，虽然说一般而言，作品原创性的表达形式应当具有一定的量才能使作品获得可版权性，但原创性的表达形式的量的要求并不等同于创作高度。创作高度更大程度上是从主观性的艺术价值的角度出发进行的考量，而原创性的表达形式的量的要求并不包含对艺术价值的评价，只是从表达形式方面进行的一种客观性考察。对表达形式的量提出一定要求还有对公共利益的考量。因为一般而言，表达形式的量越小，其应用的符号越少，越可能接近于对处于公共领域的符号的直接移位。如果对这种作品赋予版权保护，可能有侵害公共领域的嫌疑。例如，一个人表达自己悲伤感情的方式就是一个"伤"字，这个字就是处于公共领域的一个意义符号，尽管该人的表达方式有个性，即很精炼地表达了自己的心情，其仍然不应被赋予版权保护。

四、主观与客观之分

版权法保护的是主观性的表达，而非客观性的事实存在。❶ 因为后者属于思想的范畴，版权法并不保护思想。这种基本判定不仅符合思想表达两分原则，还可以依据原创性要求得到解释。原创性的基本含义是，作品是来源于作者的，是作者独立创作的，而不是抄袭他人作品的结果。客观性的事实并非来源于作者，而是不依赖于作者的意志为转移的客观存在，从而不具有原创性，不应受到版权保护。可见，作品的"主观性"（subjective）或"客观性"（objective）也在一定程度上影响到其原创性的判定。❷

版权保护存在于承载有"主观性才能"（subjective flair）的作品之上。从而，对事实的主观性选择与编排受到版权法的保护，而对事实的客观性列举则被排除在版权保护之外。例如，某人列举了南加州自己最喜欢的 50 家餐厅，这项列举可以获得版权保护，而依照客观标准进行的选择却不能获得版权保护。❸ 因此，按照字母顺序列举南加州所有的餐厅并不能获得版权保护，因为南加州所有的餐厅仅仅是客观存在的事实，将这些客观存在的事实进行列举不具有"选择"方面的创造性；而按照字母顺序进行排列仅仅是古老的传统，不具有"协调"或"编排"方面的创造性。总之，这种列举方法并没有改变事实的客观属性，从而不能获得版权保护。

然而，客观性事实的构成并不容易确定。例如，单纯的事实消息属于客观事实的范畴，这一点相对容易确定。例如"某领导人于某年某月

---

❶ David Nimmer, Address Copyright in the Dead Sea Scrolls: Authorship and Originality, 38 *Hous. L. Rev.* 1, 111 (2001).

❷ 既然从思想表达两分方法和原创性原则中都可以得出版权法保护的是主观性的表达，而不是客观性的事实存在的结论，"主观与客观之分"的探讨似乎没有必要。其实不然，版权法的客体及其要件都是极具抽象性的，尽管我们依据思想表达两分法和原创性原则已经能够得出上述结论，但从主观与客观分野的角度出发对版权客体的范围及要件进行探讨仍然不失为一种有益的路径。

❸ David Nimmer, Address Copyright in the Dead Sea Scrolls: Authorship and Originality, 38 *Hous. L. Rev.* 1, 39 (2001).

某日访问了某国"这一则单纯的事实消息就是一种客观事实。

但如果在客观事实的基础上加入了作者的推测、预测或评价的因素，这些事实是否改变了客观事实的性质而使其变成一种主观性的表达，从而能够获得版权保护，则是一个值得思考的问题。例如，某段历史事实是客观存在的，不过该历史事实失去了历史记录或者有不同版本的历史记录，某作者根据自己的研究，考察各种相关的因素，再加入自己的主观推测，形成了自己有关该项事实的一种说法，这种说法在本来是客观存在的事实中加入了作者的"推测"；未来的天气情况本来是客观存在的事实，只不过这种事实当前并不为人所确知，某气象学家根据自己的知识和观察，预测了未来的天气，这种对未来天气的陈述加入了作者的"预测"；一部二手汽车在未来以什么样的价格进行交易本来是个客观的事实，某价格评估机构根据过去二手车市场交易的情况，评估了某些二手车的市场交易价格，在这种评估中加入了作者的"评价"。尽管过去已经发生的历史事件、未来的天气情况和未来的交易价格都是客观存在的事实，这些事实不应当受到版权保护；但对这些客观事实的"推测""预测"或"评价"确实加入了作者的主观性因素。

然而，如上文所述，并非任何主观性因素都可以作为版权保护的正当理由，能够使作品具有可版权性的主观性因素应当存在于表达之上；其他方面的主观性因素并不能导致作品可版权性的产生。例如，在收集事实中所表现的主观性因素并不能成为汇编作品获得可版权性的依据，只有在对事实的选择、协调或编排这些表达之上所表现的主观性要素才能够成为汇编作品获得版权保护的基础。对客观事实进行"推测""预测"或"评价"虽然加入了作者的主观性因素，但作者所进行的这些行为，目的是为了最大限度地接近客观事实，这些行为目的限定性是否阻碍作品可版权性的获得？

思想表达两分原则对确定"推测""预测"或"评价"的产物是否属于客观事实有根本的指导意义。该原则的适用前提是首先确定作者的思想。但对作者"思想"的不同确定可能导致该类作品版权保护范围的差异。例如，就作者对历史事实的推测来说，如果将作者的思想确定为"对某段历史事实进行推测"，作者对这些历史事实的说法可以被认为是作者的表达，可以受到版权保护；如果将作者的思想界定为"对某段历史所做的推测本身"，作者对该历史事实的说法便不能够被认为是表达，不能够受到版权保护。这样一来，作品版权保护范围的确定似乎变成某种主观任意的过程。

此时，我们应当将主观与客观进行区分的原则同思想表达两分法结合起来对该类作品的原创性进行考察。虽然仍然以思想表达两分原则作为基础并以此作为分析工具，但并不仅仅从确定作者思想的角度来进行原创性的判断，而是确定某部被声称为"作品"的事物是否本身是一项客观性事实，这种判定已经跳出了版权法的范畴，从普通意义上的客观性的角度进行判断。❶

五、结　语

原创性是版权制度和版权理论中最为重要、最为经典的概念。原创性这一概念的明晰化、规范化是版权制度和版权理论成熟的必要前提。然而，尽管经过长期探索，原创性的含义及构成要素还未能以清晰的面目呈现出来。其个中原因不仅在于原创性要件基本范畴的理论体系尚没有完全得以建构起来，在很大程度上也因为作品原创性分析与判断的方法尚没有体系化。上述分析仅仅是在原创性的分析与判断方法的体系化的道路中迈出的第一步。尽管如此，我们在作品原创性有无的分析中的基本方法还是被勾勒出来了：既要注重作者导向型分析，又要重视作品型分析，尤其是在非独立作品中更要偏重利用作品导向型分析路径；应将特征导向型分析与目的导向型分析有机结合起来；在作品的原创性分析中要融合定性研究与定量研究；原创性的作品应当是主观性表达而非客观性描述。

---

❶ 这个问题在下文"事实作品"一节将会作详细探讨，本部分主要从"主观"与"客观"分野的角度探讨这个问题。

第五节　另辟蹊径：原创性要件的悖论

版权法的目的在于促进科学和实用艺术的进步，有关版权的一切制度都应当为这一目的服务。从理论上讲，版权制度也应当都符合版权法的目的。原创性是版权制度的重要组成部分，之所以要求作品须具备原创性才能够受到版权保护，很大程度上就在于对版权法目的的考量。对于普通作品而言，要求作品具有原创性，确实能够实现版权法促进科学和实用艺术进步的目的；然而，对于某些特殊类型的作品而言，要求作品具备原创性，反而同该类作品实现的社会价值相冲突。

一、事实性汇编作品中的原创性悖论

事实性汇编作品的社会价值在于其能够最大限度地反映客观事实，为社会公众提供全面的信息，但最大限度反映客观事实而具备全面性的作品往往并不能表现作者的思想与观念，不能体现作者的个性，不能满足原创性的要求，从而不能够获得版权保护。譬如，列举某个地区或者某个行业的电话号码，往往是列举得越全面，电话号码簿就越具有社会价值；越是按照常规的排列方法进行排列，比如按照字母顺序进行排列，越是容易查找；而电话号码的全面列举中没有作者的个性"选择"，电话号码的常规排列又没有作者的个性"协调"或"编排"，从而这种电话号码簿在"选择""协调"或"编排"方面都不具备原创性，不能够获得版权保护。可见，事实性汇编作品的原创性要求似乎同该类作品的社会价值之间存在冲突，越是具备原创性的事实性汇编越是没有社会价值，越是具有社会价值的事实性汇编作品可能越是不具有原创性。在这种情形下，版权法要求事实性汇编作品具备原创性似乎并不能达到促进科学和实用艺术进步的目的。

二、临摹作品中的原创性悖论

临摹这种艺术创作行为，往往以保存珍惜艺术作品为目的，例如常书鸿对敦煌莫高窟壁画的临摹。❶ 当然也有例外。这种艺术行为对保存和发展传统文化和艺术甚具价值。临摹这种建立在原作品基础上的创作是以真实再现原作为艺术价值评判标准的，而其要符合作品原创性的要件，则不能同原作太像。❷ 如上文所述，在已有版权作品的基础上完成的作品要想获得版权保护必须具有相对于原作品的创造性，而越是具有创造性的作品离原作品的距离越远。申言之，按照版权法制度，临摹应当归属于演绎作品的类型，而演绎作品要获得版权保护，按照葛利森案❸的判决精神，其同原作品应当具有足够的区别；而越是有艺术价值的临摹，越是逼真地再现了原作，同原作的区别越小，越是不能够满足演绎作品可版权性的要件。总之，越是真实地再现原作，作品离原创性标准越远；也即越是具有艺术价值的临摹，离版权保护的距离越远。

三、重建类、考证类作品中的原创性悖论

对历史作品的重建或者对历史事实的考证所形成的作品也同样存在原创性悖论的问题。重建或考证的目的都是为了真实地再现历史作品或历史事实。人类只有真实地认识历史，才能够准确地展望未来，对历史真实的认识对人类社会发展具有重大价值。因此，对"重建"或"考证"类行为应当大力支持。历史作品往往已经过了保护期限进入了公共领域，历史事实属于客观事实的范畴，两者都属于思想的范畴，按照思想表达两分原则，都不应当受到版权保护。对历史作品的"重建"越准确，对历史事实的"考证"越真实，作品越是接近于不受保护的公共领域或客观事实，越不可能具备原创性而受到版权保护。换言之，创造是真实的敌人，❹ 作品越具有创造性，离其所要表达的事实真相越远。如此则产生一个悖论："重建"或"考证"类作品获得版权法保护的程度越高，该作

---

❶ 郑成思："临摹、独创性与版权保护"，载《法学研究》第 18 卷第 2 期（总第 103 期）。

❷ 李响：《美国版权法：原则、案例及材料》，中国政法大学出版社 2004 年版，第 49 页。

❸ Gracen v. Bradford Exchange 698 F. 2d 300.

❹ Matthew Bender & Co. v. West Publ'g Co., 158 F. 3d 674, 688 (2d Cir. 1998), cert. denied, 526 U. S. 1154 (1999).

品的真实性越低，要求这类作品具备原创性的结果就是鼓励不准确的"重建"或不真实的"考证"；而该类作品的价值在于揭露事实真相，"重建"越是准确和"考证"越是真实其社会价值越大；从而，原创性的要求同作品的社会价值产生了矛盾。

四、结　语

上述三类作品有一个共同点，就是原创性要求同其社会价值相矛盾。版权法是通过对作者赋予一定期限的垄断权的方式激励作品的创作，从而促进社会公共利益的实现。然而，垄断权是一种效力极强的权利，对社会公共权益的影响甚大。基于促进保护作者利益和维护社会公共利益之间的平衡的考虑，版权法将原创性作为作品可受版权保护的前提条件。对大多数作品来说，要求其具备原创性才能够获得版权保护是符合版权法的利益平衡原则，能够实现版权法促进科学和实用艺术进步的目的。而对上述特殊类型的作品来说，原创性要件却同其要实现的社会价值相违背，这一点似乎说明该类作品不适合在版权法模式下进行保护。既然如此，跳出版权法的框架，寻求其他法律路径的保护也许是该类作品"原创性悖论"的解决之道。例如，对汇编作品尤其是数据库作品来说，也许特殊权利保护模式更为合适。[1]

---

[1] 参见本书第三章第二节的相关内容。

第三章

客体可版权性的影响因素（一）

原创性要件的基本界定对指导一般作品的可版权性具有相当的指导意义,然而,作品创作过程中所存在的各种特殊因素可能对客体的可版权性产生一定程度的影响。这些特殊因素包括非独立创作因素、功能性因素、非文字性因素、事实性因素、表达量的因素和传统文化因素等。

第一节 非独立创作因素对客体可版权性的影响之一
——以汇编作品为中心

普通作品的创作虽然或多或少有借鉴先前作品的因素,但并没有严重依赖于先前作品。而诸如汇编作品、数据库和演绎作品等作品的创作则是在大量依赖现有作品或材料的基础上进行的,这种对现有作品或材料的大量依赖性,本书将其称之为"非独立创作因素"。❶ 该类作品可版权性的获得受到此种因素的一定程度的影响,从而其可版权性要件也具有一定的特殊性。

首先考察一下汇编作品。

一、制度概况:汇编作品是否在世界范围内普遍受版权保护

汇编作品在世界范围内普遍受到版权保护。

例如,在美国,汇编作品是受到法律保护的最为古老的作品之一,可以追溯到18世纪。❷ 联邦版权法自从1790年就将版权保护扩展到事实汇编之上,虽然《美国1790年版权法》规定保护地图(maps)、图表

---

❶ 创作受"非独立创作因素"影响的作品属于非独立作品,不受上述因素影响的作品属于独立作品。独立作品与非独立作品的区分在原创性理论中具有重要意义。(参见本书第二章第二节的相关内容。)

❷ Kilty v. Green, 4 H. & McH. 345 (Md. 1799). See Miriam Bitton, Trends in Protection for Informational Works under Copyright Law during the 19th and 20th Centuries, 13 Mich. Telecomm. & Tech. L. Rev. 115, 122 (2006).

（charts）和书籍（books）的版权,[1]并没有明确提出汇编作品（compilations），其对地图和图表的保护表明了国会保护实用性的信息收集的意图。[2]《美国1909年版权法》将书籍，包括合成（composite）作品和百科辞典式（cyclopedic）作品，地名辞典（gazetteers）和其他汇编作品作为第一类可以获得版权登记的作品。该法规定作者的所有作品（writings）都可以获得版权保护，版权法保护可版权作品的所有可版权要素。[3]现行1976年《美国版权法》对汇编作品的含义进行了明确界定，汇编作品版权保护的制定法依据更加明确。

又如，我国现行著作权法对汇编作品的含义进行了明确规定，并且规定了汇编作品中受版权保护的要素。《著作权法》（2010年）第14条规定，汇编若干作品、作品的片段或者不构成作品的数据或其他材料，对其内容的选择或者编排体现独创性的作品，为汇编作品，其著作权由汇编人享有，但行使著作权时，不得侵犯原作品的著作权。[4]

不仅如此，国际版权制度也对汇编作品的保护进行了规定。《伯尔尼公约》第2（5）条规定，文学或艺术作品的"汇编"（collections），例如百科全书和文集，由于对内容的选择与编排而构成智力创作的，可以受到相应的保护。该保护不影响这些汇编的组成部分的每部作品的版权。[5]

---

[1] Copyright Act of 1790, ch. 15, 1 Stat. 124, 124. See Sarah Lum, Copyright Protection for Factual Compilations—Reviving the Misappropriation Doctrine, 56 *Fordham L. Rev.* 933, 933 (1988).

[2] Denise R. Polivy, Feist Applied: Imagination Protects, but Perspiration Persists—The Bases of Copyright Protection for Factual Compilations, 8 *Fordham Intell. Prop. Media & Ent. L. J.* 773, 779 (1998).

[3] 17 U.S.C. § 5. § 4. § 3. (repealed 1976). See Denise R. Polivy, Feist Applied: Imagination Protects, but Perspiration Persists—The Bases of Copyright Protection for Factual Compilations, 8 *Fordham Intell. Prop. Media & Ent. L. J.* 773, 779-80 (1998).

[4] 《中华人民共和国著作权法》（1990年9月7日第七届全国人民代表大会常务委员会第十五次会议通过，根据2001年10月27日第九届全国人民代表大会常务委员会第二十四次会议《关于修改〈中华人民共和国著作权法〉的决定》第一次修正，根据2010年2月26日第十一届全国人民代表大会常务委员会第十三次会议《关于修改〈中华人民共和国著作权法〉的决定》第二次修正）。

[5] Berne Convention for the Protection of Literary and Artistic Works, July 14, 1967, art. 2 (5), S. Treaty Doc. No. 99-27 (1986), 828 U.N.T.S. 221, revised July 24, 1971, amended Oct. 2, 1979.

《世界知识产权组织版权条约》第 5 条规定，对数据或其他材料的汇编，无论采取任何形式，由于其内容的选择或编排构成了智力创作，都可以受到相应的保护。这种保护并不延伸到数据或材料本身，也不影响到包含在汇编作品中的数据或材料的任何版权。❶《知识产权协定》（TRIPs）第 10 条第 2 款规定，对数据或其他材料的汇编，无论是以机器可读形式，还是以其他形式，由于其内容的选择或编排构成智力创作的将会受到版权保护。这些版权保护不及于这些数据或材料本身，也不损害存在于这些数据或材料上的任何版权。❷

二、基本含义：汇编作品对原作品做了什么

1976 年《美国版权法》经典地界定了汇编作品的含义：汇编作品指通过对已存材料或数据进行收集和整理，这种收集和整理经过选择（selected）、协调（coordinated）或编排（arranged）使最终产品作为一个整体（as a whole）所构成的一个原创性的作品。可见，相对于独立作品，汇编作品对已有作品或已存材料的依赖性更强，在对其赋予版权保护的同时，要注意基础作品或材料的法律地位。随着科学技术特别是计算机技术的发展，在传统的汇编作品中诞生出一种特殊类型的汇编作品，即数据库。因此，可以将汇编作品从形式上分为两种：传统印刷版的汇编作品和电子数据库。❸ 前者是静态的，后者是动态的；前者表现为一定的编排形式，该形式能够为肉眼所识别，后者是否表现为一定的编排形式在学界存在争议，即使表现为一定编排形式，该编排形式往往也是肉眼所不能看见的。在日常生活中，我们可以接触到很多汇编作品，例如电话号码簿、文集、法令汇编、案例汇编等，排行榜也是一种汇编作品。

---

❶ WIPO Copyright Treaty, Adopted Dec. 20, 1996, S. Treaty Doc. No. 105-17, 36 I. L. M. 65. art. V.

❷ Agreement on Trade-Related Aspects of Intellectual Property Rights, Apr. 15, 1994, Marrakesh Agreement Establishing the World Trade Organization, Annex 1C, Part II, 1, art. 10 (2), Legal Instruments - Results of the Uruguay Round vol. 31, 33 I. L. M. 81 (1994) (TRIPs).

❸ Jack B. Hicks, Copyright and Computer Databases: Is Traditional Compilation Law Adequate? 65 *Tex. L. Rev.* 993, 995 (1987).

三、利益衡量：汇编作品中的事实若受保护会怎样

大量汇编作品都是对事实的汇编。在此意义上，汇编作品是一种事实作品。❶

1. 汇编作品的保护同公共利益的实现具有一致性

（1）从工具主义的角度来看，只有保护好汇编作品作者的经济利益，才能够促进公共利益的发展。通过个人获益的方式对个人努力进行鼓励是实现公共福利的最好方式。❷（2）从公平正义的视角来讲，版权制度应当确保对知识的贡献者赋予一个公平的回报。❸ 汇编作品的开发需要投入大量的金钱、时间和劳动，❹ 其具有一定的社会价值和经济价值，如果不保护这些作品将会阻碍信息产业的发展。❺（3）从汇编作品的属性而言，事实性汇编作品是"个性缺乏"的（personality-deprived）作品，而这是最需要版权激励的作品。❻（4）从经济学的角度来说，事实汇编有"公共物品"（public goods）的特性，具有非竞用性和非排他性，这种属性决定了来自于自由市场的事实性汇编的供给满足不了社会的需求。❼ 从而国家需要通过一定手段对自由市场进行一定程度的干预，其中最为有效的方式之一就是对汇编作品赋予版权，通过这种方式克服汇编作品公共物品的属性，促进汇编作品的产出。

2. 汇编作品的保护同公共利益的维护具有冲突性

创作者对作品享有垄断权的经济利益同社会公众需要思想保持自由

---

❶ 对于事实性汇编作品的版权保护，参见本书第四章第三节的内容。

❷ Mazer v. Stein, 347 U. S. 201, 219 (1954).

❸ Harper & Row, Publishers v. Nation Enters., 471 U. S. 539, 546 (1985).

❹ Gerard J. Lewis, Copyright Protection for Purely Factual Compilations under Feist Publications, Inc. v. Rural Telephone Service Co.: How Does Feist Protect Electronic Data Bases of Facts? 8 *Santa Clara Computer & High Tech. L. J.* 169, 173 (1992).

❺ Denise R. Polivy, Feist Applied: Imagination Protects, but Perspiration Persists—The Bases of Copyright Protection for Factual Compilations, 8 *Fordham Intell. Prop. Media & Ent. L. J.* 773, 778 (1998).

❻ Jane C. Ginsburg, Creation and Commercial Value: Copyright Protection of Works of Information, 90 *Colum. L. Rev.* 1865, 1866 (1990).

❼ Alfred C. Yen, The Legacy of Feist: Consequences of the Weak Connection Between Copyright and the Economics of Public Goods, 52 *Ohio St. L. J.* 1343, 1368 (1991).

流通的状态的公共利益之间存在冲突。具体表现为作者控制和公共传播之间突出的紧张关系。[1] 具言之，事实是智力创造活动的"基石"（building blocks），[2] 进步的促进需要通过接触事实来进行，[3] 而事实性汇编作品的私权保护却可能限制事实的自由传播。

综上，汇编作品的私权利益同公共利益之间既有一致性，又有冲突的可能性。版权法应当适当平衡这两种矛盾的利益关系，即对汇编作品赋予的垄断权必须一方面能够为作品的创作提供充分的激励，另一方面又不构成对新作品创作的障碍。如果垄断过于狭窄，将不会提供充分的经济激励来鼓励作品的创作；相反，如果垄断太过广泛，会不适当地限制他人依赖和利用作者所披露的知识的能力。[4] 怎样平衡这两方面的竞争性利益并不是个简单的问题。

当两种利益存在冲突的时候，应当进行利益衡量，考察哪种利益应当处于更高的位阶，从而应优先受保护。这种利益衡量可以在考察版权法目的的基础上进行。版权法目的具有层次性，直接目的是为作者的创作提供公平的回报，最终目标是为了将作品传播给公众。[5] 因此，相对于作者获取经济利益的目的，思想的传播构成版权法的首要目的，[6] 在上述两种竞争性利益存在冲突的时候，应当优先保护公众接触信息的公共利益。

四、范围界定：汇编作品的何种要素应受版权保护

版权法和汇编作品是"不自在的同床伙伴"（uneasy bedfellows）。[7]

---

[1] Robert A. Gorman, Fact or Fancy? The Implications for Copyright: The Twelfth Annual Donald C. Bruce Memorial Lecture, 29 *J. Copyright Soc'y* 560, 561 (1982).

[2] J. H. Reichman & Pamela Samuelson, Intellectual Property Rights in Data? 50 *Vand. L. Rev.* 51, 76 (1997).

[3] Robert A. Gorman, Fact or Fancy? The Implications for Copyright: The Twelfth Annual Donald C. Bruce Memorial Lecture, 29 *J. Copyright Soc'y* 560, 562 (1982).

[4] Beryl R. Jones, Factual Compilations and the Second Circuit, 52 *Brooklyn L. Rev.* 679, 688 (1986).

[5] Twentieth Century Music Corp. v. Aiken, 422 U. S. 151, 156 (1975).

[6] Sarah Lum, Copyright Protection for Factual Compilations—Reviving The Misappropriation Doctrine, 56 *Fordham L. Rev.* 933, 937–38 (1988).

[7] Eckes v. Card Prices Update, 736 F. 2d 859, 862 (2d Cir. 1984).

汇编作品的价值体现在其所提供的信息之上，汇编作品的作者在收集和整理这些信息的时候花费了很多时间和精力，而如果按照版权法的基本原理只对汇编作品的表达赋予版权保护的话可能不能够体现汇编作品的社会价值，也不能够对作者的努力赋予公平的回报。❶ 尽管如此，版权法的基本原理和基本原则还是应当一体适用于所有类型的作品，因为这些原理与原则都是在考量版权法的立法目的的基础上抽象出来的。如果不予遵守，对作品的保护可能会产生违背版权法的立法目的的后果，达不到版权立法所企图达到的社会效果。

根据版权法的基本原理，汇编作品中的事实不受版权保护。首先，按照思想表达两分原则，汇编作品中所包含的事实属于思想的范畴，不应当受到版权保护。其次，事实是一种客观存在，并不来源于任何个人，❷ 不能满足原创性要求。❸ 一个人发现了公众未知的事实或其他处于公共领域的材料毫无疑问履行了一项对社会有益的服务，但这个服务本身不能够使发现者成为作者，❹ 因为他（她）只是"发现"了该事实的存在，其没有"创造"该事实，❺ 在这种"发现"中并没有作者创作行为的存在。因此，即使汇编作品享有版权保护，其中的事实仍然处于公共领域，可自由被复制。❻

反之，如果对汇编作品中的事实进行保护将会带来不良的社会后果。（1）从创作过程来看，如果作者可以阻止后来者使用其作品的观念、思想或事实，则创造性的过程将会萎缩。公众将被迫进行一些不必要的重复研究。❼（2）从版权法的目的出发，否定对"单个事实"（individual

---

❶ 参见本书第二章第四节。
❷ Miller v. Universal City Studios, Inc., 650 F.2d 1365, 1369 (5th Cir. 1981).
❸ Gerard J. Lewis, Copyright Protection for Purely Factual Compilations under Feist Publications, Inc. v. Rural Telephone Service Co.: How Does Feist Protect Electronic Data Bases Of Facts? 8 *Santa Clara Computer & High Tech. L. J.* 169, 180 (1992).
❹ Melville B. Nimmer & David *Nimmer*, *Nimmer on Copyright*, Matthew Bender 8 Company, Inc. (2009). § 3.04 [B].
❺ Feist Publications, Inc. v. Rural Tel. Serv. Co., 111 S. Ct. 1288. (interimed. 1991).
❻ Worth v. Selchow & Righter Co., 827 F.2d 569 (9th Cir. 1987).
❼ Harper & Row, Publishers Inc. v. Nation Enterprises. 471 U.S. 539, 582 (1985) (Brennan, dissentting).

facts）赋予版权保护符合版权法促进科学和实用艺术进步的目的。在这种情况下，后来者可以利用前人作品中不受保护的事实，建立在前人作品的基础上进行创作。❶（3）就言论自由而言，公众有自由发表自己意见和观点的自由，这要求在信息和思想上不能有法定的垄断存在。

综上，版权法保护的对象是作者创作行为的产物，由此，版权法一般将汇编作品的保护限制在作者所贡献的范围之内。因此，美国现行版权法规定，汇编作品的版权保护只及于"作者所贡献的材料"（the material contributed by the author），只延伸到"归因于汇编者的因素"（the elements that owe their origin to the compiler）——对事实的"选择、协调和编排"——之上。后来者可以自由利用包含在其他汇编作品中的事实来准备竞争性的作品，只要其不具有同样的选择和编排即可。❷ 我国《著作权法》《伯尔尼公约》《世界知识产权组织版权条约》和《知识产权协定》对汇编作品的版权保护也作了相似的规定。

五、理论基础：汇编作品缘何受版权保护

汇编作品由于严重依赖于已存作品或材料，较少地表现出作者的个性，其价值往往也不是体现在作者的个性表达之中，而是作品所包含的信息之上。基于此，汇编作品可版权性的理论基础颇有争议，司法实践也有不同做法。

汇编作品版权保护的理论基础主要有"辛勤收集原则"和"原创性原则"，前者从作者投入到汇编作品中的"劳动"中寻求汇编作品版权保护的正当性；后者则从作者反映在作品中的"个性表达"里探求汇编作品版权保护的正当性。其中，"原创性原则"又可分为"编排原则"（arrangement doctrine）和"选择原则"（subjective selection doctrine）。

（一）辛勤收集原则*

辛勤收集原则将汇编作品版权保护的理论基础建立在作者在汇编事

---

❶ Robert C. Denicola，Copyright in Collections of Facts：A Theory for the Protection of Nonfiction Literary Works，81 Colum. L. Rev. 525，525（1981）.

❷ Feist Publications，Inc. v. Rural Tel. Serv. Co.，111 S. Ct. 1289.（interimed. 1991）.

* 参见本书第二章第三节的相关内容。

实材料的时候所付出的劳动之上,并不要求汇编作品具有原创性。

在此原则之下,汇编作品的版权保护是对劳动的犒赏。该原则会导致不必要的重复劳动,因为其要求每个汇编者必须如同从来没有第一个汇编作品存在一样来收集材料,必须做相同的基础工作,相同的辛勤收集,实质上要求每个后来者都要重复先前汇编者的劳动。❶

在辛勤收集原则之下,如果一个汇编者没有进行独立调查而复制了原初汇编者的信息,其行为构成侵权,❷ 不论两作品的编排是否相同。❸ 为了避免侵权,第二个汇编者必须"从头开始"(start from scratch),从最初的资源中收集事实以制作汇编作品。❹ 在辛勤收集原则之下,事实性汇编作品侵权的唯一抗辩就是"独立创作"(independent creation)。❺ 作者可以通过证明其汇编作品是独立创作的结果而豁免侵权;反之,只要作品不是独立创作的结果,即使在选择、协调或编排上具备原创性,也不能够避免承担侵权责任。如此,辛勤收集原则实际上背离了思想表达两分原则,对"事实"赋予了版权保护。

在辛勤收集原则之下,虽然后来者不可以通过复制原初汇编作品中的信息来创作自己的汇编作品,但他可以依靠原初汇编作品对其作品进行"核对"(check back)。但"核对权"并不意味着以可版权作品为基础开始创作的权利,❻ 而必须建立在"独立收集"的基础之上。

辛勤收集原则有效地激励了第一部汇编作品的创作。(1) 在辛勤收集原则下,只要作者在创作汇编作品的过程中付出了劳动,不管该作品是否具备原创性,都会获得版权保护,降低了作品版权保护要件的严格

---

❶ Rockford Map Publishers, Inc. v. Directory Serv. Co. of Colo., 768 F. 2d 145 (7th Cir. 1985), cert. denied, 474 U. S. 1061 (1986).

❷ Illinois Bell Telephone Co. v. Haines & Co. 683 F. Supp. 1210 (N. D. Ill. 1988).

❸ Jack B. Hicks, Copyright and Computer Databases: Is Traditional Compilation Law Adequate? 65 *Tex. L. Rev.* 993, 1008 (1987).

❹ Schroeder v. William Morrow & Co., 566 F. 2d 3, 5-6 (7th Cir. 1977).

❺ Feist Publications, Inc. v. Rural Telephone Service Co. 111 S. Ct. 1282, 1291 (interim ed. 1991).

❻ Rockford Map Publishers, Inc. v. Directory Service Co. of Colo., 768 F. 2d 145, 149 (7th Cir. 1985).

性。可见，该原则强调版权法目的中激励创作的层面。[1]（2）在辛勤收集原则下，汇编作品要想获得版权保护并不需要具备原创性，相较于原创性原则，其保护了一部分不具备原创性但包含作者劳动的作品，保护范围比在原创性原则之下更广。可见，该原则倾向于对汇编作品赋予较为宽泛的保护。[2]（3）按照辛勤收集原则，原初汇编作品的作者创作作品在先，首先将作品推向市场，而后来者必须重新收集数据，将竞争性的汇编作品推向市场的时间必然落后于原初汇编者，从而原初汇编者在市场竞争中赢得了时间上的优势。可见，该原则有效地消除了后来者的竞争优势。[3]

（二）原创性原则

不同于辛勤收集原则，在原创性原则之下，仅仅劳动并不能使汇编作品具有可版权性。因为事实并不是来源于作者，汇编作品的原创性表现在汇编者对事实"独特"的"选择"与"编排"之上。[4]

在原创性原则之下，汇编作品的可版权性不是依赖于作者所付出的劳动，而是在于选择和编排材料的过程中所进行的原创性的判断。[5]汇编者对信息的选择和编排，如果是独立作出的，并且具有最低限度的创造性，可以具备充分的原创性以获得版权保护。[6]帕翠教授认为汇编作品的可版权性要件包含以下三个必要的要素：（1）对已有材料或数据的收集和整合；（2）对这些材料或数据进行选择、协调或编排；（3）通过这些选择、协调或编排该作品在整体上可以被认为是原创性的作品。[7]汇编作

---

[1] Robert C. Denicola, Copyright in Collections of Facts: A Theory for the Protection of Nonfiction Literary Works, 81 *Colum. L. Rev.* 516, 528 (1981).

[2] Sarah Lum, Copyright Protection for Factual Compilations--Reviving The Misappropriation Doctrine, 56 *Fordham L. Rev.* 933, 943 (1988).

[3] Alfred C. Yen, The Legacy of Feist: Consequences of the Weak Connection between Copyright and the Economics of Public Goods, 52 *Ohio St. L. J.* 1343, 1345 (1991).

[4] Triangle Publications, Inc. v. Sports Eye, Inc. 415 F. Supp. 682 (E. D. Pa. 1976).

[5] Michael J. Haungs, Copyright of Factual Compilations: Public Policy and the First Amendment, 23 *Colum. J. L. & Soc. Probs.* 347, 348 (1990).

[6] Feist Publications, Inc. v. Rural Tel. Serv. Co., 111 S. Ct. 1289 (1991).

[7] William Patry, Copyright in Collections of Facts: A Reply, 6 *Comm. & L.* 11, 25~26 (1984).

品中"选择""协调""编排"三者之一只要使作品作为整体具备原创性，汇编作品就可以获得版权保护。

总之，汇编作品的原创性主要体现在作者对材料或数据的"选择""协调"或"编排"之上。

1. 编排原则

（1）编排原则在汇编作品保护中的地位。在汇编作品的版权保护中，编排原则扮演了重要的角色。因为，在大多数汇编作品中，信息的编排是唯一可以识别的原创性要素。[1]

阿泰瑞案[2]即用编排理论对原告作品赋予了版权保护。在该案中，阿泰瑞起诉版权办公室主任（the Register of Copyright），因为其拒绝对其计算机游戏"Breakout"授予版权证书（copyright certificate）。这个游戏界面是由红、黄、蓝三原色的简单几何图形组成的矩形墙。游戏玩家在屏幕的底端用矩形浆将方形球敲向墙，敲掉墙上连续的矩形转。版权办公室主任之所以拒绝授予原告版权证书，因为墙、球和浆仅仅表现为简单的几何图形和颜色，而这些几何图形和颜色本身不具备可版权性。鲁恩·雷德·金斯伯格（Ruth Bader Ginsburg）法官反对版权办公室主任的意见，认为尽管"Breakout"由不受保护的要素组成，但这些不受保护的简单形状如果以独特的方式进行排列或组合，表现出一些独创性，则可以作为一部汇编作品受保护。

（2）"编排"的含义。怎样界定"编排"是适用编排原则的一个关键问题。美国版权办公室认为"编排"指的是将数据进行分类（ordering）或分组（grouping）列进一个列表或范畴之中，这种分类或分组不仅仅是对数据的机械性分类（mere mechanical grouping），例如按照字母顺序或时间顺序进行的排列。[3] 申言之，编排指的是信息在表达载体上实际的有

---

[1] Gerard J. Lewis, Copyright Protection for Purely Factual Compilations Under Feist Publications, Inc. v. Rural Telephone Service Co.: How Does Feist Protect Electronic Data Bases of Facts? 8 Santa Clara Computer & High Tech. L. J. 169, 183 (1992).

[2] Atari Games Corp. v. Oman. 979 F. 2d 242 (D. C. Cir. 1992).

[3] Copyright Office, Guidelines for Registration of Fact-Based Compilations 1 (Rev. Oct. 11, 1989).

形组合。❶ 汇编作品的版权保护对象实际上同普通的独立作品的版权保护对象具有同质性。独立作品的创作虽然不是严重依赖于现有事实和材料，但其受版权保护的对象依然是以符号的组合所呈现出来的独特表达形式。在独立作品，构成表达形式的符号并不受版权法保护，因为符号是人类共同的文化遗产；受保护的则是作者对这些符号的排列组合，这个受版权保护的排列组合必须体现作者独特的取舍与判断。同理，在汇编作品中，构成汇编作品的事实和材料也不受版权保护，因为其是一种客观存在的事实，并非来源于作者；受保护的是作者对这些事实和材料的排列组合，这个排列组合必须不仅仅是对事实和材料的机械性分类和编排，而是体现作者个性的一种编排。

有观点认为构成汇编作品的各个要素之间的相互关系也构成汇编作品可版权性的编排。例如，纽约时报（New York Times Co.）案❷认为原告的版权内容包含个人姓名同页码索引与纽约时报栏目之间的"相互关系"。基于此种观点，电话号码同用户之间的关系、地址同住户之间的关系等都是可以获得版权保护的编排。事实上，不仅构成汇编作品的要素本身，而且要素之间的相互关系都属于事实的范畴，都不应当受版权法保护。将汇编作品中要素之间的关系作为可受版权保护的"编排"进行看待，实际上是将保护的触角延伸到事实之上，不适当地扩大了汇编作品的版权保护范围。因此，汇编作品中要素之间的关系并不是版权法意义上的"编排"。

（3）"编排"的原创性。汇编作品的作者对汇编作品的编排可能获得版权保护，但只有原创性的编排才具有此种效果。原创性的编排应当是作者的"个性"编排。❸ 按照费斯特案的判决精神，原创性的编排除了是作者独立创作的之外，还必须具备最低限度的创造性。

原创性要件的满足需要作品中存在一定程度的反映作者品味和价值

---

❶ Southern Bell Tel. & Tel. Co. v. Associated Tel. Directory Publishers，756 F. 2d 801，810（11th Cir. 1985）.

❷ New York Times Co. v. Roxbury Data Interface. 434 F. Supp. 217（D. N. J. 1977）.

❸ Brian A. Dahl，Originality and Creativity in Reporter Pagination：A Contradiction in Terms？，74 *Iowa L. Rev.* 713，720（1989）.

的个性判断，按照字母、地理或时间顺序所进行的编排、❶ 明显的结构、❷ 建立在典型惯例和实践的基础之上所进行的编排、❸ 机械性的编排❹等都不具备原创性。按照这些明显的格式所进行的排列缺乏最微小的创造性轨迹（devoid of even the slightest trace of creativity），并且这种表达同思想不具有可区别性。❺ 费斯特案对不具备原创性的编排的类型作了较好的总结：机械的、完全典型的、普通平凡的、明显的、反映基本信息的、古老的深深扎根于传统之中的、如此普通而被视为理所当然的、实际上不可避免的、反映悠久传统的编排不能满足原创性要求。❻ 另外，编排是为了适应市场的需求并不否定其原创性。❼ 换言之，只要汇编作品体现了作者的主观判断，即使其能够应对市场的需求，仍然被认为是原创性的。❽

（4）运用编排理论保护汇编作品的法律效果。不同于辛勤收集原则，在编排理论之下，版权法保护的仅是汇编作品中作者原创性的编排，这种保护并不及于作品中所应用的材料。后来者可以利用先前汇编作品中的事实或材料创作竞争性的作品，只要其在编排上不同于先前作品即可。

2. 主观选择原则

（1）主观选择原则在汇编作品版权保护中的运用。费斯特案❾建立了

---

❶ Deborah Tussey, The Creative As Enemy of the True: The Meaning of Originality in the Matthew Bender Cases, 5 *Rich. J. L. & Tech.* 10, 16 (1999).

❷ Bellsouth Adver. & Publ'g Corp. v. Donnelly Info. Publ'g, Inc., 999 F. 2d 1436, 1444 (11th Cir. 1993).

❸ American Dental Ass'n v. Delta Dental Plans Ass'n, 39 U. S. P. Q. 2d 1714, 1725 (N. D. Ill. 1996).

❹ Key Publications, Inc. v. Chinatown Today Publ'g Enters., 945 F. 2d 509, 513 (2d Cir. 1991).

❺ Jack B. Hicks, Copyright and Computer Databases: Is Traditional Compilation Law Adequate? 65 *Tex. L. Rev.* 993, 1002 (1987).

❻ Russ VerSteeg, Sparks in the Tinderbox: Feist, "Creativity," and the Legislative History of the 1976 Copyright Act, 56 *U. Pitt. L. Rev.* 549, 555 (1995).

❼ CCC Info. Servs. v. Maclean Hunter Mkt. Reports, 44 F. 3d 61, 67 (2d Cir. 1994).

❽ Denise R. Polivy, Feist Applied: Imagination Protects, but Perspiration Persists—The Bases of Copyright Protection for Factual Compilations, 8 *Fordham Intell. Prop. Media & Ent. L. J.* 773, 833 (1998).

❾ Feist Publications, Inc. v. Rural Telephone Service Co. 499 U. S. 340 (1991).

汇编作品保护的主观选择原则。按照该原则，如果作者在材料的选择方面表现出个性，汇编作品可以因为材料选择的原创性而获得版权保护。选择理论中的"选择"指的是在特定的数据中选择哪些数据包含在汇编作品中的"判断"。[1] 在主观选择理论之下，如果选择反映了汇编者的主观判断、个人知识和经验，而且并不明显，该种选择具备原创性。[2] 从被推荐的饭店中精选出饭店、[3] 从18 000张棒球卡中选出5 000张极有价值的棒球卡、[4] 从字典中先前已经存在的1 623个法语单词中选出1 590个，从778个中选出775个、[5] 决定既定人群值得包含在作者列表中的成员[6]和只包含既定数据中的一些子项目的汇编[7]被认为包含了主观选择的过程。相反，按照客观标准或者受合并原则限制的选择，由惯例、产业标准或实用性标准所决定的选择，受功能考量限制的选择，[8] 运用机械公式所选择的数据，[9] 穷尽性汇编[10]等不具有原创性。

（2）运用主观选择理论保护汇编作品的法律效果。主观选择理论对汇编作品的保护只及于作者有关材料的原创性的"选择"[11] 之上，而不及于其中不具有可版权性的"数据"。原初的汇编者不能阻止后来者运用处于公共领域的相同材料创作和发行独立的汇编作品，后来者能够将他们

---

[1] William Patry, Copyright in Compilations of Facts (or Why the "White Pages" Are Not Copyrightable), 12 *Comm. & L.* 37, 57 (1990).

[2] Denise R. Polivy, Feist Applied: Imagination Protects, but Perspiration Persists—The Bases of Copyright Protection for Factual Compilations, 8 *Fordham Intell. Prop. Media & Ent. L. J.* 773, 802 (1998).

[3] Adventures in Good Eating, Inc. v. Best Places to Eat, Inc., 131 F. 2d 809, 812-13 (7th Cir. 1942).

[4] Eckes v. Card Prices Update, 736 F. 2d 859, 862-63 (2d Cir. 1984).

[5] College Entrance Book Co. v. Amsco Book Co., 119 F. 2d 874, 875-76 (2d Cir. 1941).

[6] Dow Jones & Co. v. Board of Trade, 546 F. Supp. 113, 116 (S. D. N. Y 1982).

[7] Sarah Lum, Copyright Protection for Factual Compilations—Reviving The Misappropriation Doctrine, 56 *Fordham L. Rev.* 933, 944 (1988).

[8] Mid America Title Co. v. Kirk, 59 F. 3d 719, 722 (7th Cir.), cert. denied, 116 S. Ct. 520 (1995).

[9] Victor Lalli Enterprises, Inc. v. Big Red Apple, Inc., 936 F. 2d 671 (2d Cir. 1991).

[10] Brian A. Dahl, Originality and Creativity in Reporter Pagination: A Contradiction in Terms?, 74 *Iowa L. Rev.* 713, 722－23 (1989).

[11] 版权保护实际上存在于基于作者原创性的"选择"而最终形成的表达之上。

的作品建立在任何以前的汇编作品之上,只要他们不复制其中的原创性"选择"即可。❶

(3)主观选择原则下汇编作品版权保护范围的确定。不同于编排理论,在选择理论下,汇编作品的保护范围存在一定的模糊性。例如,如果初始汇编者筛选出中国最适宜居住的十大城市,并没有对这十大城市进行排序;后来者复制了初始汇编者的选择,在顺序上进行了不同处理,后来汇编者是否侵犯了初始汇编者的版权?有观点认为,在主观选择理论下,对经过主观选择创作的汇编作品的保护延伸到汇编作品的每个成分。未经作者同意对汇编作品的大量复制构成侵权行为,不论侵权者怎样安排这些组成部分。❷ 按照此种理论,在上述假定的情形之下,后来者构成对初始汇编作品的侵权。不过这种观点似乎有背离版权法一般原理的嫌疑。按照思想表达两分原则,版权只保护思想的表达,而不保护思想本身,版权保护应当集中在作品的表达之上。在上述情形中,后来者显然在表达上进行了不同处理,如果严格按照版权法的一般原理,其并没有侵犯初始汇编作品的版权。❸

3. 一般形式测试法 vs. 原创性要素测试法

在判断一部汇编作品是否具备原创性的时候,存在"一般形式测试法"(the general format test)和"原创性要素测试法"(the original elements test)的分野。

贝尔绍斯(BellSouth)案❹采取了一般形式测试法来分析汇编作品是否具备原创性。该案法院认为,原告电话号码簿的编排和协调不具有原创性,因为其是完全典型的。这种编排是组织一个有用的商业电话号码

---

❶ Triangle Publications, Inc. v. Sports Eye, Inc., 415 F. Supp. 682 (E. D. Pa. 1976).

❷ Jack B. Hicks, Copyright and Computer databases: Is Traditional Compilation Law Adequate? 65 *Tex. L. Rev.* 993, 1006 (1987).

❸ 作者选择中国最适宜居住的十大城市所形成的汇编作品当然具有原创性,可以获得版权保护。如果将作者的个性选择所形成的表达理解为不论以何种顺序进行排列所形成的汇编,那么他人按照不同顺序进行排序的中国最适宜居住的十大城市的排列榜可以理解为原初汇编作品的演绎作品,后来作者在创作该演绎作品的时候,应该获得原作者的同意,否则会侵犯原作者的演绎权,这也是一种比较具有吸引力的解释。

❹ BellSouth Advertising & Publishing Corp. v. Donnelley Information Publishing. 999 F. 2d 1436 (11th Cir. 1993) (en banc), cert. denied, 114 S. Ct. 943 (1994).

簿的唯一方式，如果对其授予版权将是不公平的。原告有关标题（headings）系统的协调与编排也不具备原创性。尽管被告复制了原告电话号码簿中的标题，选择了特定的商业种类，例如律师业或银行业，但原告电话号码簿的这些元素如此明显以至于缺乏能够获得版权保护的原创性。原告对这些标题的使用实质上是组织黄页电话号码簿唯一有用的方式。原告和被告电话号码簿外观上的相似并不一定意味着被告复制了原告作品受保护的部分。版权的首要目的并不是犒赏作者的劳动，因此，尽管被告复制了原告作品中相当大的一部分看起来不公平，但被告并没有侵犯原告的版权。

贝尔绍斯案的法院在对汇编作品进行原创性判断时将焦点集中在编排的"一般形式"（the general format）上而不是"具体特征"（specific features）上。有学者将这种测试法称之为一般形式测试法，并对该测试法在 Bellsouth 案中的适用进行了解读：BellSouth 案的法院并没有指明原告作品中受保护的要素，而是指出了不受保护的要素，法院认为原告对包含于电话号码簿中的商业主体的选择是不具备原创性的，因为原告免费列举了所有商业等级的（business-rate）电话客户，但法院并没有注意到原告故意排除了住宅等级的（residential-rate）电话客户。法院在发现原告在对信息的选择方面不存在原创性之后，转而考察原告作品的编排是否具备原创性。但其并没有将焦点集中在原告电话号码簿的"选择和编排"是否具备原创性这一问题上，而是着重于原告电话号码簿的"一般形式"是否具备原创性。法院认为原告对商业主体的类型按照字母顺序排列的标题结构（heading structure）是完全典型的，不受版权保护。而并没有考虑到商业主体的类型和标题的"特殊编排"（specific arrangement）可能具备原创性。❶ 总之，一般形式测试法是从"整体上"考察汇编作品是否表现出原创性，类似于"整体概念和感觉原则"。❷

与一般形式测试法相对的是原创性要素测试法，该测试法将判断两

---

❶ Ethan L. Wood，Copyrighting the Yellow Pages：Finding Originality in Factual Compilations，78 *Minn. L. Rev.* 1319，1335（1994）.

❷ 参见本书第一章第三节的相关内容。

部汇编作品是否具备侵权关系的焦点集中在汇编作品的原创性要素之上。[1] 该测试法并不是从"一般形式"上考察原告汇编作品是否具备原创性，而是首先识别出原告作品中"受保护的要素"，再将被告作品同原告作品进行对比分析，看被告作品是否复制了原告作品"受保护的要素"，如果答案是肯定的，被告作品侵犯了原告作品的版权。汇编作品的原创性要素体现在作者对材料或数据的"选择""协调"或"编排"之上，按照原创性要素测试法，如果原告原创性的"选择""协调"或"编排"被被告复制，被告构成侵权，不论原告汇编作品的形式从"整体上"看是否不受版权保护的"一般形式"。关键出版公司（Key Publications）案采取了原创性要素测试法，在该案中，第二巡回法院承认姓名地址目录的形式对分类目录来说是普通的，但发现特定种类的选择及对其的编排具备原创性。[2]

一般形式测试法要求汇编作品的"一般形式"区别于其他汇编作品的"一般形式"，其所采取的原创性标准要高于费斯特案所确立的标准。因为，费斯特案认为原创性并不需要新颖性，而一般形式测试法实际上要求原创性作品具备新颖性的要求。[3] 尽管大多数黄页电话号码簿的普通结构都是相似的，但制作一个黄页电话号码簿可能包含原创性的行为，例如决定包含哪些信息、怎样编排这些信息等行为中都可能存在值得版权法保护的个性选择与判断。[4] 而原创性要素测试法考察的焦点是汇编作品中的原创性要素，并不要求汇编作品的形式超出"通用"或"典型"形式的范畴，并不具有要求原创性作品具备新颖性的嫌疑。

事实上，一般形式测试法中的"一般形式"只是汇编作品"编排"要素的一个组成部分。一般而言，应当从整体上对汇编作品的原创性要

---

[1] Ethan L. Wood, Copyrighting the Yellow Pages: Finding Originality in Factual Compilations, 78 *Minn. L. Rev.* 1319, 1332-33 (1994).

[2] Key Publications, Inc. v. Chinatown Today Publ'g Enters., 945 F.2d 509, 513 (2d Cir. 1991).

[3] BellSouth Advertising & Publishing Corp. v. Donnelley Information Publishing. 999 F.2d 1436, 1442 (11th Cir. 1993).

[4] Ethan L. Wood, Copyrighting the Yellow Pages: Finding Originality in Factual Compilations, 78 *Minn. L. Rev.* 1319, 1337 (1994).

素进行分析。因此，只考虑汇编作品的"一般形式"同这种"整体路径"相违背。在确定汇编作品原创性有无的时候，"一般形式"作为"编排"的一个要素，应当被纳入考虑的范围之内；但原创性考察并不能止于此，还应当考察其他编排要素与选择要素，结合这些要素，从整体上分析汇编作品是否具备原创性。

（三）反不正当竞争原则

竞争者对汇编作品的使用可能破坏自由和公平的市场竞争秩序，构成不正当竞争行为。因此，除了辛勤收集原则和原创性原则之外，反不正当竞争原则也可能会对汇编作品的保护提供一定的理论基础。反不正当竞争原则起初是被发展来禁止"仿冒"（passing off）的。[1] 随着市场经济的发展，凡是违反公平正义和诚信原则的市场竞争行为都可能构成不正当竞争行为，进而受到反不正当竞争法的规制。因此，即使版权法摒弃了辛勤收集原则，而且汇编作品不能满足原创性的要求而具有可版权性，竞争者的不正当使用也不能完全游离于法律规制的范围之外，如果此行为符合不正当竞争行为的构成要件，可以受到反不正当竞争法的限制。

在美国，"盗用侵权"（tort of misappropriation）在许多州法中是反不正当竞争法的一个组成部分，有些法院依据盗用理论来保护汇编作品。实际上，早期法院判决有些对汇编作品的保护类似于盗用理论，已经埋下了适用盗用理论保护汇编作品的伏笔。[2]

在国际新闻服务集团（International News Service）案[3]中，法院将反不正当竞争原则扩展到与版权类似的领域。在该案中，法院认为美联社（Associated Press）通过在广泛的新闻收集事业中所花费的巨大投资，在其供应的新闻中获得了一种"准财产权"（quasi property）。其"准财产权"阻止其他竞争者在其未播种的地方进行收获（reap where it has not

---

[1] Christine Wallace, Overlapping Interests in Derivative Works and Compilations, 35 *Case W. Res. L. Rev.* 103, 120 (1984-1985).

[2] Jane C. Ginsburg, Creation and Commercial Value: Copyright Protection of Works of Information, 90 *Colum. L. Rev.* 1865, 1880~1881 (1990).

[3] International News Service v. Associated Press. 248 U.S. 215 (1918).

sown），也即阻止未在收集新闻中有所开支的其他竞争者利用原告的成果。否则，不加选择地允许任何人在同新闻收集者竞争的过程中为获益的目的出版其收集的新闻，会使新闻收集者出版新闻无利可图或获利很少，结果会使这种新闻服务消失。总之，虽然新闻本身不受版权保护，但国际新闻服务集团通过使用美联社的资源同其进行竞争构成了不正当竞争。因此，法院禁止国际新闻服务集团使用美联社不受版权保护的新闻消息在西岸竞争。

尽管在不受版权保护的新闻事件第一次出版之后没有人对其还享有对抗公众的财产利益，却不能认为在"两个主体之间"有关该新闻事件不存在"财产利益"（remaining property interest）。国际新闻服务集团案中的盗用侵权的判决建立在对由于劳动和投资而产生的"有限财产权利"（a limited property right）进行保护的基础之上。[1]

基于汇编作品的属性和市场对汇编作品的需求，对社会真正有用的汇编作品往往不能满足原创性要求，费斯特案又明确否定了辛勤收集原则的合法性，如果仅仅依靠版权法，汇编作品可能会处于不受保护的境地，这不利于汇编作品创作的激励和版权法目的的实现。在汇编作品的保护上，反不正当竞争法可以扮演重要角色。而主张汇编作品盗用侵权是依据反不正当竞争法保护汇编作品的重要方式。一般而言，构成盗用侵权的基本要素包括，通过广泛的劳动、技巧或金钱所进行的产品创作；未经授权对产品中的非物质要素进行利用，以使利用者以花费最小的方式同作者进行竞争（搭便车）；对作者造成了商业上的损害。[2] 因此，如果原初汇编者在创作汇编作品的时候作出了大量投入，他的竞争者实施了搭便车的行为，并且对其竞争利益造成了损害，竞争者构成反不正当竞争法意义上的盗用侵权。

盗用侵权是反不正当竞争法的一个组成部分，其适用的前提条件之一是使用者同汇编作者之间存在竞争关系。于是，依照盗用侵权对汇编

---

[1] Sarah Lum, Copyright Protection for Factual Compilations—Reviving the Misappropriation Doctrine, 56 *Fordham L. Rev.* 933，949（1988）.

[2] Sarah Lum, Copyright Protection for Factual Compilations—Reviving the Misappropriation Doctrine, 56 *Fordham L. Rev.* 933，949（1988）.

作品的保护即使禁止了对汇编作品的复制，这种禁止也并不是完全"对世的"和完全"绝对的"，效力只及于竞争者；而版权是绝对权和对世权，可以对抗包括竞争者在内的任何人。因此，盗用侵权对汇编作品所赋予的保护尽管禁止竞争者的复制，但由此"创设"的这种"准财产权"同版权并不相同。

（四）对各种理论基础的评价

汇编作品保护的不同理论从不同角度企图实现汇编作品中私人利益与公共利益的平衡。其中，原创性原则主张只有选择和编排具有原创性的汇编作品才能受版权保护，汇编作品的保护不及于不具有可版权性的事实和材料；而辛勤收集原则仅仅是犒赏汇编者在创作汇编作品时所付出的劳动而很少关注原创性要求；盗用侵权企图在反不正当竞争法框架下对汇编作品进行保护。

1. 辛勤收集原则

从汇编作品的属性和汇编作品保护的历史来看，由于特定历史时期科技条件和法律制度的限制，辛勤收集原则具有一定的历史合理性。在电子时代以前，并不像电子数据库的制作者，非电子数据库制作者并不享有同样的非法律措施来避免被侵权的风险。非电子数据库的制作者所能够做的仅是以一种能最好地服务于使用者的方式提供数据，希望法院在必要的时候介入对其进行保护。因此，在电子时代之前，在非电子汇编作品之中，辛勤收集原则的存在可能有一定的必要性。❶ 诚然，科技条件在一定程度上影响到法律制度。但是，即使是在电子时代，非电子汇编作品也同样存在。仅仅根据科技条件的限制似乎不能完全诠释辛勤收集原则广泛运用的原因，法律制度本身的不完善应该也是该原则在早期盛行的原因之一。

从版权法的立法目的来看，辛勤收集原则服务了版权法的直接目的，而违背了其最终目的。版权法的直接目的是激励作品的创作，最终目的是促进社会公共利益的发展。通过对汇编者赋予更多的保护以对抗竞争

---

❶ Miriam Bitton, Trends in Protection for Informational Works under Copyright Law during the 19th and 20th Centuries, 13 *Mich. Telecomm. & Tech. L. Rev.* 115, 135-36 (2006).

者对材料的使用，辛勤收集原则最好地服务了激励创作的目标。❶ 在原创性原则下，未来竞争作品的创作者相较于初始汇编作品的创作者而言具备竞争上的优势，因为其根本不必发现或收集已存事实。而在辛勤收集原则之下，未来竞争者并没有这样的竞争优势，❷ 在该原则下，不论汇编作品是否具备原创性，初始汇编者都可以禁止他人复制其汇编作品，后来汇编者每次都得重新收集资料。❸ 因此，不论是从成本上讲，还是从时间上看，后来汇编者都不可能优于初始汇编者，辛勤收集原则在激励单个作品的创作方面具有理论上的优势。然而，社会的进步并不是仅靠一部作品就能实现，而是建立在相互联系的多部作品的创作的基础之上。从个案的角度讲，辛勤收集原则可能保护了许多有用的作品；但从整体的视角看，该原则要求后来汇编者重新收集原材料，导致不必要的重复劳动，同版权法的政策相违背。因此，版权法对创作的激励不能仅从单个作品的角度进行理解，而应当放眼于整体作品创作的宏观视角进行思考。从宏观上讲，就整个社会的进步而言，应当允许后来汇编者建立在先前汇编作品的基础上进行创作。

从版权法的基本原则来看，辛勤收集原则违背了思想表达两分原则和原创性原则。辛勤收集原则将版权保护延伸到个别事实，违背了思想表达两分原则。另外，辛勤收集原则赋予劳动以版权保护，而不要求作品具备原创性或创造性，违背了原创性原则。

从经济效率的角度而言，辛勤收集原则鼓励使用旧的、劳动密集型的方法而非新的科技，从而导致汇编作品的开发成本居高不下，不符合经济效率原则。采用辛勤收集原则的结果就是对汇编作品中的事实进行保护，即使是不具有可版权性的事实，后来汇编者也不能通过静电复印、电子复制等现代科技手段对它们进行复制来节省创作成本，而只能回到材料的原初源泉进行机械劳动，这种创作汇编作品的方式是不效率的。

---

❶ Michael J. Haungs, Copyright of Factual Compilations: Public Policy and the First Amendment, 23 *Colum. J. L. & Soc. Probs.* 347, 358 (1990).

❷ Alfred C. Yen, The Legacy of Feist: Consequences of the Weak Connection between Copyright and the Economics of Public Goods, 52 *Ohio St. L. J.* 1343, 1345 (1991).

❸ Rockford Map Publishers, Inc. v. Directory Serv. of Colo., 768 F. 2d 145, 148 (7th Cir. 1985), cert. denied, 474 U. S. 1061 (1986).

辛勤收集原则也可能导致消费者的消费成本的增加。因为如果版权犒赏劳动，汇编者将会付出大量努力以保证获得版权保护。结果，增加的成本会转嫁到用户身上，用户对汇编作品的使用会减少。❶ 另外，保护汇编作品中的劳动同汇编作品的社会价值相违背。因为原创性的数据"收集"本身不具有社会价值，是收集的"结果"具有社会价值。

从信息自由和言论自由的保护来看，辛勤收集原则限制了这种自由。信息自由原则要求公众可以自由接触和运用事实与信息，但辛勤收集原则限制了这种自由。因为在辛勤收集原则之下，汇编者不论在汇编作品中是否有原创性的选择与编排，其都可以依据其在汇编作品中的劳动获得版权保护。这种版权保护了汇编作品中的事实和信息，限制了社会公众对这些事实和信息的自由接触，同信息自由和言论自由的要求相违背。

综上，单独分析辛勤收集原则，可能发现其带来的消极效果是巨大的，但版权法律制度是个有机整体，应当将辛勤收集原则同版权侵权标准、版权限制等制度联系起来进行考察，当把辛勤收集原则放在整个版权法律制度中作整体性分析时，原本被放大的消极后果可能会被限制在一定范围之内。

2. 原创性原则

在原创性原则之下，汇编作品的版权保护范围是比较有限的，只及于汇编作品中原创性的选择、协调或编排。他人可以自由地复制原初汇编作品中的数据，甚至是全部的数据，只要原初作者对数据原创性的选择、协调和编排没有被实质性的复制即可。

从立法目的来看，原创性原则更注重信息自由传播的公共利益。该原则保护的是汇编作品中原创性的选择、协调或编排，社会公众可以自由使用汇编作品中的事实和信息。

从经济效率的价值来讲，原创性原则降低了新作品的开发成本。在原创性原则之下，后来汇编者不必重新回到最初资源进行独立收集，可以自由借鉴和使用原初汇编作品中的事实，开发新作品的成本将大大降

---

❶ Denise R. Polivy, Feist Applied: Imagination Protects, but Perspiration Persists—The Bases of Copyright Protection for Factual Compilations, 8 *Fordham Intell. Prop. Media & Ent. L. J.* 773, 801 (1998).

低，而低成本会鼓励更多的使用，版权法的目标更易被实现。

从利益平衡的角度而言，原创性原则在对创作者和使用者的利益进行平衡的时候，更加关注使用者的利益。在原创性原则之下，社会公众可以在不侵犯汇编作品原创性的选择、协调与编排的前提之下自由利用汇编作品中不受版权保护的事实和信息；后来汇编者相对于初始汇编者具有竞争优势，因为其不需要重复收集原初汇编中的事实和信息。相对于初始汇编作品的创作者，社会公众和后来汇编者的利益受到更为周到的照顾。这样，初始汇编作品的创作激励可能成为一个问题。不过，汇编作品的创作激励并不是局限于版权法一个层面，除此之外，其他方面的经济因素也可能提供这种激励。例如，很多初始汇编作品的创作是由政府进行的，或者创作汇编作品只是为了提供给消费者免费使用以促销其他产品，在这种情况下，版权法提供的创作激励并不重要，即使汇编作品在原创性原则之下不受版权保护，汇编者同样会创作汇编作品。因此，在探讨版权法目的的实现时，应当将版权法放在更为宏观的视域进行考察，原创性原则纵然会带来一定的打击创作激励的消极后果，但在各种市场要素共同作用的情况下，这种消极效果也并非那么严重。

从汇编作品的价值来看，原创性要求似乎同汇编作品的社会价值相违背。（1）主观选择理论同汇编作品的"穷尽性"要求相违背。大多数汇编作品的价值在于"穷尽性"，而按照主观选择理论，"穷尽性"的汇编往往不能够获得版权保护，因为仅仅是材料的收集不能满足原创性和创造性的要求。（2）原创性编排的要求同汇编作品的社会价值相冲突。往往最不具有原创性的编排最有价值；而按照原创性的要求，这些最有价值的编排又不能获得版权保护。

依据经济学原理，原创性要求可能违背经济规律。汇编作品具有公共物品的属性，该类作品的私人供给必然不足。要保证汇编作品的有效供给，需要保证私人对汇编作品开发所付出的成本的收回，而汇编作品的开发成本正是来自于汇编者投入其中的劳动。因此，原创性原则似乎不符合相关的经济学原理，不能够较好实现促进汇编作品创作的目的；而劳动理论似乎更能够实现这个目标，因为汇编者所投入的劳动的量同汇编作品开发成本的规模有联系，付出了大量劳动表明有更大开发成本的投入，相应地意味着汇编者在收回成本的时候面临了困难，更需要法律保护来实现汇编者收回成本的期望。❶ 确实，要保证汇编作品的有效供给需要保证开发成本的收回，但汇编作品的创作者收回成本的路径很多，不限于版权法。例如，同汇编作品的使用者签订合同、用启封合同的方式限制使用者复制汇编作品、在提供汇编作品的时候采用技术措施以防范非法复制、运用反不正当竞争法来对汇编作品进行保护等。原创性标准与不能收回成本不具有相关性。❷ 另外，成本收回本身并不是版权法的目标。社会利益应当优于成本收回。❸

从实施效果来看，原创性原则可能产生违背用户利益和版权法目的的后果。原创性原则促使汇编者以在基础数据上添加补充性和主观性的信息的形式对其汇编作品添加价值，而这种被添加的价值可能是不必要的和昂贵的。对主观性信息的添加将会增加汇编作品的创作成本，汇编作品的开发者会将这些增加的成本转嫁到用户身上。如果用户认为被添加的信息的价值不足以说明接触成本的增加，他们对汇编作品的使用会减少。❹ 另外，原创性原则不仅可能导致社会资源的浪费，还可能同版权法的目的相违背。因为在原创性原则之下，后来汇编者可能会为了获得版权保护，对初始汇编作品进行重新编排，❺ 但这种重新编排相对于初始汇编作品来讲，增加的价值可能微乎其微甚至根本没有增加任何价值反而导致汇编作品的价值降低。而版权法的首要目的是鼓励新作品的创作，并不是对已存汇编作品进行肤浅的重新编排。❻ 通过这种肤浅的重新编排

---

❶ Alfred C. Yen, The Legacy of Feist: Consequences of the Weak Connection between Copyright and the Economics of Public Goods, 52 *Ohio St. L. J.* 1343, 1374–75 (1991).

❷ Alfred C. Yen, The Legacy of Feist: Consequences of the Weak Connection between Copyright and the Economics of Public Goods, 52 *Ohio St. L. J.* 1343, 1374 (1991).

❸ Denise R. Polivy, Feist Applied: Imagination Protects, but Perspiration Persists—The Bases of Copyright Protection for Factual Compilations, 8 *Fordham Intell. Prop. Media & Ent. L. J.* 773, 801 (1998).

❹ Jane C. Ginsburg, No "Sweat"? Copyright and Other Protection of Works of Information after Feist v. Rural Telephone, 92 *Colum. L. Rev.* 338, 347 (1992).

❺ Michael J. Haungs, Copyright Of Factual Compilations: Public Policy and the First Amendment, 23 *Colum. J. L. & Soc. Probs.* 347, 360 (1990).

❻ Jack B. Hicks, Copyright and Computer Databases: Is Traditional Compilation Law Adequate?, 65 *Tex. L. Rev.* 993, 1010 (1987).

所创作的作品并不是真正意义上的"新"作品，版权法的目的并未被实现。

综上，衡量一个制度的价值不仅应当从个体的角度来评价，而且要从整个社会的视角进行考察。诚然，汇编者在作品创作中付出了劳动和努力，仅从汇编者的角度来看，他的劳动和努力应当获得补偿。但如果将汇编作品放在整个社会背景下进行考察，尽管汇编者在创作作品的时候付出了努力，汇编作品对社会的贡献和社会公众对汇编作品的真正需求也不是创作者的努力，而是最终呈现给社会公众的作品本身。因此，相较于辛勤收集原则，原创性原则服务了社会的真实需求。

3. 反不正当竞争原则

运用原创性原则对汇编作品进行保护存在"保护不足"的问题；而辛勤收集原则又存在"过度保护"的危险，依照该原则赋予的保护不仅阻碍了竞争性使用，也阻碍了非竞争性使用。而且，一般的版权保护期限太长，超出了保护作者竞争能力的需要。反不正当竞争法提供了保护汇编者经济利益的替代措施，[1] 盗用原则为汇编作品的保护提供了一条有益的途径。但盗用原则受到布兰代斯法官[2]和汉德法官[3]的批评，因为按照该原则所创制的"准财产权"也可能达到版权保护的效果。虽然该原则的适用限制在具有竞争关系的主体之间，但无数个具有竞争关系的主体加和起来也可能在一定程度上达到对汇编作品赋予版权保护的效应。一旦盗用原则达到了这种效果，加之适用盗用原则的汇编作品一般不具有原创性，对盗用原则的适用实际上意味着对不具有原创性的作品赋予了版权保护，从而具有如同辛勤收集原则一样的缺陷。

六、结　语

汇编作品是汇集和编排已有的作品与材料而形成的作品，对它们具

---

[1] Christine Wallace, Overlapping Interests in Derivative Works and Compilations, 35 *Case W. Res.* 103, 120 (1985).

[2] International NewsServ. v. Associated Press, 248 U. S. 215, 247 (1918). (Brandeis, J., dissenting).

[3] RCA Mfg. Co. v. Whiteman, 114 F. 2d 86 (2nd Cir. 1940) (Hand, J.).

有严重的依赖性。因此，汇编作品可版权性要件的确定需要考虑对已有作品与材料版权法地位的影响。汇编作品不能因为已有作品或材料的版权法地位而取得某种版权法地位。已经处于公共领域的作品或者属于事实的材料不能因为被汇集到一个汇编作品中而取得版权法的保护。仅仅是汇编者的"收集之痛"并不能使其结果成为版权法保护的对象，一部汇编作品要获得版权保护，其必须在选择、协调或编排上具有某种程度的原创性。另外，除了版权法能够对汇编作品提供一定的保护之外，反不正当竞争法也可能对汇编作品提供某种程度的保护。

第二节　非独立创作因素对客体可版权性的影响之二
——以数据库为中心

数据库在社会生活中占据重要地位，在经济生活中扮演了重要角色，是信息社会的中流砥柱。数据库制作者在收集、整理、更新数据等数据库的开发和维护工作付出了艰辛的劳动，投入了大量资金。另一方面，数据库中包含大量有用信息，公众对数据库的有效接触意义重大。数据库的重要性、数据库开发的高成本、公众接触数据库的强烈需求决定了版权法应当在数据库开发者的经济利益和社会公众合理接触数据库的公共利益之间作出适当平衡。

数据库是数据资料的集合，是汇编作品的一种。不过，数据库尤其是电子数据库具有传统汇编作品所没有的诸多特性：后者可以通过肉眼感知，前者须借助电脑和数据库软件才能感知；后者的外观是固定的，前者的外观则由用户"决定"；后者是静止的，前者是动态的。[1] 数据库特别是电子数据库的不同特性决定了传统汇编作品的一些保护原理并不

---

[1] Gerard J. Lewis, Copyright Protection for Purely Factual Compilations under Feist Publications, Inc. v. Rural Telephone Service Co.: How Does Feist Protect Electronic Data Bases of Facts? 8 *Santa Clara Computer & High Tech. L. J.* 169, 196 (1992).

一定能够有效地适用于数据库,数据库的保护可能需要一些特殊规则。这也彰显了将数据库从一般汇编作品单独提出来进行特别研究的必要性。

数据库保护的理论基础有辛勤收集原则、原创性原则、合同保护理论、对动产的侵害理论、反不正当竞争法、技术措施保护理论、特殊权利保护等。

一、辛勤收集原则：建立在劳动基础上的版权保护是否合理

构成数据库的事实或材料大多不具有可版权性,而且符合市场需求的数据库往往又不能够体现作者的个性。依据原创性原则对数据库赋予版权保护存在极大困难。因此,诉诸辛勤收集原则是数据库制作者保护自己的劳动免受侵害最好的方法。❶

不过,辛勤收集原则强调对数据库制作者"劳动"的补偿,而并不要求数据库具备原创性,事实上保护了不具有可版权性的事实,不符合版权法的基本原理。该原则虽然对数据库制作者提供了充分的创作激励,仅从单个的数据库制作者来看是公平的,但对社会公众合理"接触"数据库中的信息却造成了极大障碍。

二、原创性原则：数据库中的何种要素具有原创性

依据数据库在选择或编排方面的原创性而对数据库赋予版权保护的理论称之为"原创性原则",该原则又可以细分为"编排理论"和"选择理论"。

（一）编排理论

编排理论认为,如果汇编作品中材料的编排具有原创性和最低限度的创造性,其可以获得版权保护。❷ 原创性的编排是指对数据进行排序或分组,并列入数据表或数据目录。这种排序或分组不仅仅是对数据的机械排序或分组,比如按字母顺序或时间顺序对数据进行的排列。不过,

---

❶ Jack B. Hicks, Copyright and Computer Databases: Is Traditional Compilation Law Adequate? 65 *Tex. L. Rev.* 993, 1207 (1987).

❷ Jane C. Ginsburg, No "Sweat"? Copyright and Other Protection of Works of Information After Feist v. Rural Telephone, 92 *Colum. L. Rev.* 338, 342 (1992).

对于数据库中是否存在特定的编排这一问题存在不同的观点。

1. 否定说

否定说认为数据库中的数据不存在特定的编排。(1) 在数据库中，是用户决定了信息的编排，而不是汇编者。❶ 数据库中的数据的呈现形式最终由用户在软件的限制范围之内决定的。❷ (2) 对包含在电子数据库中的数据来说，很难证明其存在有意义的原创性编排。这些数据的编排只有从计算机科学的角度出发才重要，❸ 而人类是无法理解的。❹ 总之，电子数据库的保护不适合采取编排理论。❺

可见，否定说的主要依据在于电子数据库的特性。(1) 数据库同电子技术密切相关，其中的数据存储在一定的介质上，这个介质上的数据靠肉眼是无法识别的，必须借助一定的工具特别是电子计算机才能够识别。因此，其中不存在普通汇编作品中以肉眼可识别的形式所进行的编排。(2) 在电子技术之下，数据库和用户之间是互动的，用户可以通过对电子数据库发出一定的指令的方式让数据库中的数据以用户期望的形式出现。从以上两个方面来看，似乎电子数据库确实不存在固定的编排，至少在用户肉眼可识别的范围内不存在特定的编排。

2. 肯定说

肯定说认为虽然数据库具有不同于一般汇编作品的特殊属性，但从数据库的构成要素来看，其中还是存在特定编排的。❻ 一般而言，数据库系统的构成要素有三：(1) 数据；(2) 操作数据的软件；(3) 运行软件

---

❶ Leon Dayan, The Scope of Copyright In Information: An Alternative to Classic Theory, 42 *Fed. Comm. L. J.* 239, 240 (1990).

❷ Jack B. Hicks, Copyright and Computer Databases: Is Traditional Compilation Law Adequate?, 65 *Tex. L. Rev.* 993, 1014 (1987).

❸ James E. Schatz, Bradley W. Anderson, Holly Garland Langworthy, What's Mine Is Yours? The Dilemma of a Factual Compilation, 17 *U. Dayton L. Rev.* 423, 434 (1992).

❹ Philip H. Miller, Life after Feist: Facts, the First Amendment, and the Copyright Status of Automated Databases, 60 *Fordham L. Rev.* 507, 522 (1991).

❺ Robert C. Denicola, Copyright in Collections of Facts: A Theory for the Protection of Nonfiction Literary Works, 81 *Colum. L. Rev.* 516, 531 (1981).

❻ Jack B. Hicks, Copyright and Computer Databases: Is Traditional Compilation Law Adequate? 65 *Tex. L. Rev.* 993, 1011 (1987).

和存储数据的硬件。其中，数据构成数据库的核心。在大型和复杂的数据库中数据被获取的"实际物理位置"（physical location）具有重要意义。因为，数据在磁盘或存储器中的位置决定了接触数据的时间，而接触时间的最小化提高了数据库系统的商业生存能力，是数据库制作者在制作数据库时关注的首要对象。在数据库系统的设计中，数据库制作者往往要考虑数据的属性、用户的需求、硬件的兼容性和软件的有效性等影响因素，在这种设计中常常反映了数据库制作者的创造性和个性判断。

可见，数据库中数据在磁盘等介质中的存储位置具有重要意义，数据的物理结构在数据库的效率性中扮演了主要角色，数据库制作者在决定数据实际物理位置的时候加入了主观的判断，在确定数据编排的时候确实考虑了一些相关因素，数据的物理编排反映了数据库制作者的天赋和专门才能。

综上，虽然普通汇编作品中的材料是以肉眼可以识别的方式呈现给用户的，而电子数据库中的数据存储在磁盘等载体上，不借助相关工具不能够以肉眼加以识别。不过，数据在这些载体上也是存在特定结构的，数据存储的实际物理位置并不相同，数据库中信息单元之间的相互关系和数据库的整体模式也不一样，这些要素都构成了数据库的特定编排。如果这些编排包含了数据库制作者的选择与判断，反映出作者的个性，数据库可以由于其编排具备原创性而获得版权保护。

然而，尽管数据库中确实存在编排，而且编排可能表现出作者的个性。但数据库中数据的编排通常是由"实用目的"所决定的，例如数据库的"易接触性"和"效率性"。❶ 而由"实用目的"所决定的编排不能够获得版权保护。数据库编排的功能性有可能影响数据库可版权性的获得。不过，虽然数据库的编排从整体上讲都是为了具有效率性和易接触性，但在数据库制作者决定收入的数据范围之后，在这些既定的数据范围内决定何种数据具有"优先性"，从而应当被放置在特定的易被接触的

---

❶ Key Publications, Inc. v. Chinatown Today Publishing Enters., Inc., 945 F. 2d 513-14 (2d Cir. 1991). See Anani S. Narayanan, Standards of Protection for Databases in the European Community and the United States: Feist and the Myth of Creative Originality, 27 *GW J. Int'l L. & Econ.* 457, 478 (1993-1994).

物理位置的时候还是进行了主观选择与判断。因此，不能仅依据数据库的功能性而否定数据库编排具有原创性的可能性。

3. 依据编排理论保护数据库的法律效果

按照编排理论，数据库的可版权性建立在数据库信息的"有形编排"中所存在的原创性之上。❶ 在该理论下，版权保护只及于数据库制作者对数据的"原创性编排"，而不及于其中的"数据"。后来的竞争者可以自由利用他人数据库中的"数据"来制作竞争性的作品，只要该作品不具有同样的编排即可。❷ 由此，后来者不再需要像先前的数据库制作者一样回到最初资源对数据进行原始收集，其只要通过改变数据的编排方式就可以避免侵权。所以，在数据库的版权保护方面，编排原则可能存在保护不足的问题。

另外，尽管编排原则可能对数据库提供一定程度的保护，但数据库功能性不断增强的趋势必定使数据库制作者在编排方面的主观性和个性越来越少，依据编排原则对数据库的保护必定越来越少。❸

（二）选择理论

选择理论下的"选择"指的是将何种数据或材料包含在作品中的判断。这种有关包含或排除数据的决定，只要是原创性的并且是充分创造性的，就可以获得版权保护。❹

数据库制作者可以依据选择理论获得数据库的版权保护。数据库制作者在制作数据库的过程中，首先要确定目标使用者的需求，然后按照该需求选择特定数据放在数据库之中。数据库制作者对目标使用者需求的确认以及他对满足这些需求的信息类型的选择反映了作者的主观选择与个性判断，这是数据库具备原创性的重要理论基础之一。

---

❶ Gerard J. Lewis, Copyright Protection for Purely Factual Compilations under Feist Publications, Inc. v. Rural Telephone Service Co.: How Does Feist Protect Electronic Data Bases of Facts？8 *Santa Clara Computer & High Tech. L. J.* 169, 201-02 (1992).

❷ Feist Publications, Inc. v. Rural Tel. Serv. Co., 111 S. Ct. 1282, 1289 (1991).

❸ John F. Hayden, Recent Development: Copyright Protection of Computer Databases after Feist, 5 *Harv. J. Law & Tec* 215, 235 (1991).

❹ Jack B. Hicks, Copyright and Computer Databases: Is Traditional Compilation Law Adequate？65 *Tex. L. Rev.* 993, 228 (1987).

不过，数据库是信息的综合体，一般来说，越是全面的数据库，价值越大。因此，为了满足市场需求，许多数据库开发者都倾向于开发全面性的数据库。这种数据库并没有反映数据库制作者的主观选择与个性判断。❶ 因此，选择理论可能不能对数据库的版权保护提供满意的理论基础。❷

就保护效果而言，在选择理论之下数据库的保护范围也是有限的。因为选择理论只禁止数据"形式"的复制，而不禁止数据"本身"的复制。❸ 后来者可以自由使用他人数据库中的数据来准备一部竞争作品，只要其同他人的数据库不具有相同的选择即可。❹ 这种现象可能导致初始数据库开发的激励不足的问题。

三、合同保护理论：数据库的合同保护是否可行

在现实生活中，数据库制作者通常利用合同来约束用户的使用行为，这种合同通常表现为"启封许可合同"（a shrinkwrap license）。如果这种合同是可以强制执行的，确实可以达到对数据库进行有效保护的效果。然而，启封许可合同不仅可能违反合同法的一般原理，而且可能使版权法的一些制度归于无效，导致版权政策落空，构成版权滥用。

（一）合同法一般原理对合同保护的限制

从合同法的角度将，启封许可合同是一种"附和合同"或"格式合同"。因为，在启封许可合同中，用户如果想使用数据库，必须遵守启封许可合同的条款；即使他认为该条款不合理，也只能被动接受。在启封许可合同项下，用户"要么接受，要么走开"。而且，尽管购买者知道权利许可的限制性，因为包装显示了这样一个警告，但他并不知道明确的许可条款，直到他购买了这个产品。❺

---

❶ 同上，第229页。

❷ Key Publications, Inc., v. Chinatown Today Publishing Enters., Inc., 1991 U.S. (2d Cir. Sept. 23, 1991).

❸ Jane C. Ginsburg, Creation and Commercial Value: Copyright Protection of Works of Information, 90 Colum. L. Rev. 1865, 1869 (1990).

❹ Feist Publications, Inc., v. Rural Tel. Serv. Co., 111 S. Ct. 1289 (interim ed. 1991).

❺ ProCD, Inc. v. Zeidenberg, 86 F. 3d 1447, 1450 (7th Cir. 1996).

一般而言，格式合同只有在合法化的前提之下或格式条款只有通过一定的方式订入合同，才能够成为强制执行的合同。[1] 格式合同合法化或格式条款订入合同的理论主要有系列交易理论、共同了解理论、正常操作理论和既成惯例理论等。[2] 系列交易理论指，当事人因多次交易均使用同一内容的特定条款，该特定条款视为订入合同；共同了解理论指，只要相对人了解格式条款的使用人是以"某特定种类的格式条款"作为合同内容，该格式条款乃因"共同了解"而订入合同；正常操作理论认为，如果格式条款已成为某一行业的正常操作实务，则此种格式条款对于规则地与从事该行业的人为交易的对方而言，视为订入合同；既成惯例理论指，如果格式条款已成为某种交易的既成惯例，则不论对方是否知悉或应该知悉此种惯例，格式条款均成为合同的组成部分。

不论按照上述哪种理论，启封许可合同都难以具有合法化的地位。首先，启封许可合同的对方当事人一般是普通消费者，不可能同数据库的出卖者之间进行所谓的系列交易，按照系列交易理论，不能够使启封许可合同获得合法化的地位；其次，在启封许可合同中，尽管数据库制作者在其所提供的产品的包装上对权利许可的限制性有所警示，但合同的内容并没有出现在包装上，消费者不可能在购买数据库产品的时候了解数据库的出卖者以"某种特定种类的格式条款"作为合同的内容；最后，尽管通过启封许可合同来出卖数据库产品已经成为普遍的操作方式，但不能以此认为购买者必须接受其中的格式条款。因为，在此种普遍的操作方式中，消费者根本没有协商的余地，而且在大多数情况下根本不知道合同的内容，这种操作对数据库产品的提供方来说，可能已经成为一种普遍的操作方式，但对消费者来说，其不可能成为一种"正常"的操作方式，或者一种既成惯例。综上，从合同法的角度看，启封许可合同是不可强制执行的。[3]

从国际范围来看，只有五个国家和地区强制执行启封许可合同，分

---

[1] Jane C. Ginsburg, Creation and Commercial Value: Copyright Protection of Works of Information, 90 *Colum. L. Rev.* 1865, 1920 (1990).

[2] 崔建远主编：《合同法》，法律出版社 2000 年版，第 56～57 页。

[3] Step-Saver Data Sys., Inc. v. Wyse Tech., Inc., 939 F. 2d 91 (3d Cir. 1991).

别是奥地利、多米尼加共和国、韩国、马拉西亚和我国香港地区。❶ 可见，认可启封许可合同的可强制执行性只是少数国家和地区的实践。

（二）版权滥用的禁止对合同保护的限制

启封许可合同禁止用户复制包含在数据库中的数据，可以在一定程度上有效地保护数据库制作者的利益。但通过许可合同将数据库制作者的权利扩展到版权法所授予的权利之外可能构成"版权滥用"（copyright misuse）。❷

（1）启封许可合同允许通过产品的购买行为模糊地接受合同条款，阻止最终用户（enduser）❸复制数据库，规避了版权的首次销售原则，有效地扩展了数据库的保护。❹

（2）启封许可合同可能同合理使用原则相冲突。启封许可合同禁止被许可人按照许可合同禁止的方式来使用数据库，这种被禁止的使用方式可能构成版权法上的合理使用。当这种情形发生时，数据库制作者实际上禁止了版权法所允许的合理使用行为，这同版权法的政策相违背。❺

（3）虽然合同具有相对性，只约束合同双方当事人，并不影响第三人的利益。但就启封合同来说，被许可人和第三人的区别是徒有其表的，往往第三人使用数据库产品的唯一方式就是成为被许可人。❻ 如此，数据库制作者实际上通过启封许可合同达到一种对数据库赋予版权保护的效果，而数据库本身往往又不符合可版权性的要求。

---

❶ Mark A. Lemley, Intellectual Property and Shrinkwrap Licenses, 68 *S. Cal. L. Rev.* 1239, 1253, n.54.（1995）.

❷ Charles C. Huse, Database Protection in Theory and Practice: Three Recent Cases, 20 *Berkeley Tech. L. J.* 23, 28（2005）.

❸ 版权作品的最终用户是否应该成为版权法规则的规制对象一度成为版权法学者争论的焦点。这一争论并非自版权法产生之初就具有突出地位，而是在版权法发展到一定阶段，最终用户的行为可能对版权人的利益造成实质性损害的时候出现的。不过，这一争论可以通过对版权利用和侵权的实质的正确认识中得到解答。版权利用和侵权的对象应该都是版权，而不是版权的客体——作品。最终用户的行为应当是利用作品，而并没有利用版权，所以，该行为不应当成为版权法规制的对象。

❹ ProCD, Inc. v. Zeidenberg, 86 F. 3d 1447（7th Cir. 1996）.

❺ 卢海君："论合理使用制度的立法模式，"载《法商研究》2007年第3期。

❻ Charles C. Huse, Database Protection in Theory and Practice: Three Recent Cases, 20 *Berkeley Tech. L. J.* 23, 27（2005）.

综上，启封许可合同可能受到合同法一般原理的限制而不具有强制执行性，也可能构成版权滥用。不过，就算法律认可启封许可合同的可强制执行性，利用合同对数据库进行保护也只是一种权宜之计。首先，合同具有相对性，只约束合同双方当事人，没有对抗第三人的效力；其次，新的科技手段的出现使接触电子数据库变得非常容易；❶ 最后，数据库所有者没有适当的方式来监控该合同，监控、起草和执行这些合同的成本使用户对数据库信息的接触更昂贵。❷

四、对动产的侵害理论：数据库与动产之间是否存在类推适用的余地

在美国法律中，数据的在线提供者能够根据州法"对动产的侵害原则"保护其数据免受未经许可的广泛复制。❸ 当故意干涉（interference）个人财产的占有接近于造成损害（injury）的时候构成对动产的侵害，❹ 该损害必须是对动产或其上的权利的损害。❺

易贝（eBay）案❻运用对动产的侵害原则对在线数据库提供了保护。在该案中，Bidder's Edge 运用一种网页抓取程序反复地对易贝的网页进行信息抓取。这种网页抓取程序自动复制目标网页上的数据。易贝通过主张对动产的侵害原则阻止了 Bidder's Edge 的行为。地区法院认为，对动产的侵害原则运用在对计算机系统的使用上需要满足下列条件：被告故意未经授权干涉了原告在计算机系统中的所有性利益（possessory interest）；被告未经授权的使用接近于对原告造成损害。在本案中，易贝拒绝授予 Bidder's Edge 对其网页进行信息抓取的许可，要求 Bidder's

---

❶ Gerard J. Lewis, Copyright Protection for Purely Factual Compilations under Feist Publications, Inc. v. Rural Telephone Service Co.: How Does Feist Protect Electronic Data Bases of Facts? 8 *Santa Clara Computer & High Tech. L. J.* 169, 171 (1992).

❷ Michael Freno, Database Protection: Resolving the U. S. Database Dilemma with an Eye toward International Protection, 34 *Cornell Int'l L. J.* 165, 192-93 (2001).

❸ Charles C. Huse, Database Protection in Theory and Practice: Three Recent Cases, 20 *Berkeley Tech. L. J.* 23, 29 (2005).

❹ Thrifty-Tel v. Bezenek, 54 Cal. Rptr. 2d 468, 473 (Ct. App. 1996).

❺ Intel Corp. v. Hamidi, 71 P. 3d 296, 302 (Cal. 2003).

❻ eBay, Inc. v. Bidder's Edge, Inc. 100 F. Supp. 2d 1058 (N. D. Cal. 2000).

Edge 停止其信息抓取行为，试图阻碍这种网页抓取程序的运行，而 Bidder's Edge 继续对原告的网页进行信息抓取，Bidder's Edge 的行为满足上述第一项因素。尽管网页抓取程序只占了易贝服务器资源的 1%，这种使用并没有导致易贝服务的破坏，但其阻止了易贝对这部分运行带宽的使用。而且，如果允许这种复制将会促进其他潜在的竞争者抓取易贝网页的信息，Bidder's Edge 的行为满足了上述第二项因素。

可见，对动产的侵害原则确实会对数据库特别是在线数据库提供一定程度的保护。

五、反不正当竞争法：知识产权与反不正当竞争法之间是何种关系

数据库使用者与数据库开发者之间可能存在竞争关系，其对数据库的使用可能构成不正当竞争行为。在这种情况下，数据库开发者可以通过反不正当竞争法寻求对数据库的保护。盗用侵权是不正当竞争行为的一种，可以被用来阻止对原始事实的复制，条件是这些信息是"时间紧迫性的"（time-sensitive）。[1]

美国篮球职业联盟（NBA）案[2]阐述了盗用侵权的构成要件。在该案中，美国篮球职业联盟寻求一个禁令救济，禁止摩托罗拉（Motorola）出卖一种对正在进行的篮球比赛提供最新比分的寻呼机。摩托罗拉通过自己的雇员网络观看或收听比赛的广播来收集这些比分。法院认为体育比分是不受版权保护的事实，但原告可能在下列条件满足的情况下主张盗用侵权：原告花费了成本来产生或收集信息；信息是时间紧迫性的；被告对这些信息的使用构成了对原告努力的"搭便车"行为；被告同原告所提供的产品或服务处于直接竞争之中；其他主体对原告或他人的努力进行"搭便车"的能力将会减少生产这些产品或提供这些服务的激励，以至于这些产品或服务的存在或质量受到充分威胁。然而，在该案中，摩托罗拉的产品并没有对美国篮球职业联盟的核心商业构成竞争，其核心商业是提供和广播篮球比赛。摩托罗拉也没有"搭便车"行为的存在，

---

[1] Charles C. Huse, Database Protection in Theory and Practice: Three Recent Cases, 20 Berkeley Tech. L. J. 23, 30 (2005).

[2] NBA v. Motorola, Inc. 105 F. 3d 841 (2d Cir. 1997).

而是运用自己的资源来收集这些比分。所以,盗用侵权的主张不能成立。

盗用侵权理论虽然可以为数据库制作者提供一定程度的救济,但该项原则的适用有不少问题。(1)盗用侵权的成立要件之一是数据库制作者在开发数据库的时候投入了大量的劳动和金钱。在一定意义上,盗用侵权理论将保护的基础建立在来自于汇编者的劳动和投入所产生的"有限财产权"之上,有违背费斯特案(否定辛勤收集原则)的嫌疑。❶(2)在盗用侵权理论之下,对他人知识产权未经授权的使用缺乏清晰的"规范意义"(normative significance),通常是建立在个案基础上进行判决。❷这种状况导致该原则具有不确定性和不可预见性,从而依照该理论不能够建立清晰的社会秩序。❸(3)盗用侵权理论只适用于"最新消息"(hot news),即"时间紧迫性"的消息,❹发挥作用的范围有限。

六、技术措施的保护:技术措施与栅栏之间是否具有同质性

数据库制作者可以借助技术措施来保护数据库。技术措施受到版权法的保护。例如,《美国数字千年版权法》(DMCA)为版权法创作了新的第12章,禁止制造和销售设计用来规避技术保护措施的工具。我国的《信息网络传播权保护条例》第4条规定了技术措施权:为了保护信息网络传播权,权利人可以采取技术措施。任何组织或者个人不得故意避开或者破坏技术措施,不得故意制造、进口或者向公众提供主要用于避开或者破坏技术措施的装置或者部件,不得故意为他人避开或者破坏技术措施提供技术服务。但是,法律、行政法规规定可以避开的除外。❺

应用技术措施对数据库进行保护存在一些弊端。首先,技术措施存在保护不力的缺陷。技术措施一般应用在在线提供数据库或者用磁盘提

---

❶ Philip H. Miller, Life after Feist: Facts, the First Amendment, and the Copyright Status of Automated Databases, 60 *Fordham L. Rev.* 507, 526 (1991).

❷ Richard A. Posner, Misappropriation: A Dirge, 40 *Hous. L. Rev.* 621, 638 (2003).

❸ Michael Freno, Database Protection: Resolving the U. S. Database Dilemma with an Eye toward International Protection, 34 *Cornell Int'l L. J.* 165, 193 (2001).

❹ Michael Freno, Database Protection: Resolving the U. S. Database Dilemma with an Eye toward International Protection, 34 *Cornell Int'l L. J.* 165, 193 (2001).

❺ 我国于2006年7月1日起施行的《信息网络传播权保护条例》。

供数据库的场合,在这些场合数据库制作者可以应用诸如加密、电子水印等防复制技术。一旦数据库的内容被打印,加密技术等就不能再有效地保护数据库。❶ 其次,数据库制作者依靠私力救济保护数据库可能会增加社会成本。例如,如果数据库所有者诉诸技术的解决方法,开发数据库的成本将会增加。因为其不但要制作数据库,而且要开发或者委托他人开发防止非法复制的技术措施。本来,数据库的法律保护应当是政府提供的"公共产品",但由于政府所提供的法律保护措施的不利,私主体不得不采取私力救济措施,而且每个私主体都要采取这样的措施,社会成本由此增加。最后,技术措施权的行使可能使合理使用制度的价值落空。按照合理使用原则,特定主体在特定条件之下可以对数据库进行复制而不构成侵权。而数据库制作者在数据库中采取技术措施,不仅使非法使用被拒之门外,也可能排除构成合理使用的合法使用行为。❷

七、数据库的特殊保护:是否为数据库保护的必然选择

如上所述,尽管各种现存的法律理论可以被借用来对数据库赋予一定程度的保护,但这些理论对数据库的保护多少存在一些不足之处。于是,寻求对数据库赋予"特殊权利"(sui generis)保护的议题被提上日程。其中,欧盟、世界知识产权组织、美国在此领域的努力值得关注。

(一)欧盟数据库指令

1. 绿皮书

欧盟对于数据库保护的观点首次(1988年)表达在《版权和技术挑战的绿皮书(Green Paper)》中。❸ 绿皮书的第六章讨论了数据库的保护问题。在绿皮书出版的时候,欧盟成员国内部存在多种不统一的版权法,造成了建立统一共同体市场的障碍。绿皮书首先提出指导欧盟知识产权

---

❶ Terry M. Sanks, Database Protection: National and International Attempts to Provide Legal Protection for Databases, 25 *Fla. St. U. L. Rev.* 991, 1009 (1998).

❷ 卢海君:"论合理使用制度的立法模式",载《法商研究》2007年第3期。

❸ Copyrigh and the challenge of Technology—Copyright Issues Requiring Immediate Action: Green Paper from the Commission of the European Communities. COM (88) 172 Final, 7 June 1998. 下文简称"绿皮书"。

政策的四个指导性前提：❶（1）委员会提倡在欧盟范围内创制统一的版权法，以减少和消除现存的贸易和竞争中的扭曲；❷（2）委员会认识到需要发展出能够促进在未来发展领域，如媒体和信息服务领域欧盟成员国之间的竞争机制；❸（3）委员会察觉到需要保护欧盟范围内的主体在开发知识产权中所付出的努力和投资免受欧盟以外主体的侵犯；❹（4）委员会承认基于版权人和社会公众的需要校准版权保护水平的重要性。❺

绿皮书将数据库界定为用电子手段存储并通过电子手段接触的信息的"收集"（collection），❻如文库、文集、目录等。委员会指出，相对于数据库的编排、信息的表达形式，数据库中的数据更为重要。尽管如此，数据库的编排同数据库的运行速度，数据库的易接触性，进而同数据库在商业中的成功与否密切相关。❼ 在创制绿皮书的时候，委员会将焦点集中在数据库信息的"存储"（storage）与"获取"（retrieval）可能涉及的版权问题上。主要是以下三个问题：（1）如果一部版权作品的全部或部分合成到一个计算机化的信息系统中，该版权作品是否受到侵犯；（2）对信息的获取是否构成版权法禁止的行为；（3）将版权保护扩张到纯粹的数据汇编之上是否可行。❽

一些国家的司法实践将所有形式的信息获取行为都界定为受限制的行为。而在有些国家的司法实践中，从数据库中获取信息被区分为两种

---

❶ Copyright and the Challenge of Technology - Copyright Issues Requiring Immediate Action：Green Paper from the Commission of the European Communities，COM（88）172 1.3.

❷ Copyright and the Challenge of Technology - Copyright Issues Requiring Immediate Action：Green Paper from the Commission of the European Communities，COM（88）172 1.3.2.

❸ Copyright and the Challenge of Technology - Copyright Issues Requiring Immediate Action：Green Paper from the Commission of the European Communities，COM（88）172 1.3.3.

❹ Copyright and the Challenge of Technology - Copyright Issues Requiring Immediate Action：Green Paper from the Commission of the European Communities，COM（88）172 1.3.4.

❺ Copyright and the Challenge of Technology - Copyright Issues Requiring Immediate Action：Green Paper from the Commission of the European Communities，COM（88）172 1.3.5～6.

❻ Copyright and the Challenge of Technology - Copyright Issues Requiring Immediate Action：Green Paper from the Commission of the European Communities，COM（88）172 6.1.1.

❼ Copyright and the Challenge of Technology - Copyright Issues Requiring Immediate Action：Green Paper from the Commission of the European Communities，COM（88）172 6.1.5.

❽ Copyright and the Challenge of Technology - Copyright Issues Requiring Immediate Action：Green Paper from the Commission of the European Communities，COM（88）172 6.3.2.

形式，一种是"显示"（visual display），一种是"打印"（print-outs）。"打印"被视为一种受限制的复制，而"显示"有时被比着在图书馆或书店翻阅书籍的行为，不构成受版权限制的行为。但这些区分只有有限的实践影响。❶

在绿皮书创制的时候，按照当时现有的国家立法和国际条约，对数据库的保护同数据库中存储的材料的特性有关，而与本身作为一个数据收集的数据库无关。在全文（full-text）数据库的场合，只有单个作品被存储，作者的表达形式并未改变，只是存储介质发生了变化，一个是传统形式出版，一个是电子形式出版，作者对作品享有的版权保护并没有因为存储介质的变化而改变；当一个数据库包含许多作品或者作品摘录的时候，如果数据库内容的"选择"与"编排"具有原创性，数据库可以受到版权保护；受版权保护的作品不管是全部还是部分被并入数据库，仍然享有版权保护。数据库版权保护的困难集中在数据库的内容不受版权保护的场合。❷ 在这种场合下，即使数据库中所包含的材料不具有可版权性，数据库的开发仍旧需要相当技巧和投资，❸ 因而需要对数据库赋予一定程度的保护以激励创作。但数据库的材料选择往往具有"穷尽性"，数据的编排往往具有"技术必要性"，❹ 利用传统版权法对数据库进行保护存在一定困难，因为具有"穷尽性"和"技术必要性"的作品往往不具有个性，不具有原创性，或者受合并原则的限制，从而不能够获得版权保护。尽管如此，这些信息的汇编仍然可能因为具有原创性和创造性而受到版权保护。❺ 在一些国家，存在禁止对数据库进行复制的较短期限

---

❶ Copyright and the Challenge of Technology - Copyright Issues Requiring Immediate Action: Green Paper from the Commission of the European Communities，COM（88）172 6.3.8.

❷ Copyright and the Challenge of Technology - Copyright Issues Requiring Immediate Action: Green Paper from the Commission of the European Communities，COM（88）172 6.4.1.

❸ Copyright and the Challenge of Technology - Copyright Issues Requiring Immediate Action: Green Paper from the Commission of the European Communities，COM（88）172 6.4.2.

❹ Copyright and the Challenge of Technology - Copyright Issues Requiring Immediate Action: Green Paper from the Commission of the European Communities，COM（88）172 6.4.3.

❺ Copyright and the Challenge of Technology - Copyright Issues Requiring Immediate Action: Green Paper from the Commission of the European Communities，COM（88）172 6.4.4.

的保护。❶ 例如,《丹麦版权法》第 49 条的规定,汇编信息的目录、图表和相似的作品,在出版之日起 10 年内未经作者的同意不可以被复制。❷

数据库的开发需要大量投资,数据库产业是一个朝阳产业,需要对数据库赋予一定程度的保护以禁止未经授权对数据库的复制。因此,委员会考虑制定一些法律措施对数据库"本身"进行有限保护。❸ 而要赋予数据库以此种保护,首先应当考虑的是谁应当成为保护的受益人。保护范围和被限制的行为也要被仔细考虑以防止对信息的"接触"被不适当限制。❹

从绿皮书第六章的内容可以看出,绿皮书认识到数据库的"数据"相对于"编排"更为重要。数据库开发者在开发数据库的时候需要大量投入,数据库保护的基础应当是开发数据库中所付出的"投资"应当受到保护。绿皮书提及数据库的特殊权利保护,认为这种保护应当是有限的保护,不应当不正当地限制对数据库信息的接触,这种特殊保护措施将限制在"计算机化"的(computerised)数据库上。❺

2. 欧盟数据库指令

欧盟数据库指令的制定和完善有一个发展过程。欧盟在 1988 年的绿皮书中首次提出了协调成员国有关数据库法律保护的问题,1992 年公布了《数据库法律保护指令的建议》,❻ 1992 年 4 月 15 日该建议被提交给

---

❶ 有学者将这种对数据库赋予的保护称之为北欧"目录规则"。依据"目录规则"保护的数据库不需要具有原创性;这种保护所授予的权利具有有限性,只有复制权;同时保护的标准以大量的信息条目为限。参见李扬:《数据库法律保护研究》,中国政法大学出版社 2004 年版,第 159 页。

❷ Copyright and the Challenge of Technology - Copyright Issues Requiring Immediate Action: Green Paper from the Commission of the European Communities, COM (88) 172 6.4.5.

❸ Copyright and the Challenge of Technology - Copyright Issues Requiring Immediate Action: Green Paper from the Commission of the European Communities, COM (88) 172 6.4.7.

❹ Copyright and the Challenge of Technology - Copyright Issues Requiring Immediate Action: Green Paper from the Commission of the European Communities, COM (88) 172 6.4.8.

❺ Mark J. Davison, *The Legal Protection of Databases*, Cambridge University Press, 2003. p. 53.

❻ 薛虹:《网络时代的知识产权法》,法律出版社 2000 年版,第 94 页。

了欧盟理事会。❶ 欧盟理事会在1992年5月13日采纳了委员会的建议。1995年7月，欧盟部长理事会正式通过了《关于数据库法律保护的指令》。❷ 指令的最终文本❸于1996年3月11日被欧盟采纳，于1998年1月1日生效。该文本包含以下几个部分：第一章规定了指令的范围，第二章规定了数据库的版权保护，第三章规定了数据库的特殊权利保护，第四章是一般条款。可见，指令对数据库提供了双层保护，第一层覆盖了"原创性"的数据库，通过版权法进行保护；第二层覆盖了"非原创性"的数据库，通过特殊权利进行保护。❹

指令将数据库界定为对独立作品、数据或其他材料的"收集"，这些材料以系统的（systematic or methodical）方式进行编排，可以通过电子或其他手段单独（individually）接触。❺ 指令的保护延伸至以任何形式（in any form）编排的数据库，❻ 但不适用于制作或运行电子数据库的计算机程序。❼

根据指令的规定，如果数据库内容的选择或编排构成作者自己的智力创造（intellectual creation），数据库可以获得版权保护。❽ 指令赋予数据库的版权保护不延伸至数据库的内容，不影响这些内容中所存在的任何权利。❾

---

❶ Commission Proposal for a Council Directive on the Legal Protection of Databases, 1992 O. J. (C 156) 4, 4 & 4.

❷ 薛虹：《网络时代的知识产权法》，法律出版社2000年版，第94页。

❸ The Directive on the Legal Protection of Databases, Council Directive No. 96/9, 1996 O. J. (L 77/20). 以下简称"指令"。

❹ Michael Freno, Database Protection: Resolving the U. S. Database Dilemma with an Eye toward International Protection, 34 *Cornell Int'l L. J.* 165, 182-83 (2001).

❺ The Directive on the Legal Protection of Databases, Council Directive No. 96/9, 1996 O. J. (L 77/20). art. 1 (2).

❻ The Directive on the Legal Protection of Databases, Council Directive No. 96/9, 1996 O. J. (L 77/20). art. 1 (1).

❼ The Directive on the Legal Protection of Databases, Council Directive No. 96/9, 1996 O. J. (L 77/20). art. 1 (3).

❽ The Directive on the Legal Protection of Databases, Council Directive No. 96/9, 1996 O. J. (L 77/20). art. 3 (1).

❾ The Directive on the Legal Protection of Databases, Council Directive No. 96/9, 1996 O. J. (L 77/20). art. 3 (2).

指令除了赋予在选择或编排方面具备原创性的数据库以版权保护之外，更重要的是赋予了数据库以特殊权利保护。数据库的制作者如果能够表明其于获取（obtaining）、校正（verification）或提供（presentation）数据库内容之时在质和（或）量上付出了实质性（substantial）投资，他可以阻止他人对其数据库内容的质和（或）量上的全部（the whole）或实质性部分（a substantial part）进行"提取"（extraction）和（或）"再利用"（re-utilization）。❶ "提取"指的是通过任何方式或以任何形式永久地（permanent）或暂时地（temporary）将数据库全部内容或是在数量上及（或）质量上具有实质性的内容转移（transfer）到另一种介质上的行为。❷ "再利用"指的是以发行（the distribution of copies）、出租（renting）、在线传输（on-line transmission）或者其他方式传输等方式向公众提供（making available to the public）数据库的全部内容或是在数量上及（或）质量上具有实质性的内容的行为。公共出借（public lending）不属于提取或再利用行为。❸ 数据库制作者有权禁止他人"重复地"（repeated）和"系统地"（systematic）提取以及（或）再利用虽属于数据库的非实质性（insubstantial）内容，但与数据库的正常利用（a normal exploitation）相冲突或者不合理地（unreasonably）损害数据库制作者的合法利益的行为。❹

数据库的特殊权利保护独立于数据库的版权保护。❺ 有观点认为，指令所赋予的版权保护数据库的"结构"，特殊权利保护数据库的"内容"。该观点并不成立，因为在数据库"结构"的版权保护和特殊权利保护之

---

❶ The Directive on the Legal Protection of Databases，Council Directive No. 96/9，1996 O. J.（L 77/20）. art. 7（1）.

❷ The Directive on the Legal Protection of Databases，Council Directive No. 96/9，1996 O. J.（L 77/20）. art. 7（2）（a）.

❸ The Directive on the Legal Protection of Databases，Council Directive No. 96/9，1996 O. J.（L 77/20）. art. 7（2）（b）.

❹ The Directive on the Legal Protection of Databases，Council Directive No. 96/9，1996 O. J.（L 77/20）. art. 7（5）.

❺ The Directive on the Legal Protection of Databases，Council Directive No. 96/9，1996 O. J.（L 77/20）. art. 7（4）.

间有大量重合。❶ 从指令对"提取"和"再利用"的界定可以看出，这些新的术语实际上指的是已经存在的权利，但内涵可能有所不同。（1）提取中的"转移"实际上就是版权法中的"复制"❷，指将数据库的内容复制到另外一个介质之上，原介质中的内容仍然存在。❸ 指令中的"提取"包含永久的和暂时的提取，暂时的电子复制也应当构成提取行为，在计算机上阅读数据库的实质性部分也构成提取行为。如此解释，提取权成为一种"接触"（access to）电子数据库的权利，未经制作者同意仅仅是接触数据库的行为就构成提取权的侵权。❹（2）指令在界定"再利用"行为的时候，用到了"向公众提供"的术语，该术语在《1996年世界知识产权组织版权条约》中也用到，在该条约中，"向公众提供"指的是以如此方式向公众提供作品以使公众中的成员可以在个人选定的时间和地点接触作品。指令采纳该术语是在版权条约之前，指令中"向公众提供"的含义要比版权条约中"向公众提供"的含义宽泛得多：❺ 指令中的"向公众提供"包含复制品的发行、出租、在线传输和以其他形式的传输，因此指令中的"再利用权"是发行权、版权条约中的公众传播权（communication to the public）和知识产权协定（TRIPs）中的出租权的综合体。

指令对数据库的保护规定了以下例外：为私人目的（private purpo-

---

❶ Mark J. Davison，*The Legal Protection of Databases*，Cambridge University Press，2003. p. 81.

❷ 复制权中的复制事实上是"再现原作"与"载体转移"两者的有机结合。例如，我们到复印店复印一篇文章，文章的复印件再现了原作的内容。这也是我们之所以到复印店复印文章的原因。同时，这种"再现"并非是在同一载体上的再现，而是在不同的载体上出现了相同的作品内容。也即作品的载体发生了转移。按照欧盟数据库指令对提取权的界定，提取是将数据库的内容转移到另外一个介质之上的行为。首先，数据库的内容被转移到另外一个介质之上，在这个介质上，数据库的内容得以"再现"；其次，"另外"一个介质表明载体发生了移转。所以，"提取权"同"复制权"所表达的内涵是一致的。

❸ Mark J. Davison，*The Legal Protection of Databases*，Cambridge University Press，2003. p. 87.

❹ Mark J. Davison，*The Legal Protection of Databases*，Cambridge University Press，2003. p. 87.

❺ Mark J. Davison，*The Legal Protection of Databases*，Cambridge University Press，2003. pp. 88~89.

ses）对非电子数据库的提取，为教学或科研目的的提取，为公共安全、管理或司法程序等需要的提取。❶ 指令规定的特殊权利的期限是 15 年，并且是可以更新的（renewable），即当数据库的内容发生了实质性的变化（substantial change），以至于包含这些实质性变化的数据库被认为是一个实质性的新投资（a substantial new investment）的时候，这个"新"数据库的保护期限独立计算，也即再享有 15 年的保护期限。❷

指令创制了一个外在于成员国版权法范围的一个保护性权利，该权利禁止对花费大量成本和努力的数据库的内容进行不公平使用。❸ 指令事实上对原始数据"本身"赋予了保护。❹ 虽然指令应用了新的术语"提取权"和"再利用权"来界定数据库制作者应当享有的权利，但是，从某种意义上来说，这些特殊权利都是以不同方式表达的版权法所规定的绝对权或这些权利的综合。因此，可以合理地推断，指令所赋予的权利实际上就是"版权"；而指令在赋予这些"版权"的时候并没有要求数据库具备原创性，只要求数据库的制作者在制作数据库的过程中进行了实质性投资。所以，指令对数据库的保护类似于"辛勤收集原则"。如果可以将数据库指令中所规定的权利称之为"特殊权利"的话，可以将其解读为，指令所提供的保护是游离于版权法之外，对特定对象在并没有满足可版权性要件的情况下所提供的类似于版权的保护。

（二）《世界知识产权组织数据库公约草案》

在数据库的国际制度层面，世界知识产权组织推出了《世界知识产权组织数据库公约草案》❺ 草案采取的也是特殊权利保护模式。草案要求成员国对数据库进行保护，如果数据库制作者在制作数据库的过程中付

---

❶ The Directive on the Legal Protection of Databases，Council Directive No. 96/9，1996 O. J. （L 77/20）. art. 9.

❷ The Directive on the Legal Protection of Databases，Council Directive No. 96/9，1996 O. J. （L 77/20）. art. 10.

❸ Barry D. Weiss，Barbed Wires and Branding in Cyberspace：The Future of Copyright Protection，450 *PLI/Pat.* 397，404 （1996）.

❹ Miriam Bitton，Trends in Protection for Informational Works under Copyright Law during the 19th and 20th Centuries，13 *Mich. Telecomm. & Tech. L. Rev.* 115，117 （2006）.

❺ Basic Proposal for the Substantive Provisions of the Treaty on Intellectual Property in respect of Databases，WIPO Doc. CRNR/DC/6 （Aug. 30，1996）. 下文简称"草案"。

出了实质性投资，不论该数据库的表现形式或介质如何，都可以获得保护。草案赋予数据库的保护独立于数据库或其内容的版权保护或其他权利保护，这种保护不及于生产、运行或维持数据库的计算机程序。❶ 数据库指的是独立作品、数据或其他材料的收集，这些材料以系统的形式进行编排，并且可以通过电子手段或其他方式独立接触。❷ 草案规定数据库制作者享有"提取权"（extraction）和"利用权"（utilization）。❸ "提取"指通过任何方式或以任何形式永久地或暂时地将数据库内容的全部或实质性部分转移到另一介质的行为。❹ "利用"指通过任何方式将数据库内容的全部或实质性部分提供给公众的行为，包括复制品的发行、出租、在线或其他形式的传输，包括将数据库内容的全部或实质性部分提供给公众，使公众中的成员可以在自己选定的地点和时间获得这些信息。❺ 成员国可以在特定的特殊情形下（in certain special cases）规定数据库保护的例外或限制，其不同数据库的正常开发相冲突，也不得不合理地损害数据库所有人的合法利益。❻ 草案为成员国提供了可供选择的数据库保护期限，25年或15年；当数据库发生实质性变化，以至于构成新的实质性投资的时候，新数据库的保护期限独立起算。

草案的起草很大程度上是在欧盟的推动下进行的，❼ 因此其表现出同欧盟数据库指令很大的相似性。在数据库的界定、权利的赋予、权利的内涵等方面草案基本上同指令相同。稍微不同的是权利限制和期限的规定。草案并没有像指令一样明确规定数据库保护例外或限制的类型，而

---

❶ Basic Proposal for the Substantive Provisions of the Treaty on Intellectual Property in Respect of Databases，WIPO Doc. CRNR/DC/6（Aug. 30，1996）. Article 1.

❷ Basic Proposal for the Substantive Provisions of the Treaty on Intellectual Property in Respect of Databases，WIPO Doc. CRNR/DC/6（Aug. 30，1996）. Article 2（ⅰ）.

❸ Basic Proposal for the Substantive Provisions of the Treaty on Intellectual Property in Respect of Databases，WIPO Doc. CRNR/DC/6（Aug. 30，1996）. Article 3（1）.

❹ Basic Proposal for the Substantive Provisions of the Treaty on Intellectual Property in Respect of Databases，WIPO Doc. CRNR/DC/6（Aug. 30，1996）. Article 2（ⅱ）.

❺ Basic Proposal for the Substantive Provisions of the Treaty on Intellectual Property in Respect of Databases，WIPO Doc. CRNR/DC/6（Aug. 30，1996）. Article 2（ⅵ）.

❻ Basic Proposal for the Substantive Provisions of the Treaty on Intellectual Property in Respect of Databases，WIPO Doc. CRNR/DC/6（Aug. 30，1996）. Article 5（1）.

❼ 李扬：《数据库法律保护研究》，中国政法大学出版社2004年版，第129～130页。

是规定了总的原则；在期限方面，草案规定了可供选择的期限。

（三）美国的数据库特殊权利保护立法

美国就数据库的特殊权利保护也进行了相关立法，具体表现为 H. R. 3531 法案❶、H. R. 2652 法案❷、H. R. 354 法案❸、H. R. 1858 法案❹、H. R. 3261 法案❺、H. R. 3872 法案❻等。美国的数据库特殊权利保护立法所赋予数据库制作者的特殊权利同《欧盟数据库指令》所赋予数据库制作者的特殊权利大同小异。❼ 例如，H. R. 3531 法案规定，数据库所有者有权禁止以同数据库所有者对数据库的正常开发相冲突的方式或消极影响数据库的实际或潜在市场的方式"提取"（extraction）"使用"（use）或"再使用"（reuse）数据库内容的所有部分或实质性部分的行为。以同数据库所有者对数据库的正常开发相冲突的方式或消极影响数据库的实际或潜在市场的方式重复地或系统地"提取""使用"或"再使用"数据库内容的非实质性部分也在禁止之列。❽ 另外，美国有关数据库保护的制度中还涉及以"盗用原则"对数据库制作者赋予反不正当竞争法的保护。从历史纬度来看，美国数据库特殊保护制度的发展进程正好与欧盟的相关立法进程相反，即美国数据库特殊保护立法的起点正好是欧盟数据库特殊保护立法的终点。美国数据库立法之始所采取的"绝对权路径"正好等同于欧盟所采取的"特殊权利路径"；而美国数据库立法

---

❶ H. R. 3531，104th Cong.，2d Sess.（1996）（"Database Investment and Intellectual Property Antipiracy Act of 1996"）.

❷ HR 2652 RFS，105th Cong.，2d Sess.（May 20，1998）（"Collections of Information Antipiracy Act"）.

❸ H. R. 354，106th Cong.（1999）1st Sess.（"the Collections of Information Antipiracy Act"）.

❹ H. R. 1858，106th Cong. 1st Sess.（1999）.（"The Consumer and Investor Access to Information Act"）.

❺ H. R. 3261，108th Cong. 1ST Sess.（2003）（"Database and Collections of Information Misappropriation Act"）.

❻ H. R. 3872，108th Cong. 2D Sess.（2004）（"Consumer Access to Information Act of 2004"）.

❼ 卢海君：论数据库的特殊权利保护"，载《重庆工学院学报（社会科学版）》2009年第11期。

❽ H. R. 3531. Sec. 4.

却以"盗用原则"的采取为结束,正好类似于欧盟在数据库立法之始所建议的"不正当竞争路径"。❶

(四) 数据库特殊权利保护的实质

从数据库特殊权利的立法例来看,该种制度中所谓的"提取权"和"再利用权"不过是版权的另一种表达方式,而特殊权利的赋予并没有考虑数据库是否具备原创性。因此,数据库的特殊权利保护实际上保护了数据库中的事实和信息。而在事实和信息之上承载了巨大的公共利益,事实是表达、自治和知识的基石。剥夺普通公众对这些基石的自由使用将破坏知识的增长,阻碍"思想市场"(the marketplace of ideas)的发展,使公众的表达方式枯竭。❷

由此可见,一方面,数据库的特殊权利保护为数据库的制作提供了比较充分的激励,大量数据库的产生有利于公共利益的实现;另一方面,这种特殊保护的模式保护了数据库中的事实与信息,可能对公共利益造成不良影响。我们应当如何看待这一矛盾问题?

(1) 事实和信息之上虽然承载着公共利益,但公共利益的实现也需要大量数据库的诞生,而数据库的制作需要大量投入,因此,法律应当为数据库的创作提供激励。赞成数据库特殊权利保护的观点认为,为数据库提供针对不正当提取的法律保护,将会对有用信息的创制者和开发者提供必要的和有利于社会生产的激励。❸ 申言之,数据库产业经济和功能的重要性日益快速增长,但盗版和非法使用的行为也日渐猖獗。因为盗版人和其他最终使用者的复制成本很低,只占数据库开发成本的一小部分,而数据库的开发包含了人力、技术和资金方面的实质性投资,如果允许任意复制者的存在,将会对数据库的初始开发者造成严重的不良

---

❶ Mark J. Davison, *The Legal Protection of Databases*, Cambridge University Press, 2003. p. 190. 另参见卢海君:"论数据库的特殊权利保护",载《重庆工学院学报(社会科学版)》2009年第11期。

❷ Jessica Litman, After Feist, 17 *Dayton L. Rev.* 607, 613-14 (1992).

❸ Anani S. Narayanan, Standards of Protection for Databases in the European Community and the United States: Feist and the Myth of Creative Originality, 27 *GW J. Int'l L. & Econ.* 457, 481 (1993~1994).

影响。❶

（2）就数据库保护的两大理论即"版权"保护理论与"特殊权利"保护理论来说，版权保护采取"原创性原则"，只保护数据库"原创性的表达形式"，似乎不能够对数据库提供充分保护，不利于有效激励数据库的产出。申言之，传统数据库的保护模式建立在数据库"选择"和"编排"等方面的原创性之上，这种保护模式是存在问题的。因为如果只保护数据库的"形式"而不保护其"内容"的话，他人可以合法地进入数据库，下载全部的数据，将相同的信息以"形式"上不同的方式重新推向市场，而不承担责任。缺乏充分的救济来对抗这种隐藏的盗用行为将对数据库的开发造成激励不足的负面效应。因此，对数据库的法律保护必须超出数据库信息的"形式"之外，保护内在的不受版权保护的"数据或事实"。❷ 相对而言，数据库的"特殊权利"保护理论具有一定的理论和实践的优势。欧盟、世界知识产权组织、美国都在积极进行数据库特殊权利保护的立法或者已经在一定阶段上完成了立法，在北欧一些国家如丹麦的版权法中本来就存在这种特殊保护，上述国家和地区的立法进程也许昭示着数据库立法的未来发展方向，即跳出版权法的框架对数据库赋予一种特殊权利。

（3）虽然数据库的特殊权利确实保护了数据库中的"事实"，会产生一些负面影响。但知识产权法律制度是一个有机整体，数据库的特殊权利保护也受到或应当受到相关制度的限制。第一，数据库的特殊权利保护虽然保护了数据库的内容，但数据库制作者依据特殊权利对内容的控制并不是绝对的。一定程度上，数据库的特殊权利保护对内容的保护仅仅涉及该内容被汇编在一个特定数据库的场合。换言之，从其他资源中

---

❶ Anani S. Narayanan, Standards of Protection for Databases in the European Community and the United States: Feist and the Myth of Creative Originality, 27 *GW J. Int'l L. & Econ.* 458-459 (1993~1994).

❷ Anani S. Narayanan, Standards of Protection for Databases in the European Community and the United States: Feist and the Myth of Creative Originality, 27 *GW J. Int'l L. & Econ.* 457, 481 (1993~1994).

对相同数据的"独立收集"并不被禁止。❶ 从而,他人可以通过"独立收集"的方式收集数据以创制竞争性的数据库。第二,数据库的特殊权利保护受到相关制度的限制,特别是合理使用制度的限制。在建构数据库的特殊权利保护制度时,应当规定"合理使用权",该权利的主体应当扩展到教育和研究团体。合理使用条款应当允许商业数据库的合法使用者提取或再利用数据库中数据的非实质性部分。❷ 另外,为了克服数据库的特殊权利保护可能带来的弊端,可以考虑规定对数据库的"强制许可使用"制度。在该制度下,如果后来者有兴趣对包含在数据库中的信息进行商业性利用,在其付费的情况下,数据库权利人应当允许其对信息的使用。❸ 总之,在对数据库制作者赋予以"提取权"和"再利用权"为内容的"特殊权利"的同时,通过合理使用制度、强制许可制度等各种"限权"制度对数据库制作者的绝对权施加一定程度的限制,可以有效地克服"特殊权利"保护可能带来的负面影响,以平衡数据库制作者的私人利益同公共利益之间的冲突,以达到社会福利的最大化。

综上,数据库特殊权利保护的实质是赋予数据库制作者类似于版权的权利,但并不要求数据库具有原创性,从而事实上保护了数据库中的事实与信息。数据库的特殊权利确实可以对数据库赋予比较高水平的保护,可以在一定程度上有效地激励数据库的制作。其所可能带来的弊端,则可以通过建立合理使用制度、强制许可制度等限权制度进行克服。数据库的特殊权利保护路径具有相当的理论吸引力。另外,数据库的特殊权利保护不影响其他数据库保护制度的有效性。因此,如果情况允许,数据库所有者既可以依据特殊权利保护,也可以依据版权法、反不正当竞争法、合同法等来保护其数据库上的正当权益。

---

❶ F. W. Grosheide, Database Protection—The European Way, 8 *Wash. U. J. L. & Pol'y* 39, 45 (2002).

❷ Jennett M. Hill, The State of Copyright Protection for Electronic Databases beyond ProCD v. Zeidenberg: Are Shrinkwra PLicenses a Viable Alternative for Database Protection? 31 *Ind. L. Rev.* 143, 176 (1998).

❸ Jane C. Ginsburg, Creation and Commercial Value: Copyright Protection of Works of Information, 90 *Colum. L. Rev.* 1865, 1925 (1990).

八、结　语

在我国现阶段，数据库所有人能够按照《著作权法》（2010年）第14条❶的规定寻求对数据库的版权保护，即只有在材料的"选择"或"编排"方面体现独创性的数据库作品才能受我国著作权法保护。另外，如果使用者的行为构成不正当竞争行为，数据库所有人还可以寻求反不正当竞争法的保护。我国尚没有数据库特殊权利保护的立法。因此，在我国，数据库制作者可能享有的保护比较有限。但在实践中，已经有大量数据库存在，数据库产业的发展正处于蒸蒸日上的状态，而现实中数据库所有者往往也仅能依靠技术措施和合同来保护数据库权益。因此，为了促进数据库产业的发展，我国也可以考虑制定数据库特殊权利保护制度，具体可以参考欧盟的数据库指令。同时，为防止数据库特殊保护可能带来的一系列消极影响，可以规定特殊权利的限制制度，例如合理使用制度、强制许可制度、首次销售原则等。❷

第三节　非独立创作因素对客体可版权性的影响之三
——以演绎作品为中心

优秀作品往往有二次开发或多次开发的必要，经过这种开发，作者的经济利益得到充分实现。例如，一部优秀的小说问世后，可以将该小说改编成戏剧、拍摄成电影、翻译成外文、改编成儿童读物等。经过这种开发而创作的作品在版权法上称之为"演绎作品"。

---

❶　现行《著作权法》（2010年）第14条是有关汇编作品版权保护的规定。因为数据库是特殊类型的汇编作品，所以在未对数据库的保护进行特别立法的时候，可以依据汇编作品版权保护的规定对其赋予一定程度的保护。

❷　数据库大多是事实性汇编作品，原创性要件同其社会价值之间的冲突和矛盾比较突出，原创性悖论在数据库中的体现比较突出，这导致在数据库保护模式的选择中，扬弃版权模式而选择特殊权利保护模式成为一种较佳选择。参见本书第二章第五节的相关内容。

演绎作品可能具有较大的社会价值；同普通作品一样，该类作品的创作也需要创造性智力劳动的付出，版权法需要保护该类作品以激励作品的创作。不过，演绎作品是在已有作品的基础之上创作的，不加选择地对其赋予版权保护可能会影响到基础作品的版权法地位。因此，有别于独立作品，各国版权法对演绎作品的版权保护作出了不同处理。

演绎作品在世界范围内普遍受保护，主要版权国际公约也规定了对演绎作品的版权保护。《美国1976版权法》第103条，❶ 2003年《德国著作权法与邻接权法》第3条，❷ 我国台湾地区"著作权法"第3条，《伯尔尼公约》第2（3）条等都明确规定演绎作品受著作权法保护。

我国现行《著作权法》中虽然没有出现"演绎作品"的字样，但该法第12条规定，改编、翻译、注释、整理已有作品而产生的作品，其著作权由改编、翻译、注释、整理人享有，但行使著作权时不得侵犯原作品的著作权。这一条实际上是对演绎作品版权归属的规定，它确定了原著作权人和演绎者之间的版权利益关系。另外，《著作权法》第10条第1款第（13）～（16）项规定了作者的演绎权。❸

一、他山之石：演绎作品的内涵及界定

根据1976年《美国版权法》第101条的规定，"演绎作品"（derivative work）指的是以一部或多部已有作品为基础创作完成的作品，如译文、乐曲整理、改编成的戏剧、改编成的小说、改编成的电影、录音作品、艺术复制品、节本、缩写本，或依此"改写"（recast）"改变"（transformed）或"改编"（adapted）作品的任何其他形式。作品中的编辑修订、注释、详解或其他修改"作为整体"（as a whole）构成原创性作品的，视为演绎作品。❹ 简言之，演绎作品是就已有作品，不论该作品是

---

❶ 17 U.S.C.103（1994）.

❷ 张恩民译：《德国著作权法与邻接权法》（2003年9月10日最新修订）。参见［德］M·雷炳德：《著作权法》，张恩民译，法律出版社2005年版，第712页。

❸ 另外，我国现行《著作权法》第35条和第37条规定，出版和表演演绎作品时应当取得演绎作者和原作者的同意，符合演绎作品版权保护的一般原理，不作为本书讨论的重点。

❹ 17 U.S.C.101（1994）.

否处于公共领域,进行"改写""改变"或"改编"而形成的作品。❶ 条文中所谓译文、乐曲改编等只是"改写""改变"或"改编"的具体表现形式,对已有作品的处理,不论是否属于条文中具体列明的情形,只要属于对已有作品的"改写"、"改变"或"改编"所形成的作品都构成演绎作品。❷ 韦伯斯特(Webster)辞典将"改写"界定为赋予不同的形式或性质,或翻改,或改造;将"改变"界定为在组成或结构方面的完全或实质性的变化;将"改编"界定为通过改变或更改的方式使作品适应于新的或不同的使用方式或环境。❸

---

❶ Julia Reytblat,Is Originality in Copyright Law a "Question of Law" or a "Question of Fact"?:The Fact Solution,17 *Cardozo Arts & Ent LJ* 181,189 (1999).

❷ 演绎作品是以原作品或基础作品为基础,在此基础上以新的表达形式创作的作品,有些学者对演绎作品的范围作了扩大化解释,认为"表演"也是对原作品的"演绎",并提出所谓"表演作品"的概念,并企图在此概念的基础之上重构著作权和邻接权体系。我国现行著作法采取的是"著作权-邻接权"二元结构体系,之所以在著作权之外还有邻接权的概念和法律制度体系,主要在于对作品传播者利益的保护。因此,邻接权的客体表现为传播者传播作品的产物。如表演者权的客体是作品的表演,录制者权的客体是录制者录制音乐作品等之后所形成的信号(可以是磁信号或数字信号,两者之间可以相互转化),广播组织权的客体是广播组织广播作品之后形成的广播信号。可见,在传统的"著作权-邻接权"二元结构体系中,"表演"被理解和界定为对作品的"传播",而不是对作品的"再创作"或"演绎",因此表演者权的客体被表述为"作品的表演"而不是"表演作品"。不过,表演确实不同于录制和广播,表演者对作品进行表演的时候首先要对作品进行理解和认识,在此基础之上每个不同的表演者对同一部作品的表演效果并不相同,这表明每个表演者对作品的理解和认识并不相同,将其表现于外部的形式也不一样。所以,表演可以说是对原作品的"再现"和"诠释"的结合。一方面,通过表演,表演者再现了原作品;另一方面,表演者对原作品的再现并不是机械再现,而是体现出了表演者的不同个性和表现力。尤其是艺术界,有诸多观点认为表演是一种再创作的过程。从这一点来看,将表演理解为演绎作品有一定道理,提出所谓"表演作品"的概念有一定说服力。不过,将表演当做是演绎作品可能会出现一定风险,即可能会不适当提高表演者受保护的门槛,因为作品受保护须满足原创性标准,而表演者权的获得则无须满足此标准。综上,将表演者对作品的表演放在邻接权体系中进行规制可以维持现状不变。(实际上,从著作权立法历史的角度来看,在著作权法制发展的早期,确实有将表演者的表演当做作品,对其赋予著作权保护的立法例。例如,1920年的《日本著作权法》规定表演者对其表演可能获得著作权;1910年德国法、1936年瑞士法、1936年奥地利法把表演者视为汇编者,对其赋予的也是著作权的保护。参见李琛:《论知识产权法的体系化》,北京大学出版社2005年版,第92页。)

❸ Webster's Third New International Dictionary 23 (1981). See Michael A. Stoker, Framed Web Pages:Framing the Derivative Works Doctrine on the World Wide Web,67 *U. Cin. L. Rev.* 1301,1326 - 28 (1999).

由此可见，美国版权法对演绎作品的界定采取的是"具体列举＋抽象概括"的立法模式，不仅具体列举了实践中已经可以加以总结的演绎作品的表现形式，而且用"改写""改变"和"改编"三个具有高度概括意义的词汇将除上述明确列举之外的在已有作品的基础之上创作出的新的作品形式都概括进演绎作品的范畴，可以说，其对演绎作品的概括具有相当程度的"周延性"。另外，学界对演绎作品的概括也采取的是"具体列举＋抽象概括"的模式，对演绎作品的范围界定得也比较宽泛。例如，学者德里娅·利普希克将演绎作品界定为在先前作品的基础上创作的作品，包括改编、译作、修订本、文选、摘要、节录以及对先前作品所作的任何能产生新作品的改造。❶ 而我国现行著作权法律制度既没有"演绎作品"这一词汇，也没有对"演绎作品"进行定义，只是列举"改编""翻译""注释"和"整理"四种演绎作品的表现形式，这种仅仅是"具体列举"而没有进行"抽象概括"的立法模式显然将实践中大多数在版权法性质上等同于"改编""翻译""注释"和"整理"的作品排除在演绎作品的范围之外，没有尊重实践发展的要求。

由此，为了尊重实践发展对版权法律制度的要求，我们在未来对著作权法进行修订时，应当对演绎作品作出明确的定义，借鉴美国版权法有关演绎作品定义的立法例，采取"具体列举＋抽象概括"的立法模式。

二、青出于蓝：演绎作品的可版权性要件

从作品的创作规律来看，一切作品的创作都或多或少借鉴了已有作品的因素。不过，演绎作品对已有作品的利用和借鉴更为突出，可以说是在"严重依赖"已有作品的基础上创作出来的。因此，在建构演绎作品的可版权性标准时，就应当考虑到此标准的确立对已有作品版权法地位的影响。因此，不同于独立作品，版权法对演绎作品的版权保护作出了不同处理。美国的司法实践在一系列有关演绎作品的经典判例中探索出了一系列法理精深的有关演绎作品的可版权性标准，值得我们学习与

---

❶ 德里娅·利普希克：《著作权与邻接权》，中国对外翻译出版公司、联合国教科文组织2000年版，第80页。

借鉴。

(一) 演绎作品版权保护中的政策考量

演绎作品创作的特殊性决定了它的版权保护不仅涉及演绎作者的利益，而且涉及原作者的利益和社会公共利益。娱乐研究集团公司（Entertainment）案❶详细分析了演绎作品原创性标准确立的相关政策考量因素。在该案中，原告设计和生产以卡通形象为基础的三维充气服装。被告创世纪创造集团公司（Genesis）在原告授权之下出卖原告的产品，并进行相关的维修和维护服务。在原被告的商业合作关系结束之后，被告同原告的一个竞争对手阿罗之星（Aerostar）建立了合作关系，并出售由其生产的充气服装给自己的客户。原告诉被告侵犯了其服装的版权。法院认为，在决定是否对一部演绎作品赋予版权保护的时候，必须关注这部演绎作品的权利对基础作品版权所有者的权利所产生的影响。演绎作品版权制度必须在基础作品的版权所有者和通过复制基础作品的实质性部分所创作的作品（即演绎作品）的作者之间作出平衡。如果对实际上与基础作品相同的"演绎作品"赋予版权保护，将会极大地干涉基础作品版权所有者所享有的权利；这种"演绎作品"的作者，依据被赋予的版权，可以通过否定任何人在相同作品的基础上创作出第二部演绎作品的权利来控制基础作品和演绎作品的命运；"演绎作品"的作者通过这种权利的行使，享有一种事实上的垄断权。原告服装仅是复制他人作品的结果，从外观上看同其赖以设计的版权角色极其相似，因此如果对其赋予版权保护会产生上述不良效果，从而其不具有可版权性。

娱乐研究集团公司案明确了在确立演绎作品的可版权性标准时应当着重考虑演绎作品版权保护对基础作品的版权法地位和社会公共利益的影响。如果所谓"演绎作品"是"复制"基础作品而产生的，就不能对其赋予版权保护，否则会对他人在基础作品的基础之上创作演绎作品造成不适当的阻碍，违背了版权法的立法目的。

(二) 原创性标准

原创性指作品是由作者独立创作的，而不是抄袭他人作品的结果。

---

❶ Entertainment Research Group, Inc. v. Genesis Creative Group, Inc., Aerostar International, Inc. 122 F. 3d 1211, 1211 (9th Cir. 1997).

个性是原创性有无的重要衡量因素。❶ 费斯特案要求原创性作品还必须表现出最低限度的创造性。演绎作品对基础作品具有严重的依赖性，其原创性的有无相较于独立作品有其特殊性。

1. 实质性区别标准

实质性区别标准由葛利森案提出，其认为演绎作品不同于独立作品，在确立其原创性标准的时候应当考虑对基础作品版权地位的影响，应当相较于基础作品，存在"实质性区别"。❷

2. 超过仅是微小限度的变化/可区别性变化标准

同"实质性区别标准"一样，"超过仅是微小限度的变化（more than merely trivial）标准"/"可区别性变化（distinguishable variation）标准"在演绎作品的原创性分析上采取的也是客观分析路径，但该标准并不要求演绎作品同基础作品之间具有实质性区别，只需要其间的变化超过仅是微小的限度或者是可区别的程度就足够了。❸

（1）案例法。

①森德案。

森德案❹经典地表述了可区别性变化标准。该案涉及上诉人森德的塑料山姆大叔储蓄罐是否具有原创性的问题，该储蓄罐是在处于公共领域的铁铸山姆大叔储蓄罐的基础上制成的。森德的储蓄罐除了尺寸和材料之外，同铁铸的储蓄罐极其相似，相似之处包括裤子上条纹的外观和数量，外套上的纽扣，内衣和帽子上的星星，山姆大叔的服装和姿势，他的底座和包上的装饰，整体的颜色搭配，旅行袋打开的方式等。塑料储蓄罐实际上就是对铁铸储蓄罐的原样复制，只不过将高度由 11 英寸改为 9 英寸，其间的区别如此微小以至于实际上没有什么区别。综上，上诉人的塑料储蓄罐同铁铸储蓄罐之间的变化只是微小的，它只是对铁铸储蓄罐的复制。换言之，不存在达到显著变更的可区别要素，其间的变化是

---

❶ Bleistein v. Donaldson Lithographing Co.，188 U.S. 239，250（1903）（Holmes，J.）.

❷ Gracen v. Bradford Exchange 698 F. 2d 300（7th Cir. 1983）. 具体参见本书第二章第二节对 Gracen 案的论述。

❸ Alfred Bell & Co. v. Catalda Fine Arts，Inc.，191 F. 2d 99，102-03（2d Cir. 1951）.

❹ L. Batlin & Son，Inc. v. Snyder 536 F. 2d 486（2d Cir.）（en banc），cert. denied，429 U.S. 857（1976）.

为了满足制造一个更适合塑料材质的山姆大叔的功能性目的，除此之外没有其他目的。

法院认为，作品的可版权性要件是原创性，一个"缺乏创造性的"或"机械的"复制他人作品的人不能够成为作者。原创性意指作品的创造来源于作者，原创性作品不仅仅是对原作品实际的复制。原创性仅要求作者贡献出超过仅是微小的变化，一些可以被认为是他自己的东西。而对处于公共领域的作品进行复制，如果仅仅是复制的话，不能够支持一部作品的产生，但具有可区别性变化的作品则可以享有版权。如尼默教授所言，仅将一个艺术作品复制在另外一个载体上不能构成原创性的创作，因为没有人能够主张独立的开发出任何特定的载体。第一个将处于公共领域的作品放置在不同载体上的人能够获得就该作品在该载体上的垄断权是可笑的和愚蠢的。为了获得版权，演绎作品同基础作品之间必须存在一些不仅仅是微小的变化，比如仅仅是载体的变化。原创性的要求也不能仅由身体技能或特殊训练的展现而得到满足。复制要获得可版权性，需要相当高水准的技能，真正的艺术技能。如果复制品和基础作品之间不存在真正的区别，促进艺术进步的公共利益很难实现。将可版权性扩展到极小的变化之上将为有害的复制者提供侵袭的武器来盗用和垄断处于公共领域的作品。因此，上诉人的塑料储蓄罐不具备原创性。

在该案中，铁铸储蓄罐处于公共领域，不受版权保护。塑料储蓄罐是建立在铁铸储蓄罐的基础上制作的，属于铁铸储蓄罐的演绎作品。尽管塑料储蓄罐同铁铸储蓄罐之间有所区别，但这种区别仅是微小的；而演绎作品要具备原创性，必须同基础作品相比具有可区别性的变化，具有超出仅是微小限度的变化。因此，塑料储蓄罐不具有原创性。

②森德案之后。

第二巡回法院在森德案之后发生的一些有关演绎作品的案例中也采取了可区别性变化标准。典型的有杜尔海姆（Durham）案和韦斯门（Weissmann）案。

在杜尔海姆案[1]中，托米（Tomy）主张对三个塑料制作的迪斯尼形

---

[1] Durham Indus., Inc. v. Tomy Corp., 630 F. 2d 905, 907 (2d Cir. 1980).

象享有版权,这三个形象分别是米老鼠、唐老鸭和普路托。杜尔海姆生产和销售同上述迪斯尼形象实际上没有区别的版本,他承认在生产产品的时候使用了托米的迪斯尼形象作为模型。托米主张杜尔海姆侵犯了其作品的专有复制权。法院认为,载体的变换单独不能构成可版权性的充分基础,托米对这三个迪斯尼形象并不享有有效的版权。❶ 演绎作品要获得版权保护,其原创性的层面必须超过微小的限度;对演绎作品所赋予的保护范围必须反映其依赖已存材料的程度,必须不能以任何方式影响到已存材料的版权保护。托米的迪斯尼形象唯一受版权保护的是由作者或演绎作品的创作者所作出的"非微小的""原创性的"特征。仅仅对迪斯尼的形象用塑料进行复制,尽管将已存作品改变到塑料载体上无疑包含了一定程度的制造技巧,但并不能满足原创性标准。托米已经表明,玩具本身也表明,托米没有独立的创作行为,其作品同已存作品相比没有"可区别性的变化",没有可识别的使托米所制造的形象同迪斯尼所创造的米老鼠、唐老鸭和普路托等形象区分开来的托米自己所作出的贡献。对演绎作品的保护不能影响到基础作品的版权法地位。如果确认托米对这些形象享有演绎作品的版权,从迪斯尼获得授权的人复制迪斯尼形象的时候,就不得不对这些形象作出实质性的改变以避免侵犯托米的权利。因此,托米的这些迪斯尼形象缺乏最低限度的原创性,不能够获得版权保护。

杜尔海姆案同森德案的案情比较相似,两案法院判决的分析思路也相似,都采取了可区别性变化标准,同时都在一定程度上将判决建立在对公共利益进行考量的基础之上。

森德和杜尔海姆案案都涉及"艺术作品"的演绎作品的原创性问题。第二巡回法院对"文字作品"的演绎作品原创性的有无进行判断时采取的也是"超出仅是微小的变化"标准。在韦斯门案❷中,原被告曾经是合作伙伴关系。韦斯门创作了一篇名为"P-1"的文章,该文并不是严格意义上独立创作的产物,而是建立在原被告合著的一篇文章的基础之上。

---

❶ 因为 Tomy 对三个迪斯尼形象不享有版权,其要想获得三个塑料制作的迪斯尼形象的版权,必须依赖演绎作品的版权保护制度。

❷ Weissmann v. Freeman, 868 F. 2d 1313 (2d Cir. 1989).

韦斯门认为弗雷门（Freeman）非法使用了这篇文章，诉其侵权。地方法院认为，弗雷门对"P-1"的使用并没有侵犯韦斯门的任何权利。"P-1"所包含的特定材料可以单独地归于韦斯门的努力，但这个添加太微小以至于不能够在版权法下作为演绎作品获得版权保护。第二巡回上诉法院认为，在本案中，判断版权侵权主张是否成立的焦点问题在于韦斯门是否享有有关演绎作品的有效版权。演绎作品要享有版权保护，须作者贡献出超过"仅是微小限度的变化"，一些能够被确认为是其自己的东西。韦斯门从先前作品中对主题和内容的选择，在"P-1"中对其的重新编排构成原创性作品，能够获得版权保护。他对已存合作作品的添加和改变满足了版权法有关演绎作品可版权性的要求，"P-1"能够作为一部演绎作品受版权保护。

在版权领域，第二巡回法院的判决往往很多，而且诸多判决具有重大影响。其对演绎作品原创性的判定为我们提供了重要的参考。不仅第二巡回法院，其他的一些法院也采取了相同的原创性标准。例如，在普利茅斯（Plymouth）❶案中，法院认为演绎作品要想获得版权保护，只需表现出可区别的变化，其原创性仅仅意味着对实际复制的禁止。

（2）"仅是微小的变化"的判定。

"可区别性变化标准"同"超过仅是微小的变化标准"具有同一性。厘清"可区别性变化"的关键是界定"微小的变化"，因为"微小的变化"之外的变化都是"可区别性变化"。但"微小"的含义并不特别清晰。

一般认为，诸如拼写、标点和语法上的变化等机械性的变化是微小的变化，这种变化是任何人都可以作出的变化；❷给以前的作品配和声，被认为是一种纯粹机械性的技能，不能获得版权保护；❸仅由身体而不是由艺术性、技巧性所引起的变化，例如仅仅表现出制造技巧的变化是微

---

❶ Plymouth Music Co. v. Magnus Organ Corp. 456 F. Supp. 676（S. D. N. Y. 1978）.

❷ Grove Press，Inc. v. Collector's Publications，Inc.，264 F. Supp. 603，605（C. D. Cal. 1967）.

❸ Cooper v. James，213 F. 871，872-73（N. D. Ga. 1914）.

小的变化。❶ 相反，美国版权办公室认可对黑白电影进行着色的过程不仅仅是机械性的操作，而包含了创造性技巧，其结果可以获得版权保护。❷

在演绎作品的原创性意义上，仅是功能性的变化也是微小的变化，这种变化不足以建立可版权性。❸ 另外，尽管无意识的行为有时可以构成原创性的行为，在其他情形下则可能使一部作品缺乏原创性。❹ 例如，纵火焚烧罗浮宫可能使许多已存作品变得面目全非。但除非纵火的产物可以被认为是作者的作品，被损坏的断片不能适当地被称之为演绎作品。❺

已有作品载体的变化也是一种"变化"，但这种"变化"仅是微小的变化。尼默教授认为，仅是载体的变化没有任何原创性，❻ 因此，如果仅仅由于一部"演绎作品"将先前作品置于不同的载体之上就对其赋予版

---

❶ L. Batlin & Sons, Inc. v. Snyder, 536 F. 2d 486 (2d Cir.).

❷ 有关对黑白电影进行着色是否能够产生原创性作品并没有达成一致意见，有关这一问题在中美电影版权贸易中还曾经产生过争议。解决这一版权难题的关键是考察对给黑白电影进行着色的行为到底是一种什么性质的行为，是具有艺术性和技巧性的创作行为还是具有可复制性的机械性劳动。随着科学技术的不断发展与进步，对黑白电影进行着色的技术也越来越先进，越来越易于操作。相应地，这种着色的行为也越来越不具有艺术性和技巧性。从这个角度来看，对黑白电影进行着色的行为更接近于一种机械性的操作行为。不过，我们不能够忽视的是，在对黑白电影进行着色的过程中，仍然可能存在主观性的判断和个性的选择在其中。例如，对色彩的选择便可能体现出着色者的个性。在黑白电影中，角色的头发都是黑色的。着色者在着色的过程中，可能加进自己的主观判断，将头发染成红色、棕色、金黄色等其他颜色。因此，尽管着色的行为本身越来越失去艺术和技巧的含量，但对色彩的取舍与判断中所体现出的作者的个性却可能使着色后的电影作品获得版权保护。从上述分析可以看出，尽管"可区别性的变化标准"是一种客观分析路径，但我们在界定"可区别性的变化"或"仅是微小的变化"的时候，却在诸多情形下严重依赖于对作者"行为"的分析，看作者的"行为"是否"创作行为"。实际上，作品原创性的客观分析路径与主观分析路径是应当结合在一起的，因为两者具有质的统一性。例如，一般而言，某种结果如果是作者"创作行为"的产物，那么这种结果也能够满足"可区别性的变化标准"。因此，在对特定作品原创性的有无进行判定的时候，应当将作者导向型分析和作品导向型分析有机结合起来。（参见本书第二章相关内容。）

❸ Feist Publications, Inc. v. Rural Telephone Serv. Co., 499 U. S. 362 (1991).

❹ Alfred Bell & Co. v. Catalda Fine Arts, 191 F. 2d 99, 104 (2d Cir. 1951). See Steven S. Boyd, Deriving Originality in Derivative Works: Considering the Quantum of Originality Needed to Attain Copyright Protection in a Derivative Work, 40 *Santa Clara L. Rev.* 325, 353 (2000).

❺ Phillip Edward Page, The Works: Distinguishing Derivative Creations under Copyright, 5 *Cardozo Arts & Ent. L. J.* 415, 421 n. 51 (1986).

❻ Christine Wallace, Overlapping Interests in Derivative Works and Compilations, 35 *Case W. Res.* 103, 127 (1985).

权保护违反了版权法只保护原创性作品的原则。❶ 另外，从行为的法律属性来看，仅对作品的载体进行变化，似乎只是一种机械复制行为，而不是一种创作行为，不能够因此使演绎作品具备原创性。不过，有些案例却肯定了载体的变化可以产生原创性的演绎作品。

例如，在多瑞（Doran）案❷中，法院认为原告在圣诞老人的基础之上改作成的三维塑料版圣诞老人具备原创性。在该案中，原告作品的所有层面，除了三维形状和塑料质料之外，都是圣诞老人传统的、非原创性的因素。被告复制了原告作品的三维形状和塑料质料的因素，因此被认为侵犯了原告的权利。地方法院法官拜恩（Byrne）说，作品描述了处于公共领域的人物、主题或思想并不一定意味着其不具有可版权性。作品要具备可版权性，作者必须通过自己的技巧、劳动和判断进行创作使作品具备原创性。因为原告首先想到，并通过自己的技巧、努力和判断创作了以三维塑料形式制作的圣诞老人，其产品是具备原创性的。这种原创性在于原告用于表达圣诞老人这一思想的三维形式和塑料载体。

从上述多瑞案的判决可以看出，其之所以认为原告作品具有原创性，是因为原告首先想到应用新材料来承载处于公共领域的作品。然而，作品的原创性应当体现在表达之上，而不是有别于表达的其他物质之上。虽然原告首先想到应用新材料来承载处于公共领域的作品，但原告的这种创造并不是作品表达方面的创造，该创造不足以使演绎作品具有原创性。正如尼默教授所说，多瑞案的原告既没有原创圣诞老人这个角色，也没有原创三维形状和塑料载体。因此，原告作品没有原创性，不应当受版权保护。❸ 因此，仅是载体的变化并没有构成作品表达方式本身的变化，不构成原创性作品的创作。

总之，版权法保护的是作品的表达，演绎作品对基础作品的改变应该是表达的改变，如果这种改变达到可区别性的程度，演绎作品可能因

---

❶ Melville B. Nimmer & David Nimmer，*Nimmer on Copyright*，Matthew Bender & Company，Inc（2009）．§2.08［C］．

❷ Doran v. Sunset House Distribution Corp. 197 F. Supp. 940（S. D. Cal. 1961），aff'd, 304 F. 2d 251（9th Cir. 1962）．

❸ Melville B. Nimmer & David Nimmer，*Nimmer on Copyright*，Matthew Bender & Company，Inc（2009）．§2.08［C］．

233

此获得版权保护。

(三) 高度的艺术性技巧本身是否能够产生可版权性的演绎作品

如上所述,演绎作品要获得版权保护,需要同基础作品之间存在一定程度的变化,不管其被界定为"实质性区别的变化"还是"可区别性的变化",对基础作品的精确复制似乎都不能够满足原创性要求。然而在实践中,有些作品虽然是对其他作品的复制,但这种复制需要高度的艺术技巧,并且这种复制品往往对社会具有重大价值。虽然作品的创作过程可以作为原创性有无的参考因素,但一般而言,作品原创性判断的焦点应当集中在作品之上。这种运用高度的艺术技巧进行创作的产物是否具有可版权性值得思考。

有观点认为,对先前作品高度技巧性的、精确的复制可能获得版权保护。[1] 采取这种观点的代表性案例是"上帝之手"(Hand of God) 案[2]。该案法院认为对高度精确和复杂的雕像的精确复制是具备原创性的,因为这需要高度的艺术技巧和创造性。

对艺术作品的精确复制往往承载着较大的社会公共利益,它有助于人们能够以较少的代价享受伟大的绘画和雕塑艺术作品;[3] 而且这种复制往往需要大量高度艺术技巧的投入。但仅因为艺术技巧的投入就赋予作品以版权保护,似乎有采取劳动理论的嫌疑,可能产生阻碍新作品创作的后果。可见,在对承载着较大公共利益的伟大艺术作品进行精确复制的场合,是否赋予其以版权保护,需要考虑各种利益。

一般而言,作者如果在独立作品的创作中投入了高度的艺术技巧,往往该作品就会获得原创性,因为高度艺术技巧的投入往往能够使作品表现出作者的个性;而在演绎作品的场合,似乎不能仅将高度创作技巧的投入作为作品具有原创性的合法性基础,还要考虑演绎作品的保护对基础作品的影响,确保演绎作品的版权保护不产生对新作品创作的阻碍效果。然而,在对伟大艺术作品进行精确复制的场合,由于其中还存在

---

[1] Christine Wallace, Overlapping Interests in Derivative Works and Compilations, 35 *Case W. Res.* 103, 122 (1985).

[2] Alva Studios, Inc. v. Winninger, 177 F. Supp. 265 (S. D. N. Y. 1959).

[3] 郑成思:"临摹、独创性与版权保护",载《法学研究》1996年第2期。

公众接触艺术作品或者保护文化遗产的公共利益，在确定该种精确复制的成果是否具备原创性时还须考虑这种公共利益的实现。在进行利益衡量的时候，社会公共利益应当优先。因此，如果对伟大艺术作品的复制中承载着重大的社会公共利益，即使这种复制是对艺术作品的精确复制，仅基于作者在创作作品的过程中投入的高度艺术技巧，就可以认定该种复制是一种原创性的演绎作品。不过在进行这种认定的时候，应当牢牢把握"公共利益"和"高度的艺术技巧"两个要素，两者缺一不可。

（四）合并原则在演绎作品中的适用分析

合并原则在决定作品可版权性要件是否满足和确定作品的版权保护范围时具有重要意义，演绎作品也涉及该原则的适用。如果演绎作品的创作者在已存作品之上所作出的变化是思想的唯一表达方式或者有限的几种表达方式，或者这些变化是由功能性考量所决定的，这些变化不具有可版权性。

译作是演绎作品的一个重要类型，也是遭遇合并原则适用的一个最为常见的演绎作品类型。默克斯（Merkos）案[1]分析了合并原则在翻译作品中的适用。在该案中，原告主张被告散发的名为"the Siddur Tehillat Hashem（STH）"的祈祷书的新版本侵犯了其原版的"STH"，因为被告逐字复制了各种希伯来人的祈祷。法院认为，翻译的过程需要仔细的文学和学术判断，原告的翻译是为了服务实践目的的事实并不能使其丧失受版权保护的合法性，原告作品存在充分的原创性。尽管被告对翻译添加了用户友好型的指示，运用了不同的版面设计，但被告逐字抄袭了原告的祈祷，在被告和原告的翻译之间不存在实质性区别。翻译艺术包含了在许多可能的表达思想的方式中所进行的选择，合并理论并不适用于原告的翻译。然而，单词的基本含义是不变的，句子的语法结构也是一定的，而且存在很多约定俗成的译法，同一作品的不同翻译版本中存在相同的地方是很正常的。由单词的辞典含义和约定俗成的译法所决定的表达同思想合并，不能受版权保护。

---

[1] Merkos L'inyonei Chinuch, Inc. v. Otsar Sifrei Lubavitch, Inc. 312 F.3d 94, 65 U.S.P.Q. 2d (BNA) 1043 (2d Cir. 2002).

综上，版权法促进新作品创作的目的要求原创性的演绎作品相较于基础作品应有所变化，这些变化应来源于演绎作品的创作者。尽管司法实践对该变化的属性的界定有所差别，但大多数判决还是对演绎作品的原创性有一致的理解，即原创性演绎作品相较于基础作品应当表现出来源于作者的超过仅是微小限度的、可区别性的变化。[1]

美国是判例法国家，尽管现行美国版权法并没有规定演绎作品的可版权性标准，但是判例法所发展出来的"实质性区别标准"和"可区别性变化标准"对演绎作品的版权法实践起到了重要的指导作用。而我国是大陆法系国家，法院的判决在我国不能够起到"法源"的作用，加之我国现行的著作权法律制度中没有对演绎作品的可版权性要件作出明确的规定，这样会导致在司法实践中，对具备何种条件的演绎作品应赋予版权保护发生认识和执行上的困难，不利于正确处理原有作品的作者和演绎作者之间的利益关系。因此，我们需要在未来著作权法修订当中，对演绎作品的可版权性要件作出明确规定。鉴于相较于"可区别性变化标准"，"实质性区别标准"对演绎作品的可版权性要求提得过高，我国版权法宜采"可区别性变化标准"作为演绎作品的可版权性标准，并且认可在涉及公共利益的场合，高度的艺术技巧可以产生具有原创性的演绎作品。在确定演绎作品的版权保护范围时，还应当考虑合并原则的应用。

三、万丈高楼：非法演绎作品的法律地位

各国版权法一般规定作者享有对其作品的演绎权。如《美国版权法》第 106 条规定，作者有根据版权作品创作演绎作品的权利。我国《著作权法》第 10 条规定作者享有改编权，即通过改编作品创作出具有独创性的新作品的权利。因此，演绎者要想在已有作品的基础上进行演绎创作，需要得到已有作品作者的同意和许可。当然，处于公共领域的作品除外。问题是，如果演绎作品的创作并没有得到仍处于版权保护中的已有作品

---

[1] Steven S. Boyd, Deriving Originality in Derivative Works: Considering the Quantum of Originality Needed to Attain Copyright Protection in a Derivative Work, 40 *Santa Clara L. Rev.* 325, 377 (2000).

的作者的许可，该演绎作品的法律地位如何？是否可以获得可版权性？该问题可以归结为演绎作品可版权性的获得是否要建立在演绎行为为合法的基础之上，有关该问题存在不同的立法例。

根据《伯尔尼公约指南》对《伯尔尼公约》的解释，演绎者依据已有作品创作演绎作品需要得到已有作品作者的同意。❶《美国版权法》第103（a）条规定，非法使用基础材料的演绎作品不受版权保护。❷ 而日本著作权法确有不同规定。日本在旧著作权法时代，各类作品的演绎是否以演绎行为为合法为前提才受著作权保护，规定不统一。在美术作品和摄影作品的场合，演绎行为为合法是演绎作品受著作权保护的必要条件，但在翻译、变形、剧本及电影化的情况下，演绎行为为合法并不是演绎作品受著作权保护的必要要件。日本著作权法于昭和45年修正的时候，虽然第27条规定著作权人专有对其作品进行演绎的权利，但通说认为在新著作权法之下，演绎者对作品的演绎即使未经作者许可也可以受著作权法保护。❸ 我国现行著作权法对非法演绎作品的著作权法地位并未明确加以规定。

非法演绎作品主要指未经版权人的许可对其版权作品进行演绎而创作的作品，但不限于此，还包括其他违背版权法规定的情形。是否对非法演绎作品赋予版权保护涉及不同利益之间的平衡。基础作品的版权应当受保护，但演绎者在创作演绎作品的过程中往往投入了极大的智力创作性行为和其他投资；为了鼓励作品的创作，版权法规定作者享有演绎权，赋予作者控制作品二次开发的权利，但在演绎者作出大量投入的情况下，基于演绎行为未经作者授权而否定其版权保护似乎也存在不公平的嫌疑。如果版权法一概否定非法演绎作品的可版权性，即使后来版权人同非法的演绎者达成授权演绎的协议，认可了演绎者的演绎行为，演绎作品也不能获得可版权性，这似乎不尽合理。有观点认为，与其如此，

---

❶ Guide to the Berne Convention for the Protection of Literary and Artistic Works（Paris Act，1971）. Published by the World Intellectual Property Organization Geneva 1978. 2. 16.

❷ 17 U. S. C. 103（a）（1994）.

❸ 罗明通：《著作权法论（第一卷）》，群彦图书股份有限公司2005年版，第247～248页。

版权法还不如径直规定演绎作品只要具备原创性，不论是否得到基础作品作者的许可，都可以获得版权保护。但这种观点可能导致对非法使用基础作品创作演绎作品的行为的鼓励，不利于已有作品的版权保护。为了平衡已有作品的作者和演绎者之间的利益关系，我国著作权法不如作出这样的规定：如果演绎者未经版权人的许可使用其作品创作了演绎作品，法律上推定这种演绎作品不具有可版权性；但如果演绎者的行为后来得到已有作品作者的追认，版权法的这种推定被推翻，演绎作品可以获得可版权性。如此规定较好地协调了已有作品的作者与演绎者之间的利益关系，也在一定程度上避免了社会资源的浪费。

四、结 语

演绎作品是在原作品的基础上经过再创作而形成的作品。基于此，演绎作品可版权性要件的确立需要考察对演绎作品的版权保护对基础作品版权保护的影响以及对社会公众创作自由的保护。美国有关演绎作品版权保护的司法实践发展出了"实质性区别标准"和"可区别性变化标准"两种标准，两者都对上述两种因素有所考量。不过，前者似乎对演绎作品的版权保护标准要求过高，所以我国的司法实践宜采取后种标准。除了可版权性标准之外，合并原则在恰当确定演绎作品的版权保护范围方面也具有重大意义。如果演绎作品在原有作品的基础上的变化是思想的唯一或有限的表达方式，或是由功能性考量所决定的，则合并原则适用，演绎作品不受版权保护或其中合并原则可以适用的部分不受保护。最后，非法演绎作品是否受版权保护也是确定演绎作品版权保护范围的一个重大课题。版权法对非法演绎作品的版权法地位可以作出折中处理：如果演绎者未经版权人的许可使用其作品创作出了演绎作品，法律上推定这种演绎作品不具有可版权性；但这种法律上的推定在版权人追认演绎者的行为为合法时被推翻。

我国《著作权法》（2010年）对演绎作品的规定主要表现在第10条有关摄制权、改编权、翻译权等演绎权的规定和第12条有关演绎作品著作权归属的规定之上，缺乏对演绎作品概念的明确界定，导致著作权法所规定的演绎作品的范畴比较狭窄。相较于实践中的要求，我国现行著作权法尚缺乏有关演绎作品可版权性标准和非法演绎作品版权法地位的规定，而这两方面的问题在理论上和实践中都尤为重要。因此，在我国未来对著作权法的修订之中，应当集中对演绎作品的相关问题作出规定，借鉴上述美国有关演绎作品的司法实践，在著作权法上明确界定演绎作品的概念，规定"可区别性变化标准"作为演绎作品可版权性的标准；并按照笔者所设计的有关非法演绎作品的版权法地位的规定，确定非法演绎作品在我国著作权法中的地位。这样一来，就可以较为妥当地解决侵权作品与演绎作品之间的关系，正确地处理司法实践中所发生的演绎作品著作权纠纷。

综上，我国未来著作权法应当对演绎作品作出如下规定：

第×条　演绎作品指的是通过改写、改变、改编等方式在已有作品的基础之上创作的一切具有新的表达形式的作品，这些作品包括但不限于通过改编、翻译、注释、整理已有作品而产生的作品。

第×条　只有在演绎作品相较于基础作品具备可区别性变化的时候，演绎作品才能够受到著作权法的保护，这种变化应当超出仅是微小的限度。

第×条　作者享有演绎权，即自己及许可他人在其作品的基础之上对其作品进行改写、改变或改编等行为而创作出具有新的表达形式的作品的权利。他人未经作者许可对作者的作品进行改写、改变或改编等创作出的具有新的表达形式的作品，不受著作权法保护；但如果该他人的行为得到作者的追认，该他人创作出的具有新的表达形式的作品可以获得著作权法保护。

结合上述规定，我国《著作权法》的其他相关条文也应当作出相应调整。

第四节　功能性因素对客体可版权性的影响之一
——以实用艺术作品为中心

版权法保护表达性要素而不保护功能性要素，这是版权法与专利法在基本功能上的区别，也是实现知识产权法目的的必要前提之一。该原则要求区分物品的艺术性层面与功能性层面，避免对后者赋予版权保护❶。物品功能性的存在使其可版权性受到一定程度的影响，其可版权性要件因而也具有一定的特殊性。这些物品主要包括实用艺术作品和建筑作品。首先考察一下实用艺术作品。

一、抉择之痛：艺术与实用之较量

传统艺术作品纯粹是为了满足人们的美感需要，而随着社会的发展特别是工业社会的到来，工业设计者逐渐把艺术的美感要素融入产品的设计中。一个适销对路的产品不仅是功能上完善而且是在美感上可人的产品。而当艺术与实用性结合起来以后，是否对产品中的美学因素赋予保护，应当赋予何种类型的保护便成为知识产权法上的重点和难点之一。这种将艺术与实用性结合起来的物品在版权法上通常称之为"实用艺术作品"（Work of Applied Arts），该类作品包括意图或者已经体现于实用物品之中的所有原创性的文学艺术作品，而不论该实用物品是否被大量生产、是否被商业开发和是否具有被专利法保护的可能性。❷

由于在实用艺术作品中，艺术作品体现于实用物品之中，物品的"艺术层面"与"实用层面"通常是结合在一起，只不过在不同的实用艺术作品中，这种结合的程度有所不同而已。利用版权法对该类作品进行保护有可能超出物品的"艺术性层面"而将垄断权扩张到物品的"实用性层面"，而后者通常是专利法的领域。版权法的保护要件比专利法要低，而且保护期限比专利法要长，如果版权法通过就物品的"艺术性层面"取得版权的方式获得对物品"实用性功能"的垄断，有可能背离知识产权法促进科学和实用艺术进步的目的。

鉴于实用艺术作品的特殊属性，实用艺术作品国际保护制度的建构和国内立法的进程都经历了一个从不保护到保护这样一个不断发展的过程；即使立法赋予实用艺术作品以版权保护，也施加了诸多限制条件，

---

❶ 参见本书第一章第四节的相关内容。

❷ H. R. Rep. No. 1476，94th Cong.，2d Sess. 54，reprinted in 1976 U. S. Code Cong. & Ad. News 5659，5667.

保护的范围也比较有限。

在实用艺术作品的国际保护层面，虽然不少国际条约确定了各成员国保护实用艺术作品的义务，但并没有强行规定成员国必须采取某种立法模式，而是允许各国在不同的保护模式之中进行选择，以适合自身的特殊国情。在1908年的《伯尔尼公约》柏林修订会议上，伯尔尼联盟的成员国首次提出了实用艺术作品的类别，公约修订本的第2条明确将实用艺术作品列入受保护的版权客体范围之内。但拒绝在文学和艺术产权法中对实用物品的装饰性设计赋予完全的保护。在1948年的《伯尔尼公约》布鲁塞尔修订会议上，主张在法律上确认工业艺术（Industrial Art）的支持者克服了在1908年柏林修订会议上所遇到的困难。在1948年之后，伯尔尼联盟的成员国不能够再忽视一些工业艺术在文学和艺术产权法下的可保护性。❶《伯尔尼公约》的1948年文本虽然承认实用艺术作品是可版权性的作品，但授权成员国通过辅助的法律框架抑制过泛的版权保护。❷《伯尔尼公约》1971年的巴黎文本第2（7）条规定，在遵守本公约第7（4）条的前提下，本联盟的成员国可以通过国内立法规定在何种程度上保护实用艺术作品（即工业设计和模型）和其受保护所须满足的条件。另外，《知识产权协定》要求成员国对独立创作的新的或原创性的工业设计提供保护。成员国可以规定这样的保护并不延伸到本质上由技术或功能考量所决定的设计。❸

从各国立法来看，尽管实用艺术作品在任何版权立法中都没有被界定，但几乎所有的国内版权法都明确提及实用艺术作品是受保护的作

---

❶ J. H. Reichman, Design Protection in Domestic and Foreign Copyright Law: From the Berne Revision of 1948 to the Copyright Act of 1976. 1983 *Duke L. J.* 1143, 1149 (1983).

❷ Francon, *Modele et droits d'auteur*, reprinted in PROTEGER LA FORME 96, 98-99 (1981). See J. H. Reichman, Design Protection in Domestic and Foreign Copyright Law: From the Berne Revision of 1948 to the Copyright Act of 1976. 1983 *Duke L. J.* 1143, 1150 (1983).

❸ TRIPs. art. 25, 1.

品。❶ 例如 1976 年《美国版权法》第 101 条规定实用艺术作品属于"绘画、图形和雕塑作品",而根据该版权法第 102 条的规定,该类作品是版权客体的基本范畴之一,因此,实用艺术作品受版权法保护。不过该类作品的版权保护需要满足一定的特殊条件,按照美国版权法的规定,实用物品的艺术层面只有同功能性层面区别并且独立存在,也就是满足通常所谓的"可分离性标准"才能受版权保护。美国的实用艺术作品版权保护制度是制度长期演变的结果,该制度的演绎折射出有关实用艺术作品保护的价值争议。

从历史发展的角度讲,美国版权法的客体范围呈现出一个不断扩大的趋势。具体到实用艺术作品的版权保护,美国版权法经历了从无到有,从简单到丰富的发展历程。美国实用艺术作品版权保护制度的发展中交织了国会、版权办公室和法院三者之间的变革,国会的立法、版权办公室的版权规章和法院的判例共同推动了它的发展与演变。

在美国,直到 1870 年,版权保护才延伸到绘画、素描、多彩石印版、雕像、雕塑和美术作品(works of the fine arts)的模型或设计。❷ 但 1870 年版权法对"美术"(fine arts)的强调,使版权和实用物品保持相当的距离。❸《1909 年版权法》第 5(g)条规定了受版权保护的客体,即艺术作品(works of art)和等同于艺术作品的模型或设计。《1909 年版权法》并没有提及"美术",对实用艺术作品版权保护的主要障碍消除。❹

不过,尽管美国国会在 1909 年版权法中已经将利用版权制度保护实用艺术作品的限制消除,然而并不意味着版权实践自从 1909 年开始就实

---

❶ Duchemin, *La protection des arts appliques dans la perspective d'un depot communautaire en matiere de dessins et modeles industriels*, 97 Revue Internationale Du Droit D'auteur [R. I. D. A.] 4, 6~7. (1978). See J. H. Reichman, Design Protection in Domestic and Foreign Copyright Law: From the Berne Revision of 1948 to the Copyright Act of 1976. 1983 *Duke L. J.* 1143, 1146 (1983).

❷ Act of July 8, 1870, ch. 230, §86, 16 Stat. 198, 212 (repealed 1916).

❸ Robert C. Denicola, Applied Art and Industrial Design: A Suggested Approach to Copyright in Useful Articles, 67 *Minn. L. Rev.* 707, 710 (1983).

❹ Act of Mar. 4, 1909, ch. 320, 35 Stat. 1077 (current version at 17 U. S. C. §102 (1976)). §5(g). See Robert C. Denicola, Applied Art and Industrial Design: A Suggested Approach to Copyright in Useful Articles, 67 *Minn. L. Rev.* 707, 710 (1983).

在地对该类作品赋予了版权保护。版权办公室依照国会的授权可以在自己的职权范围内制定一些规章来指导版权实践。虽然有1909年版权法的规定，版权办公室于1910年所制定的一个规章将艺术作品限制在"美术作品"的范围之内，明确排除对在目的和特征上具有实用性的"工业艺术"（industrial arts）的产物进行版权登记。❶ 该规章规定，艺术作品包括所有被适当地称之为"美术"的作品，也即绘画、素描和雕塑。在目的和特征上具有实用性的工业艺术的产物即便是被艺术性地制造或装饰，也不能够获得版权登记。❷ 版权办公室就是通过这种版权规章的制定维持了美术和实用艺术之间的区分，虽然1909年版权法已经明确放弃了这种区分。❸

版权办公室在1910年以后所制定的规章逐渐对1910年规章进行了合乎实践发展要求的修订。1917年，版权办公室对1910年规章进行了修订，允许对"艺术制图"（artistic drawings）的版权登记，尽管它们以后可能被用于产品上。❹ 但直到1949年，版权办公室的实践都是否定任何进行商业量产的兼具实用性和艺术性的三维物品的版权登记。❺ 这种实践的目的是将设计专利法同版权法区分开来，阻止设计者和生产者通过

---

❶ Copyright Office, Rules and Regulations for the Registration of Claims to Copyright, Bull. No. 15, §12 (g) (1910).

"Works of Art. This term includes all works belonging fairly to the so-called fine arts. (Paintings, drawings, and sculpture).

Productions of the industrial arts utilitarian in purpose and character are not subject to copyright registration, even if artistically made or ornamented. No copyright exists in toys, games, dolls, advertising, novelties, instruments or tools of any kind, glassware, embroideries, garments, laces, woven fabrics, or any smaller articles." See Robert C. Denicola, Applied Art and Industrial Design: A Suggested Approach to Copyright in Useful Articles, 67 *Minn. L. Rev.* 707, 710 n. 20 (1983).

❷ Copyright Office, Rules and Regulations for the Registration of Claims to Copyright, Bull. No. 15, §12 (g) (1910) (emphasis added), reprinted in Mazer v. Stein, 347 U.S. 201, 212 n. 23 (1954).

❸ J. H. Reichman, Design Protection in Domestic and Foreign Copyright Law: From the Berne Revision of 1948 to the Copyright Act of 1976. 1983 *Duke L. J.* 1143, 1148-49 (1983).

❹ 37 C.F.R. §201.4 (7) (1917).

❺ Walter J. Derenberg, Copyright No-Man's Land: Fringe Rights in Literary and Artistic Property, 35 *J. Pat. Off. Soc'y* 627, 646 (1953).

诉诸版权法之并非严格的要求规避设计专利法之严格的合法性要求。❶ 至 1949 年，版权办公室将艺术作品界定为美术工艺品（works of artistic craftsmanship）和美术作品，但对前者的版权保护仅及于其形式（form）而不及于其机械性或功能性层面（mechanical or utilitarian aspects），例如艺术珠宝、珐琅、玻璃器具和挂毯。❷ 在以后的几年里，版权办公室接受了许多三维实用艺术作品的登记。❸

如果将实用艺术作品保护制度的发展史聚焦在法院特别是美国最高法院的判例之上，我们会发现实际上美国最高法院在 20 世纪初期的一个案例中已经埋下了赋予实用艺术作品以版权保护的伏笔，该案就是布雷斯顿案❹，最高法院在该案中支持一个马戏团海报的可版权性，反对主张艺术和实用性是对立的观点，该案的判决可以帮助建立两维实用艺术作品的可版权性。❺

1954 年美国最高法院在梅（Mazer）案❻中的判决比较彻底地推翻了艺术和实用性之间的"柏林墙"。梅案的诉讼双方是竞争性的灯具制造商。版权人将一个由男女舞者的形象构成的小雕像作为桌灯的底座。该小雕像在版权办公室被登记为艺术作品（works of art）和艺术作品的复制品（reproductions of a work of art）。一个竞争者复制了该形象并且用于相似的用途。该案的焦点集中于以下事实上，即虽然雕像作为艺术作品受保护，但该雕像意图用于和被使用于桌灯的底座，这是否应作为否定赋予其以版权保护的理由。被告主张只有设计专利权才能够垄断实用物品的大量生产。但法院认为，版权法并没有规定可专利性的物品不能够获得版权保护。版权法也没有规定将可以获得版权保护的物品意图使用

---

❶ J. H. Reichman, Design Protection in Domestic and Foreign Copyright Law: From the Berne Revision of 1948 to the Copyright Act of 1976. 1983 *Duke L. J.* 1143, 1148 (1983).

❷ 37 C. F. R. § 202.8 (1949).

❸ Walter J. Derenberg, Copyright No-Man's Land: Fringe Rights in Literary and Artistic Property, 35 *J. Pat. Off. Soc'y* 627, 646–648 (1953).

❹ Bleistein v. Donaldson Lithographing Co. 188 U. S. 239 (1903).

❺ J. H. Reichman, Design Protection in Domestic and Foreign Copyright Law: From the Berne Revision of 1948 to the Copyright Act of 1976. 1983 *Duke L. J.* 1143, 1147 (1983).

❻ Mazer v. Stein. 347 U. S. 201 (1954).

或用于工业生产之中就禁止该物品的版权登记或使其登记无效。

梅案的判决具有革命性影响,就该案的判决,美国有权机关默许了这样的主张,体现在实用物品中的装饰性设计并不必然不具有艺术性,❶艺术和工业并不相互排斥。该判决使多种量产之商品的保护成为可能。❷在该案的判决作出之后,版权办公室也作出了回应,建构了为现行1976年美国版权法所采纳的实用艺术作品版权保护标准。梅案之后,版权办公室于1956年颁布的第一个规章(202.10(c))规定,当一个物品的形状由其实用性功能所决定或者必要地响应于其实用性功能,尽管该形状独特和诱人,也没有资格作为一个艺术作品。如果物品"唯一内在功能"(the sole intrinsic function)是其实用性,其被以独特和诱人之方式构造的事实并不能使其获得作为一个艺术作品的资格。然而,当这个物品自身明显是个艺术作品,其也是实用物品的事实并不能排除其版权登记。❸ 该规章进一步确认了实用艺术作品的版权法地位。为了执行Mazer案的判决,版权办公室1959年对1956年规章第202.10(c)条进行了修订,加入了艺术的可分离性(artistic separability)标准:如果一个物品的"唯一内在功能"是其实用性,该物品是独特的和以迷人的方式构造的事实并不能够使其成为一个艺术作品。然而,如果一个实用物品的形状(shape)包含了诸如艺术雕塑(sculpture)、雕刻(carving)或绘画作品(pictorial representation)等特征,而这些特征能够区别于(identified separately)物品的实用功能并且能够作为一个艺术作品独立存在(existing

---

❶ Copyright Office, Second Supplementary Report of the Register of Copyrights on the General Revision of the U. S. Copyright Law: 1975 Revision Bill, Ch. VII, at 10 (1975 Draft). See J. H. Reichman, Design Protection in Domestic and Foreign Copyright Law: From the Berne Revision of 1948 to the Copyright Act of 1976. 1983 *Duke L. J.* 1143, 1152 (1983).

❷ Shira Perlmutter, Conceptual Separability and Copyright in the Designs of Useful Articles, 37 *J. Copyright Soc'y U. S. A.* 339, 345 (1990).

❸ 21 Fed. Reg. 6024 (1956) (Repealed, 43 Fed. Reg. 966 (1978), 37 C. F. R. 966 (1978)). See J. H. Reichman, Design Protection in Domestic and Foreign Copyright Law: From the Berne Revision of 1948 to the Copyright Act of 1976. 1983 *Duke L. J.* 1143, 1177 (1983).

independently），这样的特征可以合法进行版权登记。❶ 自建构以来，"可分离性标准"仍然支配了当前有关实用艺术作品保护的分析。❷

最终，美国国会选择使版权办公室现存的规章成文化，加上一些修订，并入版权法之中，结果就是1976年《美国版权法》第101条的"实用物品"（useful article）与"绘画、图形和雕塑作品"（pictorial, graphic and sculptural works）的定义。这些定义来自于"37 C.F.R. § 202.10（a）(1949)"和"37 C.F.R. § 202.10（c）(1959)."这两个规章。最为显著的变化是删掉1959年规章的第一句话中的"唯一"（sole）一词，❸ 从而，在《美国1909年版权法》下的版权规章之中，如果物品的"唯一内在功能"是实用性，该物品不受版权保护。而在1976年《美国版权法》下，如果实用物品的艺术特征不能同物品的实用性层面区分开来并且独立存在，即使其"唯一内在功能"并不是实用性，该物品的形状也不能获得版权保护。❹ 1976年《美国版权法》实际上是限缩了实用艺术作品的版权保护范围。❺

如上所述，在形成1976年《美国版权法》有关实用艺术作品保护的相关规定的时候，美国国会只是将版权办公室在19世纪40年代和19世纪50年代的版权规章的规定，包括1959年提出的可分离性标准整合起来。❻ 在1976年《美国版权法》中，1909年《美国版权法》中的"艺

---

❶ 37 C.F.R. § 202.10（c）(1959), As Amended June 18, 1959 (revoked Jan. 1, 1978, 43 Fed. Reg. 966 (1978)). See J. H. Reichman, Design Protection in Domestic and Foreign Copyright Law: From the Berne Revision of 1948 to the Copyright Act of 1976. 1983 *Duke L. J.* 1143, 1181 (1983).

❷ Robert C. Denicola, Applied Art and Industrial Design: A Suggested Approach to Copyright in Useful Articles, 67 *Minn. L. Rev.* 707, 715 (1983).

❸ Shira Perlmutter, Conceptual Separability and Copyright in the Designs of Useful Articles, 37 *J. Copyright Soc'y U. S. A.* 339, 350 (1990).

❹ Mark A. LoBello, The Dichotomy between Artistic Expression and Industrial Design: To Protect or Not to Protect, 13 *Whittier L. Rev.* 107, 127 (1992).

❺ 之所以删掉"唯一"一词实际上限缩了实用艺术作品的版权保护范围，是因为，即使在实用物品兼其实用性和艺术性，其"唯一内在功能"并非实用性的时候，也可能因为艺术性要素不能同实用性要素相分离而独立存在而不能受版权保护。

❻ Eric Setliff, Copyright and Industrial Design: An "Alternative Design" Alternative, 30 *Colum. J. L. & Arts* 49, 56 (2006).

作品"（works of art）被代之以"绘画、图形和雕塑作品"。❶ 按照现行美国版权法的规定，绘画、图形、雕塑作品包括美术（fine）、图形、实用艺术（applied art）、照片、印刷字体、艺术复制品、地图、地球仪、图表、示意图、模型和技术图纸（包括建筑规划）等二维或三维作品。就其"形式"（form）而非"机械性功能"或"实用性功能"而言，此类作品包括工艺品（artistic craftsmanship）；"实用物品的设计"应被视为绘画、图形或雕塑作品，但只有且仅以该设计中所含之绘画、图形或雕塑的特征"可使其区别于"（can be identified separately）且"能独立于"（are capable of existing independently of）物品的实用功能而存在者为限。❷ 其中，"实用物品"（useful article）指的是具有内在实用功能性（an intrinsic utilitarian function）而非仅仅描述（portray）物品的外观或传达（convey）信息的物品。在正常情况下（normally）系实用物品一部分的物品视为"实用物品"。❸

综上，美国现行版权法吸收了以往实用艺术作品保护制度的合理内核，确定了实用艺术作品受版权保护的可能性，并考虑该类作品的特殊属性，规定了"可分离性标准"作为该类作品可版权性的要件。

上述谈及的是美国实用艺术作品版权保护制度的历史，该历史对我国实用艺术作品的著作权立法极具昭示意义。实用艺术作品虽然在一般场合也可以归类为美术作品；但在版权法意义上，其不能归类为普通美术作品；而应当分门别类，单独作为一类版权客体进行保护，称为实用艺术作品。❹ 之所以如此，是因为实用艺术作品具有与普通美术作品不同的版权品性，既具有美学性，也具有功能性；如果将实用艺术作品作为普通美术作品进行保护，将可能会产生不当后果，即对实用艺术作品的版权保护将可能会延伸到其功能性层面，而该层面应当属于专利法保护

---

❶ 17 U.S.C. § 102（a）(5)（1976）.
❷ 17 U.S.C. § 101（1976）.
❸ 17 U.S.C. § 101（1976）.
❹ 虽然1976年《美国版权法》第101条有关"绘画、图形和雕塑作品"的定义中指出，实用艺术作品（实用物品的设计）应当视为"绘画、图形和雕塑作品"，但紧随其后又规定了实用艺术作品可版权性的"可分离性标准"，实质上是将实用艺术作品作为一类区别于一般美术作品的特殊作品进行对待。

的领域。考虑到实用艺术作品区别于普通美术作品的特殊性，美国的立法和司法实践在早期拒绝对该类作品提供版权保护；但在现代社会，实用艺术作品的版权保护确实应当成为一个重要的版权法课题。因此，现代版权法应当对实用艺术作品赋予版权保护，但不能作为普通美术作品进行保护，美国版权制度对实用艺术作品从不保护到保护的发展历程也表明了实用艺术作品美学性和实用性两种性质之争。

在我国，现行《著作权法》（2010年）中并没有对实用艺术作品赋予版权保护的明确规定；1992年国务院颁发的《实施国际著作权条约的规定》第6条第1款规定，对外国实用艺术作品的保护期，为自该作品完成时起25年。可见，在我国现行著作权法制度中，并没有对实用艺术作品赋予版权保护的普遍性规定，而是只对外国人的实用艺术作品赋予了版权保护，虽然满足了国际公约的要求，但形成了国人同外国人不平等的"超国民待遇"，这并不符合社会实践对实用艺术作品版权保护的需求，应当加以改进。

二、难舍难分：实用艺术作品版权保护之必要性

（一）实用艺术作品版权保护的相关考量因素

实用艺术作品既具有实用功能，也具有美学价值，创作者在创作该类艺术作品的时候也付出了创造性努力，从激励创作和公平正义的角度讲，应当赋予实用艺术作品一定程度的保护。但实用艺术作品的美学要素反映在实用性物品之上，对这种美学要素赋予版权保护有可能产生阻碍物品功能被自由使用的后果。对实用艺术作品赋予版权保护的一般顾虑在于其功能性。对由功能性特征所决定的表达赋予版权保护可能会颠覆专利制度作为保护实用物品的主要方式的角色，[1]抑制创造，阻碍竞争，违背知识产权法的目的。例如，在布兰德（Brandir）案[2]中，法院否

---

[1] Robert P. Merges et al., *Intellectual Property in the New Technological Age* 24, 362 (3d ed. 2003). See Eric Setliff, Copyright and Industrial Design: An "Alternative Design" Alternative, 30 *Colum. J. L. & Arts* 49, 60 (2006).

[2] Brandir Int'l, Inc. v. Cascade Pacific Lumber Co., 834 F.2d 1142, 1146-1147 (2d Cir. 1987). （详细案情参见本节后文的相关论述）。

定了一个波浪形的、管状的钢质自行车架的版权保护，因为设计者开始是将相似的形式作为雕塑进行创作，但为了使该设计适应于用作自行车架，设计者考虑了功能性。

实用艺术作品的特殊属性决定了制度设计的困难性，其中工业设计应否受版权保护的争论更是彰显了该类作品版权保护的价值冲突与协调。版权法企图通过一系列法律标准的建立将物品的艺术性同实用性区分开来，只保护物品的艺术性层面而不保护其功能性层面。

（二）反对赋予实用艺术作品以版权保护的观点

否定对工业设计赋予版权保护的观点从工业设计与传统版权客体的差别等各个方面详细分析了个中原因。❶（1）一个合适的设计可以促进产品的销售，投入设计中的努力可以导致业绩的增加或生产成本的减少，而设计成本只是整个产品开发成本的一小部分，尽管竞争者可能因为对其设计的盗用而节省开发成本，但生产者不会由此而放弃对设计的投入，并不需要对工业设计赋予版权保护以激励创作；（2）存在对设计复制的抑制因素。产品区分对竞争者与对设计的原创者同样有价值。主要竞争者不会通过盗用设计而使其产品形象受损，因为消费者通常将复制同低质量联系在一起，并不需要通过版权保护来打击未经许可的复制；（3）即使复制确实发生，如果设计原创者的产品质量是不可复制的，即该产品享有专利保护或商业秘密保护或复制者并不拥有复杂的生产能力，其影响也是很小的；（4）工业设计的精神利益也弱于其他的艺术作品；（5）将工业设计排除在版权保护范围之外并不意味着其不重要。例如，版权法将爱因斯坦的理论排除在版权保护范围之外并不意味着其不重要；（6）工业设计的版权保护也会带来实践方面的严重困难；（7）如果对工业设计赋予版权保护，对侵权的忧虑会阻碍新设计的开发或者需要附加的投资来评价潜在的法律风险。

（三）赞成赋予实用艺术作品以版权保护的观点

赞成工业设计可受版权保护的观点则从工业设计的美学考量的角度

---

❶ Robert C. Denicola，Applied Art and Industrial Design：A Suggested Approach to Copyright in Useful Articles，67 *Minn. L. Rev.* 707，722－26（1983）.

入手论证了自己的观点。[1] 工业设计包含同功能性不相关的艺术表达：根据艺术史学家的观点，工业设计的首要目的是通过对美学的应用以促进销售和生产者利益的增长。工业设计者对产品的美学改造并不仅仅是区别它们，它也赋予其象征意义，通过艺术的方式增加产品对消费者的吸引力和可接受性。功能主义在19世纪70年代和80年代的死亡进一步驳斥了工业设计并不包含与功能不相关的艺术表达的观点。工业设计的力量，即伪装（disguise）、隐藏（conceal）和转化（transform），它们同功能性并不相关，这些力量依赖的是设计者的艺术性。由于工业设计具有艺术性，禁止对工业设计赋予版权保护并不具有正当性。工业设计体现美学表达的程度实际上比体现功能性的程度要高得多。工业设计的主要目的是通过改变甚至伪装其美感的表面来获得更多商业上的成功。因此，工业设计应当受版权保护，如果法院拥有更好的方式来区分艺术性表达和实用性特征，工业设计能够享有广泛的保护。

上述分析具有普适性价值，实用艺术作品的特殊性所导致的版权法问题在我国也一样存在，这导致了我国著作权法当初并未将实用艺术作品明确列举为著作权法保护的客体。我国有关当局负责人说明了上述立法选择的原因：实用艺术作品同美术作品不易区分；实用艺术作品同工业生产紧密联系，著作权保护期非常长，实用艺术作品的保护可能会影响工业生产；实用艺术作品同工艺美术品不易区分，后者更为大众接受且很多历代相传的独创性的造型很可能早超过了保护期，如果用著作权法保护，也会产生影响工艺美术事业乃至外贸出口的发展；实用艺术作品中有相当一部分是工业产权保护的客体，而工业产权保护在手续和保护期方面显然不具有著作权保护的优势，如果用著作权保护，岂不无人再申请工业产权保护了吗？[2] 这种对我国实用艺术作品立法原因的说明凸显了其不同于普通作品的特殊属性。

---

[1] Eric Setliff, Copyright and Industrial Design: An "Alternative Design" Alternative, 30 Colum. J. L. & Arts 49, 61-66 (2006).

[2] 许超：“关于修改现行著作权法的初步想法（之二）”，载《著作权》1994年第4期。转引自曹新明：“关于著作权客体问题的调研报告”，载国家版权局编：《著作权法第二次修改调研报告汇编（上册）》第41页，2008年9月。

三、分离之难：实用艺术作品的可版权性要件

Maze案确立了实用艺术作品受版权保护的可能性，意义重大，但其并没有解决怎样确定何时一个实用物品构成一个可版权的艺术作品这样一个更为困难的问题。[1] 通过衡量实用艺术作品版权保护中的利益关系，考察其立法历史，1976年《美国版权法》规定了实用艺术作品的可版权性要件，即一个实用物品要获得版权保护，必须具有一些从物理上（physically）或者从观念上（conceptually）能够同该物品的实用性层面区分开来的要素，该要件通常被称之为"可分离性标准"。[2] 该标准颇具借鉴意义。

（一）可分离性标准的"始作俑者"——Esquire, Inc. v. Ringer. 案

伊斯酷（Esquire）案[3]是第一个适用1976年《美国版权法》有关实用艺术作品可分离性标准的判例。该案涉及特定户外照明器材的整体形状是否可以作为艺术作品受版权保护的问题。版权登记处认为其不具有可版权性，地区法院不同意，颁发了一个书面训令文书（a writ of mandamus）命令登记官颁发登记证书。版权登记处拒绝登记的主要原因是认为当一个实用物品的所有设计因素都同该物品的实用性功能直接相关的时候，版权办公室的规章[4]阻止对这个实用物品的设计进行版权登记。而伊斯酷的照明器材并不包含能够作为可版权性的绘画、图形或雕塑作品独立存在的艺术性要素。地区法院则认为，最高法院在梅案中的判决表明该照明器材可以获得版权登记，在该案中，最高法院认可了意图大量生产的用作桌灯底座的雕像的版权。地区法院认为如果支持梅案中的版权授予，而否定伊斯酷的版权登记申请，将等同于对特定的传统艺术作品赋予版权特权，而否定对抽象的、现代的艺术形式赋予版权。而本案中的物品显然是个艺术品。上诉法院否定了地区法院的判决。

---

[1] Shira Perlmutter, Conceptual Separability and Copyright in the Designs of Useful Articles, 37 *J. Copyright Soc'y U. S. A.* 339, 345 (1990).

[2] H. R. Rep. No. 1476, 94th Cong., 2d Sess. 54 (1976), reprinted in 1976, U. S. Code Cong. & Ad. News 5659~5801. at 55.

[3] Esquire, Inc. v. Ringer. 591 F. 2d 796 (D. C. Cir. 1978).

[4] 37 C. F. R. § 202.10 (c) (1976).

《美国1909年版权法》第5（g）条规定的版权客体包括艺术作品，等同于艺术作品的模型或设计。版权办公室对其的解释是：如果一个物品的"唯一内在功能"是其实用性，该物品是独特的和以迷人的方式构造的事实并不能够使其成为一个艺术作品。然而，如果一个实用物品的形状包含了诸如艺术雕塑、雕刻或绘画作品等特征，而这些特征能够区别于物品的实用性层面并且能够作为一个艺术作品独立存在，这样的特征可以合法进行版权登记。❶ 版权登记处和伊斯酷对该规章有不同解读。前者将其解读为禁止一个实用物品的整体形状或构造的版权登记，不管这种形状或构造在美感方面多么可人。因为规章将版权保护限制在一个实用物品中能够区别于物品的实用性层面且能够作为一个艺术作品独立存在的特征之上，这种解读要求执行国会反对对工业设计赋予版权保护的政策，这种政策受版权办公室的一贯实践和立法历史的支持。伊斯酷则将规章的规定解释为允许对实用物品的整体形状或设计进行版权登记，只要这种形状或设计满足艺术作品的要件，即原创性。伊斯酷主张其在设计照明器材的时候意图创作雕塑作品，因此，其照明器材的"唯一内在功能"并不是实用性。伊斯酷主张其照明器材的形状就是其能够合法作为一个艺术作品受版权保护的特征。

上诉法院认可版权登记处对该版权规章的解释。（1）对工业设计赋予版权保护将会创造一个新的垄断权，该垄断权具有明显的和重大的反竞争效应。对实用物品的整体形状或构造进行版权登记将会导致对工业设计广泛的版权保护。加之美感的考虑已融入大多数实用物品的设计之中。因此，如果认可实用物品的整体形状或构造可以作为艺术作品受版权保护，那么所有的消费产品和工业产品都可以作为艺术作品受版权保护。（2）1976年《美国版权法》建构实用艺术作品的版权保护制度的意图在于在可受版权保护的实用艺术作品和不具有可版权性的工业设计之间尽可能地画出一条清晰的界限。国会报告讲到，尽管工业产品的形状可能在美感上可人和有价值，其也不一定应被赋予版权保护。除非工业产品中包含有一些可以从物理上或观念上同物品的实用性层面区分开来

---

❶ 37 C.F.R. § 202.10（c）(1976).

的要素，否则这些工业产品的设计不受版权保护。即使一个物品的外观由美感的考量所决定而不是由功能性考量所决定，也只有可以区别于物品的实用性层面的要素具有可版权性。即使三维设计包含这样的可区别性、可分离性要素，版权保护也只及于这样的要素，而不及于实用物品的整体构造。❶ 版权报告的上述文字表明一个实用物品的整体设计或构造，即使由美感要素与功能性考量共同决定，也不具有可版权性。因此，1976年《美国版权法》的立法历史，加上国会对现有法律的理解，支持了版权登记处的解释。（3）1976年《美国版权法》的立法历史也支持版权登记处较少注重"唯一内在功能"的实践。在本案中，涉案户外照明器材的"唯一内在功能"并非实用性，如果版权实践坚持"唯一内在功能"的实践，涉案照明器材必定可以获得版权保护。由于版权登记处较少支持和注重"唯一内在功能"的实践，涉案户外照明器材即使"唯一内在功能"并非实用性，也可能因为不能满足"可分离性标准"而不能获得版权保护。伊斯酷主张只要一个实用物品的整体形状包含双重的内在功能，即美感和实用功能，该形状可以获得版权保护。1976年《美国版权法》对实用物品的界定删除了上述版权规章中的"唯一"一词，该法的制定者必定认为没有"唯一"一词，对实用物品的界定更准确。国会可能认为"唯一内在功能"是个不具有可操作性的标准，就像一个评论者所说的那样，没有两维物品、很少有三维物品的设计完全由功能性考量所决定。（4）版权办公室对上述规章的解释与梅案的判决之间并没有不一致。本案中的焦点，即一个实用物品的整体形状是否具有可版权性在梅案中并没有探讨。（5）将上述版权规章解释为禁止对实用物品的整体设计或构造赋予版权保护确实对体现抽象雕刻特征的设计可能将产生不均衡的影响。但如果为了实现对实用艺术作品赋予公平保护的目的而赋予实用性的工业设计以版权，将损害版权法鼓励科学和实用艺术进步的目标。因此，地区法院的判决应当被推翻。

伊斯酷案中涉案物品的设计并不是应用在物品表面的装饰，如陶瓷

---

❶ H. R. Rep. No. 1476，94th Cong. ，2d Sess. 54（1976），reprinted in 1976，U. S. Code Cong. & Ad. News 1976，p. 5668.

上的绘画；也不是物品的一部分，例如作为桌灯底座的小雕像，而是物品的整体形状与构造。附于物品表面的装饰和作为物品一部分的艺术设计更容易满足实用艺术作品版权保护的可分离性要件，对这种艺术要素赋予版权保护将产生对物品功能性要素的垄断的可能性比较小一些。物品的整体形状与构造而言更有可能是功能性而不仅仅是美学考量的产物，这种类型的物品满足可分离性标准更为困难，而且对其赋予版权保护将产生垄断物品的功能性的可能性更大。基于此，伊斯酷案的法院通过对版权法及版权法史的解读得出涉案照明器材的整体形状并不受版权保护的结论。伊斯酷案的判决被用来否定了包括轮毂罩[1]、机械游戏[2]、玩具飞机[3]、带扣[4]等许多物品的整体形状的版权保护。

伊斯酷案的判决似乎认为物品的整体形状同物品的功能性之间具有必然的联系，它的设计不可能满足可分离性要件，对其的版权保护必然会产生垄断物品功能性要素的后果。尽管该案在实用艺术作品版权保护的司法实践中产生了重要影响，但仍然有诸多值得商榷之处。首先，伊斯酷案的判决完全排除了整体形状的可版权性，同按照《美国1909年版权法》的诸多司法实践不符。例如，银币储蓄罐[5]、睡衣袋[6]、制造陶器形象的模具[7]的整体形状都得到了版权办公室的版权登记。[8]带扣的整体形状[9]、眼镜陈列容器的整体形状[10]等都被认为具有可版权性，能够获得

---

[1] Norris Indus., Inc. v. Int'l Tel. & Tel. Corp., 212 U.S.P.Q. (BNA) 754 (N.D. Fla. 1981), affd, 696 F. 2d 918 (11th Cir. 1983).

[2] Durham Indus., Inc. v. Tomy Corp., 630 F. 2d 905 (2d Cir. 1980).

[3] Gay Toys, Inc. v. Buddy L Corp., 522 F. Supp. 622 (E.D. Mich. 1981).

[4] Kieselstein-Cord v. Accessories by Pearl, Inc., 489 F. Supp. 732, 736 (S.D.N.Y. 1980).

[5] Goldman-Morgan, Inc. v. Dan Brechner & Co., 411 F. Supp. 382 (S.D.N.Y. 1976).

[6] R. Dakin & Co. v. A & L Novelty Co., 444 F. Supp. 1080 (E.D.N.Y. 1978).

[7] S-K Potteries & Mold Co. v. Sipes, 192 U.S.P.Q. (BNA) 537 (N.D. Ind. 1976).

[8] Robert C. Denicola, Applied Art and Industrial Design: A Suggested Approach to Copyright in Useful Articles, 67 Minn. L. Rev. 707, 736-37 (1983).

[9] Accord Kieselstein-Cord. v. Accessories by Pearl, Inc., 489 F. Supp. 732, 735 (S.D.N.Y.), Rev'd On Other Grounds, 632 F. 2D 989, 994 (2D CIR. 1980).

[10] Trans-World Mfg. Corp. v. Al Nyman & Sons, Inc., 95 F.R.D. 95 (D. Del. 1982).

版权保护。而伊斯酷案本身又表明1976年《美国版权法》的修订仅仅是将已存标准成文化。该案的判词显然有自相矛盾之处。其次，伊斯酷案的判决对版权法的解释似乎存在可以商榷之处。尽管1976年《美国版权法》的国会报告指出，版权保护仅及于该因素，而不及于该实用物品的整体构造。但国会报告的该句说明似乎仅仅是谓当一部作品仅仅有一部分是可版权性的时候，版权保护只延伸到这一部分。如果物品的整体形状能够同物品的实用性层面区分开来，上述限制就不适用。❶ 再次，伊斯酷案有关产品的特征与整体形状或构造的区分并不能转化为可分离性标准的一致模型，这种区分并不符合1976年《美国版权法》的定义结构。该法在界定实用物品定义的时候说，在正常情况下是实用物品一部分的物品视为"实用物品"。将版权保护赋予一个实用物品的某个特征从定义上讲允许对一个实用物品的整体形状赋予版权保护。❷ 最后，即使是物品的整体形状，也并不一定绝对是由该物品的功能性所决定的，物品整体形状的艺术性要素同物品的实用性要素存在可分离的可能性❸。因此，不加区分地否定一切整体形状的版权保护似乎不能够实现版权法的目标。总之，法院使用工业设计的标签作为一个方便的工具来否定物品整体形状的版权保护是不适当的，因为整体形状可能是创造性努力的产物，这种产物值得法律保护。❹

（二）物理上的可分离性标准

1976年《美国版权法》所确定的可分离性既可以是"物理上的可分

---

❶ H. R. Rep. No. 1476，94th Cong.，2d Sess. 54（1976），reprinted in 1976，U. S. Code Cong. & Ad. News 5659～5801. at 55. See Robert C. Denicola，Applied Art and Industrial Design：A Suggested Approach to Copyright in Useful Articles，67 Minn. L. Rev. 707，736 n. 133 （1983）.

❷ Robert C. Denicola，Applied Art and Industrial Design：A Suggested Approach to Copyright in Useful Articles，67 Minn. L. Rev. 707，737 - 38（1983）.

❸ 这一判断是符合实际情况的。许多实用物品的整体形状同该实用物品的功能性是没有关系的。例如，茶杯垫可以是正方形、长方形、圆形、椭圆形、六边形的，不论茶杯垫是上述何种形状，都不影响其功能性，即作为一个茶杯垫的功能的实现。

❹ Hearings on H. R. 2223 Copyright Law Revision Before the Subcomm. on Courts，Civil Liberties and the Administration of Justice of the House Comm. on the Judiciary，94th Cong.，1st Sess. 1007（1975）at 1855 - 1858.

离性"（physical separability），也可以是"观念上的可分离性"（conceptual separability）。实用艺术作品版权制度发展的初期，物理上的可分离性标准占据主导地位，观念上的可分离性标准是在经济社会的不断发展，实用艺术作品版权保护制度不断成熟的时候才开始彰显其重要功能的。例如，至1975年美国版权办公室才开始依赖观念上的可分离性标准。❶

不管是物理上的可分离性标准还是观念上的可分离性标准，它们的目的都是要将实用物品的设计层面同实用层面区分开来，避免版权法对物品的功能性进行保护而产生阻碍创造的不当后果。不过，两种标准的侧重点并不相同。前者要求物品的美学功能或层面能够"真实地"（literally）同其实用性层面区分开来，要求当实用性物品的艺术性成分能够实际（也就是物理上）同该物品的实用性部分分开而不减损该物品的内在实用性功能，❷或谓当去除物品的功能性特征之后，物品的设计特征完好无损（intact），例如美洲豹汽车安全罩上的动物雕塑能够同汽车或安全罩的实用性在物理上分离开来❸；后者则仅要求物品的美学要素能够在"理论上"（theoretically）同其实用性层面区分开来。例如，一个花瓶上的绘画设计能够同花瓶在观念上分离，因为其艺术价值在观念上区别于花瓶的实用性层面。❹

物理上的可分离性标准在区分物品的美学层面与实用性层面方面可以发挥一定作用，在实用艺术作品版权法律制度上具有一定法律地位。现实中确实存在实用艺术作品的艺术性层面能够从物理上同功能性层面分离开来的情形。但该标准本身并不是一个特别清晰的概念，实践中如何操作缺乏统一标准。它被批评为是拙劣的标准，不准确，缺乏标准化

---

❶ 1975 Revision Bill, ch. VII, at 12 (1975 Draft). See J. H. Reichman, Design Protection in Domestic and Foreign Copyright Law: From the Berne Revision of 1948 to the Copyright Act of 1976. 1983 *Duke L. J.* 1143, 1241 (1983).

❷ Richard H. Chused, *A Copyright Anthology the Technology Frontier*, Anderson Publishing Co. Cincinnati, Ohio (1998). p. 140.

❸ Melville B. Nimmer, David Nimmer, *Nimmer on Copyright*, Natthew Bender & Company, Inc. (2009). § 2.08 [B] [3].

❹ Jacob Bishop, Stealing Beauty: Pivot Point International v. Charlene Products and the Unfought Battle between the Merger Doctrine and Conceptual Separability. 2006 *Wis. L. Rev.* 1067, 1079 (2006).

的含义。❶ 另外，该标准也可能过于严格，许多实用艺术作品并不能够满足它。例如，两维的图形作品并不能够实际上同承载该图形作品的物品在物理上分离开来。❷ 物品整体形状和构造的设计似乎更不能满足该标准。适用该标准导致的结果是，许多需要保护而且版权保护不会产生负面效果的实用艺术作品得不到版权保护，版权法的目的难以实现。于是，版权立法和司法实践中发展出观念上的可分离性标准，企图弥补物理上的可分离性标准的缺陷。

（三）观念上的可分离性标准

同物理上的可分离性标准不同的是，观念上的可分离性标准认为，实用物品的艺术性成分纵然不能够"实际上"同该物品的实用性部分相分离，在符合一定条件之下，也能够获得版权保护。❸ 1984 年美国版权办公室的实践纲要将观念上的可分离性界定为实用物品的艺术性特征能够分别于和独立于实用物品"被想象"（imagined）。❹ 同物理上的可分离性标准相似，观念上的可分离性标准也是个不清晰的概念，司法实践和版权学界根据实用艺术作品的特殊属性，发展出了一系列解读观念上可分离性的标准，企图更好地实现版权法的目的。

1. 观念上的可分离性标准的各种测试方法

（1）"解不开地交织在一起标准"（inextricably intertwined test）。

"解不开地交织在一起标准"认为当物品的艺术性要素同其功能性要素"解不开地交织在一起"的时候，两种要素不存在观念上的可分离性，该实用物品不受版权保护。

该标准发源于卡洛·博哈特公司（Carol Barnhart Inc.）案❺。该案涉

---

❶ Robert C. Denicola, Applied Art and Industrial Design: A Suggested Approach to Copyright in Useful Articles, 67 *Minn. L. Rev.* 707, 730 (1983).

❷ 同上，第 744 至第 745 页。

❸ Richard H. Chused, *A Copyright Anthology the Technology Frontier*, Anderson Publishing Co. Cincinnati, Ohio (1998). p. 141.

❹ Library of Congress Copyright Office, Preface to Compendium of Copyright Office Practices (1984). at P5.03, ch. 500, at 11.

❺ Carol Barnhart Inc. v. Economy Cover Corporation. 773 F. 2d 411 (2d Cir. 1985) (Judges Mansfield, Meskill and Newman).

及的作品是四个实物大小的人体躯干模型，它们被设计用来展示商店中的服装。原告就这些模型获得作为雕塑（sculpture）的版权登记。第二巡回法院认为该模型不具有可版权性。法院认为国会明确拒绝对美学或艺术特征不能够同物品的实用性层面区分开来的实用艺术作品或工业设计赋予版权保护，尽管这些物品或设计可能在美学上是可人的和有价值的。原告模型中被主张具有美学性或艺术性的特征，例如实物大小的胸部构造、宽厚的肩膀，不可避免地同其展示衣服的功能性特征交织在一起。因为一个人体躯干的模型为了服务其实用性功能，必须具有一个胸部构造和一定宽度的肩膀。因此，该人体躯干模型不具有可版权性。

表面上看，"解不开地交织在一起标准"对判断实用艺术作品是否能够满足"观念上的可分离性标准"有一定的指导意义，不过其似乎只是可分离性标准的反面表述，即当物品的艺术性层面同实用性层面不可分离的时候，物品艺术和实用两个方面的要素当然是"解不开地交织在一起"。因此，该标准似乎并没有对何时存在观念上的可分离性提供具体可行的指导，只不过是可分离性标准的"同义反复"而已。

（2）"主要/次要（primary/subsidiary）标准"。

"主要/次要标准"认为，当物品的装饰性功能是"主要的"，而实用性功能是"次要的"时候，该物品满足"观念上的可分离性标准"，可以获得版权保护。

"主要/次要标准"发源于凯瑟斯顿-科德案[1]。在该案中，法院认为原告的带扣满足了实用艺术作品的可版权性要件。因为带扣的艺术性层面是"主要的"，功能性层面是"次要的"，有证据证明消费者购买带扣纯粹是为了装饰性原因。带扣主要的装饰性层面同其次要的实用性功能是能够从观念上分离的。

采纳可分离性标准的主要目的是将物品的艺术性要素同功能性要素区分开来，而"主要/次要标准"似乎并不是从这个角度入手来探讨可分离性标准的，对指导实用艺术作品版权保护的意义并不是很大。①主要与次要的含义不清，不存在可行的判断标准来区分物品的主要层面和次

---

[1] Kieselstein-Cord v. Accessories by Pearl, Inc. 632 F. 2d 989 (2d Cir. 1980).

要层面。❶ "主要的装饰性"与"次要的实用性"两分法在版权法或版权史中都没有出现过。❷ ② "主要/次要标准"并不等同于艺术性层面与功能性层面的区分标准。从理论上讲，虽然装饰性的层面是主要的，但并不能同物品的实用性层面从物理上或观念上区分开来的可能性也是有的。❸ 当主要的装饰性层面同次要的实用性层面不可分离的时候，同样不能够对该物品赋予版权保护。③ "主要/次要标准"将观念上的可分离性建立在消费者的美学评价和品味上。由于消费者美学品味的不同，不同消费者看待同一个实用物品的视角可能不同，可能得出不同结论。例如，Kieselstein-Cord案从消费者购买带扣纯粹是为了装饰性原因的角度认为带扣的艺术性层面是主要的，该案将主要与次要的区分建立在消费者的主观观念和意愿之上，带有极大的主观性。④ 在版权司法实践中，消费者主观的美学评价与品味还是要由法官进行裁断，而法官在进行这种裁断的时候不可避免地带有主观的美学和艺术判断的色彩，而法官对作品进行艺术判断是一项危险的作业，因此，"主要/次要标准"并不符合版权法的一般原则。

（3）"可销售的可能性（likelihood of marketability）标准"。

在"可销售的可能性标准"之下，如果即使一个物品失去了其实用功能性，它将因为美学质量继续对大量的消费者群体具有可销售性，❹ 观念上的可分离性存在。

诚然，当一个实用物品的艺术性层面能够同实用性层面从物理上分离或观念上分离的时候，如果一个物品失去实用性功能，由于物品美学质量的存在，消费者仍有可能愿意购买这种物品。"可销售的可能性标准"建立在上述事实的基础之上，反推出当物品丧失功能性之后，如果该物品还在大量的消费群体中具有可销售性，实用物品满足可分离性标

---

❶ Carol Barnhart Inc. v. Econ. Cover Corp., 773 F. 2d 411, 421 (2d Cir. 1985) (Newman, J., dissenting).

❷ Shira Perlmutter, Conceptual Separability and Copyright in the Designs of Useful Articles, 37 *J. Copyright Soc'y U.S.A.* 339, 359 (1990).

❸ 同上，第359页。

❹ Melville B. Nimmer & David Nimmer, *Nimmer on Copyright*, Matthew Bender & Company, Inc. (2009). § 2.08 [B] [3].

准。这种推理具有为真的可能性，但事实并不确定如此。另外，满足可分离性要件的物品当其功能性丧失的时候不一定在大量的消费者群体中具有可销售性，而且实用艺术作品最大的特点就在于将美学要素同实用性要素结合在一起，因此，在实用艺术作品的实用性功能丧失之后，消费者并不愿意再购买该物品具有极大的可能性。所以，将"可销售的可能性标准"作为指导可分离性标准的依据似乎排除了一大部分实用艺术作品的版权保护，换言之，该标准可能是个过高的标准。

"可销售的可能性标准"除了可能不适当地提高实用艺术作品的可版权性标准之外，还具有以下缺陷：首先，该标准可能主观化。法官在判断一个物品是否满足可分离性标准时，主观色彩往往很浓厚。要增加实用艺术作品版权保护的确定性和可预见性，必须加强实用艺术作品可版权性标准的客观性。而"可销售的可能性标准"虽然认识到建立客观性标准的必要性，但并没有消除司法主观性的存在。该标准虽然将焦点集中在购买者上，但最终的判断还是建立在法官有关购买者潜在动机的主观推论之上。❶ 再者，将法定的可分离性要求同消费者对价值的评价等同起来可能违背法律的公平正义原则。因为将可分离性判断建立在一般消费者审美品味的基础之上，必定会产生差别待遇的不良后果。例如，该标准会不适当地支持更传统的艺术形式，❷ 纽曼（Newman）法官也认为"可销售的可能性标准"可能会导致只保护流行艺术形式的结果。该标准还排除了很多人认为是艺术作品但很少人实际愿意购买的艺术形式。❸ 最后，"可销售的可能性标准"中的"可销售性"难以证明，❹ 在司法实践中不可能发挥重要作用。

（4）德里考拉（Denicola）的"注重创作过程（the creative process）测试法"。

---

❶ Valerie V. Flugge, Works of Applied Art: An Expansion of Copyright Protection. 56 S. Cal. L. Rev. 241, 251 (1982).

❷ Melville B. Nimmer & David Nimmer, *Nimmer on Copyright*, Matthew Bender & Company, Inc. (2009). §2.08 [B] [3].

❸ Carol Barnhart Inc. v. Economy Cover Corporation. 773 F. 2d. 422 (2d Cir. 1985).

❹ Melville B. Nimmer & David Nimmer, *Nimmer on Copyright*, Matthew Bender & Company, Inc. (2009). §2.08 [B] [3].

"注重创作过程"测试法认为，工业设计的支配特征是受非美学的功能性考量的影响。如果实用物品的形式和外观反映了艺术家不受限制（unconstrained）的艺术性观点，该物品应受版权法保护，而且版权法只保护此种物品。通过将焦点集中在创造性过程上，考察设计者的创造性过程是否受功能性考量的限制，可以将工业设计和实用艺术作品区分开来。❶

德里考拉（Denicola）教授在一篇有关实用艺术作品保护的代表性论文中详细分析了该测试法。❷ 他认为，版权法的立法历史将可分离性标准描述为意图尽可能地在可版权的实用艺术和不具有可版权性的工业设计之间画出一条清晰的界限。但事实上并不存在这样的界限，只有一系列在不同程度上回应实用性考量的形式和形状。因为工业设计的支配特征是在非美学的、实用性的考量的基础上作出的，实用艺术作品的可版权性最终应当依赖作品反映不受功能性考量约束的艺术表达的程度。被建构用来将工业设计排除于版权保护范围的可分离性标准暗示即使"形式"（form）和"功能"（function）之间细微的关系也可排除对其的版权保护。版权法将实用艺术作品的版权保护范围限制在可以区别于并且能够独立于物品的实用性层面的绘画、图形或雕塑等艺术性特征上，这项作业可以被视为力图识别其形式和外观反映不受限制的艺术家的观点的因素。这些特征并不是工业设计的产物，它们的形式不是为了回应非美学的影响，它们在这个意义上是"纯粹的艺术"（pure art），而不论它们出现的情景如何。如果版权法的最终目的是将实用艺术同工业设计区分开来，仅仅集中在外观上的理论并不能达到预期目标。是"过程"（process）而不是"结果"（result）赋予了工业设计以可区别性特征。注重对形式和外观是否受功能性影响的分析也可减轻对抽象艺术（nonrepresentational art）事实上的歧视。既然普通观察者能够更容易识别合并到一个实用物品的具象派作品（representational work），对物理上可分离性

---

❶ Robert C. Denicola, Applied Art and Industrial Design: A Suggested Approach to Copyright in Useful Articles, 67 *Minn. L. Rev.* 707, 742–747 (1983).

❷ Robert C. Denicola, Applied Art and Industrial Design: A Suggested Approach to Copyright in Useful Articles, 67 *Minn. L. Rev.* 707, 738–47 (1983).

的强调常常导致更为抽象的形式或者被忽视或者被认为同物品结合得太紧密（integrated）以至于不能满足法定要求。禁止对整体形状的版权保护会产生相似的有害结果，因为整体形状可能远不是受功能性考量影响的。而如果在判断实用艺术作品是否具有可版权性的时候，注重创作过程是否受功能性考量的影响，这种歧视会被完全消除。将工业设计排除在版权范围之外最好被理解为意图阻止对由实用性考量所强烈影响的设计赋予版权保护。版权被限制在反映艺术家不受实用功能考量限制的美学观点的产品特征和形状之上。

Brandir案❶的上诉法院采取了"注重创作过程测试法"。该案涉及一个自行车架（a bicycle rack）的可版权性问题，该自行车架是在一个金属丝雕塑的基础上做成的。地区法院和上诉法院都否定了该车架的可版权性。上诉法院认为，如果设计因素反映了美学考量和功能考量的合并，作品的艺术性层面不能够同实用性层面从观念上区分开来。相反，如果设计要素可以被识别为反映了设计者所实施的独立于功能性影响的艺术判断，观念上的可分离性存在。该案的自行车架是不具有可版权性的，因为其形式受到其功能性考量的强烈影响，因此任何美学性要素未能同实用性要素在功能上分离开来。虽然原告最初是意图创作一个雕塑作品，但当其将该设计用作自行车架时所作的改变都是为了使该作品更好地作为一个自行车架，即让这些原创性的艺术性要素适应和促进实用性目的，这些要素不能再被认为同物品的实用性层面在观念上是可分离的。在该车架中，形式和功能解不开地纠缠在一起，最终的设计更是一个实用性约束的而不是美学选择的结果。

"注重创作过程测试法"更注重"创作过程"而不是"最终产品"。艺术家的"创作动机"（motivations）决定了物品的最终功能主要是功能性的还是纯粹美学性的。具言之，如果艺术家的创作动机是创作一个可专利性的实用物品，那么该物品的艺术特征同其功能层面在观念上不可

---

❶ Brandir International, Inc. v. Cascade Pacific Lumber Co. 834 F.2d 1142 (2d Cir. 1987).

分离，该物品不受版权保护；❶ 如果艺术家在创作过程中仅仅考虑了艺术性要素，而没有考虑功能性要素，该艺术性要素满足可分离性标准的可能性比较大。因此，"注重创作过程测试法"具有一定的指导意义，至少可以作为实用物品满足可分离性标准的证据。该测试法的优点还在于该分析并不是从对艺术价值的评判入手，而是从工业设计过程的视角入手，是一个强调实用性因素在创作过程中的影响的模型。该标准保护了抽象设计，如果其来自于艺术家不受实用性因素影响的独立的观点，❷ 在一定程度上消除了对不同艺术表现形式的不平等待遇。

虽然如此，该标准还是招致诸多质疑。①创作意图同最终产品是否满足可分离性标准并不具有必然关系。如果采取"注重创作过程测试法"，必须考察工业艺术家和传统艺术家的创作动机。然而创作没有内在功能性的文学艺术作品的动机全部区别于创作实用物品的动机不可能是个真理。再者，对特定作品的创作过程进行评价超出了法官的能力范围。❸ ②采取"注重创作过程测试法"可能会产生不公平的结果。❹ 按照该标准，最有可能获得版权保护的是工业设计者，因为其相对于"纯粹"的艺术家，更加清楚留存证据的重要性。❺ ③"注重创作过程测试法"将判断的焦点集中在设计者的创作过程上，并没有得到制订法、法律史或司法观点的支持。❻ ④"注重创作意图测试法"可能会遇到证据问题，因为艺术家的创作意图无法查明。❼

---

❶ Robert C. Denicola, Applied Art and Industrial Design: A Suggested Ap‐proach to Copyright in Useful Articles, 67 *Minn. L. Rev.* 707, 709 (1983).

❷ Mark A. LoBello, The Dichotomy between Artistic Expression and Industrial Design: To Protect or Not to Protect, 13 *Whittier L. Rev.* 107, 133 (1992).

❸ Raymond M. Polakovic, Should the Bauhaus Be in the Copyright Doghouse? Rethinking Conceptual Separability. 64 *U. Colo. L. Rev.* 871, 876 (1993).

❹ Ralph S. Brown, Design Protection: An Overview, 34 *UCLA L. Rev.* 1341, 1350 (1987).

❺ Raymond M. Polakovic, Should the Bauhaus Be in the Copyright Doghouse? Rethinking Conceptual Separability. 64 *U. Colo. L. Rev.* 871, 877 (1993).

❻ Shira Perlmutter, Conceptual Separability and Copyright in the Designs of Useful Articles, 37 *J. Copyright Soc'y U.S.A.* 339, 372 (1990).

❼ Ralph Brown, Design Protection: An Overview, 34 *UCLA L. Rev.* 1341, 1349~1350 (1987).

(5) 纽曼的"暂时置换标准"(temporal displacement test)。

在卡络·博哈特公司案的反对意见中,纽曼法官分析了观念上可分离性的含义,检验了各种标准,提出了自己的新标准。纽曼法官认为观念上的可分离性与物理上的可分离性不同,即使一个设计特征同物品的实用性层面在物理上是不可分的,其在观念上也可能是具有可分离性的。❶ 纽曼法官首次提出了"暂时置换标准":要使设计特征同体现该特征的实用物品的实用性层面从观念上分离开来,这个物品必须在目睹者(beholder)的思维中激起这样一个观念,这个观念区别于由实用性功能激起的观念。这个目睹者是普通的、合理的观察者。当这个设计在普通观察者的思维中激起了两个不同的观念,而这两个观念不是不可避免地同时被接受,可分离性存在。❷ 另外,温特(Winter)法官也诠释了"暂时置换标准":一个实用物品的设计,尽管同物品的实用性层面交织在一起,如果导致一个普通的合理的观察者感知到一个同物品的实用性层面不相关的美学观念,那么可分离性存在。❸

按照纽曼法官的"暂时置换标准",观察者同时接受艺术作品的观念和实用性功能的观念并不足以使可分离性标准得以满足,只有当两个观念是独立的和相互排斥的,即只有当非实用性观念能够被普通观察者感受,而其不同时感知实用性功能的时候,可分离性标准才得以满足。❹ 另外,该标准并不意味着观察者必须未能认识到物品的实用性功能。即使观察者认识到物品的实用性功能,如果观察者接受了一些独立于实用性功能的非实用性功能的观念,功能性观念可以在观察者的思维中被置换(displaced),观念上的可分离性同样存在。❺ 按照该测试法,观念上的可分离性是个事实问题,该问题的相关证据包括对物品本身的视觉检验、

---

❶ Carol Barnhart Inc. v. Economy Cover Corporation. 773 F. 2d. 411,420 - 421 (2d Cir. 1985).

❷ Carol Barnhart Inc. v. Economy Cover Corporation.,773 F. 2d 411,422 - 423 (2d Cir. 1985)(Newman,J.,dissenting).

❸ Brandir Int'l, Inc. v. Cascade Pacific Lumber Co.,834 F. 2d 1142,1151 (2d Cir. 1987).(Winter,J.,dissenting).

❹ Carol Barnhart Inc. v. Economy Cover Corporation. 773 F. 2d. 423 (2d Cir. 1985).

❺ Carol Barnhart Inc. v. Economy Cover Corporation. 773 F. 2d. 422 -423 (2d Cir. 1985).

将物品作非实用性使用的类型和范围的证据、专家的观点、经调查获得的证据,该测试法是观察者建立在所有证据之上的印象,而不是其立刻的反映(immediate reaction)。❶ 纽曼法官区还分了版权法上的观念上的可分离性标准与商标法上的功能性标准,认为版权法并不像商标法一样仅仅因为设计的特征是功能性的就否定对设计的版权保护。如果该设计引起了区别于实用性功能的观念,该设计具有可版权性。❷

"暂时置换标准"同"注重创作过程测试法"正好是从不同侧面对实用艺术作品是否满足可分离性标准进行考察的。前者建立在观察者如何认识实用物品之上,而后者将重点放在艺术家如何创作实用物品之上。❸ "暂时置换标准"企图通过将可分离性标准建立在普通观察者的认识之上而使其尽量客观化。如果一个实用物品能够在普通观察者心目中激起区别于实用性功能的艺术性和美学性观念,该实用物品的艺术性层面在一定程度上有可能同物品的实用性层面区分开来,从而可以满足可分离性标准。例如,印在瓷杯上的绘画作品确实能够独立于瓷杯的实用性功能在普通观察者心目中激起单独的艺术性观念,而一般认为瓷杯上的绘画作品是能够满足可分离性标准的。所以,"暂时置换标准"有一定意义。不过,该标准被批评为比较模糊,难以应用。❹ 另外,该标准还是建立在审美观念和艺术评价之上,不可避免地带有主观色彩。另外,在司法实践中,普通观察者的视角还是由法官在相关证据的基础上进行判断,而法官审美观并不相同,由此判决不一致的可能性比较大。

(6)"可分离性的二元标准"(Duality Test)。

"可分离性的二元标准"是在"暂时置换标准"的基础上发展起来的。❺ 按照该标准,如果一个普通观察者能够察觉到物品的艺术性层面和

---

❶ Carol Barnhart Inc. v. Economy Cover Corporation. 773 F. 2d. 423 (2d Cir. 1985).

❷ Carol Barnhart Inc. v. Economy Cover Corporation. 773 F. 2d. 420, n. 1 (2d Cir. 1985).

❸ Raymond M. Polakovic, Should The Bauhaus Be in the Copyright Doghouse? Rethinking Conceptual Separability. 64 *U. Colo. L. Rev.* 871, 880 (1993).

❹ Carol Barnhart Inc. v. Econ. Cover Corp., 773 F. 2d 411, 419 n. 5 (2d Cir. 1985) (Newman, J., dissenting).

❺ Shira Perlmutter, Conceptual Separability and Copyright in the Designs of Useful Articles, 37 *J. Copyright Soc'y U. S. A.* 339, 377 (1990).

功能性层面，不论是同时察觉还是分别在不同的时间点察觉，观念上的可分离性都存在。该标准不同于"暂时置换标准"，并不要求观察者的艺术性感知必须完全置换其功能性感知。

"暂时置换标准"之所以要求观察者的艺术性感知完全置换其功能性感知，可能是考虑到在一般情况下，如果观察者的艺术性感知不能够独立于功能性感知，对实用物品艺术性层面的保护可能会导致对物品功能的保护。因为艺术本身是个不确定的概念，普通观察者可能会将一个纯粹功能性的物品当做艺术作品来看待。反之，如果观察者同时感知物品的艺术性层面和实用性层面，而不能将这两种感知区分开来，对这种艺术性层面赋予版权保护可能违背版权法的立法目的。

相对于"暂时置换标准"，"可分离性的二元标准"的要求相对有所降低。要求观察者的艺术性感知必须置换其功能性感知，对于实用艺术作品的版权保护而言，可能是个过高的标准。尽管普通观察者认识到特定物品的功能性，但同时或异时感知到其艺术性层面，此时似乎也应该对实用艺术作品赋予版权保护。

（7）"观念上的可分离性的两步测试法"（a two-step test）。

"观念上的可分离性的两步测试法"[1]也是建立在"暂时置换标准"的基础之上发展出来的。按照该测试法，要判断实用艺术作品是否在观念上具有可分离性，法院需要分以下两步进行：第一步，法院必须考虑物品的外观吸引力（appeal）是否真的同其实用性相分离。该步类似于纽曼的"暂时置换标准"。第二步是第一步的继续，如果特定物品满足第一步的标准，分析应当转向确定该物品外观吸引力的源泉是否略微（appreciably）增加了其作为实用物品的功能性。总之，只有上述两步的要求都被满足，才能够对实用艺术作品赋予版权保护。通过决定为什么特定实用物品是具有吸引力的，该吸引力的源泉是否其功能的必要要素，法院会在不超出版权制度的范围内授予版权。这减少了不适当地授予版权保护的风险。

---

[1] Raymond M. Polakovic, Should the Bauhaus Be in the Copyright Doghouse? Rethinking Conceptual Separability. 64 *U. Colo. L. Rev.* 871，889-93（1993）.

两步测试法首先考虑物品的美感吸引力是否能够同物品的功能性分离，但这种分离并不代表物品的艺术性层面不是由物品的功能性所决定的。所以，在进行物品美感要素的可分离性判断之后，还要考察此种美感要素的来源是否同物品的功能性有关，如果存在关联性，该美感因素仍然不能够获得版权保护。确实，同物品功能性有关的要素可能具有美感吸引力，而且按照"暂时置换标准"，这种要素似乎也可能单独激起普通观察者不同于实用性感知的艺术性感知。此时，如果按照"暂时置换标准"对物品的艺术性层面赋予版权保护确实有保护物品的功能的嫌疑。所以，两步测试法确实具有一定的防作弊功能。

可分离性标准是版权法中最困难的问题之一。[1] 上述各种标准和测试方法虽然或多或少有一定的合理性，但似乎最终还是不能清晰地来指导观念上可分离性的判断。

观念上可分离性的判断似乎固有的带有艺术价值和艺术品味的因素。为了在不具有可版权性的美学上宜人的实用物品的设计与可版权性的区别于物品实用性观念的实用物品的设计之间画出一条清晰的界限，法院不可避免地要考察艺术的属性。[2] 观念上的可分离性集中于实用物品形而上的（metaphysical）层面，该标准让司法实践决定物品的设计是更是作为一个艺术作品而存在还是更是作为一个实用物品而存在。该标准同长期以来确认的不鼓励法院对特定作品的艺术价值进行评判而采取的版权法原则相违背。[3] 最权威的意大利评论者也认为观念上的可分离性标准同艺术价值标准一致。大多数意大利制度的观察者，相信观念上可分离性的发现意味着既定的装饰性设计表现出了高度的艺术性。[4]

将实用艺术作品的可版权性建立在法院的美学品味之上可能会带来

---

[1] Shira Perlmutter, Conceptual Separability and Copyright in the Designs of Useful Articles, 37 *J. Copyright Soc'y U. S. A.* 339, 339 (1990).

[2] Barnhart v. Econ. Cover Corp., 773 F. 2d 411, 423 (2d Cir. 1985). (Newman, J., dissenting).

[3] Raymond M. Polakovic, Should the Bauhaus Be in the Copyright Doghouse? Rethinking Conceptual Separability. 64 *U. Colo. L. Rev.* 871, 874 – 75 (1993).

[4] J. H. Reichman, Design Protection in Domestic and Foreign Copyright Law: From the Berne Revision of 1948 to the Copyright Act of 1976. 1983 *Duke L. J.* 1143, 1245 – 46 (1983).

一些不利后果。首先，版权判决客观性和中立性的目标不能实现。❶ 其次，实用艺术作品的版权保护标准会变得不具有可预见性、不一致和产生不公平的结果。❷ 最后，传统艺术形式将受到更多保护，而反映现代艺术形式的诸多实用艺术作品将不能够获得版权保护。❸

有学者基于传统可分离性判断标准可能带来的弊端，提出了所谓"可替代性设计标准"（an alternative design test）：❹ 该标准是通过考察是否有替代性设计的存在来确定设计的可版权性，如果存在替代性设计，涉案设计具有可版权性。该标准可以减轻目前可分离性测试法的主观性。因为是否存在产品的替代形式，在更大程度上是个事实观察而不是个人观点。该标准的基本原理在于如果存在多种设计，设计之间的变化代表的是不同的美学选择，而不是功能上的必要性。该标准的功能在于能够将表达同实用性特征区分开来，避免保护后者。

2. 在整体版权规则环境中的可分离性标准

可分离性标准意图区分物品的艺术性层面与实用性层面，避免对实用艺术作品的保护延伸到对实用物品功能的保护，防止违背版权法立法目的的后果发生。但是该标准本身并没有被版权法清晰界定，而且司法实践上发展出来的指导性标准也极具抽象性和模糊性。然而，并不能仅因为可分离性标准界定的困难就断然否定其在版权法中的地位与价值。虽然单独依靠可分离性标准确定实用艺术作品的版权保护范围比较困难，但如果将可分离性标准放在整个版权法规则环境中进行考察似乎能够较好地解决这一问题。在整个版权制度的生态环境中，功能性原则、合并原则与版权侵权规则都能够在一定程度上辅助了实用艺术作品版权保护范围的界定。

功能性原则（the functionality doctrine）是版权法的一项基本原则，该原则要求只有不受功能性考量限制的因素才受版权保护，换言之，仅

---

❶ Alfred C. Yen, Copyright Opinions and Aesthetic Theory, 71 *S. Cal. L. Rev.* 247, 299 (1998).

❷ Eric Setliff, Copyright and Industrial Design: An "Alternative Design" Alternative, 30 *Colum. J. L. & Arts* 49, 52 (2006).

❸ 同上。

❹ 同上，第73～75页。

由功能考量决定的作品表现形式不受版权法保护。❶ 因为如果作品的表达由功能性要求所决定，保护这种表达会产生保护功能的结果，不利于知识产权法立法目的的实现。按照功能性原则，在实用艺术作品场合，当特定设计对履行实用物品的功能是必要的时候，该设计不受版权保护。❷

功能性原则同可分离性标准在功能上存在重合之处，满足可分离性标准的实用艺术作品也符合功能性原则。可分离性标准的建立本身就是为了区分物品的艺术性层面与功能性层面，如果物品的艺术性层面能够分离于物品的功能性层面，该实用物品具有可版权性。不过可分离性标准本身具有不确定性和模糊性，不适当地适用该标准可能会导致法院的判决背离版权法的基本原则与目的。因此，既然功能性原则同可分离性原则的基本目标一致，在适用可分离性标准的同时，不妨同时考量功能性原则，考察实用物品的表达是否由功能性所决定或者影响到物品的功能性发挥，如果表达同物品的功能性存在密切联系，该表达不受版权保护，如此将进一步防止实用艺术作品版权保护负面影响的产生。

合并原则在辅助确定实用艺术作品的版权保护范围中也能够发挥一定作用。就实用艺术作品而言，当特定思想的表达同该思想合并时，该表达不受版权保护。在 Hart 案❸中，法院在探讨鱼的模型是否受版权保护时，应用了合并原则。法院认为，合并原则要求询问是否所有真实的鱼的模型，不论其多么具有艺术性，必要的具有实质相似性。如果这种必要的实质相似性存在，就不存在受版权保护的独特表达。表面上看，可分离性标准谈的是表达与功能的分离，而合并原则讲的是思想与表达的合并，似乎是两个不同的问题。然而，似乎在实用物品的艺术性要素同物品的功能性要素不可分离的情形下，合并原则一般都应当被适用。例如，由物品功能所决定的物品形状同物品功能是不可分离的，此时，由功能决定的物品形状的表达方式只有一种，思想与表达合并，合并原

---

❶ Kitchens of Sara Lee, Inc. v. Nifty Foods Corp., 266 F. 2d 541, 544 (2d Cir. 1959).

❷ Morrissey v. Procter & Gamble Co., 379 F. 2d 675, 678 – 679 (1st Cir. 1967). See Steve W. Ackerman, Protection of the Design of Useful Articles: Current Inadequacies and Proposed Solutions. 11 *Hofstra L. Rev.* 1043, 1057 (1983).

❸ Hart v. Dan Chase Taxidermy Supply Co., 86 F. 3d 320, 322 (2d Cir. 1996).

则也否定了该种表达的版权保护。如此一来，是否合并原则的存在本身就可以解决实用艺术作品版权保护范围的确定这个问题呢？尽管合并原则同可分离性标准之间存在功能的一致性，然而实用艺术作品的版权保护确实是个比较特殊的版权法课题，它的版权保护很可能覆盖了物品的功能性层面，所以除了依赖合并原则，确立实用艺术作品的可分离性标准一方面可以彰显版权法的目的和意图，另一方面也可以进一步起到防微杜渐的作用。不过，合并原则与可分离性标准既然可能达到殊途同归的效果，在对实用艺术作品的版权保护范围进行确定的时候，不妨将合并原则作为可分离性标准的分析工具或者参考因素，力图达到合理地确定实用艺术作品的保护范围，较好地实现版权法目的的效果。

由于实用艺术作品的特殊属性，探讨实用艺术作品的版权保护似乎集中在限制保护范围的基调之上。版权侵权规则的确定可以从反面界定作品的版权保护范围，因此，确定实用艺术作品合适的版权侵权规则可以在一定程度上进一步适当地界定其版权保护范围。既然实用艺术作品的表达层面同实用性层面结合在一起，在确定是否存在版权侵权的时候，应当将具有可版权性的要素同不具有可版权性的要素区分开来，建立在前者的基础之上确定两物品之间是否存在侵权关系。由此对实用艺术作品的保护应当适用约减主义原则，而不能够适用整体概念和感觉原则。[1] 不能因为两物品之间在整体概念和感觉上存在相似就确定两物品之间存在版权侵权关系，而要先将实用物品中的可版权性要素抽象出来，考察涉嫌侵权的作品是否侵犯了这些要素。

四、结　语

综上，为了合理界定实用艺术作品的版权保护范围，应当将可分离性标准同版权法的其他基本原则结合起来对其原创性的有无进行考察。有学者认为考察实用艺术作品的版权保护需要分为几个不同的步骤进行：第一步，要考察涉案作品是否为实用艺术作品。这一步很关键，如果涉案作品并不是一件实用艺术作品，其艺术性要素并不需要同其功能性相

---

[1] 参见本书第一章第三节的相关内容。

分离以获得可版权性。第二步，分析作品的艺术性要素是否能够同其功能性要素在物理上或观念上分离开来。第三步，分析这些可分离的艺术要素是否具有原创性以获得版权保护。第四步，分析被告的作品是否构成侵权。❶ 颇值得借鉴。

　　实用艺术作品版权保护的对象就是该物品的艺术性设计。在整个知识产权法律制度的视野中，设计的保护并不限于版权法，如果满足相关的法律要件，设计还可以受到专利法、商标法、反不正当竞争法等法律部门的保护。另外，基于实用艺术作品的特殊属性，传统知识产权法所赋予的保护也许都不能够较好地实现促进创造与保护自由的平衡功能，于是，设计的特殊保护便应运而生。

　　上述论及的大多是美国立法和司法实践中对实用艺术作品版权保护的做法，美国的实用艺术作品版权制度考虑到了版权法与专利法功能的区分，注意了版权法目的的实现，同时发展出了实用艺术作品可版权性有无的具体标准，是一种比较合理和成熟的版权法制度。我国现阶段的著作权法制度中并没有对实用艺术作品赋予版权保护的明确规定，但社会生活的实践和《伯尔尼公约》等版权国际公约的相关规定都要求我国要建立实用艺术作品的版权保护制度。我国在未来对著作权法进行修订的过程中，应吸收和借鉴美国有关实用艺术作品的版权立法和实践的合理内核，不仅在著作权法中明确规定对一般美术作品的著作权保护，而且应当将实用艺术作品单独作为一类著作权客体进行规定，明确"可分离性标准"作为其可版权性的特殊规则，建构我国著作权法实用艺术作品著作权保护制度，消除在实用艺术作品版权保护方面的内外不平等。

---

❶ Shira Perlmutter, Conceptual Separability and Copyright in the Designs of Useful Articles, 37 *J. Copyright Soc'y U.S.A.* 339, 379–81 (April, 1990).

第五节　功能性因素对客体
　　　　可版权性的影响之二
　　　　——以建筑作品为中心

　　自古以来，建筑不仅是一种技术，也是一种艺术；许多建筑物不仅是一种技术成果，也是一种艺术创作。高质量的生活不仅需要建筑的实用功能，也呼唤建筑的美学功能。因此，具有美感吸引力的建筑作品的创作成为人类社会经济生活的必须。建筑物本身是个实用物品，既有功能性又有美学性，这种双重属性影响到建筑作品可版权性的获得，增加了建筑作品版权保护范围界定的困难。

一、利益衡量：建筑作品版权保护的正当性分析

　　建筑作品具有一系列不同于一般艺术作品的特殊属性。建筑作品不仅是给人们带来艺术欣赏，而且更重要的是指导建筑人员建造建筑物；建筑作品的真正价值不在于制作复制品，而是按照其建造建筑物；建筑作品的利害关系人多了所有人这个主体，使得建筑作品的保护需要考虑与所有者利益相关的要素，等等。

　　基于这些特殊属性，建筑作品版权保护的正当性常常被质疑。

　　1. 建筑作品存在诸多版权法之外的创作激励因素

　　这些因素包括建筑市场、建筑师同客户的关系、建筑师之间的关系等。❶ 在建筑职业中，建筑师收回创新成本的方式不同于普通作品。普通作品的作者是通过控制作品的复制来获取经济利益的，而建筑师的经济获利则是由获得委任来提供的。❷ 因此，建筑作品的版权保护没有必要或

---

　　❶ James Bingham Bucher, Reinforcing the Foundation: The Case Against Copyright Protection for Works of Architecture. 39 *Emory L. J.* 1261, 1268-1270 (1990).

　　❷ Raphael Winick, Copyright Protection for Architecture after the Architectural Works Copyright Protection Act of 1990. 41 *Duke L. J.* 1598, 1606 (1992).

者应被限制在一定的范围之内。

2. 不同于小说家和音乐家，建筑师为客户提供的是一种"客户化"的服务*

建筑作品的创作要针对特定的客户，满足特定情形中的相关条件，建筑作品的市场同传统艺术作品的市场并不相同，建筑师很少在其设计将"被复制"和"被再利用"的假设上对其服务进行定价。❶ 建筑师并不像音乐家或小说家那样依靠多个复制品的出售来收回成本，而是通过原创性作品本身的一次出售收回创作一部新作品的成本，复制对建筑作品来说是个较小的威胁。❷

3. 版权激励创作的政策是建立在复制作品的成本要低于创作新作品的成本的前提之下的

在建筑作品，复制作品的成本并不总是小于创作新作品的成本。复制建筑规划、建筑图纸的成本相对于创作建筑规划、建筑图纸的成本而言比较低，而按照建筑物本身的物理结构来复制建筑作品的成本并不低于创作建筑作品的成本。

4. 相对于其他版权作品，在建筑领域对以前作品的接触对促进新作品的创作和进步更为重要

先前建筑作品是建筑师用来创作新作品的关键源泉。❸ 而版权保护不仅为创作人提供了创作激励，同时也构成他人创作的障碍。如此一来，对建筑作品赋予不适当的版权保护将产生阻碍建筑作品创作的不利后果。因此，确定对某类作品是否赋予版权保护及赋予多大程度的版权保护，不仅要从微观角度考量单部作品的创作激励因素，而且要从宏观视角来考量整个社会中的作品创作。建筑作品创作的累积性和渐进性要求其版

---

* Roger K. Lewis, *Architect？：A Candid Guide to the Profession*, The MIT Press; Revised edition（March 6, 1998）. pp. 183~212.

❶ Raphael Winick, Copyright Protection for Architecture after the Architectural Works Copyright Protection Act of 1990, 41 Duke *L. J.* 1598, 1606 (1992).

❷ Daniel Su, Substantial Similarity and Architectural Works：Filtering out "Total Concept and Feel". 101 *Nw. U. L. Rev.* 1851, 1856 (2007).

❸ Elizabeth A. Brainard, Innovation and Imitation：Artistic Advance and the Legal Protection of Architectural Works, 70 *Cornell L. Rev.* 81, 92 (1984).

权保护范围受到限制。

综上，用版权保护来激励建筑作品以鼓励作品创作的需求相对于传统版权客体来说显得比较低。另外，接触先前作品对建筑艺术的进步来说尤其重要。因此，建筑作品的版权保护范围应当窄而不是宽。

另外，建筑作品不仅涉及版权人的利益，而且关乎建筑物所有人的利益。对建筑作品过于宽泛的版权保护可能会消极地影响到后者的利益。例如将版权保护赋予所有的建筑作品将阻碍不动产的使用和转移。[1]

尽管如此，对符合版权法要件的建筑作品赋予一定程度的版权保护还是必要的。尽管建筑作品的真正价值在于指导建筑物的建设，但对建筑作品赋予版权保护恐怕还是到目前为止建筑作品保护模式中的最佳选择。按照建筑规划、建筑图纸、建筑模型或建筑物来建造建筑物实际上是再现了建筑设计，这种被再现的建筑设计体现在新的表达载体之上，"再现"同"载体转移"的结合是一种典型的复制行为。这种行为不同于专利权的"实施"行为。因为专利权的客体是一种具体性思想，专利法中所谓"实施"指的是将这种具体性思想付诸实现的一种行为，例如，按照"汽车的构造"这一具体性思想制造出汽车。复制行为是一种在不同载体上再现"表达"的行为，而实施行为是一种实现"具体性思想"的行为，是两种本质上不同的行为。因此，要鼓励建筑作品的创作，保证建筑作品的作者能够收回其投入到作品创作中大量的时间、金钱和劳动，需要作者能够对建筑作品的主要利用行为进行控制；而这种主要利用行为，不论是对建筑规则、建筑图纸、建筑模型本身的复制，还是按照建筑规则、建筑图纸、建筑模型或者建筑物建造建筑物，都是一种"复制"行为；所以，建筑作品的保护最好是在版权模式之下进行。再者，上述对建筑作品版权保护必要性的探讨虽然指出了赋予建筑作品以版权保护可能带来的各种弊端，而并非否定对其赋予版权保护的必要性，只是说明建筑作品的版权保护应当受到适当的限制。《伯尔尼公约》及各国版权法都普遍将建筑作品作为版权保护的客体也从另外一个侧面证明

---

[1] Berne Convention Implementation Act of 1987：Hearings on H. R. 1623 before the House Subcomm. on Courts，Civil Liberties，and the Admin. of Justice of the Comm. on the Judiciary，100th Cong. 69，85（1988）（statement of Ralph Oman，Register of Copyrights）.

了建筑作品版权保护的必要性。

二、正本清源：建筑作品的概念分析

如本书第一章第五节所述，建筑作品的本质是设计。日常所见的建筑规划、建筑图纸、建筑模型和建筑物是建筑作品"表达的形成"，建筑设计是建筑作品"表达的实质"。[1] 一般而言，建筑作品是"建筑物"的设计，因此，"建筑物"的界定成为确定建筑作品版权保护范围的重要因素之一。不过，并非任何立法例都对"建筑物"有所界定。例如，我国著作权法只在《著作权法实施条例》（2002年）的相关条文中对建筑作品的概念进行了界定，提及"建筑物"和"构筑物"，但并未对"建筑物"或"构筑物"的定义作出明确界定，导致建筑作品版权保护的司法实践存在一定困难。[2]

而1976年《美国版权法》不仅在第101条明确规定建筑作品是"建筑物"的设计，而且在相关立法和司法实践中对"建筑物"的含义作出了明确界定，值得借鉴。美国建筑作品版权保护法的立法者明确表示建筑物并不限于人类居住的构造，例如房屋和办公室，还包括被人类使用并不是被人类居住的构造，例如教堂、凉棚、露台和花园亭。[3] 但建筑物之外的构造不受版权保护，例如桥梁、立体道路交叉点、大坝、人行道、帐篷、娱乐性车辆、移动房屋和船。[4] 因为，国会认为上述作品的创作并不需要版权法的激励。[5] 而畜棚和诸如谷粮仓等农场构造因为不是人类居

---

[1] 参见本书第一章第五节的相关内容。

[2] 根据我国学者的解释，尽管我国著作权法律制度将建筑作品限定为以建筑物或构筑物形成表现的具有审美意义的作品，但并非意味着建筑设计图、建筑模型不受保护，建筑设计图归入工程设计图中，建筑模型则作为模型作品受保护。参见尹志强："建筑作品的范围及复制侵权的认定"，载《知识产权》2009年第1期；另参见朱理："建筑作品著作权的侵权判定"，载《法律适用》2010年第7期。如果上述对我国建筑作品著作权法制的理解为正确的话，我国建筑作品著作权法律制度便是令人费解。至少从表面上看，我国著作权法对作品进行类型化是以作品本身的性质为基础的。但同为建筑作品，建筑物或构筑物、建筑设计图、建筑模型为何作为建筑作品、工程设计图、模型作品三种不同类型的作品进行保护，考虑了何种因素，不可考证。

[3] H. R. Rep. No. 735, 101st Cong., 2d Sess. 20 (1990).

[4] 37 C.F.R. § 202.11 (1994). at (d) (1).

[5] H. R. Rep. No. 735, 101st Cong., 2d Sess. 4 (1990).

住和人类使用的大概将会被否定版权保护。❶ 在《1990年建筑作品版权保护法》立法历史的基础之上，版权办公室对建筑物的定义添加了附加性条款，即建筑物应是"永久的"（permanent）和"固定的"（stationary）。❷ 另外，版权法保护的建筑是"自立的"（free standing）构造，而不是构成较大构造的个别单元（individual units）。❸ 其形式由工程学考量所决定的结构不应受版权保护，并非封闭（enclosed）的构造而是由空间组织而成的作品，例如花园和公园，不应受版权保护，这种作品不能够被称之为"建筑物"。❹

将一定范围内的构造排除在建筑物的范围之外有一定缘由。首先，诸多构造是国家交通系统的重要构成要素，国家财政一般会拨发专门款项来设计和建造这些构造，它们如同国家法律一样，并不需要依赖版权保护来激励创作。❺ 其次，诸如桥梁、大坝、沟渠、人行道等不受保护的作品，都是整体形式一般来说是由工程考量决定的作品，并没有体现作者的原创性表达，而仅仅是体现了物理规律和工程学的要求。❻

但相反的观点认为将上述桥梁、大坝、沟渠等特定类型的构造排除于受版权保护的建筑物的范畴之外是没有道理的。（1）在桥梁、活动房屋和畜棚等构造中同样存在艺术性设计特征，这些特征同样值得受版权保护；❼（2）虽然在《1990年建筑作品版权保护法》❽的立法历史中，曾经有观点主张排除对"非居住性的三维构造"赋予版权保护，但该法并

---

❶ Christopher C. Dremann, Copyright Protection for Architectural Works. 23 *Alpla Q. J.* 325, 354 (1995).

❷ 同上，第356页。

❸ The Yankee Candle Co. v. New England Candle Co. 14 F. Supp. 2d 154（D. Mass. 1998）, Vacated by settlement, 29 F. Supp. 2d 44 (1998).

❹ Raphael Winick, Copyright Protection for Architecture after the Architectural Works Copyright Protection Act of 1990. 41 *Duke L. J.* 1598, 1614 (1992).

❺ H. R. Rep. No. 735, 101st Cong., 2d Sess. 20 (1990).

❻ Raphael Winick, Copyright Protection for Architecture after the Architectural Works Copyright Protection Act of 1990. 41 *Duke L. J.* 1598, 1614 (1992).

❼ Christopher C. Dremann, Copyright Protection for Architectural Works. 23 *Alpla Q. J.* 325, 354 (1995).

❽ 现行美国版权法中有关建筑作品的版权保护规则来自于《美国1990年建筑作品版权保护法》。有关美国建筑作品版权保护的立法历史，请参见下文。

没有自动地排除对此种构造的版权保护；❶（3）将立体道路交叉点、沟渠和公路桥等纳入版权保护范围之中可能同社会公共利益相违背的顾虑是没有基础的：①大多数立体道路交叉点等都是政府所有的，因此将被自动排除版权保护；②因为版权保护只及于作品中的原创性要素，即使上述建筑作品并非政府所有，也会因为未能满足原创性要求而被排除版权保护；③证明侵权的困难性将限制建筑师保护纯粹功能性构造的能力，而证明在公路桥和沟渠等构造中存在体现原创性的设计是非常困难的。❷

如上文所述，我国著作权法并没有对"建筑物"或"构筑物"的内涵作出明确界定，我们在司法实践中应当如何正确把握"建筑物"或"构筑物"的内涵？是否应当采纳美国版权法的普遍做法，将一部分"建筑作品"排除在版权保护的范围之外？诚然，美国版权法对建筑作品外延的限制确实考虑到私人利益和公共利益的平衡。然而，某种"建筑物"或"构筑物"中是否存在原创性的设计，以及该设计是否应受版权保护，似乎同该"建筑物"或"构筑物"的目的或用途，即该"建筑物"或"构筑物"是否由人类居住或人类使用，没有直接联系。因此，将"建筑物"或"构筑物"的范围限于由人类居住或人类使用的是没有道理的。再者，保护不是由人类居住或人类使用的"建筑物"或"构筑物"的设计可能会违背公共利益这一问题，可以通过版权法的其他原则与制度来解决。例如，合并原则可以有效地解决这一问题。一旦特定设计由于受功能性等因素的影响，表达方式只有一种或者只有有限的几种，这种设计即受合并原则的限制而不能够获得版权保护。因此，即使不依照一定标准限缩建筑作品的外延，对建筑作品赋予版权保护也不一定同社会公共利益相抵触。

另外，在现代建筑设计中，有些并不属于建筑构造设计的范畴，不属于建筑作品的保护范围。这种设计如果符合其他版权客体种类的特征，可以作为其他版权客体种类受保护。例如，在现代社会，茶壶、电动剃

---

❶ Vanessa N. Scaglione，Building upon the Architectural Works Protection Copyright Act of 1990.61 *Fordham L. Rev.* 193，199（1992）.

❷ Vanessa N. Scaglione，Building upon the Architectural Works Protection Copyright Act of 1990.61 *Fordham L. Rev.* 193，200（1992）.

须刀、电话和其他项目都成为建筑设计的对象,这些项目的设计者已经使建筑艺术和工业设计的界限变得模糊不清。即便如此,上述设计也不能够作为建筑作品受版权保护。❶

三、统筹兼顾:建筑作品的可版权性分析

(一)建筑作品在版权法上是否可归类为实用艺术作品

建筑作品既具有功能性,又具有美学性,按理说,其应当属于实用艺术作品。按照此种逻辑推理,建筑作品必须满足"可分离性标准",才能够受到版权保护。❷

不过,纯粹的逻辑推理不一定能够满足实践的真实要求。美国版权法既规定了实用艺术作品,又单独规定了建筑作品这一类型,并且对建筑作品的可版权性要件作出了有别于实用艺术作品的规定,其个中原因,值得我们学习和借鉴。

美国版权法也不是一开始就将建筑作品作为一种单独的版权客体类型进行规定的。我们首先来考察一下美国建筑作品版权保护的立法历史。美国建筑作品版权保护制度的发展史以是否将建筑作品作为单独的版权客体种类为标志,以使美国的版权立法符合伯尔尼公约的规定为契机,以《1990年的建筑作品版权保护法》的颁布和实行为转折点,大体可以划分为两个阶段:《1990年建筑作品版权保护法》之前,建筑作品并不是单独的版权客体种类,它是作为其他版权客体类型受版权保护的。该法实施之后,其成为单独的一个版权客体种类。

在《1990年建筑作品版权保护法》之前,建筑作品不是单独的版权客体种类,它是作为"绘画、图形和雕塑作品"受保护的,❸ 版权法对其的保护采取的是实用艺术作品的可版权性标准。在这一阶段,法院一贯

---

❶ Raphael Winick, Copyright Protection for Architecture after the Architectural Works Copyright Protection Act of 1990. 41 *Duke L. J.* 1598,1615 - 16 (1992).

❷ 参见本书第三章第四节的相关内容。

❸ Elizabeth A. Brainard, Innovation and Imitation: Artistic Advance and the Legal Protection of Architectural Works. 70 *Cornell L. Rev.* 81,82 - 83 (1984).

适用"可分离性标准"排除赋予建筑构造（structures）以版权保护，❶ 因为将建筑的实用性层面同艺术性层面分离开来很困难，❷ 可分离性标准难以满足。

在《1990年建筑作品版权保护法》制定之前，建筑作品的版权保护是有限的。首先，在《1909年版权法》之下，建筑规划受版权保护，而规划中描述的构造不受版权保护；在《1990年建筑作品版权法》之前的《1976年版权法》中，仍然有受版权保护的建筑规划和不受版权保护的建筑构造之分；❸ 其次，在这一个时期，体现在建筑物中的建筑作品并不受版权保护，一个人可以不经建筑设计者的同意就复制建筑物；❹ 再次，建筑作品版权人的复制权也受到限制，建筑物并不视为建筑规划的复制，❺ 按照建筑规划来建造建筑物并不构成侵权。可见，《1990年建筑作品版权保护法》之前的美国建筑作品版权法律制度表明了区分建筑的"功能性"和"非功能性"特征的明显意图。❻ 已建成的建筑物不管美感上多么宜人，但由于其是"功能性"的，所以不受保护。❼

制定《美国1990年建筑作品版权保护法》的主要原因是要使美国版权制度符合《伯尔尼公约》的规定。《伯尔尼公约》将"建筑作品"包含在"文学和艺术作品"这个版权客体类型之中，规定建筑作品包括与建筑有关的图解、规划、草图和立体作品。❽ 《1990年美国建筑作品版权保护法》以前的美国版权法不仅不符合《伯尔尼公约》的要求，而且通过

---

❶ Clark T. Thiel，The Architectural Works Copyright Protection Gesture of 1990，or，"Hey，That Looks Like My Building！"．7 *DePaul-LCA J. Art & Ent. L.* 1，9－10（1996）．

❷ U. S. Copyright Office，Library of Congress，the Report of the Register of Copyrights on Works of Architecture xvii（1989）．

❸ Christopher C. Dremann，Copyright Protection for Architectural Works. 23 *Alpla Q. J.* 325，332（1995）．

❹ Guillot‐Vogt Assocs. v. Holly & Smith，848 F. Supp. 682，686（E. D. La. 1994）．

❺ Melissa M. Mathis，Function，Nonfunction，and Monumental Works of Architecture：An Interpretive Lens in Copyright Law，22 *Cardozo L. Rev.* 595，603（2001）．

❻ David E. Shipley，Copyright Protection for Architectural Works，37 *S. C. L. Rev.* 393，426－427（1986）．

❼ 朱莉·E. 科恩：《全球信息化经济中的著作权法》，中信出版社2003年版，第273页。

❽ Berne Convention，art. 2（1）．

禁止建筑师对已建成的建筑作品享有版权保护，对建筑作品所提供的版权保护比其他发达国家要少得多。❶ 因此，美国需要制定合乎《伯尔尼公约》要求的建筑作品版权制度。经过一系列立法的准备工作，1990年12月1日，《美国1990年建筑作品版权保护法》（The Architectural Works Copyright Protection Act，简称 AWCPA，下文简称《1990年法》）生效。同年国会根据该法修订了1976年《美国版权法》。《1990年法》创制了"建筑作品"这样一个新的版权客体类型，❷ 将独特的建筑构造排除在"实用物品"的范围之外，❸ 避免了可分离性标准对建筑作品的适用。

综上，《1990年法》将已建成的建筑作品纳入版权保护的范围之内，该法对建筑作品所赋予的版权保护要强于《1990年法》之前美国版权法对该类作品所提供的保护。

《1990年法》之所以将建筑作品作为一个单独的版权客体类型，重要原因之一在于国会意图将建筑作品特别是已建成的三维建筑作品从"实用物品"和"可分离性标准"中解放出来，赋予建筑作品一定程度的版权法保护。诚然，建筑作品具有内在的实用功能，而不仅描述物品外观或传达信息，理论上可以归类为"实用物品"。而按照版权法的规定，"实用物品"可版权性的重要前提是满足"可分离性标准"，该标准要求实用物品的艺术性层面能够分离于并且能够独立于物品的功能性层面而存在。果如此，建筑作品的版权保护也应当适用这一标准。

然而，"可分离性标准"不一定能够恰当地适用于建筑作品。（1）现代建筑设计决定了建筑作品"美学性"与"功能性"的分离之难。在二战之后，现代建筑的风格日益将建筑结构的功能性层面作为服务于建筑的美学吸引力的要素。❹ 如果将"可分离性标准"作为建筑作品的可版权性要件，建筑作品所能受到的版权保护可能微乎其微。（2）"可分离性标准"确实是限制实用物品版权保护范围的重要标准，但该标准具有相当

---

❶ Clark T. Thiel, The Architectural Works Copyright Protection Gesture of 1990, or, "Hey, That Looks Like My Building!" 7 *Depaul-LCA J. Art & Ent. L.* 1, 12-13 (1996).

❷ 17 U.S.C. § 102 (Supp. II 1990)

❸ H. R. 3991, 101st Cong. 2 (1990).

❹ Raphael Winick, Copyright Protection for Architecture after the Architectural Works Copyright Protection Act of 1990. 41 *Duke L. J.* 1598, 1610 (1992).

程度的模糊性。将"可分离性标准"适用于建筑作品可能带来不必要的麻烦。❶

不过，建筑作品不是普通艺术作品，而是功能性作品。如果将建筑作品的版权保护游离于"可分离性标准"之外，也可能会带来一些弊端。其中，最大的弊端就在于建筑作品的版权保护可能会及于体现功能性的设计之上，从而阻碍了公共利益的实现。

（二）建筑作品的可版权性要件

建筑作品要受到版权保护，同样需要满足可版权性要件。它的可版权性要件相较于普通作品并没有任何实质性区别，需要满足原创性要求，并且这种原创性设计并非由功能性所决定。只不过如果将建筑作品作为独立的版权客体类型对待，它的版权保护不再需要满足"可分离性标准"而已。

建筑作品中所包含的原创性特征可以受版权保护，但普通建筑设计特征由于没有原创性，不能够纳入版权保护的范围之内。普通特征指普通的空间构造和其他个别的普通特征，例如窗户、门和其他基本的建筑成分。❷ 这些普通特征并没有体现作者的个性，因此不具有原创性。它们是创作新作品的基石，必须能够被自由利用；否则建筑创新的进步将被阻碍。❸《美国 1976 版权法》第 101 条即明确将"个别的普通特征"（individual standard features）排除在受保护的范围之外。我国著作权法在未来修订的过程中，也应当对此问题作出明确规定。

由功能性决定的建筑设计要素不受版权保护。首先，功能性要素应当属于专利法的范畴，如果版权法在相对宽松的条件之下赋予建筑的功能性以垄断权，会损害整个知识产权法立法目的的实现；❹ 其次，由功能性决定的建筑设计受合并原则的限制。❺ 那么，哪些建筑设计要素属于由功能性决定的设计要素？这一问题的解决可以通过考察可供选择的设计

---

❶ H. R. Rep. No. 735，101st Cong.，2d Sess. 20 (1990).
❷ 37 C. F. R. § 202.11 (1994). at (d) (2).
❸ H. R. Rep. No. 735，101st Cong.，2d Sess. 18 (1990).
❹ H. R. Rep. No. 735，101st Cong.，2d Sess. 21 (1990).
❺ H. R. Rep. No. 735，101st Cong.，2d Sess. 20~21 (1990).

方式的数量来进行，如果其数量很多，那么这种可能性较小；反之，如果其数量很少，那么这种可能性较大。

排除对由功能性要素所决定的设计赋予版权保护可以有效地促进社会公共利益的实现。不过，"功能性原则"同"可分离性标准"之间有何种关系？在将建筑作品作为一种独立于实用物品的单独的版权客体类型进行保护的美国版权法中，是否应当采取"功能性原则"来限定建筑作品的版权保护范围？有学者认为，两种标准具有同一性。❶ 果如此，美国版权法又明确排除"可分离性标准"对建筑作品版权保护的适用，所以，建筑作品的版权保护范围的界定不应当适用"功能性原则"。这种结论是否具有合理性？

由功能性要素决定的设计要素不受版权保护不仅是版权法与专利法功能区分的重要体现，也是思想表达两分原则、合并原则等版权法基本原则的要求，所以，"功能性原则"对建筑作品的可适用性不容置疑。"功能性原则"和"可分离性标准"的内涵并不相同。"功能性原则"要求建筑设计不是由建筑的功能性决定的；"可分离性标准"还要求建筑的美学性设计同功能性设计能够分离且独立存在。相对于"功能性原则"，"可分离性标准"是个要求更高的标准。鉴于在现代建筑设计中，设计师日益将"美学性要素"和"功能性要素"融合在一起，如果采取要求过高的"可分离性标准"可能会产生对建筑作品的版权保护不足的后果，因此，我国的建筑作品保护实践也可以借鉴美国的做法，采取"功能性原则"而扬弃"可分离性标准"。

可见，建筑作品要获得可版权性，一般应当满足原创性要求，并且原创性要素不是由功能性所决定的。不过，在现代建筑设计中，许多个别的设计要素都是不具有原创性的普通设计或者具有功能性。建筑作品受版权保护的可能性是否很小？非也。因为建筑师可以依照"汇编原则"来获得建筑作品的原创性。❷

从终极意义上讲，所有作品都是各种普通要素的排列组合，尽管这

---

❶ Raphael Winick, Copyright Protection for Architecture after the Architectural Works Copyright Protection Act of 1990. 41 *Duke L. J.* 1598, 1610 n. 56 (1992).

❷ H. R. Rep. No. 735, 101st Cong., 2d Sess. 18 (1990).

些普通要素可能并不具有可版权性，但当作者对这些要素的选择与编排具有原创性的时候，作者可以就其选择与编排的结果获得版权保护，我们可以将这种法律现象称之为"汇编原则"。汇编作品原创性的获得依赖的也是"汇编原则"，但汇编作品不等同于"汇编原则"，汇编原则应当作为可版权性的一项基本原则。

由于诸多建筑的设计要素都处于公共领域，建筑作品可版权性的获得大多需要建立在"汇编原则"的基础之上。建筑设计是个渐进性的创新过程，建筑师很少提出全然原创性的设计，从已有资源中借鉴是绝对必要的，一个建筑物的特性来自于特定的情形中对不同要素的结合。建筑的创造性来自于从已有的"建筑词典"中汲取要素，将这些要素以更有用或美感上更宜人的方式重新编排。❶ 许多案例也确认了建筑作品可以按照"汇编原则"进行保护。例如有案例认为，不具有原创性和可版权性的要素组合在一起可能具有原创性和可版权性；对普通建筑特征的选择与编排也可能创造出原创性的表达。❷

另外，在对两个或多个建筑作品之间是否具有实质性相似进行判断的时候，是采取整体概念与感觉原则还是采取约减主义原则❸，也影响到建筑作品版权保护范围的界定。关于此问题存在不同的观点和做法。

Shine案❹认为建筑是一种美学艺术，同织物的设计相似，决定建筑作品的实质性相似应当遵循整体概念和感觉原则。法院认为约减主义原则通过将不受保护的要素剔除，并没有保护建筑设计的"整体形式"。

相反的观点则认为建筑作品实质性相似的判断应当采取约减主义原则，建筑设计"整体印象"上的相似并不足以说明侵权的存在。❺ 因为，整体概念和感觉原则只适用于过于"简单的"（simplistic）只需要高度

---

❶ Raphael Winick, Copyright Protection for Architecture after the Architectural Works Copyright Protection Act of 1990. 41 *Duke L. J.* 1598，1605（1992）.

❷ Nelson-Salabes, Inc. v. Morningside Holdings，2001 WL 419002（D. Md. 2001）.

❸ 参见本书第一章第三节。

❹ Shine v. Childs, 382 F. Supp. 2d 602，605（S. D. N. Y. 2005）.

❺ Wickham v. Knoxville Int'l Energy Exposition, Inc.，555 F. Supp. 154，155（E. D. Tenn. 1983），aff'd, 739 F. 2d 1094（6th Cir. 1984）.

"内在"（intrinsic）评价而非"分析"（analytic）的作品，[1] 该原则比较侧重体现在作品中的抽象思想而非表达的嫌疑。[2] 而建筑作品具有功能性，其中由功能性决定的和不具备原创性的普通的设计因素并不应受版权保护，整体概念和感觉原则忽视了这一点。判断建筑作品的实质性相似可以采取"抽象-过滤-对比测试法"。先过滤掉思想、处于公共领域的设计要素和由功能性决定的设计要素，[3] 然后只比较建筑作品中的原创性设计要素，以判定涉案作品是否具有实质性相似，是否构成侵权关系。

如上文所述，建筑设计的许多个别要素都处于公共领域，诸多建筑作品都是在"汇编原则"的基础上获得可版权性的。采取约减主义的分析路径将不受保护的设计要素剥离开来之后，建筑作品所剩下的受保护要素可能所剩无几。加之不具有可版权性的建筑设计要素的选择与编排所带来的效果往往是整体上的，所以整体概念和感觉原则似乎更适合建筑作品实质性相似的分析。退一步讲，即使不严格采取整体概念和感觉原则，法院在确定原告建筑作品是否具备可版权性的时候，也应当注重建筑作品创作人在建筑设计要素的选择与编排方面表现出来的个性与原创性。

四、利益衡量：建筑作品的版权保护

（一）建筑作品的有限保护分析

相对于其他版权作品，建筑作品承载了许多社会公共利益，它的版权保护应受到各种限制。例如，现行美国版权法只对建筑作品赋予了有限保护，具体体现在《1976 年版权法》第 120 条中。首先，如果建筑物位于公共场所或者通常从公众场所可以看到的地方，已建成的建筑作品的版权不包括禁止制作、发行或公开展出该作品的图画、油画、照片或

---

[1] Melville B. Nimmer & David Nimmer, *Nimmer on Copyright*, Matthew Bender & Company Inc. (2009). § 13.03 [A] [1] [c].

[2] Daniel Su, Substantial Similarity and Architectural Works: Filtering out "Total Concept and Feel". 101 *Nw. U. L. Rev.* 1851, 1871 (2007).

[3] Daniel Su, Substantial Similarity and Architectural Works: Filtering out "Total Concept and Feel". 101 *Nw. U. L. Rev.* 1851, 1878-82 (2007).

其他绘画表现形式的权利,❶ 这种情形一般称之为建筑作品版权保护的绘画表现的例外,这种例外只适用于两维复制❷和已建成的建筑作品。❸ 其次,建筑物的所有人可以在建筑作品的作者或版权人没有同意的情况下,改动或授权他人改动该建筑物,或者毁坏或授权他人毁坏该建筑物。❹ 前者是对建筑作品复制权的限制,后者是对建筑作品版权人演绎权和精神权利的限制。

之所以要对建筑作品版权人的演绎权和精神权利进行限制,原因在于建筑作品的版权保护不仅涉及版权人的利益,而且涉及建筑物所有人的利益。为了不使建筑作品的版权保护对建筑物的所有权及建筑物的交易产生过多限制,版权法赋予建筑物所有人在未经建筑作品版权人同意的情况下更改、毁坏或者授权他人更改、毁坏建筑物的权利。这种版权限制对维护建筑物所有权人的利益和建筑产品的自由市场秩序是有利的。学界对该版权限制的疑义较少。

对于是否应赋予建筑作品的版权保护以绘画表现的例外则在学界引起较大争论。赞成对建筑作品的复制权进行限制的观点认为,这种限制有实际考虑,例如旅游者不可避免地要为标志性建筑摄影或以建筑物为背景进行摄影。❺ 而且这种限制和例外对维护公共利益也是必要的。一个导演将一个建筑物的镜头包含在其电影中是否要为建筑作品的版权付费? 建筑师是否应当被否定对建筑物进行素描或为建筑物摄影以借鉴设计要素和思想的机会? 合理使用原则并没有自动地包含这些使用,这种不确定的状况使得公众要花费成本让法院决定建筑作品的版权保护范围,这种成本远远超过赋予复制权以完全保护所能够带来的利益。❻

---

❶ 17 U.S.C. § 120 (a).

❷ Patty Gerstenblith, Architect As Artist: Artists' Rights and Historic Preservation, 12 *Cardozo Arts & Ent. L. J.* 431, 448 (1994).

❸ Melissa M. Mathis, Function, Nonfunction, and Monumental Works of Architecture: An Interpretive Lens in Copyright Law. 22 *Cardozo L. Rev.* 595, 611–612 (2001).

❹ 17 U.S.C. § 120 (b).

❺ Raphael Winick, Copyright Protection for Architecture after the Architectural Works Copyright Protection Act of 1990. 41 *Duke L. J.* 1598, 1625 (1992).

❻ Andrew S. Pollock, The Architectural Works Copyright Protection Act: Analysis of Probable Ramifications and Arising Issues, 70 *Neb. L. Rev.* 873, 886 (1991).

相反的观点则认为，1976年《美国版权法》第120（a）条对建筑作品复制权的限制是不必要的和过于宽泛的。❶ 首先，这种限制性规定并不符合《伯尔尼公约》。《伯尔尼公约》的最低标准要求版权人享有以任何形式复制受保护的版权作品的专有权利，要求版权保护延伸至包括建筑作品在内的所有作品的改编权。与《伯尔尼公约》的规定相左，建筑作品版权保护的绘画表现的例外限制了建筑师制作和出卖建筑作品的复制品的权利。❷ 其次，这种限制可能剥夺了建筑作品版权人获得经济利益的重要来源。制作著名建筑物的两维复制品具有很大的商业市场，例如就建筑作品制作明信片、日历、海报、T恤衫等可能带来较大的经济利益。

（二）建筑作品的重叠保护分析

《1990年法》将建筑作品作为一种独立的版权客体类型进行规定，我国现行著作权法律制度也在"美术作品"之外单独规定了"建筑作品"；不过，我国著作权法律制度中的诸多规定比较笼统，即使规定了独立于"美术作品"的"建筑作品"，似乎也没有特别规定各种不同类型作品的特殊可版权性要件；而美国现行版权法之所以将"建筑作品"作为独立于"绘画、图形和雕塑作品"的特殊作品类型单独进行规定，是为了避免"可分离性标准"适用于建筑作品的版权保护。因此，我国著作权法中对作品的类型化似乎没有特别的意义。美国版权法的现行规定确实有一定道理，值得我国著作权法学习和借鉴。

按照现行美国版权法的规定，建筑规划、建筑图纸、建筑模型与建筑物本身既可以归类为建筑作品这个版权客体类型，仍然可以归类为绘画、图形和雕塑作品。在这种情况下，就面临建筑作品到底是作为建筑作品，或者作为绘画、图形和雕塑作品，或者既作为建筑作品又作为绘画、图形和雕塑作品受版权保护的问题。

不管从美国的版权立法历史来看，还是就法理分析而言，当建筑作

---

❶ Jane C. Ginsberg, Copyright in the 101st Congress: Commentary on the Visual Artists Rights Act and the Architectural Works Copyright Protection Act of 1990, 14 Colum. - Vla J. L. & Arts 477, 494 - 497 (1990).

❷ Clark T. Thiel, The Architectural Works Copyright Protection Gesture of 1990, or, "Hey, That Looks Like My Building!". 7 DePaul -LCA J. Art & Ent. L. 1, 28 (1996).

品可以适当地归类为绘画、图形和雕塑作品的时候，其既可以作为建筑作品受版权保护，也可以作为绘画、图形和雕塑作品受版权保护。

立法报告称，建筑规划、建筑图纸和建筑模型受《1990年法》的保护，也继续作为绘画、图形和雕塑作品受保护。[1]

从法理分析的角度而言，赋予可以归类为绘画、图形和雕塑作品的建筑作品以双重保护不仅不会带来消极的法律后果，还可以维护建筑作品版权人的正当利益。既然特定建筑作品可以归类为绘画、图形和雕塑作品，证明艺术性在该类作品中占据主导地位，对该类作品赋予版权保护并不会产生违背版权法立法目的的后果。另外，主张非功能性的建筑作品不受双重保护会给想将自己的作品归类为雕塑作品而不是建筑作品的艺术家和建筑师带来麻烦。而且侵权者如果认为作品将被归类为建筑作品而不是雕塑作品，更少有可能寻求艺术家的允许来使用其作品。因此，如果否定非功能性建筑作品获得双重保护的可能性可能产生鼓励侵权的后果。为了确保对所有艺术家的充分保护，一个创作具备雕塑作品特征的建筑作品的艺术家应当就其作品获得作为建筑作品和作为雕塑作品的双重保护。允许艺术家获得双重保护将避免单独保护模式所带来的很多困难。例如，法院不需要在非功能性的建筑作品和雕塑作品之间作出区分。[2]

五、结　语

建筑作品既具有实用性，又具有功能性，本来也属于实用艺术作品的范畴。不过，不论是从物理上还是从观念上将建筑的实用性层面与艺术性层面分离开来都极为困难，尤其是在现代建筑设计中，功能性要素日益同艺术性要素融合在一起，这种分离更加困难。因此，应当在实用艺术作品之外单独建构建筑作品这一版权客体类型，规定不同于实用艺术作品的特殊要件，避免"可分离性标准"的适用。同时考虑版权保护不能及于实用性层面，应当将功能性原则适用于建筑作品原创性有无的

---

[1] H. R. Rep. No. 735，101st Cong.，2d Sess. 19（1990）.

[2] Vanessa N. Scaglione，Building upon the Architectural Works Protection Copyright Act of 1990. 61 *Fordham L. Rev.* 193，204（1992）.

判断之中。

　　建筑作品不仅可以受版权法保护，还可能受到专利法、商标法和反不正当竞争法的保护。例如，有观点认为建筑师的"标志性"（signature）更适合受商标法保护。复制一个建筑师风格最有特色的层面将会对相关的建筑市场造成混淆。法院应该认识到建筑本身是个服务业，在一些有限的情形之中，一个建筑设计可能获得"第二含义"，成为识别建筑作品来源的标记。❶

---

　　❶ Raphael Winick, Copyright Protection for Architecture after the Architectural Works Copyright Protection Act Of 1990. 41 *Duke L. J.* 1598, 1635 (1992).

第四章

客体可版权性的影响因素（二）

第一节　非文字性因素对客体可版权性的影响之一
——以计算机软件为中心

人们日常生活中所接触的最多的作品是文字作品，文字作品版权保护的历史也最为悠久，各种相关制度也最为成熟。然而，非文字性因素[1]是否及在什么程度上受版权保护却并不好把握。这些非文字性要素的典型表现是计算机软件的结构、用户界面和角色等。首先来考察一下软件作品。[2]

随着计算机科学与技术的发展，软件产业日益成为社会和经济发展的重要角色。为了促进社会和经济的发展，激励软件产业的发展，对软件的开发者赋予一定程度的法律保护毫无疑问是应该的。然而，采取何种形式的法律保护才能够达到激励软件创作和维护公共利益的平衡却是一个不小的法律难题。世界各国，包括国际组织都在积极探讨软件法律保护的适当模式。从世界范围来看，各国主要采取版权法来保护软件，同时软件的专利保护也是一个新兴的趋势。菲律宾是第一个用版权法来保护软件的国家。美国从1980年开始，正式对软件赋予版权法的保护。

---

[1] 文字性要素往往直接表现为人们共同认可的意义符号的排列组合，能够为人们直接感知，它的版权保护范围比较容易确定，涉案原被告作品之间是否构成侵权关系也比较容易判定。然而，非文字性要素只有在版权制度发展到一定历史阶段才成为版权保护的对象，重要原因在于这种要素往往需要人们通过抽象思维进行把握，其版权保护范围相对难以确定，而且相对于文字性要素更接近于思想的范畴。例如，小说的情节、角色等都不是以清晰的面目呈现在人们面前的。一部小说不可能在开始或其他特定地方将情节或角色的特征都交代清楚，这些要素不通过抽象思维是无法加以把握的。

[2] 实际上，诸如小说、戏剧等文字作品中的情节、角色互动和结构等也是非文字性要素，也可能在满足原创性要件的情况下受到版权保护。参见本书第一章第一节"模式测试法"部分相关内容。

1989年，欧盟委员会出台了《计算机软件保护的指令》，[1] 1991年5月14日，欧盟理事会采纳了该指令。该指令赋予计算机程序以版权保护。按照指令软件可版权性的唯一要件是程序是开发者原创性的表达。[2]《知识产权协定》也将软件作为文字作品进行保护。[3] 我国的《计算机软件保护条例》对计算机软件赋予的保护也是版权保护。

一、可版权性分析：软件的功能性是否可否定其可版权性

各国版权法虽然普遍对软件赋予版权保护，但相对于传统版权作品，软件具有不同的属性。一般而言，传统作品是向公众传授知识和传递信息的，而软件是为了让计算机运行以达到特定结果的。形象地说，传统作品告诉人们如何完成一项任务，而软件完成该项任务。[4] 首先，软件是功能性作品。并且，相对于传统功能性作品，软件可以说是真正的功能性作品，其唯一目的是指示计算机履行特定的任务。[5] 由此可见，功能性是软件的本质属性。

传统版权法并不保护物品的功能性，功能性的保护是专利法的范围。所以，不少观点基于软件的功能性，认为不宜在版权模式下保护软件。不过，不少观点则认为软件的功能性并不能否定其可版权性。（1）作品具有实用性或功能性并不意味着该作品中没有可版权性要素。[6] 许多不同类型的功能性作品都可能成为版权客体。例如技术图纸、姓名地址名录、

---

[1] Commission Proposal for a Council Directive on the Legal Protection of Computer Programs, 1989 O. J. （C 91）4; Commission Amended Proposal for a Council Directive on the Legal Protection of Computer Programs, 1990 O. J. （C 320）22.

[2] Council Directive of 14 May 1991 Concerning the Legal Protection of Computer Programs, 1991 O. J. （L 122）42.

[3] General Agreement on Tariffs and Trade —— Mulilateral Negotiations（the Uruguay Round）: Agreement on Trade - Related Aspects of Intellectual Property Rights, Including Trade in Counterfeit Goods, Dec. 15, 1993, 33 I. L. M. 81, 87（1994）. art. 10, para. 1.

[4] Pamela Samuelson, CONTU Revisited: The Case Against Copyright Protection for Computer Programs in Machine - Readable Form, 1984 *Duke L. J.* 663, 727（1984）.

[5] Ronald E. Karam, Whelan v. Jaslow: An Appraisal: Countervailing Considerations. 2 *J. L. & Tech.* 25, 28（1987）.

[6] Contra Lotus Dev. Corp. v. Paperback Software Int'l, 740 F. Supp. 37, 58（D. Mass. 1990）.

列表、地图、空白表格等。❶（2）功能性作品的版权保护仅限于其中可识别的原创性表达，而不及于其功能性层面，❷软件的版权保护不会产生混淆版权法与专利法功能的后果。

尽管软件具有功能性，但软件的开发者在软件创作的过程中确实投入了许多创造性的劳动。（1）软件开发者在软件创作的过程中确实投入了劳动，而且往往作出大量投资，这个事实使软件在获得版权保护方面迈出了第一步。（2）软件开发者在软件创作的过程中，确实付出了创造性的劳动。软件的开发一般要经过设计、编写和测试三个阶段。开发计算机程序是一个从"一般思想"到"具体指令"的过程，一般包括下列步骤：❸（1）开发者需要确定程序的目的；（2）开发者需要确定程序满足目的所需要的功能；（3）开发者必须设计程序的整体结构。这一过程包括将程序的各种功能分解为子任务（subtasks）以易于开发者理解。开发者利用主要程序中的一个子程序（subroutine）来履行每一个功能，将每一个子程序再分解为下一级的子程序，直到每一个子程序都履行相对简单的功能。然后这些子程序必须被组织成逻辑的和效率的模式（pattern）。这种模式的建构是以流程图（flow-chart）的形式进行的，其成为编写程序代码的基础；（4）开发者通过编写程序代码来执行这些设计。为了做到这一点，开发者必须决定为每个子程序所使用的运算法则（algorithms）。开发者将以前阶段的设计和每个运算法则编码成程序设计语言；（5）调试程序，发现和纠正错误。可见，软件开发者在创作软件时进行了不少原创性的判断。这些判断包括确定程序的功能，将程序的功能分解为子任务，将子任务再作次级分解等。这些判断同软件质量的高低具有密切联系。❹而在编写复杂程序的时候，开发者更是面临了无数的

---

❶ David Ladd, Bruce G. Joseph, Whelan v. Jaslow: An Appraisal: Expanding Computer Software Protection by Limiting the Idea. 2 *J. l. & Tech*. 5, 13 (1987).

❷ Mazer v. Stein, 347 U.S. 201 (1954).

❸ Julian Velasco, The Copyrightability of Nonliteral Elements of Computer Programs. 94 *Colum. L. Rev.* 242, 245-46 (1994).

❹ Steven R. Englund, Idea, Process, or Protected Expression?: Determining the Scope of Copyright Protection of the Structure of Computer Programs. 88 *Mich. L. Rev.* 866, 870 (1990).

有关如何执行特定任务的选择。❶ 可以说，编程是一种创造性的创作行为，它既是一种艺术也是科学。❷ 总之，既然在软件的开发中融入了开发者的判断和选择，软件开发者的劳动是一种创造性的劳动。这些创造性劳动的存在和软件中所体现的开发者的判断与选择是软件可版权性的根本依据。

由上述可知，尽管软件具有功能性，但功能性并不能够否定软件中原创性表达的可版权性。然而，软件的功能性可能导致软件的版权保护受到一些限制。

（1）软件的本质属性是功能性，是为了使计算机运行以完成特定的任务，而功能性的本质要求是效率性，因此，软件设计要使计算机更有效率地执行相关任务。然而，效率性的设计往往是有限的，软件的版权保护可能受到合并原则的限制。除了效率性限制之外，软件开发还受到设计语言、硬件设备等的限制，诸多限制的存在可能导致软件可版权性因素的减少。

（2）软件兼具艺术性和功能性，按理说应当属于实用艺术作品的范畴。果如此，软件要获得版权保护必须满足可分离性标准。但相对于普通的实用艺术作品而言，软件是真正意义上的功能性作品，如果要求软件的可版权性要件中包括可分离性标准，恐怕会造成软件的版权保护不到位的后果。美国版权法就将软件作为文字作品进行保护（根据1976年《美国版权法》第102条的规定，文字作品同"绘画、图形和雕塑作品"是两种不同类型的作品），不将其作为实用艺术作品来看待，规定软件获得可版权性并不需要满足可分离性标准。

二、含义分析：软件在何种意义上是文字作品

按照美国版权法的规定，计算机程序指直接或间接运用到计算机中

---

❶ SAS Inst. v. S & H Computer Sys., 605 F. Supp. 816, 825 (M. D. Tenn. 1985).

❷ Anthony L. Clapes, Patrick Lynch, Mark R. Steinberg, Silicon Epics and Binary Bards: Determining the Proper Scope of Copyright Protection for Computer programs. 34 *UCLA L. Rev.* 1493, 1538 (1987).

意图达到特定结果的一系列指令（statements）或指示（instructions）。❶ 我国《计算机软件保护条例》第 3 条规定，计算机程序是为了得到某种结果而可以由计算机等具有信息处理能力的装置执行的代码化指令序列，或者可以被自动转换成代码化指令序列的符号化指令序列或者符号化语句序列。而上述所谓的指令或指示就是软件的源代码和目标代码。

源代码和目标代码是软件的文字性因素。"源代码"（source code）指的是程序员用程序设计语言最初写成的计算机程序代码。源代码必须转化为机器可读的目标代码才能够被计算机执行，以发挥软件的功能与作用。"目标代码"（object code）指的是计算机可以执行的以实际的机器语言表现的计算机程序。它是通过汇编程序、编译器或编译程序对源程序进行改变的结果。目标代码由二进制的 0 和 1 组成。

软件的源代码和目标代码同文字作品有诸多相似之处，源代码由字母、数字和符号构成，目标代码由数字组成，它们同传统文字作品在构成要素方面具有同构性。由于软件的直接表现形式同普通文字作品具有相同的构成要素，所以，按照普通文字作品的版权保护模式对软件赋予版权保护成为各国的普遍选择。

三、范围界定：软件的非文字性要素是否受版权保护

软件的文字性要素包括源代码和目标代码，经过软件版权制度的发展，该类要素的可版权性基本获得认可。例如，在美国的软件版权保护的司法实践中，程序的目标代码、操作系统程序、计算机芯片上的程序在早期的一些案例中都曾被否定过版权保护。但威廉姆斯（Williams）案❷和苹果（Apple）案❸最终确立了软件文字性要素可版权性的基本原则。威廉姆斯案认为程序的目标代码和存储在只读存储器中的程序具有可版权性。苹果案认为操作系统程序受版权保护，授理该案的法院说，不论以源代码还是目标代码形式表现的计算机程序都是文字作品，受版权保护。操作系统是"指示"而不是"工序"，是功能思想的表达而非纯

---

❶ Pub. L. No. 96 - 517 § 10（a），94 Stat. 3015，3028，17 U. S. C. § 101（1982）.
❷ Williams Electronics，Inc. v. Artic International，Inc. 685 F. 2d 870（3d Cir. 1982）.
❸ Apple Computer，Inc. v. Franklin Computer Corp. 714 F. 2d 1240（3d Cir. 1983）.

粹的功能性作品。在操作系统和应用程序之间不存在内在的区别，包含应用程序和操作系统的所有类型的程序都受版权保护。苹果案的判决作出之后，软件的文字性要素的版权法地位得以确立，不论它是以源代码还是以目标代码的形式表现，不管它的存储介质是什么。

在现代软件版权制度中，软件版权保护范围的主要争议之点在于软件非文字要素版权保护的合理性及保护范围。

（一）软件非文字性要素的含义

既然源代码和目标代码构成软件的文字性要素，那么，软件的非文字要素是其除了代码本身以外的其他层面。❶ 这些要素包括软件的结构、顺序和组织或者观感。❷ 软件的非文字性要素有如小说的角色和情节或者教科书的结构和组织。❸

（二）软件非文字性要素版权保护的必要性

保护软件的文字性要素对于软件产业健康发展的积极性不言而喻，但是否应当对软件的非文字性要素赋予版权保护则存在极大争议。其中，赞成说认为应当对软件的非文字性要素赋予版权保护。

（1）软件的非文字性要素好比传统文字作品的角色、情节、结构或组织。而文字作品受保护的表达不仅包括文字性要素，还包括情节、结构等非文字性要素。❹ 因为如果将版权保护限制在小说的文字性要素上，将会允许在不改变小说意思的情况下仅通过再编排或者替换语词来盗用小说的表达。❺ 这种行为会损害作者的正当权益。如果仅从逻辑上类推，

---

❶ Julian Velasco, The Copyrightability of Nonliteral Elements of Computer Programs. 94 *Colum. L. Rev.* 242, 242 (1994).

❷ Michael MacAdam Barry, Software Copyright Upgrade—Engineering Dynamics v. Structural Software Extends Abstraction–Filtration–Comparison to Software Input Data Formats, 39 *St. Louis U. L. J.* 1309, 1319 (1995).

❸ Linda Skon, Copyright Protection of Computer User Interfaces: "Creative Ferment" in the Courts, 27 *Ariz. St. L. J.* 1063, 1065 (1995).

❹ Nichols v. Universal Pictures Corp., 45 F. 2d 119, 121 (2d Cir. 1930), cert. denied, 282 U. S. 902 (1931).

❺ Michael MacAdam Barry, Software Copyright Upgrade—Engineering Dynamics v. Structural Software Extends Abstraction–Filtration–Comparison to Software Input Data Formats, 39 *St. Louis U. L. J.* 1309, 1319 (1995).

可以得出软件的非文字性要素也应受版权保护的结论,否则,他人也可以在不对软件作品进行字面复制的情况下通过利用版权人软件的非文字性要素达到盗用软件表达的结果。这种行为同样会产生损害软件作者正当权益的后果。

(2) 保护软件结构对保护软件的文字性指令是必要的。如果结构完全不受保护,程序的翻译或者程序在作了少量改动的情况下被大量复制显然并不侵犯原初程序的版权。[1] 此时,软件的版权保护显然是不充分的。

(3) 软件开发中投入非文字性要素的创造性努力和非文字性要素在软件中的重要地位在一定程度上证成了软件的这种要素受版权保护的必要性。在软件的开发过程中,写代码相对比较简单,[2] 设计程序的逻辑和结构则是最为困难的部分,[3] 作者的原创性集中体现在后者之上。另外,程序的逻辑和结构实质性地影响到软件的效率和市场价值。

(4) 计算机程序的观感成为所有软件的关键要素。用户友好型软件成为软件得以畅销的关键因素直接说明了这一问题。[4] 因此,应将版权保护扩展到程序代码之外,将通过保护他们最具价值的努力为其提供适当的激励,[5] 通过保护作者在构思和设计方面的成果,鼓励程序员设计出新软件。

综上,不论从版权保护的对象来看,还是就软件的真正价值而言,软件的非文字性要素都应当在满足一定条件之下受到一定程度的保护。

(三) 软件结构的版权法地位

计算机程序是计算机通过执行来达到特定结果的一系列指令。程序

---

[1] Steven R. Englund, Idea, Process, or Protected Expression?: Determining the Scope of Copyright Protection of the Structure of Computer Programs. 88 *Mich. L. Rev.* 866, 896 (1990).

[2] Lotus Dev. Corp. v. Paperback Software Int'l, 740 F. Supp. 37, 56 (D. Mass. 1990).

[3] Whelan Associates, Inc. v. Jaslow Dental Laboratory, Inc. 797 F. 2d 1230, 1231, 1237 (3d Cir. 1986).

[4] Bill Curtis, Engineering Computer "Look and Feel": User Interface Technology and Human Factors Engineering, 30 *Jurimetrics J.* 52, 52-53 (1989).

[5] Whelan Associates, Inc. v. Jaslow Dental Laboratory, Inc. 797 F. 2d 1237 (3d Cir. 1986).

的结构指的是程序指令的编排或逻辑流程。在程序的编排或逻辑流程中，模块是个重要的组成部分。模块指的是履行子任务之一具有明确功能的用某种程序语言写成的相对短的指令。这些模块的功能加上模块之间的相互关系有机构成了程序的结构。[1]

从历史发展来看，软件结构的版权保护以威兰案为标志，经历了由否定到肯定的过程。早期的案例一般否定对软件结构的保护。例如，赛勒康姆（Synercom）案[2]认为软件的结构性因素不受版权保护。在霍夫曼（Hoffman）案[3]中，被告程序中的12个软件模块在结构和组织方面同原告的程序相似，但法院并没有认定版权侵权的存在。SAS学院（SAS）案[4]最早将程序的版权保护扩展至程序的非文字要素。[5] 该案认为被告程序尽管是利用不同的语言来写的，但实质性地复制了原告程序的原创性结构，因此构成侵权。威兰案[6]则将软件的保护范围扩展到程序的结构、顺序和组织，该案是软件结构保护方面的开创性案例。该案之后的一些法院判决也采取了相似主张。例如，在珍珠系统公司 Pearl Systems 案[7]中，法院认为原被告程序的两对模块的结构几乎一样，两者构成了版权侵权关系。又如，强生控制公司（Johnson Controls）案[8]的法院认为一个人并没有复制程序的文字性要素，但有可能构成侵权。

虽然如此，但并非说软件的所有非文字性要素都应被赋予版权保护已经成为定论。比如，威兰案的判决作出之后，不但有赞成的声音，还招致来自各方面的反对。此案之后的法院并不是一致跟随该案的判决，

---

[1] Steven R. Englund, Idea, Process, or Protected Expression?: Determining the Scope of Copyright Protection of the Structure of Computer Programs. 88 *Mich. L. Rev.* 866, 871 (1990).

[2] Synercom Technology, Inc. v. University Computing Co. 462 *F. Supp.* 1003, 1010 (N. D. Tex. 1978).

[3] Q-Co Indus-tries, Inc. v. Hoffman. 625 *F. Supp.* 608 (S. D. N. Y. 1985).

[4] SAS Institute v. S&H Computer Systems. 605 *F. Supp.* 816 (M. D. Tenn. 1985).

[5] Brian Johnson, An Analysis of the Copyrightability of the "Look and Feel" of a Computer Program: Lotus v. Paperback Software. 52 *Ohio St. L. J.* 947, 963 (1991).

[6] Whelan Associates v. Jaslow Dental Laboratory, Inc. 797 F. 2d 1222 (3d Cir. 1986).

[7] Pearl Systems v. Competition Electronics, Inc. 8 U. S. P. Q. 2d (BNA) 1520 (S. D. Fla. 1988).

[8] Johnson Controls, Inc. v. Phoenix Control Systems. 886 F. 2d 1173 (9th Cir. 1989).

各个法院对软件非文字要素的保护仍然是不一致的。例如，棉纺合作集团（Plains）案是威兰案之后的案例，但并没有遵循威兰案的判决。在棉纺合作集团案❶中，原告开发了一个用在大型电脑上的软件程序，该程序用来追踪棉花价格和供应情况。被告设计了一个相似的程序，但用在个人电脑之上。上诉法院并没有认可软件的组织被复制的主张。因为棉花市场这个外部因素决定了该棉花市场软件的次序和组织，这些由外部因素决定的结构和组织属于思想的范畴，不受版权保护。

1. 威兰案及其评价*

威兰案将计算机程序的保护扩展到程序的整体结构、顺序和组织。法院认为功能性作品的目的或功能是该作品的思想，所有对这些目的或功能来说不必要的都是思想的表达。当目的或者功能能够通过不同的方式达到时，被选择的方式就是作品的表达，能够成为版权保护的对象。可见，威兰案判决的核心就是企图利用思想表达两分法，通过确定软件构成要素中的思想，进而确定软件可版权性的要素。

威兰案的判决有重大影响，该案判决作出之后，不仅有赞成的声音，更多的是批评。尽管有观点认为威兰的判决有以下优点。❷首先，该判决的测试法容易适用。如果功能性作品的表达对作品的功能来时不是必要的，版权侵权发生；其次，威兰测试法对有价值的技术作品提供了高水准的保护。但批评的声音占据主导地位。（1）威兰案对思想表达两分法的解释将导致保护过宽的后果。因为该案在适用思想表达两分法时，在最高的抽象层次上确定思想，即认为软件的目的或功能是其思想，对目的或功能而言不必要的结构、顺序和组织都是可以受到版权保护的表达，破坏了该原则对版权保护范围的限制功能，不适当地扩大了软件版权保护的范围。（2）威兰案所采取的路径并没有认识到在软件的不同层次上可能存在不同的思想，只考察了作为一个整体的程序中所体现的思想，

---

❶ Plains Cotton Cooperative Association v. Goodpasture Computer Service, Inc. 807 F. 2d 1256 (5th Cir. 1987).

* 参见本书第一章第一节"功能目的测试法"部分相关内容。

❷ David Ladd, Bruce G. Joseph, Whelan v. Jaslow: An Appraisal: Expanding Computer Software Protection by Limiting the Idea. 2 *J. l. & tech*. 5, 11 (1987).

认为程序中只存在一个思想,一旦这个思想被识别,其他的都是表达,这种判决过于简单化。❶ (3)威兰案的判决可能导致垄断和不效率的后果。该案所采取的路径并没有认识到市场因素在决定软件结构中的作用,潜在地赋予了第一个软件开发者对该领域的软件以垄断。❷ 因为该案在最高的抽象层次上界定思想,认为对这个思想不必要的都是表达,结果将很多思想也界定为表达,将其划入私有的范畴,阻碍后来者采用相同的思想进行创作,将本来应当属于公共领域的东西私有化。形象地讲,威兰测试法使第一个开发者"锁住"(lock up)应用在程序中以履行特定任务的基本程序技术,将赋予第一个开发者重大的市场力量。而第一个开发者并不需要对现有知识贡献出新颖性和非显而易见性的程序技术,这种市场垄断的权力不具有正当性。该案的规则还会导致研发成本的不适当提高。❸ 因为威兰案的思想表达区分规则将会阻碍程序开发者将自己的创作建立在他人作品的基础之上。如果该案的判决被遵循,数据流程和数据管理的技术将被有效地从程序开发专业的知识累积中移除。这个结果导致程序员开发新的技术来达到相同的目标,造成了重复劳动和资源浪费。❹ (4)威兰测试法在最高抽象层次上界定软件的思想,导致该案法院并没有注意到合并原则在低层次上的思想与表达中的应用。而软件开发典型的工业实践导致在软件结构中具有相似的设计,❺ 程序的兼容性要求和效率性考量也可能导致软件结构方面的相似,❻ 因此,合并原则在软件中有较大的适用空间。(5)威兰测试法可能使软件中的功能性特征受

---

❶ Marc T. Kretschmer, Copyright Protection for Software Architecture: Just Say No! 1988 *Colum. Bus. L. Rev.* 823, 839-40 (1988).

❷ Marc T. Kretschmer, Copyright Protection for Software Architecture: Just Say No! 1988 *Colum. Bus. L. Rev.* 840-42-40 (1988).

❸ Peter S. Menell, An Analysis of the Scope of Copyright Protection for Application Programs. 41 *Stan. L. Rev.* 1045, 1082 (1989).

❹ Peter G. Spivack, Does Form Follow Function? The Idea/expression Dichotomy in Copyright Protection of Computer Software. 35 *UCLA L. Rev.* 723, 752 (1988).

❺ Eric W. Petraske, Non-Protectible Elements of Software: The Idea/Expression Distinction Is Not Enough, 29 *IDEA* 35, 42 (1988).

❻ Marc T. Kretschmer, Copyright Protection for Software Architecture: Just Say No! 1988 *Colum. Bus. L. Rev.* 823, 841 (1988).

到版权保护。对软件结构进行保护可能保护到软件的功能性特征。如上所述，软件和传统的功能性作品之间存在关键性区别，前者"做"某事，而后者只是"描述"某事。这些区别直接影响到对软件赋予过宽的版权保护可能产生的后果。诸如食谱等传统功能性作品的版权并不能阻止厨师利用其中描述的烹饪法。而如果对软件的版权保护范围进行宽泛的解释，可以用来阻止对包含在程序中的方法与工序进行实质性相似的编码和这些编码的执行。因此，对软件赋予过宽的版权保护有将版权扩展到方法和工序上的危险。❶

2. 对软件结构保护的争论

尽管软件开发者积极主张软件结构应受版权保护，一些代表性案例也作出了软件结构受版权保护的判决，对软件结构赋予版权保护的疑虑仍然存在。

(1) 对软件结构的保护可能保护到软件的思想。相对于软件的源代码和目标代码，软件的结构处于更高的抽象层次上，更接近于思想。计算机程序的逻辑步骤同思想紧密联系在一起。当所主张的表达超越代码到达逻辑结构的时候，其看起来更像包含思想。❷ 赋予软件结构以版权可能会保护处于公共领域的思想，阻碍科学技术进步。

(2) 软件结构的保护可能会阻碍软件产业的发展。软件产业是一个建立在自身基础上迅速发展的产业，对有效率的结构或组织的过长时间的保护会产生阻碍发展的效果。❸

(3) 对程序结构的保护还可能保护到程序的功能性层面。相对于文字性要素，软件的结构更有可能同功能性能系在一起，对结构的不适当的版权保护可能超越软件作品的表达性层面而进入功能性层面。

(4) 对软件结构的保护还可能导致市场垄断和不效率。首先，如果对程序的设计、逻辑、结构或流程进行保护将严重限制以竞争性的、兼

---

❶ Ronald E. Karam, Whelan v. Jaslow: An Appraisal: Countervailing Considerations. 2 *J. L. & Tech*. 25, 29 (1987).

❷ David Ladd, Bruce G. Joseph, Whelan v. Jaslow: An Appraisal: Expanding Computer Software Protection by Limiting the Idea. 2 *J. L. & Tech*. 5, 8 (1987).

❸ Marc T. Kretschmer, Copyright Protection for Software Architecture: Just Say No! 1988 *Colum. Bus. L. Rev.* 823, 852 (1988).

容的程序代替原初的程序这种形式的竞争。❶ 其次，如果对程序的结构赋予版权保护，新程序的开发者在开发新程序之前必须做出实质性的投资来开发已经存在的结构，这将导致成本重复和改进程序的开发受到阻碍。❷

（5）软件结构的版权保护受到合并原则限制的可能性较大。软件结构的设计可能受到诸多外部因素的影响，这些因素包括数据格式、效率等，从而软件的潜在表达范围有限❸，在软件结构的版权保护中，相对于普通文字作品的结构，合并原则适用的可能性更大，软件结构的保护范围应当较窄一些。

（6）否定对软件结构的版权保护并不意味着软件产业对软件结构设计的投资不能被收回。❹ 软件公司可以通过商业秘密的保护而不是通过版权保护来收回软件结构的开发成本。相较于版权保护模式，商业秘密的保护模式不仅能够帮助软件的开发者收回成本，而且不会造成他人创作改进的竞争性产品的障碍。即便软件开发者未采取任何方式来保护软件的结构，他也可通过其他渠道收回成本，赚取经济利益。因为软件公司在发行产品的时候，往往只是公布目标代码，并没有公开源代码或运算法则。最终用户要想识别和复制软件结构，开发相同的软件，必须进行反向工程。而反向工程往往是耗时并且昂贵的过程。相对于后来竞争者，最初的开发者获得了领先时间，在这段领先时间里，他可以收回自己的开发成本，还可以建立自己的客户基础和提高自己的商誉，他的软件可

---

❶ Apple Computer, Inc. v. Franklin Computer Corp., 714 F. 2d at 1253. See Anthony L. Clapes, Patrick Lynch, Mark R. Steinberg, Silicon Epics and Binary Bards: Determining the Proper Scope of Copyright Protection for Computer Programs. 34 *UCLA L. Rev.* 1493, 1560 (1987).

❷ Thomas M. Gage, Whelan Associates v. Jaslow Dental Laboratories: Copyright Protection for Computer Software Structure—What's the Purpose? 1987 *Wis. L. Rev.* 859, 891 – 92 (1987).

❸ 尽管一部软件作品可能有无数种创造性的表达，但只有有限的经济上实用的表达。See Julian Velasco, The Copyrightability of Nonliteral Elements of Computer Programs. 94 *Colum. L. Rev.* 242, 254 (1994).

❹ Marc T. Kretschmer, Copyright Protection for Software Architecture: Just Say No! 1988 *Colum. Bus. L. Rev.* 823, 847 (1988).

以轻易的成为行业标准。另外,最初开发者仍然可以继续改进软件,继续领先于模仿者。再者,模仿者的产品价格也并不一定比最初开发者的产品价格便宜,不具有价格竞争的优势。

综上,对软件结构的不适当保护确实可能带来各种弊端。学者们也不遗余力地提出防弊的多法律措施与方法。有观点认为,对程序结构的保护应被限制在"复杂的结构"(detailed structures)❶上,并且该结构对程序而言并不是必要的。❷还有学者提出,应当将版权保护限制在软件的结构、顺序和组织的"表达性"层面,"表达性"指的是其同提高计算机的效率或程序的功能性特征不相关。❸可见,如果对软件结构赋予一定程度的版权保护,我们可以利用思想表达两分原则、合并原则、功能性原则等版权法的基本原则来将软件结构的版权保护限制在一个比较合适的范围之内,以期能够平衡软件开发者的私人利益和社会公共利益。

(四)用户界面的版权法地位

1. 用户界面的含义

有关"用户界面"(user interface)的内涵在各界并没有达成一致意见。对软件这一相同的非文字性要素的表述也不一样,"用户界面""观感"(look and feel)❹都被使用过,有时两者之间的含义并不相同,有时两者被交替使用,有时两者之间是一者包含另一者的关系等。不过虽然

---

❶ 这种提法实际上同"抽象测试法"有异曲同工之妙。在"抽象测试法"中,处于抽象层次最顶端的思想当然不受版权保护,但是通过作者对这种基本思想添加一系列个性的要素,使其足够具体,以至于脱离基本思想而成为具体性表达的时候,应当受到版权法保护。所谓"复杂的结构"就是强调基本的结构不应当受到版权保护,只有添加一系列个性要素的具体结构才能够受到版权保护。

❷ Julian Velasco, The Copyrightability of Nonliteral Elements of Computer Programs. 94 *Colum. L. Rev.* 242, 288 (January, 1994).

❸ Peter S. Menell, An Analysis of the Scope of Copyright Protection for Application Programs. 41 *Stan. L. Rev.* 1045, 1085 (1989).

❹ 有学者将"look and feel"翻译成"外观及感觉"。其中,所谓外观,指的是使用者或读者所看或读之视觉特征(andiovisual features),而感觉则指使用者对软件所传达之整体印象。参见罗明通:《著作权法论(第一卷)》,群彦图书股份有限公司2005年第六版,第191~192页。

具体细节区别很大，但观感或用户界面的总体概念是相同的。❶

有人仅定义用户界面，所谓用户界面或指用户同计算机相互交流的机制，包括输入格式、输出报告、菜单、命令、键击顺序、视窗的开关、丢弃文件的拖拽图标等要素；❷ 或指用户看到的和与之交流的程序的一部分，包含外在要素和内在要素，前者包含视窗、命令符号等，后者包括程序的结构、顺序和组织。❸

有观点认为用户界面和观感没有区别，所谓用户界面和观感或指由特定的显示设计和输入版式所创造的视觉和触觉氛围；❹ 或包括程序显示的因素；程序的命令；程序的命令和显示要素之间的关系；❺ 或指是视频的设计和信息被提供给用户的方式。❻

有人仅定义了观感而没有定义用户界面，谓观感或包括所有计算机/使用者的互动和其他因素，例如键盘接口；❼ 或可以被界定为程序的使用者在使用程序的时候将要面对的要素，包括用户可以感知（即看见或听见等）及其用来同计算机互动的要素，包括但不限于命令被置于屏幕和被接触的方式，使用者调用特定功能的方法，程序功能的组织和互动。观感一般指的是计算机的软件要素，而非硬件要素，并不指代用户不能或不将直接看到的要素，并不包括源代码和目标代码或其结构或组织。微码、磁盘操作系统、其他任何在屏幕后面运作的程序及用户支持不在

---

❶ Brian Johnson, An Analysis of The Copyrightability of the "Look and Feel" of a Computer Program: Lotus v. Paperback Software. 52 *Ohio St. L. J.* 947, 953-60 (1991).

❷ Linda Skon, Copyright Protection of Computer User Interfaces: "Creative Ferment" in The Courts. 27 *Ariz. St. L. J.* 1063, 1063 (1995).

❸ Michael Risch, How Can Whelan v. Jaslow and Lotus v. Borland Both Be Right? Reexamining the Economics of Computer Software Reuse. 17 *J. Marshall J. Computer & Info. L.* 511, 513 (1999).

❹ Alfred C. Yen, A First Amendment Perspective on the Idea/Expression Dichotomy and Copyright in a Work's "Total Concept and Feel," 38 *Emory L. J.* 393, 419 n. 152 (1989).

❺ Irwin Grossm, Researching Software Copyrightability: A Practical Guide, 10 *Santa Clara Computer & High Tech. L. J.* 69, 74 (1994).

❻ Johnson Controls, Inc. v. Phoenix Control Sys., 886 F. 2d 1173, 1175 n. 3 (9th Cir. 1989).

❼ A Bhojwani, Copyright Laws and the Nature of Computer Software, 9 *Software Protection* 1, 2 (1990).

观感的范围之内。[1]

有人认为用户界面是观感的要素之一。他认为观感可被定义为被程序化了的计算机的一系列功能性的能力和其同用户互动的方式。观感包括用户界面的特征和要素，例如菜单、图标、功能键值、命令、计算机所执行的一系列功能和屏幕所显示出来的艺术性特征。[2]

就用户界面和程序的关系而言，有观点认为屏幕显示和程序不可能具有相同的思想，前者着重程序同用户之间的关系，后者着眼于计算机的操作。[3] 加之用户界面是计算机代码产生的结果，完全不同的代码可能产生非常相似或者是实际上相同的用户界面。[4] 所以用户界面应当成为单独的受保护要素。

综上，用户界面的基本含义是用户与计算机交流和互动的方式与表

---

[1] Brian Johnson, An Analysis of the Copyrightability of the "Look and Feel" of a Computer Program: Lotus v. Paperback Software. 52 *Ohio St. L. J.* 947, 954 (1991).

[2] Lundberg, Michel, &. Summer, The Copyright/Patent Interface: Why Utilitarian "Look and Feel" Is Uncopyrightable Subject Matter, 6 *Computer Law.* 5, 5 (1989).

[3] Jeffrey R. Benson, Copyright Protection for Computer Screen Displays. 72 *Minn. L. Rev.* 1123, 1131-32 (1988).

[4] Raymond T. Nimmer, *The Law of Computer Technology: Rights, Licenses, and Liabilities* Ⅱ 1.12, at 1-72 (2d ed. 1992). See Julian Velasco, The Copyrightability of Nonliteral Elements of Computer Programs. 94 *Colum. L. Rev.* 242, 247 n. 30 (1994).

现形式。❶

2. 用户界面版权保护的必要性分析

用户界面的基本功能是便利用户和计算机之间的交流与互动，从而，用户界面是否一种操作方法关系到用户界面能否获得可版权性。莲花发展公司（Lotus）案❷即认为用户界面是一种操作方法，不受版权保护。在该案中，波尔兰德并没有复制莲花发展公司的程序代码，但其程序产生的用户界面实际上同"Lotus 1-2-3"的用户界面等同。地区法院认为"Lotus 1-2-3"的菜单结构、组织和命令术语的首字母是受版权保护的表达。第一巡回法院认为尽管"Lotus 1-2-3"的开发者在选择和编排其命令术语的时候进行了表达性的选择，但这个表达是"Lotus 1-2-3"程序操作方法的一部分，不受版权保护。操作方法是一个人用来操作某些物品的方法，例如汽车、食品加工机或者计算机。"Lotus 1-2-3"的用户必须使用其命令术语来告知计算机如何行为，菜单命令结构是程序被操作和控制的方法，其对用户利用"Lotus 1-2-3"程序的功能是必要的。法院将"Lotus 1-2-3"程序的命令比作录像机

---

❶ 相对于民法学等发展比较成熟的学科，知识产权法学还是一个比较年轻的学科，一门法学学科的成熟度依赖于该学科概念的体系化程度。例如，民法学之所以成熟，因为在民法学科的长期历史发展过程中，越来越多体系化的概念被提出和被接受，例如，法律行为。体系化的概念是体系化的立法和体系化的学科得以建构的前提。知识产权法和知识产权法学之所以年轻，突出表现和根本原因在于知识产权法和知识产权法学中的诸多概念都没有体系化。例如，著作权法中有很多关键性概念在立法界、司法界和学术界都没有获得统一认识。例如作者权、版权和著作权三概念之争。一般认为，作者权是大陆法系采用保护作者利益为侧重点的立法概念，版权是英美法系采用保护经济利益为侧重点的立法概念。相对于上述两种概念，著作权这一概念可能更为真实和深刻地体现了作者对作品享有的专有权利的真相。著作权从字面上看可以理解为作品中或作品上的权利，作者对作品享有的专有权利正是这种权利。

再如，著作权法中许多关键概念的含义也不清晰，各界的认识和理解也不同。这些概念有"复制""演绎""表演""广播"等。上述概念不仅在法学研究中有意义，而且对相关当事人之间权义分配也有关键影响。例如，"复制"概念的准确界定有利于正确确定作者享有的"复制权"的含义；"演绎"概念的准确界定有利于清楚界定"演绎作品"的范围，"表演"概念的厘清有利于确定表演者对作品表演的法律地位，即到底是著作权还是邻接权；"广播"的恰当界定关系"广播权"含义的准确定位等。在此节中之所以对用户界面的界定花在这么多笔墨，也是基于这种考虑，因为用户界面的恰当界定关涉用户界面上的权利内容和权利范围。

❷ Lotus Development Corp. v. Borland International. 49 F. 3d 807 (1st Cir. 1995).

上的控制按钮,使用者通过按动"录像""播放""倒转""快进""暂停""停止"等按钮来操作录像机。这些按钮的编排和标明并不能使其成为一部文字作品,也不能使其成为操作录像机的方法的表达。"Lotus 1-2-3"的命令术语等同于录像机的按钮,对操作程序是必要的。

用户界面确实具有功能性。对大多数软件而言,用户界面是操作程序以使计算机履行特定功能的程序或方法。正是由于用户界面具有功能性,对其施以版权保护可能会造成一定的消极后果。对用户界面的保护可能会使作者对作品的功能性特征享有垄断权。❶ 例如,通过选择图标来接触文件是一种观念或方法,如果版权法赋予第一个通过点击图标来打开和关闭文件的人以专有权,这个作品会垄断一个实用性的思想,而该思想没有达到专利保护的标准。

虽然用户界面具有功能性,但该功能性并不能否定其某些要素的可版权性。(1)用户界面中包含许多表达性因素。波尔兰德案的法院将用户界面比作录像机的按钮,这种比喻是失败的,因为用户界面的要素,除了鼠标和键盘之外,还包含图标、菜单结构、图标的整体外观,用户界面比机器的零件包含更多的表达。❷ (2)用户界面可以依据"汇编原则"受保护。❸ 尽管用户界面的普通构成要素不具有可版权性,但这些要素富有个性的编排则应受版权法保护。(3)合并原则并不一定适用于用户界面的版权保护。如果特定的菜单结构能够容易地被其他菜单结构所替代,而仍然能够达到程序的功能,这个表达对思想来说并不是必要的。(4)用户界面可以作为视听作品受版权保护。❹ 综上,我们不应当一刀切地下结论认为用户界面应当或不应当具有可版权性,而应当分析用户界面的不同构成要素,分别考察这些要素,结合版权法的基本原理和原则,

---

❶ Linda Skon, Copyright Protection of Computer User Interfaces: "Creative Ferment" in the Courts. 27 *Ariz. St. L. J.* 1063, 1067 (1995).

❷ Hassan Ahmed, The Copyrightability of Computer Program Graphical User Interfaces, 30*Sw U. L. Rev.* 479, 498 (2001).

❸ Mitek Holdings, Inc. v. Arce Eng'g Co., Inc., 89 F.3d 1548, 1558 (11th Cir. 1996).

❹ Jeffrey R. Benson, Copyright Protection for Computer Screen Displays. 72 *Minn. L. Rev.* 1123, 1137 n. 59 (1988).

具体分析各个要素的可版权性。由上文可知，用户界面是用户同计算机交流的方式和表达形式。版权法保护的对象应当是表达形式。由此可知，用户同计算机交流的方法和方式不应受版权保护，因为其属于思想的范畴。然而，用户同计算机交流的方法和方式的表达形式，却在满足原创性要件的时候可以适格地成为版权保护的对象。例如，用户通过点击相应图标可以实现同计算机进行交流的方法或方式属于思想的范畴，尽管其满足可专利性要件的时候可能受专利法保护，但其不能成为版权的要件；然而，图标的原创性设计却能够受到版权法保护。

有学者从计算机科学的角度将用户界面区分为界面规格和界面执行，并以此区分为基础出发探讨用户界面各个要素的可版权性，颇有启发意义。[1]该学者将用户界面界定为人同计算机程序进行交流的一系列规则或惯例。用户界面主要包含界面规格和界面执行两项要素。"界面规格"（interface specification）是可以用不同方式执行的抽象规则。例如按"F1"键可以导致文字处理软件将一个文件保存到磁盘中的规则就是一个界面规格。界面规格是不受版权保护的思想。"界面执行"（interface implementation）指将界面规格转化为行动的计算机代码。界面执行本身就是个连接用户与软件的程序。当用户按下"F1"键时，界面执行将用户的行为以特殊的方式转化为导致软件保存文件到磁盘中的命令。界面执行能够获得版权保护。

尽管将用户界面区分为界面规格和界面执行只是反映了用户界面的一个角度，并没有完全包括用户界面的所有要素，特别是可版权性要素。申言之，"界面执行"也是一种计算机程序。用户界面除了程序之外，还包括呈现在用户面前便利于用户同计算机进行交流的表达性要素。这些表达性要素是用户界面版权保护的重点。然而，界面规格在版权法意义上的强调特别有意义，界面规格确实是一种抽象规则，并不能因为某个程序的用户界面用"Control+C"来代表"复制"，其他程序就不能利用"Control+C"来代表"复制"的意义。换言之，用"Control+C"来代

---

[1] John Swinson，Copyright or Patent or Both: An Algorithmic Approach to Computer Software Protection，5 *Harv. J. Law & Tec* 145，199-120（1991）.

表"复制"只是一种界面规格,是一种不受版权保护的抽象规则。

从用户界面的开发中所作的巨大投资、用户界面的重要性等角度而言,其确实需要一定程度的保护。(1)用户界面的开发往往进行了实质性的投资,开发者需要版权保护来收回这种投资。(2)软件的观感是所有软件的关键性要素,[1] 是最吸引购买者的要素。(3)用户界面中的表达性要素尤其是屏幕显示是独立的版权设计要素。相同的屏幕显示可以用不同的程序代码来编写,保护屏幕显示免受侵犯应成为屏幕显示设计者的正当权益。[2]

不过,在考察用户界面可版权性的时候,不仅要从用户界面创作者的角度,而且要注重用户界面的版权保护可能带来的社会影响特别是对消费者的影响。用户界面涉及用户学习的难易程度,关系消费者的利益和员工培训的费用,界面规格通用或者成为一种工业标准对消费者有利。因此,如果用户界面成为事实上的标准,有必要允许对这些界面的自由复制,以此达到软件工业的标准化和兼容性。因此,应将用户界面的版权保护限制在一定范围之内。[3]

如上文所述,虽然用户界面具有功能性,但也可以给用户带来视觉上的美感,用户界面的某些层面可能构成受版权保护的表达性因素。当用户界面的某些要素受版权保护的时候,在对其版权保护范围进行界定的时候,是采取约减主义原则还是整体概念和感觉原则[4]意义重大。

有案例采取整体概念和感觉原则认定用户界面的版权保护范围,例

---

[1] Brian Johnson, An Analysis of the Copyrightability of the "Look and Feel" of a Computer Program: Lotus v. Paperback Software. 52 *Ohio St. L. J.* 947, 959 (1991).

[2] Reback & Hayes, A Modest Proposal for the Registration of Computer Screen Displays, *Computer Law.*, Aug. 1987, at 2, 5. See Jeffrey R. Benson, Copyright Protection for Computer Screen Displays. 72*Minn. L. Rev.* 1123, 1132 (1988).

[3] Peter S. Menell, An Analysis of the Scope of Copyright Protection for Application Programs. 41 *Stan. L. Rev.* 1045, 1085 (1989). 如上文所述,将抽象的"界面规格"转化为具体的用户同计算机交流的方式的程序也是用户界面的有机组成部分。利用不同程序可以设计出相同的屏幕显示(用户界面中呈现给用户的因素)。这些程序和屏幕显示都是用户界面的构成要素,都在满足原创性的时候可受版权保护。尽管开发屏幕显示的程序不同,如果原被告的用户界面相同或者实质的相似,被告作品也构成对原告作品的侵权。

[4] 参见本书第一章第三节的相关内容。

如布罗德邦德（Broderbund）案❶。在该案中，原告布罗德邦德对"The Print Shop"享有版权，该程序是一个菜单操作程序，用来让使用者在电脑上设计贺年卡。被告曾与原告协商开发与 IBM 兼容的"The Print Shop"未果，便自己开发了"Printmaster"，其屏幕显示是建立在"The Print Shop"屏幕显示的基础之上的。原告主张被告"Printmaster"的屏幕显示侵犯了其程序的版权。被告抗辩原告屏幕设计的思想不能以任何实质不同的方式进行表达，原告的主张不应当被执行，因为这会造成对思想的垄断。法院没有采纳被告的主张。法院认为两部作品的思想是"包含文本、图形、装饰边等无限变化组合的贺年卡、旗帜、海报、标语的制作"。法院指出其他具有不同屏幕显示的程序能够表达相同的思想。因此，保护原告的版权并不会增加垄断思想的风险。确定两程序的思想后，法院发现了两程序包含实质性相似的表达。法院在判断两程序是否相似时不是分析两程序的具体层面，而是分析被告是否窃取了原告的整体概念和感觉。另外，无纸化软件国际公司（Paperback）案的 Keeton 法官也判决无纸化软件国际公司的"VP Planner"侵犯了"Lotus 1-2-3"的观感。❷

我们知道，用户界面是用户同计算机进行交流和互动的方式与表现形式，其中具有原创性的表现形式应受版权保护。用户界面的表现形式一般是以视角可以感知的方式呈现给用户的，在品性上类似于其他视觉艺术作品。而如本书第一章第三节的相关论述，视觉艺术作品更适合适用整体概念和感觉原则。因此，对用户界面版权保护范围的界定应当采纳整体概念和感觉原则。

用户界面的可版权性要素确实需要版权保护，但对其的过度保护可能导致消极后果的发生。例如，有可能会赋予开发者对某个工序或系统以实际的垄断，会阻碍创新。因此，用户界面的版权保护应当限制在一定的范围之内。学界提出了一系列限制用户界面版权保护范围的方法。有认为应是仔细界定用户界面的思想与表达，在较低的和较适当的抽象

---

❶ Broderbund Software, Inc. v. Unison World, Inc. 648 F. Supp. 1127 (N. D. Cal. 1986).

❷ Lotus Development Corp. v. Paperback Software International. 740 F. Supp. 37, 70 (D. Mass. 1990).

层次上界定思想；有认为应通过提高可版权性标准来进行，版权保护只赋予有可识别的进步的设计；❶❷ 有认为用户界面应当具有新颖性和非显而易见性才能受保护；❸ 有认为在原被告用户界面存在实质性相似的时候，举证责任应转移至被告，由其证明上述相似之处并非采自于侵权行为，以豁免版权侵权责任的承担。❹

四、结语：软件的专利保护是否可行

目前大多数国家和地区的版权制度，包括国际公约都采取了软件的版权保护模式。从立法历史的角度而言，对软件赋予版权保护似乎是在其他法律模式保护不适格的情形下所作的选择，例如，版权作品新技术应用委员会（Commission on New Technological Uses of Copyrighted Works，简称CONTU）中的多数人认为软件获得专利保护的困难性和商业秘密地位丧失的容易性造成了这些法律规则无法为软件提供充分的保护。❺ 然而，由于软件的特殊属性，对其采取版权法的保护模式可能会带来一些不适当的后果。例如，版权保护的标准比较低，保护期限比较长，❻ 而软件的版权保护可能会赋予类似专利的保护，❼ 如此，在宽松的条件下对软件赋予类似于专利的保护可能会阻碍促进科学和实用艺术进步目标的实现。

---

❶ Jeffrey R. Benson, Copyright Protection for Computer Screen Displays. 72 *Minn. L. Rev.* 1123, 1154 (1988).

❷ 该观点实际上要求设计具有创造性。

❸ Peter S. Menell, An Analysis of the Scope of Copyright Protection for Application Programs. 41 *Stan. L. Rev.* 1045, 1098 (1989).

❹ Richard D. Moreno, "Look and Feel" As a Copyrightable Element: the Legacy of Whelan v. Jaslow? or, Can Equity in Computer Program Infringement Cases Be Found Instead by the Proper Allocation of Burden of Persuasion? 51 *La. L. Rev.* 177, 210 (1990).

❺ Peter S. Menell, An Analysis of the Scope of Copyright Protection for Application Programs. 41 *Stan. L. Rev.* 1045, 1072 (1989).

❻ Paul Goldstein, The Future of Software Protection: Infringement of Copyright in Computer Programs. 47 *U. Pitt. L. Rev.* 1119, 1120 (1985–1986).

❼ 17 U.S.C. § 302 (1982); 35 U.S.C. § 154 (1982). See Duncan M. Davidson, The Future of Software Protection: Common Law, Uncommon Software. 47 *U. Pitt. L. Rev.* 1037, 1055 (1985–1986).

除了版权法可以对软件赋予保护之外，商业秘密法、反不正当竞争法中的盗用原则、商标法都可以用来对软件赋予一定程度的保护。不过，软件是种功能性作品，而且具有不同于传统功能性作品的特性，传统的知识产权法保护模式不一定能够较好地兼顾各方面的利益，可以考虑对软件进行特殊保护（sui generis）立法。❶

值得注意的是，软件本身的功能性决定了其受专利法保护的可能性，不同于并不保护功能性的版权法❷，专利法就是保护功能性的法律。目前，软件的专利保护在软件的法律保护中占据了非常重要的法律地位，美国的专利商标局已经授予了许多有关计算机软件的专利。从历史发展来看，计算机软件的专利保护经历了一个曲折发展的过程。在整个20世纪70年代，法院一般拒绝对软件赋予专利保护，原因是其认为软件只是不具有可专利性的运算法则的串联。❸ 钻石（Diamond）案❹是软件专利保护的一个转折点。该案法院认可了一个借助计算机来操控橡胶成形过程的方法是可专利的客体。在20世纪80年代和20世纪90年代早期，专利律师一般将软件发明作为硬件设备来主张专利保护。❺ 1994年联邦巡回上诉法院在阿拉帕特（In re Alappat）案❻中主张申请人在申请软件专利的时候，只需要在撰写权利要求的时候包含一个计算机或硬件或存储器的因素，而不必要再假装就软件之外的其他事物申请专利。该案的判决为软件的专利保护开拓了新的历史时期。❼ 虽然阿拉帕特案扫除了对

---

❶ Pamela Samuelson, Creating a New Kind of Intellectual Property: Applying the Lessons of the Chip Law to Computer Programs, 70 *Minn. L. Rev.* 471, 507 (1985).

❷ 《美国版权法》第102（b）条表明程序设计者所采取的表达是计算机程序中的可版权性要素，而体现在程序中的实际的工序（processes）或方法（methods）并不在版权法的保护范围之内。H. R. Rep. No. 1476, 94th Cong. 2d Sess. 57, reprinted in 1976 U. S. Code Cong. & Admin. News 5659, 5670.

❸ Julie E. Cohen, Mark A. Lemley, Patent Scope and Innovation in the Software Industry. 89 *Calif. L. Rev.* 1, 8 (2001).

❹ Diamond v. Diehr. 450 U. S. 175 (1981).

❺ Julie E. Cohen, Mark A. Lemley, Patent Scope and Innovation in the Software Industry. 89 *Calif. L. Rev.* 1, 9 (2001).

❻ In re Alappat. 33 F. 3d 1526 (Fed. Cir. 1994) (en banc).

❼ Julie E. Cohen, Mark A. Lemley, Patent Scope and Innovation in the Software Industry. 89 *Calif. L. Rev.* 1, 10 (2001).

在机器或系统中执行的程序赋予专利权的障碍,但程序本身的可专利性在本案中并没有被确立。这个障碍在1995年被消除。1995年,国际商用机器公司(IBM)就美国专利商标局拒绝体现在有形载体上的计算机程序的专利申请向联邦巡回法院提起诉讼。[1] 当该诉讼未决的时候,专利商标局决定不反对这个专利申请。不久后,专利商标局颁布了新的软件专利审查指南,[2] 指示审查员允许这种专利申请。[3] 在州街银行与信托公司(State Street Bank & Trust)案[4]中,联邦巡回法院推翻了地区法院的判决,该判决反对一个由软件执行的金融系统专利。法院认为金融系统中的数据转化是对数学运算法则的实际应用,因为其产生了有用的、具体的和有形的结果。1998年州街银行与信托公司案的判决作出之后,纯粹的软件专利保护的法律障碍完全被消除。[5]

第二节 非文字性因素对客体可版权性的影响之二
——以角色为中心

在文学艺术作品的创作中,作者通常要塑造一些角色和形象,这些角色和形象不仅成为作品的重要组成部分,一些经典的角色和形象还成为人类文化遗产的重要因素。在商品经济和市场经济时代,这些角色和形象的实质性人格特征往往被商业化地利用,这种商业化的利用通常称

---

[1] In re Beauregard, 53 F. 3d 1583, 1584 (Fed. Cir. 1995).

[2] United States Patent and Trademark Office, Examination Guidelines for Computer-Implemented Inventions, 61 Fed. Reg. 7478, 7479-80 (Jan. 1996).

[3] Julie E. Cohen, Mark A. Lemley, Patent Scope and Innovation in the Software Industry. 89 Calif. L. Rev. 1, 10 (2001).

[4] State Street Bank & Trust v. Signature Financial Group. 149 F. 3d 1368 (Fed. Cir. 1998), cert. Denied, 525 U. S. 1093 (1999).

[5] Julie E. Cohen, Mark A. Lemley, Patent Scope and Innovation in the Software Industry. 89 Calif. L. Rev. 1, 10 (2001).

之为"角色的商品化"（character merchandising）。

基于此，有观点企图建构独立的"角色的商品化权"，用来保护角色创作者的利益。诚然，角色商品化是现代行销的显著特征，也是盈利颇丰的朝阳产业，大家都想拥有角色商品化的权利。不过，角色商品化只是个经济术语，并不是法律术语。主体控制角色商品化还是通过传统版权等方式进行的。例如，将特定的角色用在商品的包装之上实际上侵犯了角色版权人的复制权。所以，单独提出所谓角色商品化权似乎并不是个最为理想的选择。❶

角色在人们的文化生活和经济生活中确实发挥了重要作用，角色的创作者需要获得一定程度的法律保护，传统知识产权制度和新兴知识产权制度似乎可以对角色提供充足的保护。版权法、商标法、反不正当竞争法、公开权法都可以用来对角色赋予一定程度的保护。

一、角色的构成要素：实质性人格特征

角色是作者的一种创造，是作者思想的表达。角色可以通过多种方式来塑造，可以在卡通中以可视的方式进行描述，可以在文学作品中用文字进行描写，可以在视听作品中由演员进行演绎。基于角色不同的塑造方式，角色可以划分为不同的类型。有学者将虚构角色（fictional characters）分为四种，分别是纯粹角色（pure characters）、文字角色（literary characters）、视觉角色（visual characters）和卡通角色（cartoon characters）。纯粹角色指并没有出现在作品中的角色；文字角色是来自于小说或剧本由描述和情节塑造的角色；视觉角色是写实和纪录影片中的角色；卡通角色比动画角色要广，用来指以线条画所表现的角色。❷ 角色的类型化有利于更好地建构角色的版权保护制度。一般而言，可视的角色是具象的角色，更容易被认识、理解和界定。而文字角色却需要读者用抽象思维进行把握，是抽象的角色，不容易被认识、理解和界定。角色的不同表现形式影响到角色的版权法地位。可视角色表现的直观性和易被界

---

❶ 卢海君："角色版权、形象权与公开权"，载《中国版权》2008年第5期。

❷ Kenneth E. Spahn, The Legal Protection of Fictional Characters, 9. *U. Miami Ent. & Sports L. Rev.* 338-441（1992）.

定性导致其更容易被赋予版权客体的地位。在可视角色的版权司法实践中也更容易判定不同可视角色之间是否构成实质性相似和版权侵权关系。而文字角色的抽象性与界定的困难性导致其在版权法中的地位的不确定性。例如，角色与作品的关系的处理，角色的构成要素的确定，角色的思想与表达的区分，角色实质性相似的判定等法律问题的处理在文字角色中比在可视角色中显得更为困难。

要探讨角色的版权法地位和版权保护制度，首先要回答"角色是什么"这一问题。而解决这一问题的根本是确定角色的构成要素。有关角色的构成要素在学界存在争议。有认为包括名字、身体或视觉外观、身体特征和个性特征。[1] 有认为包括名字、外貌、声音、说话的风格、特殊习惯、个性、姿势、背景和服饰。[2] 有认为包括名字和特性或个性描述。[3] 在希尔（Hill）[4] 案中，用在戏剧表演中的名为"Nutt and Giff"的角色被主张侵犯了"Mutt and Jeff"这个卡通角色的版权。法院认为"Nutt and Giff"就是"Mutt and Jeff"，因为前者的装扮看起来像后者，前者的语言包含对后者的流行语的直接引用，前者说话和行为的方式都像后者。从该案的判决中可以看出，该案法院认为角色的构成要素包括角色的装扮、流行语、说话和行为的方式。尽管学界对角色的构成要素的表述不尽相同，但所谓名字、风格、习惯、个性特征，都是角色的实质性人格特征。因此，角色的构成要素就是角色的实质性人格特征。

不同类型的角色，表现形式并不相同，具体化的程度也不一样，在版权实践中受到的保护和待遇也不尽相同。各国版权法一般并没有明确将角色作为单独的一类版权客体进行规定，例如美国版权法和我国著作权法。如此，角色的版权法地位很大程度上依赖于塑造这种角色的作品的版权保护，角色往往是作为作品的一个组成部分而受版权保护的。而

---

[1] Michael V. P. Marks, The Legal Rights of Fictional Characters, 25 *Copyright L. Symp.* 35, 37-38 (1980).

[2] Leslie A. Kurtz, The Independent Legal Lives of Fictional Characters. 1986 *Wis. L. Rev.* 429, 430 (1986).

[3] E. Fulton Brylawski, Protection of Characters - Sam Spade Revisited, 22 *Bull. Copyright. Soc'y.* 77, 78 (1974).

[4] Hill v. Whalen & Martell, 220 F. 359 (S. D. N. Y. 1914).

纯粹角色并非由作品所塑造,因此,纯粹角色受到较少的保护或者根本不受保护。[1] 德克斯塔(DeCosta)案[2]即涉及纯粹角色的保护。在该案中,演员德克斯塔创作了一个名为"Paladin"的虚构角色,其在狂欢节、牛仔竞技表演等公共场合表演该角色。德克斯塔企图阻止CBS在一个名为"Have Gun Will Travel"的电视节目中使用相同的角色。CBS的电视节目复制了德克斯塔所创作的角色的几乎每一个细节,电视节目中的角色也称之为"Paladin"。尽管如此,德克斯塔并没有获得救济,因为他的纯粹角色并没有包含在一个可版权的作品之中。

文字角色的塑造来自于小说或剧本的描述和情节,它唯一的区别性特征是其名字和特征的文字描述。从历史维度来看,法院赋予文字角色以最少的版权保护。[3] 如上文所述,文字角色是抽象的角色,只能通过思维进行把握。读者通过作者对角色的文字描述,经过抽象思维,在心目中构造角色的形象。而每个人认识事物的能力和视角并不相同,相同的角色在不同人的思维中可能形成不同的形象。因此,文字角色的表现形式难以具体把握,这是其受到的版权保护比较少的重要原因之一。

卡通角色与文字角色不同,卡通角色具有可视性特征,更容易具体把握。文字角色的表现形式具有抽象性,不同作者对同一角色的解读也是不同的;而卡通角色在一定程度上克服了这种抽象性,相对于文字角色,其更容易获得版权保护。[4] 从版权法的实践来看,卡通角色受到的保护也远远多于文字角色。[5] 迪士尼(Walt Disney Prods.)案[6]、侦探漫画

---

[1] Kenneth E. Spahn, The Legal Protection of Fictional Characters, 9. *U. Miami Ent. & Sports L. Rev.* 331, 340 (1992).

[2] Columbia Broadcasting System v. DeCosta. 377 F. 2d 315 (1st Cir. 1967).

[3] David B. Feldman, Finding a Home for Fictional Characters: A Proposal for Change in Copyright Protection. 78 *Calif. L. Rev.* 687, 690 (1990).

[4] Warner Bros., Inc. v. Am. Broad. Cos., 720 F. 2d 231, 240 (2d Cir. 1983); Atari, Inc. v. N. Am. Philips Consumer Elecs. Corp., 672 F. 2d 607, 619 (7th Cir. 1982); Walt Disney Prods. v. Air Pirates, 581 F. 2d 751, 754 (9th Cir. 1978).

[5] Leslie A. Kurtz, The Independent Legal Lives of Fictional Characters, 1986 *Wis. L. Rev.* 429, 451 (1986).

[6] Walt Disney Productions v. Air Pirates., 581 F. 2d 751 (9th Cir. 1978), cert. denied, 439 U. S. 1132 (1979).

公司案（Detective Comics, Inc.）案❶、弗莱舍工作室（Fleischer Studios, Inc.）案❷、国王特点集团（King Features Syndicate）案❸等都承认，以连环漫画形式或三维立体形式存在的卡通角色可以是版权的适当客体。在弗莱舍工作室案中，美国第九巡回上诉法院阐述了卡通角色相对于文字角色更容易获得版权保护的个中原因："许多文字角色体现的仅是不受保护的思想，一个连环漫画角色具有身体的和思想的特征时，更可能包含表达的独特要素。"❹

二、角色版权保护的必要性：角色与作品的关系

（一）角色法律保护的模式之争

角色在文化生活和经济生活中的重要地位和作用体现了角色的社会价值，为了激励角色的创作，需要对其赋予一定程度的法律保护。不过，有关角色是否应受版权保护并没有达成一致意见，基本上有赞成说和反对说两派观点。

赞成说一般认为角色有独立的艺术存在和经济存在，应受版权保护。（1）角色可能先于作品而存在，作者在创作作品的时候，只有跟随先前已经存在的角色的各种特性，其中，给作品写续集就是典型的表现形式；（2）角色可能独立于任何特定作品而活在公众的想象中，成为语言的一部分；（3）虚构角色已经成为一种文化遗产；❺（4）在角色商品化之中，产品同流行的角色联系起来进行行销，是个盈利颇丰的商业；❻（5）创作

---

❶ Detective Comics, Inc. v. Bruns Publications. Inc., 111 F. 2d 432 (2d Cir. 1940).

❷ Fleischer Studios, Inc. v. Freundlich., 73 F. 2d 276 (2d Cir. 1934), cert. denied, 294 U. S. 717 (1935).

❸ King Features Syndicate v. Fleischer., 299 F. 533 (2d Cir. 1924).

❹ Walt Disney Productions v. Air Pirates. 581 F. 2d 751 (9th Cir. 1978), cert. denied, 439 U. S. 1132 (1979).

❺ Leslie A. Kurtz, The Independent Legal Lives of Fictional Characters. 1986 *Wis. L. Rev.* 429, 436 (1986).

❻ Peter K. Yu, Fictional Persona Test: Copyright Preemption in Human Audiovisual Characters, 20 *Cardozo L. Rev.* 355, 356 (1998).

者通常感到同其创作的角色有一种特殊关系,[1] 角色是作者人格的延伸和体现,应当受到版权保护。

反对赋予角色以版权保护的观点或者认为版权法对角色提供了过多的保护,[2] 或者认为对角色的版权保护是多余的。[3] 反对理由主要有以下四种:角色的版权保护将许多角色从公共领域中拿走;角色一词并没有出现在版权法之中;商标法已经对角色提供了充分的保护;对真实人物角色来说,公开权已经为其提供了充分的保护。[4]

由此可见,反对说并不否认角色有独立的艺术存在和经济存在,其主要理由可以归结为公共领域的维护和版权保护的必要性质疑。角色也是作者的一种创作成果,其中也有思想与表达之分,也存在原创性的角色与不具有原创性的角色之别。不能因为基本角色类型应属于思想的范畴而不应受版权保护,不具有原创性的角色因为不是来自于作者的创作不应受版权保护,就断然否定作者所创作的原创性角色的版权客体的地位。对具备原创性的角色赋予版权保护并不一定必然意味着对公共领域的侵蚀,尽管在角色的版权保护中要注重公共领域的维护确实应该成为一个重要命题。下文对角色可版权性标准的探讨和建构不仅仅是版权保护要件的确立,同时也是维护公共领域的重要实践和努力。

反对说之所以质疑赋予角色以版权保护的必要性,主要是因为认为现行法律制度,尤其是商标法制度和公开权制度已经为角色提供了充分保护。这种说法恐怕也是占不住脚的。首先,商标法并不能为角色提供充分的保护。因为商标法只保护角色的名字及形体外观,而版权保护不限于此,还包括角色属性和特征。版权保护能够阻止竞争者意图复制角

---

[1] Michael Todd Helfand, When Mickey Mouse Is As Strong As Superman: the Convergence of Intellectual Property Law to Protect Fictional Literary and Pictorial Characters, 44 *Stan. L. Rev.* 623, 627–628 (1991–1992).

[2] Jessica Litman, Mickey Mouse Emeritus: Character Protection and the Public Domain, 11 *U. Miami Ent. & Sports L. Rev.* 429, 431 (1994).

[3] Francis M. Nevins, Copyright + Character = Catastrophe, 39 *J. Copyright Soc'y U. S.* 303, 303 (1992).

[4] Mark Bartholomew, Protecting the Performers: Setting a New Standard for Character Copyrightability, 41 *Santa Clara L. Rev.* 341, 361 (2001).

色的独特个性,其常常是角色最有价值和最具创造性的部分,也往往是同作者的个性联系最为紧密的部分。❶而商标法并不能够做到这一点。其次,公开权也不能够为角色提供足够的保护。(1)最初建构公开权的目的是保护名人以禁止他人对其名字和外貌的未经许可的商业利用。公开权是用来保护真人而不是角色创作的;(2)公开权不像版权一样受到合理使用原则的限制,其可能从公共领域中拿走过多的东西。❷

综上,应当对角色赋予一定程度的版权保护。

(二) 角色的版权法地位

角色是作者的一种创作,角色在满足何种条件的时候演变成有别于思想的表达实质性地影响到其版权法地位的确立。不过,区分完全未被表达的有关角色的思想和一个被赋予完全造型的有关角色的表达非常困难。虽然如此,根据思想表达区分的一般原理与原则,还是可以总结出一些区分角色的思想与表达的一般原则的。例如,基本的角色类型不具有可版权性,❸因为这种角色类型往往存在于公共领域,并不具有作者的个性表达要素,属于思想的范畴。实际上,从每个角色中都可以找到某个基本角色类型的影子。不过,如果作者在这些基本的角色类型之上加上自己的个性描述,这些角色还是有受版权保护的可能性的。在侦探漫画公司案❹中,法院认为原告的角色超人(Superman)的绘画表现和文字描述不仅仅是对一个慈善的大力士❺的描述,体现了原创于作者的文学表达,是适当的版权客体。

角色一般是由作者通过作品进行塑造的,往往出现在特定作品之中,成为作品的有机组成部分。于是,角色的版权法地位同塑造该角色的作品联系在一起。当角色的艺术地位和经济地位的独立性日益突显的时候,

---

❶ Mark Bartholomew, Protecting the Performers: Setting a New Standard for Character Copyrightability, 41 *Santa Clara L. Rev.* 341, 362 (2001).

❷ Mark Bartholomew, Protecting the Performers: Setting a New Standard for Character Copyrightability, 41 *Santa Clara L. Rev.* 341, 367 (2001).

❸ Jones v. CBS, 733 F. Supp. 748, 753 (S. D. N. Y. 1990).

❹ Detective Comics, Inc. v. Bruns Publications. 111 F. 2d 432 (2d Cir. 1940).

❺ 一个慈善的大力士仅仅是普通的角色类型,应当属于思想的范畴,不应受版权保护。

有无必要将角色作为一种单独的版权客体类型进行规定值得研究。现行各国版权法并没有将角色作为一个独立的版权客体类型加以规定。例如，在美国版权法中，从历史发展看，只有在角色在续集和演绎作品中有单独的"生命"的时候，角色独立于其作品受保护这一议题才被提上日程。❶ 早期许多角色的版权保护是同作品结合在一起的，直到1967年，没有独立于情节的文字角色侵权案发生。❷ 虚构角色于20世纪在经济上变得越来越重要，但就是到了1964年，版权办公室还是拒绝了就角色创制一个单独的版权客体类型的提议。❸ 版权登记处的报告认为，毫无疑问，有些角色被详细地、富有广度与深度地开发，成为可识别的独立于塑造这些角色的作品存在。但大部分角色并未成为区别于塑造它们的作品的独立创作。将角色规定为单独的版权客体类型是不必要和误导的。❹《伯尔尼公约》和《知识产权协定》等国际版权制度也没有要求将角色作为单独的版权客体类型进行版权保护。❺

角色的抽象性和不易把握性在一定程度上影响了角色独立版权客体地位的建立。（1）界定一个特定的角色很困难，因为作者至少是好的作者不会在作品的开始就简单地列举其角色的所有特征。角色的发展贯穿于整个作品，角色的描述通常是分散在作品之中，角色完整的特性难以清晰把握和界定；❻（2）角色只以作者创作的特定词语、图片和声音的方

---

❶ Gregory S. Schienke, The Spawn of Learned Hand – A Reexamination of Copyright Protection and Fictional Characters: How Distinctly Delineated Must the Story Be Told? 9 *Marq. Intell. Prop. L. Rev.* 63, 66 – 67 (2005).

❷ Leslie A. Kurtz, The Independent Legal Lives of Fictional Characters. 1986 *Wis. L. Rev* 429, 457 (1986).

❸ Gregory S. Schienke, The Spawn of Learned Hand – A Reexamination of Copyright Protection and Fictional Characters: How Distinctly Delineated Must the Story Be Told? 9 *Marq. Intell. Prop. L. Rev.* 63, 67 (2005).

❹ Supp. Rep. of the Register of Copyright on the General Revision of U. S. Copyright Law: 1965 Revision Bill, 89 Cong. 1st Sess. 6 (1965).

❺ Dennis S. Karjala, Harry Potter, Tanya Grotter, and the Copyright Derivative Work, 38 *Ariz. St. L. J.* 17, 24 (2006).

❻ Jasmina Zecevic, Distinctly Delineated Fictional Characters That Constitute the Story Being Told: Who Are They and Do They Deserve Independent Copyright Protection? 8 *Vand. J. Ent. & Tech. L.* 365, 368 -369 (2006).

式有形地存在。这些词语、图片和声音在读者或观众心目中创造出一个形象,这个思维上的形象构成在一个新的环境中认识一个角色的基础。只是在这种抽象的形式之下,一个角色可以说是有独立的存在。而没有两个不同思维以正好相同地方式来构想一个角色;❶(3)很难将角色从包含其人生故事的情节及形成该角色的人物、事件和环境中分离出来;❷(4)角色不会永远以一种形式固定存在,而是可能在外貌、个性和特殊习惯方面有所变化。❸ 因此,角色很难清晰地界定和把握,故而难以将其独立于作品而赋予单独的版权法地位。

虽然制定法并没有确立角色独立版权客体的地位,角色的特殊属性也影响到这种地位的确立,主张赋予角色以独立的版权客体地位的呼声还是很高的。(1)版权法对版权客体的列举并不是穷尽性的,而是例示性的,没有明确列入版权客体范围的事物并非一定不能成为版权客体;(2)角色应当成为单独的版权客体类型。相同的角色可能出现在不同作品之中,赋予角色以独立的版权法地位成为一种必须。❹ 否定角色的独立版权客体地位而又企图对角色赋予版权保护的必然选择是将角色的版权保护同作品的版权保护结合起来。对于由作品塑造的角色而言,角色是作品的有机组成部分,即使版权法并未明确界定角色的法律地位,版权法对作品的保护也会对角色赋予一定程度的保护。但这种保护是有限的。原因是,如果角色构成作品的实质性部分,复制角色可能构造作品的版权侵权,对作品的版权保护确实能够对角色赋予一定程度的保护。但如果角色没有构成作品的实质性部分,即使角色被充分开发,仅仅对角色的复制也不构成对作品的侵权,这时角色就不能够获得版权保护。

上述对角色版权法地位的探讨主要涉及的是文字角色,因为只有这

---

❶ Leslie A. Kurtz, The Independent Legal Lives of Fictional Characters. 1986 *Wis. L. Rev* 429, 431 (1986).

❷ Leslie A. Kurtz, The Independent Legal Lives of Fictional Characters. 1986 *Wis. L. Rev* 429, 431 (1986).

❸ Leslie A. Kurtz, The Independent Legal Lives of Fictional Characters. 1986 *Wis. L. Rev*. 429, 431 (1986).

❹ David B. Feldman, Finding a Home for Fictional Characters: A Proposal for Change in Copyright Protection. 78 *Calif. L. Rev.* 687, 700 (1990).

种角色才具有抽象性和不确定性,才发生与作品的复杂关系。而可视角色不具有上述特殊属性,其版权客体地位在学界基本上没有多大争议,在司法实践中也在不少场合受到版权保护。在现代社会经济条件下,仅仅保护塑造角色的作品确实不能对角色提供充实的版权保护,而且即便基本角色类型不受版权保护,原创性角色独立于作品的版权客体地位还是应该被确立。当这种独立的版权法地位确立之后,还一个问题需要解决,就是要处理好角色与作品的关系。角色虽然是由作品塑造的,但角色不但具有艺术生命的独立性,还具有经济生命的独立性。角色和作品的生命周期有时并不相同,有些角色的经济生命要长于作品的法律生命,塑造角色的作品的版权保护期限届至之后,角色仍然可能具有经济价值。此时角色的法律地位值得探讨。是因为角色还有经济价值而认定角色仍然受版权保护,还是作品的版权法生命结束之后,角色的版权法生命也随之结束?版权法权威尼默教授认为,一旦作品进入公共领域,作品中包含的任何事物,包括角色都进入公共领域。❶ 这种判断是有道理的。不论是否认可角色为独立的版权客体类型,都应当这样认定。当不认可角色为独立的版权客体类型时,当作品的版权保护期限届至时,作为作品的有机组成部分的角色的版权保护期限当然届至。当将角色认定为单独的版权客体类型时,虽然角色获得了一种独立于作品的地位,但角色仍然是作者的一种创作成果,这种成果的创作完成期限同于塑造角色的作品,角色的版权保护期限也应当同于塑造角色的作品的版权保护期限。如此,当塑造角色的作品进入公共领域之后,角色也进入公共领域。公众可以自由使用该角色,并且能够添加新的特征,就这些新的特征获得版权保护。如果后来者通过先前作品作者的授权获得使用特定角色的权利,而先前作品在后来作品仍处于版权保护的时候已经进入公共领域,先前作品中的角色原型进入公共领域,但后来者仍可以就自己在原有角色的基础上添加的新特征获得版权保护。他人可以自由使用已经进入公共领域的角色原型,但不可以使用后来作品中添加的新的个性特征、新

---

❶ Melville B. Nimmer & David Nimmer, *Nimmer on Copyright*, Matthew & Bender Company, Inc. (2009), § 2.12.

的视觉要素或其他的变化因素。❶

三、角色的版权保护：可版权性标准的确立

角色是一种独立的艺术存在和经济存在，应当获得独立的版权法地位。虽然如此，并非任何角色都能够获得版权保护，同普通作品一样，只有满足可版权性要件的角色才能够获得版权保护。例如，虽然性别也是角色的实质性人格特征，但仅仅是首先描述了一个男人或女人的作者并不能就男人或女人的一般描述获得版权保护，该描述所建构的仅是普通角色类型，其并没有体现作者的个性，应当属于思想的范畴，如果将其归入版权人的私权之下，可能会产生阻碍社会进步的后果。不过，角色不同于普通作品，其思想与表达的区分更加困难，个性有无的判定更不容易，就角色的版权保护而言，须采取适当的可版权性标准以实现激励创作和保护公益之间的平衡。角色可版权性的传统标准主要有"清晰描绘标准"和"被讲述的故事标准"。

（一）清晰描绘标准（the distinct delineation test）*

清晰描绘标准由尼克尔斯案❷提出。在该案中，Hand 法官认为如果文字角色被清晰地描述，其可以独立于情节单独受版权法保护。角色被开发的程度越低，其受到版权保护的可能性和程度越低。之所以要求角色只有被充分描绘才能够获得版权保护，是因为没有被充分描绘的角色很可能是不受版权法保护的思想；相反，文字角色只有被充分地描绘才能构成作品的表达性因素。

尼克尔斯案的清晰描绘标准已经成为角色侵权案例中使用的标准做

---

❶ Silverman v. CBS Inc., 870 F. 2d 40, 49 (2d Cir.), cert. denied, 492 U. S. 907 (1989).

* "清晰描绘标准"实际上跟思想表达两分法和抽象测试法具有一致性。没有经过清晰描绘的角色应当属于不受版权法保护的思想的范畴。只有在基本角色之上投入足够的个性烙印，才能够使该角色成为能够获得版权保护的具体性表达。最为基本的角色在抽象测试法中应当处于抽象层次的顶端，被清晰描绘的角色应当处于临界点之下。

❷ Nichols v. Universal Pictures Corp. 45 F. 2d 119 (2d Cir. 1930).

323

法。[1] 例如，巴勒斯（Burroughs）案[2]就应用了这种标准来判断角色是否具备可版权性。在该案中，法院认为泰山（Tarzan）这个角色被清晰描绘了：泰山是个猿人，他是个能够同其丛林环境密切合拍的个体，能够同动物进行交流，也能够体验人类的感情。他是有活力的、天真的、年轻的、温和的和强壮的。他就是泰山。因此，泰山这个角色能够获得可版权性。

清晰描述标准的基本依据是思想表达两分原则，基本出发点是避免对思想赋予版权保护。其之所以要求角色只有被清晰描绘才能受版权保护，是因为：角色被开发的程度越高，其越体现受保护的表达，离普通思想的距离越远。任何原则性角色的创作都是建立在基本角色类型的基础之上的，这种基本角色类型属于思想的范畴，不应当受版权法保护。按照清晰描绘标准，只有被清晰描绘的角色才具有可版权性。这就意味着他人可以自由使用作者原创性角色所依赖的基本角色类型，但不可以复制作者在基本角色类型的基础之上所作的原创性表达。有学者将基本角色类型界定为抽象的轮廓（outline），把作者原创性的表达界定为作者在轮廓之上所作的开发（development），比较精当。[3] 在清晰描绘标准之下，当原告的角色被充分描绘而具有可版权性的时候，如果被告角色的表达同原告角色的表达之间存在实质性相似，法院一般会认定角色版权侵权的存在。[4]

清晰描绘标准避免对思想赋予版权保护的基本出发点是正确的，但该标准本身似乎并没有对司法实践提供多少指导。清晰描述标准难以适用的主要原因有：该标准是模糊的，让法官来充当文学批评的角色；法院经常错误地适用该标准，导致过度保护；该标准并没有赋予最为充分

---

[1] Kenneth E. Spahn, The Legal Protection of Fictional Characters, 9. *U. Miami Ent. & Sports L. Rev.* 331, 334 (1992).

[2] Burroughs v. Metro-Goldwyn-Mayer, Inc. 519 F. Supp. 388 (S. D. N. Y. 1981).

[3] Melville B. Nimmer & David Nimmer, *Nimmer on Copyright*, Matthew & Bender Company, Inc. (2009), 2.12.

[4] David B. Feldman, Finding a Home for Fictional Characters: A Proposal for Change in Copyright Protection, 78 *Calif. L. Rev.* 687, 697 (1990).

开发的角色以适当的版权保护。[1]（1）清晰描绘标准并未阐明何种程度的"描绘"才构成"清晰的描绘"，[2]角色是否具有可版权性需要法官的直觉判断；[3]（2）清晰描述标准有可能对角色赋予过度的保护，因为在适用该标准的时候，法院可能只注重分析原告的角色是否具有可版权性，而没有分析原被告的角色是否存在实质性相似；（3）该标准并没有对最大程度开发的角色赋予适当的版权保护。因为，越是丰富的角色同上下文联系得可能越是紧密，[4]对该角色的记忆越是同故事的情景联系起来。[5]相反，越是单调的角色越是容易被人记忆和识别，[6]从而受到的版权保护越多。让法官建立在角色是否被充分开发的基础上来判断角色是否应受版权保护并不是个令人满意的解决方法。[7]

（二）"被讲述的故事"标准（the "story being told" test）

"被讲述的故事"标准由华纳兄弟影视公司（Warner Bros.）案[8]提出。1930年，作家达希尔·哈默特（Dashiell Hammett）将他写的故事"The Maltese Falcon"专有拍摄成电影、制作广播节目和电视节目的权利卖给了华纳兄弟影视公司（Warner Bros.）。在达希尔·哈默特出卖了这

---

[1] Leslie A. Kurtz, The Independent Legal Lives of Fictional Characters, 1986 Wis. L. Rev. 429, 457~459 (1986).

[2] Mark Bartholomew, Protecting the Performers: Setting a New Standard for Character Copyrightability, 41 Santa Clara L. Rev. 341, 343 (2001).

[3] Gregory S. Schienke, The Spawn of Learned Hand - A Reexamination of Copyright Protection and Fictional Characters: How Distinctly Delineated Must the Story Be Told?, 9 Marq. Intell. Prop. L. Rev. 63, 80 - 81 (2005).

[4] Jasmina Zecevic, Distinctly Delineated Fictional Characters That Constitute the Story Being Told: Who Are They and Do They Deserve Independent Copyright Protection? 8 Vand. J. Ent. & Tech. L. 365, 375 (2006).

[5] Leslie A. Kurtz, The Independent Legal Lives of Fictional Characters, 1986 Wis. L. Rev. 429, 464 (1986).

[6] Leslie A. Kurtz, The Independent Legal Lives of Fictional Characters, 1986 Wis. L. Rev. 429, 464 (1986).

[7] Jasmina Zecevic, Distinctly Delineated Fictional Characters That Constitute the Story Being Told: Who Are They and Do They Deserve Independent Copyright Protection? 8 Vand. J. Ent. & Tech. L. 365, 376 (2006).

[8] Warner Bros. Pictures, Inc. v. Columbia Broadcasting System, Inc. 216 F. 2d 945 (9th Cir. 1954).

些权利之后，他继续写有关福尔肯（Falcon）中的英雄山姆·斯贝德（Sam Spade）的故事。达希尔·哈默特然后将有关山姆·斯贝德的新故事的拍摄成电影、制作广播节目和电视节目的权利卖给了第三方主体。该第三方主体从 1946 年到 1950 年制作了系列广播节目"The Kandy Tooth"和"Adventures of Sam Spade"。山姆·斯贝德主张其对山姆·斯贝德角色和角色名称的使用侵犯了它原来的山姆·斯贝德的故事的版权。而第九巡回法院认为华纳兄弟影视公司所谓的财产并不包含在合同之中，这些财产并不是他们所购买的版权的一部分。版权法的目的是为了促进科学和实用艺术的进步，如果当作者出卖了故事的时候就必要地出售了故事角色将来的权利，版权法的目的不会被促进。角色构成"被讲述的故事"是可能的，但如果角色仅是讲述故事的游戏中的"棋子"（chessman），它并不处于版权保护范围之内。即使达希尔·哈默特将其在福尔肯中的全部权利转让，这种转让并不阻止其将故事中的角色应用在其他的故事之中。这些角色是讲述故事的工具，这些工具并不随着故事的出卖而出卖。

按照"被讲述的故事"标准，如果角色仅是讲述故事的"棋子"，该角色不具有可版权性；反之，如果角色构成"被讲述的故事"，角色具有可版权性。如同尼克尔斯案，华纳兄弟影视公司案似乎并没有明确阐述角色在满足何种条件之下才能够构成"被讲述的故事"，使得该标准的适用变得模糊。

为了正确适用"被讲述的故事"标准，法院采取了以下方式来使该标准更加清晰化。（1）如果角色的名字出现在作品的标题中，该标准得以满足；（2）如果角色出现在注重角色开发而相应的故事情节比较简单的作品之中，"被讲述的故事"标准更可能被满足；（3）当几个演员都饰演相同角色的时候，角色可能被认为满足"被讲述的故事"标准。❶

法院发展的这些标准确实有一定指导意义。例如，如果角色的名字出现在作品的标题中，该作品往往是围绕这个角色来创作的，该作品所

---

❶ Mark Bartholomew, Protecting the Performers: Setting a New Standard for Character Copyrightability, 41 *Santa Clara L. Rev.* 341, 349 (2001).

叙述的故事就是角色本身的故事，角色于是构成"被讲述的故事"；当作品的情节较少而主要的笔墨围绕角色的开发来进行的时候，角色的开发构成作品的实质性部分，角色更可能是清晰阐述的表达而不是思想；不同的演员饰演相同角色的事实间接证明了角色具有独特的实质性人格特征，是作者的个性表达，可以受版权保护。

"被讲述的故事"标准的主要弊端之一是将角色的可版权性标准定得过高，对角色的版权保护施加了过高的障碍。❶ 根据"被讲述的故事"标准，除非角色本身就是故事，也即当角色同其所出现的作品不可分离的时候，角色才能够获得版权保护；❷ 要使这一标准得以满足，角色将不得不出现在一个缺少情节的故事中，在这个故事中，角色的研究将构成作品的全部或者实质性的全部。❸ 而达到"角色本身就是故事"或"角色的研究构成作品的全部或者实质性的全部"的程度却非常困难。因此，"被讲述的故事"标准从来没有被广泛应用过，它的适用范围似乎限制在文字角色之中；❹ 许多法院都拒绝使用这种标准，或者曲解该标准的意思以避免该标准可能带来的后果，或者忽视该标准而采取清晰描绘标准。❺ 另外，同清晰描绘标准一样，"被讲述的故事"标准要求法官成为文学和艺术的评论者，❻ 而这是一项危险的作业。

（三）可预见性标准（the predictability test）

除上述两个传统标准之外，有学者提出所谓可预见性标准来判定角

---

❶ Dean D. Niro, Protecting Characters through Copyright Law: Paving a New Road upon Which Literary, Graphic, and Motion Picture Characters Can All Travel, 41 *DePaul L. Rev.* 359, 380 (1992).

❷ Melville B. Nimmer & David Nimmer, *Nimmer on Copyright*, Matthew & Bender Company, Inc. (2009), §2.12.

❸ Melville B. Nimmer & David Nimmer, *Nimmer on Copyright*, Matthew & Bender Company, Inc. (2009), §2.12.

❹ David B. Feldman, Finding a Home for Fictional Characters: A Proposal for Change in Copyright Protection, 78 *Calif. L. Rev.* 687, 694 (1990).

❺ Leslie A. Kurtz, The Independent Legal Lives of Fictional Characters, 1986 *Wis. L. Rev.* 429, 455 (1986).

❻ Leslie A. Kurtz, The Independent Legal Lives of Fictional Characters, 1986 *Wis. L. Rev.* 429, 440 (1986).

色是否具备可版权性。❶ 该标准认为当一个角色被置于新的情节或者环境之中，他将会以一种可预见的方式作为，这个角色将变得足够具体以至于能够获得版权保护。在分析角色是否具备可预见性的时候，法院应当关注三种不同的领域：身体特征、出生的故事和行为。只有当三者中的每个都表现出足够的特色以至于使该角色具备可预见性时，这个角色才具备可版权性。身体特征指的是角色中能够被客观观察的一部分。身体特征包括该角色的服装和其经常使用的小道具，也包括体形和表演者的面部特征。身体特征对描绘一个角色极为重要，流行的角色有一系列具有个性特征的身体动作以折射其个性。出生的故事指的是角色的历史性因素。成功的角色往往有引人注目的出生故事。历史性的出生很重要，因为它往往作为一个路标为观众提供线索来预见该角色在未来如何行为。行为指的是角色的行动和反映。假如事实审判者不了解角色的行为，他就不能够预见其未来的行动。

可预见性标准确实能够在一定程度上帮助确定特定角色是否具有可版权性。如果角色的表现是可以预见的，这个事实间接证明了作者对角色作出了充分的开发；在角色被充分开发的时候，作者往往注入了个性表达；这样的角色往往并不是停留在思想的层面，而成为可版权的表达性因素。例如，大力水手在需要力量的时候就要吃菠菜，一休在遇到困难问题的时候就会用手在脑门上画上两圈来思考问题的答案，这些角色往往以一种可预见的方式来行为，而其往往又是具有可版权性的。

（四）替代措施

上述三种标准都企图从可版权性的角度来确定角色的版权保护范围，但三者都存在一定程度的模糊性。可版权性标准的不清晰可能导致很多弊端，例如，可能导致角色的过度保护。于是，跳出确定角色可版权性标准的窠臼，从另外的角度出发探讨角色的版权保护可能会达到更好的效果。

有学者认为在分析文字角色版权保护的时候，适当的起点并不是确

---

❶ Mark Bartholomew, Protecting the Performers: Setting a New Standard for Character Copyrightability, 41 *Santa Clara L. Rev.* 341, 370 – 377 (2001).

定角色是否被充分开发而能够获得版权保护,而是将涉案的角色进行对比以看其是否存在实质性相似。❶ 实际上,在多数案例中,当一个角色被认定是太老套或者没有充分开发而不具有可版权性的时候,在原告和被告的角色之间只有模糊和一般的相似。在没有作出对比的情况下企图确定角色开发的程度将导致抽象的和没有结果的推测。相反,如果法院将原被告的角色进行对比,这种分析具有清晰性和具体性,如果被告角色同原告角色实质性相似,被告侵犯了原告作品中的版权。分析原被告角色之间实质性相似的程度比意图确定角色是否被充分开发对于确定角色是否能够获得版权保护及角色版权保护的范围更为有用。

事实上,可版权性标准往往并非是在作品是否能够受版权保护的要件阶段发挥作用,因为作品一旦创作完成,就自动受版权保护。该标准的重要作用与功能往往体现在侵权判定之中。被告作品侵犯原告作品的版权往往需要满足"接触"和"实质性相似"两项标准。如果被告在创作作品的过程中并未接触原告作品,法院就可以直接判定被告作品没有侵犯原告作品的版权。如果被告接触了原告作品,但被告作品同原告作品之间不存在实质性相似,法院可直接判定被告作品没有侵犯原告作品的版权。如果被告接触了原告作品,并且被告作品同原告作品之间存在实质性相似,此时法院不可直接判定被告作品构成对原告作品的侵权。因为被告作品同原告作品实质性相似之处可能仅仅是不受版权保护的思想。在角色的版权侵权的判定中,也应当遵循普通作品版权侵权判定的一般顺序,先判定被告在创作作品的过程中是否接触了原告作品;如果接触了,再判定被告作品同原告作品是否存在实质性相似;如果原被告作品之间存在实质性相似,才有必要对原告角色是否具有可版权性进行判定。因此,角色的可版权性标准只有在角色侵权判定中才会真正发挥作用。同时,也只有将该标准放在角色版权侵权判定的情景中,它才会变得更为清晰。

---

❶ Leslie A. Kurtz,The Independent Legal Lives of Fictional Characters. 1986 *Wis. L. Rev.* 429,463 (1986).

四、角色的版权保护与公开权：两者关系的分析

（一）公开权的基本含义

学界对公开权的认识比较一致。公开权（the right of publicity）指的是一个人就其名字和肖像进行商业开发和禁止他人未经授权进行商业开发的权利。[1] 公开权是拥有、保护一个人的名字、肖像、行为或特性，就其中的商业价值获利，并阻止他人对这些特征进行非法开发的权利。[2] 公开权指的是使某人的名字、肖像和识别特征免受未经同意的商业开发的权利。[3] 公开权是对人的实质性人格特征进行商业化利用的权利。[4] 虽然公开权既保护名人又保护非名人，[5] 但主要是保护名人阻止他人对其名字、肖像和/或个人特性的未经授权的商业使用。[6]

公开权传统上是在普通法的隐私权之下进行分析的。[7] 公开权首先被确认为一个单独的诉因是在黑兰（Haelan）案[8]中。在该案中，法院主张在隐私权之外并且独立于隐私权，一个人在其相片的公开价值中享有权利，即赋予出版其照片的排他特权，这个权利称之为公开权。在黑兰案的判决作出之后，公开权渐渐地被接受。目前已在相当数量的司法判决中被确认。[9]

---

[1] Factors Etc., Inc. v. Pro Arts, Inc., 652 F. 2d 278, 287 (2d Cir. 1981) (Mansfield, J., dissenting), cert. denied, 456 U. S. 927 (1982).

[2] Ali v. Playgirl, Inc., 447 F. Supp. 723, 728 (S. D. N. Y. 1978).

[3] J. Eugene Jr. Salomon, The Right of Publicity Run Riot: the Case for a Federal Statute, 60 *S. Cal. L. Rev.* 1179, 1179 (1987).

[4] Kathleen B. Dangelo, How Much of You Do You Really Own? A Property Right in Identity, 37 *Clev. St. L. Rev.* 499, 507 (1989).

[5] Haelan Lab., Inc. v. Topps Chewing Gum, Inc., 202 F. 2d 866, 868 (2d Cir. 1953).

[6] Peter K. Yu, Fictional Persona Test: Copyright Preemption in Human Audiovisual Characters. 20 *Cardozo L. Rev.* 355, 361 (1998).

[7] Harold R. Gordon, Right of Property in Name, Likeness, Personality and History, 55 *NW. U. L. Rev.* 553, 569 (1960).

[8] Haelan Laboratories, Inc. v. Topps Chewing Gum, Inc., 202 F. 2d 866 (2d Cir. 1953).

[9] Kathleen B. Dangelo, How Much of You Do You Really Own? A Property Right in Identity, 37 *Clev. St. L. Rev.* 499, 508~509 (1989).

（二）角色的版权保护与公开权之间的关系

角色的版权保护同公开权是不同的，角色一般是虚构的，但公开权针对的则是真人特别是名人的形象。从公开权的历史发展来看，公开权是普通法隐私权的副产品，应当只被用来保护非虚构人物的肖像和特征。[1] 外国学者一般也认为角色的版权保护与公开权不同。公开权应当适用于非虚构人物的商业开发，[2] 主要是为了保护知名人士对其名字和肖像的商业开发，并不是设计用来保护角色创造的。[3]

然而，我国的权威观点似乎将角色的版权保护与公开权混淆在一起。例如我国有学者似乎用"形象权"来代替"公开权"，但又认为"形象权"包含对"虚构人的形象"进行商业化利用的权利。[4] 这种混淆认识导致问题的复杂化，使本来可以明晰解决的问题人为地变得不清晰。因此，我们应当将角色的版权保护与公开权区分开来。角色是作者创作的产物，应当受版权保护；而公开权涉及的是对真实人物的实质性人格特征进行商业化利用的权利。

虽然角色版权保护一般涉及的是虚构角色，而公开权的对象则是真人的实质性人格特征，两者的区分似乎非常清晰，但两者的关系在某些领域还是可能存在模糊地带，相互之间可能发生冲突。通常来讲，电视节目主持人、杂技表演者、体育运动员的形象一般就是该人的个人形象，而电影或电视剧中的角色则可能是个人特征与作者勾画的特征的结合；前者只涉及公开权，而在电影或电视剧中，当演员及其饰演的角色都是人而且具有相似的外观的时候，怎样解决角色版权保护和公开权保护之间的关系是个重要的法律问题。对电影或电视剧中的角色构建来讲，是作者还是表演者发挥了主导作用，如何确定作者与表演者就角色的开发所享有的权利，需要依据一定的法律原则进行确定。

---

[1] David B. Feldman, Finding a Home for Fictional Characters: A Proposal for Change in Copyright Protection. 78 *Calif. L. Rev.* 687, 719 (1990).

[2] J. Eugene Jr. Salomon, The Right of Publicity Run Riot: the Case of a Federal Statute, 60 *S. Cal. L. Rev.* 1179, 1180 (1987).

[3] David B. Feldman, Finding a Home for Fictional Characters: A Proposal for Change in Copyright Protection. 78 *Calif. L. Rev.* 687, 709 (1990).

[4] 郑成思：《知识产权法》，法律出版社1999年版，第32页。

有观点企图借助合作作品理论来处理公开权与角色版权之间的关系。其认为，虚构的电视或电影角色在一定意义上是作者和表演者的"合作作品"，该作品由作者的文字表达和表演者的外观与特征共同构成。❶ 当演员在电视或电影上塑造虚构角色时，演员不仅展示了其身体外观，而且使角色的个性品质和特殊习惯呈现在公众面前。演员就其专业造型免受未经授权的商业开发的保护具有强烈利益，制片人就保护其虚构角色的财产权有强烈的利益。❷ 因此，需要对这两种利益进行适当协调。首先要做的是确定这种"合作作品"的版权归属与分配，其中一个直观的做法就是区分表演者与作者在角色创作中各自所作出的贡献。要考察在一部电影或电视中到底是真实人物的形象还是虚构角色占据主导地位，真实人物的实质性人格特征应当由演员享有公开权；而虚构角色则应当由制片人享有版权。有学者提出了区分真实人物形象与虚构角色在作品中的地位的方法：一个看起来和感觉起来实质性地同演员的真实人物形象相像的角色很难具有原创性。相反，一个实质性地区别于演员的真实人物形象的角色不仅是原创的，而且是一个有社会价值的新表达。如果一个普通的外行观察者能够从角色中识别出一个实质性地区别于真实人物角色的个性，一个虚构的角色得以建立。❸

有观点提出所谓"产品"（work product）理论来解决演员的公开权与角色的版权之间的关系。"产品理论"认为演员是制片人的受雇人，是被支付报酬来创作一个产品的，对一个角色的饰演应当属于雇用人而非演员。演员对其扮演的角色的形象不享有任何财产权，因为角色的形象并不是演员本身的形象。❹ 虽然角色的创造可能并不仅仅是作者的功劳，演员的自身特质和技巧也对角色的建构起到了很大作用。例如，相同角色由不同演员进行演绎往往会产生不同效果。可是，依照"产品理论"，

---

❶ David B. Feldman, Finding a Home for Fictional Characters: A Proposal for Change in Copyright Protection. 78 *Calif. L. Rev.* 687, 717 (1990).

❷ Peter K. Yu, Fictional Persona Test: Copyright Preemption in Human Audiovisual Characters. 20 *Cardozo L. Rev.* 355 (1998).

❸ Peter K. Yu, Fictional Persona Test: Copyright Preemption in Human Audiovisual Characters. 20 *Cardozo L. Rev.* 355, 408-09 (1998).

❹ Lugosi v. Universal Pictures. 603 P. 2d 425. at 431-34 (Mosk, J., concurring).

演员的这种"创作"行为也是一种受雇行为，其所产生的结果应当属于雇用人所有。可见，"产品理论"在一定程度上简化了公开权与角色版权之间的关系，对交易成本的节省有一定的帮助。

另外，角色版权与公开权的关系虽然不易确定，当事人却可以用合同来解决两者之间的关系，避免模糊和不可预见的法律后果的发生。

电影作品或电视作品的创作，往往是在剧本的基础之上进行的。电影作品或电视作品中的可视角色也是在剧本中所塑造的文字角色的基础之上塑造出来的。虽然电影作品或电视作品同剧本之间有一种演绎与被演绎的关系，其在一定意义上是一种演绎作品。但我国现行著作权法将其作为一种单独的版权客体类型，规定版权人是制片人。于是，尽管制片人所塑造出来的可视角色同剧本中的文字角色之间是一种基础作品与演绎作品的关系，在我国现行著作权法中，可视角色的版权归属也不需要依据基础作品与演绎作品的关系来进行处理，而是根据著作权法的规定，直接由制片人享有版权。同演员的公开权冲突的角色版权主要不是剧本作者所塑造的文字角色，而是电影作品或电视作品的版权人享有版权的可视角色。在我国现行著作权法，演员的表演不是一种创作行为，而是一种传播行为，虽然不同演员的表演水平和个性差异很大。演员就其对作品的表演可能获得邻接权。但在电影作品或电视作品的创作中，演员在很大程度上只是制片人的一个雇佣人，他对其表演成果并不能享有邻接权，更谈不上享有版权。因此，在我国现行著作权法律制度中，尽管表演者可能对可视角色的形成发挥了主导作用，也不能认定其为该角色的合作作者，该演员不可能控制该可视角色的复制与传播。尽管可视角色的塑造严重依赖了演员的实质性人格特征，角色版权的行使也不会因为公开权的存在而受到阻碍。实际情况是，角色版权的塑造借助于演员的实质性人格特征在实践中恰恰是演员行使公开权的结果。

五、结　语

角色的版权法地位的议题，是在其同作品逐渐分离而具有相对独立性之后才出现的。当角色具备了独立的艺术生命和经济生命之后，版权法需要对其赋予独立的法律生命。角色是作者的一种创作，如果符合可版权性的要求,可以获得版权保护。角色也可能具有象征和符号的功能,从而受到商标法和反不正当竞争法的保护。一般而言,商标法和反不正当竞争法下的角色侵权是否发生需要考察两个问题,一是角色是否获得"第二含义";二是被告对角色的使用是否造成了公众混淆。

第三节　事实性因素对客体可版权性的影响
——以事实作品为中心

版权法以保护作者的创作为己任,事实并非作者的创作,而是人类社会的共同财产(common property),❶因此应当被排除在版权法的保护范围之外。然而,有些作品同事实存在密切联系,或者谓事实性因素在这类作品中占据重要地位,事实性因素的存在在一定程度上影响到该类作品可版权性的获得。我们把这类以事实为基础创作的作品,或者企图反映事实的作品称之为"事实作品"(factual works)。描述历史的文章、科学论文、旅游指南、电话号码簿等都是事实作品。事实作品版权保护的难点是确定"客观存在的事实"如何转化为"事实性的表达"。对事实进行选择、协调与编排,调查,推测,分类,评价,预测是否及何以让

---

❶ Jewelers' Circular Publishing Co. v. Keystone Publishing Co., 274 F. 932, 935 (S. D. N. Y. 1921), aff'd, 281 F. 83 (2d Cir.), cert. denied, 259 U. S. 581 (1922).

事实转化为可版权性的表达是个颇值探讨的问题。❶

一、利益衡量：事实作品版权保护的相关考量因素

事实作品具有公共利益属性，是否对其赋予版权保护凸显了版权法政策中激励创作与鼓励传播这两个相互冲突的利益之间的紧张关系。❷ 为了平衡这种紧张关系，在对事实作品赋予版权保护的时候，需要进行以下几个方面的考量。

（一）要注意版权法目的的层次性

版权法的目的有直接目的和最终目的之分，前者是赋予作者的创造性劳动以公平的报酬；而后者是通过这种激励，促进科学和实用艺术的进步，最终实现社会公共利益的促进。❸ 版权法的直接目的与最终目的的位阶并不相同，最终目的高于直接目的，直接目的服从最终目的。当两者发生冲突的时候，直接目的应该让位于最终目的。

（二）要注意进行利益衡量

就优先性而言，信息的传播应当优先于作者的保护。❹ 就位阶性来讲，获取信息的公共利益要高于个人获得私权的私人利益。❺ 就冲突的解

---

❶ 纯粹客观存在的事实应当属于思想的范畴，理应不受版权保护。对事实进行选择、协调、编排、调查、推测、分类、评价、预测之后所形成的对事实的主观认识、理解等也是属于思想的范畴，不应受版权保护。因此，在事实作品的版权保护范围的探讨中需要考察的是，上述对事实的主观认识、理解等思想转化而成的表达是否受版权保护。从思想表达两分法和合并原则的角度讲，这些对事实的主观认识、理解等属于思想的范畴，如果这些思想的表达方式只有一种或只有有限的几种，那么作者对这些思想的表达不可以享有版权，因为合并原则在此时被适用。因此，对事实作品可版权性的探讨表面上看是考察作者对事实的选择、协调、编排、调查、推测、分类、评价和预测是否可以将客观存在的事实转化为可版权性的表达，但实际上这种判断要分两步走：第一步，考察作者对客观事实的认识与理解所转化而成的表达是否具有个性；第二步，当这种表达具备个性的时候，考察合并原则是否在此应被适用。在采取两步分析法的时候，并应当注意对表达赋予版权保护是否符合社会公共利益。

❷ Robert C. Denicola, Copyright in Collections of Facts: A Theory for the Protection of Nonfiction Literary Works, 81 *Colum. L. Rev.* 516, 519 (1981).

❸ Twentieth Century Music Corp. v. Aiken, 422 U. S. 151, 156 (1975).

❹ Hoehling v. Universal City Studios. 618 F. 2d 972, 980 (2d Cir. 1980).

❺ Rosemont Enters., Inc. v. Random House, Inc., 366 F. 2d 303, 309. (2d Cir. 1996).

决来说，版权是应受限制的权利。当版权用来限制公众接触承载着巨大公共利益的材料的时候，当版权作为压制信息的工具的时候，当版权用作阻止接触不受版权保护的材料的时候，在公众接触信息的巨大公共利益面前，版权应当让位。❶

(三) 要注意在整体制度环境中定位版权制度

当版权保护并不及于事实的时候，虽然事实作品的创作可能缺乏激励，对客观事实的理论研究可能表现萎缩。但并非事实作品中的任何要素都不受版权保护。作者对事实或事实理论的主观表达可以获得版权保护，这种保护可以为事实作品的创作提供一定激励。版权是一定程度上的垄断权，对社会公共利益的影响比较大，法律在考虑是否对某一对象赋予版权保护的时候比较慎重。虽然研究者在事实理论的考察中付出了大量创造性劳动，但版权法并不对这些劳动进行保护；尽管如此，并不意味着研究者的劳动得不到任何报酬，研究者还可以通过其他路径获得报酬，例如科研补助金、名声、社会认可等。❷ 因此，即使版权法不保护研究，也并不一定意味着这种有意义的研究将会枯竭。

(四) 要注意版权客体的属性

版权法保护的是原创性的表达，这种表达应当是体现作者个性的表达。而事实作品的目的和价值是尽可能地符合客观事实，事实作品的这种属性限制了作者个性的彰显。因此，相对于普通作品来说，事实作品比较难以满足原创性的要求。

(五) 要注意运用版权法基本原则分析事实作品的版权保护范围

事实作品的版权保护往往受合并原则限制。作者在创作事实作品的时候，目的就是要反映客观事实的真相；而客观真实是唯一的，这种唯一性决定了事实作品的表达往往只有一种或者只有有限的几种，因此合并原则在事实作品中经常被适用。

---

❶ David Nimmer, Address Copyright in the Dead Sea Scrolls: Authorshipand Originality, 38 *Hous. L. Rev.* 1, 90 (2001).

❷ David Nimmer, Address Copyright in the Dead Sea Scrolls: Authorshipand Originality, 38 *Hous. L. Rev.* 1, p. 211.

二、编排之术：对于选择、协调与编排的版权保护

对事实进行选择、协调、编排等操作所形成的作品称之为"事实性汇编作品"，该类作品既是汇编作品，同时又可以被界定为事实作品。在事实作品的范畴中探讨汇编作品是要厘清汇编作品中的事实何以转化成为版权保护的对象。按照版权法的一般原理，该类作品要获得版权保护，必须具备原创性。而版权法保护的对象是表达，因此，只有在作品的表达中所体现的个性才能够使该作品获得版权法意义上的原创性。所以，在对事实进行发现和收集的过程所包含的技巧和个性，即便是以前从来没有存在过的，也不会使作品具备可版权性。这一判断符合费斯特案判决的意旨。相反，将原创性建立在"事实收集的技术"（fact‐gathering techniques）而不是"事实表达的技术"（fact‐expressing techniques）上将会违背费斯特案所确立的"创造"（creation）和"发现"（discovery）之间的界分。同理，费斯特案的法院也不会将事实整理中的创造性作为原创性的渊源。事实整理中的原创性，就像事实收集中的原创性一样，是表达前的创造性，而不是表达的一部分。[1] 总之，即使事实汇编者发现汇编事实的方式非常特殊，该方式并不能成为证成原创性的原因。原创性考察的重点在于创造性的表达方式上。在事实性汇编作品中，作者对事实的选择、协调或编排属于表达的范畴，如果上述行为中表现出原创性，可能将不具有可版权性的事实转化为可版权性的表达。

（一）作者对事实进行选择的结果可以获得版权保护

一些对事实进行选择之后所形成的表达确实能够获得版权保护，例如地图制作者在地图制作过程中标示出一些地方而省略一些地方；其他一些选择是否具备个性不是很明显，但同样反映了作者的品位和想象，而不是"被发现的世界"（the discoverable world），例如从相关出版物中选出有趣的琐事和难以被发现的事实。[2] 选择是从既定资源中选取特定事实包含在事实性汇编中的判断。虽然选择可能将不具有可版权性的事实

---

[1] Alan L. Durham, Speaking of the World: Fact, Opinion and the Originality Standard of Copyright, 33 *Ariz. St. L. J.* 791, 843 (2001).

[2] Worth v. Selchow & Righter, Co. 827 F. 2d 569 (9th Cir. 1987).

转化为可版权性的表达，但只有原创性的选择才可以达到此种目的。例如，为特定群体的需要，表现出个性判断的选择受到版权保护。❶ 反之，包括特定领域的一切数据的全面性的选择则不受版权保护。❷

（二）事实性汇编作品的作者对事实进行的协调与编排相对于基于选择而形成的结果而言，更接近于表达的范畴

按照费斯特案的要求，一部事实性汇编作品要获得可版权性，不仅须是作者独立创作的，还要具备最低限度的创造性。不具有最低限度创造性的协调与编排并不具有可版权性。在费斯特案之后，不仅事实应当处于公共领域，而且汇编作品的基本结构（structures）和格式（formats）也应当处于公共领域。❸ 因为这种类型的结构和格式不具有最低限度的创造性。

总之，对不具有可版权性的事实所进行的选择、协调或编排如果具有原创性，可以将不具有可版权性的事实转化为可版权性的表达。尽管如此，单个的事实信息仍然处于公共领域，并不会因为作者的选择、协调或编排而丧失公共领域的属性，受版权保护的仅是经过选择、协调或编排后构成的整体。

三、事实还原：对于调查的版权保护

事实虽然是客观存在的，但有些事实并不为人所知。要将这些客观存在的但不为人知的事实呈现给社会公众，需要有人对其进行调查。科学理论、户口调查信息、地图、新闻报道中所包含的事实在未报道之前都是不为人知的，科学理论工作者、户口调查人员、地图制作者、新闻报道人员要想向公众呈现这些事实，必须通过自己的调查。在为确认事实所进行的调查的过程中，调查者需要付出大量努力，大多数时候还要应用诸多技巧和进行主观判断。但这些事实是客观存在的，是不具有可

---

❶ Key Publications, Inc. v. Chinatown Today Publishing Enterprises, Inc. 945 F. 2d 509 (2d Cir. 1991).

❷ Bellsouth Advertising & Publishing Corp. v. Donnelley Info. Publishing, Inc. 999 F. 2d 1436 (11th Cir. 1993), cert. denied, 510 U. S. 1101 (1994).

❸ Howard B. Abrams, Originality and Creativity in Copyright Law, 55 *Law & Contemp. Probs.* 3, 16 (1992).

版权性的，调查人员付出努力甚至技巧与判断的调查是否能够将这些事实转化为可版权性的表达需要慎重思考。

（1）科学家或研究者在建构某个科学理论的过程中尽管往往进行了艰苦的调查，但在版权法意义上，科学理论应当是不受版权保护的事实，[1] 因为科学家或研究者只是"发现"了这些科学理论，而不是"创造"了它们。再者，对科学研究中的原始数据的保护将会迫使后来研究者重复先前研究者的努力，[2] 并且阻碍而不是促进科学和实用艺术的进步。需要注意的是，虽然科学理论是不受版权保护的事实，但科学家或研究者对某种科学理论所进行的独特的表述却可以获得版权保护。

（2）虽然户口调查人员在调查人口数量的过程中付出了努力，在许多情况下还进行了专业的选择与判断，[3] 但户口普查资料是不受版权保护的事实，因为某个区域的人口数字是一定的，户口调查人员并没有运用自己的努力"创造"出这些人口数字，而是从外部世界"复制"了这些数字。[4] 形象地讲，如果一个作者徘徊在城镇的街道来计算居民的数量，其并没有从先前作品中借鉴任何东西。但通过这种行为所得到的人口数量并不是与绘画或小说具有相同意义的原创性作品。我们并不习惯说达尔文是进化论的"原创者"，或者卢瑟福是质子的"作者"，我们更倾向于把他们的贡献称之为"发现"。在这个意义上，户口普查资料并不来源于作者，因此应落于版权客体范围之外。[5]

（3）地图实质上是以图示形式表示的物体之间空间关系的事实汇编，[6] 因此，在版权法意义上，地图是一种事实性汇编作品。[7] 虽然客观

---

[1] Feist Publications, Inc. v. Rural Tel. Serv. Co., 499 U.S. 340, 348 (1991).

[2] Richard H. Jones, Is There a Property Interest in Scientific Research Data?, 1 *High Tech L. J.* 447, 461 (1986).

[3] Wendy J. Gordon, Reality as Artifact: From Feist to Fair Use, 55 *Law & Contemp. Probs.* 93, 94 (1992).

[4] Feist Publications, Inc. v. Rural Tel. Serv. Co., 499 U.S. 340, 347 (1991).

[5] Robert C. Denicola, Copyright in Collections of Facts: A Theory for the Protection of Nonfiction Literary Works, 81 *Colum. L. Rev.* 516, 525 (1981).

[6] David B. Wolf, Is There Any Copyright Protection for Maps After Feist?, 39 *J. Copyright Soc'y U.S.A.* 224, 239-240 (1992).

[7] General Drafting Co., Inc. v. Andrews, 37 F.2d 54, 55 (2d Cir. 1930).

存在的物体之间的空间关系是不以人的意志为转移的,但在地形以地图的形式呈现给公众之前,一般社会公众对这个空间关系并没有清晰的认识。地图制作者在以地图呈现这些空间关系之前,首先要进行的工作是确认这些空间关系,这种确认过程需要详细的调查。整个调查过程需要大量劳动的投入,这个劳动往往还是技巧性劳动。但地图制作者不能在确定物理世界的轮廓方面获得作品的版权保护,因为确定财产的所有者和财产的边界并不是费斯特案中按照特定的组织原则选择一系列事实的意义上的"选择",而是每个单个数据的"计算"或"发现"。[1] 用一句版权法上常用的话来说,地图制作者只是"发现"了客观存在的物体之间的空间关系这一事实,而并没有"创造"这一事实。而发现并不受版权保护,地图制作者不能对这些空间关系享有版权。虽然如此,地图本身如果表现出作者的个性,则可能受版权保护。

(4) 新闻报道中的新闻也是客观存在的事实,但在新闻工作者将这些新闻报道出来之前,一般的社会公众并不知道这些新闻的存在。尽管新闻是个客观存在,但新闻中的事实细节需要新闻工作者进行调查才能够将其清晰地呈现在公众面前。虽然新闻工作者在调查新闻事件的时候付出了艰苦的努力,有时候甚至付出了宝贵的生命,但新闻不受版权保护,[2] 新闻调查本身并不能够使这些新闻获得可版权性的地位。

综上,仅仅是对事实的调查本身不能够使该事实具有可版权性。首先,版权保护的对象是表达,而事实的调查尽管对作品的创作行为有帮助,但仍然处于表达前的阶段,即使在事实调查的过程中有创造性努力的付出,但这种创造性并不是体现于作品的表达之中,并不能够使作品具有可版权性。虽然事实的调查并不能够将事实转化为可版权性的表达,但作者对事实的原创性表达却可以获得版权保护。例如尽管新闻本身并

---

[1] Michelle R. Silverstein, The Copyrightability of Factual Compilations: An Interpretation of Feist Through Cases of Maps and Numbers, 1996 *Ann. Surv. Am. L.* 147, 184 (1996).

[2] International News Serv. v. Associated Press, 248 U. S. 215, 234 (1918).

不具有可版权性，但作者对新闻的独特表达却可以获得版权保护。❶ 其次，对事实的调查仅是对事实的发现，而发现并不受版权保护。假如每个人都可以对事实主张作者权利，他必将成为我们所有人的"超级作者"（the supreme author）。❷ 如果版权赋予第一个发现特定事实的人，将不能实现知识产权法促进艺术和科学进步的目的。❸

四、真相何在：对于推测的版权保护

在客观存在的事实中，有些事实经过调查比较容易被发现和确定，但有些事实虽然客观存在，或者曾经客观存在，但其真实面目并不容易确知。这些并不容易确知的事实往往需要专业人员经过长期的努力才能够逐渐弄清楚。而且客观事实的真实状态有时并没有或者找不到确切的证明材料加以证明，往往只能靠专业人员在相关资料的基础上进行推测。尽管研究人员在推测的过程中可能会花费大量劳动，而且常常会应用到专业技巧与判断，但推测并不一定符合客观事实，有时即使推测符合客观事实也不能得到相关资料的确证。客观存在的事实并不具有可版权性，经过作者推测得知的并不一定符合客观真实的"事实"是否具有可版权性是个值得研究和探讨的问题。归结到事实作品的版权保护，要考察作

---

❶ 合并原则是确定版权客体范围的一项重要的版权法原则。我们在界定版权客体范围的时候，要密切注意这一原则的适用。虽然作者对新闻的独特表达可能受版权保护，但是如果某则新闻的表达方式只有一种或仅有有限的几种，那么这种表达方式不应受版权保护。另外，只有反映作者个性的表达才具备原创性，才能够受版权保护。如果作者如此表述一则新闻："某人于某年某月某日访问了某国"，这种表述是常见的表述，并不包含作者的个性，不能获得版权保护。然而，就同样一则新闻，如果作者如此表述："某国于某年某月某日被某人访问"或者"某年某月某日某国被某人访问"，则其中包含着作者的个性，可能获得版权保护。实际上，版权法上的各项基本原则之间并不是相互排斥的，而是相容和相通的。拿思想表达两分法、合并原则和原创性原则来说，一般而言，不受版权法保护的思想往往不包含作者的个性因素，例如男人和女人这样的基本角色类型；不具有个性因素的东西又不能满足原创性要求；如果特定思想只有一种表达方式或者仅有有限的几种表达方式，这种表达方式具有个性的几率很小，满足原创性要求的可能性也很小。

❷ Melville B. Nimmer, The Subject Matter of Copyright under the Act of 1976, 24 *UCLA L. Rev.* 978, 1016 (1977).

❸ Gerard J. Lewis, Copyright Protection for Purely Factual Compilations under Feist Publications, Inc. v. Rural Telephone Service Co.: How Does Feist Protect Electronic Data Bases of Facts?, 8 *Santa Clara Computer & High Tech. L. J.* 169, 179-80 (1992).

者对客观事实的推测是否能够将客观事实转化为可版权性的表达。对客观事实的推测也被称之为有关该事实的"理论",比如对历史事实的推测常常被称之为"历史理论"。司法实践一般认为即使是有关客观事实的理论,也不具有可版权性。

例如,在哈林案❶中,哈林出版了对兴登堡号飞艇最后的航行及失事原因进行研究的书,认为该飞艇失事是蓄意破坏的结果。同一年,戴尔·蒂特勒(Dale Titler)出版了其小说,其中有一章是在写兴登堡号飞艇的灾难性事件,其承认复制了哈林有关飞艇失事的蓄意破坏理论。哈林并没有起诉戴尔·蒂特勒。大约10年后,穆尼出版了高度文学性的作品《兴登堡号》,同样采取了蓄意破坏理论,穆尼表示其是从Dale Titler的书中得知这一理论。后来穆尼的书被环球影视公司拍摄成电影并于1975年发行,该部电影也采用了蓄意破坏理论。哈林起诉环球影视公司和穆尼,主张版权侵权和普通法的不正当竞争。而法院判决版权保护并不及于历史,不论其是有证据证明的事实还是解释性的假说。因为当历史属于所有人的公共财产,每一代人都可以自由利用对历史的发现和洞察的时候,知识进步的动因被最好地服务。

从版权法的司法实践来看,法院从来没有对历史事实和对历史的解释授予过版权保护。❷ 而是将"事实是公共财产的原则"扩展到包括事实的分析、事实的理论和事实被描述的通常方法。❸

综上,客观事实和理论不受版权保护,不管是有证据加以证明的事实还是解释性的假设。❹ 如果一个作者提出了有关某个事实的理论,只有

---

❶ Hoehling v Universal City Studios, Inc. 618 F. 2d 972 (2d Cir. 1980). (该案案情也可参考本书第一章第二节的相关内容。)

❷ Melville B. Nimmer & David Nimmer, *Nimmer on Copyright*, Matthew & Bender Company, Inc. (2009), § 2.11 [A].

❸ Narell v. Freeman, 10 U.S.P.Q. 2d (BNA) 1596 (9th Cir. 1989); Landsberg v. Scrabble Crossword Game Players, Inc., 736 F. 2d 485 (9th Cir. 1984); Harper & Row Publishers, Inc. v. Nation Enters., 723 F. 2d 195 (2d Cir. 1983), rev'd on other grounds, 471 U.S. 539 (1985); Hoehling v. Universal City Studios, Inc., 618 F. 2d 972 (2d Cir.), cert. denied, 449 U.S. 841 (1980). See Jessica Litman, the Public Domain, 39 *Emory L. J.* 965, note 182 (1990).

❹ Hoehling v. Universal City Studios, Inc. 618 F. 2d 972, 974 (2d Cir. 1980).

将该理论视为一个事实才合理，尽管该理论有可能不是事实真相。❶ 尽管作者对历史真相提出了自己的观点，企图正确地描述事实真相，从而付出了大量劳动，还应用了专业知识，作者对事实的推测并不能够将事实转化为可版权性的表达，作者对事实的推测本身并不具有可版权性。❷

不过，虽然由事实推测所形成的事实作品中的事实不受版权保护，然而并不意味着这种作品的任何要素都不受版权保护。一般而言，作者对事实的原创性表达应当受版权保护。但这种作品受版权保护的范围往往比较有限。例如对历史事件进行推测所形成的事实作品中受保护的要素常常仅是词汇本身的编排和表达，往往只有逐字复制才构成侵权。❸ 因为在这类作品中，首先是事实不受版权保护，不论是有证据加以证明的事实，还是作者依据相关史料所进行的推测。其次是特定历史事件的表达受合并原则与情景原则限制的可能性比较大，因为描述该事件可能不可避免地要用到特定的表达方式。

五、思想表达：对于分类的版权保护

分类是将特定范围内的项目按照一定标准归入某一类别的操作，是对客观世界进行主观认识的过程，是更清晰地认识客观世界的一种重要方法。要进行分类首先要建立分类标准，分类标准的建立要考虑多种因

---

❶ Alan L. Durham, Speaking of the World: Fact, Opinion and the Originality Standard of Copyright, 33 *Ariz. St. L. J.* 791, 824 (2001).

❷ 从思想到表达的转化过程来看，最初的阶段是基本思想或基本主题的提出与确定；随后作者在这些基本思想或基本主题的基础之上不断加深认识，融入自己的个性判断，形成具体性的想法；然后作者将这些具体性想法转化为表达的实质；最后，表达的实质被符号化，转化为表达的形式。当作品的版权保护范围从文字性要素扩张到非文字性要素的时候，不仅作品的字面意义的文字性表达，而且作品的结构、模式、角色互动、角色等都在符合一定条件之下获得版权保护。这些作品中受版权保护的非文字性要素有许多不能直观地予以认识和把握，例如文章的结构、模式、文字角色、角色互动等，而需要读者运用思维去认识和把握。纵然如此，现代版权法仍然将其作为版权保护的对象。在事实作品中，作者对不受版权法保护的客观事实的认识和理解是否可以该当作品中受版权保护的非文字性要素？作者对事实的推测所形成的理论是否类似于文章结构的可版权要素？从思想表达两分原则出发，这种理论应当属于思想的范畴。虽然文章的结构等非文字性要素不能直观地予以把握，但将其划归作者思想的表达是没有问题的。但作者基于对事实的推测所形成的理论却不是版权法意义上的表达，而应属于思想的范畴。

❸ Hoehling v. Universal City Studios, Inc. 618 F. 2d 972, 974, 980 (2d Cir. 1980).

素，在分类标准的建立中作者进行了主观判断。在分类标准确立后，将何种项目归入何种类别也是个主观判断的过程，不同的人有不同的认识。总之，对客观事实进行分类是个主观过程。这种分类的结果是否可以受版权保护是个重要问题。

美国牙科协会案（American Dental Ass'n）案[1]涉及分类（taxonomies）的可版权性问题。在该案中，原告美国牙科协会出版了一本名为《牙科程序和术语准则》（Code on Dental Procedures and Nomenclature）的书，该准则按照类型的不同对牙科程序进行分类，每个程序都被赋予了一个数字代码和一个简单的介绍，例如"04267"代表"guided tissue regeneration - nonresorbable barrier, per site, per tooth (includes membrane removal)"。被告三角牙科计划协会（Delta Dental）出版了"Universal Coding and Nomencalture"一书，该书大量引用了原告准则中的代码系统和简单介绍。原告诉被告侵权。

第七巡回法院认为，事实本身不提供任何对其进行组织的原则。分类是个创造性的劳动。蝴蝶可以按照身体的颜色、翅膀的形状、饮食的习惯或繁殖的习惯等进行分类，每种分类方案都可以用多种方式进行表达。牙科程序可以按照复杂程度、所用工具、牙齿的部位、所用的麻醉剂的不同或任何其他不同的方式进行分类。原告准则的描述并没有同事实合并。可能同时存在多种同样具有原创性的描写相同人的生活传记，多种有关某一领域的知识的分类法。原告准则对每个程序都有个较长的描述，其是可版权作品的一部分，这些原创性的描述使该作品作为一个整体具备可版权性。除此之外，即便是较短的描述和编号也是原创性的作品。

代码"04267"指"guided tissue regeneration - nonresorbable barrier, per site, per tooth"，但也可以表达为"regeneration of tissue, guided by nonresorbable barrier, one site and tooth per entry"或"use of barrier to guide regeneration of tissue, without regard to the number of sites per tooth and whether or not the barrier is resorbable"。原告对描述方式的选择体现

---

[1] American Dental Ass'n v. Delta Dental Plans Ass'n126 F. 3d 977 (7th Cir. 1997).

了原创性，在决定哪种方式更可取的时候花费了心血。分配在描述中的代码可以使3位数或6位数不一定要是5位数，引导组织重生（guided tissue regeneration）可以被置于2500系列而不是4200系列，所有这些选择对一个分类法的作者来说都是具备原创性的，其他作者可以按照其他方式进行分类。原告每个编码都以0开始，例如04266、04267、04268，这些编码也可以以其他数字开始，例如用42660，42670，42680代表与上述以0开始的三个代码所代表的程序相同的程序。所以原告准则代码、简短介绍、长篇介绍这三个组成部分都具有可版权性。

确实，事实本身并不提供任何组织原则，对事实进行分类是人类主观判断过程的产物，但对事实如何进行分类仅是一种思想，分类本身并不能够享有版权保护。可以主张版权保护的对象只能是特定分类的表达。只不过，特定分类的表达的版权保护可能受到诸多版权法原则的限制，其中最为显著的就是合并原则。因为特定分类方法的表达可能只有一种或有限的几种。不过，上述美国牙科协会案的法院在表述合并原则的时候似乎存在疏漏之处，法院认为可能存在多种有关某一领域的知识的分类法，所以合并原则并不适用。实际上，作者在作出某一分类的时候，这个特定的分类本身是版权法意义上的思想，在考察合并原则是否适用的时候，不应当看有关某一领域的知识是否存在多种可能的分类方法，而是看某种特定分类方法的表达是否有多种。

从对事实作品研究的重点出发，考察作者的何种行为能够使客观存在的事实转化为可版权性的表达，分类法的版权保护并不是个困难的问题。因为分类本身只是不受版权保护的思想，在探讨有关分类法的作品的可版权性时，焦点不应集中在"分类方法本身"是否具有可版权性这个问题上，而是"特定分类方法的表达"是否具有可版权性的问题之上。换言之，作者在对客观事实进行分类的时候尽管进行了主观判断，但这种分类本身并不能够将客观存在的事实转化为可版权性的表达。如果作者对分类进行了原创性的表达，他则可以就该表达获得版权保护。另外，在判断有关分类法的作品是否具有可版权性的时候要结合思想表达两分法、原创性原则、合并原则等版权法的基本原理和规则来进行。

六、主观客观：对于评价的版权保护

尽管事实是一种客观存在，但在这些事实之上如果添加了作者的评价因素，可能获得版权保护。❶ 换言之，对事实的评价可以将不具有可版权性的事实转化为可版权性的表达，这一点在事实性汇编作品的场合表现得比较突出。❷ 如果某个事实性汇编作品列举某一领域的全部事实，因为这种作品忠实地反映了客观存在，而并没有表现出作者的个性，因此不具有可版权性；如果作者经过自己的主观判断，对特定领域的事实中进行了评价与选择，这个事实性汇编作品由于表现了作者的个性，从而可以获得版权保护。

例如，在艾克斯（Eckes）案❸中，上诉人出版了棒球卡价格指南，该指南全面列举了 1909～1979 年 70 年间生产的大概 18 000 张不同的棒球卡，对每种卡都提供了现行市场价格信息。上诉人在 18 000 张棒球卡中选出 5 000 张最具价值的卡（premium or star cards），他的棒球指南将 18 000 张卡分为最具价值的卡和普通卡（common cards）两类。被告出版了自己的棒球卡价格指南，他的指南中包含了同上诉人棒球卡指南中

---

❶ 上文指出，对事实作品的可版权性进行分析的时候要分两步走。在分析对事实的评价是否可以成就可版权性表达时亦是如此。对事实的评价本身属于思想，但个性评价却可以使该思想的表达具备个性从而具有可版权性。

❷ 本书对事实作品的分类是为了更好地建构事实作品的版权保护制度，而并不代表分类之间不存在交叉与重合之处。基于选择、协调、编排而形成的事实作品与基于评价而形成的事实作品之间就存在交叉与重合的地方。在事实性汇编作品的创作中，作者对特定事实进行"选择"的时候就有主观"评价"在其中。之所以单独将基于评价而形成的事实作品拿出来进行研究，是为了更深入地研究作者的评价因素的存在是否影响作品可版权性的获得。

❸ Eckes v. Card Prices Update736 F. 2d 859（2d Cir. 1984）.

所列举的最具价值的卡实质上相同的 5 000 张棒球卡。❶ 被告指南中的许多价格和图片同上诉人指南中的相同，这些相同之处还包括原告指南中由于疏忽所出现的错误，例如误拼、缩写使用的不一致和明显的遗漏。❷ 法院认为，信息的选择和编排可以获得版权保护。在本案中，上诉人在从 18 000 张棒球卡中选出 5 000 张最具价值的卡时进行了选择、创造和判断，因此，原告的指南能够获得版权保护。

七、主观创作：对于预测的版权保护

对未来可能会发生的事实所进行的预测具有重大的社会价值，这种预测的过程同样需要大量劳动和专业知识的投入。不同于对历史事实的推测，预测的事实尚未发生，这种事实发挥作用与价值的时点是在将来的事实发生之前。对未来事实的预测可能正确也可能错误，预测者也是要尽可能使自己的预测符合未来的实际情况。

由于在对事实的预测中投入了专业知识和主观判断，加之预测的事实对社会公共利益的影响不及于历史事实，多数法院认为该预测本身可以享有版权保护。例如，CDN 案即详细地阐述了价格预测本身的可版权性。

---

❶ 假设在本案中存在两种不同情形：一是被告棒球卡价格指南不仅复制了原告作品中 5 000 张最有价值的卡，而且在排序方面没有任何变化；二是被告虽然复制了原告作品中 5 000 张最有价值的卡，但在排序方面作了不同处理。在第一种情形中，被告作品侵犯了原告作品的版权是显而易见的。第二种情形是否存在版权侵权关系则有争议。（参见本书第三章第一节的相关内容。）要正确回答这一问题，关键要确定基于原告的评价与选择所形成的表达到底是什么。如果将这种表达解读为作者赋予了特定编排的表达形式，那么被告作品并未侵犯原告作品的版权。如果将原告的表达解读为特定事实性汇编作品中所包含的特定事实所形成的表达形式，不论这种事实以何种方式进行编排，则被告作品侵犯了原告作品的版权。如果采取前一种解读方式，原始汇编作品的作者所受的版权保护相对较少一些；如果采纳后一种解读方式，原始汇编作品的作者则可以受到更为充分的版权保护。在采用后一种解读方法的情况下，如果被告想以不同的顺序排列原告所选择的 5 000 张最有价值的棒球卡，其需要获得原告的许可，因为此时被告作品同原告作品之间实际上是一种基础作品与演绎作品的关系。

❷ 在版权司法实践中，要证明被告作品侵犯了原告作品的版权，须证明被告在创作作品的时候"接触"了原告作品。这个事实并不是很容易被证明。不过，如果原告作品中的错误疏漏之处尤其是原告为了防止版权侵权故意在作品中留下的错误和疏漏同样在被告作品中出现，法院一般会推定被告"接触"了原告作品。

在CDN案[1]中，卡普（Kapes）经营钱币生意。为了回应其收到的有关钱币价格的询问，他开发了"公平市场钱币价格系统"，在其网页上列举了许多钱币的零售价。为了生成他所列举的价格，他用了一种电脑程序在批发价的基础上得出零售价。卡普承认用了被上诉人CDN批发价列表。根据费斯特案，原创性是作品获得版权保护的必要条件，而事实并不具备原创性，因为事实是客观存在的，并不是来源于作者的创作行为。尽管原创性的要求是宪法性的要求，但这一要求仅仅是最低限度的，大多数作品非常容易满足原创性的要求，只要它们拥有一些创造性的火花，哪怕这些"火花"再粗糙、再粗陋、再明显。CDN对价格列表的选择和编排是否具有原创性进而能够获得版权保护并不是该案的焦点。该案的焦点在于CDN的价格本身是否为原创性的汇编作品，是否而能受到版权保护。原创性所需要的创造性的火花在CDN的价格中存在，因为它是运用"创造性的判断"进行"选择"和"权衡"的数据汇编。

CDN首先检索了主要的钱币出版物以获取相关的零售价格信息。然后检查这些数据，仅保留他们认为最为准确和重要的信息。每一级别的钱币价格通过参考该钱币是否被专业服务所评级来决定。CDN还参考了在线出价和询问了经销商的价钱。CDN也考虑了公开拍卖和私人交易的影响，分析了经济政策对钱币价格的影响。CDN既不是从另外一个资源获得这些数据，也不是应用既定的公式或者规则来生成这些价格。CDN的价格是现在的价值还是未来的价值并不重要。重要的是CDN在推算这些价格的时候运用了他们的主观判断，从事实数据中"提取"了有价值的信息，并依据这些信息，"推断"出钱币的价格。这个运作不是"发现"早已存在的历史事实，而是在他们最佳的判断下"创造出"的一个价格，该价格尽可能接近地代表了钱币的价值。如果CDN仅仅是列举了实际交易的历史事实，那么这个指南将会冗长、笨重，而意义不大。经销商面对这样的数据不得不用他们自己的判断和专业知识来评判钱币的价值。CDN所做的就是运用他们自己的判断和专业知识为经销商推算出钱币的价值。包含在CDN所列价格中的运作包含了"充分的判断"和

---

[1] CDN Inc. v. Kapes，197 F. 3d 1256（9th Cir. 1999）。

"原创性"从而使这些价钱具有可版权性。

根据汇编作品版权保护的基本原则，作者对估价数据所作的原创性协调与编排能够获得版权保护是没有疑问的。不过，估价数据本身是否能够获得版权保护则不无疑问。在解决这一问题的时候，需要厘清估价数据到底是思想还是表达、是否具备原则性、对其赋予版权保护是否会对社会公共利益造成不利影响等问题。有学者基于对上述要素的分析，得出估价数据应受版权保护的结论。[1]（1）估价数据并不是不具备可版权性的已存事实的发现，而是值得版权保护的完全新的创造。估价数据往往反映了作者的预测和观点，是来源于作者的；如果作者不运用自己的判断和技巧开发出自己的估价，他人不能够发现和记录这些数据；如果不是作者观点的阐明，估价是不会也不可能存在的。（2）作者在作出估价和预测的时候往往运用了专业判断和专业知识，这个过程将会表现出充分的原创性水平。（3）禁止他人对预测的抄袭也不会带来很大的消极后果，后来者可以独立作出这些预测，这种独立的预测并不像经过独立调整重新制作汇编作品那样麻烦，也不会导致社会成本的增加。

对事实的预测的可版权性分析似乎同前述对事实的推测、分类等的分析不同，前文集中在作品的表达之上，而此处却集中于作者对事实的预测本身上。这种分析似乎并不符合思想表达两分原则。不过这种分析也可以从思想表达两分原则得到解释。要正确适用思想表达两分原则，首先要正确确定"思想"。在对事实的预测中，如果将"思想"界定为"对某种事实进行预测"，预测本身所形成的表达的个性容易证明。不过，如果将"思想"界定为"对某种事实进行预测的结果"，预测本身所形成的表达则可能受合并原则限制而不受保护。于是，思想表达两分原则似乎变成一种文字游戏。不过，如果将对事实的预测结果本身界定为思想，尽管其不受版权法保护，但预测者可以依据反不正当竞争法获得一定程度的保护。事实上，版权保护不同于专利权保护，并不需要客体具备新颖性。即使将"思想"界定为"对某某事实进行预测"，当预测本身具备

---

[1] Michelle R. Silverstein，The Copyrightability of Factual Compilations：An Interpretation of Feist through Cases of Maps and Numbers，1996 *Ann. Surv. Am. L.* 147，208-16（1996）.

个性而受版权保护时，他人也可以独立进行预测，只要预测并不是抄袭原作者所作预测的结果，即使两者完全相同或实质性相似，也不构成版权侵权。这种版权保护对他人创作的影响并不是很大。而且预测往往具有时间性，一个预测的价值很快就会消失，对预测本身赋予版权保护所可能带来的负面影响也会不存在。另外，气象局对天气的预测、地震局对地震的预测都是国家财政资助的产物，应该像法律一样被自由传播，这些预测上不应存在版权。

八、结　语

事实作品承载了巨大的公共利益，对事实作品的版权保护不能够阻碍公共利益的实现，纯粹性事实并不受版权保护。在对事实作品进行版权保护的时候，平衡公益和私益的难点还是区分思想与表达。如果仅从思想表达两分的角度出发来考察事实作品的保护界限，似乎比较困难。因此，事实作品的版权保护范围应当综合各项版权法原则和制度进行分析，基于思想表达两分法，结合合并原则，确定作品中受保护的要素；在确定可版权性的内容之后，按照版权侵权的一般原则，确定侵权是否存在；当侵权存在时，应判定合理使用原则是否适用。

再者，由于事实作品的版权保护并不延伸到作品中包含的客观事实，它的版权保护是比较弱的，这种比较弱的保护可能会导致创作激励不足的问题。但事实作品的保护路径不限于版权法。例如，事实作品的创作人也可以依照反不正当竞争法对其寻求一定的法律救济。

第四节　表达量的因素对客体可版权性的影响
——以标题为中心

一般而言，版权法保护的是具有个性的作品，往往只有充分表达的作品才能够显示出作者的个性，而充分表达的作品常常具有一定的篇幅，也即表达具有一定的量。标题是作者的创作成果，是作品的有机组成部分，其可能成为版权法的保护对象。然而，标题往往是由少数词语甚至一个字构成，常常非常简短，很可能就是惯用的词汇，这使得标题在知识产权法上的地位显得比较特殊。基于标题的特殊属性，商标法和反不正当竞争法对标题的保护可能发挥一定作用。综观标题保护的相关立法例，可以看出标题的法律保护制度具有一定程度的一致性，即如果标题能够满足原创性要件，可以获得版权保护；标题具有一定的识别功能，可能受到商标法的保护；同时，如果被告对原告标题的使用可能造成公众混淆，标题还可以受到反不正当竞争法的保护。

一、标题的版权保护：简短作品也可能具备原创性

既然标题也是作者的创作成果，那么其在一定条件之下则具有受版权保护的可能性。实际上，诸多立法例已经确认了标题受版权保护的可能性，只不过对标题可版权性要件的表述并不一致。[1] 例如，《法国知识产权法典》第 L.112-4 条规定："智力作品的标题具有创造性时，同作品本身一样受到保护。"[2] 在我国澳门地区法律中，独创性的书名、文章标题可以受到著作权法的保护，但属于统称、惯称或固定名称的书名等则因缺乏独创性而不在著作权法的保护范围之内。[3] 加拿大版权法对作品标题的保护规定得比较详细。加拿大有关作品的定义首先出现在 1931 年的版权法之中，该定义表明任何作品的标题在具备原创性（original）和

---

[1] 权威的版权法专家 Nimmer 教授认为，在美国，不论是依照普通法原则，还是依据制定法的规定，标题均不能够获得版权保护。参见 Melville B. Nimmer & David Nimmer, *Nimmer on Copyright*, Matthew Bender & Company, Inc. (2009), §2.16. 即便如此，理论界还有支持赋予标题以版权保护的观点，司法实践中也存在这样的做法。例如，有法院认为当标题具备任意性（arbitrary），想象性（fictitious），幻想性（fanciful），虚构性（artificial）或技艺性（technical）的时候，可以受版权保护。

[2] 黄晖译，郑成思审校，《法国知识产权法典（法律部分）》，商务印书馆 1999 年版，第 6 页。

[3] 吴汉东等：《中国区域著作权制度比较研究》，中国政法大学出版社 1998 年版，第 76 页。

可区别性（distinctive）的时候就可以获得版权保护。❶弗拉门德（Flamand）案❷运用了上述要件对标题的版权保护作出了判定。一般而言，所谓原创性的标题指的是来源于作者并且表现出个性的标题。如果特定标题是从他人之处抄袭得来的，则该标题不具备原创性；如果某标题仅是描述某部作品的基本主题，则该标题不具备原创性。例如标题"Break the Bank""The New Ganadian Bird Book""Flowers of Love，Flowers of Friendship""Medecine of Today"和"This Hour Has Sixty Minutes"等都不具备原创性，而"This Hour Has Seven Days"却具备原创性。❸又如标题"父亲""母亲"不具备原创性，而标题"生命中不能承受之重""生命中不能承受之轻"却具备原创性。在加拿大，标题的可版权性要件除了原则性之外，还包括可区别性，受版权保护的标题必须具备一定的特殊性以区别于其他标题。❹综上，在法国只有具有创造性的标题才能够获得版权保护，我国澳门地区标题可版权性的条件是独创性，加拿大版权法中标题可版权性的要件是原创性和可区别性。

不论标题可版权性的规则存在何种区别，一定范围内的标题确定是被排除在版权保护范围之外的，它们一般包括普通的、惯用的、没有表现出作者个性特征的或者处于公共领域的标题。简短标题往往不具备原创性，因为简短标题往往是处于公共领域的词汇或短语，并不是由作者所创作的作品，不是来源于作者的个性表达，不是版权法意义下的作品。再者，往往难以将简短标题的思想同思想的表达区分开来，合并理论的适用往往会否定这种标题的版权保护。❺

虽然标题是作品的重要组成部分，但作品的版权保护往往并不能保

---

❶ Normand Tamaro，*The 2007 Annotated Copyright Act*（*Statutes of Canada Annotated*），Thomson Canada Limited（2007），p. 175.

❷ Flamand v. Société Radio-Canada（1967）. 53 C. P. R. 217（Que. S. C.）.

❸ Normand Tamaro，*The 2007 Annotated Copyright Act*（*Statutes of Ganada Annotated*），Thomson Ganada Limited.（2007）. pp. 179-180.

❹ Normand Tamaro，*The 2007 Annotated Copyright Act*（*Statutes of Ganada a Annotated*），Thomson Ganada Limiteel.（2007）. p. 179.

❺ Russ VerSteeg, Sparks in the Tinderbox：Feist, "Creativity," and the Legislative History of the 1976 Copyright Act，56 *U. Pitt. L. Rev.* 549，568（1995）.

证对标题的保护。[1] 因为原告如要主张被告作品侵犯了其作品的版权，须证明被告作品同其作品之间存在实质性相似。然而，如果被告作品的内容同原告作品的内容并不相同或者不构成实质性相似，两作品的相同之处或实质性相似之处仅在于作品的标题，很难谓被告作品同原告作品存在实质性相似。因此，如果不承认标题的版权客体地位，很难在被告作品仅仅复制原告作品标题的情况之下维护原告的正当权益。作品标题是否受版权保护仍然要看标题本身是否满足可版权性要件。

二、标题的商标权保护：标题也可能成为区分商品来源的符号

标题是作者的创作成果，可能在满足一定条件之下受到版权法保护；同时，标题具有一定的识别功能，同商标具有一定的相似属性。正如版权法专家德利娅·利普希克所说的那样，"标题是其所指作品的一个重要组成部分。它使作品具有个性特色，并能追忆或提示作品内容，同时还有一种鉴别能力，它可避免同其他作品混淆，还可在作品和作品已获得的成功以及作者之间建立起联系"。[2] 不过，并非任何具有识别功能的标志都可以成为商标法的保护对象，标题同一般的识别商品与服务来源的标志相比具有自己的特殊性，其在商标法上的地位值得探讨。美国有关标题商标权保护的制度相对比较成熟，值得参考和借鉴。从美国有关标题保护的司法实践来看，单个作品的标题不受商标法保护，丛书的标题在满足一定条件之下则可以受到商标法保护。

（一）标题商标权保护的起源

在美国，标题的商标法地位根源于库珀（Cooper）案的判决。[3] 库珀案[4]确认了专利商标局的决定，即一本书的标题不能够获得注册商标的地位，文学作品的作者对描述或识别该作品的标题并不享有所有权。（1）标题仅仅是在要求获得（call for）商品的时候必须使用的描述性术语。商

---

[1] Duff v. The Kansas City Star Co., 299 F. 2d 320, 323 (8th Cir. 1962).

[2] [西] 德利娅·利普希克：《著作权与邻接权》，中国对外翻译出版公司、联合国教科文组织 2000 年版，第 86 页。

[3] Brooke J. Egan, Lanham Act Protection for Artistic Expression: Literary Titles and the Pursuit of Secondary Meaning. 75 *Tul. L. Rev.* 1777, 1792 (2001).

[4] In re Cooper, 254 F. 2d 611, 613–16 (C. C. P. A. 1958).

标申请人的标题"TEENYBIG"尽管是随意的，但因为其是商品的名字，不能够将一个人的商品同他人的商品区别开来，仍然是描述性的。单个作品的标题，不论多么随意、新颖，即使并非对书的内容的描述，该标题可能仍然是描述这本书的。（2）单个作品的标题是识别特定的作品，而不是在公众心目中将特定种类的出版物同出版商、印刷商或销售商联系在一起。消费者仅是用标题来识别一本特定的书，而不是以此为基础购买某类书。相反，丛书的名字之所以可以作为商标，是因为该名字表明丛书中的每一本书都同丛书中的其他书一样来自于相同的来源。丛书的名字并不是对任何一本书的描述，每本书都有其单独的名字或标题。尽管公众可能将丛书的名字同每本书的一般内容联系起来，但丛书的名字并不是包含于书中的任何事物的名字或标题，而是表明丛书是来自于相同的来源。（3）版权是有期限限制的，而商标的保护期限在理论上是无限的。复制一个处于公共领域的作品的权利必须必要地包括通过既定的名字来指称这个复制品的权利，从而赋予单个作品的标题以商标权保护将危害对处于公共领域的复制品的有效命名。因此，单个作品的标题不具有可商标性。

（二）单个作品的标题的商标法地位

在库珀案的判决作出之后，单个作品的标题不能够获得商标权保护成为一种普遍的法律实践。[1]（1）商标审判和上诉委员会（Trademark Trial and Appeal Board，简称TTAB）一贯地引用库珀案的判决来否定标题的可商标性。[2]（2）美国专利商标局也不断拒绝对单个作品的标题进行商标登记。[3]（3）库珀案之后的法院也一般遵循该案的判决精神。例如，卡珀案[4]认为单个作品的标题不能够成为商标，因为书的标题同书的来源并没有联系。该案的争议之点在于在单个作品的出版及时发展成一系列

---

[1] Brooke J. Egan, Lanham Act Protection for Artistic Expression: Literary Titles and the Pursuit of Secondary Meaning. 75 *Tul. L. Rev.* 1777, 1794 (2001).

[2] Brooke J. Egan, Lanham Act Protection for Artistic Expression: Literary Titles and the Pursuit of Secondary Meaning. 75 *Tul. L. Rev.* 1777, 1793 (2001).

[3] *Practitioner's Trademark Manual of Examining Procedure.* James Hawes & Amanda Dwight eds., 3d ed., West 2004. § 1202.08

[4] Herbko Intl., Inc. v. Kappa Books, Inc. 308 F. 3d. 1156 (Fed. Cir. 2002).

丛书的情况之下，该单个作品的标题是否可以获得商标权保护。1993年，卡珀出版了有关纵横拼字迷游戏的丛书的第一本，名为 *Crossword Companion*。一年之后，哈博客将"Crossword Companion"申请注册为一种手拿的纵横字迷游戏工具的商标，主张第一次使用的时间是 1994 年 9 月。1995 年，卡珀出版了第二本名为 *Crossword Companion* 的书。1997 年，卡珀主张其第一个使用该标志，并且哈博客的使用可能造成混淆，申请撤销哈博客的商标。TTAB 认为如果丛书的第二卷在合理的时间出版的话，丛书标题中的财产权应回溯到丛书的开始。法院并不认同 TTAB 的观点，法院认为单个作品的标题并不能作为作品来源的识别标志。即使丛书的第二卷及时出版，如果公众并没有将丛书的标题同丛书的来源联系在一起的话，则丛书的标题不能够被授予商标权。尽管丛书的销售从卡珀在 1993 年出版第一本书时开始，但 1993 年的销售仅同第一卷相关，并不足以在公众心目中建立书的标题同出版商之间的必要联系。因此，原告的标题不能够获得商标法的保护。

在商标法之上，仅仅是描述性的标志不能够注册为商标，否则可能造成不合理的垄断。司法实践拒绝对单个作品的标题赋予商标保护的重要原因之一是其仅是描述性的。这种"描述性"表现为单个作品的标题仅仅是描述书的内容或者书中的角色，消费者并没有将单个作品的标题同书的来源联系在一起。[1] 除此之外，标题还是普通的（generic），这种普通性使其即使获得了可区别性（distinctiveness）也不能受商标法保护。[2] 确实，商标的功能在于识别某类商品或服务的来源，表明该类商品或服务都是由同一来源供应的。一本书的标题并不能构成传统意义上的商标，因为从该书的标题之中看不出该书同书的来源之间的联系。不过，单个作品的标题也可能获得第二含义，即消费者将作品标题同该作品的创作来源联系在一起。有案例认为单个作品的标题在获得第二含义的时

---

[1] J. Thomas McCarthy, *McCarthy on Trademarks and Unfair Competition*（vol.2, 4thed），Thomson/West (2006), §10：4.

[2] In re Cooper, 254 F. 2d at 614-15.

候可以受到商标法保护。❶

对单个作品的标题赋予商标权保护的顾虑还在于这种保护有可能同版权法的目的相违背。为了维护激励创作和促进公益之间的平衡,作品的版权保护受到期限限制。但如果单个作品的标题受商标法保护,限制版权作品的保护期限的政策将会被破坏。因为商标权的保护期限理论上是无限的,当作品的版权期限届满后,如果该作品的标题仍然受商标法保护,社会公众将不能用该标题发布已经进入公共领域的作品,而应用不同标题发布给定作品将严重阻碍作品的公共发行,❷ 社会公共利益将受到极大破坏。总之,授予单个作品的标题以商标保护可能对作品的内容赋予永久的保护。❸ 因此,不应当对单个作品的标题赋予商标法保护,复制一个进入公共领域的作品的权利应当包含通过作品的名字来称呼该作品的权利,❹ 当一个受版权保护的作品到期之后,描述作品的标题也应进入公共领域。❺

诚然,拒绝对单个作品的标题赋予商标权保护照顾到了版权法目的的实现,但这有可能破坏商标法目的的实现。因为,拒绝对单个作品的标题进行商标注册实际上促进了其他作者反复使用或者故意使用已经进入公共领域的作品的标题,可能造成消费者混淆,❻ 而商标法的目的之一就是避免消费者混淆,保护消费者的合法利益。然而,消费者识别一本书的情形并不等同于识别一个商品,消费者对一个商品的识别可能只能够依靠商标来进行;而其在识别一本书的时候则不仅会看书的标题,而且往往会关注书的作者、内容、风格等要素,综合判断特定的书是否为自己所需要。因此,在避免消费者混淆方面,书这种特殊商品的利益需

---

❶ Twin Peaks Prods. , Inc. v. Pubs. Intl. , Ltd. , 996 F. 2d 1366, 1379 n. 4 (2d Cir. 1993).

❷ Melville B. Nimmer & David Nimmer, *Nimmer on Copyright*, Matthew & Bender Company, Inc. (2009), §2.16.

❸ In re Cooper, 254 F. 2d at 619.

❹ In re Cooper, 254 F. 2d at 616.

❺ In re Cooper, 254 F. 2d at 616.

❻ James E. Happer, Single Literary Ttitles and Federal Trademark Protection: The Anomaly between the USPTO and Case Law Precedents. 45 *Idea* 77, 93 (2004).

求要低于其他类型商品的利益需求。所以，在对商标法和版权法所保护的利益进行衡量的时候，版权法的利益应当优先。虽然拒绝对单个作品的标题赋予商标权保护可能会在有些情况下造成公众混淆，但这种混淆的可能性极小，且造成的损害也没有对一般商品的混淆所造成的损害那么大，而对单个作品的标题赋予商标权保护则可能使版权法的目的不能够实现。总之，不应当对单个作品的标题赋予商标权保护。

（三）丛书标题的商标法地位

相对于单个作品的标题而言，丛书的标题已经被确认可以受商标权保护，因为其担当作为一个产品的丛书的标志的角色。[1] 丛书的标题具有商标功能，标志着丛书中的每一本书都像其他书一样来自相同来源。[2] 不过，丛书标题也需要满足可商标性要件才能够受商标法保护。例如，当丛书的标题仅仅是丛书中的角色或事件的表征（representation）的时候，该标题不可以受商标法保护。[3] 丛书标题的商标法地位在一些案例中得到阐述。在斯哥拉斯蒂克（Ⅰ）(In re Scholastic, Inc. (Scholastic I))案[4]中，斯哥拉斯蒂克就一系列有关"the Littles"一家人的儿童书籍申请注册商标。每一本书的标题都包含"the Littles"这个名字。斯哥拉斯蒂克主张"the Littles"是整个丛书的标志。TTAB不同意这种主张，认为"the Littles"不可注册为以教育为导向的儿童丛书的商标，因为"the Littles"仅仅是每本书的角色的识别标志，其并不被视为丛书的商标。尽管如此，用于识别丛书来源的任意名称可以注册为商标。另外，斯哥拉斯蒂克（Ⅱ）案[5]涉及"The Magic School Bus"是否可以作为儿童丛书的商标受保护的问题。经过参考各种证据，TTAB认为"The Magic School

---

[1] Brooke J. Egan, Lanham Act Protection for Artisticxpression: Literary Titles and the Pursuit of Secondary Meaning. 75 *Tul. L. Rev.* 1777, 1790 (2001).

[2] In re Cooper, 254 F. 2d 611, 615 (C. C. P. A. 1958).

[3] 223 U. S. P. Q. (BNA) 431 (Pat. Off. Trademark Tr. App. Bd. 1984). See Brooke J. Egan, Lanham Act Protection for Artistic Expression: Literary Titles and the Pursuit of Secondary Meaning. 75 *Tul. L. Rev.* 1777, 1792 (2001).

[4] In re Scholastic, Inc. 223 U. S. P. Q. (BNA) 431 (Pat. Off. Trademark Tr. App. Bd. 1984).

[5] In re Scholastic, Inc. 23 U. S. P. Q. 2d (BNA) 1774, 1775 (Pat. Off. Trademark Tr. App. Bd. 1992).

Bus"造成了独立于标题的商业印象（commercial impression）。"The Magic School Bus"对消费者来说已经获得了儿童书籍来源的意义，而不仅仅是作为单个书的标题，可以获得商标地位。丛书的标题可以作为商标受保护是因为通过该标题可以识别由商标申请人创作的过去、现在和未来的丛书的组成部分。

三、标题的反不正当竞争法保护：对标题的使用可能构成不正当竞争行为

现代知识产权法是个立体的有机系统，知识产权制度内各个部门法之间存在有机联系，一项法益客体可能受到多种知识产权部门法的保护，这种有机整体性也适应现代无形财产权体系不断膨胀和知识产权法激励创作与保护公益之间的平衡日益微妙的发展趋势。不论标题在版权法和商标法上的地位如何，竞争者对标题的使用都有可能构成不正当竞争行为，这种行为不仅给标题的创作者带来损害，而且可能给消费者带来不利，此时反不正当竞争法在标题的保护方面可能会发挥一定的规制作用。

书是一种特殊的商品，其在商业市场中进行销售就像任何其他种类的商品一样，消费者有被欺骗的危险。[1] 而书的购买者也享有就产品的来源不受误导的权利。[2] 为了抑制对标题的不正当使用可能导致的不公平结果，反不正当竞争法应当在标题的使用上发挥一定的规范功能。各种有关标题保护的立法例一般都对标题赋予反不正当竞争法的保护。例如，在美国，如果单个作品的标题具有第二含义并且可能造成消费者混淆，可以受到《Lanham 法》第 43（a）条所规定的反不正当竞争法的保护。[3] 有学者认为，标题本身的特殊属性决定其很难受到版权法和商标法的保护，因此，一般来讲，标题只有在反不正当竞争理论下才能受到保护。[4]

标题受反不正当竞争法保护的构成要件有二：第二含义和混淆的可

---

[1] Rogers v. Grimaldi, 875 F. 2d 994, 997 (2d Cir. 1989).
[2] Rogers v. Grimaldi, 875 F. 2d 994, 997–98 (2d Cir. 1989).
[3] In re Cooper, 254 F. 2d 611, 616–17 (C. C. P. A. 1958).
[4] Melville B. Nimmer & David Nimmer, *Nimmer on Copyright*, Matthew & Bender Company, Inc. (2009), § 2.16.

能性。❶ 申言之，如果标题因为在"公众"心目中获得第二含义而具有显著性，并且未经授权对其的使用可能使消费者对作品的来源造成混淆，该标题可以获得反不正当竞争法的保护。❷（1）在标题的第二含义的取得条件中，"公众"是个重要的概念和标准，其不是所有人，也不是指大多数人和某个地方的许多人，而是指"同少数人相对的如此多的人"。❸（2）只有同单一来源联系在一起的标题，才可能获得第二含义；同多种来源联系在一起的标题则不能获得。❹（3）如果有证据表明作品的标题本身作为消费者识别这个商品来源的指示，即该标题充分的知名以至于消费者将其同特定作者的作品联系在一起，那么其获得第二含义。❺ 标题获得第二含义的证据包括广告投入、销售的成功、剽窃标题的企图和标题使用的时间等。❻ 例如，有些案例认为，为了获得第二含义，被用作标题的单词或者短语必须被长时间和排他性地使用来指代其作品。❼ 在一些案例中，标题使用时间的长期性具有说服力，但到底需要多长时间并没有固定的规则。❽ 另外，单个作品标题第二含义的建立并不是绝对的，如果没有保持可能会失去。❾ 总之，一旦作品的标题获得第二含义，作者可以依据反不正当竞争原则阻止他人以不公平的方式使用相同的或者实质性相似的标题。❿

---

❶ Kirkland v. National Broadcasting Co., Inc. United States District Court, Eastern District of Pennsylvania, 1976. 425 F. Supp. 1111.

❷ Brooke J. Egan, Lanham Act Protection for Artistic Expression: Literary Titles and the Pursuit of Secondary Meaning. 75 *Tul. L. Rev.* 1777, 1778 (2001).

❸ Mary Pickford Co. v. Bayly Bros., Inc., 12 Cal. 2d 501, 514, 86 P. 2d 102, 108.

❹ Gruner + Jahr USA Publ'g v. Meredith Corp., 991 F. 2d 1072, 1076 (2d Cir. 1993).

❺ Rogers v. Grimaldi, 875 F. 2d 994, 998 (2d Cir. 1989).

❻ Thompson Med. Co. v. Pfizer, Inc., 753 F. 2d 208, 217 (2d Cir. 1985).

❼ G. & C. Meriam Co. v. Salfield, 6 Cir., 198 F. 369, 373.

❽ Nims, *Unfair Competition and Trade Marks* [4th Ed. 1947], vol. 1, sec. 38a P. 162. See Melville B. Nimmer etc, *Cases and Materials on Copyright and Other Aspects of Entertainment Litigation Including Unfair Competition, Defamation, Privacy Illustrated*, Lexis Publishing (2000). p. 659.

❾ Kirkland v. Nat'l Broad. Co., 425 F. Supp. 1111, 1115 (E. D. Pa. 1976).

❿ Brooke J. Egan, Lanham Act Protection for Artistic Expression: Literary Titles and the Pursuit of Secondary Meaning. 75 *Tul. L. Rev.* 1777, 1796 (2001).

杰克逊（Jackson）案❶探讨了标题第二含义的获得条件。在该案中杰克逊是一个名为"Slightly Scandalous"的戏剧的作者。该戏剧在洛杉矶排演、在费城制作，在纽约公开宣传表演的时间。一个新闻机构被雇佣来对该戏剧进行宣传，在排演后的两个月里，大概40个有关该戏剧的故事被制作，被传播到550个大城市和郊区的报纸。环球国际影视公司（Universal）用同一个标题制作了一个动画片。杰克逊诉环球国际影视公司未经授权使用其戏剧的标题，要求损害赔偿。杰克逊并没有将其诉讼请求建立在环球国际影视公司的动画片同其戏剧的任何相似性之上，而是将诉讼主张完全建立在对戏剧标题的使用之上。如果杰克逊要获得损害赔偿，其必须证明他的戏剧标题获得了第二含义。爱德蒙（Edmonds）法官认为，如果一个标题被一个作者或者制作者运用，此种运用达到了使公众将该标题同其产品、书籍或者戏剧联系起来的程度，那么这个标题就获得了第二含义。在该案中，有充分的证据证明"Slightly Scandalous"已经获得了第二含义。杰克逊的戏剧在美国三个最大的城市中被宣传，该剧的排演和制作都在好莱坞和纽约的动画片杂志中作了大力宣传，尽管只有3 750个人观看了该戏剧的表演，虽然观看了广告的人的数量并不确定，但从法律上讲，主张这些观看了戏剧的人和观看了广告的人不够充分的数量建立第二含义是站不住脚的。因为，公众的确切规模对确定损害赔偿的数量具有重要意义，但其不能够决定一个标题是否取得第二含义。另外，流行并不是标题获得第二含义的要件，因为声名狼藉和反面的讨论也可能带来将标题和戏剧联系起来的广泛认可。同理，即使对一个并不流行的戏剧的广告宣传也可能使公众将其作为"百老汇制作"（Broadway production）的产物而对其加以认知。虽然被告Universal主张，标题要获得第二含义，该标题应该和戏剧的作者相联系而非与该戏剧相联系。但爱德蒙法官认为，该论断是不合实际的，是同权威案例的观点相左的。因为事实上，在了解某部戏剧的人中只有很小比例的人能够记得或者识别作者的名字。通常，广告宣传集中在标题和演员，而

---

❶ Jackson v. Universal International Pictures，Supreme Court of California，1950. 36 Cal. 2d 116，222 P. 2d 433.

不是戏剧的作者上。公众对标题和戏剧非常熟悉,但并不知道戏剧作者的名字,如果认为因此该标题不能获得第二含义,是不合逻辑的。

四、结　语

版权法、商标法和反不正当竞争法共同构成了标题保护的立体系统。我国可以按照以下基本思路来建构标题的知识产权保护制度:如果标题充分显示了作者的个性,并且不是普通的、惯用的词汇,则可以在一定程度上获得版权保护;即便单个作品的标题不能够获得商标权保护,但丛书的标题在满足可商标性要件的时候可以获得商标法的保护;当标题获得第二含义,并且被告对标题的使用可能造成公众混淆时,标题可以受到反不正当竞争法的保护。

第五节　传统文化因素对客体可版权性的影响
——以民间文学艺术作品为中心

现代版权法一般以个体作者创作的作品为对象,而有不少作品受到传统文化因素的影响,表现出不同于普通作品的特性。这些特性的存在可能会影响到作品可版权性的获得。受传统文化因素影响的典型作品形式就是民间文学艺术作品。❶

民间文学艺术作品不仅在传统文化社区的自身发展中扮演了重要角色,而且成为商业开发的"宠物"。由于传统文化社区往往经济并不发达,民间文学艺术作品的开发人往往是传统文化社区之外的人,传统文化社区的人民创造了民间文学艺术作品,却往往不能够从民间文学艺术作品的开发中获取一定利益。民间文学艺术作品的创作者和利用者之间

---

❶ 在版权学界,经常同民间文学艺术作品联系在一起使用的术语还有民间文学、民间文学艺术、民间文学艺术表达。上述四个概念所指实际上具有同一性。本书除非有特别需要,在全书中统一使用民间文学艺术作品这一概念。

出现分离，并且在利益上出现矛盾，成为对立的双方。再者，传统文化社区往往又处于发展中国家之中，因此，民间文学艺术作品保护的呼声在发展中国家中更高，而发达国家对民间文学艺术作品的保护特别是国际保护往往持消极态度，尽管诸如美国、澳大利亚等发达国家之中也存在不少传统文化社区。因此，在民间文学艺术作品的保护尤其是国际保护上，发展中国家和发达国家之间出现分离，出现利益上的矛盾，似乎民间文学艺术作品的保护又成为南北矛盾。

一、集体创作：民间文学艺术作品的内涵

民间文学艺术作品不仅关乎传统文化社区人民的文化利益和经济利益，而且关乎整个人类的发展，因为同生物多样性一样，文化多样性也是人类社会发展的关键要素。虽然有关民间文学艺术作品的保护在国际社会中并没有达成一致意见，但许多发展中国家（特别是非洲的发展中国家）已经制定了有关民间文学艺术作品保护的法律，即使在没有制定民间文学艺术作品保护特别法的国家中，民间文学艺术作品的保护也日益成为关注与争论的焦点。❶

现行的民间文学艺术版权法制度对民间文学艺术作品的界定大同小异。加纳的立法将民间文学艺术作品界定为所有属于加纳的文化遗产的文学、艺术和科学作品，这些文化遗产由加纳的种群或未经确认的加纳作者所创作、保存和发展。❷ 刚果的法律将民间文学艺术作品界定为所有在刚果的国家领土之上由推定为刚果国民的人或者刚果的种群所创作的文学和艺术作品，这些作品代代相传，构成国家传统文化遗产的基本要素。❸ 布隆迪的法律将民间文学艺术作品界定为在布隆迪的领土上推定是布隆迪的国民所创作的所有文学和艺术作品，这些作品代代相传，构成

---

❶ 据统计，在版权法中明文规定保护民间文学艺术作品的国家主要有非洲国家，亚洲和南美洲也有一些。例如突尼斯、中国、玻利维亚等国。参见管育鹰：《知识产权视野中的民间文艺保护》，法律出版社 2006 年版，第 75 页。

❷ Copyright Law (Ghana) 53 (Mar. 21, 1985).

❸ Law on Copyright and Neighboring Rights (Congo) art. 15 (July 7, 1982).

传统文化遗产的基本要素。❶ 马里的法律将民间文学艺术作品界定为任何在借鉴马里共和国国家遗产的要素的基础之上创作的作品。❷ 在喀麦隆的法律中,民间文学艺术作品被界定为所有由各种群体创作和代代相传的文学、艺术和科学作品。❸ 中非共和国的法律将民间文学艺术作品界定为所有由民族群体创作的、代代相传、构成传统文化遗产基本要素之一的文学和艺术创作。❹ 塞内加尔的法律将民间文学艺术作品界定为所有推定是塞内加尔的国民所创作的、代代相传、构成塞内加尔传统文化遗产基本要素之一的文学和艺术作品。❺

学界有观点从内涵上对民间文学艺术作品进行界定,有观点从外延上对其进行界定。前者如民间文学艺术作品指的是以群体为导向的(group-oriented)和以传统为基础的(tradition-based)反映特定社区的特定期待的作为其文化和社会身份的充分表达的群体或个人的创作。❻ 后者如美国传统辞典(The American Heritage Dictionary)将民间文学艺术作品界定为口头传播的传统信仰、神话、故事和实践。❼ 民间文学艺术作品包括诗歌、谜语、歌曲、器乐、舞蹈、戏剧、素描、绘画、雕刻、雕塑、陶器、赤木陶器、镶嵌工艺、木工手艺、金属器皿、珠宝、手工艺、服装和土著织物领域的艺术产物。❽ 中国的传统民间文学艺术作品包括但不限于神话、谚语、音乐、舞蹈、传统戏剧、各种形式的民族艺术、风

---

❶ Decree-Law Regulating the Rights of Authors and Intellectual Property (Burundi) art. 4 (May 4, 1978).

❷ Ordinance Concerning Literary and Artistic Property (Mali) art. 8 (July 1, 1977).

❸ Law No. 82-18 to Regulate Copyright (Cameroon) 4 (viii) (Nov. 26, 1982).

❹ Ordinance No. 85-002 on Copyright (Central African Republic) art. 9 (Jan. 5, 1985).

❺ Law on the Protection of Copyright (Senegal) art. 9 (Dec. 4, 1973).

❻ Deming Liu, Can Copyright Lend Its Cinderellaic Magic to Chinese Folklore? 5 *J. Marshall Rev. Intell. Prop. L.* 203, 204-205 (2006).

❼ http://www.bartleby.com/cgi-bin/texis/webinator/ahdsearch?search_type=enty&query=folklore&db=ahd, 2008年1月12日访问。

❽ Paul Kuruk, Protecting Folklore under Modern Intellectual Property Regimes: A Reappraisal of the Tensions between Individual and Communal Rights in Africa and the United States. 48 *Am. U. L. Rev.* 769, 779 (1999).

俗、具有地方风格的住宅、服装和个人装饰品、家务器具和民族体育。❶中国的京剧、剪纸、皮影戏等都可以被界定为民间文学艺术作品。

虽然上述对民间文学艺术作品的界定在文字表述上有所差异，但基本含义一致。从民间文学艺术作品的界定可以看出，民间文学艺术作品有以下特征：集体性、传承性、变异性、口头性等。❷ 所谓集体性，指的是民间文学艺术作品往往是由群体创作的，常常没有可以被确认的个体作者；所谓传承性，指的是民间文学艺术作品一般是代代相传的，但同时又有一系列相对稳定的因素；所谓变异性，指的是民间文学艺术作品的表达形式经常在传播和传承的过程中发生变化；所谓口头性，指的是民间文学艺术作品往往是口头传播的，并没有固定在有形表现载体上。

经常同民间文学艺术作品联系起来使用的还有传统知识，但传统知识的范围要宽于民间文学艺术作品。传统知识包括传统社会人民的所有文化遗产，不仅包括文学艺术方面的表达，还包括工艺知识。❸

总之，民间文学艺术作品指的是传统社区创作的所有文学和艺术作品。民间文学艺术作品也是人类文化的组成部分，没有所谓文化优劣之分。❹

二、利益衡量：民间文学艺术作品保护的必要性

（一）民间文学艺术作品法律保护的利益诉求

民间文学艺术作品可能是土著社区历史发展的记录，宗教实践的关

---

❶ Intergovernmental Committee on Intellectual Property and Genetic Re-sources, Traditional Knowledge and Folklore, Current Status on the Protection and Legislation of National Folklore in China, WIPO/GRTKF/IC/3/14, (June 13-21, 2002).

❷ Paul Kuruk, Protecting Folklore under Modern Intellectual Property Regimes: A Reappraisal of the Tensions between Individual and Communal Rights in Africa and the United States. 48 *Am. U. L. Rev.* 769, 778 (1999).

❸ Megan M. Carpenter, Intellectual Property Law and Indigenous Peoples: Adapting Copyright Law to the Needs of a Global Community. 7 *Yale H. R. & Dev. L. J.* 51, 56 (2004).

❹ 按照我国的权威观点，民间文学艺术作品指的是一国国土上，由该国的民族或种族集体创作、经世代相传、不断发展而构成的作品。该类作品一般包括语言形式、音乐形式、动作形式及用物质材料体现的形式等四种类型，具有集体性、长期性、变异性和继承性等特性。参见吴汉东：《知识产权法（第三版）》，法律出版社2009年版，第51页。

键，群体精神的寄托，文化生存的维系，经济来源的保证。概言之，民间文学艺术作品对传统社区人民生活的影响主要在于精神和经济两个方面。

民间文学艺术作品的精神利益首先表现在其同传统社区人民的宗教信仰往往具有密切关系。特定的民间文学艺术作品是被限制使用，或者只能在传统的范围内进行使用，或者具有保密性，在传统社区中，特定的民间文学艺术作品不能被展示，作品的主题也不能被泄露。❶ 部落名称、神圣象征的使用可能会侵犯传统社区人民的精神权利。这种使用可能是未经允许的使用，或者非传统的使用，或者把本来在传统社区保密的事物公开了。

民间文学艺术作品的精神利益还可能表现在文化传统方面。例如，我国的民间故事《花木兰》被美国的迪斯尼公司拍摄成电影便遭到来自各方面的批评，在这些批评中，有的认为迪斯尼公司的电影《花木兰》侵犯了我国人民的精神利益，歪曲了原初的民间故事和中国的历史。❷ 其在文化上是不精确的，例如错误地将穿着异性服装当作禁忌，应用以中国为主旨的音乐却没有使用传统中国的五音阶，对中国媒人的描述不准确，将蟋蟀当作好运的象征。❸

民间文学艺术作品的经济利益主要表现在创作民间文学艺术作品的传统社会的人民应当从民间文学艺术作品的商业开发中分享惠益。然而，由于至今还没有民间文学艺术作品的国际保护制度，加之传统文化社区的人民往往没有经济能力来开发民间文学艺术作品，民间文学艺术作品的开发者往往是传统文化社区以外的经济主体，他们在开发民间文学艺术作品并获取经济利益之后，并未将其适当分配给传统文化社区的人民。例如，民间传说《花木兰》本来属于我国人民创作，却被美国迪斯尼公司拍摄成动画片，迪斯尼公司由此赚取了巨大的经济利益，而我国人民

---

❶ Kamal Puri, Cultural Ownership and Intellectual Property Rights Post-Mabo: Putting Ideas into Action, 9 *Intell. Prop. J.* 293, 298 (1995).

❷ Weimin Mo & Wenju Shen, A Mean Wink at Authenticity: Chinese Images in Disney's Mulan, 13.2 *The New Advocate* 129, 129-42 (2000).

❸ Weimin Mo & Wenju Shen, A Mean Wink at Authenticity: Chinese Images in Disney's Mulan, 13.2 *The New Advocate* 129, 133-137 (2000).

却分文未得。

在更高层次的意义上来说，保护民间文学艺术作品关系到传统社会的文化生存。在西方殖民的过程中，传统社区的人民失去了土地，失去了财产，仅剩下文化来维系传统社会的发展。传统社会的"文化生存"（Cultural survival）成为应对民间文学艺术作品赋予一定程度的保护的重要原因之一。

传统社区人民在许多国际文件中表达了其对保护民间文学艺术作品和传统知识免受商业开发的关注。其中包括 Mataatua 宣言（the Mataatua Declaration）和北京宣言（the Beijing Declaration of Indigenous Women）[1][2]。Mataatua 宣言呼吁政府、国家和国际机构认识到现行知识产权制度对保护传统社区人民的文化和知识产权是不充分的。该宣言建议建构一个强有力的知识产权制度来保护集体作品，将保护的范围覆盖到多代，提供有溯及力的保护，提供禁止改造有文化意义的项目的保护。[3] 北京宣言要求传统社区妇女对其知识和文化遗产的不可剥夺的权利应当被确认和尊重，知识产权协定所界定的西方的知识产权观念和实践不适用于传统社区人民的社群和地域。

综上，民间文学艺术作品的所有人对民间文学艺术作品的利益包括经济利益和精神利益两个方面。经济利益方面主要是分享民间文学艺术作品的开发所带来的财产利益；精神利益是防止传统文化在游离于传统环境之后的丧失和扭曲。总之，传统社区的人民对民间文学艺术作品的利益是全方位的，因此其对民间文学艺术作品保护的利益诉求也是多元的，包括民间文学艺术作品的保存，保护民间文学艺术作品免受商业开

---

[1] First International Conference on the Cultural & Intellectual Propetty. Rights of Indigenous Peoples, Whakatane, N. Z., June 12 - 18, 2003, The Mataatua Declaration on Cultural and Intellectual Property Rights of Indigenous Peoples, Available at http：//www. ankn. uaf. edu/IKS/mataatua. html. 2010 年 9 月 26 日访问。

[2] U. N. Fourth World Conference on Women, Huairou, Beijing, Peoples Republic of China, Sept. 4 - 15, 1995, NGO Forum, Beijing Declaration of Indigenous Women, available at http：//www. ipcb. org/resolutions/htmls/dec beijing. html. 2010 年 9 月 26 日访问。

[3] The Mataatua Declaration on Cultural and Intellectual Property Rights of Indigenous Peoples, at 2. 3, 2. 5.

发，民间文学艺术作品归属的确认，利益的分享等。❶

（二）反对民间文学艺术作品法律保护的声音

尽管传统社区人民对民间文学艺术作品具有各种利益诉求，但赋予民间文学艺术作品以知识产权保护不能只考虑单方面的利益诉求，还要考虑整个知识产权制度的立法目的、言论自由和未来作品的创作空间，保护民间文学艺术作品可能遇到的立法技术层面的问题等。许多立法例并不保护民间文学艺术作品或者并不对民间文学艺术作品赋予特别的保护，诸多观点对民间文学艺术作品的保护提出了各种质疑。

有些国家的法律明确将民间文学艺术作品排除在版权保护的范围之外，例如亚美尼亚共和国版权和相关权法。其他将民间文学艺术作品排除在版权保护范围的国家包括阿塞拜疆、白俄罗斯、波斯尼亚-黑塞哥维那、保加利亚、爱沙尼亚、哈萨克斯坦、马达加斯加、立陶宛、摩尔多瓦、俄罗斯和乌克兰。❷ 这些不对民间文学艺术作品提供版权保护的主要原因在于保护民间文学艺术作品是不适当的和不必要的，因为其是国家文化遗产的一部分，应当处于公共领域为所有人自由使用。❸

有观点从民间文学艺术作品的属性出发，认为民间文学艺术作品是文化遗产的一部分，而文化遗产是普世的财产，传统知识和文化的因素同所有地区的日常生活交织在一起，禁止对其的自由使用是不适当的。❹ 我国版权学者宋慧献先生认为："从其社会背景来看，民间文艺首先是现代市场经济确立以前原始自然经济的产物；从传播的媒介生态来看，民间文艺主要属于现代传播媒介产生——即印刷出版兴起以前的产物；就民间作品的产生、传播过程来看，民间文艺属于古人的日常生活，创作者自娱自乐、作品则自生自灭，具有'自发性'特点。基于上述民间文艺的特殊性，现代版权制度很难适用于民间文艺作品：首先，版权制度的直接目的是激励创作，而民间文艺是无须、也不能激励的；版权制度

---

❶ Megan M. Carpenter, Intellectual Property Law and Indigenous Peoples: Adapting Copyright Law to the Needs of a Global Community. 7 *Yale H. R. & Dev. L. J.* 51, 54 (2004).

❷ Susanna Frederick Fischer, Dick Whittington and Creativity: From Trade to Folklore, from Folklore to Trade. 12 *Tex. Wesleyan L. Rev.* 5, 41-42 (2005).

❸ WIPO Final Report on National Experiences, P124, at 39~40.

❹ WIPO Final Report on National Experiences, P129, at 42.

的控制性必然违背民间文艺产生与传播的属性与规律;知识产权本来具有二重属性,即私人利益和公共利益,将民间文艺作品置于版权制度之下,知识产权公共利益的属性将被埋没。"[1]

有观点从民间文学艺术作品保存的方式出发,认为民间文学艺术作品保存的最好方式不是将其限制在一定的范围之内而是促进其交流,通过交流才能促进民间文学艺术作品的良好保存。[2] 换言之,通过知识产权法对民间文学艺术作品的使用进行限制和对其赋予永久的保护阻碍了民间文学艺术作品的交流,不利于民间文学艺术作品的保存。

有观点提出民间文学艺术作品保护存在立法技术上的困难。因为民间文学艺术作品并没有全部被保存和存档,对其赋予知识产权将保护一个没有被证据加以证明和被文件加以保存的对象,将可能导致法律的不确定和保护范围的不可预见性。[3] 例如,确定民间故事或者民间故事的部分是否能够获得保护存在严重的证据问题。例如我们并不能确定民间故事的历史准确性,我们并不能简单地假设其是虚构的民间文学艺术作品。相反,这个民间故事可能就是历史事实,应当处于公共领域供自由使用。另外,难以确定民间故事的哪些层面是由特定的群体原创的,可能许多群体拥有相同的民间故事。[4]

有观点从公共领域的维护和未来作品开发的角度认为民间文学艺术作品不应当受保护。民间文学艺术作品保护的批评者主张民间文学艺术表达已经进入公共领域,[5] 对民间文学艺术作品赋予保护可能危害到公共

---

[1] 宋慧献:"民间文艺版权立法应慎行",载吴汉东:《中国知识产权蓝皮书(2007~2008年卷)》,北京大学出版社2009年版,第350页。

[2] Christine Haight Farley, Protecting Folklore of Indigenous Peoples: Is Intellectual Property the Answer? 30 *Conn. L. Rev.* 1, 5 (1997–1998).

[3] Daniel Gervais, Traditional Knowledge & Intellectual Property: A Trips-Compatible Approach, 2005 *Mich. St. L. Rev.* 137, 164 (2005).

[4] Susanna Frederick Fischer, Dick Whittington and Creativity: From Trade To folklore, From Folklore To Trade. 12 *Tex. Wesleyan L. Rev.* 5, 64 (2005).

[5] Weerawit Weeraworawit, Formulating an International Legal Protection for Genetic Resources, Traditional Knowledge and Folklore: Challenges for The Intellectual Property System. 11 *Cardozo J. Int'l & Comp. L.* 769, 779 (2003).

领域，冻结文化的发展，使他人在传统文化的基础上创作新作品变得困难。❶ 另外，民间文学艺术作品的保护对言论自由和表达自由也可能产生消极影响，因为对传统文化财产赋予知识产权保护并没有关注到保持信息流通的需要。❷

三、举步维艰：民间文学艺术作品国际保护的实践

由于各国具体国情的差异，发达国家和发展中国家对民间文学艺术作品保护的态度并不一致，发展中国家一般是民间文学艺术作品的来源地，而发达国家则是民间文学艺术作品的开发方，因此，欲寻求对民间文学艺术作品的有效保护，需要缔结有关民间文学艺术作品保护的国际条约。然而，由于各国利益诉求的不一致，并不像传统的文学艺术作品，民间文学艺术作品国际保护制度建立的过程并不顺利，而且到目前为止并没有比较完善的民间文学艺术作品国际保护制度。

第一个值得注意的企图对民间文学艺术表达提供某种形式的国际保护的尝试是1967年《伯尔尼公约》的斯德哥尔摩修订会议。❸ 在这次会议上，印度代表提议在《伯尔尼公约》第2（1）条有关受保护的文学和艺术作品的类型中添加民间文学艺术作品（works of folklore）。❹ 该提议遭到成功的反对，尤其是澳大利亚的代表认为这种提议将破坏以保护可以确认的作者的作品为己任的《伯尔尼公约》的基本结构。❺

在印度代表的提议失败后，成立了一个有关民间文学艺术作品的特

---

❶ Christine Haight Farley，Protecting Folklore of Indigenous Peoples: Is Intellectual Property the Answer? 30*Conn. L. Rev.* 1，55～56（1997）.

❷ Michael F. Brown，Can Culture be Copyrighted?，39*Current Anthropology*193，195－196（1998）.

❸ Silke von Lewinski，The Protection of Folklore. 11*Cardozo J. Int'l & Comp. L.*747，751（2003）.

❹ WIPO Intellectual Prop. Conference of Stockholm，Stockholm，Sweden，June 11－July 14，1967，2 Records of the Intellectual Property Conference of Stockholm，at Report on the Work of Main Committee I Ⅱ 126，at 1152.

❺ WIPO Intellectual Prop. Conference of Stockholm，Stockholm，Sweden，June 11－July 14，1967. Summary Minutes of Main Committee I，11th Meeting PP967，987，at 876－77.

别工作组，该工作组的建议导致了《伯尔尼公约》第 15（4）条的产生，❶ 该条添加的目的在于保护民间文学艺术作品。该条规定，对于作者身份不明的未发行作品，如果有充分的理由推定该作品的作者是本联盟一成员国的国民，该国的法律可以确定一个主管当局来代表该作者，并且有权在本联盟的成员国保护和执行作者的权利。❷ 该条的规定对民间文学艺术作品的保护是特别弱的。该条让成员国为民间文学艺术作品建立一个官方的代表，而只有印度一个国家作出了这样的指定。❸

1976 年联合国教科文组织（UNESCO）和世界知识产权组织（WIPO）制定了《突尼斯样板版权法》（Tunis Model Copyright Law）。❹ 该法对民间文学艺术作品赋予较为宽泛的保护，具体体现在该法赋予民间文学艺术作品以永久的保护❺，并不要求民间文学艺术作品满足固定性要求❻等的规定之上。

1973 年，联合国教科文组织连同世界知识产权组织组织了一个专家委员会为民间文学艺术作品的保护起草一个样板条款。1982 年，该专家委员会发表了该样板条款的最终文本，全名为"有关民间文学艺术作品表达免受非法开发和其他歧视行为的保护的国家法律的样板条款"（Model Provisions for National Laws on the Protection of Expressions of Folklore Against Illicit Exploitation and Other Prejudicial Actions）。❼ 在该样板条款之下，不论民间文学艺术表达以口头、音乐、行为还是其他有形的方式

---

❶ WIPO Intellectual Prop. Conference of Stockholm, Stockholm, Sweden, June 11 - July 14, 1967. Summary Minutes of Main Committee I, 11th Meeting PP974 - 81, at 877.

❷ Berne Convention of September 9, 1886 for the Protection of Literary and Artistic Works, art. 15（4）, 828 U. N. T. S. 221, 249.

❸ Susanna Frederick Fischer, Dick Whittington and Creativity: From Trade to Folklore, from Folklore to Trade. 12 *Tex. Wesleyan L. Rev.* 5, 28（2005）.

❹ Tunis Model Law on Copyright for Developing Countries, WIPO Doc. 812（E）(1976).

❺ Tunis Model Law on Copyright for Dereloping Countries, WIPO Doc. 812（E）(1976), 2（1）(iii).

❻ Tunis Model Law on Copyright for Developing Countries, WIPO Doc. 812（E）(1976), 1（5）.

❼ Committee of Governmental Experts on the Intellectual Property Aspects of the Protection of Expressions of Folklore, Model Provisions for National Laws on the Protection of Expressions of Folklore Against Illicit Exploitation and Other Prejudicial Actions（1982）.

进行表达都受版权保护。样板条款建议确定一个主管当局作为民间文学艺术表达的权利的主管机构。当民间文学艺术表达在其传统的或习惯的环境之外被用来获利时,必须事先获得该主管机构的许可。如果民间文学艺术表达的使用是为了教育目的、被合成到一个作者的原创性作品之中或者是附带的,不需要获得该主管当局的许可。申请使用民间文学艺术表达必须以书面形式向该主管当局提出申请。样板条款要求,如果作品中利用了民间文学艺术表达,必须标明民间文学艺术表达的来源,标明的方式是在印刷出版物和其他传播媒介中提及该民间文学艺术表达得以产生的群体或地理位置。该项标明来源的要求并不适用于受民间文学艺术表达启发或附带使用民间文学艺术表达而创作的原创性作品。样板条款规定对下列行为可以进行刑事处罚:在使用受保护的民间文学艺术表达之前没有获得书面同意、没有标明民间文学艺术表达的来源、误传了民间文学艺术表达的来源、以歧视民间文学艺术表达来源地的社群的荣誉、尊严或文化利益的方式歪曲民间文学艺术表达。样板条款倾向于民间文学艺术作品的特殊保护,样板条款用了"民间文学艺术表达"(expressions of folklore)而并没有使用更为典型的版权法术语"民间文学艺术作品"(works of folklore),目的是为了表明其是特殊保护,而不是版权保护。[1] 样板条款为民间文学艺术表达提供的保护是无期限的。[2]

起草样板条款的专家委员会在发布民间文学艺术表达保护的样板条款之后又起草了有关民间文学艺术表达的国际条约草案,称之为《保护民间文学艺术表达免受非法开发和其他歧视行为的条约草案》(Draft Treaty for the Protection of Expressions of Folklore Against Illicit Exploitation

---

[1] WIPO/UNESCO Model Provisions for National Laws on the Protection of Expressions of Folklore Against Illicit Exploitation and Other Prejudicial Actions, Introductory Observations, Part II § 2, § art III ¶ 37 (1982). See Susanna Frederick Fischer, Dick Whittington and Creativity: From Trade to Folklore, from Folklore to Trade. 12 *Tex. Wesleyan L. Rev.* 5, 32 (2005).

[2] WIPO/UNESCO Model Provisions for National Laws on the Protection of Expressions of Folklore Against Illicit Exploitation and Other Prejudicial Actions, Introductory Observations, Part III ¶ 65 (1982).

and Other Prejudicial Actions)。❶ 该条约草案的内容同样板条款的内容相似,对民间文学艺术表达的非法使用提供救济、规定标明民间文学艺术表达来源的义务、每个缔约国都要指定一个主管当局来管理该国民间文学艺术表达的保护、该主管当局将请求他国保护来源于该缔约国自身领土的民间文学艺术表达、当对民间文学艺术表达的使用是为了教育目的或为了创作原创性的文学艺术作品或作附带使用并不需要获得主管当局的许可。

不论是突尼斯样板版权法、样板条款还是保护民间文学艺术表达的条约草案,都是一种示范性条款,并没有约束力。尽管这些努力可能对一些国家民间文学艺术作品保护制度的建构起到一定推动作用,但在民间文学艺术作品国际保护制度建立的进程之中仍然处于最为初级的阶段。在1996年《世界知识产权组织版权条约》和《世界知识产权组织表演与录音制品条约》的准备过程中,民间文学艺术作品保护的话题又一次出现。世界知识产权组织和联合国教科文组织组织了一个有关民间文学艺术作品保护的论坛。该论坛的结论是将一个"行动计划"(action plan)提交给联合国教科文组织和世界知识产权组织的主管机构。该建议不仅有民间文学艺术作品保护的地区磋商,还要建立一个专家委员会同联合国教科文组织合作以完成有关一个新的有关民间文学艺术表达的特殊(sui generis)保护的国际条约的起草。❷

综上,民间文学艺术作品是个比较特殊的领域,在这个领域中各种利益交错并且不平衡,要在该领域建立国际保护制度恐怕还需要一定时日。

四、多种选择:民间文学艺术作品的保护模式

民间文学艺术作品的保存与发展,不仅关乎传统社区人民而且关乎整个人类社会的生存与发展,需要对民间文学艺术作品赋予一定程度的

---

❶ Draft Treaty for the Protection of Expressions of Folklore Against Illicit Exploitation and Other Prejudicial Actions (1984).

❷ UNESCO/WIPO,World Forum on the Protection of Folklore,Paris/Geneva 1998 at 235.

保护。民间文学艺术作品的保护主要有两种途径。一种是全球非物质文化遗产保护的路径。其间所保护的利益不是专属利益，而是全人类的利益，利益的性质是全人类的精神文化利益。一种是知识产权制度下的私权、尤其是经济利益保障。❶ 第一种保护模式同第二种保护模式的不同在于，第一种可谓"公权路径"，第二种可谓"私权路径"，对于两种路径中何种路径对保护民间文学艺术作品有利这一问题，我们可以通过检验后者是否适合民间文学艺术作品的保护来进行解答，也即传统知识产权制度模式是否可以借鉴用来对民间文学艺术作品赋予一定程度的保护。

在探讨传统知识产权制度是否能够为民间文学艺术作品提供适当的保护之前，我们有必要先看看传统社区的习惯法对民间文学艺术作品保护的效用。这种习惯法对民间文学艺术作品的保护可能会起到一定作用，因为，在大多数传统社区存在"习惯法"（customary law）来控制谁、何时、怎样、为谁创作艺术。❷ 不过传统社区的习惯法并不能对民间文学艺术作品赋予全面保护，因为习惯法只约束社区的成员，而对社区以外的成员并没有约束力；而且许多传统社区的成员对习惯法的尊重程度在不断减弱。❸ 从传统知识产权制度来看，版权法、商业秘密法、商标法和反不正当竞争法都可以用来在一定程度上保护民间文学艺术作品。

（一）民间文学艺术作品的版权保护

诸如民间传说、民间音乐、民间舞蹈等民间文学艺术作品的构成要素同传统版权客体具有同构性，因此，利用传统知识产权制度保护民间文学艺术作品最为重要的方式是版权法。不过民间文学艺术作品相较于传统版权客体仍然有诸多不同之处，这些不同之处减弱了用版权制度保护民间文学艺术作品的可能性和有效性。在传统的版权制度中，版权是赋予个体作者的，作品要获得版权保护必须具有固定性和原创性，并且作品的版权保护是受期限限制的。传统版权法的这些必要属性民间文学

---

❶ 宋慧献："民间文艺版权立法应慎行"，载吴汉东：《中国知识产权蓝皮书（2007~2008年卷）》，北京大学出版社2009年版，第349页。

❷ W. Marika, Copyright on Aboriginal Art, Aboriginal News, Feb. 1976, at 7.

❸ Paul Kuruk, Protecting Folklore under Modern Intellectual Property Regimes: A Reappraisal of the Tensions between Individual and Communal Rights in Africa and the United States, 48 *Am. U. L. Rev.* 769, 786-788 (1999).

艺术作品都不能满足或者不能完全满足或者并不适应于民间文学艺术作品的保护。

1. 民间文学艺术作品的客体范围难以确定

对民间文学艺术作品赋予版权保护将要首先遇到的基本问题是确定版权保护的客体，即特定客体满足何种条件才能构成受版权法保护的民间文学艺术作品。虽然许多非洲国家制定了民间文学艺术作品的保护制度，但并没有释明一个文化实践多么广泛才能构成民间文学艺术作品。这些立法并没有考虑对已存文化实践的改变是否能够被视为一部新作品，从而赋予带来这些变化的人以单独的知识产权。❶ 另外，在探讨民间文学艺术作品版权保护的时候，应当区分民间文学艺术作品和在民间文学艺术作品的基础上进行创作所产生的新作品，后者是对民间文学艺术作品的演绎，需要获得民间文学艺术作品作者的许可，在获得许可的情况之下，演绎者就自己新添加的特征获得版权保护。

2. 民间文学艺术作品的主体范围难以确定

对民间文学艺术作品赋予版权保护的主要障碍是版权保护是建立在"个人主义"（individualistic）的观念之上，而非"集体"（collective）的观念之上。❷ 版权法主要用来处理"个体"的权利，而不是"群体"的权利。大多数国家的版权法，包括《伯尔尼公约》在内，都规定可以享有版权保护的作者是"个体的"和"可确认的"作者。❸ 而民间文学艺术作品一般是代代相传，并没有清楚的可以确认的单个作者。因此，从直观上来看，遵循"个人主义"的版权法并不适合民间文学艺术作品的保护。

版权制度内表面上与群体作者类似的合作作者和匿名作者制度也不能用来解决民间文学艺术作品的保护问题。首先，由于民间文学艺术作品缺乏单个的原创作者，合作作者观念的应用也不能弥补这一缺陷。合

---

❶ Paul Kuruk, Protecting Folklore under Modern Intellectual Property Regimes: A Reappraisal of the Tensions between Individual and Communal Rights in Africa and the United States, 48*Am. U. L. Rev.* 769, 803-804 (1999).

❷ Silke von Lewinski, The Protection of Folklore. 11*Cardozo J. Int'l & Comp. L.* 747, 757 (2003).

❸ Berne Convention for the Protection of Literary and Artistic Works art. 3, Sept. 9, 1886, S. Treaty Doc. No. 99-27 (1986).

作作者仍然是单个作者。在创作合作作品的时候，这些单个作者决定遵循一个计划一起创作一部作品；❶ 他必须作出独立的可版权的贡献；❷ 他必须事实上在作品的创作过程中进行了合作；他必须意图其贡献被合并成一个整体的不可分割或相互依赖的部分。依据上述合作作者的构成要件，只有实际参加作品创作的人才能够成为合作作者，如果将合作作品的观念适用到民间文学艺术作品的版权保护中，只有参加民间文学艺术作品创作的传统社区成员才能够成为合作作者，❸ 而无法确定传统社区的哪些成员实际参与了民间文化艺术作品的创作。另外，合作作品的版权保护期限以自最后生存的作者的死亡之日起一定期限来计算，而传统社区一般是绵延不断的，如果以普通合作作品制度来计算民间文学艺术作品的版权保护期限，这种期限将是无限的，而作品版权保护的期限性是维护社会公共利益的必需。可见，上述合作作者制度并不符合民间文学艺术作品的实际情况，合作作者的观念并不适用于民间文学艺术作品的版权保护。其次，匿名作品的规定也不能满足民间文学艺术作品适当保护的要求。匿名作品指的是作品上未署名、未表明者身份的作品。版权法所规定的匿名作品是可以确认的个体所创作的作品，并不包含由未经识别的社团的成员长期创作的作品。这一判断从以下事实中得以证明：如果匿名作品作者的身份得到确认，匿名作品的版权保护期限一般按照普通作品的版权保护期限来计算。

3. 民间文化艺术作品的版权利益分配机制难以建立

一旦民间文学艺术作品被作为版权客体进行保护，其版权内容同其他作品的版权内容大同小异。将民间文学艺术作品作为版权客体的关键问题是确定民间文学艺术作品的作者、管理人、受益人、民间文学艺术作品版税的用途。从上文可以看出，版权法中的个体作者观念并不适合民间文学艺术作品的保护。于是一些国家的民间文学艺术作品立法为民

---

❶ Silke von Lewinski, The Protection of Folklore. 11*Cardozo J. Int'l & Comp. L.* 747, 758 (2003).

❷ Thomson v. Larson, 147 F. 3d 195, 200 (2d Cir. 1998); Childress v. Taylor, 945 F. 2d 500, 507 (2d Cir. 1991).

❸ Christine Haight Farley, Protecting Folklore of Indigenous Peoples: Is Intellectual Property the Answer? 30*Conn. L. Rev. 1*, 33 (1997).

间文学艺术作品的版权保护确定了一个管理人,这种管理人的种类有多种,管理人的职责一般是管理民间文学艺术作品的版权行使,收取民间文学艺术作品的版税,分配这些版税。这种解决方法似乎是民间文学艺术作品版权保护游离于而又忠实于传统版权制度的一种较佳的选择,但管理人的指定和民间文学艺术作品版税的分配中可能出现的问题在一定程度上否定了设立民间文学艺术作品管理人的立法模式可能带来的效用。

民间文学艺术作品的版权管理机构在形式上各异,在功能上却具有很大程度的相似性。加纳版权法规定民间文学艺术作品的版权归属于政府,就像政府是作品的创作者一样。[1] 在刚果,一个名为"作者团体"(Body of Authors)的社团负责征收民间文学艺术作品的版税,代表作者的利益和监视民间文学艺术作品的使用。[2] 刚果的"作者团体"将征收的民间文学艺术作品的版税用着支持对刚果作者有利的文化和社会目标。[3] 按照马里的法律,所有利用民间文学艺术作品来获利的人都要经过文化部(The Minister of Arts and Culture)的事先许可,文化部可以对这些使用进行收费。马里的法律禁止在未经文化部同意的情况下全部或部分转让或独占许可来自民间文学艺术作品的作品的版权。[4] 喀麦隆的法律将版权保护扩张到来自民间文学艺术作品的作品,使用者如果想对民间文学艺术作品进行商业开发,必须获得国家版权公司(The National Copyright Corporation)的允许,该公司代表作者的利益,规制民间文学艺术作品的使用。[5] 在中非共和国,[6] 由版权办公室来许可民间文学艺术作品的商业开发,版权办公室所获得的部分民间文学艺术作品的费用被用以文化和福利的目的。[7]

指定一定的管理机构来管理民间文学艺术作品的使用虽然可以解决

---

[1] Copyright Law (Ghana) 5 (2) (Mar. 21, 1985).
[2] Law on Copyright and Neighboring Rights (Congo) art. 68 - 69 (July 7, 1982).
[3] Law on Copyright and Neighboring Rights (Congo) art. 17 - 18 (July 7, 1982).
[4] Ordinance Concerning Literary and Artistic Property (Mali) art. 8 (July 1, 1977).
[5] Law No. 82 - 18 to Regulate Copyright (Cameroon) 6 (c), 51, 55 (1) - (2) (Nov. 26, 1982).
[6] Ordinance No. 85 - 002 on Copyright (Central African Republic) art. 9 (Jan. 5, 1985).
[7] Ordinance No. 85 - 002 on Copyright (Central African Republic) art. 9 (Jan. 5, 1985).

民间文学艺术作品保护的一些问题，但并不能完全令人满意。

例如，将民间文学艺术作品的权利行使主体或权利主体界定为国家或者代表国家的机构并不符合民间文学艺术作品分布的实际情况，因为许多种群分布在不同国家。[1] 不过这种困难可以通过一定方式加以解决，即如果特定民间文学艺术作品分布在不同国家，可以由国家或各国民间文学艺术作品的代表机构来共同协商民间文学艺术作品版权的归属。

另外，民间文学艺术作品是由特定群体创作的，确定该社会群体的大小是确定民间文学艺术作品版权人的前提条件。而缺乏确定创作民间文学艺术作品的社会群体的大小的标准，[2] 因为社会群体从来没有一个清晰的界限。[3] 这一缺乏使民间文学艺术作品的版权人难以确定。

再者，按照版权法的一般原理，使用版权作品的收益应当由版权人享有。因此，如果将民间文学艺术作品作为版权作品的一种加以保护，使用民间文学艺术作品的费用应当由民间文学艺术作品的创作人享有。而大多数民间文学艺术作品的立法例并不是如此规定的。例如，加纳法规定对民间文学艺术作品的使用所收取的费用应当归属于由部长（the Secretary）建立的基金。[4] 刚果法规定民间文学艺术作品的版税用来支持对刚果的作者有利的文化和社会目标。上述立法例的一个共同特点是并没有将民间文学艺术作品的使用费分配给创作人，实际上剥脱了创作该民间文学艺术作品的种群就其获得利益的权利。

4. 民间文学艺术作品难以满足可版权性要件

首先，民间文学艺术作品难以满足固定性要求。（1）民间文学艺术作品往往是通过记忆代代相传，可能从来没有记录在有形载体之上。（2）即使已存的民间文学艺术作品固定在有形表达载体上，民间文学艺

---

[1] Paul Kuruk, Protecting Folklore under Modern Intellectual Property Regimes: A Reappraisal of the Tensions between Individual and Communal Rights in Africa and the United States. 48 *Am. U. L. Rev.* 769, 781 (1999).

[2] Fernando Santos Granero, Michael F. Brown, Can Culture Be Copyrighted?, 39 *Current Anthropology* 193, 214 (1998).

[3] Fernando Santos Granero, Michael F. Brown, Can Culture Be Copyrighted?, 39 *Current Anthropology* 193, 214 (1998).

[4] Copyright Law (Ghana) 5 (4) (Mar. 21, 1985).

术作品不能满足固定性要求的问题仍然没有完全解决,因为民间文学艺术作品往往不断变化,进一步发展的民间文学艺术作品同已固定的表达不再相同。[1]

其次,民间文学艺术作品难以满足原创性要件。(1) 民间文学艺术作品的创作是个渐进发展的过程,[2] 该类作品的开发尊重集体的努力,注重过去的发展对当前的影响。民间文学艺术作品大多是古老的,许多作品在数代之前都已经被开发。许多民间文学艺术作品通常都是直接来源于先前作品的。(2) 民间文学艺术作品是缓慢发展的,创新并不是传统艺术的价值之所在,忠实的复制倒是受到褒奖。在极大程度上原创性同传统艺术和文化无关,传统文化中艺术作品的创作在很多情况下是重新解释的过程。传统艺术的发展重点是传承而不是背离,是作为历史和神圣的文本发挥功能的,创新受到限制。[3] 总之,由于民间文学艺术作品创作的特殊属性,许多民间文学艺术作品同先前作品具有相似性,并不能够满足原创性要求。也许,要求民间文学艺术作品具备原创性要件并不适合于民间文学艺术作品的创作特质。

5. 民间文学艺术作品难以满足期限性要件

版权作品保护期限的有限性是版权法平衡版权人的私权利益和社会公共利益的一个重要方式,但民间文学艺术作品也许并不适合有限期限的保护,对民间文学艺术作品赋予有限期限的保护可能遇到比较难以解决的立法技术问题。《伯尔尼公约》规定成员国至少赋予版权作品以作者有生之年加上死后 50 年的版权保护。尽管公约所规定的保护期限比较长,但民间文学艺术作品的创作期限比较久远,这么长的版权保护期限对民间文学艺术作品的保护而言仍然可能是不足的。许多明文保护民间文学艺术作品的国家赋予民间文学艺术作品以永久的保护。例如中非共

---

[1] Silke von Lewinski, The Protection of Folklore. 11*Cardozo J. Int'l & Comp. L.* 747, 759 (2003).

[2] Christine Haight Farley, Protecting Folklore of Indigenous Peoples: Is Intellectual Property the Answer? 30*Conn L. Rev.* 1, 20-22 (1997).

[3] Christine Haight Farley, Protecting Folklore of Indigenous Peoples: Is Intellectual Property the Answer? 30*Conn L. Rev.* 1, 21 (1997).

和国❶和刚果❷。另外,民间文学艺术作品的版权保护期限无法计算。民间文学艺术作品渐进发展的属性导致不可能精确地确定一部民间文学艺术作品首次创作的时间。再者,民间文学艺术作品公共来源的性质排除了一个单个个体的确认和通过该个体的生命期限来计算民间文学艺术作品版权保护期限的可能性。❸ 申言之,民间文学艺术作品并没有单个的可以确认的作者,以特定作者的死亡时间为标准来计算作品版权保护期限的规则并不能适用。而如果按照匿名作品版权保护期限的计算规则来进行计算,通常意味着现存的民间文学艺术作品不受保护。因为按照《伯尔尼公约》的规定,伯尔尼联盟的成员国没有义务保护有充分理由推定其作者已经死亡50年的匿名作品或假名作品。❹ 实际上,版权法所赋予版权作品的有限保护期限意味着大多数民间文学艺术作品已经处于公共领域。❺

6. 民间文学艺术作品的精神权利难以通过现代版权制度加以保护

民间文学艺术作品不仅是赚取经济利益的工具,更是维系传统社区可持续发展的精神纽带。因此,保护民间文学艺术作品的重点之一是保护传统社区人民有关民间文学艺术作品的精神利益免受损害。对极具文化意义或者在传统社区具有神圣地位的作品的使用应当尊重社区人民的精神权利。版权法有关精神权利的规定可以借鉴用来保护民间文学艺术作品创作人的精神利益。例如,传统社区人民可以利用修改权和保护作品完整权来保护其神圣作品免受他人更改。❻ 而相反的观点则认为,精神

---

❶ Ordinance No. 85 - 002 on Copyright (Central African Republic) art. 41 (1) (Jan. 5, 1985).

❷ Law on Copyright and Neighboring Rights (Congo) art. 16 (July 7, 1982).

❸ Paul Kuruk, Protecting Folklore under Modern Intellectual Property Regimes: A Reappraisal of the Tensions between Individual and Communal Rights in Africa and the United States. 48*Am. U. L. Rev.* 769, 798 (1999).

❹ Silke von Lewinski, The Protection of Folklore. 11*Cardozo J. Int'l & Comp. L.* 747, 758 (2003).

❺ Christine Haight Farley, Protecting Folklore of Indigenous Peoples: Is Intellectual Property the Answer? 30*Conn L. Rev.* 1, 18 (1997).

❻ Megan M. Carpenter, Intellectual Property Law and Indigenous Peoples: Adapting Copyright Law to the Needs of a Global Community. 7*Yale H. R. & Dev. L. J.* 51, 73 (2004).

权利着重于个体作者的保护,而并不是作为整体的社群,❶ 并不适合被用来对民间文学艺术作品的精神利益进行保护。实际上,大多数民间文学艺术作品本来就是在不断变化中发展的,其传承的过程也是不断创新和发展的过程,创新和发展不可避免地要对原作品进行更改,而何种类型的更改算是侵害了原作者的精神利益难以确定。

7. 民间文学艺术作品的版权保护可能带来利益不均衡的结果

将民间文学艺术作品不加细致规定地纳入版权保护的范围之内可能导致利益不均衡的后果。例如,非洲对民间文学艺术作品的版权立法并没有对民间文学艺术作品的版权保护规定适当的例外,可能导致对产生民间文学艺术作品的种群中的成员使用自己的民间文学艺术作品进行收费的不公平结果。通过要求民间文学艺术作品的使用者在对民间文学艺术作品进行商业化地使用之前获得相关版权机构的许可实际上侵犯了传统社群商业化地使用这些民间文学艺术作品的权利。❷ 不过,这一问题实际上可以通过设计一定的法律制度进行一定程度的解决,比如设计民间文学艺术作品及其利用的登记制度,创作该民间文学艺术作品的种群商业化地利用特定民间文学艺术作品并不需要获得民间文学艺术作品管理机构的同意,但应当向相关机构进行登记。虽然如此,创作民间文学艺术作品的传统社区中的个体成员如果想利用民间文学艺术作品来进行商业开发也要获得相关主观当局的许可似乎并不合理。

综上,传统版权法制度并不适合于民间文学艺术作品的保护,如果将该类作品纳入版权法体系进行保护,需要对相关版权法规则作出一定修订,以适合民间文学艺术作品的特殊属性。学界有观点认为传统版权制度应当从以下三个方面作出改革以适应民间文学艺术作品的保护:建立集体和公有的作者权制度,在广泛的群体环境之下对民间文学艺术作品的保护期限进行限制,利用各种知识产权制度对神圣的文化作品提供

---

❶ Christine Haight Farley, Protecting Folklore of Indigenous Peoples! Is Intellectual Property the Answer?, 30 *Conn L. Rev.* 1, 47-49 (1997).

❷ Paul Kuruk, Protecting Folklore under Modern Intellectual Property Regimes: A Reappraisal of the Tensions between Individual and Communal Rights in Africa and the United States. 48 *Am. U. L. Rev.* 769, 805 (1999).

特别保护。❶ 这种主张实际上已经游离于传统版权制度之外。

（二）民间文学艺术作品的商标法和反不正当竞争法保护

民间文学艺术作品的表现方式酷似传统版权法客体，版权法或者版权法模式可能是民间文学艺术作品保护的最佳选择，不过并非民间文学艺术作品保护的唯一方式。其他类型的知识产权制度，例如商标法和反不正当竞争法都可能对民间文学艺术作品提供一定程度的保护。

1.通过集体商标和证明商标可以为民间文学艺术作品提供一定程度的保护

这些商标已经在澳大利亚、加拿大、新西兰和葡萄牙被广泛使用。例如，澳大利亚的"国家传统艺术保护联盟"（National Indigenous Arts Advocacy Association）已经登记了证明商标，加拿大的传统社区人民使用商标来标明诸如传统艺术和服装等商品和服务来源于传统社区，葡萄牙"ARRAIOLS"地区的地毯生产者已经就其产品登记了集体商标。❷ 美国在1935年制定的"印第安艺术和工艺法"（the Indian Arts and Crafts Act of 1935）企图通过颁发证明商标的方式来保护传统社区美国人的作品的真实性。❸ 地理标志也可以用来对民间文学艺术作品提供一定程度的保护。地理标记并不保护民间文学艺术作品本身，而是识别民间文学艺术作品来源于特定区域的标志。其满足传统社区人民确认其民间文学艺术作品的真实性的需要。❹

2.反不正当竞争法可以为民间文学艺术作品提供一定程度的保护

反不正当竞争法和商标法具有相同属性，都是为了防止来源的混淆，反不正当竞争法可以对民间学文学艺术作品学提供一定程度的同商标法保护效果相似的保护。另外，商业秘密法也能为民间文学艺术作品提供

---

❶ Megan M. Carpenter, Intellectual Property Law and Indigenous Peoples: Adapting Copyright Law to the Needs of a Global Community. 7*Yale H. R. & Dev. L. J.* 51, 72-76 (2004).

❷ Silke von Lewinski, The Protection of Folklore. 11*Cardozo J. Int'l & Comp. L.* 747, 762 (2003).

❸ Act of Aug. 27, 1935, ch. 748, § 1, 49 Stat. 891 (codified as amended at 25 U. S. C. § 305 (1994)).

❹ Silke von Lewinski, The Protection of Folklore. 11*Cardozo J. Int'l & Comp. L.* 747, 763 (2003).

一定程度的保护。

虽然商标法和反不正当竞争法等可能对民间文学提供一定的保护，但这种保护还是有限的。（1）商标法的目的是避免消费者混淆，此目标与保护传统文化以避免对传统社区的象征、名字和标志的攻击性使用的目标并不一致。[1]（2）反不正当竞争法的适用通常需要有关民间文学艺术作品的交易发生，并且传统社群和开发民间文学艺术作品的人之间存在竞争关系。因此，反不正当竞争法并不是在所有的情况下都是有效的救济。[2]（3）传统文化社区对民间文学艺术作品的主要利益诉求在于控制表达的"复制"与"传播"，这些都是版权的应有之义，通过商标法、地理标志法、反不正当竞争法并不能够实现这种主要的利益诉求。

（三）民间文学艺术作品的特殊保护

从上文的分析可以看出，虽然现行知识产权制度的一些要素可以借鉴用来保护民间文学艺术作品，但仍显不足。民间文学艺术作品的属性同传统知识产权制度客体的属性明显存在诸多差异，例如，民间文学艺术作品的权利属于传统社会的不断发展的社群的思想同现代知识产权的目标相冲突，现代知识产权是鼓励私人的进取心和犒赏个人权利的。[3] 知识产权法的基本原理是个人所有权、对作品的经济开发和作者表达的传播。知识产权的创造受自由企业和利益最大化的经济原理的驱动。知识产权法的目标是创造一个有限的垄断权作为个人传播其原创性表达的激励。而传统艺术，特别是以神圣形式表现的传统艺术，并不是一个能够由个人来拥有的、应当被商业开发、能够被自由传播和能够被再解释与演绎的东西。这些作品在属性上是神圣的，并不同于传统版权法所保护

---

[1] Anthony Cartee, Protecting the Indigenous Past While Securing the Digital Future: The FTAA and the Protection of Expressions of Folklore. 1 *Loy. Int'l L. Rev.* 203, 208 (2004).

[2] Silke von Lewinski, The Protection of Folklore. 11*Cardozo J. Int'l & Comp. L.* 747, 764 (2003).

[3] Paul Kuruk, Protecting Folklore under Modern Intellectual Property Regimes: A Reappraisal of the Tensions between Individual and Communal Rights in Africa and the United States. 48 *Am. U. L. Rev.* 769, 795 (1999).

的作品，可能需要不同类型的保护。❶ 这些差异的存在可能要求采取不同于当前知识产权制度的特殊制度来解决民间文学艺术作品的保护问题。

马塔阿图阿（Mataatua）宣言就申明现有知识产权制度对传统社区居民的需要来说是不充分的，呼吁建立新的知识产权制度来为"集体所有权"提供保护，对历史上的作品提供溯及保护，反对对文化上重要的项目进行改造（debasement）等。❷

当前知识产权制度对保护民间文学艺术作品的不足呼唤民间文学艺术作品特殊保护制度❸的建立。民间文学艺术作品的特殊保护路径并不是产生于真空之中，而是来源于现存的一些主要法律原则，包含反不正当竞争、盗用、合同、地理标记、精神权利等。❹ 换言之，民间文学艺术作品的特殊保护制度就是从已存的一些法律原则中汲取适合于民间文学艺术作品保护的因素建立起来的。例如非洲知识产权组织（the African Intellectual Property Organization，简称 AIPO）将民间文学艺术作品界定为由成员国的种群创作的并且代代相传的作品，其被视为国家遗产的一部分，对其进行开发以通知适当的国家机构为条件。因为这些开发而收取

---

❶ Christine Haight Farley, Protecting Folklore of Indigenous Peoples: Is Intellectual Property the Answer? 30 *Conn. L. Rev.* 1, 55 (1997).

❷ Christine Haight Farley, Protecting Folklore of Indigenous Peoples: Is Intellectual Property the Answer? 30 *Conn. L. Rev.* 1, 47 (1997).

❸ 所谓特殊保护制度就是不同于传统知识产权法制度的新制度。事实上，特殊保护制度并没有必要完全不同于传统知识产权制度，只要将传统制度中的某个或某些构成要素加以改变，适合于新客体的保护即可。例如，《欧盟数据库指令》赋予数据库的特殊保护的权利内容实际上是版权的内容，只不过不再要求数据库具有传统版权作品的原创性才能够受保护。（参见本书第三章第二节的相关内容。）就民间文学艺术作品的特殊保护制度而言，也是在传统知识产权制度的构成要素上经过改造而形成的制度，这种所谓特殊权利制度到目前为止尚没有统一的模型。民间文学艺术作品本质上也是一种表达形式，同传统版权作品并无二致。不过，除了表达形式方面的一致性以外，民间文学艺术作品尚具有传统版权作品所不具有的特性，主要表现为集体创作、代代相传、不断变化等。由于这些特性的存在，传统版权制度并不能圆满实现保护民间文学艺术作品的目的。于是，传统版权制度的构成要素需要经过改造，改造之后所形成的制度可以被称为特殊保护制度。申言之，传统版权法是"个人主义"的，而特殊保护制度可以是"集体主义"的；传统版权作品是有"期限性"的，而特殊保护制度可以是"无限性"的等。因此，所谓特殊保护制度并不神秘，而只不过是制度变更和发展的一种表现而已。

❹ Anthony Cartee, Protecting the Indigenous Past While Securing the Digital Future: The FTAA and the Protection of Expressions of Folklore. 1 *Loy. Int'l L. Rev.* 203, 211 (2004).

的费用将被使用于社会或文化的目的。❶ 它要求每一个成员国在《班吉协定》❷ 采用后 6 个月内编辑一个国家遗产清单。清单中列举的财产受未经许可禁止任何种类的处置或商业开发的保护。国家遗产的所有者（owners）、持有者（holders）和占有者（occupiers）将被告知其财产地位，如果其有任何改变或出卖财产的计划，须告知相关政府机构。国家可以选择恢复任何国家遗产，国家遗产的所有者不能反对恢复工作，必须允许政府机构接触该财产。财产的所有人将会被弥补在财产由政府占有期间所遭受的任何损失。❸ 又如，基于民间文学艺术作品的客体与主体的难以确定性，可以利用登记制度来减少其被侵犯的可能性。除此之外，民间文学艺术作品的特殊保护的主张认为这种保护应当是永久的和有溯及力的，在民间文学艺术作品的基础上制作演绎作品应当受到严格限制。

不过，赋予民间文学艺术作品以特殊保护也遭到不少质疑。（1）建立一个主管当局来管理民间文学艺术作品可能使企图通过再解释传统主题来进一步发展传统艺术的传统艺术家受到阻碍。❹（2）民间文学艺术作品的商业开发在民间文学艺术作品的特殊保护中占据重要地位，但这种保护可能并不符合作品创作人的利益。因为有些社群并不在乎作品开发的经济利益。❺（3）传统文化劣质的商业开发可能导致传统文化在公众心目中的文化和宗教意义的丧失。❻（4）对民间文学艺术作品的使用所收取

---

❶ B. Cazenave, The African Intellectual Property Organization (OAPI) from Libreville to Bangui, 19 *Indus Prop.* : *Monthly Rev. World Intell. Prop. Org.* 291, 304 (1980).

❷ 《班吉协定》指的是非洲法语国家于 1977 年 3 月通过的《成立非洲知识产权组织的班吉协定》，其中附件七涉及文化遗产的保护。AIPO 于 1999 年 2 月通过了"关于修订《成立非洲知识产权组织的班吉协定》的协议"，修改后的《班吉协定》对民间文学艺术作品的保护作出了更为详细的规定。参见管育鹰：《知识产权视野中的民间文艺保护》，法律出版社 2006 年版，第 17~18 页。

❸ B. Cazenave, The African Intellectual Property Organization (OAPI) from Libreville to Bangui, 19 *Indus Prop.* : *Monthly Rev. World Intell. Prop. Org.* 291, 306 (1980).

❹ Christine Haight Farley, Protecting Folklore of Indigenous Peoples: Is Intellectual Property the Answer? 30 *Conn. L. Rev.* 1, 55 (1997).

❺ Deming Liu, Can Copyright Lend Its Cinderellaic Magic to Chinese Folklore? 5 *J. Marshall Rev. Intell. Prop. L.* 203, 210 (2006).

❻ Jean Raymond Homere, Intellectual Property Rights Can Help Stimulate the Economic Development of Least Developed Countries, 27 *Colum. J. L. & Arts*, 277, 294 (2004).

的费用被作为普通的政府资金，而并没有惠及创作的社群。[1]（5）民间文学艺术作品的特殊保护被认为是一种过度保护，这种过度保护将导致公共领域范围的减少。这种法律将把文化冻结在历史时刻，将传统社区人民定位为历史浪漫的遗物，而否定它们当代的声音。[2]（6）对民间文学艺术作品赋予永久保护是成问题的。民族群体可以永久地享有其民间文学艺术作品，但在特殊权利保护制度之下，这种永久的权利是一种财产权，可以通过主管当局进行交易；于是，私人主体就可以获得作品独占许可的权利，从而可以永久地控制作品；结果便是作品由市场而不是种群所控制。[3]

五、结　语

民间文学艺术作品是集体创作的产物，具有诸多不同于个体创作的作品的特性，在版权保护方面遇到诸多困难。包括发展中国家在内的很多国家的学者认为赋予民间文学艺术作品以版权保护可能会阻碍艺术的发展，从而否定该类作品的版权保护。我国具有悠久的历史和丰富的文化传统，赋予民间文学艺术作品以版权保护的呼声非常高，但也不乏反对的声音。尽管现有的知识产权制度可能在一定程度上对其赋予某种程度的保护，但采取一定的法律措施保护民间文学艺术作品仍是我国未来立法的必然选择。虽然我国现行《著作权法》（2010年）规定民间文学艺术作品的保护办法由国务院另行规定，但这种规定尚付阙如。我们应借鉴传统知识产权制度的合理内核，但不能拘泥于这些制度，在必要的时候对相关制度作出改进，创制出适于民间文学艺术作品保护的理想制度。

---

[1] Hugh C. Hansen et al., The Law and Policy of Protecting Folklore, Traditional Knowledge and Genetic Resources, 12 *Fordham Intell. Prop. Media & Ent. L. J.* 753, 795－796 (2002).

[2] Christine Haight Farley, Protecting Folklore of Indigenous Peoples: Is Intellectual Property the Answer? 30 *Conn. L. Rev.* 1, 55 (1997).

[3] Deming Liu, Can Copyright Lend Its Cinderellaic Magic to Chinese Folklore? 5 *J. Marshall Rev. Intell. Prop. L.* 203, 209 (2006).

第五章
版权客体基本原理的应用

实践是检验真理的唯一标准。版权客体基本原理只有在实践中才彰显其理论魅力。在我国现行著作权法中，虽然没有明确规定思想表达两分法，但该两分法作为著作权法的基本原理，在我国著作权法司法实践中还是具有广泛的适用空间。思想表达两分法本身就是激励创作与保留进入之间平衡的一种表现，保护表达是保护作者的创作成果，不保护思想是为后人创作留下广阔的空间。与思想表达两分法相关且功能具有同一性的是合并原则与情景原则，这两项基本原则也是合理限制著作权保护范围的，在司法实践中具有广泛的适用空间，适用得当可以将作品的著作权保护限制在合理的范围之内。另外，思想的表达只有具有原创性才能够受著作权法保护。然而，何为原创性，不仅在理论上存在争议，而且，在我国著作权司法实践中，对原创性的拿捏尺度也不尽相同。有的观点认为，原创性即作品来源于作者，而并非抄袭他人作品的结果；有的观点则认为，原创性的作品不仅要求作品来源于作者，而且须具有一定的创作高度；[1] 有的观点甚至认为，原创性的作品需要满足创造性的要求。对原创性不同的拿捏尺度会导致迥然不同的判决结果，对原创性的要求越高，对原告的保护程度越低；反之，对原创性的要求越低，对原告的保护程度越高。于是，在著作权司法实践中，包括思想表达两分法在内，作品原创性的要求似乎常常演变成法官司法能动性的事后说明，而不是作为判决理由。

第一节　思想表达两分法的应用

一、思想表达两分法在书法作品中的应用——以"猴寿"案为例

"猴寿"一案[2]可谓中国著作权法有关思想表达两分法实际应用的最

---

[1] 乐高公司诉广东小白龙玩具实业有限公司等侵犯著作权纠纷案（〔2010〕一中民初字第16670号）。

[2] "猴寿"案一审，西安市中级人民法院（2007）西民四初字第213号民事判决书（2008年1月7日）；"猴寿"案二审，陕西省高级人民法院（2008）陕民三终字第16号民事判决书（2009年8月21日）。

为经典案例之一，该案的原被告双方均为生活在陕西西安的书法爱好者。原告任某某采用书法与绘画相融合的方法，从猴头、猴额、猴眼、猴嘴、猴脖、猴胸、猴背、猴腰、猴臀、猴尾、仙桃等方面进行描画，创作出草书"寿"字与"猴"型相结合的字画艺术作品，并于1991年9月在陕西人民出版社出版发行的《山海丹》（任新昌著）一书的封面公开发表。

2004年，被告李某某在陕西电视台猴年春节晚会上发表了名为"太极猴寿"的书画作品。该作品同样由草书"寿"字和猴的形象图案构成（见图5-1）。任某某认为该作品侵犯了"猴寿"的著作权，故将李某某诉至西安市中级人民法院。后李某某不服一审判决，向陕西省高级人民法院提起上诉。

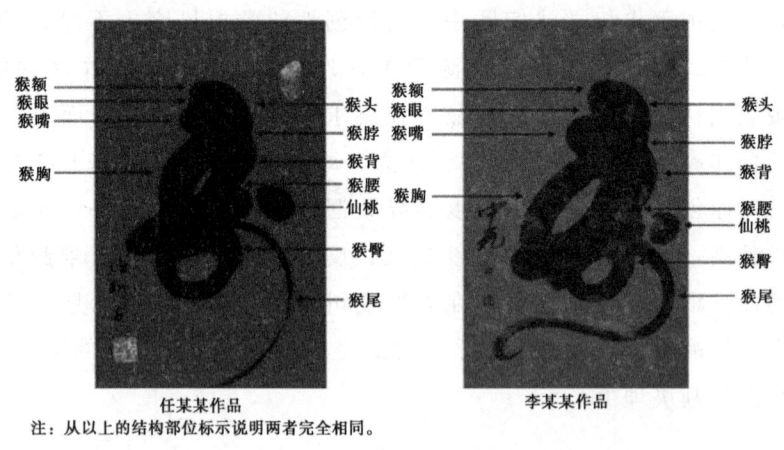

注：从以上的结构部位标示说明两者完全相同。

图5-1 "猴寿"案原被告作品对比图❶

一审法院审理认为，李某某创作的"太极猴寿"虽然融入了个人思想、感情和选择，但与任某某创作的"猴寿"比较，并没有脱离原作的形式，因此是对原作的复制，不能成为著作权法意义上具有独创性的作品，依法不应享有著作权。一审判决后，李某某不服，向陕西省高级人民法院提起上诉。二审法院认为，原审查明事实基本属实。但李某某的"太极猴寿"在猴头、猴身、猴尾的造型、姿态、可视性、视觉美感性等表现形式上与任某某的"猴寿"存在不同之处，如任某某的猴尾呈顺时

---

❶ 陕西省西安市中级人民法院（2007）西民四初字第213号判决书，陕西省高级人民法院（2008）陕民三终字第16号判决书。

针半圆形,而李某某的猴尾先呈顺时针半圆形后以回转一勾收笔。因此,李某某的作品表现形式已经具有著作权意义上的独创性,包含李某某的智力活动,应当认定"太极猴寿"具有独立的著作权。被告作品并不侵犯原告作品的著作权。

思想表达两分法是著作权法的基本原理,意指思想的表达形式而非思想受著作权法保护。就本案而言,欲评判两造作品之间是否构成著作权侵权关系,需要首先解决以下问题:被告从原告处所拿走的到底是思想还是表达。本案原告的创意"用猴子的形象书写'寿'字"确实值得称道,寓意非常深远。然而,创意并非著作权法保护的客体。著作权法保护的是创意即思想的表达方式。于是,如果本案被告只是借鉴了原告的这一创意,显然,不应构成著作权侵权行为。而事实上被告在创作其作品时确实借鉴了原告作品的创意,但这并不构成著作权侵权。在本案中,原告的书法作品即原告上述创意的表达形式,这种表达极具个性,显然能够满足原创性要件而获得版权保护。

从上述对"猴寿"案两审法院的判决要旨可以看出,两法院说理的焦点在于该案被告作品是否同原告作品构成实质性相似。不同之处在于,一审法院基于两造作品整体构架的近似认为两造构成实质性相似,而二审法院基于两造作品各个细节的不同否定两造作品构成实质性相似。从实质性相似的分析路径来看,前者采取的是整体概念和感觉原则,而后者则采取的是约减主义。采取两种不同路径所得出的结论也大相径庭。可见,在实质性相似的判定中,根据不同的作品类型,采取何种实质性相似的分析路径是个重要话题。

约减主义倾向于对作品进行解构,有限缩版权保护范围的功能;整体概念与感觉原则偏好于从整体上对作品是否构成实质性相似进行评判,有扩大版权保护范围的可能性。适宜地适用上述两种分析路径能够较好地实现版权法的促进创作与保留进入两种法律价值平衡的立法目的。首先,要把握好两项原则的适用范围,将其适用于适宜适用的作品之上;其次,要结合版权法的其他原理和原则,限制两项适用时所可能产生的不良效果的发生。同时,在同一案件中,两种不同分析路径也可能同时适用,但有先后顺序:对于适合用整体概念与感觉原则进行实质性相似分析的作品而言，例如美术作品等视觉艺术作品，通常先从整体概念与感觉的角度进行比较，找出导致作品之间整体概念与感觉相同或相近的作品之间相同或相近的要素，然后从约减主义的路径出发，分析上述相同或相近的要素是否构成应受版权保护的要素，在此分析过程中，不但要适用思想表达两分法，而且也应该考虑合并原则与情景原则的适用。

"猴寿"案所涉及的作品属于书法作品，属于视觉艺术作品，可以应用上述分析方法进行分析和解读。具体而言，在分析"猴寿"案两造作品是否构成实质性相似时，应采取下列步骤：第一步，两造作品经过比较，发现两造作品在整体概念与感觉上确实有相近的嫌疑；第二步，经过分析发现，这些整体概念与感觉上的相近是由两个方面的因素所引起，一是思想，二是两造书法作品的整体架构；第三步，虽然两造作品的思想确实相同，即"用猴子的形象来书写'寿'字"，然而思想的相同或相近并不能够导致版权侵权责任的发生；第四步，整体架构虽然是上述思想的表达，而这种表达具有有限性，即"用猴子的形象来书写的'寿'字"必然既有寿字的原型，又有猴子的外形特征，所以，该表达受合并原则限制而不能够获得版权保护；第五步，尽管两造作品之间在整体概念与感觉上确实有相近的嫌疑，[1] 然而，通过上述分析发现，并非由应受可版权性的表达所引起。相反，通过对两造作品的比较，除思想与整体架构相近之外，其他部分有很大差异，正如法院所述，两造作品中的猴头、猴尾、猴肚、猴臀均有较大差别，因此，尽管存在上述嫌疑，两造作品之间却并不构成实质性相似，不构成版权侵权的关系。

二、思想表达两分法在电视节目模式中的应用[*]

近年来，我国文化娱乐产业发展迅猛，其中表现非常突出的是电视综艺节目爆炸性增长。然而，许多电视综艺节目的骄子们却具有"山寨"嫌疑。2005 年火爆全国的《超级女声》是以美国著名选秀节目《美国偶

---

[1] 两造作品的整体概念与感觉相同，有可能是由不受版权保护的要素引起的，例如，抽象思想与处于公有领域的材料。See Daniel Su, Substantial Similarity and Architectural Works: Filtering out "Total Concept and Feel", 101 *Nw. U. L. Rev.* 1851, 1871 (2007).

[*] 与乔亚亚合作，感谢乔亚亚在资料收集、整理中所付出的辛勤劳动。

像》（American Idol）❷为原型融合本土元素形成的国内选秀节目；湖南卫视《快乐大本营》负责人曾正式承认《快乐大本营》就是参照香港《综艺60分》而来；东南卫视的强档季播王牌节目《舞林大会》带有严重模仿美国ABC电视台的《与星共舞》（Dancing With the Stars）的痕迹；国内火爆的相亲类节目《我们约会吧》和《非诚勿扰》节目形式蓝本为英国弗里曼特尔传媒（Fremantle Media）公司的《带我走吧》（Take me out）；看过《中国好声音》的观众不禁惊呼这简直就是荷兰电视节目《荷兰好声音》（The Voice of Holland）的中国版；韩国亲子类真人秀《爸爸！我们去哪儿？》换汤不换药地在中国加以浓郁的本土元素脱胎为《爸爸，去哪儿？》，一经登陆，收视率就一路飘红。可见，上述综艺类电视节目之所以被质疑为"山寨"，正是因为它们的电视节目模式来源于同类综艺节目。中国比较成功的综艺节目不乏从国外购进电视节目模式的例子，但同时也有模仿他人节目而被他人诟病者。于是，围绕电视节目模式，产生了大量疑问：电视节目模式交易的标的物是什么？电视节目模式是否能够获得著作权法保护？上述问题争议较大，引起了广泛的著作权讨论：有主张电视节目模式为应受著作权法保护的作品的观点，也有认为电视节目模式实际上是不应受著作权法保护的思想的观点。事实上，电视节目模式不仅在我国火爆，电视节目模式产业的发展已经在世界范围内如火如荼，电视节目模式交易市场非常繁荣。然而，电视节目模式之间的相互模仿也司空见惯，电视节目原创人常常通过各种途径寻求对电视节目模式的保护。❸正确界定电视节目模式的内涵与外延有利于规范我国文化产业发展的竞争秩序。

（一）电视节目模式基本原理

1. 电视节目模式的真实所指

所谓电视节目模式（TV Formats）又称电视节目模板，按照娱乐产

---

❷《美国偶像》（American Idol）事实上来源于英国电视节目《流行偶像》（Pop Idol）。See Neta-lie. Gotrlieb, Free to Air? -Legal Protection for TV Program Formats, 51 *Idea* 211, 212（2011）.

❸ Stefan Bechtold, The Fashion of TV Show Formats, 2013 *Mich. St. L. Rev.* 451, 454~455（2013）.

业界的解释，是指一个书面的展示，该展示阐述了特定系列节目的框架，主角将在这一节目框架所设置的情景中活动，且这一框架在每一个节目单元中是重复呈现的。❶ 从上述界定可以看出，电视节目模式不同于普通作品，并不是像书籍（其存在一样是供人们阅读的），也不像戏剧作品（其存在是供表演的），且已经超越了内容提要的程度。❷ 事实上，上述产业界定有混淆概念的嫌疑：电视节目模式并非书面的展示本身，而是其所展示的节目框架，节目框架是电视节目模式的实质，只不过这一框架需要用文字等符号表达出来，并且，电视节目模式交易的客体也应该是节目框架。基于上述界定，所谓电视节目模式，应指系列电视节目中一致性的要素，此点也被学界与司法界的不少专家认同。有争议的是，这些要素是否应受著作权法保护。有观点认为电视节目模式应属思想或创意的范畴，不应受著作权法保护。然而，从电视节目模式的产生过程来看，其早已经超越了创意的范畴，而转化成应受著作权法保护的表达方式。如果这种表达方式具有原创性，即可受著作权法保护。综上，电视节目模式是一种超越❸了电视节目创意的使得一系列电视节目具有一致性的艺术性设计。

2. 电视节目模式的特征

（1）电视节目模式具有衍生性。电视节目模式本身是一种作品，而

---

❶ "The term 'Format' means a written presentation which sets forth the framework of the serial or espisodic series within which the central running characters will operate and which framework is intended to be repeated in each episode, the setting, theme, premise or general story line of the proposed serial or episodic series and the central running characters which are distinct and identifiable including detailed characterizations and the interplay of such characters. It may also include one or more suggested story lines for individual episodes." Writers Guild of America, 1960 Television Film Basic Agreement (as modified by memorandum of June 15, 1966, re: 1966 WGA TV Film Negotiations, art. 1 (i) (aa)). See Robin Meadow, Television Formats-the Search for Protection, 58 *Cal. L. Rev.* 1169, 1170 (1970).

❷ Robin Meadow, Television Formats-the search For Protection, 58 *Cal. L. Rev.* 1169, 1170 (1970).

❸ Louis A. Day, A Copyright Dilemma: The TV Format, 22 *J. Broad.* 249, 250 (1978).

且是一种具有派生性的作品。电视节目模式好比是支撑血肉的骨架❶，在这一模式的基础之上，可以添加很多新鲜血液和元素，以呈现出效果即具有同一性，又具有特性的新作品。❷ 这就是电视节目模式的魅力之所在，也是电视节目模式可以成为有价值的商品的关键因素。例如，湖南电视台的真人亲子秀《爸爸，去哪儿？》就是使用了韩国电视台《爸爸！我们去哪儿？》的电视节目模式，在不同时间和空间内制作出的电视节目。然而，此电视节目模式的重复使用没有让电视节目模式受到任何形式上的减损，反而衍生出一系列新作品。实践中，之所以许多媒体热衷于引进电视节目模式的版权，是因为该模板已经在他国经过实践检验而取得商业上的成功，这种成功往往能够在另一国度延续。

（2）电视节目模式具有具体性。虽然电视节目创意对电视节目模式的形成具有至关重要的作用，如上所述，但电视节目模式早已超越电视节目创意的范畴，通过一系列具体性的步骤和环节设计成为一种应受著作权保护的表达形式。这些具体性的步骤和设计大到电视节目流程设置，小到捕捉参与者的表情，这些丰富的内容往往被完备地记载在电视节目制作书或其他载体上。电视节目模式的具体性是指其不是电视节目创意，而是成熟的电视节目制作方案，它是源于但高于电视节目创意或者是电视节目宗旨的表达。

（3）电视节目模式具有整体性。电视节目模式并非是指电视节目制作过程中的某个部分，而是整体系统的电视节目模板，❸ 从节目创意或是节目宗旨到节目制作过程中的每一个细节都是电视节目模式的有机组成部分。上述组成部分部分属于典型设计（该设计缺乏个性不能够受版权保护），部分属于个性创作；部分属于受外部因素决定的设计（该设计受合并原则限制不受版权保护），部分产生于节目内在逻辑（该部分是作者

---

❶ Robin Meadow, Television Formats-the Search for Protection, 58 *Cal. L. Rev.* 1169, 1174 (1970).

❷ 电视节目模式最重要的特征就是发挥一个模板功能，在该模板基础之上能够再创做出发生在不同的地域范围和情景中的具有同一性的节目。See Neta-lie. Gotrlieb, Free to Air? -Legal Protection for TV Program Formats, 51 *Idea* 211, 215 (2011).

❸ Neta-lie. Gotrlieb, Free to Air? -Legal Protection for TV Program Formats, 51 *Idea* 211, 217 (2011).

的创作过程中不得不作出的选择,同样受合并原则限制而不受版权保护);电视节目模式的价值少部分来自于单个设计要素的个性,大部分来自整体的节目模板对上述个体设计要素的个性的排列组合。❶ 由此,只有当这些元素组合在一起成为整体时,这个成果才能称之为电视节目模式。在诸多电视节目模式版权引进过程中,交易双方都是将电视节目模式这一整体作为交易标的。以《中国好声音》为例,中国好声音节目模式引进合同是综合性的合同体系,包括商标许可使用、美术作品授权、技术、劳务甚至货物买卖等。❷ 由此可以看出,电视节目模式涵盖了节目标识、舞台设计、制作技术和服务指导等诸多方面,它是一个综合的整体。

电视节目的具体性要求电视节目呈现出具体形态,整体性要求电视节目模式必须具备制作电视节目的各项元素。电视节目模式的整体性要求是对电视节目模式具体性的更高层次要求。电视节目模式的具体性元素组成一个整体,这些组成部分虽然可能为成为知识产权保护的客体,但是在电视节目模式交易中,它们必须是作为节目模式的组成部分存在,它们的法律权利变动服从于电视节目模式变动。

(二) 电视节目模式保护的现状

迄今为止,世界上还没有国家对电视节目模式进行明确的立法保护,也没有出现任何一个关于电视节目模式保护的国际公约。在法国戛纳于2000年4月成立的欧洲电视节目模式版权协会(the Format Recognition and Protection Association,简称 FRAPA)是目前唯一一个与电视节目模

---

❶ 《幸存者》(Survivor)的成功并不在于将一群陌生人置于一个岛上让其同自然做斗争,不仅来自于游戏规则(需要说明的是,游戏规则本身并不受版权保护)、支持人与音乐的选择、摄像角度、节目的语气与风格、广播时间的选择等,而是这些要素的有机结合所形成的整体。See Netalie. Gotrlieb, Free to Air? -Legal Protection for TV Program Formats, 51 Idea 211, 217 (2011). 思想不受版权保护几乎没有争议,但思想的组合(Combinations of Ideas)在部分司法实践中被认为可受版权保护。See Robin Meadow, Television Formats-The Search For Protection, 58 Cal. L. Rev. 1169, 1175~1176 (1970). 事实上,不论是思想本身,还是思想的组合,都是思想,并不满足可版权性的要件。在电视节目模式中,各个构成要素可能构成不受版权保护的思想或受合并原则限制从而不受版权保护的表达,上述要素的排列组合却可能构成可版权性的表达,从而受到版权保护。

❷ "中国好声音炒热'电视节目版权'话题",载 http://money.163.com/13/1129/06/9ER2JJLM00254TI5.html,2013年11月29日访问。

式相关的国际组织。但是该协会仅仅是对纠纷双方进行调解、斡旋的非官方的民间组织机构。它的目的是促进电视节目模式交易的正常进行，不具有法律权力。协会的主要职责是促进电视播出机构、节目制作公司和节目销售公司对节目模式的认可和在法律上予以保护。FRAPA在建立之初就设立了节目模式注册机制。节目模式的创作者提交能够说明模式细节的方案、脚本、故事大纲或者视频文件，通过这个系统进行注册获得该协会的保护。一旦发生剽窃节目模式的争议，经过注册的节目就可以利用FRAPA提供的调解机制保护自己的权益。尽管这种调解仅仅是促成争议双方达成一致意见，不具法律效力，但目前调解已经成为FRAPA保护节目模式最有力的手段。❶ 虽然FRAPA能够通过注册制度和调解制度解决纠纷，但是仅仅局限于行业自律，不具有法律效力，属于私立救济，不能对请求主体进行全面救济。

在我国，电视节目模式的保护几乎处于空白状态。有些电视台尝试就电视节目模式申请专利。例如，2001年8月，北京电视台游戏栏目《梦想成真》制作方就向国家专利局申请了节目形式专利权保护，但被拒绝。国家专利局的理由是，电视节目形式专利申请尚无先例。❷ 这应该是我国电视节目制作方首次在知识产权领域内为电视节目模式寻求保护的尝试。当电视节目制作人向国家版权局申请对其模式进行版权登记时，国家版权局给出的答复是"节目整体在符合著作权法要求的情况下可以获得版权登记，但是对电视节目模式尚无规定"。❸ 在此之后陆续出现的关于电视节目模式的纠纷都不了了之，没有下文。

立法、司法和行政上对电视节目模式的保护没有及时进行有效跟进，这就使得我国的电视节目频繁呈现出恶意"复制"和"克隆"等现象，很多经典的电视娱乐节目在众多"山寨"的围攻下，仅仅是昙花一现，风光不再。相较之下，国外很多经典的娱乐节目，例如《美国偶像》，依

---

❶ "电视节目模式的版权交易与保护"，载 http://www.sipo.gov.cn/mtjj/2013/201307/t20130726_809558.html，2013年12月1日访问。

❷ 王婧："中国电视节目版权保护的法律盲区"，载《青年记者》2010年5月（上），第64页。

❸ 胡骋："电视节目模版的版权性质"，载《人民司法》2011年第15期，第95页。

旧活跃在荧屏上，这与对电视节目模式的保护是密切相关的。电视节目模式内在的商业价值和社会价值迫切需要一个行之有效的保护方式为它的长远发展保驾护航。

（三）电视节目模式法律保护路径分析

具有原创性的电视节目模式应该获得相应的法律保护，否则，电视节目模式的创作激励将存在问题。电视节目模式产业也在从几个方面寻求对电视节目模式的保护。这些努力大致包括以下几个方面：（1）寻求电视节目模式的版权保护；（2）寻求电视节目模式的反不正当竞争法保护；（3）寻求电视节目模式的合同法保护。以上三种保护模式都能够在一定程度对电视节目模式创作人提供保护，但是，各自的角度并不相同。

1. 电视节目模式的著作权法保护

电视节目模式源于电视节目创意，但不同于电视节目创意。电视节目创意属于不受著作权法保护的思想，电视节目模式往往已经超越了思想的范畴，转化为可以受到著作权法保护的表达形式。电视节目模式的精髓就是形式，这种形式表现为系列电视节目中具有一致性的设计，只要在这些设计之上添加不同的题材和场景，营造不同的氛围，其产物就被认定为另外一种表达方式，这就使得电视节目的"克隆"变得轻而易举。诸多法院在认定电视节目模式是否受著作权法保护的时候之所以倍感头痛，就在于其没有认清电视节目模式复杂的著作权状态：促进电视节目模式产生的电视节目创意属于不受著作权法保护的思想；电视节目模式是该思想的表达方式，是应受著作权法保护的客体；在电视节目模式的基础之上所最终形成的电视节目属于在电视节目模式的基础之上创作的新作品，属于演绎作品的范畴。

（1）电视节目模式在我国著作权法中的地位。根据我国著作权法的规定，作品是指文学、艺术和科学领域内具有独创性并能够以某种有形形式复制的智力成果。从此可以看出，我国著作权法意义上的作品应该是一种智力成果，作品要想获得著作权法保护，须具有独创性和可复制性。电视节目模式是否可以被我国著作权法保护，关键看其是否能够成为我国著作权法意义上的作品，是否能够满足作品的可版权性要件。

其一，电视节目模式是思想的表达形式，作品思想表达两分法是著作权法的基本原理，著作权法不保护思想，保护形诸有形形式的表达。这些有形形式就是人们所共同认可的意义符号的排列组合。❶ 电视节目模式起源于电视节目创意而不同于电视节目创意。这一点可以从电视节目模式的创作过程可以看出。通常而言，一个电视节目模式的创作需要经过以下几个步骤：第一步，电视节目思想的提出。第二步，创作"书面模式"（paper format），所谓"书面模式"，是指在第一步所提出的思想基础之上发展出来的被进一步开发出来的思想与节目的详细设计的书面陈述，其往往作为节目生产的起点。第三步，创作"节目模式"（program format），在这一创作阶段，技术性和生产性的要素被添加，节目所需的广泛的知识基础被创作。"节目模式"整合了许多不同的要素：其中一些来自于"书面模式"，例如规则、名称、地址等；其他一些来自于被添加的生产知识，例如音乐、计算机程序、参与者与主持人的特征等。所有这一切有机构成节目的结构与特质。第四步，播出剧集，剧集是建立在"节目模式"基础之上的。❷ 从电视节目模式创作的过程与步骤可以看出，电视节目模式同电视节目创意不同；电视节目创意是不受著作权法保护的思想，而电视节目模式设计包含角色发展、主题、舞台布局、情节和故事线索等要素，❸ 往往已经足够具体化并超过抽象思想的范畴而演化成一种表达方式。❹ 具体而言，电视节目模式的具体性要求其必须是一个切

---

❶ 卢海君：《版权客体论》，知识产权出版社 2011 年版，第 117 页。

❷ Neta-lie. Gotrlieb, Free to Air? -Legal Protection for TV Program Formats, 51 *IDEA* 211, 215 (2011).

❸ Louis A. Day, A Copyright Dilemma: The TV Format, 22 *J. Broad.* 249, 250 (1978).

❹ 传统观点基于思想表达两分法武断地认为电视节目模式属于不受版权保护的思想。其之所以得出这样的结论，是因为，其将认为思想与表达的两分是一个一刀切的界限。殊不知，思想表达两分法是一个有最为抽象的思想到最为具体的表达渐次转化的过程。See Robin Meadow, Television Formats-The Search for Protection, 58 *Cal. L. Rev.* 1169, 1174 (1970). 另参见卢海君：《版权客体论》，知识产权出版社 2011 年版，第 46~48 页。经过梳理这一过程，作品的构成要素可以分为不同的抽象层次，按照抽象测试法，在这些不同的抽象层次中，存在一个临界点，临界点之上的属于不受版权保护的要素，临界点之下的属于应受保护的要素。电视节目模式属于临界点之下的要素。而不是如同传统观点，因为电视节目模式不属于最终的最为具体的表达，故而属于不受保护的思想。从上述分析可以看出，这一结论是武断的。

实可行并且能够呈现创意的方案,❶ 也就是说制作人在实现创意的过程中必须借助专业技能进行具体设计和不断完善才能充分表达电视节目创意进而形成电视节目模式。随着创作进程的推进,作者日益将自己的个性选择与判断融入抽象思想中,❷ 最终形成有形形式的表达,❸ 电视节目创意转化为电视节目模式,成为应受著作权法保护的表达形式。

其二,电视节目模式具有可复制性。根据我国著作权法的规定,作品须满足可复制性要件才能够获得著作权法保护。我国著作权法所指的可复制性是机械复制,而非套用或模仿。复制的目的在于制作一份或是多份与原作品相同的作品。❹ 目前很多学者认为,在电视节目模式的侵权纠纷中,被告方并非是简单地机械复制原告的电视节目作品,而是运用原告电视节目中的创意和形式,产生新的电视节目作品。其实这些学者并没有厘清电视节目创意、电视节目模式和电视节目最终表达形式之间的逻辑关系:电视节目创意催生了电视节目模式,但其为思想,并不能够受著作权法保护;电视节目模式是思想的表达形式,是应受著作权法保护的客体;电视节目最终表达形式是电视节目模式的演绎作品。虽然在电视节目模式的纠纷中,被告节目往往并没有同电视节目最终表达形式完全相同,但其电视节目模式和原告电视节目模式构成实质性相似,可谓"如出一辙"。此种实质性相似所导致的结果是电视节目模式的著作权侵权。从实践中出现了如此多的电视节目模式纠纷可以看出,电视节目模式具有可复制性,否则不可能出现"如出一辙"的情形。形象地说,电视节目模式为剔除每一期单独的节目中不断变化的元素后所剩余的不可变更的元素的结合,❺ 其他变化元素由于不属于电视节目模式的构成元

---

❶ 如同情节设计,表面上看是尚未完成的作品,然而,其确是最终作品的有机构成要素。See Robin Meadow, Television Formats-The Search for Protection, 58 *Cal. L. Rev.* 1169, 1174 (1970).

❷ 具体的表达方式存在于抽象的思想与最终具体的表达,这在电视节目模式领域也是如此。See Hamilton National Bank v. Belt, 210 F. 2d 706, 709 (D. C. Cir. 1953).

❸ 卢海君:《版权客体论》,知识产权出版社2011年版,第118页。

❹ 吴汉东:《知识产权基本问题研究》,中国人民大学出版社2005年版,第266页。

❺ Shelly Lane, Format Rights in Television Shows: Law and Legislation Process, 13 *Statute L. Rev.* 24, 25 (1992).

素,尽管原被告电视节目中的变化元素不同,但不变元素一致时,仍然构成著作权侵权。当前国内很多实力雄厚的电视台正是复制了这些不变元素才在同类节目中拔得头筹,取得骄人的收视成绩。实践证明,这些不变元素是极具商业价值的文化产品。❶

其三,电视节目模式的独创性。根据我国著作权法的规定,独创性是作品获得著作权法保护的核心要件。作品的独创性要件主要强调作品源于作者的主观创作性活动,这种活动同作品之间是"源"与"流"的关系。事实上,没有作品是"真正"原创的,所有的作品都利用了已经存在的因素。考察一部作品是否具备原创性,关键是考察该作品是怎样利用已存材料,是全面复制,还是加入了作者自己的选择与判断。❷ 创作人在实现电视节目创意的过程中运用专业技术,融入具体设计方式和方案,对已存材料进行了个性的选择与判断形成了电视节目模式。具体来讲,从舞台设计到灯光色彩,从背景音乐到录像机的机位布置,从节目流程到主持人风格等诸多方面,创作人通常都进行了的选择和判断。这些选择与判断如果具有个性与特色,则该电视节目模式具备原创性从而可以获得著作权法保护。例如,《中国好声音》的节目创意是导师通过对学员声音盲听来决定是否转椅。创意本身不受著作权法保护,但是《中国好声音》极具个性的选手入场方式、极具对抗色彩的拳击比赛风格的舞台设计、导师转椅环节设计、节目流程还有主持人别具风格的主持方式等都体现了创作人的个性选择与判断。可见,《中国好声音》的电视节目模式具有独创性。而贵州卫视都市约会节目《非常完美》也运用了盲听转椅的节目创意,但是在舞台设计、嘉宾席位设计还有主持风格等方面与《中国好声音》完全不同,在设计节目模式时,创作人可能利用了《中国好声音》的节目创意,但加入了制作人自己的个性的选择和判断,也就是利用他人创意进行再创作使《非常完美》具有原创性。

(2)利用著作权法保护电视节目模式的利弊。知识产权法秉承着促

---

❶ 电视节目模式在娱乐市场中如同其他文学艺术创作一样是一种有价值的商品。Robin Meadow, Television Formats-The Search for Protection, 58 *Cal. L. Rev.* 1169, 1171 (1970).

❷ 卢海君:《版权客体论》,知识产权出版社 2011 年版,第 171 页。

进知识、保护创作者和公共领域保留的政策不断推动社会的进步和发展。❶ 有观点认为，倘若将电视节目模式纳入著作权的保护范围之内，那么在创作人的有生之年中这种节目模式将会被垄断，这将不利于社会文化的进步。这种观点其实是对电视节目模式的误解，错误地将电视节目模式等同于电视节目创意。电视节目模式不同于不应受著作权法保护的普通模式，电视节目具有具体性和整体性，已经远远超越思想的范畴，是电视节目创意从思想到表达转化的产物。《中国好声音》的亮点之一是导师对声音盲听通过转椅决定是否选择学员，这一创意也被用到贵州卫视的《非常完美》相亲节目中，这显然不构成电视节目模式的著作权侵权，因为后者借鉴的仅仅是不受著作权法保护的创意。因此，正确理解了电视节目模式的内涵和外延，有效地区分电视节目模式和电视节目创意，严格遵循著作权法基本原理思想表达两分法，赋予电视节目模式著作权保护并不会导致垄断。

根据思想表达两分法，电视节目创意不受著作权法保护。然而，电视节目创意对电视节目模式的形成和最终电视节目的成功，往往起到至关重要的作用。因此，如果仅仅保护电视节目模式，而不保护电视节目创意，可能会对电视节目创意的提出者不公平。这种不公平不能够在著作权法的框架中予以解决，要解决这个问题，需要在其他法律领域寻求路径，如反不正当竞争法、合同法等。❷

2. 电视节目模式的反不正当竞争法保护

知识产权法和反不正当竞争法之间存在微妙的关系。传统观点认为，知识产权法是浮在冰面上的冰山，反不正当竞争法则是托起冰山的海水。在知识产权法力所不及的地方，反不正当竞争法起着补充作用。❸ 著作权法以确权和维权的方式对智力成果的权属和利益分享进行规制，在电视节目模式的保护上也是如此。而反不正当竞争法则与之不同，它不需要对电视节目模式进行性质上的认定，只需要判定是否存在不正当竞争行

---

❶ L. Ray Pattern, Stanley W. Lindberg, the Nature of Copyright: A Law of Users' Right, the University of Georgia Press. 49, 55 (1991).

❷ 卢海君：《版权客体论》，知识产权出版社2011年版，第106页。

❸ 孔祥俊：《反不正当竞争法的适用与完善》，法律出版社2010年版，第124页。

为即可，如果著作权法对电视节目模式不置可否，则其可以如此迂回方式为电视节目模式保护提供一定程度的法律保护屏障。例如，新闻事实属于不受著作权法保护的对象，但"搜集新闻之痛"可以在不正当竞争法的框架内获得保护：原告为制作这个热点新闻投入了时间、精力和金钱；这个热点新闻被被告以极少的成本甚至零成本盗用；该行为给原告造成损失，原告失去了一些读者或观众；❶ 被告的行为构成盗用侵权。在美国职业男子篮球联盟诉摩托罗拉案中，非法盗用诉讼的内容得以进一步明确：（1）原告为获取这些信息付出了一定的代价；（2）这些信息具有时间上的敏感性；（3）被告使用这些信息是一种搭便车行为；（4）这种使用与原告构成直接竞争；（5）这种搭便车行为降低了原告产品或服务的吸引力，对产品或服务的存在产生了实质性的威胁。❷ 同理，电视模式的创作者在创作电视节目模式的过程中付出了人力和物力的投入，从而使其具有创新性和商业价值，模仿人的搭便车行为，将直接损害到创作人的利益。由此可见，通过反不正当竞争法或许可以对电视节目模式进行"兜底"式的全面保护。❸ 作为一种新的侵权责任类型，不正当竞争的具体行为包括仿冒行为、商业诋毁、侵犯商业秘密和其他滥用经济自由的行为。❹

（1）以商业秘密进行初步保护。根据《反不正当竞争法》，商业秘密是指不为公众所知悉、能为权利人带来经济利益、具有实用性并经权利人采取保密措施的技术信息和经营信息。在节目模式的使用和运行过程中，关于节目创意、场景设置、背景音乐、节目流程和游戏规则等与电视节目模式有关的信息对外通常都是保密的，不为公众所知的。我国很多电视节目一出生就被贴上了"山寨"标签，其根本原因在于它们只是对国外成功电视节目的形式模仿，无法获知电视节目的核心和关键内容、具体节目制作手段等信息。电视节目播出后，节目制作人也会对节目模

---

❶ Int'l News Serv. v. Associated Press, 248 U.S. 215, 215 (1918).

❷ National Basketball Association v. Motorola, Inc. 105 F. 3d 841 (2d Cir. 1997).

❸ 我国传统知识产权理论认为，竞争法同知识产权法是兜底保护的关系，在此，暂且借用这一说法。实际上，兜底保护一说并不精确。参见本书第五章第十节"应用二"的相关内容。

❹ 孔祥俊：《反不正当竞争法新论》，人民法院出版社 2001 年版，第 37 页。

式的相关信息采取保密手段,以保证其独特性。在电视节目模式的版权交易中,类似于专利许可中的"know how",与电视节目模式有关的"技术信息"往往由供方的技术人员上门面授。这些"技术信息"满足商业秘密的构成要件,可以作为商业秘密获得反不正当竞争法的保护。对这些"技术信息"的保护可以对电视节目模式提供一定程度的反射保护。

(2) 以仿冒行为进行再次保护。我国《反不正当竞争法》规定经营者不得擅自使用知名商品特有名称、包装、装潢,或者使用与知名商品近似的名称、包装、装潢,造成和他人知名商品相混淆,使购买者误认为是该知名商品。电视节目是包含社会必要劳动时间,是为了满足观众的文化娱乐需求而产生的,故电视节目具有价值和使用价值,应当被认定为商品。通常而言,一个电视节目模式被其他竞争者"克隆"的前提条件是该电视节目模式的收视率高。因此,在电视节目模式纠纷的场合,原告电视节目往往可以被认定为"知名商品"。诸多"山寨"节目虽然没有掌握节目模式中的核心技术,但是通过对节目单元、舞台设计、节目流程等元素形式上的模仿,最后达到了"形似"的节目效果。这种行为可能构成商业混同行为从而受到我国反不正当竞争法的规制。

3. 电视节目模式的合同法保护

不同于版权,通过合同建立起来的法律关系是一种相对关系,通常并不涉及合同关系之外的第三人。因此,尽管对电视节目模式赋予版权保护可能存在不适当影响社会公共利益的嫌疑,在相对关系中保护电视节目模式却是一种较好的选择。合同双方当事人如果明示合同建立双方提供与接受电视节目模式的合同,在此种情形之下,不论电视节目模式被界定为表达,还是被界定为思想,都不影响受方向供方支付合同对价。然而,在通常情况之下,电视节目模式的供方都是弱势群体,❶ 不可能同电视节目模式受方签订平等的明示合同。故而,司法实践中,常常用默示合同理论来保护电视节目模式供方的合法权益。不同于明示合同保护,电视节目模式的默示合同保护中,部分司法实践要求电视节目模式需要

---

❶ 在实践中,经常出现如下情形:作者试图将其认为具有可销售性的电视节目模式卖给制片人,制片人往往表面上拒绝,但制片人按照该电视节目模式制作了电视节目。Robin Meadow, Television Formats-The Search for Protection, 58 *Cal. L. Rev.* 1169, 1169 (1970).

满足新颖性与具体性的要件才能够受到默示合同的保护。❶

（四）结语

电视节目模式是一种文化产品，其商业价值日趋重要。为了发展我国的文化产业，❷需要对电视节目模式赋予适宜的保护。在建立电视节目模式保护制度时，应该厘清电视节目模式的内涵和外延，正确定位电视节目模式同电视节目创意、电视节目之间的逻辑关系，从而正确认识其在著作权法中的合理地位。有效确定电视节目模式的著作权法地位的前提是厘清与电视节目模式相关概念的逻辑关系。电视节目创意催生电视节目模式，但其属于思想，不应该受著作权法保护；在电视节目模式的基础之上最终形成的电视节目是电视节目模式的演绎作品，电视节目模式同电视节目本身是两个层次的作品，仅仅电视节目的可变元素的不同并不能够否定由系列节目中的不变元素有机构成的电视节目模式侵权行为的构成；电视节目模式是电视节目创意的表达，在具有原创性时能够作为作品受到著作权法保护。同时，反不正当竞争法可以为电视节目模式提供一定程度的"迂回"保护。

从世界范围来看，电视节目模式的保护也在不断地迈向法治化进程。2010年4月11日，在法国戛纳举行的FRAPA成立10周年庆祝仪式上，FRAPA与世界知识产权组织仲裁和调解中心合作，联手对节目模式盗版相关争议提供替代解决方案。世界知识产权组织仲裁和调解中心将认可FRAPA的调解结果，对于FRAPA提交的争端，将依据2009年11月通过的《WIPO电影和媒体调解和快速仲裁规则》尽快处理。❸ 模仿是创新的前提。然而，沉迷于"山寨"并不是文化产业发展的应走之路。

---

❶ 卢海君：《版权客体论》，知识产权出版社2011年版，第110～113页。

❷ 不论电视节目模式的认识怎样模糊，有何争议，电视节目模式已经成为欧洲被频繁交易的产业。Neta-lie. Gotrlieb, Free to Air? -Legal Protection for TV Program Formats, 51 I-dea 211, 212 (2011).

❸ 黄威："电视节目模式的版权交易与保护"，载 http://www.sipo.gov.cn/mtjj/2013/201307/t20130726_809558.html，2013年12月1日访问。

第二节　作品本质原理的应用

一、作品本质原理在"电影作品"中的应用

我国现行著作权法有关电影作品的定义性规定体现在《著作权法》（2010年）第3条第1款第6项和《著作权法实施条例》（2002年）第4条第11项。《著作权法》第3条第1款第6项规定"电影作品和以类似摄制电影的方法创作的作品"（即学界通常所谓的"电影作品"，以下简称"电影作品"）属于著作权法保护的作品类型之一。《著作权法实施条例》第4条第（11）项将"电影作品"定义为"摄制在一定介质上，由一系列有伴音或者无伴音的画面组成，并且借助适当装置放映或者以其他方式传播的作品"。我国《著作权法》对电影作品的定义除了"表现形式"的限定性之外，还加上了"创作方法"的限定性，规定只有通过"摄制"的方法创作的作品才属于"电影作品"。

我国现行著作权法对电影作品的定义是否符合著作权法基本原理？是否同于各国普遍的立法例？是否能够满足科技和社会的发展要求？

（一）我国现行著作权法有关电影作品的定义及缺陷

1. 著作权客体的本质及类型化的一般标准

"思想表达两分法"是著作权法的基本原理，该两分法的基本含义是著作权法只保护思想的表达，而不保护思想本身。[1] 可见，作品的本质是"表现形式"，这些"表现形式"一般体现为人们所共同认可的意义符号的排列组合以及能够由这些排列组合所直接限定的要素。[2] 作品的本质规定性决定了应当从"表现形式"入手对作品进行定义和类型化。

从我国现行著作权法对各种不同类型作品的界定（定义）可以看出，我国法对作品的界定基本上都是从"表现形式"的角度进行的，对作品的分类也是在此基础上作出的。根据我国现行《著作权法》第3条的规

---

[1] 卢海君：《版权客体论》，知识产权出版社2011年版，第13页。
[2] 同上书，第48页。

定，著作权法所保护的作品包括以"文字作品；口述作品；音乐、戏剧、曲艺、舞蹈、杂技艺术作品；美术、建筑作品；摄影作品；电影作品和以类似摄制电影的方法创作的作品；工程设计图、产品设计图、地图、示意图等图形作品和模型作品；计算机软件；法律、行政法规规定的其他作品"等"形式"创作的文学、艺术和自然科学、社会科学、工程技术等作品。可见，我国《著作权法》对作品的界定是从"表现形式"这一角度进行的。这一点从《著作权法实施条例》第 4 条对作品的界定中也可以看出。例如，该条将文字作品界定为小说、诗词、散文、论文等"以文字形式表现"的作品；将口述作品界定为即兴的演说、授课、法庭辩论等"以口头语言形式表现"的作品等。这种定义和分类的方法符合著作权法的基本原理。

2. 我国现行著作权法对电影作品的定义方式及其不足

如上所述，从"表现形式"这一角度对作品进行定义和分类是我国著作权法对除了"电影作品"之外的其他作品进行规范的普遍实践，这也符合著作权法的一般原理。然而，从我国现行《著作权法》和《著作权法实施条例》对电影作品的界定我们可以看出，我国著作权法对电影作品的定义并非纯粹从"表现形式"的角度进行，还增加了"创作方法的限定性"。例如，"类似摄制电影的方法"和"摄制在一定介质上"等用语在一定程度上表明，在我国，一部作品要构成"电影作品"，必须以"摄制"的方法进行创作。

我国著作权法有关电影作品的定义来源于《伯尔尼公约（1971 年文本）》。[1] 这种界定方式满足了一定历史时期社会发展的要求。随着录像技术、电视广播技术等现代科学技术的发展，一系列新型智力成果不断出

---

[1] 《伯尔尼公约（1971 年文本）》第 2 (1) 条规定，"文学和艺术作品"是指文学、科学和艺术领域内以任何方法或形式表现的一切产物，……电影作品和以类似摄制电影的方法表现的作品；……。参见郑成思：《知识产权法（第二版）》，法律出版社 2003 年版，第 299 页。

现，例如电视剧作品、音乐电视等❶。电视剧的拍摄过程比电影的拍摄过程要粗糙一些，但基本步骤是一样的，所以电视剧一般都被归入电影作品。❷我国现行著作权法中所谓"以类似摄制电影的方法创作的作品"主要指的就是电视剧作品。除此之外，可能还包括所谓的"录像作品"❸。另外，音乐电视的创作方法也是摄制，所以，音乐电视在"表现形式"和"创作方法"两个方面都等同于电影作品，也可以归入电影作品进行保护。《最高人民法院关于审理涉及音乐电视著作权民事纠纷案件适用法律若干问题的解释（征求意见稿）》确立了音乐电视作品作为"电影作品"进行著作权保护的法律地位。例如，该"解释"的第1条第1款规定，以音乐为题材，通过类似摄制电影的方法制作的，具有独创性的音乐电视，属于《著作权法》第3条第（六）项规定的作品（即"电影作品和以类似摄制电影的方法创作的作品"）。该"解释"的第2条规定"音乐电视"的著作权归属于制片人，这种规定也等同于著作权法有关电影作品著作权归属的规定。❹所以，利用"表现形式"加上"创作方法"的定义方式来界定"电影作品"有可能包容在上述两个方面都等同于电影作品的新型智力成果形式。

虽然如此，我国现行著作权法对电影作品的定义模式并不符合实际情况，也不能够满足科技与社会进一步发展的需要。如上所述，我国现行著作权法对电影作品的界定，除了"表现形式"的要求之外，还从"创作方法"这一层面对电影作品的范畴进行了限定。由此，这种立法模

---

❶ 20世纪80年代初，美国有线电视网开办了一个新栏目MTV，内容都是通俗歌曲，由于节目制作精巧，歌曲都是经过精选的优秀歌曲，因此观众人数直线上升，很快就达到数千万。之后，英、法、日、澳等国家的电视台也相继开始制作播放类似节目，并为MTV的制作定型，即用最好的歌曲配以最精美的画面，使原本只是听觉艺术的歌曲，变为视觉和听觉结合的一种崭新的艺术样式。这种新的艺术形式就是音乐电视（MV）。音乐电视从90年代开始引进中国，并且迅速风靡于全国。音乐电视是一种搭配整首音乐（通常大部分是歌曲）的短片或影片。

❷ 郑成思：《知识产权法（第二版）》，法律出版社2003年版，第299页。

❸ 对于录像作品的含义，学界似乎并没有形成一致意见，代表性的观点认为如果录制过程与电影的摄制过程基本相同的话，这种操作所形成的产物就是录像作品。参见郑成思：《知识产权法（第二版）》，法律出版社2003年版，第299页。

❹ 之所以要对音乐电视作品的著作权法地位作出司法解释，在一定程度上也说明我国著作权法对电影作品的定义使得司法实践对这种作品的著作权法地位产生了分歧。

式只能涵盖在"表现形式"和"创作方法"两个层面都等同于电影作品的新型智力成果；但可能将"表现形式"同于"电影作品"而"创作方法"不同于"电影作品的创作方法"的作品排除在"电影作品"的范畴之外，使其著作权法律地位难以恰当确定。

随着经济社会的不断发展，新型智力成果不断涌现，实践中出现了诸如动画片❶、电脑游戏中的动画场面、FLASH等新型的在"表现形式"方面同于电影作品的作品，但上述作品的创作大部分显然不是通过"摄制"的方法进行的，而是通过电脑制作的。这样一来，上述作品是否适用《著作权法》中有关"电影作品"的规定则不无疑问。如果上述作品不能够归入我国《著作权法》第3条所规定的"电影作品"，它们显然不属于该条所规定的其他类型作品，于是我们无法适当确定其在著作权法上的地位。可见，我国现行著作权法对电影作品的定义方式不具有"周延性"和"包容性"，进而不能够适应科技和社会发展对著作权法的新要求，不具备合理性。

（二）国外有关电影作品的立法经验及启示

1. 外国著作权法对普通作品的定义和分类是从"表现形式"这一角度进行的

世界各国（地区）的著作权法一般是从"表现形式"这一角度出发来区分著作权法所保护的不同类型作品的。例如，现行1976年《美国版权法》将版权客体区分为文字作品；音乐作品；戏剧作品；绘画、图形和雕塑作品；电影作品和其他视听作品（motion pictures and other audiovi-

---

❶ 有学者根据世界知识产权组织对伯尔尼公约的解释，认为伯尔尼公约中所谓的"电影作品"包含动画片。参见郑成思：《知识产权法（第二版）》，法律出版社2003年版，第298页。《伯尔尼公约（1971年巴黎文本）指南》也认可这种观点。参见刘波林译：《保护文学和艺术作品（附英文文本）伯尔尼公约（1971年巴黎文本）指南》，中国人民大学出版社2002年版，第15页。需要说明的是，动画片的制作方法有多种，确实有一部分动画片的制作是通过摄制的方法进行的，跟传统的电影作品一样，所以，将这部分动画片作为电影作品进行保护是没有问题的，大部分的司法实践也是这样做的。不过，通过摄制以外的其他方法创作的动画作品的法律地位应当如何予以确定，仍然是一个悬而未决的问题。

sual works）；录音作品（sound recordings）❶；建筑作品等。该法第101条将"文字作品"界定为视听作品以外的"以数字、文字或其他语言、数字符号或标记表现"的作品，无论其载体的性质如何。该条对其他类型作品的界定也是从"表现形式"这一角度进行的。❷《法国知识产权法典》第L.112-2对作品的分类同美国版权法大同小异，认为著作权法所保护的作品包括文学、艺术及科学书籍、小册子及其他文字作品（即文字作品）；报告、讲演、布道词、辩护词及其他同类作品（即口述作品）、戏剧或戏剧音乐作品（即戏剧作品）；以书面或其他方式固定其表演的舞蹈、马戏、哑剧（即舞蹈作品等）；配词或不配词的音乐作曲（即音乐作品）；有声或无声的电影作品及其他由连续画面组成的作品（即视听作品）等。可见，《法国知识产权法典》对作品的分类也是从"表现形式"这一角度进行的。由此可见，从"表现形式"的角度对作品进行定义和分类是各国著作权法的普遍实践。

2. 外国著作权法对电影作品的定义是从"表现形式"这一角度进行的

世界各国著作权法对作品的定义一般都是从"表现形式"的角度出发进行的，它们对电影作品的定义也是如此。

《法国知识产权法典》第112-2条规定电影作品和其他由一系列活动画面组成的作品，无论有声或无声的，统称为"视听作品"，是著作权法保护的智力作品。可见，《法国知识产权法典》不仅规定了"电影作品"，而且规定了比电影作品外延更为广泛的"视听作品"。不过，不管是视听作品也好，电影作品也罢，它们具有一个共同的特点，就是"由一系列活动画面组成"，即他们的表现形式是"一系列活动画面"。所以，《法国知识产权法典》对电影作品的定义是从作品的"表现形式"着手进行的。

《西班牙著作权法》第86条将包含电影作品的视听作品界定为由

---

❶ 有学者将其翻译为录音制品。参见李明德、许超：《著作权法》，法律出版社2003年版，第190页。不过，录音制品是邻接权的概念，而美国是版权法体系的国家，在其版权法制度中，并没有邻接权制度，故将其翻译为录音作品似乎比较适当。

❷ 参见1976年《美国版权法》第101条的相关规定。

"一系列相关联的影像表现"的作品,无论是否有与之合成一体的音乐伴随,作品本质上是为了通过放映设备或其他公开通信手段向公众放映影像、声音,而不论该作品所在的物质载体本身的形式如何。可见,《西班牙著作权法》对电影作品的定义也是从"表现形式"的角度进行的,规定包含电影作品的视听作品的"表现形式"是"一系列相关联的影像"。

《日本著作权法》第2条第(3)款将电影作品界定为包括由产生类似电影中视觉或视听觉效果的方法"表现"的,并且固定于物质载体的著作物。可见,日本著作权法对电影作品的定义也是从"表现形式"的角度进行的。

《荷兰著作权法》第45条a款规定电影作品指由有序列的影像组成的作品,无论是否有声,当其被固定时,与其固定形式无关。这也是从"表现形式"的角度入手对电影作品进行定义的,电影作品的"表现形式"是"有序列的影像"。

《英国版权法》第5条第(1)款规定"影片"指(固定)在任何介质上的,可借助任何方式从中再现出移动影像的录制品。可见,《英国版权法》中电影作品的"表现形式"是"移动影像",其也是从"表现形式"的角度出发对电影作品进行定义的。

3. 同时规定"电影作品"和在范畴上大于电影作品的"视听作品"成为普遍实践

世界上不少国家的著作权法不仅规定了"电影作品",而且规定了"视听作品"。如上文所述,法国和西班牙著作权法都规定了在范畴上大于电影作品的"视听作品",美国版权法也规定了包含电影作品的"视听作品"和"电影作品"。其中,美国版权法有关电影作品的立法模式使得"视听作品"和"电影作品"有效地包容了由于新科技的发展而产生的在"表现形式"上同于"电影作品"的许多新型智力成果,是一种典型的做法,值得借鉴。

1976年《美国版权法》第101条规定,视听作品是"由一系列相关图像组成的作品,其本质目的是为了通过诸如投影仪、观赏设备或电子设备等机械或设备将相关图像与相伴的声音(如果有相伴的声音)一起展现，而无论诸如胶片或磁带等物质载体的性质如何"。❶ 从该条的规定可以看出，视听作品的构成要件如下：首先，作品必须由一系列相关的图像（image）组成。这些图像尽管是相关的，但不必按顺序出现。因此，计算机生成的视频游戏（computer-generated video games）❷是视听作品，尽管其图像可能以随机的顺序出现；其次，要构成视听作品，该作品的一系列相关的图像的本质目的是为了通过诸如投影仪、观赏设备或电子设备等机械或设备将相关图像与相伴的声音（如果有相伴的声音）一起展现。因此，一份报纸的漫画，并不能够成为视听作品。但一个由一系列幻灯片所组成的幻灯是视听作品，因为其本质目的是为了通过幻灯机这一播放设备进行放映。❸

1976年《美国版权法》第101条规定，电影作品是"由一系列相关图像组成的视听作品，这些相关图像与相伴的声音（如果有相伴的声音）一起连续展现时，使人产生动态的印象"。❹ 美国版权法中"电影作品"区别于其他形式的"视听作品"的关键点在于，组成电影作品的一系列相关图像在连续展现时，必须产生动态的印象。按照美国众议院的报告，版权法中的电影作品包含了体现在胶卷、磁带、磁盘和其他载体中的电影作品。但电影作品不包括下列情形：（1）未经授权对现场直播的表演或电视节目的固定；（2）没有同其传输同时固定的现场直播的电视节目；（3）那些尽管由意图以连续的方式放映的一系列图像组成但不能使人产生动态印象的宣传片段或幻灯。❺

---

❶ "Audiovisual works are works that consist of a series of related images which are intrinsically to be shown by the use of machines or devices such as projectors, viewers, or electronic equipment, together with accompanying sounds, if any, regardless of the nature of the material objects, such as films or tapes, in which the works are embodied." 参见1976年《美国版权法》第101条对视听作品的定义。

❷ 按照我国现行著作权法，由计算机所生成的视频游戏无法进行恰当归类。

❸ Paul Goldstein, Goldstein on Copyright (Third Edition), Volume 1, Wolters Kluwer. 2：136, 2：138 (2007).

❹ "Motion pictures are audiovisual works consisting of a series of related images which, when shown in succession, impart an impression of motion, together with accompanying sounds, if any." 参见1976年《美国版权法》第101条对电影作品的定义。

❺ Paul Goldstein, Goldstein on Copyright (Third Edition), Volume 1, Wolters Kluwer. 2：140 (2007).

1976年《美国版权法》第102条规定"电影作品和其他视听作品"是版权客体的一种类型。从现行美国版权法对"视听作品"和"电影作品"的定义中可以看出,"电影作品"是"视听作品"的一种。两者都"表现"为"一系列相关图像",只不过电影作品还需要"这些相关图像与相伴的声音一起连续展现时,使人产生动态的印象"。

美国版权法有关"电影作品"和"视听作品"的界定显然是从"表现形式"的角度进行的。同时规定"电影作品"和"视听作品"不仅凸显了电影作品的重要地位,而且将诸如动画作品(用摄制以外的方法创作的动画作品)、由计算机产生的视频游戏、FLASH等新型的作品形式都包容在"视听作品"中,不失为一种较佳的立法选择。

不仅诸多国家的著作权法都规定了在外延上大于"电影作品"的"视听作品",而且世界知识产权组织曾试图用"视听作品"来统一不同国家对电影作品、录像作品、电视作品的不同规定,在1989年4月主持缔结的"视听作品国际登记条约"中,该组织认为:一系列镜头伴随或不伴随声响而固定在一定介质上,可以复制、可以供人视听的作品,统称"视听作品"。❶

有疑问的是,规定外延大于"电影作品"的"视听作品"的概念是不是版权法体系和著作权法体系❷的不同之处?版权法体系和著作权法体系是著作权法制中两种不同的立法传统,两者之间有诸多不同,其中一个比较重要的就是,在版权法体系中没有邻接权概念,而在著作权法体系中有邻接权制度。于是,在版权法体系中,邻接权意义下的表演者的表演、录音制品、录像制品都是作为作品进行保护的。❸ 美国版权法中出现"视听作品"这一概念的原因是什么?是否因为其是版权法体系,没有邻接权概念,所以要规定包容性很强的"视听作品"来涵盖邻接权制度之下的录像制品?答案应当是否定的。众所周知,法国著作权法制度是著作权法体系的代表,但是在法国,既有录像制品的规定,又有视听

---

❶ 郑成思:《知识产权法(第二版)》,法律出版社2003年版,第299页。

❷ 李明德等:《欧盟知识产权法》,法律出版社2010年版,第137页。

❸ 同上。

作品的规定。❶ 法国著作权法的立法实践就充分证明了"视听作品"并不是版权法体系的特有概念。

（三）我国现行著作权法有关电影作品定义的修订及相关问题的解决

1. 我国著作权法有关电影作品定义的立法选择

从上述各国对"电影作品"的相关规定可以看出，各国著作权法对电影作品的定义都是从"表现形式"这一角度进行的，而且诸多国家的著作权法都规定了在外延上大于"电影作品"的"视听作品"，这种立法模式具有极大的"周延性"和"包容性"。

而如上所述，我国著作权法对电影作品的定义除了"表现形式"之外，还添加了"以摄制的方法创作"这一限定性条件，将动画作品（用摄制以外的方法创作的动画作品）等新型的表现为"一系列图像"的，在"表现形式"方面同于"电影作品"的作品排除在"电影作品"的范畴之外。而且，在我国，没有规定"视听作品"这一概念，❷ 动画作品（用摄制以外的方法创作的动画作品）等新型智力成果不能够归属于"电影作品"，又显然不能够归属于我国著作权法所规定的其他类型作品，其在著作权法上的地位更加难以确定。可见，我国著作权法对"电影作品"的定义性规定所存在的主要问题是，不适当地将"以摄制的方法创作"作为特定作品构成"电影作品"的前提条件，将许多在"表现形式"方面同于但在"创作方法"上异于"电影作品"的作品排除在"电影作品及以类似摄制电影的方法创作的作品"之外，使得我国著作权法律制度不适应科技和社会发展的需要，不能够有效地适应科技和社会发展的要求。

为了解决我国现行著作权法有关电影作品的立法困境，为了回应实践发展的要求，为了使我国的著作权法更具有"周延性"和"包容性"，更符合著作权法的基本原理，我们应当从"表现形式"这一角度来对

---

❶ 黄晖译，郑成思校：《法国知识产权法典（法律部分）》，商务印书馆1999年版。

❷ 虽然我国现行著作权法中并没有"视听作品"的概念，但很多学者在著述中还是直接运用了这一概念。参见吴汉东等：《知识产权基本问题研究》，中国人民大学出版社2005年版，第228页。另参见刘春田主编：《知识产权法（第二版）》，中国人民大学出版社2002年版，第93页。这种对"视听作品"概念的应用似乎也表明作者的价值取向。

"电影作品"进行界定,并且在著作权法中建构一个在外延上大于"电影作品"的"视听作品"的概念。具体可以参考美国版权法有关视听作品和电影作品的相关规定。

2. 我国著作权法中电影作品定义修订之后相关问题的解决

我国著作权法制度属于著作权法体系,在我国现行著作权法制度中,尚有对"录像制品"的邻接权保护制度,在学理中,还有"录像作品"的说法。❶ 有疑问的是,"录像制品""录像作品"同"电影作品"之间有什么关系?我国著作权法在未来修订中对"电影作品"重新进行定义,参考美国版权法的立法模式规定了在外延上大于"电影作品"的"视听作品"之后,怎样处理"电影作品""视听作品"的著作权保护与"录像制品"的邻接权保护之间的关系?

根据我国现行《著作权法实施条例》第5条第1款第3项的规定,"录像制品"是指电影作品和以类似摄制电影的方法创作的作品以外的任何有伴音或者无伴音的连续相关形象、图像的录制品。我国现行著作权法对录像制品采取的是邻接权的保护模式。在邻接权制度中,录像制品典型的产生过程是这样的:先有文学艺术作品的存在,然后表演者对该作品进行表演,录制者将这些作品的表演录制下来最终形成的产物就是录像制品。❷ 录像制作者享有复制权、发行权、出租权、信息网络传播权和获得报酬权。❸

从我国《著作权法实施条例》对"录像制品"的定义可以看出,我国法所谓的"录像制品"就应当属于美国版权法所谓的"视听作品";❹ 如果对我国著作权法的相关条文参考美国版权法作出修订,这些录像制品也应当属于我国修订后的著作权法中所谓的"视听作品"。因此,如果我们要建构类似于美国版权法的电影作品立法模式,结果就是将原属于

---

❶ 吴汉东等:《知识产权基本问题研究》,中国人民大学出版社2005年版,第228页。另参见刘春田主编:《知识产权法(第二版)》,中国人民大学出版社2002年版,第94页。

❷ 李明德、许超:《著作权法》,法律出版社2003年版,第191页。

❸ 根据我国《著作权法》第42条的规定,录音录像制作者对其制作的录音录像制品,享有许可他人复制、发行、出租、通过信息网络向公众传播并获得报酬的权利;权利的保护期为50年,截止于该制品首次制作完成后第50年的12月31日。

❹ 李明德、许超:《著作权法》,法律出版社2003年版,第190页。

"邻接权"保护范畴的"录像制品"纳入到"视听作品"中，放在"著作权"中进行保护。这样做是否会带来一定的不利后果？

要回答这一问题，我们首先看理论界所谓的"录像作品"所指何物。一般而言，区别著作权与邻接权的一个标准就是：著作权保护的是"创作者"的利益，而邻接权保护的是"传播者"的利益。所以，我国著作权法中所谓"录像制品"应当指的是对"有伴音或者无伴音的连续相关形象、图像"的"无原创性"的固定，这些"固定者"就是所谓的"传播者"。我国著作权法中的"录像制品"一般指的是对自然景观、新闻事件、体育比赛、表演活动的固定。如果某人对上述对象的固定具备了"原创性"，可能就属于学界所谓的"录像作品"。❶ 也就是说，录制行为是否具有"机械性"是区分"录像作品"和"录像制品"的关键。❷ 然而，即便是"录像者"，就如同"摄影者"一样，在录像的过程中，或多或少有原创性的创作活动，"机械性"的录制行为在现实中确实很少见。例如，有判例认为有关一个棒球比赛的电视节目具备原创性，它的原创性表达存在于在播放一个棒球比赛时必须作出的诸多决定之上，这些决定包含摄像机的角度、镜头的类型、即时回放的使用、分屏和镜头的选择等。❸ 即使是对新闻事件的录像，也可能在具备足够个性的基础上具有原创性。例如，有判例认为肯尼迪总统被暗杀的业余电影的受保护要素存在于摄影者对胶卷、相机、镜头、拍摄时间和地点的选择上。❹ 因此，区分"录像制品"与"录像作品"便显得比较困难，标准难以适当掌握，

---

❶ 我国有学者认为如果录像具有了作品所要求的独创性，构成了作品，可以作为作品受到保护。参见李明德、许超：《著作权法》，法律出版社2003年版，第191页。这种观点也得到部分学者的认可，例如我国有学者认为，区分电影作品和录像制品的关键是看是否具有创作成分，而其认为创作成分的有无是作品独创性有无的判断基准，因此，独创性的有无是区分电影作品和录像制品的关键。参见张伟君："卡拉OK：电影、录像还是音乐？"，载《知识产权》2004年第5期。

❷ 全国人大法工委民法室：《中华人民共和国著作权法知识问答》，法律出版社1991年版，第136页。

❸ Baltimore Orioles, Inc. v. Major League Baseball Players Ass'n, 805 F. 2d 663, 668 (7th Cir. 1986), cert. denied, 480 U. S. 941 (1987).

❹ Time Inc. v. Bernard Geis Assocs., 293 F. Supp. 130, 143 (S. D. N. Y. 1968)

不具有可操作性。[1] 实践中，如果按照录制行为是否具有"机械性"这一标准进行严格区分，能够落入"录像制品"的恐怕就只有那些银行的监控设备、马路上的监控器械所拍摄下的图像或个人家庭中的固定摄像头所录制下的监控录像。如此，实际上我国现行著作权法有关"录像制品"的规定意义甚微，区分"录像制品"与"录像作品"也失去了必要性。与其如此，还不如在邻接权部分不单独规定"录像制品"，不管是"录像制品"也好，"录像作品"也罢，只要是"由一系列相关图像组成，其本质目的是为了通过诸如投影仪、观赏设备或电子设备等机械或设备将相关图像与相伴的声音（如果有相伴的声音）一起展现的作品"，都属于"视听作品"的范畴，统一受著作权法保护。[2]

这样一来，原来受邻接权保护的"录像制品"必须满足"原创性"标准才能够受著作权法保护，这样是否会将会剥夺许多"传播者"的应得利益？这样的担心是不必要的。因为即使是对自然景观、新闻事件、体育比赛、表演活动的录像，找出其中所存在的"录像者"的个性[3]以证成录像的原创性也是很容易的。因为，正如上文所述，大多数"录像者"在对录制对象进行录制的过程中，如同摄影者的摄影一样，确实有个性的投入，而个性的存在正是录像具有原创性的根据。而不具有原创性的录像恐怕只剩下银行的监控设备、马路上的监控器械或者个人家庭中的固定摄像头所录制下的监控录像。然而，上述录像不受著作权法保护并

---

[1] 耿林："论录像制品"，载《郑州大学学报（哲学社会科学版）》1996年第2期。
[2] 从制作过程来看，我国著作权法所谓的录像作品与录像制品同摄影作品具有一定程度的类似性，都是借助一定的设备将对象表现在一定的介质之上。然而，照片制作过程表面上的机械性并不能否定其中存在作者思想与观念的表现，进而并不能否定其中存在作者的个性，而个性是作品具有原创性的试金石。所以，借助工具并不能否定作品中创作行为的存在。参见卢海君：《版权客体论》，知识产权出版社2011年版，第152页。不过，在实践中，确实有一些照片的拍摄比较机械，比如监控设备对某个场景的拍摄。但是，我国著作权法并没有因为存在这种机械性的拍摄行为就在邻接权制度中创制一个"摄影制品"。同理，大多数录制行为还是包含了作者的个性判断，证成这种行为的产物具备原创性还是比较容易的，不能因为实践中存在少量的机械性的录制行为就一定要在邻接权制度中创制一个"录像制品"。这种想当然地对"录像作品"与"录像制品"的区分不仅不会带来任何益处，反而会导致实践的混乱。
[3] 一般认为，作品个性的有无是证成其是否具备原创性的试金石。参见卢海君：《版权客体论》，知识产权出版社2011年版，第174页。

不会产生不利后果。比如，银行的监控录像可以作为商业秘密权的客体受保护；马路上的监控录像承载着巨大的社会公共利益，本来就不应到受到私权的保护；个人家庭的固定摄像头所拍摄下的录像可以作为隐私权的客体进行保护。

另外，在著作权法中去除录像制品的邻接权保护制度恐怕也是立法的趋势。据统计，"在一部法中分别使用电影作品、电视作品、录像作品，并将其保护方式与权利内容与录像制品区分开来，在国际上是不多见的"。❶ 而1985年之后制定或修改版权法的国家，一般或是使用"电影作品"来包括一切影、视、录像作品或录像制品（如英国），或是用"视听作品"来包括这一切（如法国、《视听作品国际登记条约》）。❷ 属于著作权法体系的日本、德国的著作权法只规定了录音制作者的权利，而未规定录像制作者的权利。❸《伯尔尼公约》《世界版权公约》《罗马公约》和《日内瓦公约》等著作权国际公约中都未提及录像制品。❹

为了解决同时规定电影作品的著作权保护与录像制品的邻接权保护可能带来的问题，顺应著作权法制的国际潮流，我国未来在著作权法修订过程当中，应当摒弃录像制品的邻接权制度，不再区分录像作品与录像制品，将具有原创性的录像作品统一纳入视听作品的范畴赋予著作权保护。

（四）结论

综上，我国著作权法应当修订"电影作品"的定义，去掉创作方法的限定性条件，并应建构一个大于"电影作品"外延的"视听作品"的概念，并且对"电影作品"作出单独规定，以凸显其在著作权法中的地位。具体修法建议如下：

现行《著作权法》第3条第1款第（6）项为：

---

❶ 郑成思：《知识产权法（第二版）》，法律出版社2003年版，第300页。

❷ 同上。

❸ 吴汉东主编：《知识产权法（第三版）》，法律出版社2009年版，第92页。例如，在日本著作权法中，对现场表演的录像属于电影作品，享有著作权的保护。参见胡云红："著作权法中电影作品的界定及作者精神权利的保护——以中日著作权法制度为中心"，载《知识产权》2007年第2期。

❹ 耿林："论录像制品"，载《郑州大学学报（哲学社会科学版）》1996年第2期。

（六）电影作品和以类似摄制电影的方法创作的作品；

应当修订为：

（六）电影作品及其他视听作品；

现行《著作权法实施条例》第4条第1款第11项为：

（十一）电影作品和以类似摄制电影的方法创作的作品，是指摄制在一定介质上，由一系列有伴音或者无伴音的画面组成，并且借助适当装置放映或者以其他方式传播的作品；

应当修订为：

（十一）视听作品指由一系列相关图像组成，其本质目的是为了通过诸如投影仪、观赏设备或电子设备等机械或设备将相关图像与相伴的声音（如果有相伴的声音）一起展现的作品。电影作品指由一系列相关图像组成的视听作品，这些相关图像与相伴的声音（如果有相伴的声音）一起连续展现时，使人产生动态的印象。

如果我国现行《著作权法》作出上述修订，则动画作品（用摄制以外的方法创作的动画作品）等新型智力成果就可以被归入电影作品或者视听作品的类型，可以明确作为著作权法保护的对象进行保护，这将会大大增加我国著作权法律制度回应社会实践发展的能力。

另外，在对我国著作权法作出上述修订的同时，必然伴随的是对我国现行《著作权法》有关邻接权的相关规定作出相应修正。具体如下：

我国现行《著作权法》第三节为

录音录像

应当修改为：

录音

现行《著作权法》第40条为：

录音录像制作者使用他人作品制作录音录像制品，应当取得著作权人许可，并支付报酬。

录音录像制作者使用改编、翻译、注释、整理已有作品而产生的作品，应当取得改编、翻译、注释、整理作品的著作权人和原作品著作权人许可，并支付报酬。

录音制作者使用他人已经合法录制为录音制品的音乐作品制作录音

419

制品，可以不经著作权人许可，但应当按照规定支付报酬；著作权人声明不许使用的不得使用。

应当修改为：

录音制作者使用他人作品制作录音制品，应当取得著作权人许可，并支付报酬。

录音制作者使用改编、翻译、注释、整理已有作品而产生的作品，应当取得改编、翻译、注释、整理作品的著作权人和原作品著作权人许可，并支付报酬。

录音制作者使用他人已经合法录制为录音制品的音乐作品制作录音制品，可以不经著作权人许可，但应当按照规定支付报酬；著作权人声明不许使用的不得使用。

现行《著作权法》第41条为：

录音录像制作者制作录音录像制品，应当同表演者订立合同，并支付报酬。

应当修改为：

录音制作者制作录音制品，应当同表演者订立合同，并支付报酬。

现行《著作权法》第42条为：

录音录像制作者对其制作的录音录像制品，享有许可他人复制、发行、出租、通过信息网络向公众传播并获得报酬的权利；权利的保护期为五十年，截止于该制品首次制作完成后第五十年的12月31日。

被许可人复制、发行、通过信息网络向公众传播录音录像制品，还应当取得著作权人、表演者许可，并支付报酬。

应当修订为：

录音制作者对其制作的录音制品，享有许可他人复制、发行、出租、通过信息网络向公众传播并获得报酬的权利；权利的保护期为五十年，截止于该制品首次制作完成后第五十年的12月31日。

被许可人复制、发行、通过信息网络向公众传播录音制品，还应当取得著作权人、表演者许可，并支付报酬。

现行《著作权法》和《著作权法实施条例》中有关"录像制品"的相应规定都删除。

二、作品本质基本原理在体育赛事节目中的应用

体育文化产业已然成为国际贸易大产业，[1] 围绕体育赛事节目已经形成完整的价值链，包括赛事组织者（同时也是制片方），例如，中超公司；节目制作者，例如，美国全国广播公司；节目传播者，例如，CCTV（中国中央电视台）。通常，赛事组织者委托节目制作者制作体育赛事节目，并将"转播权"（media right；broadcast right）授权给节目传播者。在前互联网时代，体育赛事节目利益相关方尚可以通过广播组织权这一邻接权在一定程度上维护自己的合法权益，通过各种途径与手段，基本遏制电视频道[2]侵权行为的发生；然而，进入互联网时代，商业网站侵权、APP[3]侵权、[4]OTT[5]侵权冲击了体育赛事节目利益相关方的合法利益，而我国著作权法中有关广播组织权的规定（现行《著作权法》第45条[6]）并不延及互联网，业界转而寻求体育赛事节目的著作权保护。然而，我国现行著作权法中并无"体育赛事节目"属于应受保护的作品的明确规定，而且体育赛事节目记录的对象是客观发生的事件，加之体育赛事节目具有现场性（必须在现场完成，通常通过转播车或EFP[7]制作）与实时性（活动发生过程中的同一时间制作完成并实时传播、发送到千家万户）等特性，欲在我国著作权

---

[1] 体育文化产业主要包括体育文化及相关产业所提供的体育文化产品（如体育音像、图书制品等）、体育文化娱乐休闲活动（如体育娱乐活动、体育景点游览服务等）、体育文化传播服务（如体育比赛、节目转播及文艺节目表演）等。参见汪晓琳、胡安义："体育文化产业竞争力区域差异的实证研究"，载《武汉体育学院学报》2013年第1期。保护体育文化产业的健康发展的根本举措是加强对体育文化产品的产权保护。

[2] 主要依靠电视频道的行规和自律。

[3] 智能手机的第三方应用程序。

[4] 下载客户终端就能够观看电视节目，从技术上讲，获取信号是非常容易的。

[5] "Over The Top"首字母的缩写，指通过互联网向用户提供各种应用服务。

[6] 《著作权法（2010）》第45条 广播电台、电视台有权禁止未经其许可的下列行为：

（一）将其播放的广播、电视转播；

（二）将其播放的广播、电视录制在音像载体上以及复制音像载体。

前款规定的权利的保护期为五十年，截止于该广播、电视首次播放后第五十年的12月31日。

[7] EFP，即电子现场制作（Electronic Field Production）。它是以一整套设备连结为一个拍摄和编辑系统，进行现场拍摄和现场编辑的节目生产方式。http://baike.baidu.com/view/2502503.htm?fr=aladdin，2014年9月1日最后访问。

法中为体育赛事节目寻求一定的地位似乎存在相当困难。

（一）体育赛事与体育赛事节目

体育赛事本身是一种客观事实，从著作权法意义上讲，属于思想的范畴，按照思想表达两分法，其不应受版权保护显而易见。然而，不能据此否定体育赛事节目的作品属性。体育赛事节目是反映体育赛事的一种表达，并不等同于体育赛事本身。举例来讲，摄影作品并不等同于拍摄对象，摄影作品是否具有原创性也不能够依据拍摄对象来确定。拍摄对象是一种客观存在，不可能具有所谓的原创性，也不可能受版权保护。而摄影作品是反映拍摄对象的一种表达，反映了作者对拍摄对象的认识与感悟，作者将其认识与感悟通过"图片"这种表达反映出来。故而，从拍摄对象是否具有原创性的角度出发来评判摄影作品是否具有原创性实际上并未认清版权保护的对象，实为荒谬。同理，也不能够以体育赛事本事是否智力创作劳动而评判体育赛事节目是否具有可版权性。[1] 值得注意的是，跟普通的电影作品相比，如下文所述，体育赛事节目虽然也表现为一系列图像，即图像的排列组合，但是，电影作品通常是二次创作，往往是在剧本的基础之上进行创作，也即通常是演绎作品，电影创作者所拍摄的对象，往往是作品的表演，通俗地讲（在著作权一元体系的立法例中也是如此），作品的表演就是一种作品，是一种表演作品，因此，电影作品给人的印象是其拍摄的对象本身具有艺术性。然而，从表现形式的角度讲，即使是电影作品，其首要的艺术性来自于对图像的取舍与编排，另外，由于其是二次创作的作品，其第二位的艺术性来自于剧本与表演的艺术性。而体育赛事节目不同，其并不是二次创作的作品，尽管从表现形式的角度而言，其也是系列图像的排列组合，所以，其艺术性主要来自于对图像的排列组合，而并非体育赛事本身是否具有艺术性。从这个角度讲，对实为二次创作的电影作品而言，剧本及表演的艺术性影响到最终产品的艺术性；而对于并非二次创作的体育赛事节目而言，体育赛事本身的客观性并不影响体育赛事节目本身的艺术性。如同照片的拍摄，其对象有人物，也有自然风景，并不能因为摄影师不能够对自然风景进行改变而否定以自然风景为拍摄对象的摄影作品可能具备

---

[1] 有观点似乎混淆了体育赛事与体育赛事节目的界限。参见张心全："体育赛事转播权不是一种著作权"，载《民主与法制时报》2008年8月25日第A11版。

原创性。当然，肯定体育赛事节目的作品属性也并不意味着其中的任何元素在任何情况之下都可能受版权保护，例如，某些机械记录的镜头，可能由于受合并原则限制而不受版权保护。

（二）著作权——邻接权二元结构体系下的体育赛事节目

通常认为，我国著作权法承继了作者权体系的衣钵，典型表现就是我国著作权法中除了著作权之外，还规定了邻接权；除了著作财产权的规定之外，著作人身权也是重要组成部分。基于此，有关体育赛事节目，发生了其到底是属于作品还是制品的范畴的争议。如果认为其属于作品，应受著作权保护；反之，如果认为其属于制品，应受邻接权保护。学界与实务界通常认为作品与制品的最大区别在于：作品的原创性（或谓独创性）程度高，而制品的原创性程度低。就体育赛事节目来说，认为其应属制品的观点认为：尽管在体育赛事节目的创作过程中有选择与安排，但其原创性程度相较于普通的电影作品来说，显得较低，[1]故而，在我国现行著作权法体系中，其应属制品的范畴，应在邻接权体系之下受保护。然而，原创性高低如何衡量？我国有法官认为，独创性标准在司法实践中的意义之一便是"作为利益平衡的杠杆"，这种认识恰恰证明：原创性本无高低，原创性的"高低"是我国部分法官自由裁量的工具。事实上，原创性的基本内涵是：作品来源于作者，而并非抄袭他人作品的结果。所谓"创作高度"完全是主观臆断，不宜作为原创性的应有之义。且不说著作权—邻接权二元结构体系相较于英美著作权单一体系孰优孰劣，仅有效区分作品与制品就是一大难事，而且，事实上，在司法实践中被认定为"制品"的创作成果微乎其微。与其如此，为何要将体育赛事节目认定为制品而不是作品，难道不是主观臆断？

---

[1] "央视国际网络有限公司、世纪龙信息网络有限责任公司侵害信息网络传播权纠纷案"（广东省广州市中级人民法院民事判决书（2010）穗中法民三初字第196号），法官经审理认为，"其作为以直播现场体育比赛为主要目的的电视节目，在独创性上尚未达到电影作品和以类似摄制电影的方法创作的作品所要求的高度，特别是其中对于比赛进程的控制、拍摄内容的选择、解说内容的编排等方面，摄制者按照其意志所能作出的选择和表达非常有限，摄制者并非处于主导地位。因此，中央电视台摄制的'德巴足球赛'，不足以构成电影作品或以类似摄制电影的方法创作的作品。但是，如前所述，中央电视台在摄制'德巴足球赛'的过程中体现了一定的独创性，根据《中华人民共和国著作权法实施条例》第五条第（三）项的规定，电视节目'德巴足球赛'应当作为电影作品和以类似摄制电影的方法创作的作品以外的有伴音或者无伴音的连续相关形象、图像的录制品予以保护，中央电视台对其享有录音录像制作者权"。

1. 著作权与邻接权区分的意义及消减

邻接权通常被认为是对作品利用过程中的投入的保护。[1] 采著作权—邻接权二元结构立法体系的国家通常要区分作品创作者与作品利用者（传播者）的劳动，认为作品创作者的劳动相较于作品利用者的劳动，更加具有创造性。邻接权的范畴通常包括表演者权、录制者权与广播组织权，这也是 1960 年 12 月 16 日《罗马公约》所确认的邻接权范畴。《罗马公约》所确认的邻接权体系被德国、法国、日本等作者权体系的国家所承继。事实上，《罗马公约》的缔结是回应了表演者、录制者与广播组织保护其合法权益的呼声，并不必然表示作品传播者的劳动与作品创作者的劳动有根本的不同。固然，通常而言，表演者在表演作品的过程中所付出的智力劳动相对于创作者在创作作品的过程中所付出的智力劳动，创造性与挑战性要小一些，表面上看，相对于作者对其作品享有的著作权，表演者应该获得程度较低的权利。然而，这种理解并不符合著作权与邻接权的实质。从本质上讲，作品与传播作品的产物都属于公共物品，具有非竞用性与非排他性，著作权与邻接权的制度安排就是要克服其公共物品的属性，从而能够激励该物品的私人提供。而著作权与邻接权的实质就是控制作品与传播作品的产物的传播，无论是复制权、发行权还是广播权、信息网络传播权，本质上就是赋予作者控制作品传播的权利，从而能够获取垄断的经济利益，从而促进更为优秀作品的产出。因此，所谓程度较低的权利保护，也就意味着创作者或传播者不能够控制作品或传播作品的产物在某些情况下的传播，例如，《著作权法（2010）》第 45 条的规定就意味着，在我国现行著作权法中，广播组织无法合法控制其广播节目在网络环境下的传播。而按照机械理解著作权—邻接权二元体系的观点，传播作品的产物，例如表演者的表演，创造性更低，所以，其市场价值肯定更低，因为消费者肯定更偏好于消费创造性更高的文化产品，而不是更倾向于消费创造性更低的文化产品。由此可见，仅从公共利益维护的角度讲，更应该限制作品的作者对其创作产物的传播控制，而不是更应该限制作品的传播者对其传播作品的产物的控制。因此，仅

---

[1] 罗明通：《著作权法论（II）》，群彦图书股份有限公司经销 2005 年版，第 4 页。

从公共利益维护的角度谈著作权与邻接权设置的区别行不通。于是,创作激励便粉墨登场。传统观点认为,作品的创作者在创作作品的过程中付出了更高水准的智力劳动,所以,应该赋予其更大程度的垄断权以收回其创作作品的成本,并激励其创作出更为优秀的作品。仅就投入成本来讲,作品的传播者也付出了较大成本,表演者之所以能够做出传神的表演,不是一朝一夕之事,正所谓"台上十分钟,台下十年功";录制者制作录音制品,不仅要投入,而且要承担市场风险;广播组织不论是自己制作电视节目还是引进电视节目,往往都会花费巨资,例如,湖南电视台的《爸爸去哪儿》就是在巨资引进韩国电视节目模板的基础上制作出来的;又如,中央电视台购进2014年世界杯足球赛的转播权也是花费颇巨。因此,作品的传播者在传播作品的过程中也进行了较大投入,也需要收回成本以求生存与发展。假设,中央电视台所购买的2014年世界杯足球赛事未经授权被网络铺天盖地地传播,其如何才能通过广告收入来收回购买成本与后期制作成本?再者,如上所述,传统观点认为,作品创作者与作品利用者(传播者)的劳动有本质区别。不同于体力劳动的是,作品创作者的劳动应属智力劳动,在衡量某部作品是否具有原创性时,可以采取主观路径,分析作者的劳动是否具有可复制性,也就是是否人人可为之,而且结果无差别。[1] 如果作者的劳动具有可复制性,劳动成果不具有独创性;反之,如果作者的劳动具有不可复制性,劳动成果具有独创性。例如,按照字母顺序排列的电话号码簿,人人可为之,而且结果无差别,所以,其在编排上不具有独创性,无法获得著作权的保护。从上述判断标准出发,表演者的劳动、录制者的劳动、广播组织者的劳动都具有不可复制性。例如,王菲演唱的《传奇》具有一种空灵感,给人以丰富的想象空间,常人无法做到;又如,黄日华版与李亚鹏版的《射雕英雄传》给观众的印象完全不同。既然作品传播者的劳动也具有不可复制性,应该满足独创性或为原创性的要求,从而能够获得如作品一般的私权保护,而实际上,在著作权—邻接权二元结构体系的我

---

[1] 张恩民先生认为,"人人均可为之的东西不具有独创性"。参见[德]M·雷炳德著,张恩民译:《著作权法》,法律出版社2005年版,第9页。

国著作权法中,并非如此。障碍在哪里?传统观点通常望文生义地将我国著作权法实施条例中的"独创性"❶要求解读为:"独立创作+创造性"。而事实上,不论是我国的著作权法实施条例,还是最高法院的司法解释,都没有作出如此解读,尽管部分法官在其判决书中有所谓"创作高度"的阐释。❷ 因此,要求作品须具备所谓"创造性"于法无据。并且,将创造性作为一般独立作品之版权保护要件可能带来一系列弊端:❸(1)创造性的内涵在独立作品❹场合难以确定。在专利法中要求"天才的灵光"(a flash of genius)造成了混淆和不确定性,如果在版权法中要求"创造性"会造成同样的混淆和不确定性;要求作品必须具备区别于原创性的创造性包含极大的困难和风险,因为目前受保护的许多作品很难被称之为具备创造性,而且法官个人品位的不同可能会导致创造性标准的不一致。(2)要求独立作品具备创造性才能够受版权保护可能不适当地提高一般作品之版权保护的标准。要求作品只有具有创造性才能受版权保护可能使法院采取高度的创造性标准(high degree of creation),即使将少量的创造性(modicum of creative)作为明确的法定要求也是一件太危险的事情。(3)当增加创造性概念的时候,法院除了要关注原创性之外还要关注创造性,这样在非常清晰的版权侵权案件中都会存在各种抗辩,会导致诉讼成本增加。(4)可见,"创造性"引起的问题要比解决的问题多(presents more problems than it solves)。可能导致法院判决之困难及不确定性;诉讼成本的增加;作品保护要件之不适当的提高,作品之创作激励降低;最终导致版权法之目的不能实现等。既然在普通独立作品中,要求作品具有"创造性"才能够受版权保护并不合适,独创性或谓原创性

---

❶ 《著作权法实施条例(2013)》第2条规定:"著作权法所称作品,是指文学、艺术和科学领域内具有独创性并能以某种有形形式复制的智力成果。"

❷ 参见乐高公司诉广东小白龙玩具实业有限公司等侵犯著作权纠纷案([2010]一中民初字第16670号)。

❸ Russ VerSteeg, Sparks In The Tinderbox: Feist, "Creativity," And The Legislative History Of The 1976 Copyright Act, 56 U. Pitt. L. Rev. 549, 550~566 (1995).

❹ 独立作品是相对于非独立作品而言的,所谓非独立作品,指其创作严重依赖先前作品之作品,汇编作品与演绎作品是其典型。所谓独立作品,指其创作并非严重依赖先前作品之作品,一般作品都是独立作品,尽管或多或少对先前作品有所借鉴和引用。

仅应被解读为作品来源于作者,而并非抄袭他人作品的结果。于是,作品传播者的劳动成果实际上同作品创作者的劳动成果在著作权法视野下应该并无二致。基于上述理由,似乎不应该区别对待作品创作者的劳动成果与作品传播者的劳动成果。不过,尚有疑问的是,除了表演者之外,其他两类典型的邻接权主体:录音录像制品制作者与广播组织都不是有血有肉的自然人,而且经常扮演"强势群体"(相对于作者而言)的角色,所以,如果同等对待作品创作者与作品传播者是否有忽视甚至侵害作者应有权益之嫌疑?仅从理论上讲,作者权体系的著作权法似乎更有利于作者的保护。例如,对电影作品的权属安排,作者权体系与版权体系作出了不同的选择:法国著作权法规定几乎所有参与电影作品创作的主体都是电影作品的著作权人,德国著作权法也是如此,不过有所谓的"法定转让"的安排;而版权体系的国家一般规定电影作品的著作权归制片人享有,我国虽然号称是作者权体系的立法例,但在电影作品著作权的权属安排上,采取的却是版权体系的做法。❶ 然而,世界上存在大量不采纳邻接权体系的立法例本身就说明邻接权制度并非唯一可行选择,而且,从产业发展促进的角度讲,版权法体系似乎更有市场,后者并不区分所谓著作权与邻接权,例如,在美国版权法中,并没有所谓"录音制品"的概念,而是"录音作品"。在后一种体系中,作品的权属更加简便,交易更加便捷,事实上更有利于产业发展的促进。例如,法国电影曾经红极一时,然而,目前在国际市场上,几乎不见法国电影的火爆,更多的是好莱坞电影的巨大影响,这似乎跟不同的著作权立法选择有一定关系(注意:这仅是我们的猜测,并未求证)。而且,在版权体系,也并未见到作者权益保护的式微(并没有确凿的证据加以证明),而是作者权利保护的加强,例如,版权体系的立法例也增加了对作者精神权利的保护。综上,刻意区分著作权与邻接权的保护要件及保护程度已经丧失了应有的意义。

---

❶ 《著作权法(2010)》第15条:"电影作品和以类似摄制电影的方法创作的作品的著作权由制片者享有,但编剧、导演、摄影、作词、作曲等作者享有署名权,并有权按照与制片者签订的合同获得报酬。

"电影作品和以类似摄制电影的方法创作的作品中的剧本、音乐等可以单独使用的作品的作者有权单独行使其著作权"。

2. 作品与制品区分的难度及替代选择

由上述可知，从所谓创作高度的不同出发来区分作品与制品实际上非常困难，❶ 而且会带来司法的不确定性，无法给社会公众以明确且可预见的行为标准与界限。❷ 而且，著作权—邻接权二元结构体系的优势（如果有的话，按照我们的理解，主要就是对作者权利保护的重视）也逐渐式微，而且不利于交易便捷，不利于促进产业发展。尽管传统观点认为，我国著作权法主要是承继了作者权体系的衣钵，故而，在著作权法相关规则的制定与解释中，都应该遵循作者权体系的一贯做法。其实不然，我国著作权法中处处可见版权体系的影子：首先，据我国著名知识产权法学家李明德教授口述，我国著作权法中之所以有"本法所称的著作权即版权"的表述，根本原因在于当时的立法专家郑成思教授倾向于版权体系；其次，如上文所述，我国著作权法中有关"电影作品与类似摄制电影的方法创作的作品"的著作权归属并非采取作者权体系，而是采纳了版权体系的通常做法，即将电影作品的著作权人确定为制片人，事实证明，更有利于文化产品的市场交易。基于上述理由，我国著作权法可以继续采纳作者权体系中的精华，例如，对作者权利保护的重视。同时，也可以兼收版权体系的合理内核，即既然著作权—邻接权二元结构体系并非世界通行做法，而且也并非知识产权国际公约的强行要求（例如，美国是版权体系的国家，同样是《伯尔尼公约》的缔约国❸），我们完全没有必要区分作品与制品，不采纳所谓的创造性或创作高度的要求，将所有来源于作者的创作（即符号组合）都归入作品的范畴进行保护，具体可以借鉴版权体系的做法，例如，美国版权法中的相应规定。当然，

---

❶ 实践中，通常是按照录制行为是否具有"机械性"来区分作品与制品，然而，如果按照录制行为是否具有"机械性"这一标准进行严格区分，能够落入"录像制品"的恐怕就只有那些银行的监控设备、马路上的监控器械所拍摄下的图像或个人家庭中的固定摄像头所录制下的监控录像，这些落入"录像制品"范畴是否应受保护（有些牵涉社会公共利益，不应受保护），是否值得保护（将上述对象纳入私权范畴并无实际意义）都有疑问，故而，在著作权法中区分作品与制品实际上并无意义。参见卢海君："'电影作品'定义之反思与重构"，载《知识产权》2011 年第 6 期。

❷ 法律规范不仅是裁判规范，也是行为规范，作品与制品的区分即使是法学专家都感到困惑，如果在著作权法中区分两种客体，并不能够给社会公众以明晰的行为规范。

❸ 美国于 1989 年成为《伯尔尼公约》的成员国。

上述建议表面上可能涉及法律的大变动，而事实并非如此：其一，我国著作权法的条文中并无"邻接权"的概念，从法解释学的角度出发，将传统上认为属于"邻接权"的客体解释为作品并无不可；其二，如上文所述，司法实践中能够被认定为录音录像制品的创作产物已经非常稀少，❶ 著作权法中规定"录音录像制品"的范畴实属无益；其三，既然缺乏客观确定的标准来界分作品与制品，立法中规定"录音录像制品"事实上会导致司法判决结果的不一致，因为如此实际上赋予法官以过大的自由裁量权；其四，实践中创作者为了将制品转化为作品，不可避免地要添加一些社会公众可能并不需要的元素，而添加这些创作元素的成本最终还是转嫁给了最终的消费者，这不利于社会福利的增加，相反，只能徒增浪费；其五，也许我国著作权法确实继承了作者权体系的衣钵，从《大清著作权律》开始就是如此，然而，社会在变革，在进步，我们不能故步自封，而应该勇于变革：既然区分著作权—邻接权二元结构体系已经体现出弊端，就要对此进行改革，而改革的路径就是吸收著作权一元体系的合理内核，不再区分所谓作品与制品，不再采取所谓创造性或创作高度的要求。退一步讲，即使我国著作权法不修法，或者不做上述接近于版权体系的解释，如下文所述，大多数（例如利用固定机位拍摄出的短跑体育赛事节目，相对于以英超、奥运会为拍摄对象制作的体育赛事节目而言，复杂性确实要低一些）体育赛事节目都可以解释为作品，而且往往具备原创性的要求，更不用说以花样游泳、艺术体操、啦啦队表演为创作对象的体育赛事节目，因为花样游泳、艺术体操、啦啦队表

---

❶ MTV 曾经被传统观点认为属于制品的范畴，然而，我国法院也在数宗案例中认定其属于视听作品。参见广州金刚苑卡拉 OK 俱乐部有限公司与华纳唱片有限公司放映权侵权纠纷案，广东省高级人民法院民事判决书（2005）粤高法民三终字第 357 号。在该案中，法官论述到："根据我国著作权法实施条例的规定，以类似摄制电影的方法创作的作品，是指摄制在一定介质上，由一系列有伴音或者无伴音的画面组成，并且借助适当装置放映或者以其他方式传播的作品。经原审庭审播放，涉案 3 首 MTV 是以类似摄制电影的方式和步骤制作的，以确定的声乐、器乐作品作为承载的主题形象，依据音乐体裁不同的内容和诗歌意象进行视觉创意设计，确立作品空间形象的形态、类型特征和情境氛围，将画面与音乐在时空运动中融为一体，形成鲜明和谐的视听结构，包含了导演、摄制、表演、剪辑、服装、灯光、特技、合成等独创性活动，包含了制片者大量的创作，是视听结合的一种艺术形式，符合著作权法规定的以类似摄制电影的方法创作的作品特征，属于作品范畴。"

演本身就是一种艺术表演,即使按照传统观点,这种体育赛事节目的作品属性也是存在的。另外,更为重要的是,即使将上述传统上认为属于邻接权保护对象的传播产物作为作品进行保护也不会对社会公共利益❶造成损害:按照传统观点进行推理,邻接权的客体独创性程度低,必然艺术价值低(要求作品在具备创造性或者一定创作高度实际上就是在评判作品的艺术价值),那么即使对其赋予较强的保护,社会公共利益也不会因此而减损。因此,不论从何种角度讲,承认体育赛事节目的作品属性,赋予体育赛事节目以著作权保护,都不会导致利益失衡,❷只会促进体育文化产业的长远发展;反之,将体育赛事节目当作制品看待,由于我国现行法的限制(尤其是《著作权法(2010)》第45条),只会导致更多的搭便车者的出现,当然,此时社会公众有更多的渠道来接触体育赛事节目,然而,让我国社会公众总是有渠道消费免费的午餐,从长远来看,未必是件好事。

(三)体育赛事节目与视听作品

作品的本质是意义符号❸的排列组合,这些排列组合在终极意义上,

---

❶ 赋予体育赛事节目以著作权保护并不会殃及消费者福利。体育文化产业是一个增速极快及对宏观经济有深刻影响的产业,关系经济增加和就业增加,是经济发展的重要促进工具。如果体育赛事相关利益主体的合法利益未受充分保护(将体育赛事节目作为作品进行保护是保护体育文化产品产权非常重要的表现形式),经济发展将会被阻滞,消费者福利也不会增加。Seagull Haiyan Song, How Should China Respond to Online Piracy of Live Sports Telecasts? A Comparative Study of Chinese Copyright Legislation to U. S. and European Legislation, 9 U. Denv. Sports & Ent. L. J. 3, 14~16 (2010).

❷ 通常而言,体育文化产品并非消费者刚性需求的范畴,即使赋予其的著作权保护导致社会公众接触体育文化产品的机会减少,也不会根本性地触动社会公共利益。

❸ 在各种哲学理论中,符号学似乎能够为版权客体范围的确定提供相对有说服力的解释。符号学通常将符号解释为由能指(signifier)、所指(signified)和对象(referent)组成的三元结构或能指与所指构成的二元结构。通常而言,能指就是可以被感知的形式如单词读音,所指则由上述可感知的形式所代表的特定心理概念构成,对象可以是现实世界中的物理对象或思维世界的心理实体。以"book"(书)这个词为例,单词"book"的音响形象为能指,"book"(书)这一心理概念为所指,而物理实体的书便是对象。参见彭学龙:"商标法基本范畴的符号学分析",载《法学研究》2007年第1期。符号学理论在解释思想表达两分法时具有一定理论魅力:版权保护的客体应该是符号组合(符号组合本身在终极意义上还是符号);表达即能指,思想即所指;能指是可以被感知的形式,可以适格地成为财产权的客体,所以,满足财产权客体的要件从而可能获得版权保护;而所指是特定心理概念构成,而不同的人在面对同样的能指时,其心理概念构成是不同的,作者创作出作品之后便"死了"说的就是这个道理,基于此,对思想赋予版权保护不可行。

还是符号。具体而言，文字作品表现为文字、数字、字母等的排列组合；美术作品变现为线条、色彩等的排列组合；而视听作品则表现为一系列图像的排列组合（a series of images），其中的电影作品同样如此，只不过，不同于其他类型的视听作品，例如，幻灯片，当电影作品借助机器进行播放的时候，能够给人一种动态的感觉，所以，电影作品的英文表达之一便是"motion picture"，实际上就是动态图片。从表现形式的角度讲，体育赛事节目同视听作品最为接近，都表现为一系列图像，这也是体育赛事节目同视听作品之间最大的共性。不同于普通视听作品尤其是电影作品的是，如上所述，体育赛事节目具有现场性和实时性，另外，体育赛事节目创作的发挥空间相对较小，结果常常不可预知。然而，上述特性都不否定其可版权性。体育赛事节目制作的现场性意味着其前期转播与后期制作同时进行，相对于电影作品的创作，这种创作更需要创造性劳动，凸显了创作者的个性思想与观念。而事实上，观众往往偏好于某个电视台制作播放的体育赛事节目，原因就在于该电视台制作的节目符合其口味，这从反面证明体育赛事节目的创作并非大同小异，而是有个性的存在，而个性是衡量某部作品是否具有原创性的根本标准。体育赛事节目的实时性也只能说明其市场价值转瞬即逝，而作品的市场价值跟其是否应受著作权法保护事实上是两码事。确实，体育赛事节目的创作空间相对于电影作品来说较小，然而，这也不是断然否定其应受版权保护的理由。在著作权法中，应受保护的作品不仅有虚构作品，还有事实作品，例如，地图作品。事实作品的创作同样要受到各种制约，例如，创作地图作品不能够天马行空，否则，地图何用？然而，著作权法也没有由于事实作品的创作受各种因素限制，也就是通常说的发挥空间有限而否定其可版权性。同理，体育赛事节目的创作确实除了表达作者的思想观念之外，仍需客观反映比赛的过程与结果，但其并不能够否定其可版权性。只不过，当体育赛事节目的表达受限制具有唯一性或有限性时，应受合并原则的限制而不受版权保护而已。与上述特性相比，体育赛事本身的结果不可预知性更不能够作为其是否应受版权保护的决定性因素。如上文所述，体育赛事不同于体育赛事节目，体育赛事节目是否应受版权保护的考察的重点是体育赛事节目制作过程与结果中的原创性，而不是体育赛事本身的属性。综上所述，体育赛事节目同视听作品一样，从表现形式的角度出发，都表现为一系列图像，尽管其创作受到客观条件的限制，并不能够据此否定其可版权性。因此，体育赛事节目从法解释学的角度讲，应属视听作品的范畴。如果做出如此认定，也不会出现在互联网时代到来之后，体育赛事节目的保护在我国现行著作权法体系之下无所适从❶的局面，因为根本不会涉及现行《著作权法》第45条的适用，尽管该条的规定使得某些应受保护的法益在互联网时代失去保护的法律依据。

（四）体育赛事节目与汇编作品

所谓汇编作品，是指汇集已有事实或材料（包括作品在内），在其选择或编排上体现原创性的作品，例如电话号码簿、文集、法令汇编集、案例汇编集与排行榜等。如上所述，作品的本质是意义符号的排列组合，任何作品的创作都须建立在前人作品的基础之上，从这个意义上讲，著作权法保护的任何作品都是汇编作品。故而，将体育赛事节目归类为汇编作品似乎亦无不可。业界有主张体育赛事节目属于汇编作品是启发于对学界及实务界对"春晚"作品的定性。"春晚"是一系列作品的排列组合，制作方在节目选择与编排，例如，决定哪些节目能够上春晚，哪些节目不能够上春晚；又如，决定哪些节目在哪个时段，哪些节目在另外一个时段，都反映出作者个性的选择与编排。因此，将"春晚"作为汇编作品进行对待似乎有一定道理，并且将"春晚"界定为汇编作品尚考虑到央视同构成"春晚"的各个作品作者之间的利益平衡。❷且不论上述

---

❶ 如果将体育赛事节目解释为作品，同我国传统的著作权法理论不符；而如果将其解释为制品，由于我国著作权法对广播组织权的保护无法扩展到网络空间（参见《著作权法（2010）》第45条），对其的保护力度必然不够。

❷ 按照我国现行《著作权法（2010年）》的规定："汇编若干作品、作品的片段或者不构成作品的数据或者其他材料，对其内容的选择或者编排体现独创性的作品，为汇编作品，其著作权由汇编人享有，但行使著作权时，不得侵犯原作品的著作权。"按照我国现行著作权法对汇编作品的规定，汇编者对整体汇编作品享有与行使著作权，并不妨碍汇编作品各构成部分之作品的作者行使其著作权。如果将"春晚"界定为汇编作品，确实可以妥善地处理"春晚"制作者同各个构成部分作品作者之间的利益关系，防止"春晚"制作者借其优势地位而滥用著作权侵害各个构成部分作品作者的合法权益。参见王迁："论'春晚'在著作权法中的定性"，载《知识产权》2010年第4期。

推理是否有道理，体育赛事节目同"春晚"并不完全相同："春晚"是由各个应受版权保护的作品或者作品的表演有机构成，体育赛事节目并非如此。所以，将体育赛事节目定性为汇编作品并不存在各方利益平衡的必要性。而且，主张体育赛事节目属于制品的观点并不能够解释如下矛盾之处：既然将体育赛事节目界定为制品，为何不将"春晚"界定为制品？两者在创作时的创作空间都有限。❶ 难道完全是为了妥善处理"春晚"制作者同"春晚"各构成部分的作品著作权人之间的关系而作出的事后正当化结果的一种理由？事实上就是如此。实际上，在制作"春晚"的过程中，央视就是在制作一台戏，将此台戏认定为视听作品有何不可？即使将"春晚"认定为视听作品，也不妨碍各个构成部分的作品版权人行使自己的权利。❷ 回到体育赛事节目，其表现形式本质上是一系列图像的排列组合，其中有制作者个性的选择与编排，应被认定属于视听作品。❸

（五）体育赛事节目是否具有原创性

为了保护体育赛事节目相关利益主体的合法权益，司法实务中著作权法、反不正当竞争法，甚至于物权法都被考虑过。不过，从长远来看，

---

❶ 主张体育赛事节目应属制品的代表观点认为，影视作品影像的获得主要是导演选择与编排的结果，电影作品中，演员的动作、表情均需要导演的指导；而体育赛事节目中运动员的动作、表情都是竞技需要所导致的，同导演无关。创作者在创作体育赛事节目与影视作品时，创作的空间显然不一样，创作的结果当然应该做不同处理。参见王迁："论'春晚'在著作权法中的定性"，载《知识产权》2010年第4期。如果按照上述推理，以人物为对象的摄影作品与以自然景物为对象的摄影作品在著作权法中应做不同处理，因为只有在以人物为对象的摄影作品中，创作人才有可能安排人物的动作、表情等，而在以自然景观为对象的摄影作品中，创作人是无法改变自然景观的。那是不是意味着：以人物为对象的摄影作品应该放在作品中赋予著作权的保护，而以自然景观为对象的摄影创作应该放在邻接权中进行保护？事实上，我国著作权法的立法、理论与实践中都没有这样做，那么，上述解释是否符合我国著作权法的一致做法？结论显而易见：不符合。

❷ 我国现行《著作权法（2010年）》第15条第2款规定："电影作品和以类似摄制电影的方法创作的作品中的剧本、音乐等可以单独使用的作品的作者有权单独行使其著作权。"如果将"春晚"界定为视听作品，构成"春晚"的各个作品完全可以解释为"可以单独使用"的作品，基于此，按照上述条款之规定，该各个作品的作者当然可以单独行使其著作权，而如果有人想播放一整台"春晚"，则需要"春晚"制作方的许可。

❸ 当然，如果其被认定为汇编作品，从而能够获得著作权法的保护，业界也不会反对。然而，从学理上讲，将其归类为视听作品更为合适。

还是寻求对体育赛事节目的著作权法保护对体育文化产业的发展更为有利。据上述论证，体育赛事节目应属作品，应属视听作品。依据我国著作权法的规定，作品只有在具有原创性（独创性）的前提之下才能够获得著作权法的保护。❶ 从体育赛事节目的制作过程来看，体育赛事节目的制作并非机械地记录客观发生的事件，而是类似于电影的制作过程：（1）导演在体育赛事节目的制作过程中发挥了重要作用，观众所看到的体育赛事节目事实上是导演对体育赛事的解读，此点同于电影作品的创作，如果基于电影作品的创作中由于导演的创造性劳动而肯定电影作品的原创性，并没有理由否定体育赛事节目的原创性，因为体育赛事节目中也贯穿了导演的创造性劳动；（2）在体育赛事节目的创作过程中，存在诸多创意元素：其一，每一台体育赛事节目，几乎都有故事性，例如，由我国球员姚明与易建联在 NBA 同时亮相的第一次对决（火箭对雄鹿），这场体育赛事节目比描述为来自中国的两位球星的对决，又如，来自于同城的两支球队的比赛往往被描述为"德比大战"。其二，几乎在每台体育赛事节目中都有个性解说，而且有对焦点球员的采访，这些本身就是创意元素的焦点体现；再次，几乎在每台体育赛事节目中，都有数据分析，有的甚至有数据制图，这些元素本身就是表达。当然，不同的体育赛事节目，创意元素的表现必然相异，在此也不能够一一列举。由于上述诸多创意元素的存在，体育赛事节目的创作远非机械地揭露客观发生的事实，而是向观众讲一个故事。其三，如上所述，作品的本质是系列符号的排列组合，视听作品的本质是一系列图像的排列组合，而体育赛事节目属于视听作品的范畴，其原创性的基础在于上述系列图像的取舍与编排。在体育赛事节目的创作过程中，可以说，导演对镜头（图像）的取舍与编排无处不在。以足球赛事节目的制作来说，世界杯足球赛的

---

❶ 《著作权法实施条例（2013）》第 2 条规定："著作权法所称作品，是指文学、艺术和科学领域内具有独创性并能以某种有形形式复制的智力成果。"由此可见，作品要受我国著作权法的保护，应该满足独创性与可复制性两项要件。需要注意的是，按照我国现行著作权法的规定，作品的可版权性要件中并无固定性的要求，即作品无须固定在一定介质之上才能够受版权保护，例如，我国著作权法明确规定口述作品属于应受保护的对象（我国现行《著作权法》第 3 条之规定）。所以，即使体育赛事节目在现场直播阶段也无版权保护的障碍。

摄像机位（摄像机就好比电视的眼镜）逐年增多，目前已经达到 30 个以上，其中包括超级大全景机位，而且配有 3D 技术的辅助，这些不同机位所拍摄的镜头并非都呈现给观众，呈现给社会公众的是经过导演取舍的镜头，而且，对这些镜头，导演还要进行个性的编排（剪辑），经过导演的取舍与编排，呈现在观众目中的体育赛事节目具有电影创作中的库里肖夫效应。❶且不谈单个镜头（图像）的原创性（因为单个镜头也可能作为一部摄影作品而具备原创性），以单个镜头为创作素材（库里肖夫效应也做此种解释）所进行的个性排列组合的创作成果，包括体育赛事节目（体育赛事的核心并不在于单个镜头的记录，而在于"连续画面"的创作），无疑可能满足原创性要求而获得著作权保护。其四，不论是在版权体系，还是在作者权体系，大多数的立法例都认可体育赛事节目满足原创性的要求。其中，相对于作者权体系，至少从表面上看，在版权体系中体育赛事节目更易被认定为具有原创性而受版权保护。因为在版权体系，典型的立法例并不区分作品与制品，只要是作者的创作成果，而且满足原创性的要求（作品只要是来源于作者，而并非抄袭他人作品的结

---

❶ 按照百度百科的解释，"库里肖夫效应是一种心理效应，是指库里肖夫这位苏联电影工作者在 19 岁的时候发现一种电影现象。库里肖夫由此看到了蒙太奇构成的可能性、合理性和心理基础，他认为造成电影情绪反应的并不是单个镜头的内容，而是几个画面之间的并列；单个镜头只不过是素材，只有蒙太奇的创作才成为电影艺术"。http://baike.baidu.com/view/762682.htm?fr=aladdin，2014 年 9 月 4 日最后访问。"库里肖夫效应"是蒙太奇理论的有力证据。普多夫金曾对这个试验作了如下描述：
"我们从某一部影片中选了苏联著名演员莫兹尤辛的几个特写镜头，我们选的都是静止的没有任何表情的特写。我们把这些完全相同的特写与其他影片的小片断连接成三个组合。
"第一个组合是莫兹尤辛的特写后面紧接着一张桌上摆了一盘汤的镜头。
"第二个组合是莫兹尤辛的镜头与一个棺材里面躺着一个女尸的镜头紧紧相连。
"第三个组合是这个特写后面紧接着一个小女孩在玩着一个滑稽的玩具狗熊。
"当我们把这三种不同的组合放映给一些不知道此中秘密的观众看的时候，效果是非常惊人的。观众对艺术家的表演大为赞赏。"他们指出："莫兹尤辛看着那盘在桌上没喝的汤时，表现出沉思的心情；他们因为莫兹尤辛看着女尸那幅沉重悲伤的面孔而异常激动；他们还赞赏莫兹尤辛在观察女孩玩耍时的那种轻松愉快的微笑。但我们知道，在所有这三个组合中，特写镜头中的脸都是完全一样的。"http://baike.baidu.com/view/762682.htm?fr=aladdin，2014 年 9 月 4 日最后访问。上述理论与实例正好证明作品的原创性来源于作者对创作素材的取舍与编排。同电影作品的制作类似，体育赛事节目的原创性在于：摄影景别的选取与多镜头切换的选择与节奏等，在体育赛事节目的创作中，球员、定位球、切花、元素镜头（通常裁判镜头 22 个，球迷 22 个，教练 26 个）、回放镜头都是节目的创作素材。

435

果即可,并没有所谓创造性的要求❶),即可受版权法保护。例如,在美国版权法中,体育赛事节目的可版权性没有问题:尽管体育赛事本身不受版权保护,但只要导演在制作体育赛事节目的过程中,对摄像机所拍摄的镜头进行了取舍与编排,经过上述取舍与编排所形成的体育赛事节目便具有可版权性。❷ 在美国司法实践中,体育赛事组织者已经成功地基于体育赛事节目的版权保护阻止他人非法传播其体育赛事节目。❸ 类似地,英国司法实践也确认了体育赛事节目的可版权性。❹ 加拿大也是如此。❺ 即使在作者权体系中,体育赛事节目也通常被认为能够满足原创性要求而获得著作权保护。例如,在欧盟28个成员(大多数都是采用作者

---

❶ 我国许多学者以美国最高法院在1991年的费斯特案(Feist Publications, Inc., v. Rural Telephone Service Co., 499 U.S. 340 (1991).)所阐述的最低限度的创造性标准(minimal degree of creativity)为依据认为美国版权法的原创性要件中有所谓创造性要求。事实上,本案所涉及的作品类型较为特殊,即汇编作品,按照我们的解释,如上文所述,属于非独立作品,不同于独立作品的是,这类作品的创作严重依赖于已存事实与材料,其原创性集中表现为作者对已存事实与材料的取舍与编排。费斯特案中所谓的最低限度的创造性标准只是阐明:如果作者对事实与材料的编排是按照字母顺序进行的,实际上所有人按照字母顺序排列选定的电话号码编排形式都无二致,该种编排并没有体现作者的个性,故而不能够受版权保护而已,该案并无意改变长久以来在美国司法实践中所形成的有关原创性判定的传统。实际上,美国版权法第102条也仅规定,版权法保护原创性的作品(in original works of authorship),并未提所谓创造性的要求。United States Copyright Act. Art. 102. read." …… Copyright protection subsists, in accordance with this title, in original works of authorship fixed in any tangible medium of expression, now known or later developed, from which they can be perceived, reproduced, or otherwise communicated, either directly or with the aid of a machine or device. ……"

❷ "When a football game is being covered by four television cameras, with a director guiding the activities of the four cameramen and choosing which of their electronic images are sent out to the public and in what order, there is little doubt that what the cameramen and director are doing constitutes' authorship." See House Report 94～1476 at 52 (1976).

❸ Seagull Haiyan Song, How should China Respond to Online Piracy of Live Sports Telecasts? A Comparative Study of Chinese Copyright Legislation to U.S. and European Legislation, 9 U. Denv. Sports & Ent. L. J. 3, 6 (2010).

❹ Union of Euro. Football Ass'n v. Briscomb, [2006] EWHC (Ch) 1268 [6] (Eng.), 2006 WL 1635072. Seagull Haiyan Song, How should China Respond to Online Piracy of Live Sports Telecasts? A Comparative Study of Chinese Copyright Legislation to U.S. And European Legislation, 9 U. Denv. Sports & Ent. L. J. 3, 8 (2010).

❺ Interbox Promotion Corp. v. Quebec Inc. (Hippo 8 Club), [2003] F.C. 1254 (Can. Que.).

权体系）中，除一个瑞典上诉法院（Swedish Court of Appeals）曾判定冰上曲棍球赛事节目不具有原创性之外，❶ 几乎所有的国家都承认体育赛事节目能够满足原创性而受著作权法保护。❷

（六）结语

通常认为，作者权体系着眼于保护作者的自然权利，而版权体系则是实用主义的典范，保护版权是一种手段，目的是促进科学与实用艺术的进步。在版权体系，版权被有些学者视为"privilege"，而并非"right"，从此也可以看出其实用主义倾向。在我国著作权法中，传统观点认为，我国著作权法继承了作者权体系的衣钵，例如，在我国著作权法中，有关于作者精神权利的规定。所以，有些学者或法官就顺势推理，认为我国著作权法的规定与解释都应该遵循作者权体系的规范，例如，认为原创性中应该包含所谓"创作高度"的应有之义。然而，在知识产权制度日益国际化与一体化的大背景下，作者权体系与版权体系的界限日益模糊，例如，美国版权法中也增加了作者精神权利的保护；❸ 再如，我国著作权法有关电影作品主体的设定也并没有采纳作者权体系的典范德国与法国的做法，而是采用了实用主义的做法，将制片人规定为著作权人。然而，通过对知识产权制度的观察与研究，我们发现，作者权体系相对于版权体系，似乎已经渐渐式微，例如，著作权的各项权能设置背后都代表了一个产业或利益团体，例如，传统的复制权、发行权，背后是传统的出版印刷业。著作权保护的是作者的自然权利，似乎只是一种神话。

在我国现行著作权法中，采取的是"著作权—邻接权"二元结构体

---

❶ Court of Appeal of Southern Norrland of 20 June 2011，n. B 1309～10. European Union，Study on Sports Organisers' Rights in the European Union（Final Report，February 2014）. p. 51.

❷ European Union, Study on Sports Organizers' Rights in The European Union（Final Report，February 2014）. p. 51.

❸ 1990年之前，美国并无保护作者精神权利的明确规定，在其1990年所制定的《视觉艺术家权利法》（Visual Artists Rights Act）为视觉艺术作品的署名权与保护作品完整权作出了有限的规定。参见谢尔登·W. 哈尔彭等著，宋慧献译：《美国知识产权法原理》，商务印书馆2013年版，第117页。

系，著作权保护的是作品的"创作"，邻接权保护的是作品的"传播"。在这种体系之下，以动作、声音为构成要素的作品的表演是作品的"传播"行为，这种"传播"行为的产物应该是邻接权的客体而不是著作权的客体。需要注意的是，邻接权制度并不是世界上普遍采用的制度。例如，在美国版权法中并没有邻接权制度，表演者的表演、录音"制品"、录像"制品"都是作为作品进行保护的。所以，从世界版权立法来看，存在"著作权—邻接权"二元结构体系与著作权一元结构体系的分野。研究版权客体制度必须要厘清两种不同立法例的差别，否则会产生混淆与误解。音乐作品是什么？戏剧作品是什么？舞蹈作品是什么？曲艺作品是什么？杂技艺术作品是什么？是乐谱、剧本、舞谱、曲艺剧本、杂技动作设计？还是乐谱、剧本、舞谱、曲艺剧本、杂技动作设计的表演所形成的表现形式？学界有不同的观点。普通观点认为，音乐作品、戏剧作品、舞蹈作品、曲艺作品、杂技艺术作品是乐谱、剧本、舞谱、曲艺剧本、杂技动作设计。然而，有些学者认为音乐作品、戏剧作品、舞蹈作品、曲艺作品、杂技艺术作品是综合艺术，都是表演的艺术，文字（或类同文字的符号）是它们共有的要素。❶ 这种观点尽管独到，并且同文艺理论❷有些一致，不过，其将上述作品视为综合艺术并不确切，其根本原因在于并没有认清上述立法例的区别，混淆了邻接权的客体与著作权的客体。

值得思考的是，上述不同立法例的选择是否是历史的必然选择？以电影作品为例，我国著作权法将电影作品作为单独一类作品进行保护，赋予其独立的版权客体地位。电影作品的本质就是一系列画面，这些画面借助于机器进行放映的时候，能够给人一种动态的感觉。而这一系列画面最终又能够还原为线条、颜色等基本符号。作品的本质是一系列符

---

❶ 刘春田主编：《知识产权法（第二版）》，中国人民大学出版社2002年版，第51~54页。

❷ 著作权的现行规定同文艺界对表演艺术的认识不尽相同。文艺界一般认为，作品的表演也是一种作品。著作权学界对作品的表演的认识也不尽一致。这些现状导致著作权法适用的困惑。表演者对作品的表演可以看做是作品的演绎作品。表演者对作品的表演不仅仅是机械的传播作品，而是在原作品基础之上所进行的再创作。从这个角度讲，从著作权法律制度吻合文艺理论的角度讲，将作品的表演界定为新作品是合适的。

号的排列组合以及由这些排列组合所直接限定的要素。例如，文字作品就表现为一系列文字、字母等的排列组合。从这个意义上说，也就是从作品的本质意义上来说，电影作品和文字作品是一致的。作品的表演，例如音乐作品的表演，也是一系列动作、声音的排列组合，从表现形式的角度讲，电影作品和对作品的表演所形成的表现形式是一致的。因此，从作品本质出发，从终极意义上讲，著作权的客体与邻接权的客体没有本质区别。那为何要采取"著作权—邻接权"二元结构体系，可能合理的解释是：著作权的保护要件严格，范围宽泛；邻接权的保护要件宽容，范围狭窄。采取二元结构体系，是针对不同类型的表现形式，赋予适当的保护，除此之外，并无其他高深的理论基础。在此，二元结构体系有一定优势。然而，其并非尽善尽美。例如，二元结构体系可能导致对表演者的保护并不周延。而打破"著作权—邻接权"二元结构体系可以为特殊类型的表演者提供周到的保护。虽然竞技表演不应受版权保护，但是艺术表演，例如柔术表演应该受保护。此类表现形式并非对作品的表演，在现行的著作权和邻接权体系中都找不到相应的位置。但如果打破"著作权—邻接权"二元结构体系的桎梏，就可以将这类表演所形成的表现形式融入作品当中，使其受到应有的保护。另外，在新的时代条件之下，从作品的本质出发，将以声音、动作等要素表现出来的作品的表演也认定为著作权的客体，重构"著作权—邻接权"二元结构体系，将作品的表演界定为基础作品的演绎作品，这样会更有利于表演者利益的保护，也不会减损著作权人的利益。可见，邻接权制度产生并非逻辑的必然，而是实用的选择。既然如此，对体育赛事节目的保护也不应该限于现行法及机械解释的窠臼。

知识产权法作为实用主义规范的特征还可以从其哲学基础的探寻中可见一斑。思想表达两分法是版权法的基本原则，意指版权保护思想的表达，而不保护思想本身。为什么？能够从哲学的角度寻求答案？洛克的劳动财产理论认为，劳动是财产权的基础，此理论能否圆满解释思想表达两分原则？似乎不能，具有原创性的表达确实是作者劳动的产物，应受版权保护；然而，思想并非都是从公共领域而来，有时思想是由作者所提出，例如，科斯定律，由此，该思想也是作者劳动的产物，于是，依据洛克的劳动财产理论，是不是意味着该思想应该获得版权保护？版权法给出的答案是否定的。为什么？究其根本原因，在于版权法的立法目的并非仅仅是为了犒赏作者的劳动，而是通过赋予原创性的作品以版权保护，从而达到促进科学与实用艺术进步的根本目的，可见，洛克的劳动财产理论不足以解释思想表达两分法存在的合理性。该两分法的存在还须从产业发展与竞争秩序维护的角度找答案。如果作者所提出的思想都受版权法保护，事实上会产生阻碍产业发展的不利后果。因此，从自然权利的角度来解释版权客体，当然，不止于版权客体，还包括其他类型的知识产权客体范围，往往不能够得出满意的结论。相反，实用主义哲学❶在知识产权领域更加合适。

在当下，体育文化产业已然成为在国民经济中相当重要的产业部门，体育文化产业发展的根本基础在于体育所生产的体育文化产品的产权保护，在这些文化产品中，体育赛事节目是非常重要的组成部分。既然不论从创作过程，还是从创作成果来看，体育赛事节目同普通作品并无二致，无须纠结体育赛事节目到底属于作品还是属于制品，在著作权法中承认其作品地位对促进体育文化产品的产出至关重要。类似地，其他电视广播节目，例如，综艺节目，❷ 大多数都能够构成具有原创性的作品，应受著作权保护。本来，邻接权制度的增加是为了保护表演者、录制者与广播组织者的合法权益，然而，如果他们的合法权益在著作权项下能够获得妥善保护，并且不会减损社会公共利益，不论在立法上还是在法解释上，都不用坚守所谓著作权—邻接权二元结构体系的做法。在当下著作权—邻接权二元结构体系尚具影响，体育赛事组织者、传播者及其他利益相关人如果想保护自己的合法权益，另一条路径便是修改现行著

---

❶ "The enactment of copyright legislation... is not based upon any natural right that the author has in his writings, ... but upon the ground that the welfare of the public will be served and progress of... useful arts will be promoted by securing to authors for limited periods the exclusive rights to their writings." H. R. REP. No. 2222, 60th Cong., 2d Sess. 7 (1909), reprinted in 6 Legislative History of the 1909 Copyright Act, at SI, S7 (1976). Elizabeth A. Brainard, Innovation and Imitation: Artistic Advance and the Legal Protection of Architectural Works, 70 *Cornell L. Rev.* 81, 82 n. 8 (1984~1985).

❷ 综艺节目的制作通常也是有剧本，在导演的执导之下进行的，同电影作品的拍摄过程类似。

作权法第 45 条，将广播组织权扩展到互联网领域。

三、作品本质基本原理在同人创作中的应用

"同人"一词源于日文，来自于日语的"どうじん"（doujin），按照维基百科的解释，通常是指分享兴趣、爱好、活动、成就的人或朋友。翻译成英文，可以是"clique""fanfiction""coterie""society""circle"。❶如同民间文学艺术表达，同人具有教育、协调、表达、娱乐等多重功能。❷"同人文化"意指上述人或朋友中形成的文化，主要包含分享文化❸、参与文化❹、草根文化❺、亚文化❻等。"同人创作"是指由上述圈内主体所进行的作品创作活动，包括但不限于同人漫画创作、同人诗歌创作、同人小说创作、同人音乐创作、同人游戏创作等。同人创作的形式多样，随着科技的进步、社会的发展，同人创作还在以很快的速度发展，因此，在研究同人创作的著作权问题时，应该对同人创作分门别类，具体问题具体分析，不能够一概地下结论谓同人作品侵犯著作权或构成合理使用。

（一）同人作品与版权保护

同人创作如同一个私人俱乐部（这个比喻不一定恰当）所从事的兴

---

❶ 维基百科对"同人"的解释，http://en.wikipedia.org/wiki/D%C5%8Djin，2014 年 8 月 8 日最后访问。

❷ Christina Z. Ranon, Honor Among Thieves: Copyright Infringement in Internet Fandom, 8 Vand. J. Ent. & Tech. L. 421, 424 (2005～2006).

❸ 有学者将同人所遵循的原则界定为"开源哲学"（open source philosophy），并认为同人创作同民间文学艺术作品的创作有共同之处。Christina Z. Ranon, Honor Among Thieves: Copyright Infringement in Internet Fandom, 8 Vand. J. Ent. & Tech. L. 421, 424 (2005～2006).

❹ 在同人之中，个人创作转化为社会互动，观众文化转化为参与文化。Henry Jenkins, Fans, Bloggers, and Gamers, NYU Press (2006). p41.

❺ 同人作品的创作人通常被认为是业余爱好者，但不少同人圈宣称自己是精英文化。

❻ Karl Mamer, The Net: A Magnet for Bad Fiction, TORONTO SUN, Oct. 6, 1996, at C15.

趣爱好活动，通常是未经授权的❶且是非营利性的，❷当然，不仅如此。同人创作的目的往往被表述为创作原作作者所没有开发的主题与思想，从而源于原作（需要注意的是，同人作品同原作的关系纷繁复杂，而且在不断发展的过程中）而又游离于原作。❸同人创作的产物便是同人作品。在同人作品中，可能会涉及著作权问题的是，在已有作品的角色❹、背景、情节等基础之上所创作的新作品。在这些新作品中，同原作的关系可以划分为同主题、同背景、同情节、同角色等多种情形。当然，有些同人创作是对原作的评论，从而可能构成著作权法中应属自由范畴的合理使用。❺在上述不同情形中，同主题肯定不会导致对原作的著作权问题，因为主题属于思想的范畴，而思想表达两分法是著作权法的基本原理，意指著作权法保护思想的表达，而不保护思想本身，所以，同主题的同人创作当属自由范畴。同背景也是如此，而且，同背景的同人创作还可能受情景原则的限制而出现为描述某种情景不得不用到的相同或相近的表达，该表达并不受版权保护。例如，描述希特勒时代的故事可能都不可避免地用到当时特有的打招呼的方式，例如，"嗨，希特勒"；❻又如，写清朝"末代皇帝"的故事，不可避免地要出现其入狱的事实，❼否则，就是"戏说末代皇帝"。如此，在同背景的情况之下，由于描述某一时代的故事不得不用到的表达不受版权保护，尽管同人新作出现了原作

---

❶ 同人作品通常都是未经授权的，因此，其常常被认为是侵犯版权的。Christina Z. Ranon，Honor Among Thieves：Copyright Infringement in Internet Fandom，8 *Vand. J. Ent. & Tech. L.* 421，435（2006）。

❷ Christina Z. Ranon，Honor Among Thieves：Copyright Infringement in Internet Fandom，8 *Vand. J. Ent. & Tech. L.* 421，425（2005～2006）。

❸ Christina Z. Ranon，Honor Among Thieves：Copyright Infringement in Internet Fandom，8 *Vand. J. Ent. & Tech. L.* 421，425（2005～2006）。

❹ 同人创作最为原初的形式便是在原作所塑造的角色基础之上创作新作品。当然，同人创作也有在真人尤其是名人人格的基础之上所进行的创作。此时可能涉及人格权问题，而不是著作权问题。例如，同人作品有可能构成对真实人物的诽谤。Christina Z. Ranon，Honor Among Thieves：Copyright Infringement in Internet Fandom，8 *Vand. J. Ent. & Tech. L.* 421，440（2005～2006）。

❺ 同人创作通常要在原作的基础之上进行再创作，当再创作构成对原作可版权要素的转化性使用时，该再创作构成对原作的合理使用。

❻ 卢海君：《版权客体论》，知识产权出版社2011年版，第61页。

❼ 参见北京市西城区人民法院（1990）西民字第2213号民事判决书。

中的这种表达，也属合法。不同于主题与背景的是，故事的情节、角色有可能具有可版权性。具体而言，足够具体、足够个性的情节与角色[1]应受版权保护。如此，如果同人新作利用了原作应受版权保护的情节、角色，则有可能构成版权侵权。[2] 在角色涉嫌版权侵权的案例中，可能会出现以下情况：在同人创作中，同人创作人只是利用了原作的角色名称（在通常情况之下，不用原作角色的名称，读者不可能识别同人作品同原作的关系，也就无所谓"同人"），但是，同人作品重新塑造了角色的性格特征等实质性人格特征，此种情形是否侵犯原作的角色版权？在此种情形之下，由于角色是名称、性格特征、出身等有机构成的整体，仅是利用原作角色的名称，而修改了其他角色的实质性人格特征，有可能不能够满足实质性相似的要件，从而不构成版权侵权。然而，涉案作品是系列作品的情形之下，角色名称未经授权的利用有可能导致消费者混同，如果同人创作人并非非营利的目的，有可能构成不正当竞争行为。另外，同人作品有可能被诉侵犯了原作的著作人身权，例如，修改权与保护作品完整权。当然，如果借用满足合理使用的要件，也可能构成合理使用。[3] 事实上，大多数同人创作都是为了"玩"，如果出现有关同人创作的诉讼，同人作者一个有效的抗辩便是合理使用。另外，从言论自由的保护与文化参与式发展的角度看，应给予同人创作更为自由与广阔的发展空间。

（二）同人创作与私人自治

不同于普通创作活动的是，同人创作的作品通常是业余自费出版，

---

[1] 普通角色不受版权保护，只有具有原创性的角色才具有可版权性。司法实践中发展出不少判定角色是否受具有可版权性的标准，例如，当某角色构成"被讲述的故事"，其满足原创性而受版权保护。Warner Bros. Pictures v. Columbia Broad. Sys., 216 F. 2d 945, 950 (9th Cir. 1954).

[2] 通常认为，同人作品属于演绎作品。而按照版权法的规定，原作作者享有法定的演绎权，在未经原作者许可的情况之下，应属于侵犯原作作者的演绎权。Casey Fiesler, Everything I need to Know I Learned from Fandom: How Existing Social Norms can Help Shape the Next Generation of User-Generated Content, 10 *Vand. J. Ent. & Tech. L.* 729, 737（2007～2008）.

[3] 大多数同人创作都基于非营利性目的，基于非营利性目对作品的利用，相对于基于营利目的对作品的利用，更有可能被认定为合理使用。

443

通常期望作品的广泛传播（封闭式❶的同人创作人希望其作品在圈内传播）而获得认可；不同于普通的创作文化，同人创作遵循的是分享主义，大多数不寻求私权保护（但不一定如此）。因此，上述对同人作品的分析还需考虑同人创作的特定情况才有意义。一方面，如果某一同人团体之中存在类似于创作共享协议的协议，❷ 协议约定，只要加入该团体，就协议所涉及的作品，应当遵循该协议，应在协议约定的范围之内处于共团体成员自由利用的范畴，此时，即使成员在侵犯著作权的意义上利用了原作，也属自由；❸ 另一方面，如果不存在上述团体与协议，❹ 就应该按照著作权法的规定来解决当事人之间的争议，也就是说，如果被告的行为构成著作权侵权，就应当承担版权侵权责任。著作权法的根本目的是为了促进科学与实用艺术的进步，保护著作权仅为实现该根本目的的手段。因此，著作权制度处处表现出实用主义的特征。故而，著作权并不像生命权、健康权，被当做自然人的自然权利进行对待，而往往是作为产业发展的工具进行利用。例如，著作权与邻接权的权能往往都代表了一个产业部门的利益诉求，复制权、发行权代表的是出版业，广播组织

---

❶ 一些同人作者愿意将同人作品公之于众，而许多同人作者偏好于将其作品置于无人问津的境地。Casey Fiesler, Everything I Need to Know I Learned from Fandom: How Existing Social Norms can Help Shape the Next Generation of User-Generated Content, 10 Vand. J. Ent. & Tech. L. 729, 739 (2007~2008).

❷ 创作共享（Creative Commons）是一个为创意作品提供免费许可途径的非营利机构。创作共享秉承"部分权利保留"而非"所有权利保留"的理念。创作共享协议有多种表现形式，其中最为频繁地被采纳的是"Attribution（标明来源）- Noncommercial（非商业利用）- ShareAlike（以同样的方式分享）"协议。Casey Fiesler, Everything I Need to Know I Learned from Fandom: How Existing Social Norms can Help Shape the Next Generation of User-Generated Content, 10 Vand. J. Ent. & Tech. L. 729, 755~56 (2007~2008).

❸ 许多同人作品之所以没有引来著作权诉讼，一个基本原因在于同人团体大多数是紧密而封闭的团体，仅在圈内分享同人作品的价值，而且有自治规则，能够保证其社会规制的执行。Casey Fiesler, Everything I need to Know I Learned from Fandom: How Existing Social Norms can Help Shape the Next Generation of User-Generated Content, 10 Vand. J. Ent. & Tech. L. 729, 746 (2007~2008).

❹ 需要注意的是，私人自治的协议虽然能够规制团体成员，但并没有涉外效力，因此，如果同人创作侵犯了圈外人的著作权，应属著作权侵权行为。Casey Fiesler, Everything I need to Know I Learned from Fandom: How Existing Social Norms can Help Shape the Next Generation of User-Generated Content, 10 Vand. J. Ent. & Tech. L. 729, 739 (2007~2008).

权代表的是广播业等。因此，对著作权的限制往往只会导致经济利益的冲击，并不会导致自然权利的减损。在著作权法中，存在不少为了社会公共利益的保护而对著作权的限制性规定，如合理使用、法定许可、强制许可制度等。由此可见，在私人之间就著作权达成某种自治协议❶，只要不减损社会公共利益，其合法性往往没有问题，这一点显然不同于就自然权利达成自治协议。例如，代孕或器官买卖等的合法性都待考证。所以，只要同人团体达成创作共享协议，只要该协议不减损社会公共利益，应属合法。

（三）同人作品的传播与版权责任

同人创作活动已经在诸多方面颠覆了传统版权模式。同人创作大多数出于兴趣爱好，乐于将其作品置于特定平台供他人欣赏，从而得到宣泄与认可。因此，付费模式在同人作品传播的场合并不流行。同人创作也并非传统的个体创作，而是群体共同创作，创作成果的权属难免会出现一定的模糊之处。另外，同人创作的产物有"微作品"，也有小说等篇幅较长的作品，作品的表现形式多样。同人作品往往会找一个平台来发布，在互联网时代，往往在一个同人作品网站上发布。同人作品网站往往给同人作品的发布提供一个平台，故而，在著作权法意义上，该网站是ISP（网络服务提供商），其版权责任应该按照网络服务提供商的责任标准设定。即同人作品平台应受避风港的保护，通常情况之下，只有接到版权侵权通知，才有义务删除涉嫌侵权作品，❷ 除非侵权作品像"红旗"一样飘飘。同人作品的平台为同人创作群体提供了表现自己的机会，这种表现已经模糊了创作者与读者的界限，创作人是读者，读者也是创

---

❶ 到目前为止，同人创作仍然是一个法律的灰色领域，是个高度自治的领域。Casey Fiesler, Everything I need to Know I Learned from Fandom: How Existing Social Norms can Help Shape the Next Generation of User-Generated Content, 10 *Vand. J. Ent. & Tech. L.* 729, 739 (2007~2008).

❷ 在实践中，不少同人作品网站在收到侵权通知或请求之后便删除了该作品。重复实施"侵权行为"的人将会被暂停账号或者永久被封杀。Casey Fiesler, Everything I need to Know I Learned from Fandom: How Existing Social Norms can Help Shape the Next Generation of User-Generated Content, 10 *Vand. J. Ent. & Tech. L.* 729, 744 (2007~2008).

作者。❶ 而且，互联网时代的同人创作群体构成较为复杂，其所创作的同人作品质量、尺度也不尽相同，也有很多同人色情、暴力作品，其中很多作品被批评为"无下限"，这些作品有可能对青少年带来不利影响。因此，同人作品的平台应该尽到一定的监督和筛选义务，将作品分级，对参与者进行分类，在促进表达自由的同时，不至于遗毒青少年。

（四）结语

同人作品中不乏优秀作品，也有集结优秀作品做延伸开发而获得成功的商业案例。❷ 同人创作表现出同普通创作所不同的诸多特性，草根、精英、亚文化、嘻哈文化、自由等都不足以有效界定这些特性，而且同人创作也在发展，未来还会有新事物出现。值得注意的是，普通著作权制度在同人创作领域往往无效。同人文化的重要特点之一就是私人自治。私人自治下所创设的许多规则都在同人圈子内发挥作用。面对新问题，尤其是数字时代的新问题，著作权法往往显得落伍，例如，互联网领域基于 Robots 协议的选择退出机制相对于传统版权制度中的选择进入机制，似乎在数字时代更加实用。同人创作中所发展出来的私人自治规则如果能够解决问题而且不影响社会公共利益，应当认可其合法性。❸ 在这些私人自治规则中，非营利性是核心组成部分，❹ 另外，同人创作还须标注原初作品的来源，而且，圈内同人作者之间不能够相互抄袭剽窃。❺

---

❶ Henry Jenkins, Textual Poachers: Television Fans & Participatory Culture 23～24 (Routledge, Chapman and Hall 1992).

❷ 同人作品的商业化被指违反了同人的非营利规则（你不必赚钱"thou shalt not profit"），颠覆了同人的传统。Casey Fiesler, Everything I need to Know I Learned from Fandom: How Existing Social Norms can Help Shape the Next Generation of User-Generated Content, 10 Vand. J. Ent. & Tech. L. 729, 748（2007～2008）. 一旦同人规则被颠覆，如上文所述，即可能遭遇著作权问题。

❸ 事实上，同人创作与版权已经相安无事很多年。Casey Fiesler, Everything I need to Know I Learned from Fandom: How Existing Social Norms can Help Shape the Next Generation of User-Generated Content, 10 Vand. J. Ent. & Tech. L. 729, 744（2007～2008）.

❹ Casey Fiesler, Everything I need to Know I Learned from Fandom: How Existing Social Norms can Help Shape the Next Generation of User-Generated Content, 10 Vand. J. Ent. & Tech. L. 729, 749（2007～2008）.

❺ Casey Fiesler, Everything I Need To Know I Learned from Fandom: How Existing Social Norms can Help Shape the Next Generation of User-Generated Content, 10 Vand. J. Ent. & Tech. L. 729, 753（2007～2008）.

第三节 抽象测试法的应用

一、抽象测试法在《人在囧途》vs.《人再囧途之泰囧》案中的应用

近日，光线影业出品、徐峥执导的《人再囧途之泰囧》（以下简称《泰囧》）被《人在囧途》（以下简称《囧途》）制片方武汉华旗影视制作有限公司（以下简称华旗）诉侵权，此案已由北京市高级人民法院立案审理。华旗主张，《泰囧》与《囧途》两部电影的名称、构思、情节、故事、主题、台词等构成实质相同或相似，被告侵犯原告作品的著作权。本文将就《泰囧》是否侵犯《囧途》的著作权这一问题，结合思想表达两分法这一著作权法的基本原则，进行简要分析。

（一）作品中的何种要素应受著作权法保护——思想表达两分法

1. 思想表达两分法在著作权法中的基本地位及其合理性

著作权法保护的客体是作品，然而，并非作品中的任何要素都应受著作权法保护。著作权法中用来区分作品中应受保护的要素和不应受保护的要素的基本原则是思想与表达二分法。它的基本内涵是版权法只保护思想的表达而不保护思想本身，它是版权法最基本的法律原则，也是版权客体制度最为重要的法律原则，是有效确定版权客体范围的基本制度。它的基本功能在于明确界定版权法的保护范围，平衡版权法激励创造与保留进入的利益关系，保证版权法功能与目的的实现，其是创作实践的要求、经济基础的反映和言论自由的保障。[1]

2. 思想表达两分法表明并非《囧途》中的任何要素都受著作权法保护

一部作品的构成要素很多，有题材、体裁、主题、情节、事实、结构、角色、符号表达等，其中一些要素在满足相应条件的情况下应受著

---

[1] 苟正金：''论启封许可中的合同自由与知识产权法冲突''，载《社会科学研究》2009年第5期，第82页。

作权法保护，例如，符号表达。然而，根据思想表达两分法，并非作品中的任何要素都应受著作权法保护。在作品的这些构成要素中，有些要素确定地属于思想的范畴，其处于不应该受著作权法保护的地位。例如作品的题材、体裁、主题。而作品的表达，如果满足了原创性要求，就应该得到保护，我们须做的就是对作品的构成要素进行合理地区分，区别对待作品的思想与表达。

在《泰囧》案中，原告《囧途》一方认为，《泰囧》在名称、构思、情节、故事、主题和台词等数处同《囧途》实质相同或相似。在对原被告作品进行比较之后，确实能够发现两部作品的相同或相似之处，相近之点大致可以归纳如表5-1。[1]

表5-1　《囧途》与《泰囧》两部作品相同与相近之处之比较

相似处	《囧途》	《泰囧》
都有女儿，都要离婚，但最终修好	有"小三"，后"小三"放弃	4年投身"油霸"研发，不顾家
丢物件后被送还	大巴上丢钱包身无分文	泰国出租车上掉护照
都走错房间	旅馆条件差导致走错女子房间	为找护照走错房间
范冰冰桥段	旅馆女子提到"我又不是范冰冰"	王宝强说与范冰冰恋爱
徐峥问王宝强相近问题	"你是干什么的"	"你到底是干什么的"
王宝强抢到徐峥物品后将其弄丢	抢了"小三"的照片，落入水中	抢了"无线网卡"被迎面火车的气流击落
飞机上出现囧境后再次邂逅	王宝强第一次坐飞机，出现无知及由其引起的笑话	徐峥想利用手机传输文件，遭到王宝强阻挠未果

全文用"徐峥"代表其所饰演的角色；用"王宝强"代表其所饰演的角色。

由上可知，两部作品在题材、体裁和主题等方面确实相同或相近。然而，这些要素是作品的思想，不应该受著作权法保护，所以，原告企图以这些要素的相似性主张作品著作权侵权并不成立。不过，原告主张被告作品在电影名称、构思、情节、故事、台词等方面同原告作品存在

---

[1] 苟正金："论启封许可中的合同自由与知识产权法冲突"，载《社会科学研究》2009年第5期，第82页。

相似之处，确有可能成为被告著作权侵权的正当性理由。因为对于这些作品的构成要素而言，有可能因为作者的创作行为使其从思想上升到原创性的表达，进而受到著作权法保护。因此，确定一个区分思想和表达的方法就至关重要，此问题将在下文详细分析。

（二）怎样区分作品中应受保护的要素和不应受保护的要素——抽象测试法

要充分和有效发挥思想表达两分法地位效用，必须有效地将作品中的思想与表达区分开来。在《泰囧》案中，作品的构思、情节、故事等是否应该受著作权法保护取决于其属于思想，还是表达。对于戏剧作品或类戏剧作品而言，抽象测试法是经典而有效的区分思想与表达的方法。

1. 抽象测试法及其应用

以汉德法官在尼克尔斯案❶中所提出的抽象测试法为标志，区别思想和表达的方法进入相对成熟的阶段。在尼克尔斯案中，原被告作品都描述了一个犹太家庭和一个爱尔兰家庭之间从仇恨到归好的恩怨情仇，但具体情节设计不同。在此案中，汉德法官作了如下经典分析：对于任何作品尤其是戏剧作品来说，当越来越多的特定情形被"抽象和剥离"后，会产生越来越具有"普遍性"的模式。在一系列"抽象和剥离"的过程中有这样一点，经过这样一个"临界点"，版权保护将消失。否则，思想将被保护。汉德法官指出在判断两部作品是否具有实质性相似时，所应比较的是两部作品受版权保护的部分。首先要做的就是通过抽象提炼的方法将作品分为层次不等的思想与表达。如果两部作品相似的地方属于较高层次的思想，这种相似就不是实质性的，但如果属于较低层次的表达，则就有可能被认为具备实质性。抽象测试法可以用图5-2形象地表示。❷

2. 依据抽象测试法对该案的分析

《囧途》和《泰囧》两部作品在构成要素方面都类似于戏剧作品，因

---

❶ 苟正金："论启封许可中的合同自由与知识产权法冲突"，载《社会科学研究》2009年第5期，第82页。

❷ Nichols v. Universal Pictures Corp. 45 F. 2d 119, 121 (2d Cir. 1930); 苟正金："论启封许可中的合同自由与知识产权法冲突"，载《社会科学研究》2009年第5期，第82页。

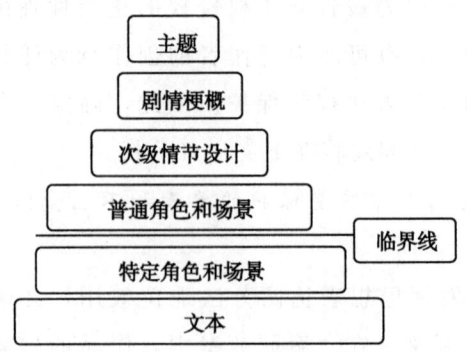

图 5-2　抽象测试法的图形表现

此可以利用抽象测试法对其进行抽象层次的划分。

两部作品都是电影作品，都以喜剧为卖点，它们的体裁相同。两部剧中的主题也近似。不论是《囧途》的一路历经千辛万苦回到家中，认识到家庭的温暖，还是《泰囧》的两个昔日朋友从反目到谅解，认识到旅伴心灵的美丽，与妻子重修旧好，都是通过小人物之间的情感摩擦唤醒现代白领冷漠背后的真情，从而体会生活的真谛，找到心灵归宿。尽管有体裁和主题的相近之处，但根据思想表达两分法，体裁和主题都不应该受著作权法保护。

从角色塑造来看，两部作品的主角都是白领配上屌丝的搭配，《囧途》是一个玩具公司老板和一个打工仔，《泰囧》是一个科技公司老板和一个出国旅游的葱油饼摊主。笼统地来说这两个角色是相近的，就如同尼克尔斯案中的爱尔兰父亲和犹太父亲，然而，大多作品都可能涉及老板和打工仔，这些类型化的角色属于较高抽象层次的思想。

从剧情来，两部作品的剧情梗概都是"屌丝"一族最后靠自己的执著打动城市白领。诚然，具体情节和细节属于表达。不过，由表5-1可以看出，尽管两部作品的大体情节存在相似性，然而，在具体的情节构造和细节塑造方面，两部作品并不相同。例如，尽管两部作品中都有走错房间的情节，但走错的是不同的房间，具体发生的事情也不尽相同。又如，两部作品中都有涉及范冰冰的桥段。但是，桥段的具体内容不同，《囧途》中描述的是有一个长相接近于范冰冰的房客，而《泰囧》中描述的是王宝强自称与范冰冰"恋爱"，范冰冰最后还客串出场。所以，从总体上看，两部作品的大概情节构造有相近的地方；然而，在特定情节的构造上，绝大部分并不相同或近似，应属于"本故事纯属虚构，如有雷同，纯属巧合"的情形。不过，经过上述比对，两部作品相近的特定情节确实存在一个，就是作品的结尾都有两人在飞机上邂逅的场景。不过，这种相似属于合理使用中的戏仿，属合法行为，并不构成侵权。

两部作品中确实有些台词较为近似，例如，徐铮在囧境中问了王宝强相近的问题"你是干什么的"（《囧途》）和"你到底是干什么的"（《泰囧》），然而"你是干什么的"是惯用的表达方式，并不受著作权保护。

综上，两部作品确实存在一定的相似性。然而，这些相似性停留在较高的抽象层次之上。两作品的比对结果可以用图5-3表示。

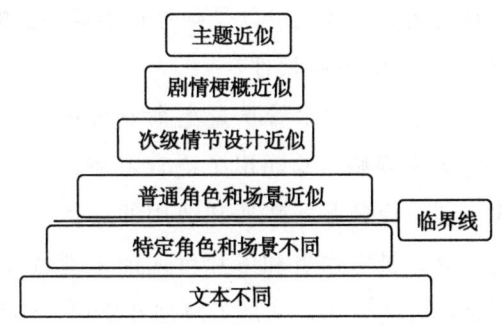

图5-3 利用抽象测试法对《囧途》诉《泰囧》案的分析

根据思想表达两分法和抽象测试法，处于较高抽象层次之上的要素应该属于思想的范畴，并不应受著作权法保护。因此，仅依据较高抽象层次上大体情节和基本角色的相似主张被告侵权责任的成立，恐怕并不能够得到支持。反之，如果两部作品的相似是在较低的抽象层次之上，例如，在"屌丝"打动"白领"的细节上存在实质性相似，在"白领"和"屌丝"的细节性角色构造上存在实质性相似，两部作品构成侵权的可能性就会比较大。

（三）标题是否能够及在满足何种条件之下能够受著作权法保护

《囧途》与《泰囧》是两个不同公司先后出品的电影，《人再囧途之泰囧》的电影标题与《人在囧途》相似，乍看容易使人误认为是系列电影。

1. 标题的著作权保护

一般而言，版权法保护的是具有个性的作品，往往只有充分描绘的作品才能够显示出作者的个性，而充分描绘的作品常常具有一定的篇幅，也即表达具有一定的量。标题是作者的创作成果，是作品的有机组成部分，其可能成为版权法的保护对象。然而，标题往往是由少数词语甚至一个字构成，常常非常简短，很可能就是惯用的词汇，这使得标题在知识产权法上的地位显得比较特殊。基于标题的特殊属性，商标法和不正当竞争法对标题的保护可能发挥一定作用。各立法例对标题保护的实践具有一定程度的一致性，即如果标题能够满足原创性要件，可以获得版权保护；标题具有一定的识别功能，可能受到商标法的保护；同时，如果被告对原告标题的使用可能造成公众混淆，标题还可以受到不正当竞争法的保护。[1]

2. 标题"人在囧途"的可版权性

标题"人在囧途"这一表达尽管从量上衡量很短，但独具特色，虽然语言结构符合中文的语言规则，却超出了语言习惯，巧妙地用"囧"这个词来形容整趟路途。整个标题并非普通和惯用的表达方式，而是对中文语言文字的独创性的组合，带有作者和影片鲜明的个性特征。因此，从著作权法的角度讲，其是作者的表达，满足了原创性要求，应受著作权法保护。

通过对标题"人在囧途"与标题"人再囧途之泰囧"进行比较，两者相同的地方在于都有"人"和"囧途"；两者相近的地方在于一个是"在"，另外一个是"再"，此相近的地方在读音上同，在寓意上有一定的关联性。更重要的是，"人在囧途"的精华就如同上文所述，在于用"囧"来为标题确定基调，这是一个原创性表达，也是整个标题最大的亮点。可以说，正是这个亮点，为这个仅有四字的标题赢得了著作权保护，尽管"人在何处"完全是一个惯用的中文表达，但"囧途"构成这个标题的可享受著作权保护的支柱，使得"人在囧途"满足原创性要求从而能够获得著作权保护。而"人再囧途之泰囧"的"囧途"与"人在囧途"完全一致。也就是说，"人再囧途之泰囧"完全照搬了前者标题中最亮眼的特点。再者，被告在创

---

[1] 荀正金：."论启封许可中的合同自由与知识产权法冲突"，载《社会科学研究》2009年第5期，第82页。

作电影作品的时候确实接触了原告作品，被告作品的标题构成对原告作品标题的实质性相似，进而构成标题的著作权侵权。

有观点认为，对于标题"人在囧途"而言，"人再囧途之泰囧"是一种合法的再创作。其中"再"与"泰"一语双关，两标题尽管存在一定联系，但"再"与"泰"两个关键字的选取和利用使其足以具备个性，从而应受著作权法保护。这种观点乍看有一定道理。然而，即使将标题"人再囧途之泰囧"解释为一种再创作，也是在标题"人在囧途"的基础之上的再创作，前者是基础作品，后者是演绎作品。按照著作权法，著作权人对其作品享有演绎权，未经其许可，他人不能创作演绎作品，否则构成侵权。因此，尽管演绎作品是一种再创作，很有可能是一种精彩的再创作，但是，在未经基础作品作者许可的情况之下，仍然构成著作权侵权。

有学者担心，简短文字作品的著作权保护可能会带来公共利益的吞噬。确实，习惯表达和惯用词汇应属公共领域，即使著作权法认可标题的可版权性的情况之下也是如此。于是，为在对著作权人合法利益的进行保护的同时又不侵蚀公共利益，把作品的标题放在反不正当竞争法的视角下进行保护确实具有相当的理论魅力。在反不正当竞争法的视域中，权利的保护并非放在对世的角度进行，而是局限在具有竞争关系的当事人之间。此时，保护措施的采取既保护了竞争者的公平竞争权利，又不会对社会公共利益造成不应有的危害和威胁。在本案中，被告的宣传手段中确实有搭便车的嫌疑，在反不正当竞争法的视域之下处理当事人之间的法律关系确实有一定的合理性。然而，我们撇开被告在宣传过程中搭便车的事实，仅从作品著作权侵权的角度进行研究，仍须回答标题的可版权性问题。如果撇开作品内容，仅对标题的表达方式赋予著作权保护确实有侵害公共利益的可能性。然而，需要正视的是，标题是作品的有机组成部分，如果把标题的著作权保护置于整体作品的有机组成部分的角度进行考察，从标题所在作品的整体环境出发来评判其原创性，标题的著作权保护可能侵蚀公共利益的嫌疑会被大大缩小。不仅如此，采取这种方法来评判标题的著作权，在极大程度上可以达到在反不正当竞争法的视域下保护作品标题的相近效果。申言之，标题可能较为简短，单独考察并不适合赋予著作权保护。然而，这一简短的标题放在整部作品之中，却可能使整部作品成为一朵奇葩。此时，如果被告创作类似作品，利用了原告作品标题，判其侵犯原告作品标题的著作权，既不会对公共利益造成损害，也有效保护了原告的合法权益。

(四) 结语

在作品尤其是戏剧类作品的创作过程中，可能存在诸多创作要素的重叠，然而，这并不表明作品之间必然构成著作权侵权关系。按照思想表达两分法，这些作品的构成要素并非都应受著作权法保护。在戏剧类作品的侵权判定中，可以借助抽象测试法，将作品的情节、结构、角色等解析为不同的抽象层次，如果经过作品比对，两部作品相似的地方在较高的抽象层次之上，两部作品之间不构成著作权侵权关系；反之，如果相似的地方处于较低的抽象层次，则相互之间构成著作权侵权关系的可能性较大。另外，标题是作品的有机组成部分，当标题具备足够的个性以至于能够满足原创性要求时，也应受著作权法保护。就《泰囧》案而言，被告作品的标题同原告作品的标题构成实质性相似，进而构成标题的著作权侵权；原被告作品在大体结构、大概情节和一般角色等层面上的相似处于较高的抽象层次，这种相似并不构成著作权侵权。

二、抽象测试法在"扒剧"行为中的应用——以琼瑶诉于正案为例[*]

万丈高楼平地起，任何作品的创作都需要建立在前人作品的基础之上。在作品的创作过程中，可以借鉴前人作品中不受著作权保护的创作因素，例如，作品的主题、体裁等。然而，如果利用前人作品超过了合理的界限，在戏剧类作品的创作过程中，将前人作品中应受著作权法保护的角色构造、情节设计等也照单全收，便可能构成著作权侵权行为。在戏剧类作品的创作过程中，不深入生活汲取创作灵感，通过研究（合法）、借鉴（合法）甚至抄袭（如果抄袭的是他人作品的表达方式，则是非法）前人或前几人作品中（往往是综合前人作品中的多部）的创作元素的行为被称之为"扒剧"，该表述并非专业表达，而且往往在贬义上进

---

[*] 与张雨潇合作，感谢张雨潇在资料搜集与整理中所付出的辛勤劳动。

行使用。❶ "扒剧"现象在目前的影视行业屡见不鲜,近日琼瑶诉于正案更是令此现象成为热议的话题。著名作家、编剧琼瑶发布了一封名为《琼瑶写给广电总局的一封公开信》的文章,信中公开指出编剧于正的《宫锁连城》(以下简称《宫》)抄袭了其作品《梅花烙》(以下简称《梅》),但于正作出了否认抄袭的回应。舆论界对此事有两派观点:或认为两部作品的相似是纯属巧合;或认为两者构成著作权侵权的关系。欲厘清上述两部作品的关系,还须从著作权法的基本原理出发进行判断。

(一)思想表达两分法判定"扒剧"行为的合法性

思想表达两分法是著作权法的基本原理,其基本含义是,著作权法只保护思想的表达,而不保护思想本身。基于此,欲评判两部作品之间是否构成侵权关系,须厘清被告作品被诉同原告作品的相同或相似之处是否属于著作权法中应受保护的表达。在戏剧作品中,作者的创作要素除了文本(即文字符号的排列组合)之外,还包括特定情节、特定结构和原创性角色。当然,题材、主题、体裁、事实等都属于不受著作权法保护的思想。因此,并非剧本中的所有要素均受著作权法的保护,琼瑶作品《梅》仅在文本符号、特殊情节、具体结构等方面受著作权法保护,也只有当《宫》所"扒"的是上述应受著作权法保护的要素时才有可能导致著作权侵权。

(二)抽象测试法判定"扒剧"行为是否构成侵权

尽管思想表达两分法是著作权法的基本原理,但在具体作品中区分思想与表达常常不易。于是,司法实践中发展出一系列区分思想与表达的具体方法。其中,抽象测试法是最为重要的一种,该测试法尤其是在戏剧作品等具有情节、角色等要素的作品中能够较好地发挥区分思想与表达的功能。抽象测试法其将作品内容分为不同层次,由思想至表达,逐层剥离,由公有领域部分开始,从上至下依次将剧本剥离为主题、剧

---

❶ 中国电影文学学会理事、国家一级编剧胡月伟说,在商业化的写作过程中,一些年轻编剧喜欢"扒剧",尤其是"扒韩剧""扒美剧",一个"大编剧"找四五个"小编剧",一集集看韩剧或美剧,一人各扒5集,再由"大编剧"来统稿,这是最快捷的"成功"之道。参见段菁菁、章苒、张舒:"琼瑶斥于正行业乱象引关注'扒剧'编剧成功捷径?"载 http://media.people.com.cn/n/2014/0417/c40606-24906165.html,2014年6月6日访问。

情梗概、次级情节设置、普通角色和场景，由此达到临界点，而在临界点之下内容的依次为特定角色和场景、文本符号等，如图5-4所示，只有当"扒剧"的内容在临界点（思想与表达的界限）以下方可能构成著作权侵权。

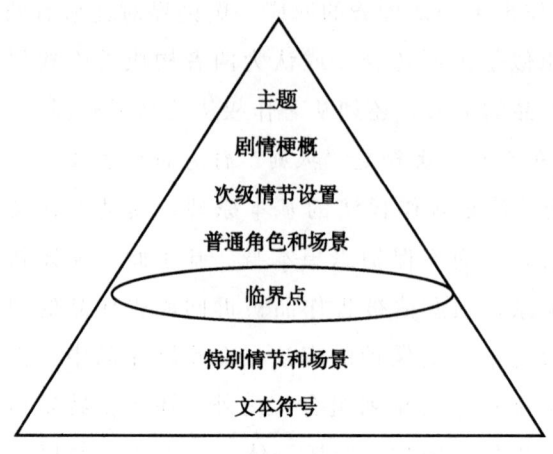

图5-4　抽象测试法图解

利用抽象测试法对《梅》《宫》两部作品的相似之处进行对比，见表5-2。

表5-2　《梅》《宫》两部作品相似之处对比列表

	《梅花烙》	《宫锁连城》
主题	偷龙换凤的爱情故事	偷龙换凤的爱情故事
剧情梗概	女主角在出生之时被母亲送走，并调包换男主角，两人长大成人后相爱并结合，女主角为男主角妾，且被正妻欺凌	女主角在出生之时被母亲送走，并调包换男主角，两人长大成人后相爱并结合，女主角为男主角妾，且被正妻欺凌
次级情节设置	男主角（身份显赫）深爱女主角（身份低微），其正妻（身份显赫）深爱男主角并仇恨女主角，矛盾由此展开	男主角（身份显赫）深爱女主角（身份低微），其正妻（身份显赫）深爱男主角并仇恨女主角，矛盾由此展开
普通角色和场景	除男女主角外，还包括男主角养母、养父、同父异母的兄弟、养父二房妻子	除男女主角外，还包括男主角养母、养父、同父异母的兄弟、养父二房妻子、男主角父亲义子、男主角同父异母兄弟的妻子

续表

	《梅花烙》	《宫锁连城》
临界点		
特定角色和场景	（1）女主角生活贫苦，沦落风尘，成为歌妓 （2）男主角才貌兼备，文武双全，有情有义，深得父母喜爱 （3）男主角同父异母的兄弟不得父亲宠爱 （4）男主角与正妻大婚的洞房夜逃跑并私会女主角 （5）正妻污蔑女主角为狐狸精并利用封建迷信活动迫害女主角 （6）男主角养母在换子之前已生育三个女儿	（1）女主角从小生活在妓院，长大后成为"街头混混" （2）男主角才貌兼备，文武双全，有情有义，深得父母喜爱 （3）男主角同父异母的兄弟不得父亲宠爱 （4）男主角与正妻大婚的洞房夜逃跑并私会女主角 （5）正妻污蔑女主角为狐狸精并利用封建迷信活动迫害女主角 （6）男主角养母在换子之前已生育三个女儿
文本符号	男主角养母的对白："谁叫我一连三胎，生的都是女儿，连个子嗣都没有，已经是把我往冷宫里推了呀。"	男主角养母对白："这些年来我只给老爷生了三个女孩子，还是生不出个男娃。"

《宫》《梅》虽然存在不同之处，但据上表分析，两作品在临界点以下的特定角色与场景、文本符号方面有多处相同或相似之处，达到实质性相似的程度，由此两作品构成实质性相似，于正作品《宫锁连城》侵犯了琼瑶作品《梅花烙》的著作权。

需要注意的是，并非所有的"扒剧"行为都构成侵权。如果只是对原作品的主题、剧情梗概进行借鉴，具体结构和特定情节均不同于原作品，此类"扒剧"行为并不构成著作权侵权。如中国的电视剧作品《爱情公寓》，主题与美国电视剧作品《老友记》相同，但特定的故事情节、角色、场景都与其存在差别，并伴有中国式幽默的台词文本，二者虽有相同之处，但《爱情公寓》对《老友记》不构成侵权。

（三）质与量的综合分析判定"扒剧"行为的合法性

琼瑶发布控诉于正抄袭的申诉之后，编剧李亚玲在其新浪微博发表文章称，于正曾对她说："抄袭只要不超过20％，比如把20集的戏全抄了但只要扩充到 100 集，法院就不会追究。"[1] 此论断似乎足以混淆视听，但从著作权法角度看，是没有依据的。

判断两部作品是否构成著作权侵权需从质与量两个方面综合进行判定，两者在著作权侵权判定中是此消彼长的关系。著作权法所保护的是作品中具有作者原创性的部分，该部分又分为要部与非要部。要部是作品原创性的集中体现；非要部则是辅助、凸显要部的部分。著作权侵权判定中的质通常是在要部中予以表现的，量则通常是要结合要部与非要部综合表达的量来进行衡量。当原作品的全部被被告作品使用，除非构成合理使用，无论被使用的部分在被告作品中所占篇幅大小，通常都构成著作权侵权；当原作品中的要部未经授权被被告使用时，除非构成合理使用，无论被使用的部分在被告作品中所占篇幅大小，通常都构成著作权侵权；当原作品的非要部被被告作品使用，如果该非要部构成作者原创性的表达，且在原告作品中所占篇幅较大，通常构成著作权侵权；当原作品的非要部被被告作品使用，如果该非要部构成作者原创性的表达，而在原告作品中所占篇幅较小，但构成被告作品的要部或者在被告作品中所占篇幅较大，通常构成著作权侵权。至于如何衡量要部、非要部、篇幅较大，则通常是法官自由裁量的范畴。另外，判断被告作品是否构成对原告作品的合理使用，一个根本的标准就是考察被告作品对原告作品的使用是否构成"转化性使用"，即拿原告作品的表达作为素材，在此基础之上创作新作品。

基于上述论述，"抄袭只要不超过 20%"，即不会构成著作权侵权显然站不住脚。原因如下：其一，如果所抄袭的 20% 属于原告作品的要部，通常构成著作权侵权；其二，如果所抄袭的 20% 属于原告作品的非要部，但属于原告原创性的表达，而该部分构成被告作品的要部或者属于被告作品的较大篇幅，通常构成著作权侵权。就于正的言论来说，即使把原告作品从 20 集扩展到 100 集，原告作品的要部被被告使用，或者原告作品中具有原创性的非要部在被告作品中构成要部，也会构成著作权侵权。在琼瑶诉于正案中，《宫》所"扒"的《梅》的内容不仅包括《梅》的要

---

[1] 参见于正新浪微博 2014 年 4 月 15 日 15：26 微博内容。

部（例如《梅》的特别情节设计），还占据《宫》的很大篇幅，尽管《宫》中有作者独创的剧情与角色设定，但因该作品的要部是对《梅》的复制，触及了著作权法所要保护的部分，故此"扒剧"行为构成著作权侵权。

（四）从"扒剧"行为看文化产业的发展与文化产品的竞争

同普通商品一样，文化产品也有竞争，但与普通商品之间的竞争有所不同。首先，文化产品往往是具有艺术价值的作品，受著作权法的保护；而普通商品往往是由商标法、专利法进行保护；其次，文化产品往往由其影响力和对欣赏者带来的艺术熏陶和美的感受来呈现其价值；而普通商品则由其质量、性价比等方面来决定其在竞争市场中的地位与价值；再次，文化产品的价值和竞争力往往不能通过广告等宣传手段达到价值的提升，原因在于该价值往往随着时间的流逝逐渐显现，劣质的文化产品往往很快被淘汰，只有真正优质的文化产品才能保值，甚至升值；宣传、营销手段对于普通产品的作用往往很大，市面上同类产品的质量、价格、科技含量往往趋于一致，有效的宣传和营销策略往往能够提升产品的价值；最后，文化产品的价值难以估量，例如凡·高的绘画作品在其生前价值平平，但其死后贵如天价，这在一定程度上增加了通过法律手段保护文化产业健康竞争的难度；而普通产品可直接依赖反不正当竞争法来保护企业间的良性竞争。

文化产业的发展无疑需要竞争来促进，法律应为鼓励文化产品的产出和提供公平的文化产业竞争环境提供支持。著作权法在保护文化产业的竞争方面发挥了很大作用，该作用是通过赋权机制予以实现。然而，在某些情况下，虽然被告不构成对原告作品的著作权侵权，但破坏了正当的竞争秩序，可能构成不正当竞争行为，应受反不正当竞争法的规制。例如，就本案而言，琼瑶也可诉诸反不正当竞争法来维护自己的合法权益。首先，琼瑶和于正在文化产品市场中是竞争关系；其次，于正对琼瑶作品的利用构成对琼瑶所提供的文化产品的混同。

不同于著作权法的是，竞争法对文化产品所提供的保护相较于著作权法而言范围较广。经营者违反竞争法的规定，损害其他经营者的合法权益，扰乱社会经济秩序的行为都可成为反不正当竞争法的打击对象。

通常而言，在文化产品的竞争中，构成著作权侵权一定构成不正当竞争行为，不构成著作权侵权也可能构成不正当竞争行为。因此，在未来竞争法的修订中，应明确文化产品之间的竞争适用竞争法的规定。

(五) 结语

著作权法保护的是思想的表达形式，而不是思想本身。任何作品的创作都要建立在前人作品的基础之上。在作品的创作中，如果"扒"的是他人作品中不受著作权法保护的要素，是合法合理的行为；如果"扒"的是他人作品中应受著作权法保护的要素，则构成著作权的侵权。在实践中，即使某种"扒剧"行为不构成著作权侵权，也可能受竞争法的规制。文化产品的竞争也需秩序，有必要在我国法中明确规定文化产品的不正当竞争行为应受竞争法规制。

第四节　合并原则与情景原则的应用

一、合并原则在"时事新闻"中的应用

我国现行《著作权法（2010年）》将"时事新闻"排除在可版权客体范围。[1] 所谓"时事新闻"，按照《著作权法实施条例（2002年）》第5条的解释，是指"通过报纸、期刊、广播电台、电视台等媒体报道的单纯事实消息"。[2] 这一界定得到最高人民法院有关著作权法实施的司法解

---

[1] 《中华人民共和国著作权法（2010年）》第5条第1款第2项规定：本法不适用于：……（二）时事新闻；……。

[2] 参见《中华人民共和国著作权法实施条例（2002年）》第5条第1款第1项的规定。

释的响应。❶ 在我国《著作权法》中，除了"时事新闻"❷这一法定术语之外，还有"时事性文章"这一表述，虽然两者都同"时事"有一定关联，但从著作权法的相关规定中可见，两者的版权法地位并不相同。例如，《著作权法》第 22 条第 4 款规定："报纸、期刊、广播电台、电视台等媒体刊登或播放其他报纸、期刊、广播电台、电视台等媒体已经发表的关于政治、经济、宗教问题的时事性文章时，可以不经著作权人许可，不向其支付报酬，但应当指明姓名、作品名称，并且不得侵犯著作权人依照本法享有的其他权利，但作者不许刊登、播放的除外。"这一款是有关"时事性文章"合理使用的规定。既然著作权法规定了"时事性文章"的合理使用，显然其在著作权法保护范围之内，否则，有关"时事性文章"合理使用的规定纯属多余。可见，在现行法中，不同于"时事新

---

❶ 最高人民法院 2002 年 10 月 12 日公布的《最高人民法院关于审理著作权民事纠纷案件适用法律若干问题的解释》（下文简称《解释》）第 16 条规定："通过大众传播媒介传播的单纯事实消息属于著作权法第 5 条第（二）项规定的时事新闻。传播报道他人采编的时事新闻，应当注明出处"。

❷ 我国现行著作权法中共有两处提及"时事新闻"，分别是第 5 条第 1 款第 2 项和第 22 条第 1 款第 3 项（以报道时事事件为目的的合理使用：为报道时事新闻，在报纸、期刊、广播电台、电视台等媒体中不可避免地再现或者引用已经发表的作品）。事实上，我国上述有关合理使用的规定在表述方面存在问题。按照汉语的表达习惯，"报道"的对象应该是"时事事件"，而不是以"新闻"这种文体（参见下文）为特征的表达（即作品）。日本著作权法中有类似于我国的规定，但是选取了较为妥当的表达方式。例如，日本著作权法第 10 条第 2 款规定：只是传播事实的杂闻和时事报道，均不属于前款第（一）项所列的著作物（即作品）。在第 41 条（为了报道时事事件的使用）中规定，通过摄影、电影、广播或其他方法报道时事事件时，对构成该事件的著作物或在该事件过程中所见、所闻的著作物，出于报道目的、在正当的范围内，可进行复制并可在报道该事件时使用。可见，日本著作权法虽然也规定仅传播事实的杂闻和时事报道不受著作权法保护，在有关报道时事事件的合理使用的规定中，选用的词汇是"时事事件"，而并非"时事新闻"或"杂闻或时事报道"，这样做既符合逻辑规范，又不会导致司法实践理解的困难和混乱，值得我国借鉴，即在未来修法中，应将第 22 条第 1 款第 3 项中的"时事新闻"修改为"时事事件"。需要说明的是，本文所探讨的"时事新闻"特指我国现行著作权法第 5 条第 1 款第 2 项中所规定的"时事新闻"。

闻"，"时事性文章"是应受著作权法保护的客体。[1]

有关"时事新闻"，虽然著作权法及其相关司法解释有上述规范，但不论是学界还是实务界，在言及这一术语时，都有一头雾水之感。其原因大概有以下两个方面：其一，"时事新闻"这一表达方式容易使人产生歧义。严格来讲，"时事新闻"并非法学术语，其所指即使在新闻传媒界也颇有争议。因此，将此概念引入著作权法中，从一开始已经埋下难以精确解读之祸根。其二，"时事新闻"容易同"思想"混淆，而依据著作权法之根基"思想表达两分法"，思想并不在著作权法的保护范围之内，受著作权法保护的应该是思想的表达。[2]因此，如果将"时事新闻"等同于思想的话，"时事新闻"理应不受著作权法保护，无须在著作权法中特别规定。

近年来，有关"时事新闻"，我国司法实践中发生了一系列疑难案件，使得这一问题更加扑朔迷离。在这些疑难案件中，最为典型的当属"地铁瀑布案"（见下文）。该案引发了著作权法学界对"时事新闻"内涵与外延的热烈讨论。其中，讨论的核心问题是"时事新闻"的基本含义是什么，摄影作品是否属于著作权法中不受保护的"时事新闻"。如上所述，根据我国现行法规定，时事新闻是指通过报纸、期刊、广播电台、电视台等媒体报道的单纯事实消息。通常而言，人们心目中的"时事新闻"都是"文字性"的。而对于含有声音或图像因素的新闻，由于以前并没有发生过类似的案件，似乎在著作权法学界也没有展开过深入讨论。仅仅根据著作权法及其司法解释的现行规定，照片是否属于著作权法中不受到保护的"时事新闻"并不明确。本书将结合思想表达两分法、合并原则与原创性原则等著作权法的基本原理对著作权法中的"时事新闻"

---

[1] 有案例对"时事性文章"的内涵及其著作权法地位的缘由进行了详细解读。"关于政治、经济、宗教问题的时事性文章"其中所规定的政治、经济问题应是涉及广大社会公众的问题，而非个别企业或者行业的局部问题，这也是为了保证社会公众的知情权而设立该项规定。而"有关政治、经济问题的时事性文章"也是为了宣传、贯彻党和国家某一时期或者某一重大事件的方针、政策而创作的，具有时事性、政策性、目的性，故需要以多种不同的宣传渠道，使之更广泛深入地传播，才能广为人知，起到普及宣传的作用。参见"经济观察报社与武汉中财信息产业有限公司著作权纠纷案"，（2009）武知初字第 551 号。

[2] 卢海君：《版权客体论》，知识产权出版社 2011 年版，第 13 页。

的内涵与外延作出分析，试图回答著作权法中"时事新闻"的真实所指，并在可能的情况之下，为新闻传媒界指明合理的竞争规范。

（一）"时事新闻"的真实所指

【案例一】"地铁瀑布案"。2011年6月23日下午，北京遭遇一场突如其来的暴雨，暴雨导致多条环路及主干道积水拥堵，地铁1号线、4号线等线路部分区段停运，首都机场亦有百余架航班受影响。杨某就此所拍摄的"地铁4号线陶然亭站成瀑布"的照片（见图5-5）于当天17：04分发布到微博上，短短几分钟内，转发就达到了上千条。与此同时，这张图片被新华网采用，并随着当天暴雨的报道被数百家网站转载。次日，该照片又被中国日报、新京报等媒体登上头版头条。该案的争议焦点是涉案照片是否属于著作权法上的"时事新闻"。❶

1. 著作权法国际公约有关"纯粹消息"的规定

《伯尔尼公约》第2条第8项规定：本公约所提供的保护不得适用于日常新闻或纯报刊消息性质的社会新闻。❷《伯尔尼公约指南》对《公约》第2条第8款的正当性的解释是：公约之所以规定不保护纯粹消息（mere news）或繁杂事实（miscellaneous facts），也不保护对这些消息或事实的单纯报道（the simple telling），是因为这些材料不具备可以被称之为作品的必要条件（the qualifications necessary for it to be considered a work）。另外，新闻报道者和记者在报道或评论新闻的时候所用的表达方式如果具有充分的智力努力，则可以作为文学艺术作品受著作权法保护。❸ 可见，《伯尔尼公约》不保护"纯粹消息"或"繁杂事实"的真正原因是其不具备可版权性要件。《伯尔尼公约指南》更是详细说明了这一事由："纯粹消息"或"繁杂事实"仅仅是"思想"，根据思想表达两分

---

❶ 该案并未进入司法程序，但引起了广泛的著作权讨论。

❷ Berne Convention Art. 2（8）The protection of this convention shall not apply to news of the day or to miscellaneous facts having the character of mere items of press information.

❸ 《伯尔尼公约指南》解释道，不论是消息和事实本身，还是其单纯报道都不受著作权法保护，因为它们缺乏作为文学艺术作品的必要条件。上述例外仅确认了下列基本原则，对于一部受著作权法保护的作品而言，其必须包含足够的智力创作因素。至于这种智力创作成分是否充分地表现出来以及将新闻和事实形诸文字的是带有一定独创性的有关叙述，还是枯燥的、没有个性的单纯报道，则是法院个案判断的问题。

图 5-5 地铁瀑布案涉案摄影作品

注：当天最先发布"北京地铁瀑布"照片的微博截图。参见"'北京地铁瀑布'照片引发网络图片版权讨论",载 http://www.china.com.cn/photochina/2011-06/27/content_22863687_2.htm,2014年5月2日访问。

法,其不应该受到著作权法保护。但涉及"纯粹消息"或"繁杂事实"的事实作品❶在满足可版权性要件时可以受到著作权法保护。《伯尔尼公

---

❶ 事实作品是指以事实为基础或者企图反映事实的作品。参见卢海君：《版权客体论》,知识产权出版社2011年1月版,第434页。需要注意的是,事实作品也有不同类型,新闻作品关乎言论自由,而地图却与此无关。Robert Brauneis, The Transformation of Originality in the Progressive-Era Debate over Copyright in News, 27 *Cardozo Arts & Ent. L. J.* 321, 357（2009~2010）。考虑到新闻作品关乎言论自由的属性,在对其进行著作权保护时可能要施加更多限制。

约》及《伯尔尼公约指南》有关"纯粹消息"的解读对理解我国著作权法所指的"时事新闻"的内涵与外延有所帮助。❶

2. 我国司法实践对"时事新闻"的解读

我国司法实践在涉及"时事新闻"的案件中，主要是根据现行著作权法及其司法解释的规定，从单纯事实消息和新闻作品区分的角度出发作出案件判决，两者区分的关键在于其中是否有个性的选择与判断，作者是否付出了创造性的劳动。例如，"……《从单兵作战到集群出击》一文虽然也报道了一定的事实，但作者在文章中夹叙夹议地对事实进行了整理、加工，以综述、评论的方式对湖南汽配城代表团亮相长春全国汽车配件交易会一事进行了报道，在这样的报道中，作者付出了自己创造性的劳动，因此，该文应认定为新闻作品而非时事新闻"。❷《建设适应城乡统筹的农村支持体系》涉案作品属于对建设农村支持体系的个人设想，不是单纯事实消息，不属于时事新闻。❸《送温暖》一文体现了原告对社会生活的思考，原告为撰写此文付出了创造性的智力劳动，是原告独立创作完成的智力成果，该文区别于单纯的时事新闻，属于《著作权法》所保护的作品。❹涉案作品《水危机解除 哈尔滨渐渐复苏》一文其内容包括对哈尔滨水危机事件的讲解、采访和评述，并非单纯的时事新闻。❺

还有一些案例，在现行著作权法及其司法解释的基础之上，分析了"时事新闻"的特点及其为何不应受著作权法保护的根源："时事新闻"的特点是通过简单的文字或者机械记录手段将客观现象或者事实记录下来，其信息内容也直接涉及国家、社会公众、国际社会乃至人类的经济政治、文化和社会生活，其传播的价值就在于向整个社会传递某一新近

---

❶ 有学者基于对《伯尔尼公约》相关条款的解释得出结论认为《著作权法》第5条规定的"时事新闻"应仅指事实本身。参见王迁："论〈著作权法〉中'时事新闻'的含义"，载《中国版权》2014年第1期。

❷ "北京三面向版权代理有限公司与杭州东英网络设计事务所著作权侵权纠纷案"，（2007）浙民三终字第214号。

❸ "北京三面向版权代理有限公司与吉林日报社侵犯著作权纠纷案"，（2009）民申字第856号。

❹ "陈飞与山西商报社著作权人身权纠纷案"，（2007）扬民三初字第0042号。

❺ "中国经济时报社与北京中能网讯咨询有限公司侵犯著作财产权纠纷案"，（2010）一中民终字第3520号。

发生的事实情况。如果对于这些新闻都赋予著作权的话，必然会使社会新闻信息传递的成本大大增加，这必将使社会公众的知悉生活、了解世界的权利受到损害，因此，《著作权法》规定这类时事新闻是不能够受到《著作权法》保护的。如"经济观察报社与武汉中财信息产业有限公司著作权纠纷案"中原告所主张的《人民币汇改》一文，从其文字内容来看，所描述的是2007年1月31日美国国会召开"关于财政部全球经济与汇率政策报告及中美战略经济对话"听证会的主要内容，反映的内容是当前人民币汇改政策在美国国会引起的关注和争论，属于关于国际经济方面的时事新闻报道，不应适用《著作权法》进行保护。❶

在已有的著作权法司法实践中，也有法院遇到涉及语音或图像因素的"时事新闻"案件，其以"时事新闻"具有客观性和时效性为基础，认为涉案摄影作品并非客观描述某种事实，而且不具备时效性特点，故其不属于著作权法所规定的时事新闻范畴。❷

综上，在现行法有关"时事新闻"规定的基础之上，上述司法实践尽管已经很努力地想要遵循著作权法的立法目的对案件争点进行解读，然而，由于其并没有真正认识到著作权法有关"时事新闻"的规范的立法背景与根基，尽管案件的结论符合著作权法的立法目的，推理却往往差强人意，而且不时有背离著作权法基本原理的嫌疑。

3. 理论界对"时事新闻"的认识和解读

（1）"时事新闻"的字典含义。据《现代汉语词典》解释，"时事"即"最近期间的国内外大事"。"新闻"在《辞海》中解释为"报社、通讯社、广播电台、电视台等新闻机构对当前政治事件或社会事件所作的报道"。按照百度百科的解释，时事指最近期内的大事。❸ 新闻，是指报纸、电台、电视台、互联网经常使用的记录社会、传播信息、反映时代的一种文体。新闻概念有广义与狭义之分。就其广义而言，除了发表于

---

❶ "经济观察报社与武汉中财信息产业有限公司著作权纠纷案"，（2009）武知初字第551号。

❷ "上海弓禾文化传播有限公司与北京酷粉网络科技有限公司侵犯著作财产权纠纷案"，（2011）朝民初字第16761号。

❸ 百度百科，http://baike.baidu.com/view/927719.htm，2012年7月23日访问。

报刊、广播、电视上的评论与专文外的常用文本都属于新闻之列，包括消息、通讯、特写、速写（有的将速写纳入特写之列）等；狭义的新闻则专指消息，消息是用概括的叙述方式，比较简明扼要的文字，迅速及时地报道国内外新近发生的、有价值的事实。❶ 可见，在字典上，时事新闻指的是近期国内外大事的一种表达，应该归属于著作权法上作品的范畴。

（2）新闻传媒界对"时事新闻"的界定和探讨。新闻传媒界普遍遵循了"时事新闻"的字典含义，将其界定为对近期大事的报道；并从"时事新闻"类型化出来，将其分为时事新闻作品（如通讯、特写、新闻调查、新闻评论等）和消息两大类，并认为前者满足作品的可版权性要件，应受著作权法保护；消息也并非都不享有著作权，只有"单纯事实消息"，即仅包含新闻"4W"（who、where、when、what）❷ 要素的消息，即以纯粹白描的手法完全客观记录，并且只记录新闻事件的时间、地点、人物、事件的消息报道才属于著作权法中不受保护的"时事新闻"。❸ 有学者从新闻学的角度将消息进行了详细分类："简讯·快讯""动态消息""综合消息""述评消息""人物消息""社会新闻""现场短消息（特写性消息）"，并指出，"综合消息""述评消息""人物消息""社会新闻"和"现场短消息（特写性消息）"等都不是"单纯事实消息"，尽管其以客观的新闻事实为基础，但通常带有作者的个性观点，属于应受著作权法保护的"时事新闻作品"。只有消息中的"简讯·快讯"和"动态消息"接近著作权法中所谓的"单纯事实消息"。但事实是，简讯的创作更需要创造性劳动，快讯也有自己的特点，大部分快讯都不是"单纯事实消息"。"动态消息"虽然以报告新近发生的新闻事实为基础，

---

❶ 百度百科，http://baike.baidu.com/view/14325.htm，2012年7月23日访问。

❷ 有学者认为，时事新闻还包含第五个W（WHY—何故）这一要素。参见王静一："时事新闻使用中的著作权问题"，载《河北广播》2006年第6期。此观点值得商榷。通常而言，如果一个表达中带有"WHY—何故"这一要素，其中必然包含作者自己的主观认识和判断，其也就丧失了"单纯事实消息"的"单纯"性，而转化为"时事新闻作品"，且由于该作品中有作者自己的主观认识和判断，使其具有个性，从而能够满足原创性要件而获得著作权法的保护。

❸ 曹丹："论时事新闻的著作权保护"，载《新闻与法治》2011年第5期。

但必要时也可涉及相关的背景材料和作必需的解释、有限量的议论，也并非都是"单纯事实消息"。❶ 事实上，从新闻实践上来看，纯客观的消息报道日益减少，甚至可以说在新闻业界操作中几乎是不存在的。可见，从新闻传媒界的视角来看，应区分"时事新闻作品"和"单纯事实消息"，前者应受著作权法保护，只有没有掺杂作者个性观点和思想的"单纯事实消息"才属于不应受著作权法保护的范畴，而这种"单纯事实消息"存在的空间正日益减少。

（3）著作权法学界对"时事新闻"的界定和探讨。著作权法学界对"时事新闻"本质的认识普遍不是很清晰，导致其对"时事新闻"著作权法地位的认识相应地不是很合理。著作权法学界通常强调"时事新闻"构成要素的客观性，强调"时事新闻"是全部由"硬件"（时间、地点、人物、事件等客观事实）组成的新闻。❷ 然而，即使是权威的知识产权法学者，也混淆了"时事新闻"（是一种表达方式，应归属于作品的范畴）和"事实"（是一种客观事实，应归属于思想表达两分法语境之下思想的范畴）。例如，在解释时事新闻不受著作权法保护的原因时，将"时事新闻"的"客观存在性"作为重要的理由，或者认为"时事新闻"的价值就是一种崭新的消息，需要广泛传播，❸ 而事实上，"时事新闻"并非一种客观存在，客观存在的是"时事"，"时事新闻"是一种表达，是作品的一种。同理，需要广泛传播的是"时事"，❹ 而并非"时事新闻"，"时事新闻"是传播"时事"的一种方式。

4."时事新闻"的本质

（1）思想表达两分法在"时事新闻"解析中的应用及结论。思想表

---

❶ 段安平：“对'时事新闻'不适用著作权法的'检讨'”，载《今传媒》2009年第21期。

❷ 刘春田：《著作权法讲话》，法律出版社1991年版，第66页。

❸ 刘春田主编：《知识产权法（第二版）》，中国人民大学出版社2002年版，第63页。

❹ 罗明通：《著作权法论（Ⅰ）》，群彦图书股份有限公司经销2005年版，第197页。

第五章 版权客体基本原理的应用

达两分法是著作权法的基本原则,❶其基本含义是著作权法保护的是思想的表达,而并非思想本身。按照"时事新闻"的字义,时事是新近发生的大事,属于信息,属于思想;新闻是一种文体。时事新闻是对于新近发生的大事以新闻这种文体所进行的报道,是一种表达。❷根据思想表达两分法,思想并不受著作权法保护,时事属于信息,应当归类为思想,其不应受著作权法保护显而易见。然而,"时事新闻"作为一种表达方式并非一定不应该受著作权法保护。所以,在著作权法中一概规定"时事新闻"不受著作权法保护可能并不科学。❸所以,在著作权法实施条例和相关司法解释中,将不受著作权法保护的"时事新闻"限定为"单纯"事实消息。所谓"单纯",就是仅仅包含"硬件"(时间、地点、人物、事件)的消息。

(2)合并原则在"时事新闻"解析中的应用及结论。表达方式具有有限性,当特定思想只有一种或者有限的几种表达方式时,思想与表达交织在一起而成为一体,因为思想不应受著作权法保护,所以该思想的表达也不应该受到著作权法的保护。这就是著作权法中的合并原则。事实上,"时事"用"新闻"这一文体进行表达的表达方式是否应受著作权法保护,并非看其是否"单纯",而是看这种"时事"用"新闻"这种文体进行表达的表达方式是否具有唯一性或有限性,如果答案是肯定的,按照合并原则,假如保护这种具有唯一性或有限性的表达方式,则事实上保护到其所要表达的思想,这种结果并不符合思想表达两分法,不利

---

❶ 虽然我国现行《著作权法》中并没有明确规定"思想表达两分法",但该著作权法的基本原则不仅被著作权法理论界所普遍认可,而且在著作权法行政法规和一些法院的司法实践中被明确提出。例如,《计算机软件保护条例》第6条规定,本条例对软件著作权的保护不延及开发软件所用的思想、处理过程、操作方法或者数学概念等。又如,北京市高级人民法院在《关于审理著作权纠纷案件若干问题的解答》第2条指出:"著作权法对作品的保护,其保护的不是作品所体现的主题、思想、情感以及科学原理等,而是作者对这些主题、思想、情感或科学原理的表达或表现。"

❷ 我国台湾地区《著作权法》第9条"单纯为传达事实之新闻报导所作成之语文著作(即作品)"不得为著作权标的之规定表明其中著作权排除条款的规范对象是"作品"。

❸ 如上文所述,日本著作权法第10条第2款有与我国著作权法类似的规定,从其规定可以看出,并非任何杂闻或时事报道都不受著作权法保护,只有"只是传播事实的"杂闻或时事报道才如此。

于实现著作权法的立法目的,因此这种表达方式就不应该受著作权法保护。只不过,如果某"时事"的表达中仅仅包括时间、地点、人物和事件等"硬件"时,该表达同思想(即"时事")合并的可能性较大一些,合并原则适用的可能性要大一些。因为仅包含"硬件"能够准确传达这一事实的替代性表达方式几乎没有。例如,"某年某月某日某人访问了某国"这一"时事新闻",适用合并原则的可能性就比较大。比如,"某人于某年某月某日访问了某国"与原表达方式所表达的意思接近。除此之外,很难找到替代的表达方式来表达同样的意思。例如,"某国于某年某月某日被某人所访问"与原意相去甚远。所以,此时的"时事新闻"是受合并原则限制的表达方式,不应该受著作权法保护。综上,著作权法中所谓的不受著作权法保护的"时事新闻"中的大部分应指受合并原则限制的时事的表达方式。而随着新闻媒体界竞争的日益激烈,"单纯事实消息"日益减少,多元化的体裁、纵深化的报道日益增多。❶ 这种报道由于往往体现了作者的个性,从而满足原创性要求而成为著作权法中应受保护的作品,加之体现作者个性的作品适用合并原则的机率大为降低,所以,实践中"时事新闻"被认定为"单纯事实消息"从而不能够受到著作权法保护的情况较少。因此,不加选择地将"时事新闻"归入不受著作权法保护的范畴其实并不合适。综上,不论是"时事新闻"还是"时事性文章"都是依赖客观事实的一种表达方式,属于著作权法中的作品,属于新闻作品。只不过,通常所谓的新闻作品,一般指的是具有原创性的应受著作权法保护的作品。

(3)原创性原则在"时事新闻"解析中的应用及结论。一部作品只有在具有原创性的前提下才能够受著作权法保护。❷ 原创性意指作品来源于作者而并非抄袭、剽窃、篡改他人作品的结果。新闻作品只有满足原创性要件才能够受著作权法保护。新闻作品尤其是时事新闻作品,企图描述或反映客观事实,属于事实作品的一种。事实作品原创性的根源在

---

❶ 荣肖磊、张军民:"时事新闻著作权问题之浅见",载《采·写·编》2007年第3期。

❷ 《中华人民共和国著作权法实施条例(2002)》第2条明确规定,著作权法所称作品,是指文学、艺术和科学领域内具有独创性并能以某种有形式复制的智力成果。

于作者的个性智力创作,而不是对客观事实的收集与整理。如上文所述,时事新闻作品由于企图客观、简练地描述客观事实,传达客观信息,往往存在表达方式的唯一性或有限性,从而不能受著作权法保护。问题是,不受合并原则限制的时事新闻作品是否一定应受著作权法保护。通常而言,大部分时事新闻作品尤其是文字性的时事新闻作品都存在表达方式的唯一性或有限性。除此之外,那些不受合并原则限制的时事新闻作品,是否应受著作权法保护还应该接受原创性原则的检验。即使某部时事新闻作品的表达方式可能多元,该表达也必须体现作者的个性智力创作才能够受著作权法保护。在普通作品领域,原创性标准存在,但是最低限度的。一部原创性的作品并不需要具有文学艺术价值。有报告延用普通作品的原创性标准,认为新闻作品只有具备原创性,才能够获得著作权法保护,原创性的新闻作品必须包含某种原创性的智力劳动,必须包含超过仅是陈述事实的东西;原创性的新闻作品可以仅为了娱乐,或是完全无用,但必须包含超过仅是复制的东西;这些智力劳动可以由对系列事实的辛勤收集和编排构成。[1] 可见,上述观点不仅在新闻作品领域企图延用普通作品的原创性标准,而且还有采纳辛勤收集原则[2]的嫌疑。与之相对的是,考虑新闻作品同表达自由等社会公共利益的密切关系,有学者认为在新闻作品领域,仅强调"独立创作"的原创性标准需要重新评估,是否转而采纳"创造性"导向的原创性标准[3]值得考虑。[4] 鉴于新闻作品作为事实作品的特殊性,考虑新闻作品同言论自由等公共利益的密切关系,在原创性标准的建构上似乎可以考虑较高的特殊的标准。

---

[1] Newspaper Copyright (a report upon the state of the American law prepared for submission to the international congress of comparative law to be held at the hague, August 2nd to 6th., 1932.), 18 *Va. L. Rev.* 523, 525~526 (1931~1932).

[2] 辛勤收集原则,也称额头出汗原则,该原则将作品的可版权性基础建立在作者所付出的劳动之上,与之相对的是,原创性原则将作品的可版权性基础建立在作品中所表现出的作者的个性之上。参见卢海君:《版权客体论》,知识产权出版社2011年版,第236页。在现代版权法中,辛勤收集原则已经被扬弃,原创性原则占据主导地位。

[3] 即著名的费斯特案中所提出的最低限度的创造性标准 (modicum of creativity)。Feist Publications, Inc. v. Rural Telephone Service Co., Inc. 499 U.S. 340 (1991).

[4] Robert Brauneis, The Transformation of Originality in the Progressive-Era Debate over Copyright in News, 27 *Cardozo Arts & Ent. L. J.* 321, 372 (2009~2010).

综上,"时事新闻"的著作权法地位可以用图 5-6 表示。

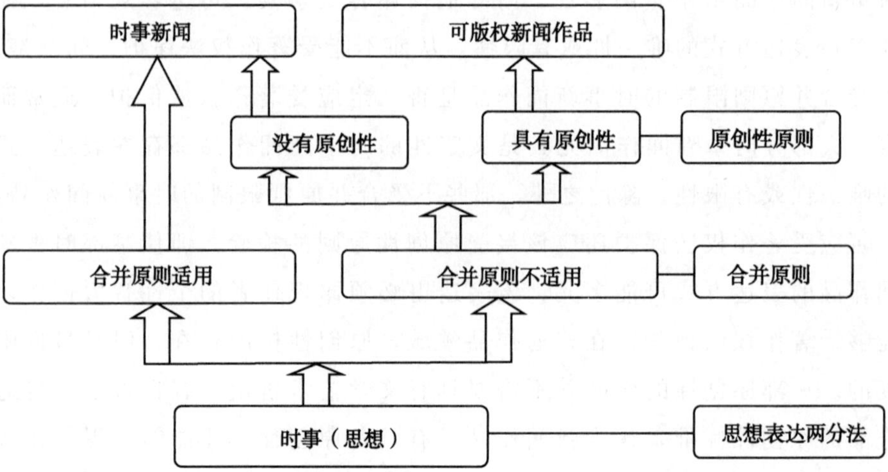

图 5-6 "时事新闻"著作权法地位的解读

注:"时事"属于思想表达两分法意义上的"思想",当该"思想"用"新闻"这一文体进行表达时,如果表达方式唯一或有限,则合并原则适用,这一表达属于"时事新闻";反之,如果表达方式多元,则合并原则不适用,这一表达如果没有原创性,属于"时事新闻",如果具有原创性,则属于可版权新闻作品。

(二)"时事新闻"的基本类型

1. 有关"时事新闻"类型的论点

"时事新闻"是单纯的文字作品,还是包括文字报道、图片报道、音像报道和视频报道等?有关此问题,基本上有两派观点:否定说和肯定说。否定说认为"时事新闻"仅包括文字报道,理由或者是法律的明确规定,❶或者根据法律规定所进行的推论,❷通常并没有给出令人信服的

---

❶ 我国台湾地区"著作权法"第 9 条不得为著作权法之标的作品类别明确限于"语文著作(文字作品)",从而直接将图片或照片排除在外。参见罗明通:《著作权法论(Ⅰ)》,群彦图书股份有限公司经销 2005 年版,第 197 页。

❷ 例如,有学者将《著作权法》第 5 条规定的"时事新闻"解释为事实本身,并认为新闻作品在满足独创性要件时应受著作权法保护(这个观点正确),而反映时事新闻的照片往往能够满足独创性要求,因此,反映时事新闻的照片不属于时事新闻。参见王迁:"论《著作权法》中'时事新闻'的含义",载《中国版权》2014 年第 1 期。

理由。与此相关的司法实践也仅从"时事新闻"同艺术作品区分的角度来论证照片报道并非著作权法上的"时事新闻",❶但并没有正面回答怎样来区分不应受著作权法保护的"时事新闻"与应受著作权法保护的新闻作品。肯定说认为,时事新闻包括文字和图片两种形式。❷

2. "时事新闻"类型的正解

基于上述对"时事新闻"本质的认识,著作权法中所谓的不受保护的"时事新闻"实际上指的是受合并原则限制及不满足原创性要件的表达。"新闻"作为一种文体其内涵也在与时俱进,外延也在不断扩大,"时事"的表达方式呈现多元化的态势,"时事"的表达方式可以是文字,也可以是图片,还可以是音像。❸"时事新闻"可以是文字报道,也可以是图片报道、音像报道和视频报道等。只不过,当"时事"的表达方式是文字时,"时事新闻"更容易受到合并原则的限制而不受著作权法保护而已。因此,通常所谓的著作权法上不受保护的"时事新闻"的表现是文字报道。但并不一定如此,对社会公众具有重大和即时意义的照片、影片或录音都可能跟"硬事实"(hard facts)合并而不受著作权法保护,❹因为受客观条件的限制,此时的可视表达往往具有唯一性。因此,分析某"时事新闻"是否应受著作权法保护,最为根本的还是考察其表达是否同思想合并及该表达是否具有原创性。

以"地铁瀑布"案来讲,欲厘清"地铁瀑布"照是否属于著作权法上不受保护的"时事新闻",还是要结合思想表达两分法、合并原则与原创性原则来进行分析。不论"地铁瀑布"照欲表现何种思想(假定表现的思想是"北京的基础设施需要改进"),"地铁瀑布"照都是该思想的表

---

❶ "上海弓禾文化传播有限公司与北京酷我科技有限公司侵犯著作权纠纷案",(2011)海民初字第11870号。

❷ "金报电子音像出版中心诉北方国联信息技术公司案",(2009)海民初字第13593号。

❸ 在新闻实践中,作为中国新闻作品最高奖的"中国新闻奖"的新闻作品就包含以"消息"为体裁的"广播电视类作品"。参见:"北京市推荐参评第二十四届中国新闻奖作品公示",载 http://beijing.qianlong.com/3825/2014/04/30/2000@9582925.htm,2014年5月2日访问。

❹ Sheila Caudle,Copyright and Commercial Exploitation: The Need for a "Hot News" Exception in the Information Age. 4 *Comm. Law.* 3,4 (1986).

达，不能够直接依据思想表达两分法下结论说该照片不应该受到著作权法的保护。欲搞清该照片的著作权法地位，还需要考察以"地铁瀑布"照的方式来表达"北京的基础设施需要改进"这一思想是否受到合并原则的限制。而显然，以照片的方式来表达"北京的基础设施需要改进"这一思想并不具有唯一性或有限性。例如，"地铁瀑布"照所描述的情景当天，不仅是北京 4 号线地铁陶然亭站，北京许多地方都出现了水淹现象，因此，仅就拍摄对象来看，用照片的方式来表达"北京的基础设施需要改进"这一思想也具有多种选择，不可能存在表达方式的唯一性或有限性。综上，"地铁瀑布"照是思想的表达方式，是著作权法意义上的作品，且该表达方式不具有唯一性或有限性，并不受到合并原则的限制，加之在该摄影作品的取景等方面显然表现出作者的个性选择与安排从而能够满足原创性要求，所以，其应受著作权法保护。

(三)"时事新闻"的时间维度

1."时事新闻"时效性之争

【案例二】上海弓禾文化传播有限公司与北京酷我科技有限公司侵犯著作权纠纷案。弓禾公司对涉案范冰冰婚纱写真照片享有著作权，该照片在未经著作权人授权的情况下出现在酷我公司所经营的网站上。弓禾公司诉酷我公司侵犯其照片的信息网络传播权。酷我公司辩称其发布的涉案照片属于时事新闻，不应承担侵权责任。法院强调"时事新闻"应具有客观性和时效性，涉案照片是有明确著作权人的由明星范冰冰代言的婚纱摄影作品，属于艺术创作，并不是客观反映明星范冰冰结婚的事实报道，不属于著作权法规定的时事新闻。[1]

通常而言，"时事"指的是最近发生的国内外大事。于是，在理论界和司法实践中都产生了"时事新闻"如果过了一段时间是否还属于著作权法中不受保护的"时事新闻"的疑问。有法院还根据"时事新闻"的"时效性"特点来评判特定照片是否属于著作权法不受保护的"时事新闻"。如果没有正确认识著作权法上不受保护的"时事新闻"的内涵，确

---

[1] "上海弓禾文化传播有限公司与北京酷我科技有限公司侵犯著作权纠纷案"，(2011)海民初字第 11870 号。

实容易对从其发生开始经过一段时间丧失了"新近"特点的"时事新闻"的著作权法地位产生困惑。例如，有学者将"时事新闻"等同于"时事"，那么"时事"不再是"时事"时，也就是演变成"旧闻"或"历史"时，"时事新闻"应不应该重新获得著作权法的保护确实是个问题。❶

2. "时事新闻"的时效性是个伪命题

如果正确理解了著作权法中"时事新闻"的本质，"时事新闻"过了"新近"期是否为不应受著作权法保护的"时事新闻"这样一个问题也就迎刃而解了。按照上述对"时事新闻"的界定，"时事新闻"并非"时事"，并非思想表达两分法意义上不应受著作权法保护的思想，而是思想的一种表达方式，属于著作权法意义上的作品。如果"时事"用"新闻"这一文体进行表达的表达方式唯一或有限，则这种表达方式不受版权保护；如果"时事"用"新闻"这一文体进行表达的表达方式多元，并且该表达具有原创性，则其受著作权法保护。因此，如果"时事"的表达方式受到合并原则的限制，则不管经过多长时间，"时事新闻"这种表达方式都不能够受著作权法保护。如果"时事"的表达方式不受合并原则的限制，且该表达具有原创性，则"时事新闻"这一表达方式应受著作权法保护，只不过如果过了著作权的保护期限，这种表达方式丧失了著作权法的保护。因此，正确认识到"时事新闻"实际上指的是受合并原则限制或不具有原创性的表达之后，我们自然而然地发现"时事新闻"的时效性实际上是一个伪命题：只有"时事"才存在时效性问题，"时事新闻"作为一种表达、作为一种作品是不存在时效性问题的。

（四）"时事新闻"的保护模式

1. 实践中有关"时事新闻"的惯常做法

根据上文所述，尽管"时事新闻"是受到合并原则限制或不具有原创性的表达，不应该受到著作权法的保护，但如果第一个搜集"时事"并书写"时事新闻"的人付出了艰辛的劳动、投入了大量的资金甚至牺牲了宝贵的生命，允许后来者自由转载该"时事新闻"似乎存在不公平

---

❶ 有学者基于公众知情权的保护作为"时事新闻"不应受著作权法保护的理由认为，丧失时效性的"旧闻"不再是著作权法上的"时事新闻"。参见蒋强："著作权侵权案件中时事新闻的认定——新闻报道著作权侵权纠纷案评析"，载《科技与法律》2011年第3期。

之嫌疑。对"时事新闻"的采集书写人赋予一定程度的保护迫在眉睫。目前，在新闻传媒界"空壳媒体"的恶性竞争现象比较突出，❶"侵权"❷手段花样百出，❸给"时事新闻"的采集书写人造成极大损害。

事实上，不论是法律规定，还是通行惯例，或是理论界，都主张第一个搜集"时事"并书写"时事新闻"的人对其享有一定的权利，不论这些权利的内容和性质如何。例如，尽管著作权法规定"时事新闻"属于不应受著作权法保护的范畴，但相关司法解释规定了"时事新闻"的采编者享有要求他人注明出处的权利（《解释》第 16 条）。根据新闻传媒界的惯例，传播报道他人采编的时事新闻应该注明出处，并根据时事新闻的不同类型给付相应的报酬。"实践中，尤其是在国际，新闻'落地'有偿服务也是普遍做法。"❹"支票簿新闻""提供新闻线索有奖""新闻线人"等现象已经非常普遍。不少国家立法赋予"时事新闻"的采编者以特定期限（大多在 24 个小时以内）的优先传播权保护，目的是为了保护其"有效传播营销期"的合法利益。❺《中国新闻工作者职业道德标准》第 6 条第 2 款也作出了"尊重同行和其他劳动者的著作权，反对抄袭、剽窃他人的劳动成果"的规定。根据这一规定，无论时事新闻是否为原创性作品，但作为一种劳动成果，都应受到保护。我国《互联网站从事登载新闻业务管理暂行规定》第 11 条规定："综合性非新闻单位网站从事登载中央新闻单位、中央国家机关各部门新闻单位以及省、自治区、直辖市直属新闻单位发布的新闻的业务，应当同上述有关新闻单位签订

---

❶ 例如，一方直接通过网络进入对方编排系统，调用对方正待出版的新闻稿件，或在网上拦截对方记者从一线发回本部的新闻消息等一些恶性竞争的手段。参见朱与墨："传媒产业化催生时事新闻著作权"，载《经济与社会发展》2009 年第 9 期。

❷ 按照现行法的规定，某些行为不一定构成侵权，但至少损害了劳动者的合理利益。

❸ 当前时事新闻使用中"侵权"（下列行为有些不一定构成侵权）的手段：（1）"杂取各家，综合一个"。一些侵权者通常是从各家媒体的同一题材报道中分别"截取"标题、导语、主体实事和新闻背景，作为自家的新闻消息使用。（2）声像与文字互换。把电视台和广播电台的声像"转化"为报刊文字，把报刊上的文字录制成声像。（3）互联网站之间，互联网与其他媒体之间相互无规则获取信息等。参见王静一："时事新闻使用中的著作权问题"，载《河北广播》2006 年第 6 期。

❹ 刘春田主编：《知识产权法（第二版）》，中国人民大学出版社 2002 年版，第 63 页。

❺ 朱与墨："传媒产业化催生时事新闻著作权"，载《经济与社会发展》2009 年第 9 期。

协议,并将协议副本报主办单位所在地省、自治区、直辖市人民政府新闻办公室备案。"据此规定,网络之间转载特定单位的新闻也需要签订协议并备案。在新闻事业单位转企改制的大背景下,除了"通道"使用和少数未转企的单位之外,实践中刊载使用诸如新华社等通讯社的新闻稿件时通常须向其支付相应的使用费,这在国外也是通行做法。

可见,尽管"时事新闻"不受著作权法保护,但其并非没有任何法律地位。

2. "时事新闻"的财产权地位与竞争法的保护

根据著作权法的基本原理,获取信息并不构成著作权侵权,盗取表达才会构成著作权侵权。"时事新闻"是受合并原则限制或不具有原创性的表达,大多实际上等同于不应受著作权法保护的思想,因此,其不应受著作权法保护是显而易见的。然而,尽管思想不受著作权法保护,但并非任何法律都不赋予其某种程度的保护。例如,"时事新闻"上不能够存在著作权和绝对财产权,但可以存在相对权,也即"时事新闻"的供方和受方协议购买"时事新闻"从而使得"时事新闻"上存在债权。❶

另外,尽管收集、整理事实的劳动并不能够使其产物产生著作权,然而该劳动成果可以获得竞争法的保护。著作权法规定"时事新闻"不适用于著作权法,目的在于保障社会公众获取知识和信息的权利的实现,然而,在媒体产业❷中,传播媒体无偿使用其他传播媒体付出大量劳动与投资的劳动成果,未免有失公平。《伯尔尼公约指南》指出,尽管消息和事实不受著作权法保护,但其也不应被任意窃取。例如,从竞争对手那里窃取而不是从新闻机构订购新闻的报社,可以根据反不正当竞争法对其提起诉讼。美国、意大利等国家对无著作权的新闻信息也提供法律保

---

❶ 近年来,商业广告的强力渗透与新闻节目广告时段的竞标拍卖行为,使新闻信息(节目)成为一种地道的"信息产品"。参见张晟:"时事新闻著作权保护问题初探",载《新听界》2007年第6期。

❷ 新闻出版商认为对新闻内容的搭便车行为已经威胁到新闻产业的发展。Minjeong Kim, Show Me the Money: the Economics of Copyright in Online News, 58 J. *Copyright Soc'y U.S.A.* 301, 303 (2010~2011).

护，以商业上的"不公平竞争"原则来解决有关纠纷。❶ 例如，在美国，发源于 1918 年的国际新闻服务集团（INS）案❷的"热点新闻原则"（The "Hot News" Doctrine）是美国法院处理有关新闻信息盗用（misappropriation）的主要规则。该原则在 1995 年的美国职业男子篮球联盟案❸中被沿用，并且发展出更具有指导意义的有关"热点新闻原则"的较为受限的适用范围，即（1）原告在收集信息的过程中付出了成本；（2）该信息具有时间紧迫性（time-sensitive）；（3）被告对该信息的使用构成了对原告成果的搭便车行为；（4）被告同原告所提供的产品或服务构成了直接竞争的关系；（5）他人对原告成果搭便车的能力将减损生产这些产品或提供这些服务的激励以至于该产品或服务的存在或质量将招致实质性威胁。尽管有关新闻信息提供的新的商业模式在很大程度上使得这些竞争规则似乎显得有些落伍，❹但其还是极具借鉴意义。依据我国《反不正当竞争法》的规定，所谓不正当竞争，是指经营者违反本法规定，损害其他经营者的合法权益，扰乱社会经济秩序。显然，尽管我国《反不正当竞争法》并没有明确将恶意转载他人"时事新闻"的行为纳入不正当竞争行为的范畴，但该行为显然损害了其他经营者的合法权益，扰乱了社会经济秩序，符合不正当竞争行为的特质，应属不正当竞争行为。加之将该行为作为不正当竞争行为规制已经是各国的普遍做法，所以，未来对《反不正当竞争法》进行修订的时候应该将此种行为纳入其中，并且将 NBA 案中所阐述的"热点新闻原则"作为该行为是否构成不正当竞争行为的评判标准。当然，如果新闻提供者在相关市场中占据支配地位并且滥用这种支配地位，也应当受到《反垄断法》的规制。

3. 合理使用原则对新闻作品法律保护的限制

综上，我国著作权法中所规定的"时事新闻"和"时事性文章"都

---

❶ ［美］唐纳德·M. 吉尔摩等著，梁宁等译：《美国大众传播法：判例评析》，清华大学出版社 2002 版，第 164~165 页。

❷ Int'l News Serv. v. Associated Press, 248 U. S. 215, 215 (1918).

❸ National Basketball Association v. Motorola, Inc. 105 F. 3d 841 (2d Cir. 1997).

❹ Christine Katherine Lesicko, The New News: Challenges of Monetization, Engagement, and Protection of News Organizations' Online Content. 2 *Reynolds Ct. & Media L. J.* 339, 369 (2012).

属于新闻作品的范畴，只不过"时事新闻"应指受合并原则限制或不具有原创性不受著作权法保护的表达。我国著作权法已经规定"时事性文章"属于合理使用范畴，除"时事新闻"与"时事性文章"之外的其他新闻作品在满足原创性要件时应受著作权法保护。然而，这种保护应该限制在合理的范围之内，尤其是在数字网络环境之下。考虑到社会公众获得知识和信息的权利，利用合理使用制度对新闻作品的著作权保护进行限制是一贯的实践。❶ 这一问题，在数字网络环境下显得更为重要和微妙，例如，搜索引擎（例如谷歌）在其缓存中存储新闻作品的标题、片段及缩略图❷的行为是否属于合理使用，值得研究。❸ 新技术往往会以意想不到的方式传播作品，它的出现颠覆了已经形成的市场结构。❹ 此时，著作权法往往显得比较滞后。事实上，往往是市场先行，探讨出新的商业模式❺来解决滞后的著作权法所难以解决的问题。此时新技术的出现似乎更多带来的是有关产业发展的政策问题，而不是著作权法修订的法律问题。❻ 因此，面临新技术的出现对传统媒体产业所带来的挑战，我国政府应该主导促进更多以合作共赢为特征的商业模式的产生，在著作权法不能够妥善解决问题的场合，加强对新兴产业发展的引导。当然，虽然法律往往滞后于现实发展，在未来著作权法修订当中，应当重视合理使用制度在著作权法实现作品创作者、传播者与使用者之间利益平衡的重

---

❶ 吴汉东：《著作权合理使用制度研究（修订版）》，中国政法大学出版社 2005 年版，第 92～97 页。

❷ 近日，西班牙通过了向新闻聚合网站征收"谷歌（微博）税"的法律，招致争议，被认为不明智。对于新闻聚合网站的行为，许多欧洲传统媒体尚能容忍对新闻作品标题的聚合，而认为聚合新闻作品摘要与缩略图的行为应该缴税。参见晨曦："西班牙通过奇葩法律：聚合网站须纳税"，载 http：//tech.qq.com/a/20140729/093828.htm，2014 年 8 月 8 日最后访问。

❸ Thomas Walter Haug, Do news-compilations on the Internet like the "Google News" infringe copyright? - An international approach. 39 *B. L. J.* 80, 80 (2007).

❹ Minjeong Kim, Show Me the Money：The Economics of Copyright in Online News, 58 J. Copyright Soc'y U. S. A. 301, 323 (2010～2011).

❺ 著作权法诚然能够为产业发展提供行为规则，但在新的传播环境之下，对新的商业模式的探讨显得尤为必要。Stephen Breyer, the Uneasy Case for Copyright：a Study of Copyright in Books，Photocopies, and Computer Programs, 84 *Harv. L. Rev.* 281, 282 (1970).

❻ Minjeong Kim, Show Me the Money：the Economics of Copyright in Online News, 58 J. *Copyright Soc'y U. S. A.* 301, 320 (2010～2011).

要作用,建构有关合理使用制度的一般条款,❶借鉴国外成功经验,明确某种行为是否构成合理使用的判断标准❷,为网络环境下新闻作品的合理使用提供行为准则。❸

（五）结语

著作权法对"时事新闻"内涵、外延及其著作权地位的界定不仅关乎媒体产业的发展,而且涉及公众获取信息的自由,在数字网络环境下,更是牵涉到在线新闻（online news）等新兴产业的发展。因此,需要结合新的传播环境对该问题进行深入研究。然而,不论作品的传播环境发生何种变化,著作权法的基本原理不变。思想表达两分法、合并原则和原创性原则是著作权法的基本原理。有必要从这些基本原理出发,对著作权法中的疑难问题和新问题进行探讨。依据上述原理,著作权法中所规定的"时事新闻"应指受合并原则限制或不具有原创性的表达。既然如此,如果在著作权法中明确规定思想表达两分法❹、合并原则与原创性原则,我国著作权法中有关著作权法的保护不适用于"时事新闻"的规定便显得没有必要,应该予以取消,❺未来只要增加思想表达两分法与合并原则作为著作权法的明确规定即可。另外,应在《反不正当竞争法》中明确规定恶意盗取他人"时事新闻"的行为属于不正当竞争行为。除此之外,还应该结合合理使用原则,有效地平衡在以数字网络为特征的新的传播环境下新闻内容提供者、新闻作品创作者、新闻作品传播者和社会公众之间的利益关系,在有效保证新闻内容提供和新闻作品创作的前

---

❶ 卢海君:"论合理使用制度的立法模式",载《法商研究》2007年第3期。

❷ 即合理使用三要素:(1) 使用作品的性质和目的;(2) 引用作品的数量和价值;(3) 引用对原作市场销售、存在价值的影响程度。参见吴汉东:《著作权合理使用制度研究（修订版）》,中国政法大学出版社2005年版,第21页。

❸ 根据合理使用的判断标准,有观点认为新闻故事提供链接或者刊登新闻作品片段的行为应属合理使用,由于技术原因临时被动存储作品的行为应该豁免著作权侵权。Minjeong Kim, Show Me the Money: The Economics of Copyright in Online News, 58 J. *Copyright Soc'y U. S. A.* 301, 322~323 (2010~2011)。

❹ 思想表达两分法已经在著作权法第三次修订草案中出现。参见《中华人民共和国著作权法（修改草案第二稿）》第7条之规定。

❺ 事实上,在著作权法第三次即将修订之际,国内不少学者基于与此文不同的推理,得出了几乎相同的结论。参见曹新明:"论《中华人民共和国著作权法》第5条第2项之修改",载《法商研究》2012年第4期。

提之下，保证新闻内容和新闻作品的有效传播，保障社会公众获得知识和信息之权利的实现。

二、合并原则在中小学教辅对教材进行"结构性使用"中的应用

中小学教材❶和教辅❷都是著作权法中较为特殊的作品类型，加之教材的公益性，教材和教辅的著作权关系显得尤为微妙。例如，教科书的结构是否应受著作权保护？同步教辅延用教材结构，是否构成侵权？教辅编写者是否需要获得教材作者的授权？而且，教材和教辅市场的竞争日趋激烈，有关教材和教辅的著作权争议也频繁发生。因此，有必要从著作权法的基本原理出发，梳理教材和教辅的著作权法关系，建立清晰的市场竞争秩序，规范教材和教辅的编写，促进我国教育事业的发展。

（一）中小学教材的作品类型及其应受保护的范畴

中小学教材大多是汇集已有事实和材料（包括作品），并在这些事实和材料的基础之上进行选择与编排之后所形成的作品，属于典型的汇编作品。

1. 汇编作品的基本原理

按照我国现行《著作权法》（2010年）第14条的规定，汇编若干作品、作品的片段或者不构成作品的数据或其他材料，对其内容的选择或者编排体现独创性的作品，为汇编作品，其著作权由汇编人享有，但行使著作权时，不得侵犯原作品的著作权。汇编作品在世界范围内普遍受到著作权保护。

著作权法保护的对象是作者创作行为的产物，由此，著作权法一般将汇编作品的保护限制在作者所贡献的范围之内。即汇编作品的著作权保护只及于"作者所贡献的材料"（the material contributed by the author），只延伸到"归因于汇编者的因素"（the elements that owe their ori-

---

❶ 此处之所以要强调中小学教材，主要是因为大学教材相对于中小学教材而言，教材作者除了选择与编排之外的原创性表达更多，因此，中小学教材所具有的汇编作品的特征相对来说较为明显，以此为研究对象使得研究客体显得更为纯粹，所得出的结论更具有说服力。

❷ 教辅资料的表现形式有很多种，本文所探讨的教辅主要针对的是同步教辅，其原因在于只有同步教辅才会延用教材的整体结构，才会出现本文所重点探讨的著作权问题。

gin to the compiler）——对事实的"选择、协调和编排"——之上。后来者可以自由使用包含在其他汇编作品中的事实来准备竞争性的作品，只要其不具有同样的选择和编排即可。❶

综上，汇编作品是一种特殊的作品类型，该类作品的创作依赖于已有事实和材料，但其原创性贡献在于其对已有事实与材料的选择与编排之上，衡量汇编作品是否满足可著作权性要求考察的着眼点在于汇编者对已有事实与材料进行选择与编排所形成的表达形式之上，对汇编作品的著作权法保护也集中在这些表达形式之上。

2. 汇编作品的基本原理在教材教辅著作权争议中的应用

教材的汇编者如果在事实和材料的选择或者编排上具有个性，则最终可以形成具有原创性的汇编作品。著作权法保护的是作者原创性的贡献，因此，在中小学教材这一类型的汇编作品中，汇编者所汇集的事实和材料并不是汇编者应受著作权法保护的部分，汇编者应受保护的部分是其具有原创性的对事实和材料的选择、协调与编排所最终形成的表达形式。这些原创性的选择、协调与编排所最终形成的表达形式往往表现为教材原创性的结构。实践中所发生的有关教材和教辅的著作权争议也集中体现在对结构的著作权主张和争议之上。

（二）在中小学教材结构的基础上编写教辅的著作权争议及其理论解读

有关中小学教材作为汇编作品及汇编作品的应受著作权法保护的要素在学术界及实务界并没有太多争议。但在中小学教材的结构之上编写教辅是否应该获得教材编写者的许可及如果未经许可是否构成著作权侵权却有争议，基本上分为以下两种观点。

1. 侵权说

认为在中小学教材结构的基础上编写教辅构成著作权侵权是教材编写者与出版者的一贯主张。我国著作权管理官方机构也认为在中小学教材结构的基础之上编写教辅应该获得教材编写者的授权，但规定了按照九年制义务教育和国家教育规划编写的与教科书配套的教辅读物的例外

---

❶ Feist Publications，Inc. v. Rural Tel. Serv. Co. ，111 S. Ct. 1289. （interimed. 1991）.

情形。❶ 一些司法判决也主张使用教材中的独创性编排编写教辅构成对教材结构的著作权侵权。❷

2. 合理使用说

与侵权说不同的是，合理使用说认为，教辅的整体编排必然要参照教材的编排顺序，属于合理范围的使用。❸ 在利益平衡上，合理使用说倾向于赋予教辅编撰者以更大的自由，相应地就会限制教材编写者的相应权利。

3. 对现有学说的解读与评价

侵权说主张具有原创性的教材结构应该获得著作权法保护，这一点符合著作权法的基本原理。但其并进一步认为在按照教材结构编写教辅应该获得教材作者的授权，否则会构成著作权侵权。采纳这种观点可能会导致不合理的垄断。另外，官方认为，按照九年制义务教育和国家教育规划编写的与教科书配套的教辅读物，应该不同于按照普通教材编写教辅的情形，应当做例外处理。但其并没有解释要对特定教材做特定处理的特别理由。

合理使用说虽然可以防止教辅市场的垄断行为，但其并不能够给出合法合理的解释。该种学说的逻辑是，教辅的整体编排必然要参考教材的编排顺序，所以，按照教材的结构编写教辅应该属于合理使用行为。

---

❶ 国家版权局办公室于2003年10月17日发布的"国权办〔2003〕38号"文件《关于习题集类教辅图书是否侵犯教材著作权问题的意见》第2条规定，"如果某教科书在内容的选择或编排上具有独创性，他人按照该教科书的课程内容和编排顺序结构编写配套教辅读物，应视为对该教科书在著作权意义上的使用；在未经必要许可的情况下，这种使用即构成对该教科书著作权的侵害"（此条即原则性规定）；第3条规定，"对于按照九年制义务教育和国家教育规划编写的与教科书配套的教辅读物，则应具体问题具体分析。在这种情况下，只要教辅读物中没有再现教科书的内容，即不侵害教科书的著作权"（此条即例外性规定）。新闻出版总署于2011年8月16日发布的《关于进一步加强中小学教辅材料出版发行管理的通知》（新出政发〔2011〕12号）第1条规定，"根据他人享有著作权的教材编写出版中小学教辅材料，必须依法取得著作权人的授权。"

教育部、新闻出版总署等四部门于2012年2月8日发布的"关于加强中小学教辅材料使用管理工作的通知"（教基二〔2012〕1号）规定，"根据他人享有著作权教科书编写出版的同步练习册应依法取得著作权人的授权"。

❷ "北京仁爱教育研究所诉安徽教育出版社案"，（2008）皖民三终字第0028号。

❸ "北京市仁爱教育研究所诉人民日报社著作权侵权纠纷案"，（2006）朝民初字第6943号。

然而，我国著作权法中并没有明确规定这种合理使用的类型，显然，这种解释并不能够令人信服。

（三）教材教辅著作权争议的正解

教材教辅著作权争议的实质还是利益的争斗。上升到一定细致程度的教材结构是教材作者的表达，按照思想表达两分法这一著作权法的基本原理，该表达应该在满足原创性等可著作权性要件的前提之下受到著作权法保护。然而，并非任何思想的表达都应该受著作权法保护。当特定思想的表达方式唯一或有限的时候，该表达方式不应该受著作权法保护，否则会产生思想垄断的不良后果，这就是合并原则的应有之义。

1. 著作权法中的合并原则及其现实意义

人类的表达方式是有限的，当特定思想只有一种或有限的几种可能的表达方式时，思想与表达如此交织在一起而成为一体，因为思想不受著作权保护，那么思想的表达不具备可著作权性。❶ 合并原则是为了防止思想的垄断而对作品著作权保护范围所作的一种限制。❷ 合并原则与思想表达两分法具有共同的理论基础：著作权法不保护思想。当思想的表达方式具有唯一性或有限性时，该思想和表达便不可分离，❸ 表达被视为同思想本身合并，❹ 如果赋予该种表达以著作权保护，实际上就保护了思想，而在思想之上不应存在垄断性权利。❺ 例如，在科恩（Kern）案❻ 中，法院判决一个建议天然气管道的地图不受著作权保护，因为该地图描述了特定管道的唯一可行路线。因此，根据合并原则，该地图应该被排除在著作权保护范围之外，否则就会赋予在选定的通道放置计划的管道之思想以垄断权，从而会限制竞争。

---

❶ Michael D. Murray, Copyright, Originality, and the End of the Scenes a Faire and Merger Doctrines for Visual Works, 58 *Baylor L. Rev.* 779, 788 (2006).

❷ Educ. Testing Servs. v. Katzman 793 F. 2d 533, 539 (3d Cir. 1986).

❸ Concrete Machinery Co. v. Classic Lawn Ornaments, Inc., 843 F. 2d 600, 606 (1st Cir. 1988).

❹ Herbert Rosenthal Jewelry Corp. v. Kalpakian, 446 F. 2d 738, 742 (9th Cir. 1971).

❺ Brian Johnson, An Analysis of the Copyrightability of the "Look and Feel" of a Computer Program: Lotus v. Paperback Software, 52 *Ohio St. L. J.* 947, 951 (1991).

❻ Kern River Gas Transmission Co. v. Coastal Corp. 899 F. 2d 1458 (5th Cir. 1990).

综上，著作权法保护的对象是作品，作品的本质是一种表达形式，这种表达形式是由人们所共同认可的意义符号所构成的。这些意义符号有文字、线条、色彩和旋律等。然而，到目前为止人类所创造的共通的意义符号数量并不多，从而导致在表达特定思想时可能出现意义符号的有限性，为了克服这种有限性，有必要规定当只有一种或有限的几种表达方式来表达特定思想时，该表达同思想合并，不受著作权法保护。

2. 合并原则在教材教辅著作权争议中的应用

（1）具有原创性的教材结构应该受到著作权法保护。如同教材的文字性表达形式，教材的结构也是作者的创作成果。当这种结构达到一定的细致程度，即从思想转化成表达，按照思想表达两分法，其即演变成应受著作权法保护的客体。例如，"按照春夏秋冬的时间顺序排列文章"是不应受著作权法保护的思想；但安排特定的文章放在特定的章节所形成的特定结构是应受著作权法保护的表达。著作权法保护的是思想的表达形式，但并非任何表达形式都应该受到著作权法的保护，只有满足原创性的表达形式才能够获得著作权法保护。表达形式是否具有个性是判定其是否满足原创性的根本标准。如果特定的教材结构是作者个性思想的产物，该教材结构即满足了原创性，从而可以获得著作权法保护。

（2）利用教材结构编写教辅在整体结构选择上具有唯一性。教辅的功能是辅助学生理解和学习教材内容，这一功能决定了教辅整体结构必然同于教材的整体结构，否则，教辅的功能无法圆满实现。因此，利用教材结构编写教辅尤其是同步教辅，在教辅整体结构的选择上，仅有唯一表达；也即"按照教材整体结构编写教辅"这一思想仅有唯一的表达方式，按照合并原则这一著作权法的基本原理，该唯一表达不应该受到著作权法保护，否则会产生思想垄断的结果，教辅市场就会被垄断。

（3）合并原则在利用教材结构编写教辅场合的适用所产生的法律后果。如上文所述，具有原创性的教材结构理应受到著作权法保护，因此，如果按照原告教材的结构编写教材，应该获得原告的许可，否则会构成著作权侵权。然而，"按照教材整体结构编写教辅"这一思想的表达方式具有唯一性，该表达方式不应该受到著作权法保护。所以，按照原告教材整体结构编写教辅，无须经过原告的许可，也不会构成对原告教材的著作权侵权。

（四）结　语

著作权法应该保护作者的创作成果，但并非任何作者的创作成果都应该受著作权法保护。著作权法保护的作品是一种表达形式，表现为人们共同认可的意义符号的排列组合以及能够被这些排列组合所直接限定的表达元素，例如，作品的情节、结构、角色等。教材字面意义上的表达形式当然应该受到著作权法保护。另外，教材结构也是作者的创作成果，在具有原创性时也应该受著作权法保护。然而，"按照教材整体结构编写教辅"这一思想在教辅结构这一层面的表达方式唯一，根据合并原则这一著作权法的基本原理，其不应该受著作权法保护。

第五节　约减主义与整体概念和感觉原则的应用

一、约减主义与整体概念和感觉原则在美术作品著作权侵权构成的判定

通常而言，作品之间是否构成侵权关系需要满足"接触（access）＋实质性相似（substantial similarity）"两项要件。所谓"接触"，是指被告在创作涉嫌侵权作品时接触了原告作品；所谓"实质性相似"，是指被告作品同原告作品的相似程度已经从"思想"相同或相近上升到"表达"层面的相同或近似，而且这种相同或近似已经达到实质性的程度。被告是否"接触"原告作品需要原告负举证责任；然而，当被告作品同原告作品极其相似（striking similarity）时，法院通常会采取举证责任倒置的处理方式，让被告证明其并无"接触"原告作品，否则，将承担败诉的风险。在上述两项要件之中，两造作品之间是否构成实质性相似是评判其间是否构成版权侵权关系的核心。在普通作品之间是否构成实质性相似的评判中，判定主体（专家/公众）的选择、判定原则（整体概念和感觉主义/约简主义）的采纳、作品"要部"与"非要部"之间关系的处理等直接关系到作品之间是否构成版权侵权关系的认定。相对于普通作品尤其是普通文字作品来说，美术作品等可视作品有不同之处。于是，在

美术作品实质性相似的评判中,采纳何种评判视角,采取何种判定原则,如何处理作品各部分之间的关系值得研究。

(一)判定主体:专家视角 VS. 公众视角

在作品之间是否存在实质性相似的判定中,不同的视角会带来不同的结论。有关此问题,司法实践与理论界并没有一致性的结论,有的采取普通观众测试法(the Audience Test),[1] 有的担心普通观众测试法可能带来同实际侵权不一样的结论,如版权法专家尼默教授认为,普通观众有可能忽视两部作品中的相似之处,[2] 同时,普通观众测试法也有可能不适当地夸大两造作品的相似之处。判断视角的选择在所有类型的作品实质性相似的判定中都非常关键,在美术作品的实质性相似的判定中,以专家或公众不同的视角进行审视,所得出的结论有所不同。

1. 专家视角与公众视角的区别

专家与公众在知识背景方面存在重大区别,在认识与观察美术作品时,其方法、角度、深度、广度都必然存在较大差异。通常而言,专家在观察美术作品时,往往侧重于美术作品的绘画种类、画风、画法、专业美术技巧的运用等;与此不同的是,作品的材质、尺寸、主体内容及给人的视觉感受则常常是公众的关注重心。法官在评判美术作品之间是否构成实质性相似时,以不同的视角看问题,必然得出不同的结论。此种情形又如在发明创造的"创造性"评判中,爱因斯坦与门外汉的结论必然不同。

2. 美术作品实质性相似的评判应采专家视角

不同于专家的是,受专业知识缺乏的制约,普通人更有可能发现不同美术作品的相似之处,而不是发掘它们的不同之处。跟任何作品的创作类似,美术作品的创作同样需要建立在前人作品的基础之上,而且,常常出现的是,后来者的创作建立在已有美术作品的基础之上,同原作有相似之处,但是,其与原作之间又有具有艺术价值的不同之处,这些不同之处在满足原创性的时候应受版权保护。而这些不同之处往往只有

---

[1] Harold Lloyd Corp. v. Witner,65 F. 2d 1(9th Cir. 1933)。

[2] Steven G. Mcknight, Substantial Similarity between Video Games: An Old Copyright Problem in a New Medium, 36 *Vand. L. Rev.* 1277, 1290 (1983).

慧眼独具的专家才能够发现。综上，在评判美术作品之间是否构成实质性相似时，相对于公众视角，专家视角更为合适，而且具有以下优点。

（1）相比于公众意见，专家意见具有专业性和稳定性。相对于普通公众，专家有专业知识，因此，其所作出的判定更具有专业性。专家意见的专业性同时也增加了其稳定性。从而，从专家视角出发来判定两造作品之间是否构成实质性相似可使判决具有一致性。形象地讲，公众视角更加"感性"，从而具有一定的随意性；而专家视角更加"理性"，据此所做的判定更符合现代法治的要求。

（2）相比于公众意见，专家意见具有合理性和说服力。由于缺乏专业知识，公众在面对美术作品时，缺乏所需的判定能力，在特定美术作品（例如，抽象画派）的作品中尤其如此。而由于具有专业知识，专家有能力来分辨美术作品不同的造诣，从而作出更具合理、更有说服力的评判。

值得一提的是，一幅美术作品可能既是著作权法保护的作品，又被用作产品的外观设计或商品的商标。然而，针对同一创作，其作为外观设计或商标的构成要素时，在是否构成外观设计或商标侵权时，却需要依社会公众的视角进行评判。原因如下：产品的外观设计是以美感吸引消费者，商标的基本功能是区分商品或服务的来源，维护公平竞争的市场秩序，保护消费者的合法权益，两者针对的都是消费者的一般注意力。与此不同的是，美术作品作为艺术创作并无上述功能，而是为了追求艺术上的美感。因此，同一对象在不同的法律领域中，考虑到不同的立法目的，在两造是否构成侵权的判定中，应采取不同的视角。

综上，在美术作品侵权的判定中，相对于公众视角，从专家视角出发的判定更具有专业性、稳定性、合理性和说服力。在我国司法实践中，遇到美术作品侵权诉讼时，往往邀请专家进行鉴定，依据此判定结果做出判决。

（二）判定原则：约减主义 VS 整体概念和感觉原则

约减主义与整体概念和感觉原则是作品之间是否构成实质性相似判定的两条路径，在美术作品领域，采取何种路径将影响到作品之间是否构成侵权关系的判定。

1. 约减主义与整体概念和感觉原则的区别

约减主义，主张在判定两部作品是否构成实质性相似时，对作品进行分析和解构，析出作品中不应受版权保护的因素，剔除该因素，仅对两造作品中受保护的因素进行比对以判定两者之间是否构成版权侵权关系；整体概念和感觉原则并不对作品进行分析与解构，而主张将作品看作一个整体进行对待，以判定作品之间是否构成版权侵权关系。约减主义倾向于限缩作品的版权保护范围；整体概念和感觉原则偏好于扩张作品的版权保护范围。事实上，可能存在以下情况，特定作品经过解构之后的所有构成要素同于原作，然而，被告作品对这些构成要素进行了富有个性的重新编排，从而，如果在此种情形之下采取约减主义，有可能导致对作品的版权保护范围不周的问题发生，此时，整体概念与感觉原则更有理论魅力。不过，相对于约减主义，单纯整体概念与感觉原则的采取也有可能无端扩大作品的版权保护范围，甚至将作品的版权保护范围扩展到不应受版权保护的思想之上，因为思想的近似有可能带来作品整体概念与感觉近似的后果。并且，不同的作品类型的创作方法、表现手段不同，有的适合采取分析与解构，例如小说、戏剧等，适合被解构成不同抽象层次的结构、角色、情节等，似乎天然地适合采纳约减主义的路径来评判不同作品之间是否构成实质性相似；而有些作品，例如视觉艺术作品，如何对其进行结构却是一个难题。于是，在美术作品的版权侵权判定中，采取何种路径对其两造作品之间是否构成实质性相似进行评判是个需要研究的问题。

2. 应采整体概念和感觉原则

美术作品为视觉艺术作品的一种，不像小说、戏剧等普通的文字作品，适合解构为不同的抽象层次；在一定意义上讲，美术作品的公有领域与私有部分是难以分割的，并不适合采取约减主义路径来判断作品之间是否构成实质性相似，相对而言，整体概念与感觉原则❶更为合适，并

---

❶ 有学者似乎将整体概念与感觉原则天然地同普通观众测试法联系在一起。Steven G. Mcknight, Substantial Similarity between Video Games: an Old Copyright Problem in a New Medium, 36 *Vand. L. Rev.* 1277, 1292 (1983). 我们不同意这种看法，选择普通观众还是专家作为作品之间是否存在实质性相似评判的主体是视角的问题，采取约减主义还是整体概念与感觉原则是路径的问题。即使是专家，也可以从整体概念与感觉的角度来评判作品之间是否存在实质性相似。

且，中外的司法实践都有采纳整体概念与感觉原则判定美术作品之间是否存在实质性相似的做法。因此，在美术作品中，利用整体概念与感觉原则对作品之间是否构成实质性相似相对于约减主义更具有可行性。而且，相对于普通文字作品，美术作品在构成要素同一的情形之下，在构成要素的编排上的创作空间更大，例如，颜色与形状的轻微改变就可能影响到画作的美感质量，❶ 采取整体概念与感觉原则更能够周延地保护美术作品的创造性因素。

事实上，约减主义与整体概念与感觉原则并非水火不容，在司法实践中，不乏将约减主义同整体概念与感觉原则结合起来进行应用的判例。例如，阿恩斯坦❷两步测试法与克罗夫特❸外部/内部测试法（"extrinsic-intrinsic"test）。前者分以下两步：第一步，由法官判定两造作品之间的相似是否足够实质以至于构成复制。在此步中，专家解析往往发挥重要作用。第二步，在第一步的基础之上，如果两造作品之间构成复制，原告必须证明两造作品之间构成充分相似而构成非法盗用（appropriation）。此步骤应采"普通外行人"（ordinary lay observer）的视角。❹ 后者同样是两步测试，具体包括：第一步，法官判定两造作品的思想是否构成实质性相似，此步骤中，可以采取专家证言；第二步，如果两造作品的思想之间构成实质性相似，以"普通合理之人"（ordinary reasonable person）之视角判定两造作品的表达是否存在实质性相似。❺ 上述两种测试法中，阿恩斯坦两步测试法相对于外部/内部测试法更有利于合理确定版权保护范围，因为外部/内部测试法在思想相似的情况之下仅依靠普通人的视角（往往是普通人的整体概念与感觉）即可认定两部作品之间构成实质性相

---

❶ Leslie A. Kurtz, Speaking to the Ghost: Idea and Expression in Copyright, 47 *U. Miami L. Rev.* 1221, 1228（1992～1993）.

❷ Arnstein v. Porte, 154 F. 2d 464（2d Cir. 1946）.

❸ Sid & Marty Krofft Television Productions, Inc. v. McDonald's Corp., 562 F. 2d 1157（9th Cir. 1977）.

❹ Steven G. Mcknight, Substantial Similarity between Video Games: an Old Copyright Problem in a New Medium, 36 *Vand. L. Rev.* 1277, 1293～94（1983）.

❺ Steven G. Mcknight, Substantial Similarity between Video Games: an Old Copyright Problem in a New Medium, 36 *Vand. L. Rev.* 1277, 1294（1983）.

似,有可能不适当扩大原告作品的版权保护范围。因此,可行的做法是,在阿恩斯坦两步测试法的基础之上再加一步,如果以普通外行人的视角,两造作品之间的整体概念与感觉相同,尚须考察此相同到底是何种原因引起的。因为两造作品的整体概念与感觉的相同或相似,尤其是在普通外行人的视角之下,有可能是由不受版权保护的思想或其他不具有可版权性的要素引起的,在此种情况之下,即使有整体概念与感觉的近似,两造作品之间仍然不构成实质性相似。尽管美术作品总体上不适合分解,但在有些勉强可以进行适当分解的作品中,例如,书法作品可以分解为整体架构与细节表达,网游作品可以分解为角色、游戏规则、布景、情节等,对于此类作品,在实质性相似的判定中,不妨尝试上述三步测试法。

(三) 美术作品中"要部"的判定及"要部"与"非要部"的关系

1. 作品实质性相似评判中的作品"要部""非要部"

作品之间是否构成版权侵权的判定不仅要从量的层面考量,而且要注重质的规定性。需要注意的是,并非作品的任何构成要素都受版权保护,只有作品的原创性要素才属于作者的创作性成果,才属于应受保护的范畴,该原创性要素又可以界分为"要部"与"非要部":前者是作品原创性的集中体现,后者辅助前者发挥作用;两者有机构成了作品的整体。在对两造作品进行著作权侵权判定时,"要部"是判定的重点,但并非"非要部"不发挥任何作用。具体而言,如果被告对原告作品的利用不构成合理使用,则不同类型的利用在两造作品之间是否构成版权侵权关系基本表现为以下几个层面:其一,如果原告作品的全部表达被被告使用,往往构成版权侵权;其二,如果原告作品的"要部"全部被被告作品使用,通常构成侵权;其三,如果原告作品的"非要部"被被告作品使用,如果该"非要部"属于原告的原创性表达,且在原告作品中占有较大篇幅,通常构成版权侵权;其四,如果原告作品的"非部分"被被告作品使用,如果该"非要部"属于原告的原创性表达,但在原告作品中占有较小篇幅,当该部分构成被告作品的"要部"或者在被告作品中占据较大篇幅,则往往构成著作权侵权。

2. 美术作品"要部"与"非要部"的划分与整体概念和感觉原则

在作品之间是否具有实质性相似的评判过程中,整体概念和感觉原则要求从整体上衡量两造作品之间的关系。整体视角同"要部""非要部"的划分并不矛盾。即使从整体视角出发，作品也可以被识别出"要部"与"非要部"。需要指出的是，"要部"与"非要部"的划分并不等同于将作品解构为不同的抽象层次。例如，在采纳约减主义路径的抽象测试法，作品被解构为不同的抽象层级，在这些层级之中，存在一个临界点，临界点之上属于不受版权保护的思想，临界点之下则是应受版权保护的表达。然而，不受版权保护的思想并非作品的"非要部"，应受版权保护的表达也不是作品的"要部"。事实上，不论是作品的"要部"，还是作品的"非要部"，均为作品中应受版权保护的部分，只不过，相对于"要部"，"非要部"仅起次要作用。

（四）结语

作为视觉艺术作品的美术作品，相较于普通文字作品具有一定特殊性。在两造美术作品之间是否构成实质性相似的判定中，应以专家视角，采纳整体概念与感觉原则，结合"要部"与"非要部"之间在版权侵权构成中的逻辑关系进行判断，如果两造美术作品"看起来像"，并且这种"像"并非由不受版权保护的思想或其他处于公有领域的要素所引起，则两造作品之间构成版权侵权的关系。反之，如果两造美术作品"看起来不像"，或者，尽管"看起来像"，但该"像"是由不受版权保护的思想或其他处于公有领域的要素所引起，两造作品之间并不构成版权侵权关系。

二、约减主义与整体概念和感觉原则在音乐作品中的应用

音乐作品可以分为带词与不带词的两类，带词的音乐作品中的词属于文字作品，对有关词之间是否构成版权侵权的判断应该按照文字作品之间是否构成实质性相似的标准进行，故而，在音乐作品中，从版权侵权判定的角度入手，评判的难点在于其中的乐曲之间的比对。通常而言，乐曲是由节奏、旋律与和声三要素构成。节奏表现为律动，为音乐的时间形式；旋律是特定音调有组织的进行，为音乐的首要要素；和声为两个或两个以上的乐音同响，通常是指西方音乐的和弦体系。旋律是乐曲原创性的主要来源；节奏本身的排列组合有限（可能因受合并原则限制

而不受版权法保护）❶，通常不认为其可能具有原创性而受版权法保护；和声具有依附性，通常难以单独存在。❷ 乐曲通常是通过乐谱进行表现。

从以上对音乐作品中乐曲的界定可以看出，音乐作品似乎可以在进行解构的基础之上展开侵权判定。实践中通常也有被告乐曲同原告乐曲之间"6小节"相同或"8小节"相同即可判定两造作品之间存在版权侵权关系的做法。❸ 作品是一系列符号的排列组合，音乐作品也是如此，只不过各种不同作品的意义符号并不相同而已，例如，构成文字作品的意义符号是文字、数字、字母等，而音乐作品的意义符号是节奏、旋律与和声等。尽管如上所述，虽然旋律是音乐作品的核心，节奏与和声通常不能单独构成音乐作品中的原创性要素，但是，音乐作品是节奏、旋律与和声（如果有的话）所构成的有机整体，在这个有机整体中，更改其中任一要素达到一定程度都可能创作出新作品（该新作品可能构成原作的演绎作品），例如，同样顺序的音符，但节奏的改变会创作出不同的新的音乐作品。❹ 因此，在音乐作品实质性形似的评判中，通过比较找出两造作品之间相同或相近的音符是基础，但不仅如此，还应该考察音乐作品的节奏与和声，将音乐作品的有机组成部分结合起来对音乐作品之间是否构成实质性相似进行综合评判，才能够得出较为合理的结论。❺ 另外，即使不考虑节奏与和声的因素，仅依据两造作品之间的有何种程度的音符近似来对其间是否构成侵权进行判定也违背了作品侵权判定的一个基本原则：如果两造作品的近似的音符在原被告作品中都微不足道，这种近似并不会导致两造作品之间构成侵权关系，即使这种近似的量达到了上述实践中或理论界的"6小节"或"8小节"的标准。

---

❶ 例如，节奏的创作不可能具有原创性。Northern Music Corp. v. King Record Distributing Co., 105 F. Supp. 393 (S. D. N. Y. 1952)。此观点尽管有失绝对，但反映了节奏的创作空间相对于旋律等其他音乐作品的构成要素来说较为狭小。

❷ 罗明通：《著作权法论（I）》，群彦图书股份有限公司经销2005年版，第207页。

❸ 蒋凯：《中国音乐著作权管理与诉讼》，知识产权出版社2008年版，第23页。

❹ Jeffrey G. Sherman, Musical Copyright Infringement: The Requirement of Substantial Similarity, 22 Copyright L. Symp. 81, 133 (1972).

❺ 在有关音乐作品之间是否构成版权侵权的判例中，法官通常不仅仅比较两造音乐作品的音符，节奏等构成要素也是非常重要的参考因素。Wilkie v. Santly Bros., Inc., 13 F. Supp. at 137.

然而，会不会出现两造音乐作品之间的创作要素及其排列组合近似但其间"听起来"并不相同或相近的情况出现？确实存在这种情况：即使两造作品每个音符都相同，但也可能"听起来"并不一样；另外，即使两部音乐作品并非每个音符都相同，但有可能"听起来"一样。[1] 于是，仅依靠"分析与解构"（约减主义）在对音乐作品的构成要素进行分析的基础之上进行音乐作品之间是否构成实质性相似的判定并不能够反映音乐作品的特质。不同于文字作品的是，虽然乐谱的构成也是文字符号，但是，音乐作品的本质是通过这些要素的排列组合所带来的音效，[2]是一种听觉艺术。故而，对音乐作品之间是否构成实质性相似的判定，虽然"分析与解构"能够发挥一定的作用，起到辅助判断的功能，然而，最终的衡量标准应该是两造音乐作品"听起来"是否一样。所以，就音乐作品而言，约减主义相对于整体概念与感觉原则，在音乐作品之间是否构成实质性相似的判定中，应该处于第二顺位。以整体概念与感觉原则作为音乐作品之间是否构成实质性相似的根本判断标准，不仅尊重音乐作品的本质，而且为后人创作留下了广泛的创作空间，符合市场经济的基本规则。具体而言，音乐作品构成要素及其排列组合的微小变动有可能带来音效的大不同，如果按照约减主义，两造作品之间定会构成实质性相似，因为在创作要素及其排列组合上两造作品之间存在实质性相似（因为后来作品对原作的变动仅仅是"小变动"），然而，如果据此就可以判定两造作品之间构成版权侵权关系，并不符合合理的创作实践，会压缩音乐作品创作的空间，不利于文艺的发展与著作权法立法目的的实现。另外，如果两造音乐作品的音效并不相同，即使其构成要素存在实质性相似，后来者的音乐作品也不会给在先音乐作品带来市场替代的效果，并不会损害原告音乐作品的商业利益，从这个角度讲，也不应该对被告对原告作品的创作要素进行较小改动但带来不同音效的这种创作

---

[1] Jeffrey G. Sherman, Musical Copyright Infringement: The Requirement of Substantial Similarity, 22 *Copyright L. Symp.* 81, 132 (1972).

[2] Jeffrey G. Sherman, Musical Copyright Infringement: The Requirement of Substantial Similarity, 22 *Copyright L. Symp.* 81, 135 (1972).

行为进行限制。❶

由上述可知，基于音乐作品的本质，对两造音乐作品之间是否构成实质性相似进行评判应以其所带来的整体概念与感觉为根本的判断标准。然而，同样的情形，不同类型的受众"听起来"有可能有不同的效果。具体而言，如果被告作品相对于原告作品的变动较小，普通观众很有可能听不出这种区别，然而，专家却可能听出来。于是，在两造音乐作品之间是否构成整体概念与感觉的相同或相近的判定上，以何种类型的受众作为评判主体会带来不同的判决结果。关于此问题，基本上有两派观点：有的倾向于采取普通观众标准，❷ 有的倾向于采取专家观点。❸ 相对于音乐专家来说，普通观众并未受过专业训练，如果依据普通观众的视角来评判音乐作品之间是否存在实质性相似，极有可能出现下列情况：即使被告作品相对于原告作品而言，在构成要素上作出了极大改动，但普通观众听不出这些区别；被告音乐作品同原告音乐作品的音效近似并非由于原告应受版权保护的表达所引起，而是有不受版权保护的思想或者处于公有领域的要素所引起，❹ 但普通观众并不能够辨识这些不同的要素而做区别对待。因此，仅依据普通观众的有关音乐作品所带来的整体概念与感觉的评判来判定涉案音乐作品之间是否构成实质性相似并不可取。在音乐作品之间是否具备实质性相似的判定中，可行的做法是结合普通观众与专家判断以得出较为合理的结论。第一步，采取普通观众测试法，如果就两造音乐作品，普通观众"听起来"并不实质性相似，通常可以做出两造作品不构成版权侵权关系的结论；反之，如果普通观众"听起来"实质性相似，则不能够断然认为被告作品构成对原告作品的版权侵权，因为这些"听起来"的相似很可能是由不受版权保护的要素引

---

❶ Stephanie J. Jones, Music Copyright in Theory and Practice: An Improved Approach for Determining Substantial Similarity, 31 *Duq. L. Rev.* 277, 305 (1992~1993).

❷ Jeffrey G. Sherman, Musical Copyright Infringement: The Requirement of Substantial Similarity, 22 *Copyright L. Symp.* 81, 134 (1972).

❸ Sergiu Gherman, Harmony and its Functionality: A Gloss on the Substantial Similarity Test in Music Copyrights, 19 *Fordham Intell. Prop. Media & Ent. L. J.* 483, 512~15 (2009).

❹ Stephanie J. Jones, Music Copyright in Theory and Practice: An Improved Approach for Determining Substantial Similarity, 31 *Duq. L. Rev.* 277, 303 (1992~1993).

起的，此时需要进入第二步；在第二步中，专家需要通过对音乐作品的分析，考察上述近似的起因，如果起因是应受版权保护的表达引起，则构成版权侵权，反之则不构成侵权。值得注意的是，在音乐作品之间是否构成实质性相似的判定中，也采取了上述美术作品侵权判定中的三步测试法，在最后一步中，似乎又回到了约减主义，而上文却谓：约减主义不合适，岂不矛盾？并不矛盾：之所以约减主义不适合于音乐作品实质性相似的判定，乃是因为音乐作品是"听"的艺术，仅依据音乐作品构成要素之间是否构成实质性相似来判定音乐作品之间是否构成侵权，有可能违背音乐创作的通常实践做法，故约减主义仅能够起到辅助作用，要以整体概念与感觉原则为根本。然而，仅依靠两造音乐作品之间"听起来"像就做出侵权构成的结论也不合适，因为上述"像"可能是由不具有可版权性的要素所引起，所以，需要进一步依据专家的视角考察一下引起上述"像"的原因，以免不适当扩大原告音乐作品的版权保护范围从而阻碍后来者本应属于自由范畴的创作空间。

第六节　原创性原则及实用艺术作品理论的应用

一、原创性原则及实用艺术作品理论在单字形体设计中的应用

伴随着我国计算机字体产业的发展，围绕字体的利益纷争也此起彼伏，学界就是否应赋予字体以著作权保护众说纷纭。特别是，在单字形体设计是否应受著作权保护的问题上，学界的争论更是激烈。字体及单字形体设计的著作权保护关系到字体及单字形体的开发者和使用者之间的利益冲突与平衡：开发者在创作过程中付出了创造性劳动，需要一定的回报才能够有进一步开发新字体的激励；使用者需要自由利用汉字来传播信息、发展文化。是否只有对字体及单字形体的开发者赋予著作权保护才能够激励其创作？如果对字体及单字形体的开发者赋予著作权保护，是否会对社会公众自由利用汉字带来阻碍，不利于文化的传承和发展？如何做到字体及单字形体保护中私益和公益的平衡成为一个值得深

入讨论的话题。

(一) 著作权保护字体的制度困境

从国际协议与典型国家和地区的立法例来看，在著作权法律制度框架下保护字体，通常是将其作为美术作品加以保护的。在以美术作品来保护字体及其中的单字形体设计时，有两个制度性问题需要解决：其一，字体或其中的单字形体设计是否具备原创性；其二，文字的实用性是否否定字体及其中的单字形体设计的可著作权性。

1. 原创性问题

著作权法保护的对象是思想的表达，但并非任何表达都能够受著作权保护。换言之，表达或者作品要受著作权法保护需要满足一定的条件，著作权法理论上一般将该条件称之为可著作权性（copyrightability）。在可著作权性要件之中，最为核心的部分是原创性，也即一部作品只有在具备原创性的时候才可能受著作权法保护。[1] 字体及其中的单字形体设计确实是作者思想的表达形式，但这种表达形式是否具备原创性，是一个比较难以回答的问题。能够确定字体及其中单字形体设计著作权保护的合理的原创性标准成为字体著作权法保护的制度困境之一。

2. 实用性问题

文字作为日常生活文化、交流的工具，其实用性不言而喻。这种实用性的发挥是依靠文字的基本构造进行的。字体及其中的单字形体设计是在文字的基本构造的基础之上进行的艺术性创作，其是典型的实用艺术作品。在使用艺术作品的著作权保护中，有一个重要的问题就是，如何避免著作权法保护到其不应该予以保护的物品的实用性和功能性层面。于是，一系列标准和原则被提出来，以应用于使用艺术作品的可著作权性要件，其中，"可分离性标准"就是一个重要标准。字体及其中的单字形体设计能否满足实用艺术作品著作权保护的特殊要件成为字体著作权法保护的制度困境之二。

(二) 著作权保护字体的价值困境

由于字体及其中的单字形体设计是在文字的基本构造的基础之上创

---

[1] 卢海君：《版权客体论》，知识产权出版社2011年版，第135页。

作完成的，对其赋予不适当的著作权保护可能会影响到公共利益的实现。

1. 是否影响社会文化交流

字体是具有艺术性的文字，具有传递信息的功能性。文字自人类社会产生以来，历史悠久，属于公有领域的范畴。对字体尤其是字体中的单字形体设计赋予著作权保护，是否会垄断对该文字的使用，是否会影响社会文化交流，存在质疑。从著作权法产生到发展至今，无不体现着各种利益间的博弈与制衡。利益平衡是著作权法的主旋律。怎样在字体及其中的单字形体设计的著作权保护和公共利益的实现之间找到一个平衡点成为著作权法保护字体及其中单字形体设计的价值困境之一。

2. 是否影响网络的开放性

有学者认为，在当代网络的环境中，对计算机字体的私有保护与软件的开源运动相抵触。❶ 网络的开放性给社会公众带来了便利和快捷，是互联网的基本特征之一。如何在字体及其中单字形体设计的著作权保护和技术中立原则的遵守之间找到一个平衡点成为字体及其中单字形体设计著作权保护的价值困境之二。

字体的著作权保护所可能面临的制度困境和价值困境在单字形体设计的著作权保护中表现得更为突出。

(三) 单字形体设计属于美术作品

1960～1972年，WIPO召开六次政府专家委员会对印刷字体的国际保护进行研究，于1973年6月12日，在维也纳订立《印刷用字体之保护及其国际保存维也纳协议》（The Vienna Agreement for the Protection of Type Faces and their International Deposit，下文简称《维也纳协议》）。按照《维也纳协议》第2条之（i）的规定，字体（typeface）指的是文字、数字及其他表意符号的系列设计（sets of designs），且该设计并不包括单纯由技术要求（technical requirements）所决定的设计。❷ 字体在形体方面

---

❶ Blake Fry, Why Typefaces Proleferate Without Copyright Protection, 8 *J. on Telecomm. & High Tech. L.* 425, 444 (2010).

❷ 《维也纳协议》第2条之（i）规定，字体（type faces）是指关于字体的一系列设计，具体包括（a）字母、字母表和诸如音调、标点符号之类的附件；（b）数字和诸如通用符号、象征符号、科学符号之类的其他造型标志；（c）装饰，例如用边框、花形图案、渐变装饰等。

往往具有统一风格（style）。

　　字体是字体设计者创作行为的产物，是"风格"这一"思想"的"表达"，可能成为适格的著作权客体。在前数字时代，字体往往体现于字模（font）中，字模是字体这一表现形式的载体，是一种印刷工具，通过这种工具，字体得以再现；❶ 在数字时代，字体的创作方式更加丰富，字体的载体日益多元，字体的再现往往通过字库软件予以实现。然而，字体作为作品的本质并没有发生任何变化。著作权的客体是作品，作品是思想的表达，是一种表现形式，具有非物质性。作品往往借助载体予以体现，但载体并非作品，载体是所有权的客体，载体与作品之间是一种体现与被体现的关系。由此可见，字体是作品，字模是载体。尽管在前数字时代，由于字体产业和印刷产业保护的需要，字模的保护曾经一度成为立法的热点，有些国家也企图利用著作权法律制度来保护字模，但基本结论往往都是字模不受著作权保护。字模难以成为著作权客体的根本原因在于，字模是载体，是所有权的客体，是物质性的。企图寻求字模的著作权保护的失败并不表明字体不应受著作权保护。在数字时代，字体以数字化的方式存储于光盘或硬盘之中，通过字库软件予以复制和再现。然而，字库软件并非字体，尽管软件和字体都可以成为著作权客体，但软件是一系列代码化指令序列和符号化指令序列，本质上是文字作品；而字体是线条、色彩等构造而成的，是造型艺术作品。保护字库软件作品确实可以对字库产业提供一定程度的保护，但这种保护并不能对字体提供等同于著作权的保护。

　　文字是一种表意符号，在这个意义上，它是人类的文化遗产，属于公共领域，不受著作权保护。然而，文字形体的设计，并非要发挥文字的表意功能，而是要从造型上给人一种美感，从视觉上给人一种冲击。这种设计，成就的是一种造型艺术作品。在风格上具有一致性的文字形体的设计就形成一种字体。可见，字体是一种作品，是一种造型艺术作品，是一种美术作品。一般而言，作品要获得著作权保护，需要具备可

---

❶ 在数字时代，Font 是 Type face 特征的载体；在数字时代，Font 是一种文档，通过该文档，使用者需嵌入 type face 字符到文件中。Type face 与 Font 的界限逐渐淡化。

499

著作权性，其中，原创性是可著作权性的核心要件。原创性最为基本的内涵是作品来源于作者，而不是抄袭、剽窃、篡改他人作品的结果。字体创作是在保持文字的基本构造的基础上进行的。文字的基本构造是人类社会不断总结、不断发展的产物，是发挥表意功能的基础，属于公共领域。以文字的基本构造为基础的形体设计，有不少已经成熟相当时间，早已过了著作权保护期限，这种字体不受著作权保护。尽管如此，字体设计的未来空间还是比较大的，尤其是汉字。因为汉字是象形文字，结构比较复杂，书写的发挥空间比较大。在保持汉字的基本结构不变的情况之下，字体设计者可以改变很多因素，以达到文字的形体具备超越基本构造的个性。例如，笔画的方向、笔画的粗细、笔画之间的构造、笔画的色彩搭配等因素的改变都可以导致不同特色、不同个性的字体的诞生。而个性是作品原创性的重要衡量基准，在造型方面具备个性的字体满足了原创性要求，能够获得著作权保护。

字体的可著作权性在诸多立法例中得以体现，在国际立法层面，《维也纳公约》明确保护字体。在国内立法层面，1988年的《英国著作权、设计及专利法》将字体作为美术作品进行保护；德国于1973年加入《维也纳协议》，于1981年制定《关于1973年6月12日缔结〈维也纳协议〉的法律》，该法规定具备新颖性、原创性的字体受著作权法保护；我国香港地区著作权法基本上以1988年的《英国著作权、设计及专利法》为蓝本，著作权条例保护字体；我国台湾地区"著作权法"将字体称为"字型绘画"，纳入美术作品保护范畴。所谓字型绘画是指"就中国常用字整体文字之字群作一致性之绘画设计，如具有美学上之鉴赏价值，则属美术作品之范围，常使用为电脑字型或印刷、印刻之特别字型。""至于一般性之活字字体（type face），如仿宋等，欠缺思想、感情之原创性，未具美学上之鉴赏价值，应不认为美术著作。"❶

一系列文字、数字或其他表意符号的形体设计之所以能够形成一种"体"，在于它们有统一的"风格"，这种统一"风格"的具体表现形式就是这一系列文字、数字或其他表意符号按照这一"风格"所形成的特殊

---

❶ 罗明通：《著作权法论（第七版）》，台英商务法律出版社2009年版，第206页。

造型，这种特殊造型具体表现于每个文字、数字或其他表意符号中。由此可见，由一系列文字、数字或其他表意符号在具备统一"风格"时所形成的字体在具备原创性时应受著作权保护；这一系列文字、数字或其他表意符号中的一个或几个同样是作品，在具备原创性时同样应受著作权保护。在英国1988年的《英国著作权、设计及专利法》中，不论是具有统一风格的字体，还是字体中的单字形体设计都受著作权法保护。

作品本质上是作品构成要素的组合，符号是作品表现形式的第一要素，在文字作品中表现为文字，在美术作品中表现为色彩和线条。构成文字作品的文字、短语、习惯表达不受著作权保护，构成美术作品的基本色彩和简单线条不受著作权保护。然而，一部文字作品中的一章、一节、一段也可能受著作权保护，一副美术作品的构成部分也是如此。由多个字所构成的书法作品作为整体可以受著作权法保护，这部书法作品中的单个字在具备原创性的条件之下，也应受著作权保护。同理，由一系列具有统一"风格"的文字、数字或其他表意符号所构成的字体在具备原创性的条件下应受著作权保护，这一系列文字、数字或其他表意符号中的单个文字、数字或其他表意符号在造型上具备原创性时，也是应受著作权保护的作品。

我国现行《著作权法（2010年）》第3条规定，美术作品是受著作权法保护的作品。现行《著作权法实施条例》第4条规定，美术作品是指绘画、书法、雕塑等以线条、色彩或者其他方式构成的有审美意义的平面或者立体的造型艺术作品。字体和单字的形体设计属于造型艺术作品，在我国著作权法中属于美术作品。当这种作品满足我国著作权法所规定的保护要件的时候，应受我国著作权法的保护。

（四）文字的实用性并不否定单字形体设计的可著作权性

文字具有传播信息的功能，具有实用性，这种实用性是依靠文字的基本构造发挥的，这种基本构造是人类共同的文化遗产，应当处于公共领域，不受著作权法保护。上述事实的存在并不否定以文字的基本构造为基础，在文字的形体方面进行个性创作的可能性。❶ 诚然，一部分字体历史比较悠久，已经进入公有领域，例如宋体、隶书、楷体等。然而，在文字的基本构造的基础之上，遵循一定的风格，在文字的形体上做出个性创作而形成的可著作权性的字体还是比较多的，例如倩体、静蕾体、启功体、舒同体等。

以文字的基本构造为基础所创作的在形体设计上具有个性的字体和字体中的单字形体设计既具有实用性，又具有艺术性，在著作权法上可以归类为实用艺术作品（work of applied arts）。在实用艺术作品中，艺术作品体现于实用物品之中，物品的"艺术层面"与"实用层面"通常是结合在一起，只不过在不同的实用艺术作品中，这种结合的程度有所不同而已。利用著作权法对该类作品进行保护有可能超出物品的"艺术性层面"而将垄断权扩张到物品的"实用性层面"，而后者通常是专利法的领域。著作权法的保护要件比专利法要低，而且保护期限比专利权要长，如果著作权法通过就物品的"艺术性层面"取得著作权的方式获得对物品"实用性功能"的垄断，有可能背离知识产权法促进科学和实用艺术进步的目的。鉴于实用艺术作品的特殊属性，实用艺术作品国际保护制度的建构和国内立法的进程都经历了一个从不保护到保护这样一个不断发展的过程；即使立法赋予实用艺术作品以著作权保护，也施加了诸多限制条件，保护的范围也比较有限。在实用艺术作品的国际保护层面，虽然不少国际条约确定了各成员国保护实用艺术作品的义务，但没有强行规定成员国必须采取某种立法模式，而是允许各国在不同的保护模式之中进行选择，以适合自己的特殊国情。从各国立法来看，尽管实用艺

---

❶ 在日本的著作权司法实践中，字体被一些经典判决判定为不受著作权保护，例如日本最高法院判决——"八木昭兴诉桑山三郎·柏书房事件"（东京地裁 1979 年 3 月判决、东京高裁 1983 年 4 月判决、最高裁 1985 年 4 月和解）。在该案中，原告八木所设计的字体被被告桑山和柏书房擅自在书籍中使用。东京地方法院和东京高等法院都认为字体是不受著作权保护的。判决的理由是"认定字体的著作权就是给予特定的人排他的权利来独占万人共有的文化财产——文字"。这些案件也被许多学者引用来否定字体的著作权保护。事实上，该案判决所依据的理由并不具有说服力。文字确实属于人类的文化遗产，不过，文字传递信息的功能是靠文字的基本结构进行的，在文字的基本结构上的个性设计还是作者智力创作的成果，在满足原创性的条件之下可以获得著作权保护。该案的判决理由同样可以用来否定书法作品的著作权保护，而书法作品在各国的著作权法中是普遍受保护的。

术作品在任何著作权立法中都没有被界定,但几乎所有的国内著作权法都明确提及实用艺术是受保护的作品。例如1976年《美国版权法》第101条规定实用艺术作品属于"绘画、图形和雕塑作品",而根据该著作权法第102条的规定,该类作品是著作权客体的基本范畴之一,因此,实用艺术作品受著作权法保护。不过该类作品的著作权保护需要满足一定的特殊条件,按照美国著作权法的规定,实用物品的艺术层面只有同功能性层面区别并且独立存在,也就是满足通常所谓的"可分离性标准"才能受著作权保护。

著作权法保护的是物品的艺术性层面,专利法保护的是物品的实用性层面,如果著作权法僭越了艺术性层面而保护到功能性层面,可能造成不适当的后果。于是,著作权法应该遵循一定的标准来避免这种情况的发生。"可分离性标准"正是在这一背景下提出的。该标准的基本内涵是,一个实用物品要获得著作权保护,必须具有一些从物理上(physically)或者从观念上(conceptually)能够同该物品的实用性层面区分开来的要素。[1]《美国1976年著作权法》所确定的可分离性既可以是"物理上的可分离性"(physical separability),也可以是"观念上的可分离性"(conceptual separability)。实用艺术作品著作权制度发展的初期,物理上的可分离性标准占据主导地位,观念上的可分离性标准是在经济社会不断发展,实用艺术作品著作权保护制度不断成熟时才开始彰显其重要功能的。例如,至1975年美国著作权办公室才开始依赖观念上的可分离性标准。[2]

不管是物理上的可分离性标准还是观念上的可分离性标准,它们的目的都是要将实用物品的设计层面同实用层面区分开来,避免著作权法对物品的功能性进行保护而产生阻碍创造的不当后果。不过,两种标准的侧重点并不相同。前者要求物品的美学功能或层面能够"真实的"(literally)同其实用性层面区分开来,要求当实用性物品的艺术性成分能够

---

[1] H. R. Rep. No. 1476, 94th Cong., 2d Sess. 54 (1976), Reprinted in 1976, U. S. Code Cong. & Ad. News 5659~5801. at 55.

[2] 1975 Revision Bill, ch. VII, at at 12 (1975 Draft). J. H. Reichman, Design Protection in Domestic and Foreign Copyright Law: From the Berne Revision of 1948 to the Copyright Act of 1976. 1983 *Duke L. J.* 1143, 1241 (1983).

实际（也就是物理上）同该物品的实用性部分分开而不减损该物品的内在实用性功能，❶ 或谓当去除物品的功能性特征之后，物品的设计特征完好无损（intact），例如美洲豹汽车安全罩上的动物雕塑能够同汽车或安全罩的实用性在物理上分离开来；❷ 后者则仅要求物品的美学要素能够在"理论上"（theoretically）同其实用性层面区分开来。例如，一个花瓶上的绘画设计能够同花瓶在观念上分离，因为其艺术价值在观念上区别于花瓶的实用性层面。❸

物理上的可分离性标准在区分物品的美学层面与实用性层面方面可以发挥一定作用，在实用艺术作品著作权法律制度上具有一定法律地位。现实中确实存在实用艺术作品的艺术性层面能够从物理上同功能性层面分离开来的情形。但该标准本身并不是一个特别清晰的概念，实践中如何操作缺乏统一标准。它被批评为是拙劣的标准，不准确，缺乏标准化的含义。❹ 另外，该标准也可能过于严格，许多实用艺术作品并不能够满足它。例如，两维的图形作品并不能够实际上同承载该图形作品的物品在物理上分离开来。❺ 物品整体形状和构造的设计似乎更不能满足该标准。适用该标准导致的结果是，许多需要保护而且著作权保护不会产生负面效果的实用艺术作品得不到著作权保护，著作权法的目的难以实现。于是，著作权立法和司法实践中发展出观念上的可分离性标准，企图弥补物理上的可分离性标准的缺陷。

同物理上的可分离性标准不同的是，观念上的可分离性标准认为，实用物品的艺术性成分纵然不能够"实际上"同该物品的实用性部分相

---

❶ Richard H. Chused, *A Copyright Anthology the Technology Frontier*, Anderson Publishing Co. Cincinnati, Ohio. 140 (1998).

❷ Melville B. Nimmer, David Nimmer, *Nimmer on Copyright*, Matthew Bender & Company, Inc. (2009). § 2.08 [B] [3].

❸ Jacob Bishop, Stealing Beauty: Pivot Point International v. Charlene Products and the Unfought Battle between the Merger Doctrine and Conceptual Separability. 2006 *Wis. L. Rev.* 1067, 1079 (2006).

❹ Robert C. Denicola, Applied Art and Industrial Design: A Suggested Approach to Copyright in Useful Articles, 67 *Minn. L. Rev.* 707, 730 (1983).

❺ Robert C. Denicola, Applied Art and Industrial Design: A Suggested Approach to Copyright in Useful Articles, 67 *Minn. L. Rev.* 707, 744~745 (1983).

分离，在符合一定条件之下，也能够获得著作权保护。[1] 1984 年美国著作权办公室的实践纲要将观念上的可分离性界定为实用物品的艺术性特征能够分别于和独立于实用物品"被想象（imagined）"。[2] 观念上的可分离性标准的具体测试方法有"解不开的交织在一起标准"（"inextricably intertwined test"），（该标准认为，当物品的艺术性要素同其功能性要素"解不开的交织在一起"时，两种要素不存在观念上的可分离性，该实用物品不受著作权保护）[3]、"主要/次要（primary/ subsidiary）标准"（该标准认为，当物品的装饰性功能是"主要的"，而实用性功能是"次要的"时，该物品满足"观念上的可分离性标准"，可以获得著作权保护）[4]、"可销售的可能性（likelihood of marketability）标准"（该标准认为，在"可销售的可能性标准"之下，如果即使一个物品失去了其实用功能性，它将因为美学质量继续对大量的消费者群体具有可销售性，观念上的可分离性存在）[5]、"注重创作过程（the creative process）测试法"（该测试法认为，工业设计的支配特征是受非美学之功能性考量的影响。如果实用物品的形式和外观反映了艺术家不受限制［unconstrained］的艺术性观点，该物品应受著作权法保护，而且著作权法只保护此种物品。通过将焦点集中在创造性过程上，考察设计者的创造性过程是否受功能性考量的限制，可以将工业设计和实用艺术作品区分开来）[6]、"暂时置换标准（temporal displacement test）"（该标准认为，观念上的可分离性与物理上的可分离性不同，即使一个设计特征同物品的实用性层面在物理上是不

---

[1] Richard H. Chused, *A Copyright Anthology the Technology Frontier*, Anderson Publishing Co. Cincinnati, Ohio. 141 (1998).

[2] Library of Congress Copyright Office, Preface to Compendium of Copyright Office Practices (1984). at P5.03, ch. 500, at 11.

[3] Carol Barnhart Inc. v. Economy Cover Corporation. 773 F. 2d 411 (2d Cir. 1985) (Judges Mansfield, Meskill and Newman).

[4] Kieselstein-Cord v. Accessories by Pearl, Inc. 632 F. 2d 989 (2d Cir. 1980).

[5] Melville B. Nimmer, David Nimmer, *Nimmer on Copyright*, Matthew Bender & Company, Inc. (2009). § 2.08 [B] [3].

[6] Robert C. Denicola, Applied Art and Industrial Design: A Suggested Approach to Copyright in Useful Articles, 67 *Minn. L. Rev.* 707, 741~744 (1983).

可分的,其在观念上也可能是具有可分离性的)❶、"可分离性的二元标准('Duality' Test)"(该标准认为,如果一个普通观察者能够察觉到物品的艺术性层面和功能性层面,不论是同时察觉还是分别在不同的时间点察觉,观念上的可分离性都存在。该标准不同于"暂时置换标准",并不要求观察者的艺术性感知必须完全置换其功能性感知)❷ 等。

就字体和字体中的单字形体设计来说,其基本构造是用来传递信息的,但其个性创作是具有艺术性的。其欲获得著作权法的保护,需要满足可分离性标准。如上所述,尽管可分离性标准包括物理上的可分离性和观念上的分离性,然而,在现代著作权法中,观念上的可分离性标准占据主导地位。尽管字体和字体中单字艺术性的形体设计不能够实实在在地同其功能性分离开来,但是从观念上进行分离还是可能的。上述观念上可分离性的检测标准虽然都有可能在一定程度上恰当判断使用艺术作品的可著作权性,然而多多少少都有一定缺陷。相对而言,可分离性的二元标准是一个比较合适的标准。按照该标准,一个普通的观察者在看到一个极具个性的字体或字体中的单字形体设计时,例如方正的倩体"飘柔"两个字的形体设计的时候,如果在脑海中产生了实用性的认识和艺术性的冲击,不论是同时察觉还是异时察觉,"飘柔"两个字的形体设计都满足了观念上的可分离性标准,都能够获得著作权法的保护。而事实证明,方正倩体中"飘柔"这两个单字的形体设计由于在笔形、粗细、结构等方面的个性取舍,使其具备了一种亲切、幽雅、柔美、精致、华贵、大气、端庄的风格,❸ 使普通的观察者在看到方正倩体中"飘柔"这两个字的时候,不仅会被传达一种"飘柔"两个字的字典含义所具有的信息,而且会被"飘柔"这两个字的形体设计的艺术性所熏陶。方正公

---

❶ Carol Barnhart Inc. v. Economy Cover Corporation. 773 F. 2d. 420~421 (2d Cir. 1985).
❷ Shira Perlmutter, Conceptual Separability and Copyright in the Designs of Useful Articles, 37 *J. Copyright Soc'y U. S. A.* 339, 377 (1990).
❸ 马东晓、董秀生:"浅析字库字体单个文字字型的美术作品保护——以方正字库字体为例",载《科技与法律》2011年第1期。

司所开发的多种字体都被用在商标、商品的装潢和广告上，❶许多公司选择方正字体而不选择已经进入公有领域的字体作为促销手段从另一个侧面说明字体和字体中单字的形体设计确实能够在消费者的脑海中激起艺术性的想象。

（五）原创性的单字形体设计应受著作权法保护

一般而言，作品只有在具备原创性的时候才能够获得著作权保护：原创性最为基本的内涵就是作品来源于作者，而不是抄袭、剽窃、篡改他人作品的结果；作品来自于思维的创造性力量，是"智力劳动"的成果；著作权保护的是主观的人类选择，而不是客观情况，作品可著作权性的获得需要其包含作者的"主观选择"（subjective choice）；原创性的要求是最低限度的；尽管原创性标准是最低限度的，在效果上看起来根本就不存在标准，但存在这样一点，在这一点上，努力会被认为太微小（too trivial），作品不能够获得著作权保护。原创性要件主要强调作品来源于作者的主观创作性活动，可以说，作者的主观创作型活动同作品之间是"源"和"流"的关系。事实上，没有作品是"真正"原创性的，所有的作品都利用了已经存在的因素。考察一部作品是否具备原创性，关键是考察该作品是怎样利用已存材料的，是全面复制，还是加入了作者自己的选择与判断。❷

不论是字体还是单字的形体设计，都需要主观的人类创作活动，都是"智力劳动"的成果。只要这种形体设计是来源于作者的，而不是抄袭、剽窃、篡改他人作品的，那么该设计就应受著作权法保护。我国司法实践中有不少案件正是基于字体及单字的形体设计是作者独立创作而具备原创性，认可其具有可著作权性的。例如，在北京北大方正电子有

---

❶ 例如，宝洁公司的诸多产品上使用了方正字体。2008年5月12日，方正公司在北京家乐福中关村店取证，买下宝洁生产的55款产品。这些产品上都使用了方正开发的字体，侵权的产品包括"飘柔洗发露""飘柔精华素""帮宝适纸尿裤""自然阳光无磷洗衣粉""佳洁士冰极山泉牙膏""护舒宝持久干爽型"等。参见马东晓、董秀生："浅析字库字体单个文字字型的美术作品保护——以方正字库字体为例"，载《科技与法律》2011年第1期。

❷ 卢海君：《版权客体论》，知识产权出版社2011年版，第168~170页。

限公司诉山东潍坊文星科技开发有限公司案的一审判决❶和二审判决❷。

值得一提的是,《维也纳协议》第 7 条规定,字体必须在形式或整体上,具有原创性(originality)或新颖性(novelty),或两者均有时,才能够受保护。这一规定是考虑到文字本身具有传递信息的功能,同社会公共利益密切相关,在原创性的标准之上作出灵活规定,缔约国可以采纳比普通作品原创性标准更高的新颖性标准。❸ 而事实上,新颖性标准在著作权法领域并非适当的标准。❹

然而,如果采取同普通作品一样的原创性标准来保护字体和字体中的单字形体设计,可能带来一些担心,即对字体及单字形体设计的著作权保护可能把已经处于公共领域的字体设计纳入私人领域。事实上,这一担心是不必要的。大多数新字体都是在已有字体的基础上改进而成,所以,这些新字体是已处于公有领域的字体的演绎作品。一般而言,演绎作品要获得著作权保护,必须相对于基础作品有可区别性变化。❺

事实上,我们可以将字体及字体中单字形体设计的新颖性标准解释为可区别性变化标准,新字体及字体中单字形体设计必须相对于基础字体(即新字体及字体中单字形体设计的创作人在创作的时候所依赖的字体)有可区别性变化。❻ 由技术要求决定的变化(例如字模材质的变化所要求字体及单字的变化)、仅仅是字体大小而非字体结构和形体设计的变化(例如从 5 号字变为 3 号字)、仅仅是载体的变化(例如字体及单字承载于金属字模上变为承载于计算机的文档之中)都不能够导致具备可区

---

❶ "北京北大方正电子有限公司诉山东潍坊文星科技开发有限公司案",北京市第一中级人民法院(2003)一中民初字第 4414 号民事判决书。

❷ 北京市高级人民法院(2005)高民终字第 443 号民事判决书。

❸ 在日本的"モリサワ对エヌアイシー事件"(大阪地裁 1989 年 3 月判决、大阪高裁 1990 年 3 月和解)案中,大阪地方法院认为"原告的字体是实用性很强的物,但是不具有美的创作性,所以不能认定具有著作权"。但是对于何为美的创作性,大阪地方法院并未说明。"美的创作性"是一个比较主观的标准,由于法院在其判决中并未予以说明,法院判决的影响有限。

❹ 卢海君:《版权客体论》,知识产权出版社 2011 年版,第 189~190 页。

❺ 同上书,第 311 页。

❻ 《维也纳协议》中有关字体国际保存的规定会对字体"新颖性"的判断提供一定程度的帮助。

别性变化的字体及单字形体设计的诞生。

据考证，德国著作权法虽然规定具备新颖性和原创性的字体可以获得著作权法保护，但是德国法院采取了比较严格的标准，否定了多数字体的著作权保护。[1] 然而，这并不能说明在形体设计上具备原创性并且相对于基础字体具备可区别性变化的字体及单字形体设计一定不能够受著作权保护，最多只能说明在确定字体及单字形体设计的原创性标准的时候应当谨慎、倾向严格，以免对社会公共利益造成不利影响。例如，方正倩体是在黑体、楷体的基础之上设计而成，但是相对于黑体、楷体来说，其不论是在笔形、粗细还是在结构上，都做了符合倩体一致风格的改进设计，相对于黑体、楷体来说，具备可区别性变化标准，应受著作权法保护。

（六）恰当范围的著作权权能设置能够实现单字形体设计著作权保护私益和公益兼顾的目标

当字体成为受著作权法保护的适格客体的时候，在未经字体创作人许可的情况之下，他人不可以对其进行复制、发行等行为，否则就构成侵权。这种复制、发行的行为可以发生在传统的印刷领域，也可以发生在其他商业领域。著作权客体天然具有公共利益属性，著作权制度也天然地表现为赋权和限权的有机结合。对作品赋予适当的著作权保护可以促进作品的创作，增进公共利益。字体及其中的单个文字形体设计是作者创造性劳动的产物，在具备原创性的时候，可以获得著作权保护。然而，这种保护尚且受到多种限制。其中，合理使用制度就是其中最为重要的一种。随着人类社会的不断发展与进步，已经有很多成熟、成型并且已经进入公共领域的字体可以供社会公众免费使用。而且，原创性制度排除了不具有个性、不具有特色的字体及单字形体设计的著作权。加之，合理使用制度等著作权限制制度又将许多使用行为排除在著作权侵权的范围之外。因此，对字体及单字的形体设计赋予著作权保护，适用原创性等可著作权性制度作为它们是否受著作权保护的前提性条件，适

---

[1] 萧雄淋：“计算机字型是否受著作权法保护（一）？”，载 http：//blog.ylib.com/ns-grotius/Archives/2009/12/28/13176，2011 年 10 月 6 日访问。

用合理使用制度适当限制它们的著作权保护范围，适用著作权侵权判定及处罚的制度恰当判定著作权侵权行为的成立及损害赔偿的范围，可以实现字体及单字的形体设计著作权保护中的私益与公益的平衡。

《维也纳协议》确立了印刷字体的可著作权性，同时，也在著作权的权能方面作了比较多的限制，以期在提供字体创作激励的同时，能够兼顾公共利益的实现。《维也纳协议》明确表明，考虑到字体在文化传播中所扮演的重要角色，对字体的著作权保护必须受到限制。这一立法宗旨在《维也纳协议》第8条有关字体著作权的保护内容中得到充分体现。该条规定，字体的著作权人有权禁止他人在未经许可的情况之下，依赖印刷技术以为形成文字（composing texts）提供工具为目的，制作字体的复制品。另外，取得字体的人，在形成文字的通常过程中，对字体要素进行复制，并不在被禁止的范围之内。根据英国1988年《版权、设计及专利法》的规定，字体及字体中的单字形体设计在具备原创性的时候能够获得著作权保护。但著作权人的权利限于有权禁止他人在未经许可的情况下对字体进行商业利用（第55条❶），在印刷过程中利用字体，不构

---

❶ 英国1988年《版权、设计及专利法》第55条：

(1) This section applies to the copyright in an artistic work consisting of the design of a typeface where articles specifically designed or adapted for producing material in that typeface have been marketed by or with the licence of the copyright owner.

(2) After the period of 25 years from the end of the calendar year in which the first such articles are marketed, the work may be copied by making further such articles, or doing anything for the purpose of making such articles, and anything may be done in relation to articles so made, without infringing copyright in the work.

(3) In subsection (1) "marketed" means sold, let for hire or offered or exposed for sale or hire, in the United Kingdom or elsewhere.

成著作权侵害（第 54 条[1]）。[2]

从上述有关字体和单字形体设计保护的立法例可以看出，即使对字体及其中的单字形体设计赋予著作权保护，也并非意味着在著作权的权能方面没有任何限制。相反，考虑到文字传递信息的实用性和公益性，字体及单字形体设计著作权保护的范围应该是有限的。只要将字体及单字形体设计的著作权保护限制在合理的范围之内，就可以实现既促进新型字体的产出，又保障公共利益实现的目的。因此，我国的著作权法不能因噎废食而一概否定字体及单字形体设计的著作权保护，而应该遵循社会发展的需要，遵守著作权法的基本原理，对字体及单字形体设计赋予适度的著作权保护。

（七）著作权限制制度的发展和完善能够在一定程度上缓解私益和公益的矛盾

著作权制度从来都是赋权和限权的结合，著作权限制制度是整个著作权制度的有机组成部分，尤其是合理使用制度在私益保护和公益维护

---

[1] 英国 1988 年《版权、设计及专利法》第 54 条：
（1）It is not an infringement of copyright in an artistic work consisting of the design of a typeface—
 （a）to use the typeface in the ordinary course of typing, composing text, typesetting or printing,
 （b）to possess an article for the purpose of such use, or
 （c）to do anything in relation to material produced by such use;
and this is so notwithstanding that an article is used which is an infringing copy of the work.
（2）However, the following provisions of this Part apply in relation to persons making, importing or dealing with articles specifically designed or adapted for producing material in a particular typeface, or possessing such articles for the purpose of dealing with them, as if the production of material as mentioned in subsection (1) did infringe copyright in the artistic work consisting of the design of the typeface section 24（secondary infringement: making, importing, possessing or dealing with article for making infringing copy）, sections 99 and 100（order for delivery up and right of seizure）, section 107（2）（offence of making or possessing such an article）, and section 108（order for delivery up in criminal proceedings
（3）The references in subsection（2）to "dealing with" an article are to selling, letting for hire, or
offering or exposing for sale or hire, exhibiting in public, or distributing.

[2] 萧雄淋："计算机字型是否受著作权法保护（一）?"，载 http://blog.ylib.com/nsgrotius/Archives/2009/12/28/13176，2011 年 10 月 6 日访问。

之间能够实现较好的平衡。例如，我国香港地区著作权法将字体作为著作权保护的客体，但同时规定在一般打字、作文、排版或印刷过程中使用该字体并不构成字体著作权的侵权，在保护字体产业和字体创作的同时，给社会公众留下了比较大的自由使用的空间。同理，我国大陆地区著作权法同样可以在现有的著作权法律制度的框架下对字体及其中的单字形体设计进行保护，不必谈字体尤其是单字形体设计著作权保护色变，再基于字体及其中单字形体设计的特殊性，对字体及其单字形体设计的著作权保护加以合理的限制，以推动我国字体产业的繁荣发展，促进我国文化的进步。

（八）结语

综上所述，以著作权法保护字体和单字形体，顺应了网络与信息时代的发展潮流，呼应了我国字体行业的发展诉求，照应了著作权法鼓励创新的宗旨目标，适应了我国书法艺术传承的中国特色。由于独创性标准的模糊性与字体设计的功能性，加之权衡公共利益与网络时代的开放性特征，这对以著作权模式保护字体和单字形体带来了制度与价值层面的双重困境。但是，通过研读国际协议和各国的立法与判例，立足于我国的国情，我们认为：（1）字体和单字的形体设计属于造型艺术作品，在我国著作权法中属于美术作品。当这种作品满足我国著作权法所规定的保护要件时，应受我国著作权法的保护；（2）文字的实用性并不能否定单字形体设计的可著作权性，其欲获得著作权法的保护，需满足可分离性标准；（3）单字形体设计一旦符合原创性的标准，就应受著作权法保护；（4）恰当范围的著作权权能设置能够实现单字形体设计著作权保护私益和公益兼顾的目标。因此，以著作权法保护字体与单字形体具有充分的必要性、合理性与可行性，不失为一计良策。

二、原创性原则及实用艺术作品理论在"死海卷宗案"中的应用

自"死海卷宗案"产生以来，在学界引起了广泛的讨论，有赞成该案判决的观点，也有反对的观点。该案的案情比较特殊，而且非常具有典型性。从宏观上讲，该案涉及版权客体范围的界定；从微观上将，该案涉及有关历史文本的重建所形成的作品是否具有可版权性。鉴于该案

的上述属性，有必要在版权客体论的宏观命题之下，对含有推测因素的事实作品的可版权性这一具体课题作一些探讨，希望可以通过该案的分析，推演出有关含有推测因素的事实作品的可版权性分析。

(一) "死海卷宗案" (Dead Sea Scrolls) 的基本案情

1947年，在死海附近的几个隐藏的洞穴里发现了大多以断片形式存在的卷宗（笔者称之为"死海卷宗"）。这些卷宗写在纸草和动物皮上，内容包含希伯来人圣经（the Hebrew Bible）大部分的最古老的版本中的一些和其他早期用几种古老语言写成的犹太文本（Judaic texts）。以色列圣经学者以利沙·齐蒙（Elisha Qimron）对其中一个洞穴中的一封信的断片进行研究。这封信据说是犹太宗教领袖写给耶路撒冷犹太领袖的，以利沙·齐蒙企图将这封信进行合成。在前人研究的基础上，他组合了来自洞穴中的信件的60%。这个被重建（reconstructed）的英文文本被称为"Rulings Pertaining to the Torah"，希伯来语文本被称为"Misgat Ma'Aseh ha-Torah（MMT）"。他根据自己的语言学专长、Halachah 法（the law of Halachah）和犹太社群的日常生活，推测出剩下的40%。两部分共同构成完整版的有关该书信的重建文本，被称为汇编文本，简称CT [the Compiled Text (CT)]。

1991年，美国人赫希尔·桑科斯（Hershel Shanks），圣经考古学评论（the Biblical Archaeology Review）的编辑，他本人也是律师和考古学的狂热爱好者，在未经以利沙·齐蒙许可情况下，出版了经重建的书信的实质性部分，即总共132行中的120行，而且没有适当的标注。以利沙·齐蒙在一个耶路撒冷地方法院起诉版权侵权，1993年获得胜诉。被告桑科斯和作为圣经考古评论编辑的两位学者上诉到以色列最高法院，最高法院在2000年8月作出判决，支持地方法院的判决，并对此进一步论证，该判决在学界称之为DSS判决（the DSS Decision）。

(二) "死海卷宗案" 的争议焦点

"死海卷宗案" 的争议焦点在于作者对事实的推测所形成的作品是否具有可版权性。历史文本本来是一种客观存在，但由于历史和文献保存的原因，这个客观存在的事实目前已经不为人类所确知，只能靠专业学者在辛勤研究的基础上进行推测与判断。学者齐蒙在自己辛苦研究的基础上，合成了历史文本的重建文本，该重建文本实际上是一种由推测或者谓加上作者的推测因素所形成的事实作品。我们要清楚地探讨该重建文本的版权法地位，首先要对事实作品做一个初步的了解。

按照版权法的基本原理，版权法以保护作者的创作为己任，事实并非作者的创作，因此应当被排除在版权法的保护范围之外。然而，有些作品同事实存在密切联系，或者谓事实性因素在这类作品中占据重要地位，事实性因素的存在在一定程度上影响到该类作品可版权性的获得。我们把这类以事实为基础创作的作品，或者企图反映事实的作品称之为事实作品（factual works）。

事实作品的对立面是虚构作品。描述历史的文章、科学论文、旅游指南、电话号码簿等都是事实作品。不同于虚构作品，当涉及思想表达两分原则等版权法的基本原理时，事实作品呈现出更多和更难的问题。事实作品保护的难点问题是客观存在的事实如何转化为事实性的表达。

人类社会的健康发展需要事实和信息处于公有领域，供社会公众自由接触和利用，因此，事实本身是共同财产（common property）。[1] 而事实作品中包含大量事实，因此，事实作品承载了大量的公共利益。由于事实作品的这种属性，对其是否赋予版权保护展示了版权法政策中两个相互冲突的利益之间的紧张关系，即对作者创造出新作品的激励和促进这些作品的传播以使广泛的公众能够接触信息的公共利益。[2] 由于在传播事实中存在巨大的公共利益，事实作品的版权保护范围应当被适当限制。[3] 另外，在事实描述性作品之中，可版权的要素是作者表达事实的原创性的方式，[4] 而不是事实本身。事实本身不受版权保护，基于此，后来作者可以在一定程度上依赖先前作品进行自由创作，从而知识得以

---

[1] Jewelers' Circular Publishing Co. v. Keystone Publishing Co., 274 F.932, 935 (S. D. N. Y. 1921), aff'd, 281 F. 83 (2d Cir.), cert. denied, 259 U. S. 581 (1922).

[2] Robert C. Denicola, Copyright in Collections of Facts: A Theory for the Protection of Nonfiction Literary Works, 81 *Colum. L. Rev.* 516, 519 (1981).

[3] Gorman, Copyright Protection for the Collection and Representation of Facts, 76 Harv. L. Rev. 1569, 1605 (1963).

[4] Harper & Row, Publishers, Inc. v. Nation Enters., 471 U. S. 539, 556-57 (1985).

扩散。❶

(三)带有推测因素之事实作品的版权保护

在客观存在的事实中,有些事实经过调查比较容易发现和确定,但有些事实虽然客观存在,或者曾经客观存在,但其真实面目并不容易确知。这些并不容易确知的事实往往需要专业人员经过长期的努力才能够逐渐弄清楚。客观事实的真实状态有时并没有或者找不到确切的证明材料加以证明,往往只能靠专业人员在相关资料的基础上进行推测。尽管研究人员在推测的过程中可能会花费大量劳动,而且常常会应用到专业技巧与判断,但推测并不一定符合客观事实,有时即使推测符合客观事实也不能得到相关资料的确证。客观存在的事实并不具有可版权性,经过作者推测得知的并不一定符合客观真实的"事实"是否具有可版权性是个值得研究和探讨的问题。归结到事实作品的版权保护,作者对客观事实的推测是否能够将客观事实转化为可版权性的表达。对客观事实的推测也被称之为有关该事实的"理论",比如对历史事实的推测常常被称之为"历史理论"。法院一般认为即使是有关客观事实的理论,也不具有可版权性。

在哈林❷案中,哈林于1962年出版了对兴登堡号飞艇最后的航行及失事原因进行研究的书,认为该飞艇失事是蓄意破坏的结果。同一年,戴尔·蒂特勒出版了其小说,其中有一章是在写兴登堡号飞艇的灾难,其承认复制了哈林有关飞艇失事的蓄意破坏理论。哈林并没有起诉戴尔·蒂特勒。大约10年后,穆尼出版了高度文学性的作品 *The Hindenberg*,同样采取了蓄意破坏理论,穆尼表示其是从戴尔·蒂特勒的书中得知这一理论。后来穆尼的书被环球影视公司拍摄成电影并于1975年发行,该部电影也采用了蓄意破坏理论。哈林起诉环球影视公司和穆尼,主张版权侵权和普通法的不正当竞争。而法院宣布版权保护并不及于历史,不论其是有证据证明的事实还是解释性的假说。当历史是所有人的公共财产,每一代人都可以自由利用对历史的发现和洞察时,知识进步

---

❶ Hoehling v. Universal City Studios, Inc., 618 F. 2d 972, 980 (2d Cir.)
❷ Hoehling v Universal City Studios, Inc. 618 F. 2d 972 (2d Cir. 1980).

的动因被最好地服务。

在纳什（Nash v. CBS, Inc.）❶ 案中，原告在他出版的书中提出约翰·迪林杰（John Dillinger）在大家都认为他死亡之后又活了很长时间，这个理论是建立在通常所接受的约翰·迪林杰死于1934年的一次枪战的矛盾之处之上的。哥伦比亚广播公司的"Simon"电视剧的一个情节建立在相同的假设之上。第七巡回法院否定原告对该假设享有专有权利。法院认为，知识的进步需要作者建立在他人作品的基础之上进行创作。原告纳什并没有将"The Dillinger Dossier"和与之相关的作品描述为小说，这关系重大。福尔摩斯（Sherlock Holmes）的创作者在有关福尔摩斯之书籍的版权继续的时候可以控制该角色的命运；但第一个得出结论说约翰·迪林杰幸存的人却不可以就历史获得权利。如果约翰·迪林杰幸存下来，所有人都可以利用该事实。原告纳什的权利在于他的表达，即在他的语词和对事实的编排，而不在赤裸裸的事实（naked "truth"）。

总之，法院从来没有对历史事实和对历史的解释授予过版权保护。❷ 第二巡回法院和第九巡回法院将"事实是公共财产的原则"扩展到包括事实的分析（analysis of facts）、事实的理论（theories about facts）和事实被描述的通常方法（ordinary ways）。❸

（四）"死海卷宗"案所涉作品的可版权性分析

不管是对历史事件真实性的探讨，还是对历史文本的重建，都需要花费大量的努力，并且往往有大量专业知识和技巧的投入。是否对这些客观事实的理论赋予版权保护需要从以下几个方面进行考察。

---

❶ Nash v. CBS, Inc., 899 F. 2d 1537, 1538（7ᵗʰ Cir. 1990）.

❷ 1 Melville B. Nimmer & David Nimmer, Nimmer on Copyright, § 2.11 [A] at 2～172.15～16（1995）. Michelle R. Silverstein, The Copyrightability of Factual Compilations：An Interpretation of Feist Through Cases of Maps and Numbers, 1996 Ann. Surv. Am. L. 147, 207（1996）.

❸ Narell v. Freeman, 10 U.S.P.Q. 2d（BNA）1596（9th Cir. 1989）；Landsberg v. Scrabble Crossword Game Players, Inc., 736 F. 2d 485（9th Cir. 1984）；Harper & Row Publishers, Inc. v. Nation Enters., 723 F. 2d 195（2d Cir. 1983）, rev'd on other grounds, 471 U.S. 539（1985）；Hoehling v. Universal City Studios, Inc., 618 F. 2d 972（2d Cir.）, cert. denied, 449 U.S. 841（1980）. Jessica Litman, The Public Domain, 39 Emory L. J. 965（1990）. note182.

（1）从版权法的目的来看，版权法有直接目的和最终目的之分。版权法的直接目的是赋予作者的创造性劳动以公平的报酬；但最终目的是，通过这种激励来刺激服务于一般公共利益目的的艺术创造。❶ 虽然研究者在提出某个客观事实之理论的时候花费了劳动和投入了技巧，但在确定是否对这种理论赋予版权保护的时候还要考察版权法的最终目的是否能够实现。纯粹按照自然法的要求，作者的创造性努力确实应当被赋予公平的报酬，但最高法院明确拒绝了依据自然法的版权主张。❷ 任何作品都是建立在先前作品的基础之上的。诗句产生于其他诗句之中，小说产生于其他小说之中。❸ 因此，要实现版权法促进科学和实用艺术进步的目的，必须保留大量的公共领域，特别是对公共利益有极大关联的事实和思想应当属于自由为社会公众接触的范围。总之，尽管理论研究者的劳动成果被他人无偿利用似乎不公平，但版权法的首要目的并不是犒赏作者的劳动，而是促进科学和实用艺术的进步。为了达到这种目的，版权法保证作者对其原创性表达的专有权利，而鼓励他人自由建立在该作品所传达的思想和信息的基础上进行创作。❹ 就"死海遗卷"案而言，为了促进死海卷宗学术研究的进步，绝对有必要逐字的、精确的和全面的引用"公义教师"的话。这种学术研究不可避免的导致复制奇慕容（Qimron）的表达。❺ 反之，如果对历史事件的解释赋予版权保护，会产生激冷效应（chilling effect），应该给后来有关历史主题的作者更广泛的自由来使用以前的理论和情节。❻

（2）就利益衡量而言，信息的传播应当优先于作者的保护。❼ 每个人

---

❶ Twentieth Century Music Corp. v. Aiken, 422 U.S. 151, 156 (1975).

❷ Alfred C. Yen, The Interdisciplinary Future of Copyright Theory, 10 Cardozo Arts & Ent. L. J. 423, 425~26 (1992).

❸ Northrop Frye, Anatomy of Criticism 47 (1957). at 97. David Nimmer, Copyright in the Dead Sea Scrolls: Authorship and Originality, 38 Hous. L. Rev. 1 (2001). n670.

❹ David Nimmer, Copyright in the Dead Sea Scrolls: Authorship and Originality, 38 Hous. L. Rev. 1, 95 (2001).

❺ David Nimmer, Copyright in the Dead Sea Scrolls: Authorship and Originality, 38 Hous. L. Rev. 1, 136 (2001).

❻ Hoehling v. Universal City Studios. 618 F. 2d 972, 978 (2d Cir. 1980).

❼ Hoehling v. Universal City Studios. 618 F. 2d 972, 980 (2d Cir. 1980).

都同意在某一点上,获取信息的公共利益要高于个人获得私权的愿望。在此时进行利益平衡的时候,公共利益应当优先于版权人可能遭受到的损害。❶ 版权是有限制的。当版权用来限制公众接触承载着巨大公共利益的唯一材料的时候,当版权作为压制信息的工具的时候,当版权作为阻止接触不受保护的材料的时候,在公众接触信息的巨大的公共利益面前,版权应当让位。❷

版权保护并不及于事实,事实作品的创作可能缺乏激励,对客观事实的理论研究可能萎缩。虽然版权保护并不及于事实作品中的事实,不管是事实本身还是事实理论,但并非事实作品中的任何要素都不受版权保护。作者对事实或事实理论的主观表达可以获得版权保护,作者主观性表达之上的版权保护可以为事实作品的创作提供一定激励。版权是一定程度上的垄断权,对社会公共利益的影响比较大,法律在考虑是否对某一对象赋予版权保护的时候比较慎重。虽然研究者在事实理论的考察中付出了大量创造性劳动,但版权法并不对这些劳动进行保护;即使如此,也并不意味着研究者的劳动得不到任何报酬,研究者还可以通过其他路径得到报酬。例如,有关客观事实的学术研究的激励可能存在于其他领域,例如科研补助金、名誉、社会认可等。❸ 因此,即使版权法不保护研究,也并不一定意味着这种有意义的研究会枯竭。

(3) 版权法保护的是原创性的表达,这种表达应当是体现作者个性的表达。而事实作品特别是对历史事实进行推测的作品的首要目的和价值是尽可能的符合客观事实,事实作品的这种属性限制了作者个性的彰显。在对事实的推测之中,唯一可以表现作者个性的也许只是作者的错误推测,如果版权法由于作者的这种"个性"表现而赋予事实的推测以版权保护,会同版权法的目的相违背。就"死海卷宗"案而言,奇慕容不能就其就古代文本成功重建的部分获得版权,他只能就其犯的错误主

---

❶ Rosemont Enters., Inc. v. Random House, Inc., 366 F. 2d 303, 309. (2d Cir. 1966).

❷ David Nimmer, Copyright in the Dead Sea Scrolls: Authorship and Originality, 38 Hous. L. Rev. 1, 91 (2001).

❸ David Nimmer, Copyright in the Dead Sea Scrolls: Authorship and Originality, 38 Hous. L. Rev. 1, 135 (2001).

张版权,他的创造性内在于其所犯的错误之中;如果对他所犯的错误赋予版权,就是对失败的激励,而对失败的激励是不正当的。

(4)事实是被发现的,而不是被创造的。[1] 不管有关客观事实的理论是正确的还是错误的确认了有关事实,该理论只是发现事实的存在,而不是创造了该事实。对事实的推测企图客观反映客观事实,如果这种推测正确地反映了客观事实,该事实的推测不受版权保护是明显的;如果这种推测并没有正确的反映客观事实,作者也只是发现了这种"推测的事实"。而发现是不受版权保护的,一个观察到或推断出某些事物的学者不能就其观察或推断获得版权保护。[2]

(5)有关客观事实的理论往往受到合并原则限制。作者在创作事实性作品的时候,目的就是要通过事实性作品反映客观事实的真相。在对事实进行推测的事实性作品中,作者的思想是表现特定的事实真相,对这个事实真相的表达就是尽可能的符合事实真相的表述,事实作品的这一特性决定了合并原则比较容易被适用。考古学家或文献学家表达其有关古代作者如何表达他自己的思想的唯一方式是将文献片段放在一起,以他认为正确的方式填充空白。一个重建的手稿是传达有关如何重建这个手稿的思想的唯一有效方式。难以想象国会企图通过版权法排除在如何整合古代手稿的思想方面的竞争。在"死海卷宗"案中,表达奇慕容有关圣经古文本内容之思想的唯一方式就是通过奇慕容所提供的文本进行。在这些手稿重建的过程中,思想同表达合并。[3]

合并原则的适用似乎是解释事实作品保护范围的一剂良药。似乎一旦适用合并原则,事实作品版权保护范围不清楚的地方都变得清晰了。例如,对历史的解释和推测之所以不能够获得版权保护,是因为企图对历史作出接近于真实的解释与推测往往只有几种有限的表达方式,这时合并原则适用,事实作品从而不能够获得版权保护。

---

[1] Feist Publications, Inc. v. Rural Tel. Serv. Co., 499 U. S. 340, 345 (1991).

[2] David Nimmer, Copyright in The Dead Sea Scrolls: Authorship And Originality, 38 *Hous. L. Rev.* 1, 211 (2001).

[3] David Nimmer, Address Copyright in The Dead Sea Scrolls: Authorship And Originality, 38 *Hous. L. Rev.* 1, 105 (2001).

(6) 禁反言原则要求作者一旦主张自己的作品是作为事实提供给公众的,以后就不能主张作品是虚构的,从而应该获得高水平的版权保护。❶ 申言之,作者对客观存在的事实进行推测所形成之作品的价值在于真实地反映客观事实,作者在将这样的作品提供给社会公众的时候,往往明示或默示地表示自己是向社会公众提供事实。按照禁反言原则,这样的作品可能不享有版权保护或者仅仅享有比较低程度的版权保护。

(五)"死海卷宗"案的启示

从对"死海卷宗案"的相关分析可以看出,客观事实和理论不受版权保护,❷ 不管是有证明文件的事实或者是解释性的假设。❸ 如果一个作者提出一个有关某个事实的理论,也许只有将该理论视为一个事实才合理,尽管该理论有可能不是事实真相。❹ 因为事实是不受版权保护的,一部被描述为等同于原作因此是原作之权威版本的作品应当被认为不具有可版权性。❺ 总之,尽管作者对历史真相提出自己的观点,企图正确地描述事实真相,从而付出了大量劳动,还应用了专业知识,作者对事实的推测却并不能够将事实转化为可版权性的表达,作者对事实的推测本身并不具有可版权性。

虽然由事实推测所形成的作品中的事实并不受版权保护,但并不意味着这种事实作品的任何要素都不受版权保护,一般而言,作者对事实的原创性表述应当受版权保护。但这种作品受版权保护的范围比较有限。例如有关历史的作品中唯一受保护的要素是词汇本身的编排和表达,往往只有逐字复制才构成侵权。❻

有观点主张应当区分历史解释的不同类型对其是否受版权保护作出

---

❶ Houts v. Universal City Studios, 603 F. Supp. 26, 28 (C. D. Cal. 1984).

❷ Hoehling v. Universal City Studios, Inc. 618 F. 2d 972, 974 (2d Cir. 1980).

❸ Hoehling v. Universal City Studios, Inc. 618 F. 2d 972, 974 (2d Cir.), cert. denied, 449 U. S. 841 (1980).

❹ Alan L. Durham, Speaking of the World: Fact, Opinion and the Originality Standard of Copyright, 33 *Ariz. St. L. J.* 791, 824 (2001).

❺ Lisa Michelle Weinstein, Ancient Works, Modern Dilemmas: The Dead Sea Scrolls Copyright Case, 43 *Am. U. L. Rev.* 1637, 1665 (1994).

❻ Hoehling v. Universal City Studios, Inc. 618 F. 2d 972, 974, 980 (2d Cir. 1980).

不同分析。[1]该观点认为，在对待历史理论的时候，有必要识别解释本身的类别，必须确定其是否如此个性化以至于应被视为表达，还是更像一个发现。一些历史理论和历史解释可以被称之为客观分析，因为它们是所获事实自然的和不可避免的结论。客观的历史性分析等同于科学发现，因为它们已经存在，只是等待被发现。而如果有关某个历史事实的历史资料很少，作者虚构的成分就可能很多，作者对这种历史事实的描述可能就是反映了作者思想的主观性表达。对待历史解释的一个更好的路径是将所有的历史解释视为可版权性的表达，或者至少是假定这些历史解释或理论是主观的，再用合理使用原则对作者的保护与信息的传播进行利益平衡。确实，真实历史人物的生活起居等琐事有可能显然是无法考证的，一个人物传记作者对这些琐事的描绘可能加入了自己的很多想象，对于这种带有作者很多主观性想象的作品而言，如果将其中作者经过自己的推测和猜想有时甚至虚构所形成的"事实"作为可版权性的表达似乎比较合理。不过将所有的历史解释都视为可版权性的表达似乎不太可取。

第七节 汇编作品基本原理的应用

一、汇编作品基本原理在期刊作品中的应用

在期刊编辑出版实务中，通常会出现以下疑问：作者向期刊投稿之后，其对所投稿件是否还享有著作权？期刊社享有何种权利？要回答上述问题，须对期刊的作品属性进行正确定位。期刊属于汇集他人作品，并在作品的选择与编排中表现出个性的新作品，属于著作权法意义上的汇编作品。汇编作品的创作是在大量依赖现有作品或材料的基础上进行的，具有"非独立创作因素"。这些特殊因素的存在影响该类作品"可版权

---

[1] Hartwell Harris Beall, Can Anyone Own A Piece Of The Clock?: The Troublesome Application Of Copyright Law To Works Of Historical Fiction, Interpretation, And Theory, 42 *Emory L. J.* 253, 308 (1993).

性"的获得，并使其著作权属性表现出一定的特殊性。汇编作品在世界范围内普遍受版权保护。我国现行著作权法对汇编作品的含义进行了明确规定，并规定了其可版权性要件和应受保护的要素。《著作权法》(2010年)第14条规定，汇编若干作品、作品的片段或者不构成作品的数据或其他材料，对其内容的选择或者编排体现独创性的作品，为汇编作品，其著作权由汇编人享有，但行使著作权时，不得侵犯原作品的著作权。

(一) 基本含义：汇编作品同原作品或材料之间的关系

汇编作品指通过对已存材料或数据进行收集和整理，这种收集和整理经过选择、协调或编排使最终产品作为一个整体所构成的一个原创性作品。❶ 可见，相对于"独立作品"❷，汇编作品对已有作品或材料的依赖性更强，在对其赋予版权保护的同时，要注意基础作品或材料的法律地位。电话号码簿、文集、法令汇编、案例汇编和排行榜等都是汇编作品。❸ 这些作品中都有原作品或材料的"影子"，融合了原作者和汇编作者的"双重劳动"，其版权法地位必然较为特殊。期刊也是如此。原始作品并非期刊社所创作，但其对作者的原始作品进行了选择与编排，这种选择与编排中往往表现出个性，这种个性是期刊作为汇编作品获得版权保护的根本基础。

(二) 范围界定：汇编作品应受版权保护的要素

版权法保护的对象是作者创作行为的成果。汇编作品是在原有作品或已存材料的基础之上创作完成。尽管基础作品和材料也体现在汇编作

---

❶ 1976年《美国版权法》第101条。

❷ 创作受"非独立创作因素"影响的作品属于非独立作品，不受上述因素影响的作品属于独立作品。

❸ 汇编作品的界限并非泾渭分明。例如，"系列教材"是否是汇编作品？参见："朱某与某信会计出版社有限公司侵害其他著作财产权纠纷案"，(2011) 沪一中民五 (知) 终字第157号。该案中，法院涉案系列教材并没有在内容的选择与编排上体现独创性，故并非著作权法意义上的汇编作品。另外，原告所主张的除选题、编排之外的组织、策划、挑选作者等付出的劳动均不属于著作权法意义上的创作行为。总之，原告作品并非汇编作品。又如，"春晚"是否是汇编作品？参见："某某国际网络有限公司与上海某某网络有限公司侵害其他著作财产权纠纷案"，(2011) 浦民三 (知) 初字第168号。该案法院认为涉案晚会为汇编作品。理由如下，组成春晚的节目虽均是独立的作品，但这些节目经过筛选、编排、串词、衔接，最后形成每年一度、各具特色的某某春节晚会，上述过程体现了组织者对春节晚会内容选择和编排的独创性，符合汇编作品的构成要件。

品的最终表达形式之上，其却并非汇编作者创作行为的结果。因此，汇编作者著作权所依存的对象不应该是基础作品和材料。

根据版权法的基本原理，汇编作品中的事实不受版权保护。首先，根据思想表达两分原则，事实属于思想的范畴，不应当受到版权保护。其次，事实是一种客观存在，并不来源于任何个人，不能满足原创性要求。一个人发现了公众未知的事实或其他处于公共领域的材料毫无疑问是履行了一项对社会有益的服务，但这个服务本身不能够使发现者成为作者，因为他（她）只是"发现"了该事实的存在，其没有"创造"该事实，在这种"发现"中并没有作者创作行为的存在。因此，即使汇编作品的版权存在，其中的事实仍然处于公共领域，可自由被复制。例如，许多期刊中汇集了"纯粹事实消息"，但这些消息并不因为被汇集到期刊中而改变其"自由"的版权法地位。

反之，如果对汇编作品中的事实进行保护将会带来不良的社会后果。首先，从创作过程来看，如果作者可以阻止后来者使用其作品的观念、思想或事实，创造的过程将会萎缩。公众将被迫进行一些不必要的重复研究。其次，从版权法的目的出发，否定对"单个事实"赋予版权保护符合版权法促进科学和实用艺术进步的目的，因为后来者可以利用前人作品中不受保护的事实，建立在前人作品的基础上进行再创作。再次，就言论自由而言，公众有发表自己意见和观点的自由，这要求在信息和思想上不能有法定的垄断。

综上，版权法保护的对象是作者创作行为的产物，由此，汇编作品的版权保护一般被限制在作者所贡献的范围之内，只及于"作者所贡献的材料"，只延伸到"归因于汇编者的因素"——对事实与材料的"选择、协调和编排"——之上。后来者可以自由使用包含在其他汇编作品中的事实来准备竞争性的作品，只要具有不同的选择和编排即可。[1] 我国

---

[1] 我国司法实践中也普遍采取这种做法。参见："三民书局股份有限公司与天津社会科学院出版社有限公司、北京图书大厦有限责任公司著作权侵权纠纷案"，（2011）一中民初字第10778号。该案法院认为，汇编作品著作权人行使著作权不得阻碍汇编作品中所汇集的作品的著作权人行使其著作权。

著作权法和主要版权公约对汇编作品的版权保护也作了相似的规定。❶ 由此可见，期刊社对期刊享有的版权仅仅存在于其所付出的创造性劳动——对原始作品的"选择、协调和编排"——之上，期刊中所汇集的作品的著作权仍然属于原始作品的作者享有。

（三）理论基础：汇编作品的可版权性标准

汇编作品由于严重依赖于已存作品或材料，较少地表现出作者的个性，其价值往往也不是体现在作者的个性表达之中，而是作品所包含的信息之上。基于此，汇编作品可版权性的理论基础颇有争议，司法实践也有不同做法。汇编作品版权保护的理论基础主要有"辛勤收集原则"和"原创性原则"，前者从作者投入到汇编作品中的"劳动"中寻求汇编作品版权保护的正当性；后者则从作者反映在作品中的"个性表达"里寻求汇编作品版权保护的正当性。其中，"原创性原则"又可分为"编排原则"和"选择原则"。辛勤收集原则在版权法历史中发挥过一定程度的作用，但已经被现代版权法所扬弃。在现代版权法中，汇编作品受版权保护的理论基础主要是"原创性原则"。不同于辛勤收集原则，在原创性原则之下，仅仅劳动并不能使汇编作品具有可版权性。因为事实并不是来源于作者，汇编作品的原创性表现在汇编者对事实"独特"的"选择"与"编排"上。❷ 汇编作品中"选择""协调""编排"三者之一只要使作品作为整体具备原创性，汇编作品就可以获得版权保护。总之，汇编作品的原创性主要体现在作者对材料或数据的"选择""协调"或"编排"之上。

1. 编排原则

（1）编排原则在汇编作品保护中的地位。在汇编作品的版权保护中，编排原则扮演了重要角色。因为在大多数汇编作品中，信息的编排是唯

---

❶ 我国的著作权法司法实践也普遍采取这种做法。参见："湖北知音传媒股份有限公司与广西法治日报社著作权权属、侵权纠纷案"，(2012) 青民三初字第13号。该案法院认为，杂志主办单位仅杂志所采用的独创性的编排形式享有汇编作品著作权，而对杂志刊载的文章并不享有著作权。

❷ 在汇编作品的著作权保护上，我国法院也普遍采取原创性原则；William Patry, Copyright in Collections of Facts: A Reply, 6 Comm. & L. 11, 25~26 (Oct. 1984).

一可识别的原创性要素。❶ 不少判例用编排理论对作品赋予了版权保护，尽管作品是由不受版权保护的要素所构成。❷

（2）"编排"的含义。"编排"指的是将数据进行分类或分组列进一个列表或范畴之中，❸ 所形成的信息或材料在表达载体上实际的有形组合。❹ 汇编作品同普通独立作品具有版权保护对象的同质性。独立作品是以符号的组合所呈现出来的独特表达形式。独立作品受保护的是作者对表意符号的排列组合，这个受版权保护的排列组合必须体现作者独特的取舍与判断。汇编作品受保护也是作者对已存事实和材料的排列组合，这个排列组合必须不是对事实和材料的机械性分类与编排，而是体现作者个性的一种独特编排。

（3）"编排"的原创性。只有原创性的编排才能够获得版权保护，这种编排应是"个性"编排，反映了作者独特品味和价值的个性判断。按照字母、地理或时间顺序所进行的编排、建立在典型惯例和实践的基础之上进行的编排、机械性编排等都不具备原创性。

（4）运用编排理论保护汇编作品的法律效果。不同于辛勤收集原则，在编排理论之下，版权法保护的仅是汇编作品中作者原创性的编排，这种保护并不及于作品中所应用的材料。后来的汇编者可以利用先前作品中的事实或材料创作竞争性的作品，只要其在编排上不同于先前作品即可。

2. 主观选择原则

（1）主观选择原则在汇编作品版权保护中被广泛运用。按照该原则，如果作者在汇编作品材料选择方面表现出个性，该汇编作品可以获得版

---

❶ Gerard J. Lewis, Copyright Protection for Purely Factual Compilations Under Feist Publications, Inc. v. Rural Telephone Service Co.：How Does Feist Protect Electronic Data Bases of Facts? 8 *Santa Clara Computer & High Tech. L. J.* 169, 183 (1992).

❷ Atari Games Corp. v. Oman. 979 F. 2d 242 (D. C. Cir. 1992).

❸ Copyright Office, Guidelines for Registration of Fact-Based Compilations 1 (Rev. Oct. 11, 1989).

❹ Southern Bell Tel. & Tel. Co. v. Associated Tel. Directory Publishers, 756 F. 2d 801, 810 (11th Cir. 1985).

525

权保护。❶ 选择理论中的"选择"指的是在数据或材料中选择特定数据或材料包含在汇编作品中的"判断"。❷ 具有原创性的选择应该是反映了汇编者的主观判断、个人知识和经验的选择，而并非受客观标准、合并原则或功能考量限制的选择。

（2）运用主观选择原则保护汇编作品的法律效果。主观选择理论对汇编作品的保护只及于作者对材料的原创性"选择"之上，而不及于其中不具有可版权性的"数据"。原初的汇编者不能阻止后来者运用处于公共领域的相同材料创作和发行独立的汇编作品，后来者可以建立在任何以前的汇编作品之上进行创作，只要他们不复制其中的原创性"选择"即可。❸

（3）主观选择原则下汇编作品版权保护范围的确定。不同于编排理论，在选择理论下，汇编作品的保护范围存在一定的模糊性。例如，如果初始汇编者筛选出中国最适宜居住的十大城市，并没有对这十大城市进行排序；后来者复制了初始汇编者的选择，在顺序上进行了不同处理，后来汇编者是否侵犯了初始汇编者的版权？有观点认为，在主观选择理论下，汇编作品的保护延伸到汇编作品的每个成分。未经作者同意对汇编作品的大量复制构成侵权行为，不论侵权者怎样安排这些组成部分。❹按照此种理论，在上述假定的情形之下，后来汇编者构成对初始汇编作品的侵权。不过该观点似乎有背离版权法基本原理的嫌疑。按照思想表达两分原则，版权只保护思想的表达，而不保护思想本身，版权保护应当集中在作品的表达之上。在上述情形中，后来者显然在表达上进行了不同处理，并没有侵犯初始汇编作品的版权。

3. 依据原创性原则保护汇编作品的法律效果

在原创性原则之下，汇编作品的版权保护范围是比较有限的，只及于汇编作品中原创性的选择、协调或编排。他人可以自由地复制原初汇

---

❶ Feist Publications, Inc. v. Rural Telephone Service Co. 499 U. S. 340 (1991).

❷ "选择"中的个性判断最终体现在作品的表达形式上，成为应受版权保护的表达。

❸ Triangle Publications, Inc. v. Sports Eye, Inc., 415 F. Supp. 682 (E. D. Pa. 1976).

❹ Jack B. Hicks, Copyright and Computer Databases: Is Traditional Compilation Law Adequate? 65 *Tex. L. Rev.* 993, 1006 (1987).

编作品中的数据,甚至是全部的数据,只要原初作者对数据原创性的选择、协调和编排没有被实质性地复制即可。

从立法目的来看,原创性原则更注重信息自由传播的公共利益。该原则保护的是汇编作品中原创性的选择、协调或编排,社会公众可以自由使用汇编作品中的事实和信息;从经济效率来看,原创性原则降低了新作品的开发成本。在该原则之下,后来汇编者不必重新回到最初资源进行独立收集,可以自由借鉴和使用原初汇编作品中的事实;就利益平衡而言,原创性原则更加关注使用者的利益。在该原则之下,社会公众可以在不侵犯汇编作品原创性的选择、协调与编排的前提之下自由利用汇编作品中不受版权保护的事实和信息。从社会价值来看,原创性要求似乎同汇编作品的社会价值相违背。首先,主观选择理论同汇编作品的"穷尽性"社会需求相违背。其次,原创性编排的要求同汇编作品的社会价值相冲突。实践中,往往最不具有原创性的编排最有价值。依据经济学原理,原创性要求可能违背经济规律。汇编作品的开发者需要收回成本,但原创性原则漠视了汇编者投入到作品中的机械性劳动。不过,成本收回本身并不是版权法的目标。社会利益应当优于成本收回。[1] 从实施效果来看,原创性原则可能产生违背用户利益和版权法目的的效果。该原则促使汇编者以在基础数据上添加补充性和主观性信息的形式对汇编作品添加不必要的和昂贵的价值。通过这种肤浅的重新编排所创作的作品并不是真正意义上的"新"作品,版权法的目的并未被实现。

综上,"辛勤搜集原则"和"原创性原则"各有利弊,但衡量一个制度的价值应从整体上进行评价。诚然,汇编者在作品创作中付出了劳动和努力,仅从汇编者的角度来看,他的劳动和努力应当获得补偿。但如果将汇编作品放在整个社会背景下进行考察,尽管汇编者在创作作品的时候付出了努力,汇编作品对社会的贡献和社会公众对汇编作品的真正需求并不是创作者的努力,而是最终呈现给社会公众的作品本身。因此,相较于辛勤收集原则,原创性原则服务了社会的真实需求。应依据原创

---

[1] Denise R. Polivy, Feist Applied: Imagination Protects, but Perspiration Persists—The Bases of Copyright Protection for Factual Compilations, 8 Fordham Intell. Prop. Media & Ent. L. J. 773, 793~96 (1998).

性原则对期刊等汇编作品赋予版权保护,只有期刊社在作品的选择与编排中表现出个性的时候,期刊才能够作为汇编作品受到版权保护。一般而言,期刊在作品的选择与编排中都会表现出个性。例如,每个期刊对作品的偏好并不一样,有的期刊喜欢"短、平、快",有的期刊追求"高、精、深",在其偏好的影响之下,期刊对作品的选择必然表现出自己的个性。另外,一般而言,每个期刊的版式设计都有自己的特点,有的是一栏,有的是两栏;有的追求简约,有的比较惊艳;有的有页眉,有的没有页眉;等等。这些特点使得期刊在编排当中表现出个性。期刊在作品的选择与编排中所表现出来的个性是其能够获得版权保护的基础。

(四)结语

汇编作品是汇集和编排已有的作品与材料而形成的作品,汇编作品可版权性要件的确定需要考虑对已有作品与材料版权法地位的影响。仅仅是汇编者的"收集之痛"并不能使得其结果成为版权法保护的对象,一部汇编作品要获得版权保护,其必须在选择、协调或编排上具有某种程度的原创性。期刊是一种典型的汇编作品,是严重依赖于原始作品创作出来的新作品。期刊社在作品的选择与编排中表现出来的个性是其获得版权保护的根本基础。期刊社对原始作品的选择与编排之后形成的作品整体享有著作权,可以依法对其行使著作权。但期刊中原始作品的著作权仍然归属于作者享有。汇编作品的著作权并不影响和减损原始作品所享有的著作权。

二、汇编作品基本原理在数据库中的应用及启示

我国现行著作权法第14条规定:"汇编若干作品、作品的片段或者不构成作品的数据或者其他材料,对其内容的选择或者编排体现独创性的作品,为汇编作品,其著作权由汇编人享有,但行使著作权时,不得侵犯原作品的著作权。"此条是我国著作权法中有关汇编作品中各利益关系主体之间权益分配的规定。著作权的"碎片化"(fragmented)在汇编作品的权属规定中突出表现出来:单一的交易客体上可能存在多个著作权主体。此种规定的好处在于妥善地解决了创作者的利益保护问题。然而,此种状态可能导致著作交易的障碍,尤其是在数字时代,而著作权

的顺畅交易是实现其价值的根本保障。虽然著作权集体管理组织在一定程度上解决了此问题，但是，不得不注意的是：大型出版商已经在一定程度上替代了著作权集体管理组织的角色。这种替代作用通常是由合同安排来完成的。以期刊为例，目前不少期刊的格式条款中往往已经言明：作者几乎所有的财产权利都无条件转让给期刊，然后期刊将这些权利转让给出版商，例如，汤森路透集团，该集团将上述资源整合成数据库，再销售给订阅者。此种商业模式已经在我国普遍存在。在这种商业模式中，汇编作品基本的法律框架被替代，作者的经济利益几乎不能够实现。于是，在此种情形之下，著作权法的规定实际上并没有发挥应有的规范作用。法律总是落后于社会现实的发展，这种现象在知识产权法中尤其如此，特别是传播环境日新月异的著作权制度，于是，在一定领域之内，私人自治代替法律规范发挥了重要的规范作用，著作权法的某些规则显得很苍白。在数据库尤其是电子数据库的场合，汇编作品基本原理及其法律规定的无助凸显无疑。具体而言，作品只有在具有原创性的前提之下才能够受到版权保护，根据我国著作权法的规定，汇编作品的原创性体现在汇编者对其内容的"选择或编排"之上，然而，在数据库尤其是电子数据库中，很难说有如同传统作品一样的在"选择或编排"上体现价值的表达。换言之，数据库的价值在其所提供的内容，而并非其个性"选择或编排"，在技术不断演进的情况之下，"编排"尤其没有意义。在此种情形之下，依照汇编作品的思维来解决数据库的问题显得有点落伍。于是，数据库的特殊权利保护立法及探索便粉墨登场。所谓特殊权利保护，按照本书第三章中有关"数据库"一节的论述，只不过是采取了辛勤搜集原则之实。这种特殊权利设置的目的似乎并非为了保护创作，而是为了保护一种朝阳产业。有人担心，当著作权法沦为产业保护的工具，而忽视了作者的利益，会有悖著作权法的基本精神。确实，在著作权法的很多制度安排中，实际上都是产业利益的反应，例如，广播组织权就是典型，其设置就是为了保护广播组织的利益。在当今社会，我们看待著作权法的视角恐怕要转变，谈产业利益并不可耻，故而不能够羞于谈及此问题。正确的做法应该是，正视产业利益的存在，设置合理的制度规则来规范、促进相关产业的发展，相关产业获得发展了，最终也会惠及创作者。另外,创作者在现代社会中本身也融入创意产业中。所以,根本的问题并不是否定特定产业利益,而是要做到精确的平衡。不过,上文已经提到,著作权法的规定往往落后于实践的发展,无法依据旧制度或者没有依据可以对产业利益做出平衡。此时,商业模式便会发挥重要作用,只要该商业模式能够平衡各方利益,且不具有违法性,便应被法律所认可,并不能够轻易被否定,否则某一个产业可能遭到沉重打击。因此,著作权法的某些制度,包括汇编作品的基本原理,如果放在整个经济社会发展的宽阔视野之下进行衡量,在利益平衡的时候会做出更加合理的结论与安排。

第八节 简短文字作品基本原理的应用

一、简短文字作品的著作权法地位

近日,有关简短文字作品的著作权保护纷争四起,引起极大争议。例如,"我和你"作为奥运歌曲标题是否应受到著作权法保护?"怕上火喝×××"这一广告词是否应受著作权法保护?"人在囧途"这一影视作品标题是否应受著作权法保护?上述引起争议的作品类型有一个共同点,就是表达的量非常小。这些表达的量非常小的作品是否能够满足原创性要件从而受到著作权法保护值得深入研究。

(一)简短文字作品的内涵与外延

根据思想表达两分法这一著作权法基本原理,著作权法保护的是思想的表达形式。从量上讲,作品的表达有的量大,有的量小。简短文字作品是指表达的量非常小的作品,例如标题、广告词、标语、诗歌和歌词等。不同于普通的表达的量较大的文字作品的是,该类作品虽然表达的量较小,但往往在表达的质上极有追求,力求简短而精悍。表达的量较大的普通文字作品原创性的判定较为容易,因为表达的量越大,作者将自己的个性思想予以表现的机会越多,而个性的存在与否是作品是否具有原创性的"试金石"。然而,简短文字作品表达的量较小,相对于表达的量较大的普通文字作品，判定其是否具有原创性从而是否能够获得著作权法保护的难度要大一些。

（二）简短文字作品著作权保护的困境与出路

简短文字作品由于表达的量非常小，往往表现为一个单词或短语，一个句子或一小段话，几个短句的组合等，常常容易同处于公有领域的表达方式混同，例如，"怕上火喝×××"这句话，是否应受著作权法保护的表达方式，备受争议。为促进科学和实用艺术的进步，著作权法只保护具有原创性的作品，尽管原创性的要求仅是最低限度的。一部简短文字作品是否应受著作权法保护，应着重考察其是否具有原创性。原创性意指作品是来源于作者的而不是抄袭他人作品的结果。某一独特的思想可能由某人所提出，但其并不应受著作权法保护。在简短文字作品中，由于表达的量较小，往往难以同处于公有领域的单词、短语、词组或习惯表达区分开来。例如，标题"星期一"不具有原创性，因为"星期一"是日常用语，处于公有领域。

不过，尽管简短文字作品表达的量非常小，但衡量一部作品是否具有原创性，应该从量和质两方面进行考察，二者是此消彼长的关系：表达的量越大，作品越可能具有原创性；表达的质越高，作品越可能具有原创性；当一部作品表达的量较大时，对表达的质的要求相对较低；当一部作品表达的量较小时，对表达的质的要求相对较高。因此，尽管简短文字作品表达的量较小，但如果其在表达的质上上乘，也可能具备原创性而受到著作权法保护。在实践中，不少作者往往能够将独具匠心浓缩在寥寥数语中，这种表达方式显然应该受到著作权法保护。例如，如果作者将标题命名为《星期九》，则可以认定其具有原创性，因为"星期九"并非日常用语，而且，众所周知，一周只有七天，"星期九"表达出的第九天是有悖于常理的，可以被认定是作者的个性表达，从而具有原创性。又如，以"生活"为标题，以"网"为正文的诗歌，尽管整篇作品只有三个字，但凸显了作者对生活的深刻理解，是应该受到著作权法保护的作品。由此可见，由于简短文字作品表达的量较小，在满足原创性要件的时候有一定困难，但其如果在表达的质上独具匠心，则可以满足原创性要求而受到著作权法保护。

（三）简短文字作品著作权法地位的类型化分析

简短文字作品的共同特征是表达的量较小，但不同类型的简短文字作品由于其整体的作品环境不同，其著作权地位具有不同表现。例如，作品标题和广告词同为简短文字作品，但作品标题同时也是整部作品的有机组成部分，因此，其著作权法地位必然不同。

1. 作品标题的著作权保护分析

同正文一样，标题也是作者的创作成果，在满足一定条件的前提之下也应该受到著作权法保护。例如，《法国知识产权法典》第 L.112 - 4 条规定，当作品的标题具有创造性的时候，同作品本身一样受到版权保护。又如，加拿大版权法规定，当作品的标题具有原创性和可区别性的时候，可以获得版权保护。我国澳门地区著作权法规定，当作品标题具有独创性时，应受著作权法保护。通常而言，只有具有原创性的作品标题才能够受到著作权法保护。然而，如上所述，简短标题往往同处于公有领域的词汇或短语混同，往往难以将简短标题的思想同思想的表达区分开来，而思想表达两分法又是著作权法的基本原理；另外，在此种场合，合并原则通常会适用，而受合并原则限制的表达方式又不能够获得著作权法保护。因此，相对于其他简短文字作品，作品标题的著作权法保护的困难尤其大。例如，以"父亲""母亲"等作为标题的文字作品，该作品的标题就不具有个性，不能够受到著作权法保护。具有原创性的标题往往是作者个性思想的表达，例如，"一小时有六十分钟"作为标题不具有原创性，因为这是常识；但"一小时有七天"作为标题可能足够彰显作者的个性，因而具有原创性而能够受到著作权法保护。又如，标题"人在囧途"这一表达尽管从量上衡量很短，但独具特色，尽管语言结构符合中文的语言规则，却超出了语言习惯，巧妙地用"囧"这个词来形容整趟路途。整个标题并非普通和惯用的表达方式，而是对中文语言文字的独创性的组合，带有作者和影片鲜明的个性特征。因此，从著作权法的角度讲，其是作者的表达，满足了原创性要求，应受著作权法保护。

在分析作品标题本身是否具有个性时，还必须联系作品标题所处的整体作品环境来评判其原创性，因为作品的标题是整个作品的有机组成部分。有时，作品的标题看起来是日常用语，但一旦被放在整体的作品环境中，其个性与特色立刻彰显。例如，在奥运歌曲"我和你"侵权纠纷❶中，被告同原告的作品标题同为"我和你"，尽管"我和你"是日常表达，但将"我和你"用作奥运歌曲的标题，其所彰显的意义非常独特，应该被认定为应受著作权法保护，被告利用原告的作品标题应被视为构成著作权侵权。相反，如果"我和你"不是作为奥运歌曲的标题，而是作为一个普通文字作品的标题，则不能够反映出作者独特与个性的思想，无法满足原创性的要求而获得著作权法保护。

2. 广告词的著作权保护分析

广告词的著作权法保护经常被质疑，原因主要是，广告词是商务标语，而非文字作品；著作权法不保护广告词，广告仍然会被创作；广告词的著作权法保护可能会阻碍竞争；而且广告词的创作成本较低；著作权法的保护不能够产生激励创作的结果，因此，广告词大多转而寻求不正当竞争法的保护。事实上，广告词虽然具有广告宣传的功能，但著作权法中有关文字作品的界定并非是从功能的角度入手进行的，而是从作品的表达形式着手进行的界定，广告词也是文字的排列组合，理应属于文字作品，而不论其用处和功能何在；即使著作权法不保护广告词，厂商也要做广告，而广告词的创作仍然需要著作权法的激励，例如，很多厂商在广告词的创作过程中，采取的是征集作品的方式，如果认为广告词不应该受到著作权法的保护，创作作品的人的合法权益将无法妥善保护，另外，一个文字作品本来具有可著作权性，一旦被用作广告词就丧失了著作权法地位，岂不怪哉？思想表达两分法是著作权法的基本原理，著作权法只保护思想的表达方式，而不保护思想本身，好的思想尽管好，却不能够获得著作权法保护，因此，好的广告创意可以自由地被他人所利用，保护广告词的著作权并不会产生阻碍竞争的结果；一段好的广告词的创作也需要付出大量的智力劳动，通常而言，表达的量较长的作品创作起来相对容易，反而是用精炼的话表达独特的思想倒是非常困难，

---

❶ 北京市第一中级人民法院（2011）一中民初字第1499号民事判决书，北京市高级人民法院（2012）高民终字第30号民事判决书。

认为广告词的创作成本低不符合实际情况；如果著作权法保护具有个性的广告词，会激励更多更好的广告词出现。综上，有创意的广告词往往会给企业带来巨大经济利益，这些广告词需要投入智力劳动，这种劳动的产物理应获得著作权法的保护，否则，不仅会挫伤创作的积极性，而且会导致竞争秩序的混乱。所以，具有原创性的广告词应受著作权法保护。例如，"到处逢人说汉斯"这句朗朗上口的广告词就应该获得著作权法保护。

（四）简短文字作品的著作权侵权判定

简短文字作品也是作者的创作成果，是智力劳动的产物，理应受著作权法保护。然而，作品的著作权侵权判定本来很难，简短文字作品的著作权侵权判定更是不易。于是，有观点因噎废食，错误地主张干脆不授予简短文字作品以著作权，一了百了。这并非合理的做法。理智的做法应该是，承认简短文字作品的著作权法地位，认可其属于著作权法意义上的作品，当其具有原创性的时候应该受到著作权法保护。在原创性的认定上，要分不同的场合做出不同认定，当某部作品极具个性，例如，"星期九"，可以径直认定其具有原创性；但某部作品是否具有个性不确定时，例如，"怕上火喝×××"，可以在认定原创性的时候降低标准，在认定原被告作品是否构成实质性相似的时候，严格标准，这样可以做到迂回处理，不失为一种好方法。在司法实践中，可以大胆认定"怕上火喝×××"是具有原创性的表达方式，尤其是放在凉茶广告这一特殊场合，就如同普通的表达方式"我和你"作为奥运歌曲标题的场合一样。但在做实质性相似的比对以判断侵权关系是否成立时，提高两作品是否构成实质性相似的标准，只有两者极为相似的时候，才构成实质性相似。

在对简短文字作品之间是否具有侵权关系进行判断的时候，应该着重考察被告作品是否同原告作品构成实质性相似。当被告作品同原告作品完全相同的时候，当然构成实质性相似。在简短文字作品的场合，常常出现被告作品同原告作品完全相同的情形。例如，原被告作品的标题同为"星期九"，因为原告作品具有原创性而能够受到著作权法保护，而被告作品同原告作品完全相同，肯定构成实质性相似，所以，被告作品侵犯了原告作品的著作权。当被告作品同原告作品并非完全相同的时候，要分别不同情形对原被告作品之间是否构成实质性相似进行分析。通常而言，原被告作品都可以分为"要部"与"非要部"，前者指作品中具有个性与特色，对作品的原创性具有关键支撑作用的部分；除前者之外的部分是"非要部"。例如，在标题"人在囧途"中，"囧"是"要部"，其余三字为"非要部"。通常而言，当被告作品的"要部"同原告作品的"要部"相同或者实质性相似时，被告作品同原告作品构成实质性相似；当被告作品的"要部"同原告作品的"非要部"相同或者实质性相似时，被告作品同原告作品构成实质性相似；当被告作品的"非要部"同原告作品的"要部"相同或者实质性相似时，被告作品同原告作品构成实质性相似；当被告作品的"非要部"同原告作品的"非要部"相同或者实质性相似时，被告作品同原告作品不构成实质性相似。例如，通过比对标题"人在囧途"与标题"人再囧途之泰囧"，尽管被告标题"人再囧途之泰囧"同原告标题"人在囧途"字数不同，而且有些字不一样，但被告标题的要部同样为"囧"，因此，被告作品的"要部"同原告作品的"要部"相同，两者之间构成实质性相似，被告作品标题侵犯了原告作品标题的著作权。

另外，需要注意的是，简短文字作品的个性所在往往比较特别，对简短文字作品赋予著作权法保护保护了创作者的特别之处，但也要为他人留下足够的创作空间。有时，被告作品同原告作品仅有一两个字不同，被告在创作作品的时候也确实受到原告作品的启发，但被告作品是对原告作品的转化性使用，这种使用应该被鼓励。例如，从"生命中不能承受之轻"到"生命中不能承受之重"，两个标题中仅仅有一个字不同，一个为"轻"，一个为"重"，然而，从"轻"到"重"的转化不是复制，而是转化性使用，是具有个性的新创作，应当被鼓励。因此，后者不构成对原作的著作权侵权。

（五）结语

简短文字作品表达的量较小，但其如果在表达的质上独具特色，则满足原创性而能够获得著作权法保护。应该联系不同类型的简短文字作品在整体作品环境中的地位来考察其原创性的有无。在司法实践中，应妥善处理简短文字作品的原创性和侵权认定，但某简短文字作品极具个性，可以径直认定其具有原创性；当某简短文字作品是否具有个性较为模糊时，可通过提高实质性相似的认定标准来克服原创性认定的困难。

二、简短广告词的商标法地位

简短广告词属于简短文字作品的类型，在原创性要件的满足上，相对于较长的表达，难度要更大一些。然而，从知识产权法的整体视野来看，同样的标的，确有可能受到多重法域的保护。简短广告词就有可能经过使用成为应受商标法保护的标识。在我国商标法中，商标注册在商标获权中占据重要地位，然而，这并不意味着未注册商标在我国商标法中不受保护。从商标权产生的本源来看，其产生的根本原因在于标志发挥了指示来源的功能。❶ 商标权源于使用（use），而不仅仅是采纳（adoption）。❷ 使用商标是产生商标权的根本原因，这一判断在普通法❸中尤其如此。❹ 仅仅是商标注册并不能够产生应受保护的指代关系，❺ 商标权的客体并不存在，也就没有必要保护这种"纸面上"的商标权。例如，美国商标法明确规定只有实际使用或者意图使用某标志，才可能获得该标志的注册商标权；即使在注册主导的德国，使用也是商标专用权的来源之一。❻ 美国是采取使用主义的典范，❼ 强调使用在商标获权中的根本作用毋庸置疑。采取注册主义的德国商标法，也有形式商标与实质商标的区分，前者是指通过注册取得的商标，后者并不需要注册，只有具有被

---

❶ "……to create trademark or trade dress rights, a designation must be proven to perform the job of identification: to identify one source and distinguish it from other sources." See J. Thomas McCarthy, McCarthy on trademarks and unfair competition, Thomson/West, rel. 40, 12/2006. Vol. 1. § 3: 2. p. 3~6.

❷ "……the right to a particular mark grows out of its use, not its mere adoption……". See United Drug Co. v. Theodore Rectanus Co. - 248 U.S. 90 (1918). at 97.

❸ 美国、英国和加拿大等普通法系国家都以实际使用或意图使用作为获得商标注册的前提条件。王迁：《知识产权法教程（第三版）》，中国人民大学出版社 2011 年版，第 355 页。

❹ Trade-Mark Cases, 100 U.S. 82, 94 (1880).

❺ Uli Widmaier, Use, Liability, And The Structure Of Trademark Law, 33 *Hofstra L. Rev.* 603, 606 (2004~2005).

❻ Germany Trademark Act (2012). Art. 4.

❼ 曾陈明汝：《商标法原理》，中国人民大学出版社 2003 年版，第 29 页。

当作商品或服务之标记的"表征",即受商标法的保护。[1] 德国法中对实质商标的保护,实质上就是对未注册商标的保护,而未注册商标产生排他性权利的根源即在使用。可以说,就商标权的取得来说,使用是根本,注册是宣示。[2] 这一论断不论是在使用主义的立法,还是在注册主义的立法,都是契合的。即使在注册主义,商标经过注册才能够产生排他性权利,注册之后仍有实际使用与继续使用的义务。[3] 虽然我国商标法曾经采取严格的注册取得原则,但也同时规定三年不用可以撤销商标权,这也在一定程度上说明使用作为商标权获得或维持的根本意义。强调使用作为商标获权的根本意义,并不否认注册的意义,并不否认商标在品质保障中的功能与作用。据此,简短广告词经过使用,通常是长期使用,如果在消费者心目中产生了第二含义,便可以作为未注册商标受到商标法的保护。

第九节 版权客体基本原理的拓展应用

一、作品本质基本原理在合作作品中的应用——以合作作品的立法模式建构为中心

作品类型化不仅是著作权法理论研究的重要课题,也是解决著作权实际问题的前提条件。单独创作的作品与合作作品就是一对不同类型的作品范畴。相对于单独创作的作品,合作作品的创作主体多元,利益关系复杂,所以,著作权法应当对其进行特别的规定。不过,创作主体多

---

[1] 谢铭洋:《智慧财产权之制度与实务(智慧财产权法系列)》,翰卢图书出版有限公司 2004 年版,第 215 页。

[2] 有学者认为商标注册的主要功能是建立了商标的公示制度。参见王迁:《知识产权法教程(第三版)》,中国人民大学出版社 2011 年版,第 355 页。实际上,商标注册制度只是为了更方便地建立合理的商标秩序,例如,商标经过注册之后,商标在先使用的证明便显得更加容易,而且,商标的注册也在一定程度上排除了后来者在相同或类似的商品或服务之上使用该商标的可能。于是,理论上的商标有序在大部分商标都经过注册之后被建立。

[3] 曾陈明汝:《商标法原理》,中国人民大学出版社 2003 年版,第 30 页。

元、利益关系复杂的作品中还可以划分为不同类型的作品：有的作品中作者的劳动融合在一起，这些劳动成果不可分割使用；有的作品中作者的劳动结合在一起，这些劳动成果可以分割使用。是否要区分这两种不同类型的作品，各国著作权法的做法并不相同。

（一）合作作品的三种立法模式

合作作品制度是著作权法的重要制度之一，在解决合作作者之间的权利归属和利益分享方面发挥着重要作用，各国著作权法普遍对其有所规定。就合作作品的立法模式，归纳起来，主要有以下三种：狭义说、广义说和折中说。狭义说认为合作作品仅包括不可分割使用的合作作品；广义说认为合作作品包括不可分割使用的合作作品和可以分割使用的合作作品；折中说认为合作作品包括不可分割使用的合作作品和可以分割使用但相互依赖的合作作品。

1. 狭义说

狭义说以德国著作权法和我国台湾地区"著作权法"为代表。德国《著作权法》第 8 条规定，当多人共同创作一部作品时，个人不能就各自的创作部分进行单独利用的，他们就是该作品的合作作者。我国台湾地区"著作权法"第 8 条规定，二人以上共同完成之著作，其个人之创作不能分离利用者，为共同著作。

在德国著作权法中除了"合作作品"之外，还有和它密切相关的一个概念，即"结合作品"。"合作作品"一般为单一的作品形态，例如合作创作的文字作品、绘画作品、摄影作品等。"结合作品"一般为多元的作品形态，但也有相同作品形态的情形，[1] 它的本质在于作品的"单独利用性"，例如歌剧、小歌剧、歌曲等。"结合作品"中不同的作品形态之间必须具有内在联系[2]，否则就会归类于德国著作权法中的"汇编作品"。

狭义说可以用图 5-7 表示。

---

[1] "作品的形态多元"一般而言都可以分割使用；在"作品的形态单一"的情况之下，也可能存在可以分割使用的情形。

[2] "只有在各个组成部分彼此联结在一起的作品具有了单独利用性并且这种结合不被作为汇编作品的时候，才被看作是作品的结合。"参见［德］M·雷炳德著，张恩民译：《著作权法》，法律出版社 2005 年版，第 194 页。

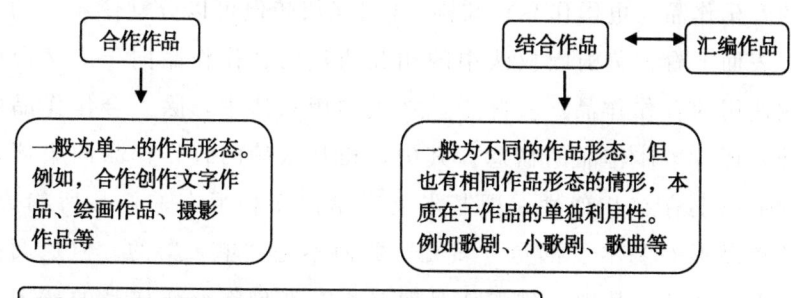

图 5-7 狭义立法例下合作作品同结合作品的关系

2. 广义说

广义说以法国著作权法为代表。《法国知识产权法典》第 L.113-2 条规定，合作作品是指多个自然人参与创作的作品。该法典第 L.113-3 条规定合作作品为合作作者的共同财产。合作作者应协商行使其权利。协商不成的，由民事法院判决执行。合作作者的参与属不同种类的❶，在无相反约定时，只要不妨碍共同作品的适用，任一合作作者均可分别使用其个人贡献部分。

广义说可以用图 5-8 表示。

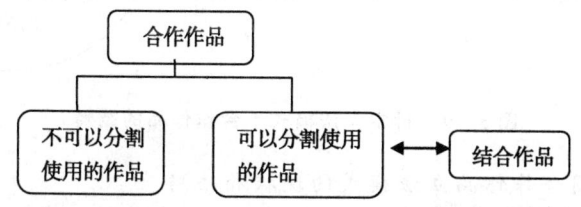

图 5-8 广义立法模式下合作作品同结合作品的关系

3. 折中说

折中说以美国版权法为代表。美国版权法规定要构成合作作品，合作作者必须意图将他们的贡献合并到一个统一的整体中不可分割（inseparable）（如小说、绘画作品）或相互依赖（interdependent）（如由词曲所

---

❶ 从法国知识产权法典的规定可以看出，法国著作权法中可以分割使用的合作作品与不能够分割使用的合作作品区分的关键在于不同的合作作者所贡献的是否同一作品类型。这种规定跟德国著作权法的规定似乎有所不同，参见下文的论述。

539

构成的音乐作品、电影作品、歌剧)(相互依赖但可以分割使用)的组成部分。表面上看,美国版权法中的相互依赖的合作作品同于广义说中可以分割使用的合作作品。实际上,在美国版权法中,除了合作作品的概念之外,还有集体作品的概念。其中,相互依赖的合作作品同集体作品在表现形态上存在相似性,即基本上都是由多种形态的作品所构成的,它们的作品形态基本上都是"多元"的而不是"单一"的。但这两种作品具有重要区别。其中,创作作品时是否存在创作合作作品的意图是区分"相互依赖的合作作品"与"集体作品"的关键。不同于集体作品的是,相互依赖的合作作品在创作时,合作作者有共同创作的意图。

折中说可以用图5-9表示。

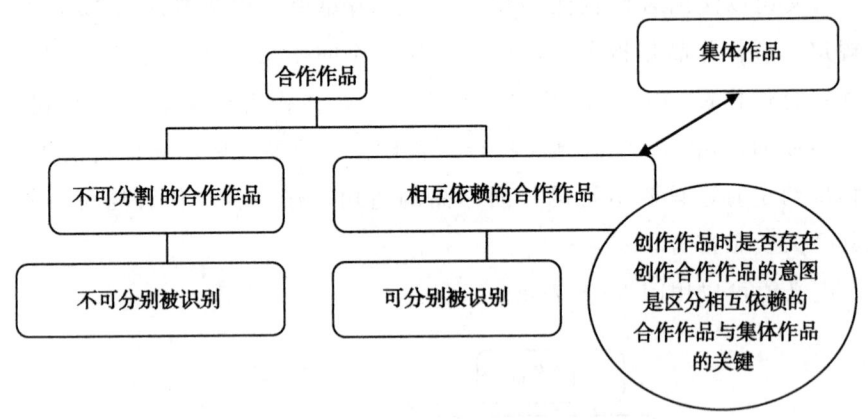

图5-9 折中立法模式下合作作品的范畴

(二)我国合作作品立法模式的现状和缺陷

从上述有关合作作品立法模式的介绍可以看出,我国现行法采行的是广义说。我国现行《著作权法(2010年)》第13条规定,两人以上合作创作的作品,著作权由合作作者共同享有。没有参加创作的人,不能成为合作作者。合作作品可以分割使用的,作者对各自创作的部分可以单独享有著作权,但行使著作权时不得侵犯合作作品整体的著作权。我国现行《著作权法实施条例(2002年)》第9条规定合作作品不可以分割使用的,其著作权由各合作作者共同享有,通过协商一致行使;不能协商一致,又无正当理由的,任何一方不得阻止他方行使除转让以外的其他权利,但是所得收益应当合理分配给所有合作作者。

我国现行《著作权法》有关"合作作品"的规定具有不合目的性。

1. 合作作品的立法宗旨与合作作品的界定

合作作品制度的建构是为了解决作品的权利归属和利益分享这一核心问题的。学界一般在著作权主体制度中探讨这一问题,这在一定程度上证成了上述判断的正确性。合作作品制度建构的目的限定性决定了合作作品版权法概念的界定应当以恰当确定作品的权利归属为依归。因此,合作作品版权法概念不一定非要等同于其一般社会性概念。

按照社会公众对合作作品的普遍认识,合作作品应当是两人以上共同创作完成的作品。普通意义上的合作作品的构成应当是共同创作意图和共同创作行为的统一。然而,考虑到合作作品制度建构的立法宗旨,即适当确定权利归属和利益分享,完全按照社会通常理解来界定合作作品可能并不适当。

2. 作品的本质与合作作品的界定

作品是一种表现形式,通常体现为意义符号的排列组合。两人以上在具有共同创作意图的情况下实施了共同创作行为,其所导致的结果在表现形式上可能不同。从表现形式来看,上述结果有的表现为单一的作品形态,例如一副绘画作品;有的表现为多元的作品形态,例如由词和曲所组成的音乐作品。表现形态不同的作品,虽然都是多人在具有共同创作意图的情况之下实施共同创作行为的结果,但作者劳动成果的结合程度并不一致。在单一的作品形态之下,作者的劳动成果结合程度高,成为一个"有机整体",相互之间不能够依据一定标准被分离开来。而在多元的作品形态下,作者的劳动成果结合程度低,虽然作者的劳动结合在一起最终成为一个"整体",但相互之间可以分离开来。总之,在单一的作品形态之下,可以说不同作者的贡献"融合"在一起了,往往不能够确定不同作者贡献的大小,只能按照共同共有制度来规制不同作者之间的相互关系。而在多元的作品形态之下,可以视为不同作者的贡献"结合"在一起了,由于不同作者的贡献可以区分开来,在这些不同的贡献之上可以存在单独的著作权,同时,在最后所形成的作品整体上,创作作品的多个作者对其共同享有著作权。可见,同样是常识中的"合作作品"，其结果在表现形态上可能出现不一致，这些在表现形态上不一致的作品的权利归属和利益分享模式也应该有所相同。

3. 我国现行法和学界对合作作品的界定

（1）现行法对合作作品界定的不科学导致其内涵和外延不清晰。如上所述，我国现行著作权法采取广义的合作作品立法模式，并没有对作品按照版权法立法目实现的需求进行科学的类型化，在我国现行法的语境之下，诸种在表现形态上具有相似性的作品不能够依据一定的标准被科学地区分开来，法律适用变得比较困难，立法目的不能圆满实现。

除我国著作权法意义上的可以分割使用的合作作品之外，在表现形态上同于由多元的作品形态所构成的作品还有结合作品❶、部分演绎作品、集体作品❷，在我国著作权法中，部分汇编作品的表现形态与可以分割使用的合作作品相一致。合作作品的内涵如何，它同演绎作品、结合作品、集体作品、汇编作品之间的界限如何划分？这些表现形态具有同一性的作品之间有何区别？它们的权利归属和利益分享模式是否相同？

结合作品是德国著作权法的概念，指的是多人基于共同利用的目的将两个或多个可以单独利用的作品结合在一起而形成的作品。在德国著作权法中，合作作品同结合作品区分的关键点在于最终形态的作品的构成部分是否具有"单独利用性"。如果具备这种属性，该作品属于结合作品；否则属于合作作品。而我国著作权法采取广义的合作作品的概念，企图用统一的概念来界定这两种作品，结果使具有不同属性（有的作品的构成部分具有"单独利用性"，有的作品的构成部分则不具有"单独利用性"）的作品之间的界限变得比较模糊，不利于设定两种不同类型的作品特定的权利归属和利益分享模式。

同合作作品一样，演绎作品是基础作品的作者和演绎作者共同劳动的结果，两种作品都有"合作"的因素在其中。在我国，演绎作品主要

---

❶ 《德国著作权法与邻接权法》第9条（结合作品）规定，当多名作者为把各自作品一起进行利用的目的而相互联系在一起时，任何作者都可以要求其他作者按照诚实信用原则准许自己对相互结合的作品进行利用和修改。

❷ 《美国版权法》第101条规定，a "collective works" is a work, such as a periodical issue（期刊），anthology（选集），or encyclopedia（百科全书），in which a number of contributions, constituting separate and independent works in themselves, are assembled into a collective whole.

包括对原作品进行改编、翻译、注释、整理等而形成的作品。在改编、翻译等行为创作演绎作品的场合，演绎作品同合作作品的区分较为容易；而在对基础作品进行注释、整理而创作演绎作品的场合，所形成的演绎作品同合作作品至少在表现形态上具有很大的相似性。在后一种情况之下，界分两种不同类型的作品便显示出必要性。学界一般是从共同创作意图的有无来区分这类演绎作品与合作作品的。[1] 具体而言，在存在共同创作意图的情况下，所形成的作品是合作作品；在不存在共同创作意图的情况下，所形成的作品则是演绎作品。这种区分路径效果有限。事实上，从表现形态这一层面，从每个作者各自的贡献是否具有"单独利用性"的角度出发来区分合作作品和演绎作品，效果更佳。申言之，演绎行为指的是在基础作品的基础之上创作具有新的表达形式的作品。基于此，演绎作者的贡献一般同基础作品作者的贡献"融合"在一起，不具有"单独利用性"。虽然这类作品同不可以分割使用的合作作品有此种共同之处，但是，不同于合作作品的是，演绎作者的创作行为是在基础作品的基础上进行的，演绎作品对基础作品有"依赖性"，这种"依赖性"不是相互依赖的关系，而是单方面的演绎作品对基础作品的依赖，是一种"单向依赖"的关系。而在合作作品，各个作者的贡献之间具有"关联性"，往往表现为相互依赖的关系。可见，由于我国著作权法采取广义说的合作作品立法模式，并没有严格区分作品的类型，并没有从表现形态这一角度来考察每个作者各自的贡献是否具有"单独利用性"，没有采取科学的作品类型化的路径，不能够有效地区分合作作品和演绎作品。

集体作品是美国版权法的概念，指的是由本身构成独立作品的诸多部分组合而成的一个整体的作品，如期刊、文选或百科全书。[2] 在美国版权法中，集体作品同部分合作作品（相互依赖的合作作品）在表现形态上具有相似性，即作品的组成部分都是独立的作品。其中，集体作品同相互依赖的合作作品之间相互区别的关键在于创作者是否具有成为合作

---

[1] 刘春田：《知识产权法》，中国人民大学出版社 2002 年版，第 88 页。
[2] 美国版权法第 101 条规定：a "collective works" is a work, such as a periodical issue（期刊），anthology（选集），or encyclopedia（百科全书），in which a number of contributions, constituting separate and independent works in themselves, are assembled into a collective whole.

作者的意图。当创作者具有成为合作作者的意图的时候，所形成的作品是合作作品；否则是集体作品。按照我国《著作权法》的规定，汇编作品指的是汇编若干作品、作品的片段或者不构成作品的数据或者其他材料，对其内容的选择或者编排体现独创性的作品。❶ 可见，我国著作权法中所谓的汇编作品包括两类：一类是由作品构成的汇编作品；一类是由不构成作品的数据或材料构成的汇编作品。前者相当于美国版权法中的集体作品。❷ 因此，我国著作权法中部分汇编作品在表现形态上同可以分割使用的合作作品之间具有一定的相似性。而我国现行法中并没有如同美国版权法对集体作品做出特别规定，也没有对合作作品的概念做出清晰的界定，导致部分合作作品同部分汇编作品之间的界限模糊。

（2）现行法对合作作品的模糊界定导致学界对合作作品的认识分歧。要构成一部合作作品，我国学界一般认为需具备作者必须有成为合作作者的意图和合作者必须有实质性的创作行为两项要件。强调实质性创作行为在合作作品构成要件中的地位和作用是为了将仅提供基本思想、仅协助提供资料或仅照顾作者生活起居等未进行实质性创作行为从而没有对作品的最终形成做出实质性贡献的人排除在合作作者的范畴之外。这一构成要件的强调是有道理的，因为只有进行了实质性创作行为从而对作品的形成做出实质性贡献的人才有资格成为作者。这一点不论是在哪个国家的版权法或著作权法中都有比较一致的做法。

相对于实质性创作行为，"成为合作作者的意图"或者"共同的创作意图"这一要件在不同的立法例中的地位和作用并不一致。我国学界普遍比较强调共同的创作意图在合作作品构成要件中的地位和作用，认为作者在创作作品的过程中只有始终贯彻合作创作的意图，才能够构成合作作品的关系。将为他人已有的词谱曲而形成的作品排除在合作作品的范畴之外。❸ 言外之意，只有在词作者和曲作者一开始就具备共同创作意

---

❶ 《中华人民共和国著作权法（2010年）》第14条规定，汇编若干作品、作品的片段或者不构成作品的数据或者其他材料，对其内容的选择或者编排体现独创性的作品，为汇编作品，其著作权由汇编人享有，但行使著作权时，不得侵犯原作品的著作权。

❷ 事实上，在美国版权法中，集体作品是一种特殊类型的汇编作品。

❸ 李明德、许超：《著作权法》，法律出版社2003年版，第149页。

图的情况之下所创作的由词和曲所组成的音乐作品才属于合作作品。另外，我国有学者认为未经许可而将他人所创作的乐曲上填词而创作的歌曲不是合作作品，理由是两者没有共同的创作愿望。[1] 然而，该学说并没有回答，如果得到曲作者的许可，在该已经存在的曲子上填词是否能够形成合作作者的关系。不过，从该学者的表述可以推断出，在得到曲作者同意的情况之下，在该已经存在的曲子上填词所形成的作品应当属于合作作品。那么，该种学说相对于上述学说而言，扩大了合作作品的构成范围。不过，不论采取上述哪种解释，学界都将部分作品（主要是作者之间一开始就没有共同的创作意图并且在后来也没有取得使两部作品形成合作作品明示的合意，但两部作品结合在一起，形成一部整体作品的情形）排除在合作作品的范畴之外。

（3）广义说的合作作品立法模式导致合作作品的构成要件不明确。按照广义说的合作作品立法模式，合作作品可以分为不可分割使用的合作作品与可分割使用的合作作品。这两种作品的构成要件是否一致？

虽然美国版权法采取的是折中说，但它同我国著作权法（广义说）有关合作作品的界定比较相似。然而，美国版权法及其司法实践在合作作品的构成要件方面做了比较宽泛的解释，尤其是在解释成为合作作者的创作意图的时候更是如此。按照美国司法实践，一部作品要构成合作作品，作者在创作作品的时候必须有就自己的作品同"他人"的作品结合成为合作作品的意图。这种意图既可以明确地表示出来（明示），也可以从一定的行为中推断出来（默示）。该"他人"是谁并不需要在创作作品的时候就明确地知道。通过这种宽泛的解释，美国版权法才将两种不同属性的"合作作品"的构成要件统一起来。

我国著作权法在合作作品的构成要件方面要不要作出同美国版权法相同的解释？有没有必要作出类似的规定？仅从我国著作权法对合作作品的界定之中，我们看不出来合作作品的构成要件如何。于是，我们只能够依据学界权威解释来明晰合作作品的构成要件。如上所述，在构成要件方面，尽管"实质性的创作行为"的含义在学界是存在分歧的，然

---

[1] 吴汉东：《知识产权法》，法律出版社2009年版，第65页。

而，要成为合作作者，必须有"实质性的创作行为"却是不争的事实。学界主要对"成为合作作者的意图"或"共同的创作意图"这一要件有争议。❶ 要构成合作作者的身份，是否需要有这种意图的存在？这种意图是否必须明示，还是可以从一定的行为中推断出来？作者是否必须明知对方是谁？通说认为，要合作作者，必须有"成为合作作者的意图"或"共同的创作意图"存在。❷ 至于上述意图是否需要明示，学界有争议，有认为该意图必须明示；有认为这种意图可以从一定的行为中推断出来即可。而至于作者是否需要对方是谁，更是有争议，有认为作者需要知道对方是谁，有认为作者无须知道对方是谁。

在我国现行著作权法的语境之下，合作作品的构成要件之所以不明晰，学界对其之所以产生上述诸多争议，一方面同我国现行法并未对合作作品的构成要件做出明确规定有关；另一方面，更重要的是，我国现行法采取的是广义说的合作作品立法模式，规定合作作品包含有不可以分割使用的合作作品和可以分割使用的合作作品两种类型，将两种不同属性的作品放在一起进行规定，而学界和司法实践界又企图统一两种不同类型作品的构成要件。然而，将本来就具有不同属性的作品的构成要件统一起来非常困难并且不具有合目的性。可见，我国现行法有关合作作品的立法模式导致人们对合作作品的构成要件及其外延产生了不必要的争议。

行文至此，有人可能会有疑问：美国版权法采取的是类似于我国著作权法的有关合作作品的立法模式，在美国，并没有出现合作作品构成要件方面的重大分歧。我们并不需要改革我国现行著作权法有关合作作品的立法模式，只需要做出如同美国版权法类似的解释不就可以了吗？我们知道，美国是判例法系国家，美国的司法实践可以遵循司法实践的要求解释法律，回应社会的发展。而我国是大陆法系国家，我们的司法实践要遵循成文法的规定。虽然在理论上，我们可以做出如美国司法实践对合作作品构成要件的规定类似的解释。但是，从成文法的规定之中，

---

❶ 刘宁："合作作品构成要件与认定标准探析"，见中国法学会知识产权研究会 2010 年会暨著作权法修订中的相关问题研讨会论文集，2010 年，第 22 页。

❷ 吴汉东：《知识产权法》，法律出版社 2009 年版，第 65 页。

我们并不能够得出同样的结论。我国学界和司法实践界对合作作品构成要件的重大分歧也佐证了从我国现行法的条文中可能作出不一致的解释。因此，企图从现行法的解释上来解决有关合作作品构成要件的争议是不可行的。

欲消弭上述争议，正确的方向应该是改革现有的合作作品的立法模式，将不同属性的作品分别进行规定，分别规定各自的构成要件。

（4）广义说的立法模式导致合作作品的权利归属不细致。在"狭义说"的合作作品立法模式之下，合作作品的类型比较单纯，比较容易统一规定合作作品的权利归属制度和利益分享模式。德国著作权法的规定就是典范。申言之，按照德国著作权法的规定，合作作品仅仅是一个作品，是一个权利客体，在这一个权利客体上仅仅存在一个著作权，这个著作权由合作作者共同共有。❶ 可见，在德国著作权法中，合作作品的类型比较单一，合作作者在单一的权利客体上的权利义务关系也比较单纯，利用传统民法上的共同共有制度就可以比较有效地解决合作作品的权利归属和利益分享这一核心问题。

然而，在我国著作权法中，合作作品既包含不可以分割使用的合作作品，又包含可以分割使用的合作作品。这两种作品虽然在社会一般意义上来讲，都可以归类于"合作作品"的类型。但是，在著作权法中，将两者放在一起进行规定，却不好处理权利配置和利益分享的关系。申言之，我国现行著作权法对合作作品权利归属和利益分享的规定体现在《著作权法》第13条和《著作权法实施条例》第9条。现行著作权法看似对两类合作作品的权利归属和利益分享都进行了较为清楚的规定。然而，现行法较为抽象与概括的规定仍然不能够明确处理合作作者之间的利益关系。具体而言，我国《著作权法》第13条上的"著作权""共同享有"所指何意？"著作权"是否既包含著作财产权，又包含著作人身权，还是只包含著作财产权？"共同享有"是既包含共同共有，又包含按份共有？还是仅指共同共有？我国现行《著作权法实施条例》第9条所规定的"除转让以外的其他权利"包不包括修改权？这些问题从我国著

---

❶ ［德］M·雷炳德著，张恩民译：《著作权法》，法律出版社2005年版，第189页。

作权法的现行规定中都得不到准确答案。

按理讲，在不可分割使用的合作作品中，合作作者的劳动"融合"在了一起，不能将他们的劳动成果按照一定的标准进行分割。在这种情况下，利用民法上的共同共有制度来规制合作作者之间的法律关系比较合适，这一点从德国著作权法的成功做法中也可以得到佐证。我国学者也普遍认为"不可分割使用的合作作品"适用财产共同共有原则。❶ 然而，在可以分割使用的合作作品中，各个作者的劳动并没有"融合"在一起，而是"结合"在一起了。这种状况显然不同于"不可分割使用的合作作品"。故这种类型的合作作品的权利归属和利益分享模式显然应该不同于不可分割使用的合作作品。我国现行著作权法虽然分别规定了两种不同类型的合作作品的权利归属和利益分享模式，然而，一个是在《著作权法》，一个在《著作权法实施条例》。并且在《著作权法》第13条的第一句话中规定"两人以上合作创作的作品，著作权由合作作者共同享有"。这个规定显然是统领两种不同类型的合作作品的规定。因此，从现行法的解释来看，不论是哪种合作作品，其著作权都由合作作者共同享有。然而，正如上文所述，此所谓"共同享有"的含义并不清晰，而且《著作权法实施条例》和相关司法解释并没有对此予以说明，此种规定方式平添了法律解释和司法适用的困难。

总之，我国现行著作权法有关合作作品的权利归属和利益分享模式的模糊规定的根源在于广义说的合作作品立法模式。"不可分割使用的合作作品"与"可以分割使用的合作作品"的法律属性并不相同，所牵涉的利益关系也相异，将具有不同属性和特征的作品放在一起进行规定，必然不能够妥善解决不同的权属关系和利益分配模式。因此，欲脱离这一困境，需要改革我国现行著作权法有关合作作品的立法模式。

4. 典型立法例对合作作品的界定及其对我国立法的借鉴意义

相对于我国的立法及学界的解释，典型的立法例却更强调从确定作品的权利归属和利益分享出发对合作作品的构成要件进行界定。例如，德国著作权法在界定合作作品的时候，比较注重从表现形式方面考察作

---

❶ 刘春田：《知识产权法》，中国人民大学出版社2002年版，第89页。

品是否具有"单独利用性"。在合作作品中,合作作品中所有参与者的劳动付出彼此相互渗透,以至于这些作者在交易活动中不具有独立性。❶ 由于合作作者各自的贡献不具有"单独利用性",合作作者们在交易活动中不具有独立性,所以,合作作品应该作为一类区别于单一作者所创作的作品形态。

按照德国著作权法的规定,如果合作作者的贡献在表现形态上能够分割开来,则作品具有"单独利用性",这类作品不是合作作品,而可能构成结合作品或汇编作品。通常而言,如果合作作者的贡献表现为多元的作品形态,则它们能够分割开来。然而,"可以分割开来"同"单独利用性"之间的关系,德国著作权法学者认为两者不能够完全画等号。并举例说明,不同作者共同创作一本教科书,每个人撰写不同的章节,虽然这些不同的章节是可以区分开来的,但是这些可以相互区分开来的部分在交易活动中却没有独立意义,因此,在德国著作权法中,这类作品还是合作作品。❷ 可见,在德国著作权法中,一部作品是否能够成为合作作品,强调的是合作作者的贡献是否具有"单独利用性"。尽管"可以分割开来"的合作作品一般都具有"单独利用性",但是也不一定总是如此。我国有学者则认为"可以分割开来"同"可以分割使用"是一一对应的关系。认为在多人合著一本教科书,每个人书写不同的章节时,这本教科书属于可以分割使用的合作作品。❸ 考虑到合作作品的立法目的在于恰当地确定合作作品的权利归属和利益分享,考察作者的贡献在交易活动中是否具有独立性更契合这一立法目的,所以更加合理,在作品是否具有"单独利用性"的界定上,我们应当采纳德国学者的解释。

相对于强调共同的创作意图在合作作品构成中的重要地位和作用,强调作者的贡献是否具有"单独利用性"更为合理。如果作者的贡献"融合"在一起,它们相互之间不具有"单独利用性",此时作者之间形成了"共同关系",他们的权利和义务"纠结"在一起,在权利归属和利益分享上只能是"共同共有"。而当作者的贡献"结合"在一起的时候,

---

❶ [德] M. 雷炳德著,张恩民译:《著作权法》,法律出版社 2005 年版,第 193 页。
❷ [德] M. 雷炳德著,张恩民译:《著作权法》,法律出版社 2005 年版,第 186 页。
❸ 李明德、许超:《著作权法》,法律出版社 2003 年版,第 150 页。

它们相互之间具有"单独利用性",此时作者之间虽有联系,但相对松散,在权利归属和利益分享方面可以建立区分于"共同共有"的关系。例如,在最后所形成的作品整体上,可以建立"按份共有"关系;各个作者对自己的贡献可以单独享有著作权。由上述分析可知,在合作作品的构成中强调作者的贡献是否具有"单独利用性"更符合合作作品制度建构的目的。

综上,合作作品著作权制度的建构不仅要尊重社会的一般实践,而且要顾及著作权法立法目的的实现。鉴于此,将符合社会一般认识的不可分割使用的合作作品与可以分割使用的合作作品统统纳入合作作品制度中进行规定并不能够妥善地确定合作作品上的权利归属,不能够恰当地分配合作作品上的利益,不能够圆满地实现著作权法的立法目的。

(三) 我国合作作品立法模式的改革

由上文可知,我国现行著作权法有关合作作品的立法模式并不合理,需要进行相应改革。

1. 细化合作作品的类型

细化作品的分类,将构成要件不同、法律效果相异的作品规定为不同的类型,放在不同的法律条文中。借鉴德国著作权法,既规定合作作品,又规定结合作品,放在不同的条文之中,分别规定其构成要件,分别规定其权利归属,这样会达到更好的立法和司法效果。具体来说,应当将我国现行《著作权法》第13条中的"合作作品"限定于那些不能分割使用的作品,同时,增加一条作为第14条,专门规定"结合作品"。

应当将我国现行著作权法第13条修改为:

《著作权法》第13条 二人以上共同完成之作品,其个人之创作不能分离利用者,为合作作品。其著作权由各合作作者共同享有,通过协商一致行使;不能协商一致,又无正当理由的,任何一方不得阻止他方行使除转让以外的其他权利(修改权除外),但是所得收益应当合理分配给所有合作作者。

另增加一条:

《著作权法》第14条 多数人为共同利用之目的,将其作品互为结合者,为结合作品。作者对各自创作的部分可以单独享有著作权,但行使著作权时不得侵犯结合作品整体的著作权。

2. 明晰合作作品的构成

对于"二人以上共同完成之作品"的含义，可以在著作权法实施条例中明确"成为合作作者的意图"和"实质性的创作行为"两项要件。"成为合作作者的意图"是指一部作品要构成合作作品，作者在创作作品的时候必须有就自己的作品同"他人"的作品结合成为合作作品的意图。这种意图既可以明确地表示出来，也可以从一定的行为中推断出来。但该"他人"是谁并不需要在创作作品的时候就明确地知道。建构合作作品法律制度的立法宗旨在于确定权利归属和利益分享模式，对"成为合作作者的意图"作出宽泛解释同这一宗旨相一致。

"实质性的创作行为"是对作品的表达形式做出实质性贡献的行为。仅仅提供抽象性的思想并不能够使该思想的提供者成为合作作者。[1] 然而，在思想的提供者对作品的创作进行了具体的指导以至于思想和指导的提供对合作作品的创作作出了"实质性贡献"的时候，该人也可以成为合作作者。[2] 而考察某项思想或者指导是否达到了使思想或指导的提供者能够成为合作作者的"具体性程度"要看对于该项思想或指导而言，其是否能够使他人在不进行创造性的劳动即可以将其转换为一种具有可版权性的表达形式。

（四）余论

按照上文细化作品类型的思路，我们不禁想起上文中谈到的集体作品和汇编作品。在我国现行著作权法中，汇编作品的外延比较广泛，不仅包括由不构成作品的事实和材料构成的汇编作品，还包括由作品所构成的汇编作品。后者类似于美国版权法上所谓的集体作品。我们认为，集体作品同普通的由不构成作品的事实和材料所构成的汇编作品的属性并不相同。具体而言，普通汇编作品汇集的对象是不具有可版权性的事实和材料，其可版权性的对象表现为汇编者对这些事实和材料的选择、协调与编排；集体作品汇集的对象是可版权性的作品，其可版权性的基

---

[1] Wiseman v. George Wiedenfeld & Necolson F. S. R. 525. (1995).

[2] Community for Creative Non-Violence v. Reid. 846 F. 2d 1485 (D. C. Cir. 1988), aff'd, 490 U. S. 730 (1989).

础似乎可以存在于这些作品之上,而不在于这些作品的选择、协调与编排之上(当然,也可以同时存在于这些作品及这些作品的选择、协调与编排之上)。基于上述不同,两种不同的作品在可版权性要件上面必然不同。再者,集体作品由作品构成,其所牵涉的利益关系同普通的汇编作品也大为不同。因此,我们也应该把集体作品从汇编作品中拿出来做特别规定。对集体作品做出这种特别规定不仅有利于区分集体作品和普通汇编作品,也有利于更加清晰地区分结合作品与集体作品,这样不仅有利于解决实际问题,而且会使我国著作权法向更加体系化的方向发展。

修订后最终的立法模式可以用图 5-10 表示。

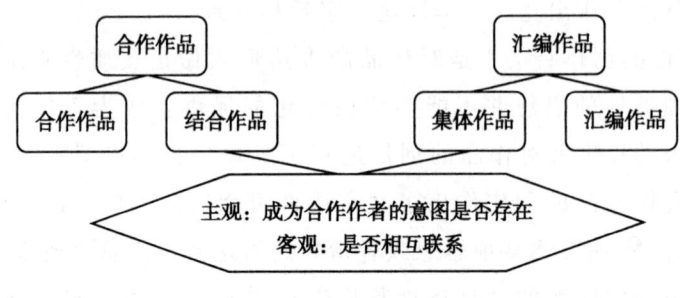

图 5-10 合作作品的应然模式

二、自媒体时代的版权制度

随着数字技术的不断发展,传统的传播模式已经被根本改变:由"一对多"的单向传播变为"多对多"的互动传播时代,传统的媒体"受众"同时成为"媒体"本身,同时,"受众"的传播往往带有对原作的演绎成分,从而,自媒体时代的版权问题相对于前自媒体时代显得更加复杂。由于在自媒体时代,社会大众也参与到作品创作过程中,原始作品经过多次传播,其实可能已经附加了多个人的劳动成果,整个网络社区演变成类似于"民间文艺作品"创作的社群。自媒体时代的诸多作品再也不能够有效区分"你的"与"我的"。在此种情况之下,如果原初作品是处于公有领域或者已经被作者放弃版权,这种创作与传播都没有问题。然而,如果原初作品是应受版权保护的表达,自媒体时代的创作模式与传播方式已经完全打破了传统的版权规则——经过授权才能够传播。传统版权客体制度中的演绎作品规范、版权主体中的合作作品规范在上述新情况、新环境之下都显得非常苍白。如同民间文艺作品的创作、同人创作，自媒体时代的创作再用陈旧的制度进行规范，显得不太理智。建立在清晰界分作者的创作成果的基础之上进行确权与利益分配的传统制度范式失效。面对上述问题，传统的对客体的载体进行"有体"控制的基础之上赚取经济回报的处理模式失效。作者的经济利益受到挑战。那么，是否要因噎废食地消灭自媒体技术，回到模拟时代？不可能。版权客体基本原理要解决的核心问题是版权法所保护的作者的原创成果的边界在哪：即何种要素应该纳入版权保护范围之内，何种要素不能够受版权保护。在回答这一问题的时候，保护作者的原创是根本。不过，考虑到利益平衡的必要性，并非作者任何的原创都应该受版权保护，都应该在私权规则之下。有些作者的原创有可能被合理使用，也可能默示许可而放弃部分权利，还有可能由于法定许可或强制许可而游离于普通私权之外。因此，版权客体制度的研究必定要放在整个知识产权法的大背景之下进行才会得出更为合理的结论。既然在自媒体创作与传播、民间文艺作品创作与传播、同人创作的情形之下，因为作者的创作成果，即客体，已经很难明晰界限，已经难以用传统的私权制度来解决问题，与其固步自封，还不如转换思维，采用鼓励传播而非控制传播的模式，例如，以法定许可或强制许可前提下的税收（levy）制度来在模糊正义的基础之上解决传统著作权法所解决不了的问题。考虑到法定许可或强制许可制度有可能违背知识产权的国际公约，我们可以将自媒体时代的作品分成三类：黑色清单（作者采取权利管理措施的作品）、灰色清单（作者并未采取权利管理措施的作品，但也没有明确声明放弃权利）、白色清单（处于共有领域的作品）。对于第一类作品，最终用户不能够任意传播，同时网络服务提供商也要承担间接侵权责任；对于第二类作品，最终用户可以任意传播，但同时借鉴模拟时代的私人复制税的做法，对数字存储设备、终端介入设备及互联网服务征税，所征税收用作公益目的，促进文化的发展；对于第三类作品，最终用户可以任意传播，并且可以演绎，无须负担任何报酬的支付。上述制度设计，相对于传统版权法的做法，尊重现实，促进了传播，并补偿了作者，同时保留了传统控制作品并基于此获益的做法的合法性，不失为一种可行的方案。由上述分析可以看出，传统版权制度要与时俱进，在特定情形之下，不再纠结于哪些应受保护，哪些不应受保护，需要到合适的创作者、传播者与使用者的共赢模式才是关键。

第十节　版权保护、竞争法规范与产业发展

一、文化产品的版权保护、竞争法规范与文化产业的发展——"《人在囧途》诉《人再囧途之泰囧》"案引发的思考[*]

《人再囧途之泰囧》（简称《人再囧途》）公映仅仅68天创造了12.6亿华语票房的神话。然而在辉煌的背后，《人再囧途》却为身负的官司黯然伤神。《人在囧途》片方武汉华旗影视制作有限公司（简称"华旗公司"）以著作权侵权、虚假宣传及不正当竞争为由，一纸诉状将《人再囧途》告上了最高人民法院。在案件引发公众关注与热议的同时，也引起了学者的广泛讨论。在文化大发展大繁荣的时代背景下，如何加强文化产品的版权保护、规制文化产业的竞争方式、创造和谐有序的竞争秩序，是我国文化产业持续健康发展的重要推动力量与积极保障因素。

（一）文化产品的特征

文化产品范围很广，可以泛指人类创造的一切提供给社会的可见产品，包括物质产品和精神产品。[❶] 文化产品不仅具有可供买卖交换的商品属性，同时凝聚了愉悦身心、陶冶情操、提升审美的公共属性。因此，文化商品具备了普通商品所不具备的特征与社会责任。

1．文化产品具有商品属性，是特殊商品

文化产品凝聚了人类的劳动，具有商品价值与使用价值两个基本属性，从这个意义上讲，毫无疑问，文化产品属于商品。我国《关于审理

---

[*] 与邢文静合著。

[❶] 参见 http：//baike.baidu.com/view/2134446.htm，2013年5月27日访问。

反不正当竞争案件若干问题的解答（试行）的通知》第 2 条也规定，反不正当竞争法中的"商品"包括有形商品和服务，也包括文学、艺术和科学作品。但文化产品除凝聚一般体力劳动外，更突出了劳动者的脑力劳动与精神创造，文化产品创作过程通常具有复杂性；文化产品作为文化积累与创意灵感的成果，不仅以有形商品展示，也表现出内在、无形的价值。❶ 从这两点来看，文化产品也可以说是区别于普通产品的特殊商品。

2. 文化产品注重满足公众精神层面的需求

文化产品本身体现一种文化的积累与传承，而与此同时，文化产品也体现了科技的进步与时代的缩影。文化产品与普通的消费品主要的区别在于文化产品的消费并非一次性的、物质性的，不管是电影《人在囧途》还是《人再囧途之泰囧》，除了给消费者带来欢乐的同时，也不断地唤起对人间真情的赞美、对坚定执著的肯定以及对诚信奉献的褒扬。对比现实中的种种境遇，观众往往能从中找到坚守的正义与价值。

随着文化产品不断地出现，这些无形、抽象的产品、作品不断冲击着受众的视觉感受、思想方式以及审美追求，使大众对于文化产品接受、审视甚至评判的水准不断提高。

3. 文化产品反哺整个文化行业，负有社会使命

随着不同国家文化产业的不断推进，文化产业的链状发展形势日益凸显，从而不断拓宽这一产业的深度与广度。以迪士尼的发展为例，最初的米老鼠仅仅是一个平面图像，随后登上电影银幕、被制作成毛绒玩具、包、手表，甚至随着迪士尼乐园出现在全球的不同国家。较普通商品而言，文化产品的出现对于推动经济发展以及整个行业的壮大具有重要的作用。除此以外，文化产品也肩负了文化传承与文化创新，提升公众文化素养的社会使命。

文化产品作为一种特殊的商品出现，是科技与社会发展的结果。在新的时代条件下强调对文化产品的特殊的保护，也将是文化产业发展繁

---

❶ 方宝璋、吴松荣："略论文化商品的价值与价格"，载《山西财经大学学报》2006年第3期。

荣的要求。

(二) 文化产品与版权保护

版权保护对文化产业具有重要的促进作用。美国的版权产业是文化产业的核心，版权制度在文化产业中也发挥了核心作用。美国一直以来根据经济、科技及社会的发展需求调整其版权制度。❶ 而我国《著作权法》自2001年修订以来又经过了十余年，在科技的推动下，需要受到版权保护的文化产品并没有及时地列入被保护的范围，新时期新情况下的版权保护有待进一步完善。

《人在囧途》诉《人再囧途》著作权侵权，但根据"思想表达两分法"的基本原理，虽然两部作品在题材、体裁和主题等方面确实相同或相似，但这些要素是作品的思想，不该受到著作权法保护。❷ 在表达上两部电影的题目"人在囧途"与"人再囧途之泰囧"具有相似性，根据不同国家对标题保护的实例，如果标题能够满足原创性要件，可以获得版权保护。❸ 但对于标题或者简短文字的版权保护，我国著作权法并没有明确的规定。

《泰囧》案中出现的问题只是电影作品保护众多问题的缩影。动漫作为文化产业发展的后起之秀，对其虚拟角色的保护也日益引发关注。日本以动漫产业为文化产业发展的主导，规定动漫作品只要能明显分辨复制品具有漫画中人物的容貌、姿态、性格的就可以构成侵权。❹ 美国版权法虽然将虚拟角色分为文学角色、卡通角色与视听角色，但总体而言，只要动漫角色的外形相似，也可以认定侵犯著作权。而我国在这些问题的认定上，并没有清晰的规定与可资借鉴的做法。

文化产业发展迅速，但文化产业版权保护的法律已出现了滞后性，相应的制度也没有并行发展运用。针对《人再囧途》案而言，笔者认为，《人再囧途》不构成著作权侵权，但"人再囧途之泰囧"已侵犯了"人在

---

❶ 凌金铸："版权与美国文化产业"，载《皖西学院学报》2005年第6期。

❷ 卢海君："《人在囧途》vs《人再囧途之泰囧》——基于著作权法的分析"，载《中国出版》2013年第6期。

❸ 卢海君：《版权客体论》，知识产权出版社2011年版，第455～468页。

❹ 杭州市工商学会课题组："市场秩序视角下促进杭州市文化创意产业发展的研究"，载《中国工商管理研究》2012年。

囧途"原创性。而对于《人再囧途》之后出现的文化产品的版权保护亟需法律的规定。

（三）文化产品与竞争秩序

当文化产业顶上朝阳产业的头衔，越来越多的企业欲从中分一杯羹。竞争有助于提升产品质量和服务水平，然而无序的竞争也将给文化产业带来毁灭性的打击。

《人在囧途》诉《人再囧途》虚假宣传与不正当竞争，不可否认"人再囧途"中的"再"字，以"又一次、第二次，重复、继续"等词义有意强调了二者之间的关系，让观众误认为后者是前者的续集。且《人再囧途》在宣传初期一直以"《人在囧途》续集""《人在囧途2》"作为其看点之一，将《人再囧途》宣传为《人在囧途》升级版、第二部、续集等，故意进行引人误解的虚假宣传，暗示、明示两部片子之间的关系，误导消费者。❶ 但要最终认定《人再囧途》构成虚假宣传与不正当竞争，有些问题还需要进一步明晰。

首先，根据《反不正当竞争法》第5条❷第2款规定，构成不正当竞争的商品应为"知名商品"，虽然《人在囧途》票房较《人再囧途》相去甚远，但综合考虑《关于审理反不正当竞争案件若干问题的解答（试行）的通知》第3条❸规定的内容，《人在囧途》在多部国内外大片的夹击下上映，仍在囧境中杀出血路，以小成本打造5 000万的票房，拔得头筹成

---

❶ http://www.yangtse.com/system/2013/03/03/016426018.shtml，2013年3月13日访问。

❷ 《反不正当竞争法》第5条："经营者不得采用下列不正当手段从事市场交易，损害竞争对手：（一）假冒他人的注册商标；（二）擅自使用知名商品特有的名称、包装、装潢，或者使用与知名商品近似的名称、包装、装潢，造成和他人的知名商品相混淆，使购买者误认为是该知名商品；（三）擅自使用他人的企业名称或者姓名，引人误认为是他人的商品；（四）在商品上伪造或者冒用认证标志、名优标志等质量标志，伪造产地，对商品质量作引人误解的虚假表示。"

❸ 《关于审理反不正当竞争案件若干问题的解答（试行）的通知》：
3. 如何认定某一商品是否知名商品？
反不正当竞争法中的"知名商品"是指在特定市场有一定的知名度、为相关公众知悉的商品。
对知名商品的认定，应当综合考虑该商品在特定市场的生产销售历史和市场占有率、商品的质量、信誉情况及其广告投资和覆盖面等因素。

为上映后暑期档的黑马,并在上映后还获得多部奖项,将《人在囧途》认定为知名商品无可非议。

若认为《人再囧途》使用了与《人在囧途》近似的名称,并导致消费者的误解,但消费者不可能将《人再囧途》误解为《人在囧途》,因为两者本身是独立的两个电影。如果将《人再囧途》误解为《人在囧途》的续集似乎更合理,但又与法条规定的"使购买者误认为是该知名商品"不符。

其次,传统侵权责任的构成一定要有损害结果,但《反不正当竞争法》并没有明确强调损害结果,在《关于审理反不正当竞争案件若干问题的解答(试行)的通知》第14条也表明"通常情况下只要行为人实施了不正当竞争行为,即可认定其构成不正当竞争",并不以损害结果为要件。笔者认为,在这一要件的规定上,两法并不矛盾,尤其就文化产业而言。反不正当竞争是为了维护社会经营秩序,一旦出现不正当竞争,将会对秩序造成不同程度的破坏。而损害结果对责任承担具有一定的影响,这也将成为文化产业不正当竞争责任分配的难点与关键。因为在文化产品的不正当竞争中,很难举证证明己方因不正当竞争遭受的损失。以《人在囧途》案为例,华旗公司很难举证证明自己因《人再囧途》的播放给自己造成的损失,一方面两者播放时间间隔太长,不存在直接的竞争;另一方面,也有消费者反映因为看了《人再囧途》后才想观看之前错过的《人在囧途》,在后一种情况下,华旗公司不但没有损失反而因此获利。

笔者认为,《人再囧途》在宣传初期一直以"《人在囧途》续集""《人在囧途2》"作为其看点之一,将《人再囧途》宣传为《人在囧途》升级版、第二部、续集等,故意进行引人误解的虚假宣传,暗示、明示两部片子之间的关系,误导消费者[1]认为后者是前者的续集,虽然损害结果的有无以及损害程度的大小还需要证据证明,但其行为已经构成不正当竞争。

---

[1] 文字来源于网站,http://www.yangtse.com/system/2013/03/03/016426018.shtml,2013年3月13日访问。

（四）对文化产品版权保护及竞争规制的立法建议

对文化产品的版权保护，笔者提出以下立法建议：

（1）扩大版权保护的范围，将更多新出现的需要受到版权保护的内容涵盖其中，比如上文提到的具有原创性以及思想情感内容的简短文字作品，电影、电视、动画中出现的虚拟角色等。

（2）借鉴《信息网络传播权保护条例》，设置文化产品版权侵权的通知删除义务，侵权人接到权利人的通知，应根据权利人出示的相关权利证明等文件，主动结束侵权行为，积极消除侵权影响；侵权人拒不做出行动的，视为主观恶意，可加重侵权人的赔偿责任。

对文化产品的竞争秩序，笔者提出以下立法建议：

（1）打击不正当竞争行为，规制竞争秩序。在文化产品的宣传推广的过程中，往往存在"搭便车"的情况，《人再囧途》的宣传也未能摆脱这种嫌疑。一旦这种"搭便车"的行为超出了必要的限度，引起公众的混淆或误解，"搭车人"应为此承担不正当竞争的行为并支付必要的费用。

（2）在文化产品的竞争中，应对行为的约束、责任的承担与文化产品本身应分别而论。对于不正当竞争、过度竞争等行为应予以制裁，但对于已经成型的文化产品本身仍应鼓励其进入市场，如果仅因为竞争或宣传的手段、方式不合法而迁怒于产品，反而容易因这种权利的滥用而损害整个文化产业。笔者认为，可以通过对行为制裁（如作出较高额度的赔偿、罚款等），杜绝行为的发生。

（3）在文化产品保护中，及时引入禁令制度。《民事诉讼法》中规定的一般诉讼时效为 2 年，而这也往往成为权利人的诉讼策略。《人在囧途》被指欲从《人再囧途》的高额票房中分一杯羹。笔者认为，这种情形既鼓励了后者进行不正当竞争的行为，也体现了前者对诉讼利益的期待，妨碍正当秩序的建立与维护。建立禁令制度并及时申请禁令，可将《人再囧途》被诉的"不正当竞争"的行为扼杀在摇篮当中，既有利于《人在囧途》权利的保护，也不妨碍《人再囧途》另辟宣传方式。

（五）结语

文化产业在我国发展迅速，但其发展依赖的制度保障与法律法规已经表现出滞后性。不断完善并综合运用《著作权法》《反不正当竞争法》等法律，有效打击文化产业发展中的侵权行为、不正当不诚信的经营行为，保护文化产品的合理存在，促进文化产业的发展繁荣。

二、"著作权法＋竞争法"整体视野下新型智力成果的法律保护

（一）知识产权的竞争法*保护

以知识产权为核心的无形财产形成的市场同有形财产的市场一样，都受到基本经济规律的支配。在有形财产领域，仅仅依靠市场即"无形之手"的调节远远不够，还需要国家干预即"有形之手"的调节。无形财产领域也是如此。知识产权法是无形财产领域的基本法，但知识产权法并不是万能的。知识产权法是相对稳定的法律，不能完全跟上时代的发展；知识产权法是权利本位之法，并不能周延地顾及社会公共利益的维护。在知识产权法落后于时代发展的领域和不能顾及的社会公共利益之维护的领域，都需要竞争法发挥作用。竞争法对知识产权而言主要起着兜底保护和防止知识产权滥用的作用；在经济全球化的今天，竞争法尚且具有保护国家经济安全和促进国际竞争力提高的功能。

1. 竞争法对知识产权的兜底保护

（1）竞争法和知识产权法保护功能互补。知识产权作为一种无形财产权，不同于传统的有形财产权，其权利的实现依靠这种无形财产权物化到众多物质载体上。由于知识产权这种特殊的权利实现方式，其涉及的利益主体往往具有多元性。他们包括权利人、传播人、利用人、竞争对手和社会公众等。知识产权法作为民法的一部分，其所采取的是权利本位，即以权利的设置和保护为中心来实现法律的价值。以权利为本位的知识产权法不能够兼顾众多利益主体的利益维护，欲保护这些利益，必须依靠社会本位的公法。竞争法就是这种社会本位的公法，能够兼顾到社会公众的利益。知识产权法和竞争法具有功能互补性。

（2）竞争法和知识产权法保护机制互动。就保护机制而言，知识产权法采取的是权利保护机制，欲寻求知识产权法的保护，必须证明具有

---

* 此所谓"竞争法"包括"反不正当竞争法"与"反垄断法"。

知识产权法上明确规定的权利，具有具体的规定性；竞争法采取的是补充性保护机制，欲寻求竞争法的保护，只需证明对方当事人侵犯了自己的竞争利益即可，具有抽象的规定性。据有抽象规定性的竞争法更能够适应社会经济的快速发展，当社会发展需要对某一种权利或法益进行保护而知识产权法来不及修订时，竞争法便可以"补"知识产权法之"漏"。❶

（3）竞争法和知识产权法保护范围互应。知识产权法作为一项基本的民事法律，必须具备相对的稳定性，以给市场主体提供稳定的预期。制度的稳定性减少了制度的执行成本，提高了制度的可信赖性。但稳定性的另一面是制度僵化的危险。❷ 科技发展日新月异，知识产权法必然具有滞后性。尽管社会的发展要求知识产权法作出相应的修订，但知识产权法不能朝令夕改，否则会破坏市场经济秩序。但是，社会变迁的需求必须得到满足，于是，竞争法便在知识产权法不能及时回应社会的领域粉墨登场。

（4）竞争法和知识产权法保护模式互异。知识产权法采取的是"强

---

❶ 按照我国学界的传统观点，"如果说传统知识产权法的三大主要领域—著作权法、专利法、商标法好比是海面上的三座冰山，那么，反不正当竞争法就是托着这些冰山的海水。也就是说，知识产权法是从私法的角度来保护知识产品创造者的专有权利；当作为私法的知识产权法因其固有缺陷，而对实践中一些新技术条件下的知识产权纠纷无法调整时，则以反不正当竞争法加以补充和完善，发挥兜底保护的功能，从而保护知识产品在市场竞争中的流转关系，确保交易安全和秩序。"参见吴汉东：《知识产权基本问题研究》，中国人民大学出版社 2005 年版，第 823 页。需要注意的是，在此阐述的是传统观点，即竞争法发挥了知识产权的兜底保护功能。事实上，在不同的知识产权领域，知识产权法同竞争法表现出并不完全相同的关系。例如，在版权法领域，以不受著作权法保护的"时事新闻"来说，"时事新闻"不属于应受著作权法保护的范畴，然而，如果"时事新闻"的供方与受方之间相对的公平关系被破坏，受方"在并没有播种的地方收获"，供方可以寻求反不正当竞争法的救济。此时，反不正当竞争法保护的是供方的竞争利益，不同于版权法保护的作品。不过，在商标法领域却不是如此。商标法本身就是竞争法的有机组成部分，商标权的客体形式上是标志同来源的指代关系，实质上是商标权人应该享有的竞争利益，不论是注册商标，还是未注册商标都是如此。只要这种竞争利益被破坏，受损方都可以寻求禁止他人为商标混淆性使用的救济。例如，广告词也可能产生第二含义，从而获得反不正当竞争法的保护。因此，就商标法来说，其同反不正当竞争法之间并不是所谓的被"兜底"保护的关系。

❷ ［德］柯武刚、史漫飞著：《制度经济学——社会政策与公共政策》，商务印书馆 2000 年版，第 114 页。

保护",保护的范围必然很窄。因此,知识产权法的保护模式可以概括为"强保护＋窄保护";而竞争法采取的是"弱保护",保护的范围必然很宽。因此,竞争法的保护模式可以概括为"弱保护＋宽保护"。反不正当竞争的保护举证比知识产权法困难:知识产权法的保护一般适用法律上的推定,即只要证明自己是作品、专利和商标证书的署名人即可推定是权利人;而在竞争法,则须举证证明其合法的竞争利益受到侵害。专利的保护需要写明权利要求书,而商业秘密没有写明权利要求书的要求。受知识产权保护的作品必须具备"独创性"的要件,而主张反不正当竞争的权利人不受是否符合"独创性"要求的约束。❶ 因此,在知识产权法还未涉及或者不宜涉及的领域,竞争法可以先提供或者附加较弱的保护,往往会给社会一个接受新制度的一个缓冲的时间。

　　仅从形式上看,我国知识产权单行法虽然已经比较完备,但竞争法却比较落后。致使许多本来应受到保护的利益得不到保护,市场秩序被扰乱。例如,商标法虽然对注册商标的保护进行了较为完备的规定,但涉及未注册商标的保护却非常不完善。致使很多未注册商标虽然很有市场但得不到完善的保护。著作权法对作品的保护规定得比较完备,但缺乏对作品名称的保护,使得很多优秀作品的名称得不到应有的保护。著作权法对作品的保护要求作品具有"独创性",因此无独创性的整个作品如数据库等得不到相应的保护。我国的反不正当竞争法对知名商品的特有的名称、包装、装潢的保护作了规定,但缺乏对商品样式这一更加值得保护之客体的规定。我国知识产权法对著作权、商标权和专利权的保护作了较为完备的规定。但对通过借助或毁坏作品的声誉、商标的声誉、商品或服务声誉、商品化权的声誉、专利的声誉、外观设计的声誉等谋取不正当利益的行为未作规定。仅从形式上看,我国的知识产权法相较发达国家并不落后,相反,还有很多地方比发达国家走得更远。但在我国司法实践中,并未妥善处理好知识产权法与竞争法的关系,结果,就总体效果而言,我国知识产权相关法律制度的绩效远远不如发达国家。

---

❶ 郑成思:"反不正当竞争法——知识产权的附加保护",载《法律适用》2004年第1期。

就与知识产权有关的竞争法的国际立法而言，典型者是 1996 年世界知识产权组织的《反不正当竞争法示范法》。该法包括一般规定；商业秘密的保护；搭他人"标志、商品和服务"便车之禁止；反对借助或毁坏他人标志、商品、服务的声誉来营利等。相对我国竞争法而言，它是一部比较完备的反不正当竞争法，比较具有借鉴意义。

2. 竞争法防止知识产权滥用的功能

任何权利都有被滥用的倾向，知识产权也不例外。如知识产权人往往凭借市场支配力维持较高的产品价格，侵害消费者利益。知识产权本来就是一种垄断权，但由于其具有强大的激励科技进步和社会经济发展的积极功能，这种垄断通常能够获得反垄断法的豁免。[1] 知识产权人一旦获得某项知识产权，便在相关领域具有垄断地位，独占了相关市场。垄断可以给企业带来高额的垄断利润，知识产权人作为"理性的经济人"必然具有限制和封闭市场的倾向。被限制和被封闭的市场必然妨碍自由竞争，导致正常的市场秩序的破坏。欲激励经济发展和维护有效率的市场经济秩序，必须承认知识产权人"合法的垄断"但否定"不合理的垄断"，前者是知识产权法的任务，后者是竞争法的任务。

知识产权法关注的是私有领域，竞争法关注的焦点在公共领域。科技和社会经济的发展使得私人领域不断压缩公共领地，竞争法应当充当公共领域的守护神。公共领地受到压缩表现在很多方面：技术更新的速度不断加快，社会公众在知识产权到期后享受到的利益减少或几乎为零，如软件的保护到期后，几乎没用；知识产权保护力度的加强，必然意味着公共领地的缩减。如著作权保护期限的延长必然使得文化产品处于私人领域更长的时间（如德国著作权法规定的著作权的保护期限是作者有生之年加死后 70 年，而我国则是 50 年，德国的著作权的保护力度比我国的强，公共领域比我国的小）。作品可版权性要求的降低，必然是一大批本应处于公共领域的知识化为私有（如 相对于"原创性原则"，"额头出汗原则"大大降低了著作权受保护的要求，扩展了私人领地而缩小了

---

[1] 我国《反垄断法》（2007 年）第 55 条规定："经营者依照有关知识产权的法律、行政法规规定行使知识产权的行为，不适用本法；但是，经营者滥用知识产权，排除、限制竞争的行为，适用本法。"

公共领地）。世界各国的知识产权法在对知识产权进行限制的同时，也加强了反限制的规定，以求得激励创新和维护社会公共利益的平衡；许多专利存在着"质量低下"和"范围太广"的问题，这些专利本身即是对公共领域的侵蚀；知识产权如果无限制的实行，往往可能违背初衷，不能促进技术进步的作用反而会妨碍技术的进步；技术的进步本身可能阻碍公共利益的实现。如技术措施权的保护使得许多信息资料不能够被合理使用，合理使用形同虚设，对知识产权的限制目的落空。如网络上的很多信息资料使用了加密技术，即使是出于学习的需要也不能获得这些资料。这时，知识产权便和公众的学习权、教育权、信息获取权发生冲突。"公共知识库"在新科技条件下正在缩减，技术创新和文化创新的基础正在削弱，社会的正常发展可能受到阻碍！跨国公司凭借强大的经济实力，在信息和技术领域实施"圈地运动"，往往在某一领域具有标准的制定权和市场的准入权，致使信息社会中大量的信息被这些大公司独占，而社会公众则不能自由的享受，这就是"信息封建主义"。在知识经济时代，最为重要的资源便是信息，信息的封建化必然导致资源分配的不公平和失衡。由于我国的特殊国情，自然垄断和行政垄断在经济生活中占有很大的比重，妨碍了自由的市场竞争，影响了技术创新和文化创新。而技术创新和文化创新是市场经济社会的固有内涵，自然垄断和行政垄断必然扭曲社会主义市场经济秩序。

根据2014年《财富》杂志的排名，进入全球五百强的中国内地企业如中国石油天然气、中国石油化工集团公司、中国人寿等几乎全部是自然垄断型或行政垄断型企业，这些企业的强大往往靠的是垄断而不是创新，国际竞争力并不是很强。我国著名经济学家张维迎先生把大企业的形成归结为：（1）创业的核心技术；（2）规模经济，也就是成本优势；（3）对供应链的管理能力；（4）品牌价值；（5）资源垄断。而将中国的大企业形成要素归结为：资源垄断第一，规模经济第二，品牌价值第三，供应链管理能力第四，核心技术第五。跟先进国家的差不多是倒过来了。并警示我国的企业在国际竞争中面临着很大的危险：（1）我们的资源垄断拼不过别人的核心技术；（2）我们的成本优势拼不过别人的品牌优势；

(3) 我们的生产能力拼不过别人的供应链管理能力。❶因此，这些中国的大企业的垄断局面必须打破。

以上所列举的所有领域都是知识产权法所不能够发挥作用的领域，这些价值目标都要靠竞争法来实现。这也是竞争法"防弊"功能主要作用的领域。

3. 竞争法之国家经济安全的保护功能与促进国际竞争力提高的功能

在全球化的知识经济时代，知识产权日益成为提高国际竞争力的关键和衡量综合国力的标准。全球化时代的知识产权竞争日益超出一国之范围而成为南北矛盾的焦点性因素，涉及发达国家和发展中国家利益诉求的对立。发达国家往往要求知识产权的"强保护"，发展中国家则要求知识产权的保护和本国的经济发展水平相适应。由于发展中国家往往不存在人文和技术方面的前提条件，不能充分地利用知识产权制度的激励作用。不公平的旧的国际经济秩序下的国际知识产权制度会造成利益分配的扭曲并损害发展中国家的利益。但是在发达国家主导的既定的国际经济秩序下，国际资本必然借助优势之知识产权渗透到发展中国家，危害后者的国家经济安全。发展中国家的经济可能由于外国资本的过度渗透而丧失自主性。例如，如果我国不加限制地允许外国资本进入我国的电信市场，电信领域的强大的跨国公司必然占领我国的电信市场，将我国的国内电信企业扼杀于无形之中。❷

发达国家的公司也可能借助其强势的知识产权打压民族产业。如我国浙江温州打火机一度占有80%世界打火机市场份额，而欧盟运用技术标准和专利，阻止其出口。跨国公司还可能采取知识同盟和技术标准的知识产权战略，来抵制国内企业的发展。从20世纪90年代开始，在华跨国公司开始有计划、有步骤、有目的地利用专利与技术标准等知识权利在中国跑马圈地，布设"雷区"和"陷阱"，特别是根据中国对外公布的各个5年规划，提前向中国大量申请相关专利，实现权利的独占，迫使中国企业不得不每年花巨资购买外国的专利使用权，从而大大削弱了

---

❶ 张维迎："中国企业500强很多不是真正中国企业"，载 http://finance.sina.com.cn/economist/jingjixueren/20050912/14531961309.shtml，2005年12月11日访问。

❷ 需要注意的是，对民族产业发展的保护与支持应该在遵循国际法规则的前提之下进行。

市场竞争力。继 2002 年的 DVD 事件后,我国彩电、电池、数码相机、打火机、剃须刀、DVD,从电信设备、摩托车和汽车等产业因知识产权而起的贸易纠纷此起彼伏,使我国众多企业和行业蒙受重大损失。

虽然在上述的知识产权纠纷中,存在着外国企业正当的知识产权权利诉求,但也不乏外商滥用知识产权之情形。在外国知识产权大棒的打压下,我国民族工业发展和国家经济安全受到极大威胁。发达国家主导的知识产权协定更加关注权利人的利益而非社会公众的利益。社会总体利益在现行的国际知识产权制度下不能良好实现。但我们就因此拒绝参与国际经济吗?不能。正如我国已故著名知识产权法专家郑成思所言:如果退出国际现有知识产权保护体系,无异于自我淘汰。相反,我们应当积极参加和融入国际经济的发展中。对于知识产权制度可能带来的消极影响,我们可以借助竞争法来解决,而不能因噎废食。❶知识产权法的内部限制对于防止知识产权滥用是不够的,竞争法的外部限制必不可少。知识产权法和反垄断法都鼓励创新,前者鼓励"初始创新",后者鼓励"后续创新",它们只是同一硬币的两面。欲建立良好的市场秩序,必须同时发挥两者的作用,力求创新与竞争的平衡发展。

4. 我国竞争法的现状、缺陷及其改进

我国既是新兴的工业化国家,又是传统的发展中国家。保护竞争利益对我国而言尤其具有必要性。我国的知识产权立法和竞争立法应当做到激励和竞争机会的平衡。在我国的市场经济发展过程中,不正当竞争行为为数众多;限制竞争行为在国内主要表现为自然垄断和行政垄断,跨国公司对我国众多市场形成的事实上的垄断更是触目惊心。欲同这些不正当竞争行为和限制竞争行为做斗争,必须要有良好的竞争法律制度,然而我国的竞争法律制度的建设却不尽如人意。

(1) 我国竞争法概况。我国尚处于社会主义市场经济法制建设的初创阶段,很多市场经济法律法规不健全不完善。目前我国已经制定了《反不正当竞争法》与《反垄断法》。根据我国反不正当竞争法的规定,

---

❶ 近期,围绕车企的垄断行为,我国反垄断执法部分进行了反垄断调查与执法。参见绿梦:"汽车反垄断 12 家日企罚单将超 10 亿元",载 http://www.dongao.com/news/hy/syn/201408/181816.shtml, 2014 年 8 月 23 日最后访问。

不正当竞争是指经营者违反本法规定，损害其他经营者合法权益，扰乱社会经济秩序的行为。其中，经营者是指从事商品经营或者营利性服务（以下所称商品包括服务）的法人、其他经济组织和个人。反不正当竞争法中涉及有关知识产权的不正当竞争行为有商品假冒行为、虚假宣传行为、侵犯商业秘密的行为、搭售、商业诽谤行为和串通投标等。除了反不正当竞争法对与知识产权有关之不正当竞争的规定外，其他法律法规也对其有零星规定。如2001年《中华人民共和国技术进出口管理条例》第29条规定了技术进口合同中限制性条款的禁止。我国《反垄断法》第55条规定了知识产权条款，阐明了以下法律精神：知识产权的正当行使豁免反垄断法的适用，尽管知识产权本身赋予权利人一种垄断权；然而，知识产权的滥用却有可能构成垄断行为。

（2）我国竞争法存在的缺陷。竞争法可以说是一国的"经济宪法"，能够发挥重要作用。然而，我国竞争法存在诸多缺陷，离"经济宪法"还有很大的距离。(1) 范围狭窄。我国反不正当竞争法对与知识产权有关的不正当竞争行为的规定极其有限，而且采取列举式的立法模式，极大地限制了反不正当竞争法对社会发展的回应能力。再者，知识产权和科技发展具有较强的联系，而当今科技发展日新月异，知识产权制度疲于回应快速的社会发展。不正当竞争法的有限规定不能适应快速发展的知识产权领域中不正当竞争和限制竞争的规制。(2) 主体缺位。发达国家如美国、欧盟和日本都有专门的反不正当竞争执法机关，而且具有强大的行政权、准司法权甚至准立法权。而我国的反不正当竞争法中规定的竞争法执法机关是县级以上的工商行政部门，位阶低、权限小、辐射面窄、人员素质差，缺乏独立性和权威性，致使反不正当竞争法的实施很不到位。在反垄断领域，目前仍然是"三权鼎立"（国家发改委、商务部、国家工商总局三大执法机构）的局面，缺乏统一的反垄断执法机构，带来诸多不利后果。[1] (3) 系统性不足。除了反不正当竞争法对与知识产权相关之反竞争行为的规定外，其他规定都是散见于相关法律法规中，

---

[1] 李泽廷："健全我国反垄断执法体系亟待解决四个问题"，载 http://news.xinhuanet.com/fortune/2014-08/21/c_126901840.htm，2014年8月23日最后访问。

很多法律效果不明确；大多只涉及外贸领域，不具有普适性；而且这些法律法规的位阶往往很低，不足以发挥"经济宪法"的功能。（4）一般条款缺失。由于社会经济发展瞬息万变，法律的发展往往跟不上社会的变迁。于是一般性条款的设立便是立法的一项很重要的技术，因其能够提高法律回应社会发展的能力。所谓一般条款是指，法律中的某些不具有确定内涵、外延，具有开放性的指导性规定，其文义是空泛的、抽象的，表达立法者价值倾向的条款。我国反不正当竞争法采取列举的方式规定了一些有关知识产权的不正当竞争行为，但并没有作出一般性的规定，使得法律条款缺乏灵活性和足够的应变能力。（5）缺乏可操作性。我国现行有关竞争法的规定中，大多数条文仅具有禁止性的规定，而缺乏惩罚条款；执行主体以行政执法为主，执法部门分散。而且《反不正当竞争法》的执法主体多元化，各部门执法力度不同；知识产权行政执法由各地行政管理机构负责，存在地区执法差别和地方保护现象。这些都大大降低了竞争法的可操作性。（6）其他制度缺陷。除上述之外，我国竞争法还存在其他制度缺陷。例如，反不正当竞争法将商业秘密的权利人和侵权人限定为经营者，范围太窄，使一大部分不正当竞争行为得不到追究，存在立法空白和疏漏。又如，有关商业秘密的构成要件，我国的立法规定比世界通行立法多了"实用性"这一要件，使得一大批尚处于理论研发阶段的成果得不到商业秘密法的保护。国际通行的立法一般都规定主管机关依照法定程序获得商业秘密的，负有保密义务，禁止通过主管机关将商业秘密流入商业渠道，而这一关键性的规定我国法中并没有体现。[1]（7）司法救济程序不完善。无救济，则无权利。司法程序的有效性程度决定了法律制度效用发挥的程度。诉前证据保全制度、全面的禁令制度对知识产权的保护极为重要。值得一提的是，我国新民事诉讼法（2013年）增加了有关行为保全的规定，已经被一些企业用来保护自己的合法权益。不过，行为保全或禁令往往是一把双刃剑，能够较为充分地保护知识产权人的合法利益，但是，如果使用不当，却往往会

---

[1] 郑成思："反不正当竞争法——知识产权的附加保护"，载《法律适用》，2004年第1期。

侵害社会公共利益。在一些发达国家，知识产权禁令救济的司法实践总结出了许多有用经验，我们需要借鉴这些经验，以做到保护知识产权与维护社会公共利益之间的精确平衡。另外，我国的执行难的问题一直没有解决，降低了企业诉诸司法救济的积极性。

（3）我国竞争法的改进。竞争法同知识产权之间具有天然而精妙的联系，研究知识产权必须研究竞争法。应对我国竞争法存在的上述问题与缺陷，应从以下几个方面完善我国竞争法的规定：①制定与知识产权有关的反不正当竞争的一般条款，增加竞争法的社会回应能力；②在竞争法中规定具有高度独立性和高度权威性的机关作为竞争法的执行机关，并赋予其强大的行政权、准司法权和准立法权；③借鉴美国法的规定，对一般的财产权和知识产权在适用竞争法时适用统一的标准和相同的法律原则，既不过分限制知识产权的行使，也不纵容知识产权的滥用；④借鉴欧盟法的规定，对鼓励、限制和禁止的知识产权行使行为作出明确的规定，使得竞争法具有较强的可预见性和透明度，方便市场主体有效利用知识产权创造财富。

（二）新型智力成果的出现、产业发展的诉求与"著作权法＋竞争法"整体视野下的法律规制

1. 新型智力成果及其属性

整个著作权法的发展史就是传播技术的历史。数字和网络技术所引发的传播技术革命给著作权法带来了极大的机遇和挑战。在网络版权时代，新型智力成果层出不穷，例如数字作品、微作品、GUI（图形用户界面）、软件用户界面、SSO（软件结构、顺序和组织）、网页作品、电子数据库作品（以数字图书馆为代表）、网游作品、网游角色作品、计算机字体和单字形体设计、电视节目模式等。这些新型智力成果的出现不仅给知识产权理论界带来重大研究课题，也对知识产权司法实践提出了挑战。

上述新型智力成果具有以下共同属性：（1）它们都是数字和网络技术发展的产物，具有极强的技术性；（2）它们都是著作权利益团体强烈呼吁保护的对象，具有极强的现实性；（3）它们都是著作权保护客体向纵深方向发展的表现，具有极强的抽象性；（4）它们都表现出同传统作

品不同的特性,具有极强的新颖性;(5)它们在数字和网络时代都牵扯到不同的利益关系主体,具有极强的复杂性;(6)新型智力成果大多可以催生衍生产品,具有极强的衍生性。基于此,有必要结合上述共同属性,体系化地对数字网络时代出现的新作品进行系统研究,妥善处理围绕新型智力成果的各种利益关系,以推动我国文化产业更快更好地发展。

2. 新型智力成果的著作权法保护

著作权法保护的客体是创作行为的产物,新型智力成果也是创作行为的产物,理应受到著作权法保护。作品的本质是表达,是人们共同认可的意义符号的排列组合,以及由这些排列组合所直接限定的要素,例如,作品的结构、情节、角色等。意义符号的排列组合是最终的表达形式,但作者的创作成果不限于此,还包括由这些排列组合所能够直接限定的要素。既然如此,上述要素理应受著作权法保护。著作权法保护的范围应该向纵深方向发展,这是保护作者创造性智力成果的体现。例如,软件结构正是软件作品最具创作性之所在,而我国现行法只保护软件的源代码和目标代码,这不符合软件产业发展的需要。又如,电视节目模式不同于电视节目创意,也不同于电视节目本身,其为思想的表达方式,在具有原创性时应受著作权法保护。

新型智力成果亦是作品,其可版权性仍然要在思想表达两分法、合并原则和原创性等著作权法基本原理的基础之上进行解决。在可版权性要件中,原创性是核心。衡量一部作品是否具有原创性,应该从量和质两方面进行考察,两者是此消彼长的关系:表达的量越大,作品越可能具有原创性;表达的质越高,作品越可能具有原创性;当一部作品表达的量较大时,对表达的质的要求相对较低;当一部作品表达的量较小时,对表达的质的要求相对较高。例如,尽管微作品表达的量较小,但如果其在表达的质上上乘,也可能具备原创性而受到著作权法保护。例如,微作品通常比较简短,但仍然是思想的表达,在其具有原创性的时候也可获得著作权法保护。不过,合并原则有可能在微作品的场合发挥作用。

3. "著作权法+竞争法"的整体视野

应对产业发展对新型智力成果保护的诉求,应在"著作权法+竞争法"整体视野下对新型智力成果的法律保护进行研究。著作权法保护人类的智力创作成果,但并非任何智力创作成果都适合在著作权法之下进行保护。在手法上,著作权法是"设权模式",即通过设置权利和维权来达到调整社会关系的效果;而竞争法则是"迂回模式",它不是通过设权,而是在维护公平竞争的市场秩序的宗旨之下,通过对"相对关系"的调整来达到调整社会关系的目的。相对而言,竞争法所带来的调整效力相对于著作权法而言要低,不易把法律调整的不利后果与影响放大。因此,对著作权法保护不到或者是否应受著作权法保护模糊不清的领域放在竞争法模式下进行解决,可能更能够实现较好的调整效果。例如,电视节目创意是不应受著作权法保护的思想,但如果该创意被相对人免费使用显失公平的时候,可以在竞争法中对创意的提出者施以保护。限于著作权法的"设权模式"中企图对法律关系进行妥善调整在诸多情况之下不易。例如,纯粹事实消息属于不受著作权法保护的思想,但不赋予消息的提供者以一定程度的法律保护不仅在消息的提供者和消息的发布者之间造成不公平的结果,而且不符合实践中的普遍做法。因此,纯粹事实消息虽然不受著作权法保护,但如果消息的发布者免费利用消息提供者的消息造成显失公平的结果,则应构成不正当竞争行为。在数字网络时代,尤其要如此。

综上,可以预见的是,在对创新成果进行保护的过程中,应该正视知识产权法同竞争法的不同属性,针对不同的创新成果,采取不同的法律规制方法,以实现法律制度促进产业发展的效果。

(三)大数据时代的版权保护——以《今日头条》版权纠纷案为例[*]

"大数据"(big data)又称巨量资料,指的是所涉及的资料量规模巨大到无法通过目前主流软件工具,在合理时间内达到撷取、管理、处理、并整理成为帮助企业经营决策更积极目的的资讯。大数据的具有 4V 特点:大量(Volume)、高速(Velocity)、多样(Variety)、真实性(verac-

---

[*] 感谢张雨潇在资料搜集与整理中所付出的辛勤劳动。

ity).❶ 这些巨量资料不仅来自于互联网上的数据激增,同时来自于物联网❷条件下所产生的海量数据。大数据的价值在于企业对巨量数据的存储与分析,得出对自身发展有用的信息。例如,现代信息技术的发展和互联网的普遍使用使得每个人于何时、何地、做了何事都在网络中形成记录,这些记录共同构成大数据的基础信息,网络技术与服务提供商可以利用这些数据分析得出其所需的有用信息,例如消费者偏好。大数据技术手段的利用可以产生许多有益效果,但同时,其也是一把双刃剑,例如,其引发了不少版权问题。本来,信息技术的发展与互联网的普及就导致了新旧媒体的利益失衡,大数据时代这种失衡进一步加剧,围绕《今日头条》所发生的版权纠纷就是典型。《今日头条》所提供的新闻咨询服务即是通过大数据分析的手段,通过对用户浏览信息的偏好进行分析,在此基础上推出"头条"新闻咨询。《今日头条》并不生产新闻,仅是通过技术手段提供一种类似新闻集成的服务,但其行为对生产新闻的媒体的利益造成了巨大冲击。于是,近日,多家传统媒体集体"声讨"《今日头条》并称其侵犯版权,《广州日报》更是将运作《今日头条》的北京字节跳动科技有限公司诉至北京市海淀区人民法院。2014年6月24日,搜狐公司起诉《今日头条》,称其存在侵犯著作权与不正当竞争行为。要求对方立刻停止侵权,并索赔经济损失1 100万元。利用大数据分析手段获取新闻咨询并提供给用户的《今日头条》客户端在版权法中是何种地位、抓取新闻的行为如何定性、如何实现传统媒体与新媒体在新技术条件之下的利益平衡与合作共赢是大数据时代的版权法应该回答的问题。

1.《今日头条》案

《今日头条》客户端利用大数据分析手段对用户的偏好进行分析,并提供个性化的新闻资讯服务。然而,其本身并不生产新闻。针对传统媒

---

❶ http://baike.baidu.com/subview/6954399/13647476.htm? fr=aladdin,2014年7月4日最后访问。

❷ 物联网是指通过各种信息传感设备,实时采集任何需要监控、连接、互动的物体或过程等各种需要的信息,与互联网结合形成的一个巨大网络。其目的是实现物与物、物与人,所有的物品与网络的连接,方便识别、管理和控制。参见百度百科对"物联网"的解释。http://baike.baidu.com/view/1136308.htm? fr=aladdin,2014年7月4日最后访问。

体对其的申诉,《今日头条》主要的抗辩理由是,《今日头条》客户端所进行的"抓取"行为属于链接与搜索引擎的服务,用户最终还是进入新闻内容提供商的页面,其服务并未产生替代效果。

(1)《今日头条》客户端的法律属性。《今日头条》的口号"我们不生产新闻,我们只是新闻的搬运工",而事实上也是如此。《今日头条》并不生产新闻,而是在他人已经提供的新闻资讯的基础之上,利用大数据分析的手段对用户的行为进行追踪与分析,在用户偏好的基础之上向其提供其心目中的"头条"。可见,《今日头条》不仅不同于传统纸质媒体,也不同于通过传统的网络新闻媒体。因此,其是否媒体,是否有资格发布新闻都存在争议。从版权法的角度讲,《今日头条》客户端并非传统的网络内容提供商,而接近于网络服务提供商。《今日头条》抗辩说,其客户端仅仅是搜索引擎。然而,与传统搜索引擎不同的是,并不需要用户提供关键词进行检索,《今日头条》的客户端主动提供新闻咨询内容的链接。于是,相反的观点认为其并非传统搜索引擎,而是对提供"二次加工"的新闻咨询的网络内容提供商。对《今日头条》的客户端进行准确定性非常重要,如果将其定性为搜索引擎,而搜索引擎是互联网的声明,其行为应被鼓励;而如果将其定位为网络内容提供商,其想要提供经过"二次加工"的新闻咨询内容,如果该新闻资讯构成可版权性的作品,便需要经过新闻内容提供商的许可,否则将构成版权侵权行为。事实上,从《今日头条》客户端所提供的服务来看,其兼具网络服务提供商与网络内容提供商的双重人格,对其行为的定性也应该具体问题具体分析。

(2)抓取对象的法律属性。思想表达两分法是版权法的基本原则,意指版权法保护的是思想的表达,而并非思想本身。作者的创作利用受版权法保护,而信息则应当自由传播。《今日头条》客户端抓取的对象如果仅是不具有可版权性的内容,理应被鼓励。在我国版权法中,与新闻有关的法律术语基本有三类:时事新闻、时事性文章及新闻作品三类。时事新闻不属于著作权法保护的对象;时事性文章虽然属于新闻作品,但应属合理使用的范畴(需要注意的是,现行著作权法有关"时事性文章"的合理使用是否适用于网络媒体是有争议的);具有原创性的新闻作品应受版权法保护。因此,如果《今日头条》客户端抓取并呈现的是时事新闻与时事性文章❶,应属合法行为;反之,如果其所抓取并呈现的是具有原创性的新闻作品,则有侵犯版权的嫌疑。事实上,《今日头条》客户端所呈现的内容繁杂,既有时事新闻、时事性文章,也有新闻作品。因此,其抓取行为有可能构成版权侵权或不正当竞争行为。

放眼这个媒体产业的发展历史,我们可以发现,即使是针对不受版权保护的客观事实来说,新闻落地有偿服务也是普遍的做法,更不用说是应受版权保护的新闻作品。为保障社会公众接触信息与咨询,促进新闻传播固然重要,然而,如果欠缺新闻内容的生产者,仅存空壳媒体,便没有内容可以传播。因此,保护原创、保护新闻内容的生产者的合法利益是保障社会公众获取新闻资讯的大前提。实践中,传统媒体便扮演了新闻内容生产的角色,即使是网络新闻内容提供商提供的新闻服务(如新浪新闻)也必须建立在新闻生产的基础之上。网络技术的发展促进了新兴媒体的出现,加速了新闻资讯的传播速度;大数据分析的出现,又提升了新闻资讯传播的质量,出现了个性化的新闻内容服务。这对社会公众来说,确实是件好事。然而,即使是再为个性化的服务,也应该以尊重与保护新闻内容提供者的合法利益为前提。建立在大数据分析的基础之上,《今日头条》客户端对多家传统媒体与网络媒体的新闻资讯进行不同程度的链接,建立在其基础之上,又在一定程度上对其所提供的产品起到了替代作用,即使不构成版权侵权(如果其所抓取的并非可版权性的新闻作品),也可能会因为在他人耕作的基础之上不劳而获从而构成不正当竞争行为。❷ 因此,《今日头条》欲取得进一步的发展,还应该积极同传统媒体协商,取得授权。

(3)抓取行为的法律属性。如上所述,《今日头条》事实上是一种新闻集成。从其行为的属性来看,既有网络链接行为,又有信息网络传播行为。链接分浅层链接与深层链接,其区别在于浅层链接将原页面的内

---

❶ 时事性文章是指通过报纸、期刊、广播电台、电视台等媒体发表的关于政治、经济、宗教问题的文章,除非作者明确声明不得转载的,属于合理使用的范畴。参见我国现行《著作权法》第22条第1款第2项。

❷ 卢海君:《版权客体论》,知识产权出版社2011年版,第249页。

容完全再现，包括广告、目录等与目标文本无关的内容，而深层链接则去除了与目标文本无关的内容，仅链接纯文本。通常而言，浅层链接属于合法行为，深层链接有可能构成不正当竞争行为。根据《今日头条》客户端所链接的内容来看，其链接形式既包括浅层链接（主要在 PC 客户端），如电脑页面中除了原页面的纯文本信息外，还保留了广告等其他附加信息；也包括深层链接（主要在手机客户端），如转码链接。《今日头条》客户端所提供的浅层链接应属合法，然而，其所进行的深层链接，当其链接的内容具有可版权性时，可能构成不正当竞争行为。同时，《今日头条》手机客户端提供经过转码之后的新闻咨询内容（上述经过"二次加工"之后的新闻咨询内容）事实上应当属于信息网络传播行为，如果未经版权人许可，应属版权侵权。

2. 非自愿许可在新技术条件下相关主体的利益平衡

经过上文的分析，我们发现，《今日头条》的出现是个好事物，然而，考虑到新技术条件下传统媒体与新的传播手段之间的利益平衡，《今日头条》的客户端所提供的服务有可能构成版权侵权，或者构成不正当竞争行为。《今日头条》的负责人在不同的场合也反复表示，已经跟相关媒体进行协商，争取获得授权。然而，《今日头条》所提供的服务需要建立在多家媒体的新闻内容的基础之上，而且，在互联网中，技术可能并不能够识别已经同哪家媒体谈判且经过授权，所以，有可能出现"误抓"。另外，并非所有传统媒体都愿意授权给《今日头条》。如上所述，《今日头条》确实是好东西，不仅提升了新闻资讯传播的速度，而且提升了其传播的精确度（即个性化服务）。于是，利用版权法中的非自愿许可制度来解决授权问题自然成为一种理想的选择。通常而言，经过当事人协商一致所进行的版权许可称之为自愿许可；在特定条件之下，法律不尊重当事人的意愿，硬性规定利用人可以获得利用版权作品的许可称之为非自愿许可，在我国版权法中，通常指法定许可。在法定许可制度安排之下，版权利用人无须获得版权人的许可（法律已经明确规定），但应当向版权人支付报酬。从法定许可的制度设计来看，似乎是一个平衡版权人与利用人的利器。在我国现行的著作权法中，存在纸媒之间的法定许可制度，在网络媒体之间、在纸媒同网络媒体之间，也曾经出现过法定许可制度的尝试（在我国最高人民法院的相关司法解释中），然而，最终夭折。究其根本原因，在于纸媒之间适用法定许可制度，要求利用人支付报酬还处于可控状态。然而，在网络媒体之间、在纸媒同网络媒体之间，由于我国的版权保护力度与效果尚令人担忧，尤其是在互联网技术普及的今天，如果法律规定网络媒体之间、纸媒同网络媒体之间适用法定许可的规定，恐怕版权人的合法利益更是堪忧。因此，在现阶段，网络媒体之间、纸媒同网络媒体之间的法定许可制度的安排的条件还不成熟，还需慎重考虑。

3. 技术中立、版权责任与合作共赢

整个版权制度发展的历史就是传播技术革命的历史。从版权制度发展的历史脉络来看，传播技术的革命导致了印刷版权、电子版权与网络版权三大时代的渐次到来。新的传播技术的出现，对已有版权制度来说，往往既是挑战，又是机遇，催生了新的版权规则的出现，例如，信息技术的出现所催生的美国1998年的DMCA法案、我国的《信息网络传播权条例》。大数据时代也是如此。传统纸媒在网络技术出现之后已经经历过一次洗礼与变革，不少已经转型做网媒，或者积极同网媒进行各种合作以求生存和发展。大数据时代的到来可以说又是一次惊人的传播技术革命：正如上文所述，其不仅是提高了传播速度，还提供了极具个性化的服务，社会公众获取有用信息的途径更为便捷。当新的传播技术革命出现之后，传统的文化创意产业往往会受到较大冲击，传统媒体也是如此。传统媒体不能够消极应对，而应该积极参与。大数据时代的到来，传统媒体的变革势在必行。传统媒体可以借此机会，利用新技术更新和扩大媒体的传播方式，增强传统媒体的竞争力，延长传统媒体的寿命，并通过积极同新兴传播力量的合作来获得新生。

然而，寻求合作，必须有话语权。话语权的根基在于传播媒体合法的版权与不正当竞争的权益。上诉版权与权益必须以法律保护作为后盾。可以这样说，针对《今日头条》多提供的服务，现行法已经足以对其进行规制。值得注意的是，司法者须站在利益平衡的角度，利用现有的法律规则，引导诸如《今日头条》这样的新兴传播力量，尊重版权，尊重他人的劳动成果，在法定的范围之内从事新闻传播行为。如此，最终要实现的是传统媒体同网络媒体的合作共赢,而不是你死我活。在对此进行规制时,要注意遵守技术中立原则:技术本身无可厚非,只有对技术的利用行为才可能存在版权责任或构成不正当竞争。另外,作品的创作固然重要,作品的传播也发挥了重要作用。在新技术条件之下,应积极发挥集体管理组织(在新闻作品的传播领域,中国的文字著作权协会可以担当此责)在创作人与利用人之间的桥梁作用,采取集中许可的方式解决获权难的问题,同时也可以增强传统媒体的谈判能力。

4. 结语

到目前为止,《今日头条》还处于舆论的风口浪尖。而大数据时代才刚刚开始。在《今日头条》所涉及的诉讼中,可能会出现传统媒体胜诉的情形,也可能出现《今日头条》胜诉的情况,但最终,《今日头条》同传统媒体会携手合作。即使张一鸣的《今日头条》被消灭,未来肯定会有其他《今日头条》出现。我国的版权行政管理机构针对此类新兴纠纷,应该加强引导,而不能够横加干预;司法机关应该多进行利益衡量,而不能扼杀新生事物;传统媒体可以集结起来,同《今日头条》进行谈判,争取获得更好的合同条款,不然,可以放弃《今日头条》,另建山头,创造《明日头条》。申诉、诉讼都是利益博弈的过程,而正当博弈才最有效率。

(四)版权保护、竞争秩序与传媒文化产业的发展

传播技术的革命撼动了传媒文化产业的利益格局。互联网技术革命对传统纸媒的生存与发展提出了挑战,大数据时代的到来更是压缩了传统媒体的生存空间。近日,标榜"不做内容生产者,只做内容分发者""不做新闻生产者,只做新闻搬运工"的"今日头条"遭遇传统媒体的集体抗争,[1] 凸显了新闻内容生产者、传播者与使用者之间的利益纠葛。事实上,不论是何种时代,上述三者之间的利益平衡都是传媒文化产业有序发展的前提。利益平衡的核心是保护传媒文化产品的产权,维护传媒文化产业的公平竞争,适时进行传媒文化产业发展的商业模式创新。

---

[1] "《今日头条》被告上法庭 被指肆无忌惮践踏版权",载 http://news.xinhuanet.com/fortune/2014-06/06/c_126585838.htm,2014 年 7 月 27 日访问。

1. 传媒文化产品的著作权法保护

新闻内容提供者产出的是传媒文化产品❶，从历史发展的脉络出发，在电报出现之前，新闻是通过书信的方式进行传播，在当时，新闻被认为处于公共领域，新闻作品可以被自由使用，当电报出现之后，新闻作品才成为商品。❷ 在新闻未成为商品之前，无须分析其著作权法地位，因为不论其是何种类型，都不受著作权法保护。当新闻演变成传媒文化产品之后，就需要分析其在著作权法中的地位，因为通常而言只有受著作权法保护的新闻作品才需要付费加以利用。

新闻传播固然重要，但新闻内容的生产始终占据基础地位。新闻内容提供者所生产的传媒文化产品并非都是应受版权保护的作品。著作权法中与传媒文化产品有关的范畴有四个：客观事实、时事新闻、时事性文章与新闻作品。客观事实与时事新闻属于不受著作权法保护的范畴；时事性文章属于合理适用的范畴；具有原创性的新闻作品应受著作权法保护。由此可见，新闻内容提供者所提供的传媒文化产品并非全部受著作权法保护。

（1）客观事实。传媒文化产品定属于劳动成果，但并非全部属于创作成果。新闻内容提供者可能第一个发现并搜集该客观事实，然而，不论新闻内容提供者是否发现该客观事实，都不影响其客观存在。著作权法的立法目是通过保护作者的创作成果而激励创作，但并非任何劳动成果都受著作权法保护，只有创作性的劳动成果才能够享有如此待遇。因此，尽管新闻内容提供者首次发现并搜集某个客观事实，付出了代价甚至生命的代价，该客观事实仍然不能够受到著作权法的保护。

（2）时事新闻。根据我国现行《著作权法》（2010 年）第 5 条之规定，时事新闻不受著作权法保护。所谓"时事新闻"，按照《著作权法实施条例（2002 年）》第 5 条的解释，是指"通过报纸、期刊、广播电台、

---

❶ 传统传媒文化产品即狭义所指的消息和新闻性的专题等纯新闻性产品，载 http://baike.baidu.com/view/450297.htm?fr=aladdin，2014 年 7 月 27 日。

❷ See Christine Katherine Lesicko, The New News: Challenges of Monetization, Engagement, and Protection of News Organizations' Online Content, 2 Reynolds Ct. & Media L. J. 339, 341 (2012).

电视台等媒体报道的单纯事实消息"。所谓"单纯事实消息",是指仅包含新闻"4W"(who, where, when, what),即全部由"硬件"组成的新闻。从法解释学的角度讲,"时事"是客观事实,"新闻"是一种文体,"时事新闻"是用"新闻"这种文体对某种客观事实的表达。思想表达两分法是著作权法的基本原理,意指著作权法只保护思想的表达,而不保护思想本身。"时事"应属不受著作权法保护的思想;文体同样如此;"时事新闻"却构成著作权法保护的表达。之所以《著作权法》明确规定"时事新闻"不受著作权法保护,并不在于其具有客观性,因为"时事新闻"不同于"时事",不可能具有所谓客观性。而是,当特定思想仅有一种表达方式或有限的几种表达方式时,如果保护了这种唯一或有限的表达方式,事实上保护了著作权法中不应受保护的思想,违背了思想表达两分法这一著作权法的基本原理。于是,当特定思想的表达具有唯一性或有限性时,该表达视同与思想合并,不应受著作权法的保护,此为合并原则。❶ 著作权法上所谓不受保护的"时事新闻"应指受合并原则限制的对特定客观事实的表达或不具有原创性的表达。例如,"某年某月某日某人访问了某国"这一"时事新闻",适用合并原则的可能性就比较大。比如,"某人于某年某月某日访问了某国"与原表达方式所表达的意思接近。除此之外,很难找到替代的表达方式来表达同样的意思。例如,"某国于某年某月某日被某人所访问"与原意相去甚远。因此,与客观事实相似,时事新闻属于自由传播的范畴。

(3)时事性文章。《著作权法》第22条第4款规定:"报纸、期刊、广播电台、电视台等媒体刊登或播放其他报纸、期刊、广播电台、电视台等媒体已经发表的关于政治、经济、宗教问题的时事性文章时,可以不经著作权人许可,不向其支付报酬,但应当指明姓名、作品名称,并且不得侵犯著作权人依照本法享有的其他权利,但作者不许刊登、播放的除外。"这一款是有关"时事性文章"合理使用的规定。时事性文章事实上属于新闻作品,如果具有原创性,理应受著作权法保护。然而,时事性文章之上不仅承载了作者的私人利益,而且关系社会公众获取信息

---

❶ 卢海君:《版权客体论》,知识产权出版社2011年版,第54页。

的公共利益，两项利益相较，公共利益在此时应处于优先地位。因此，著作权法规定了时事性文章的合理使用，即在著作权法所规定的前提条件之下，报纸、期刊、广播电台、电视台等媒体有权自由刊登或播放其他报纸、期刊、广播电台、电视台等媒体已经发表的时事性文章。需要注意的是，时事性文章须关乎政治、经济、宗教问题，否则不属于合理使用的范畴。例如，报纸上连载的小说，便不属于合理使用的范畴。

（4）新闻作品。当下的新闻报道大多数是纵深化的报道，大多数加入了作者的主观判断与个性表达，从而满足原创性要件而受到著作权法的保护。与普通作品不同的是，新闻作品往往同客观事实具有密切的联系，企图反映客观事实或以客观事实为基础进行创作，可以归类为著作权法中较为特殊的事实作品的范畴。由于事实作品同客观事实的密切联系，其上所承载的公共利益相较于普通作品而言更大，在确定其是否满足可版权性要件及其保护范围时，要适时考虑公共利益的维护。其一，由于同客观事实密切联系，新闻作品受合并原则限制的可能性相较于虚构作品而言更大。不可能同于虚构作品创作的天马行空，新闻作品的创作要受客观事实的制约，可发挥的空间自然狭隘。简短的新闻作品有可能演变成受合并原则限制的时事新闻。其二，新闻作品所描写的对象有些已经清晰无疑，而有些则可能扑朔迷离，例如，失联的马航MH370客机到底身在何处至今仍是谜团。新闻作品的撰写者在书写这类事件时，不可避免地要加入自己的推测。经过创作者的推测所还原的事实极有可能背离客观事实。客观事实不受著作权法并无争议，经过推测所形成的"事实"表面上看是作者的"创造"，该"事实"是否应受著作权法保护？可以做如下分析：情况一，作者推测所形成的事实同于客观事实，显然，不应该对该事实赋予著作权法的保护；情况二，作者推测所形成的事实不同于客观事实，该推测所形成的"事实"是否应受著作权法保护看似有疑问，事实上，从公共利益的维护与言论自由保护的角度出发，该"事实"也不应该受著作权法保护，因为公共利益的维护要求尽可能地发现事实，而且，即使某作者在其新闻作品中阐述了其所推测的"事实"，英雄所见略同的情形也不是没有可能，从公众言论自由保护的角度出发，该作者不应对其所推测的"事实"享有著作权。不过，如果该作者在该

"事实"的基础之上,用个性的语言表达了该"事实",并且这种表达不受合并原则的限制,该表达应受著作权法保护。

综上,在新闻提供者所产出的传媒文化产品中,只有具有原创性的新闻作品(不包括时事性文章)才受著作权法保护。不过,需要注意的是,不受著作权法保护的对象并非没有任何财产权地位。例如,思想之上不宜建立普通财产权与版权,然而,在相对关系中对思想赋予一定程度的保护还是有必要的,而且是可行的。❶ 比如,思想的提供者同思想的接受者签订合同,约定思想的接受者为思想的提供者提供思想的行为支付对价,在思想之上即建立了债权,"点子"的交易即是典型表现。

2. 传媒文化产品的传播与著作权法规制

整个著作权制度发展的历史,就是传播技术革命的历史。著作权认为著作人身权与著作财产权,著作财产权实质上就是对传播的控制,通过这种控制以达获取经济利益的目的。

(1)传播技术的革命:挑战与机遇。其一,前互联网时代:已经形成的利益格局。

传媒文化产品传统的传播方式是复制与发行。所谓复制,是指非创造性地再现原作;所谓发行,指的是向社会公众提供作品的原件或复制件等载体的行为。在广播技术出现之后,广播也成为其重要的传播方式之一。所谓广播,即以无线方式公开广播或者传播作品,以有线传播或者转播的方式向公众传播广播的作品,以及通过扩音器或者其他传送符号、声音、图像的类似工具向公众传播广播的作品的权利。我国著作权法已经明确规定了著作权人享有复制权、发行权、广播权,因此,新闻作品的上述集中传播方式都已经体现在著作权法的规定之中,而且经过长期的司法实践,不同于互联网时代的传播,在传统的传播方式中争议相对较少。其二,互联网时代:利益格局的重构。

互联网技术的出现是传播技术发展的深刻的革命,同时也给传统著作权制度带来了机遇和挑战。在信息网络时代,作品的传播速度之快、范围之广、质量之高是前所未有的,而且,不同于广播的是,互联网上

---

❶ 卢海君:《版权客体论》,知识产权出版社 2011 年版,第 119 页。

的传播是交互式的，交互式的传播方式一改单向传播模式，增加了受众的主动性与参与性，上述改变当然有利于作品的使用者，但显然冲击了著作权人的利益。应对这些机遇和挑战，传统著作权制度经历了变革与创新，随后网络著作权时代到来。我国进入网络著作权时代的典型表现就是信息网络传播权在著作权法中的增加和《信息网络传播权条例》的制定。

当下，大数据技术的应用风靡全球，可以说，大数据时代已经来临，并且是互联网传播时代的又一次革命。大数据即海量数据，巨量数据，已经超出传统的数据处理工具所能够处理的范畴。[1] 利用大数据分析手段，可以带来诸多前大数据时代所无法具有的优势，例如，可以据此做出更可靠、更理性的决策。《今日头条》客户端所提供的服务即是通过大数据分析的手段提供给用户的个性化服务，相对于传统新闻咨询服务，这种服务更加贴心，更加优质。在传统的搜索引擎领域，用户尚须利用关键词进行检索，以找到自己想要的内容；而在《今日头条》客户端，其通过大数据分析手段对用户的偏好进行分析之后，无须用户利用关键词进行检索，主动提供用户想要的内容。据此，大数据时代的革命性意义凸显无疑。

《今日头条》客户端提供的是一种新闻聚合（news aggregators）[2] 服务，然而，已经远远超出了传统新闻聚合的范畴。所谓新闻聚合，是指从多种新闻源头搜集信息并至于一处进行显示。[3] 新闻聚合有多种形式，传统上有以下几种：①提要聚合（feed aggregator）。谷歌新闻即采取这种聚合形式，谷歌新闻通过检索与抓取在线媒体资源，展示故事的内容提要（headline），并提供原始来源的链接；[4] ②增值聚合。该种形式的新闻

---

[1] 参见维基百科对大数据的解释，维基百科网，http://en.wikipedia.org/wiki/Big_data，2014年7月26日。

[2] 聚合新闻服务通常提供标题、摘要、全文链接、新闻来源，部分还提供新闻检索功能。参见申凡、陈奕奕："聚合新闻：由'e化'到'易化'的跨越——试析网络新闻发展的新趋势"，载《南京邮电学院学报（社会科学版）》2005年第2期，第17页。

[3] See Alexander Weaver, Aggravated with Aggregators: Can International Copyright Law Help Save The newsroom? 26 *Emory Int'l L. Rev.* 1161, 1162 (2012).

[4] 参见谷歌新闻网，谷歌网，http://news.google.com.hk，2014年7月27日。

聚合不仅有提要聚合的内容，还有编辑对上述内容的评论，该评论即为增值部分；③互动聚合。时至今日，新闻聚合网站同社交网站联姻，形成了社交新闻聚合网站，在此网站上，是由用户发布新闻信息，并根据用户的偏好进行排序，具有互动性。❶ 可以说，社交新闻聚合网站是新闻聚合网站的深化发展，最大的特定在于用户的参与性。相对于纸质新闻与网络新闻来说，新闻聚合提供了更为简便与个性的服务，❷ 可以预见的是，新闻聚合是传媒文化产品未来传播的趋势。

新闻聚合尤其是大数据时代的新闻聚合能够为用户提供个性化的服务，但同时也是对传播媒体的极大挑战，很有可能给传统媒体带来致命打击。新闻聚合中的两种行为，即提供新闻提要（往往伴随浅层链接）和深度链接，是传统媒体从业者所最为担心的：其有可能使传统媒体失去读者与消费者，减少广告收入，威胁到其生存。❸ 在新闻聚合中，对传统媒体所生产的新闻提要的未经授权的利用最遭诟病。然而，抓取新闻提要的行为是否侵犯著作权首先要解决的问题是，新闻提要本身是否具有原创性而受到著作权法的保护。有关此问题，有正反两方面的观点：观点一认为新闻提要往往仅是客观事实的简单描述，并非是具有原创性的表达方式，不能够满足原创性要件而受到著作权法保护；❹ 相反的观点认为，新闻提要的书写需要谙熟新闻的观念、风格、思想等要素，是需要个性投入的表达，应该受到著作权法保护。❺ 事实上，大多数新闻的内容提要都是简明扼要地表述某一新闻时事，如此，绝大部分都是对某客观事实上的纯粹表述，往往在表达方式上具有局限性，从而属于上文所述的不受著作权法保护的时事新闻，新闻聚合网站有权自由展示传统媒

---

❶ 徐钱立："社交新闻聚合——WEB2.0时代的新闻网站理念"，载《新闻实践》2013年第12期，第72页。

❷ 申凡，陈奕奕："聚合新闻：由'e化'到'易化'的跨越——试析网络新闻发展的新趋势"，载《南京邮电学院学报（社会科学版）》2005年第2期，第17页。

❸ See Alexander Weaver, Aggravated with Aggregators: Can International Copyright Law Help Save The newsroom? 26 Emory Int'l L. Rev. 1161, 1166 (2012).

❹ See Fairfax Media Pubitns Propriety Ltd. v Reed Int'l Books Austl. Propriety Ltd. (2010) 189 *FCR* 109, 122 (Austl.).

❺ See Fairfax Media Publ'ns Propriety Ltd v Reed Int'l Books Austl. Propriety Ltd (2010) 189 *FCR* 109, 115 (Austl.).

体所生产的传媒文化产品的内容提要。❶ 当然,也不排除简短的文字作品具有原创性的可能。例如,标题,往往比较简短,然而,融入作者个性的标题,却能够满足原创性的要求而获得著作权法的保护。例如,"父亲""母亲"作为标题,因为其是通俗的表达方式,不能够满足原创性显而易见,而且没有争议;相反,"星期九"却个性突出,能够满足原创性而获得著作权法保护。不过,在新闻作品的创作中,由于受到文体的限制,通常不会出现"星期九"这种类型的标题和内容提要。另外,考察新闻聚合网站是否侵犯传统媒体新闻作品的著作权,还需考虑新闻提要在新闻作品中的地位与作用。通常而言,新闻提要具有原创性,但如果新闻提要在新闻作品中占次要地位,发挥次要作用,新闻聚合网站的行为并不能够构成对新闻作品的侵权,因为实质性相似的要件没有得以满足;反之,如果新闻提要在新闻作品中占据重要地位,发挥重要作用,成为新闻作品的实质性部分,新闻聚合网站的行为有可能构成著作权侵权行为。❷ 不过,即使出现了具有原创性的新闻提要,而且该新闻提要在新闻作品中占据实质性地位,新闻聚集网站对其的展示也有可能构成著作权法中的合理使用。

增值聚合与互动聚合都内含提要聚合的要素,但又不仅如此。一方面,增值聚合由于在提要聚合的基础之上,还伴有编辑的评论,相对于提要聚合更有可能构成转化性使用❸,从而满足合理使用的要件而豁免侵权。另一方面,在互动聚合中,大多数情况之下,新闻资讯是由用户上

---

❶ 近日,西班牙通过了法律向新闻聚合网站征收"谷歌(微博)税",招致争议,被认为不明智。对于新闻聚合网站的行为,许多欧洲传统媒体尚能容忍对新闻作品标题的聚合,而认为聚合新闻作品摘要与缩略图的行为应该缴税。参见晨曦:"西班牙通过奇葩法律:聚合网站须纳税",载 http://tech.qq.com/a/20140729/093828.htm,2014 年 8 月 8 日最后访问。

❷ See Alexander Weaver, Aggravated with Aggregators: Can International Copyright Law Help Save The newsroom? 26 *Emory Int'l L. Rev.* 1161, 1180 (2012).

❸ 转化性使用是某种行为是否构成合理使用的判断标准。所谓转化性使用,是指将他人作品作为自己作品创作的有机构成部分,形象地讲,就是将他人作品作为自己创作的棋子,基于此创作新作品的行为。转化性使用并不会对原作造成不利影响,应受鼓励。例如,滑稽模仿,又称戏仿。参见张玉敏、曹博:"论作品的独创性——以滑稽模仿和后现代为视角",载《法学杂志》2011 年第 4 期,第 57 页。

传的，此时，在新闻资讯受著作权法保护时，因为互动聚合平台服务提供商并没有直接上传侵权作品，故并不承担直接侵权责任，但有可能承担间接侵权责任，因为其为侵权作品的传播提供了帮助。❶

《今日头条》客户端所提供的新闻聚合服务已经远远超出了传统聚合传播模式下对传统媒体的冲击与撼动，尤其是在其提供给用户转码之后的新闻作品的文本，更是在根本上触动了传统媒体的命脉。因为在此时，用户根本看不到源网站，也开不到源网站的网站，这种情况之下《今日头条》客户端的行为是纯粹的"拿来主义"，这种行为如果不加以制止，只能够助长"空手套白狼"的行为，无益于新技术条件之下传统媒体与新媒体之间的公平竞争、有序发展。

（2）传播技术的革新与责任机制的演变。传播技术的革新有可能带来责任机制的改变。传统著作权法倡导的是选择进入机制（an opt-in system），即除非作者允许复制，他人不可任意复制其作品。❷ 著作权法大多数制度遵循的都是选择进入机制，在这一机制之下，只有得到著作权人的许可，他人才可能利用其作品。❸ 而在互联网时代，选择退出机制（an opt-out system）兴起，意指用户可以自由地浏览网页内容，除非网站所有者采取某种措施阻止这种进入。❹ 选择退出机制有两面性：一方面，在海量使用作品的场合，选择退出机制将节约交易成本，促进对资源的有效利用。❺ 另一方面，不同于选择进入机制的是，选择退出机制可能给著作权人增加不合理的负担，❻ 往往限于在搜索引擎领域予以适用。

---

❶ 王迁："论版权'间接侵权'及其规则的法定化"，载《法学》2005年第12期，第66页。

❷ Monika Isia Jasiewicz, Copyright Protection in an Opt-Out World: Implied License Doctrine and News Aggregators, 122 *Yale L. J.* 837, 843（2012~2013）.

❸ 当然，我国著作权法中也有选择退出机制的规定，例如，法定许可制度中允许权利人做相反的申明。梁志文："版权法上的'选择退出'制度及其合法性问题"，载《法学》2010年第6期，第93页。

❹ Monika Isia Jasiewicz, Copyright Protection in an Opt-Out World: Implied License Doctrine and News Aggregators, 122 Yale L. J. 837, 843~44（2012~2013）.

❺ 梁志文："版权法上的'选择退出'制度及其合法性问题"，载《法学》2010年第6期，第90页。

❻ Authors Guild v. Google, Inc., 770 F. Supp. 2d 682 (S. D. N. Y. 2011).

选择退出机制在海量使用作品的场合相对于选择进入机制具有高效性，其在大数据时代的规则作用更是明显，遵守该机制的商业模式更有可能取得成功。以《今日头条》案为例，《今日头条》客户端主张其所提供的是搜索引擎的服务，其遵守了网络技术使然的选择退出机制，应该豁免侵权。但其主张遭到网络巨头搜狐的驳斥，其认为今日头条从未如搜索引擎般公布其机器人 User-Agent，导致无法屏蔽对方的抓取行为。❶在搜索引擎运行过程中，网站的所有者可以通过创制特定的爬虫协议（robots.txt）来禁止搜索引擎链接其特定内容。然而，《今日头条》客户端并未公布其机器人 User-Agent，网站的所有者并不能够通过惯常的技术手段来禁止《今日头条》的抓取行为。因此，即便在互联网时代，如果《今日头条》客户端并未公布其机器人，其并没有遵守选择退出机制。未来《今日头条》的发展要么遵守传统著作权法中的选择进入机制，即同著作权人达成协议获得授权；要么遵守互联网时代的选择退出机制，即仅提供搜索引擎的服务，要公布其机器人，以使他人能够通过技术手段屏蔽其抓取行为，而且在只能够采取浅层链接的方式。与《今日头条》客户端遭遇抗争的境遇不同的是，百度新闻却与传统媒体相安无事，究其原因在于，其遵守了互联网背景下的选择退出机制，给出了 No-Transform 协议、Handheld 协议、User-Agent 命令等简单易行且能够一劳永逸地拒绝百度进行抓取的方案。❷

（3）非自愿许可与传媒文化产品的有效传播。在《今日头条》案中，《今日头条》客户端反复强调，其与传统纸媒或网媒之间有合法授权关系。如果其间果真有合法授权关系，并且《今日头条》客户端严格遵守协议，其与传统纸媒或网媒之间的争讼便不会发生。当然，网络新秀在其发展过程中，如果通过授权关系的建立妥善地协调好了各种利益关系，其发展当属应被鼓励的范畴。然而，在各种数据信息海量存在的情形之下，就每一部作品一一通过协商建立合法的授权关系事实上不可能。尤

---

❶ 何志阳："今日头条方面公开称自己为搜索引擎"，载 http://it.szonline.net/294157/569453340611b.shtml，2014 年 7 月 26 日访问。

❷ 阑夕："今日头条之惑：法律、商业和创新的矛盾"，载 http://news.hexun.com/2014-06-09/165505712.html，2014 年 7 月 27 日访问。

其是《今日头条》客户端所提供的服务需要建立在多家媒体所提供的新闻内容的基础之上，要求其事无巨细地就每一部作品谈授权未免强人所难。而且，并非每一个传统媒体都愿意授权给《今日头条》客户端。而事实上，《今日头条》所提供的服务确实是个好东西，相对于传统的互联网的交互式传播而言，利用大数据算法的《今日头条》客户端所提供的传播结果已经达到个性化的水准。客观上讲，应鼓励这种服务的出现。然而，合法授权如何解决？

考虑到作品的利用与传播，著作权法中有法定许可等非自愿许可的规定以达到促进作品利用与传播效果的制度。通常而言，欲利用某部作品，须同著作权人讨价还价以达成授权协议，通常还需要支付著作权授权许可使用费。在特定情况之下，为了社会公共利益的考量，法律硬性规定，作品的利用无须经过著作权人的许可，但应当向著作权人支付报酬，例如，我国现行《著作权法》第33条第2款规定，"作品刊登后，除著作权人声明不得转载、摘编的外，其他报刊可以转载或者作为文摘、资料刊登，但应当按照规定向著作权人支付报酬"。此款是有关报刊转载法定许可的规定。在法定许可制度安排之下，版权利用人无须获得版权人的许可（法律已经明确规定），但应当向版权人支付报酬。从法定许可的制度设计来看，似乎是一个平衡版权人与利用人的利器。❶ 在我国现行的著作权法中，存在纸媒之间的法定许可制度（即报刊转载法定许可），在网络媒体之间、在纸媒同网络媒体之间，也曾经出现过法定许可制度的尝试（在我国最高人民法院的相关司法解释中），❷ 然而，最终夭折。❸ 究其根本原因，在于纸媒之间适用法定许可制度，仅从理论上讲，利用

---

❶ 不少学者认为，我国著作权法中有关报刊转载法定许可的规定已经失去了存在基础，应予废除。参见丛立先："转载摘编法定许可的困境与出路"，载《法学》2010年第1期，第29页。

❷ 《最高人民法院关于审理涉及计算机网络著作权纠纷案件适用法律若干问题的解释（2000年11月22日）》第3条规定，"已在报刊上刊登或者网络上传播的作品，除著作权人声明或者上载该作品的网络服务提供者受著作权人的委托声明不得转载、摘编的以外，网站予以转载、摘编并按有关规定支付报酬、注明出处的，不构成侵权。但网站转载、摘编作品超过有关报刊转载作品范围的，应当认定为侵权"。

❸ 2006年《最高人民法院关于审理涉及计算机网络著作权纠纷案件适用法律若干问题的解释》删除了网络转载摘编法定许可的内容。

人对作品的利用还处于可控状态。然而，在网络媒体之间、在纸媒同网络媒体之间，由于我国的版权保护力度与效果尚令人担忧，尤其是在互联网技术普及的今天，如果法律规定网络媒体之间、纸媒同网络媒体之间适用法定许可的规定，恐怕版权人的合法利益更是堪忧。因此，在现阶段，网络媒体之间、纸媒同网络媒体之间的法定许可制度的安排的条件还不成熟，还需慎重考虑。

（4）合理使用与社会公众知悉权的实现。传媒文化产品的广泛传播关乎社会公共利益，关系社会公众获取知识和信息的权利的实现。相同于普通作品而言，新闻作品天然地同社会公共利益有着密切联系。因此，一方面需要对新闻作品赋予著作权保护以激励创作，另一方面，需要对新闻作品的著作权施加一定程度的限制以保证公共利益的实现，上述对时事性文章的合理使用便是典型。事实上，除了时事性文章之外，对于其他类型的新闻作品，如果对其的利用满足合理使用的要件和立法精神，也应该属于合理使用的范畴。我国现行《著作权法》第22条规定了合理使用的情形。通常认为，某种作品利用行为是否构成合理使用需要参考以下三个要素予以确定：①使用作品的性质和目的；②引用作品的数量和价值；③引用对原作市场销售、存在价值的影响程度。❶ 为公益而对作品的利用比为私益而对作品的利用更易构成合理使用；引用作品的数量越大，价值越高，越不可能构成合理使用；如果对原作的利用产生了对原作的市场替代效应，该行为往往会被认定为著作权侵权而不是合理使用。以《今日头条》案为例，其浅层链接行为不仅没有产生市场替代效应，反而进一步推送了原告作品，属于合法当属无疑；而深层链接行为事实上剥夺了原告的广告市场，有可能构成著作权侵权行为或不正当竞争行为。而仅仅提供原作新闻标题和部分缩略图的行为，例如，百度新闻，❷ 应属合理使用的范畴。原因如下：①百度新闻通过索引和分类，重新编排了其所抓取的内容，有可能构成转化性使用；②百度新闻可以促

---

❶ 吴汉东：《著作权合理使用制度研究（修订版）》，北京：中国政法大学出版社2005年版，第21页。

❷ 百度新闻主页展示的都是新闻标题。参见百度新闻主页，http：//news.baidu.com/，2014年7月27日。并且，提供源网站的链接。

进公共利益,其通过将海量信息中的数据整合到其网页上,公众可以更为容易地接触到其想要的信息,社会公众知悉信息的权利更易实现;③如上文所述,新闻作品是事实作品,其上承载了许多公共利益,需要及时向公众传播,百度新闻聚合的不是其他作品,正是事实作品,故更有可能被认定为是合理适用;④从量的方面讲,新闻聚合网站所展示的新闻提要往往占据新闻作品的极小部分;从质的方面讲,如上文所述,新闻提要却有可能成为新闻作品的心脏。不过,鉴于新闻作品作为事实作品的属性,新闻提要成为新闻作品心脏的概率不大。而且,百度新闻并未刊载他人新闻提要,仅仅刊载标题;⑤百度新闻并未产生替代源网站的效应,并且通过链接增加了源网站的流量。从以上几个方面的分析可以看出,百度新闻刊载他人新闻标题的行为应属合理使用。❶ 因此,合法的新闻聚合行为应被鼓励,因为其有利于社会公众更高效地获取有用信息。

3. 传媒文化产业的有序竞争

据上文所述,传媒文化产品并非都应受著作权法保护,客观事实是不应受著作权法保护的思想,时事新闻是不应该受到著作权法保护的受合并原则限制或不具有原创性的表达。尽管如此,不受著作权法保护的传媒文化产品的采集书写人在搜集和书写的过程中往往付出了艰辛的劳动,允许后来者免费搭便车有失公允,已经威胁到传媒文化产业的发展。❷ 上述搭便车行为应属不正当竞争行为,在诸多国家的司法实践中,事实上也被当着不正当竞争行为进行对待的。❸ 著作权法和反不正当竞争法都是设计用来保护智力努力(intellectual endeavor)的,只不过前者设计只保护表达,而后者设计用来保护源于智力努力的商业优势(business

---

❶ Alexander Weaver, Aggravated with Aggregators: Can International Copyright Law Help Save The newsroom? 26 *Emory Int'l L. Rev.* 1161, 1187~88 (2012).

❷ Minjeong Kim, Show Me The Money: The Economics Of Copyright In Online News, 58 *J. Copyright Soc'y U. S. A.* 301, 303 (2010~2011).

❸ [美] 唐纳德·M. 吉尔摩等著, 梁宁等译:《美国大众传播法: 判例评析》, 北京: 清华大学出版社 2002 年版, 第 164~165 页。

advantage)。❶ 在传媒文化产品的保护中，著作权法和反不正当竞争法都发挥着重要作用。著作权法保护具有原创性的新闻作品；不受著作权法保护的传媒文化产品如果体现了生产者的智力努力，源于该智力努力的竞争优势应受到反不正当竞争法的保护。如果两造新闻媒体之间构成竞争关系，原告在搜集信息的过程中付出了成本且信息具有时间紧迫性（time-sensitive），被告搭了原告的便车且对原告产品或服务的存在或质量构成实质性威胁，被告构成对原告的不正当竞争行为。❷ 以《今日头条》案为例，《今日头条》客户端所进行的深层链接（主要发生在手机客户端中），典型的属于不正当竞争行为。原因如下：①深层链接的对象是他人新闻作品的全部；②不同于浅层链接的是，深层链接屏蔽了源网页的广告；③基于上述两点，《今日头条》客户端的深层链接是典型的"拿来主义"，在自己并未播种的地方收获，❸ 用户并不需要进入源网站即可获得新闻咨询，这种感深层链接的行为对源网站所提供的传媒文化产品的存在构成实质性威胁。综上，《今日头条》客户端深层链接的行为应属不正当竞争行为。

需要注意的是，在我国，并非任何媒体产业都可以自己生产新闻，民办商业网站虽然可以申请新闻信息服务牌照，但无新闻采访权和采编权，只能够做中央新闻单位或者省、自治区、直辖市直属新闻单位的新闻搬运工。❹ 因此，可以说，我国的传媒文化产业并非完全的市场竞争。在传媒文化产业有序竞争的建构过程中，不仅要防范空壳媒体的搭便车行为，也要规制新闻内容生产商的垄断行为。

4. 传媒文化产业的发展之道

（1）发展方向：合作共赢是必然。新的传播技术的出现，对现行著作权制度与已经形成的著作权利益格局而言，不仅是挑战，也是一种机遇。就音乐版权产业的发展而言，网络数字音乐的兴起曾经对传统唱片

---

❶ See Robert A. Gorman, Copyright Protection For The Collection And Representation Of Facts, 76 *Harv. L. Rev.* 1569, 1571 (1962~1963).

❷ National Basketball Association v. Motorola, Inc. 105 F. 3d 841 (2d Cir. 1997).

❸ Int'l News Serv. v. Associated Press, 248 U. S. 215, 245 (1918).

❹ 阑夕: "今日头条之惑：法律、商业和创新的矛盾", 载 http://news.hexun.com/2014-06-09/165505712.html, 2014 年 7 月 27 日。

业产生了致命打击。然而，在互联网日新月异的今天，音乐版权产业并未消亡。原因何在？音乐版权产业积极行动，同网络新贵一起，共同打造了新的传播环境之下的多样化的网络音乐授权模式。这种新的授权模式往往兼顾了著作权人，网络服务提供者和使用者三者的利益关系，实现了利益共赢的局面。同理，在新的传播环境下，传媒文化产业的发展也不能够故步自封，而应当迎头赶上。《今日头条》客户端之所以在短时间内融资过亿，其根本原因是正确定位了市场。传统纸媒与网媒面对网络新贵的态度不应该是一味抵制，而是寻求合作路径，走向共赢。当然，共赢之路还需要增加传统纸媒与网媒的话语权，在此基础之上，共同探讨新的商业模式。有些传统媒体同新媒体达成协议，通过置换、互换、付费等形式，使用对方资源，已经走上合作共赢之道，❶ 这种合作方式值得进一步推广。

（2）关键因素：集中管理模式的采纳。单个的著作权人在面对著作权侵权时往往无能为力。同样的情形，单个传统纸媒或网媒在面对网络新贵时，往往感觉话语权不够。于是，整合力量便成为必然选择。另一方面，要求著作权人利用人——同寻找每个著作权人达成授权协议，也不现实。迫切需要一个中介组织的出现。在著作权市场中，著作权集体管理组织扮演了中介与媒介的角色。按照我国现行《著作权法》第8条第1款的规定，"著作权人和与著作权有关的权利人可以授权著作权集体管理组织行使著作权或者与著作权有关的权利。著作权集体管理组织被授权后，可以以自己的名义为著作权人和与著作权有关的权利人主张权利，并可以作为当事人进行涉及著作权或者与著作权有关的权利的诉讼、仲裁活动"。传统纸媒或网媒可以授权著作权集体管理组织来行使其权利，❷ 同网络新贵进行讨价还价，如此，即增加了传统媒体的话语权，又方便了网络新贵获得著作权的授权。而且，著作权集体管理的优势在于

---

❶ 张洪波："新媒体与传统媒体：谁革了谁的命？"，载 http：//news. xinhuanet. com/newmedia/2014-07/09/c_126731349. htm，2014 年 7 月 27 日访问。

❷ 事实上，传统媒体的授权大多数依靠整合之后的力量，例如英国的报纸授权代理机构（The Newspaper Licensing Agency，简称 NLA）。参见 NLA 的官方授权网站，http：//www. nlamediaaccess. com/default. aspx? tabId=40，2014 年 7 月 27 日。

同利用人签订一揽子许可合同,❶ 往往并不针对某部具体作品,而是针对特定范畴的作品签订合同,简便易行,节约成本。目前,我国共有五个著作权集体管理组织,其中,可能用来作为传媒文化产品著作权管理的是中国文字著作权协会(简称"文著协")。事实上,文著协的相关负责人也正积极推动传媒文化产品的集中管理。❷

(3)路径选择:商业模式的创新。面对新技术的发展,往往是实践先行,著作权法律制度随后确认某种可行做法的合法性。这种可行做法即商业模式的创新。商业模式的创新是产业重塑的核心与实质,❸ 其成功案例不胜枚举,例如,诺基亚的"从产品到解决方案",微软的"价值链拆分",美国资本一号的"从产品到客户知识"等。❹

其一,合法性。商业模式的合法性是其正常发挥功能的前提。以乐视网的商业模式为例。乐视网凭借乐视生态("平台+内容+终端+应用"的垂直全产业链业务体系,具有乘法效应,能将产业链各节点的效能加倍释放)垂直产业链整合的模式成功获得了"最佳商业模式"奖。❺ 并吸引大量的投资者,股价也曾经在短短的4年里上涨了10倍。乐视网商业模式的载体是乐视盒子。然而,乐视与央视在互联网机顶盒合作中存在违规并被要求整改,导致其股价连续大跌并停牌。❻ 在此暂且不论乐视的商业模式是否合规,重点是,在商业模式创新的过程中,应该做好商业模式的合规性审查,待合规性审查合格之后再行推向市场,避免导致无谓损失。

---

❶ 不同于单独许可,在一揽子许可的情况之下,许可的对象是集体管理组织所管理的所有作品,这样可以减少交易成本。See Stanley M. Besen, Sheila N. Kirby, Steven C. Salop, An Economic Analysis Of Copyright Collectives, 78 *Va. L. Rev.* 383, 388(1992)。

❷ 张洪波:"新媒体与传统媒体:谁革了谁的命?",载 http://news.xinhuanet.com/newmedia/2014-07/09/c_126731349_2.htm,2014年7月27日访问。

❸ 李东,苏江华:"技术革命、制度变革与商业模式创新——论商业模式理论与实践的若干重大问题",载《东南大学学报(哲学社会科学版)》2011年第2期,第32页。

❹ 罗珉,曾涛,周思伟:"企业商业模式创新:基于租金理论的解释",载《中国工业经济》2005年第7期,第73~74页。

❺ 乐视网获新财富"最佳商业模式"奖,载 http://roll.sohu.com/20140724/n402664663.shtml,2014年7月27日访问。

❻ 乐视网商业模式暂受冲击 遭基金减持,载 http://finance.sina.com.cn/money/fund/20140721/040019766211.shtml,2014年7月27日访问。

其二，公平性。商业模式的创新须建立在公平、公正、充分协商的基础之上，否则可能建立不适当的私的公共权力（private public power）。例如，通过启封合同建立起来的协议关系就可能产生这种效果。这种合同是单方制定的，为格式合同的一种，合同效力常常遭到质疑。另外，启封合同的内容有时同法律精神相左，例如，许多启封合同禁止法律允许的反向工程。[1] 可见，建立在不公平的基础之上所形成的商业模式常常违法，公平性同合法性有内在联系。违背公平原则所形成的商业模式的效力应被否定。传统媒体与新媒体之间商业模式的形成应该是在公平协商的基础之上形成。

其三，以变求通。科技在进步，社会在发展，故步自封最终走向灭亡。传统媒体在面对新媒体的冲击时，应该警醒，并从以下几个方面求变：①改变传统传播路径，从数字出版中寻找生机。互联网的到来已经在很大程度上改变了公众的阅读习惯，更多人不再从报纸、期刊上获取新闻资讯，更多的是从电脑、手机上浏览新闻，因此，传统媒体应该正视这一社会现实，积极推动数字出版业务，并加强同网络公司的合作，适时退出属于自己的新闻客户端。②正确定位自身的核心竞争力。在互联网时代，同质化的新闻资讯服务必然失败。传统媒体应该认清此问题，并正确定位自己的核心竞争力，例如，《南方周末》的核心竞争力就在于其深度报道，这也是其成功之处。③寻求合作以减少成本。传统媒体可以通过业务外包、内容分享、平台共享等方式加强在内容生产、发行、广告、印刷、聚合等领域的合作，包括与网络新贵的合作，只做自己擅长且有特色的业务，减少成本，共谋发展。

5. 结语

全面提升文化软实力、文化竞争力和文化持续发展能力，大力推动文化大发展大繁荣是我国的发展大计。提升文化软实力的根基是推动文化产业的发展。文化产业是以生产和提供精神产品为主要活动，满足人们文化需求的生产部门。文化产业健康发展的基本前提是文化产品产权

---

[1] 苟正金："论启封许可中的合同自由与知识产权法冲突"，载《社会科学研究》2009年第5期，第82页。

的完善保护与文化产品的有序竞争。传媒文化产业是文化产业的重要组成部分。保护传媒文化产品的著作权是促进传媒文化产品产出的基本保障，建立传媒文化产品领域的公平竞争秩序是促进传媒文化产品有效传播的基础。新的传播技术的出现与发展往往会打破已经形成的利益格局，同时会对传统媒体造成极大冲击，唯有变革与创新，传统媒体才能够找到继续生存与发展的出路。

结论　版权客体范围之界定与公共领域之促进

版权客体论企图从实然和应然的角度为版权客体范围勾勒出一个清晰的轮廓。探讨版权客体范围不可避免地要涉及公共领域这一命题，因为版权作品和公共领域是正反两个方面的问题，版权作品是法律基于立法目的的考量将特定客体财产化和私权化的结果，而法律未予财产化和私权化的客体则处于公共领域。

一、公共领域的内涵与外延

公共领域本来是一个同知识产权这个比较宏观的论域相对的概念，是不受知识产权保护的领域。[1] 仅从版权法的角度讲，相对于版权作品而言，公共领域是版权法不予保护的领域。这一领域的表现形式众多，例如保护期限届至的作品、没有满足可版权性要件的作品等都处于公共领域。[2] 另外，开源软件、合理使用、实验性使用、其他允许在未经许可的情况下使用作品和分享信息的版权规则、被许可不付版税的使用的规范等在理论上处于公共领域之外，但效果上处于公共领域之内。[3] 总之，就版权法而言，未受版权限制，他人可以自由使用的领域就处于公共领域。

---

[1] Pamela Samuelson, Mapping the Digital Public Domain: Threats and Opportunities. 66 *Law & Contemp. Prob.* 147, 149 (2003).

[2] Pamela Samuelson, Enriching Discourse on Public Domains. 55 *Duke L. J.* 783, 789-90 (2006).

[3] Pamela Samuelson, Mapping the Digital Public Domain: Threats and Opportunities. 66 *Law & Contemp. Prob.* 147, 149 (2003).

二、公共领域的提出与扩展

公共领域这一术语的付诸使用和发挥效用经历了一定的历史发展过程。例如，在美国知识产权法中，公共领域这一术语的法律地位的确立就历经了很长时间。从语词的角度讲，在美国历史的第一个 100 年里，公共领域（public domain）并不存在于知识产权法中，直到 19 世纪 90 年代公共领域这一术语才被适用到该法律领域中。[1] 1896 年，美国最高法院将公共领域这一术语从法国法中引进，在 20 世纪前 10 年由汉德法官所推广。[2] 在 1896 年 5 月 18 日，美国最高法院在歌手制造公司（Singer）案[3]中首次使用了公共领域这个术语。[4] 在制定法中，《美国 1909 年版权法》第一次使用公共领域这一术语。该法第 7 条规定，版权不存在于已处于公共领域的作品之上。[5] 该法对公共领域这一概论的采纳和美国最高法院在 1911 年的一个案例[6]中对这一术语的使用鼓励了该术语的采用。汉德法官使这一术语流行。在 1915 年至 1924 年期间公布的 12 个案例中他使用了这个术语。尤其具有影响力的是其于 1930 年在尼克尔斯案[7]中的观点认为，普通的情节属于公共领域的范畴。[8] 自从 1960 年，美国最高法院开始重复强调宪法的公共领域层面，包括以下原则：公众对处于公共领域的材料享有所有权，这些所有权是不可取消的，一旦某些事物成为公共领域的一部分，该事物就永远处于公共领域。[9] 1976 年《美国

---

[1] Tyler T. Ochoa, Origins and Meanings of the Public Domain. 28U. Dayton L. Rev. 215, 232 (2002).

[2] Tyler T. Ochoa, Origins and Meanings of the Public Domain. 28U. Dayton L. Rev. 215, 243 (2002).

[3] Singer Manufacturing Co. v. June Manufacturing Co. 163 U.S. 169 (1896).

[4] Tyler T. Ochoa, Origins and Meanings of the Public Domain. 28U. Dayton L. Rev. 215, 240 (2002).

[5] Cong. Ch. 60-320, § 24, 35 Stat. 1075, 1077 (1909).

[6] Baglin v. Cusenier Co., 221 U.S. 580, 598 (1911).

[7] Nichols v. Universal Pictures Corp. 45 F. 2d 119 (2d Cir. 1930).

[8] Tyler T. Ochoa, Origins and Meanings of the Public Domain. 28U. Dayton L. Rev. 215, 244 (2002).

[9] Tyler T. Ochoa, Origins and Meanings of the Public Domain, 28U. Dayton. L. Rev. 215, 266 (2002).

版权法》中以多种方式确认了公共领域，包括将以前制定法或案例法发展的限制性原则成文化。该法第102（a）条将可版权的客体限制在原创性作品之上，将事实置于公共领域之中，第102（b）条将禁止对思想赋予版权保护的原则成文化，第103条规定汇编作品或演绎作品的版权并不及于已存材料，第105条规定版权不保护美国政府的作品，第301（a）条规定联邦法优先于赋予等同于版权的权利的州法。❶ 目前，不仅公共领域这一术语被美国的知识产权立法所普遍采取，而且法律保护公共领域免受私权的侵害这一思想也贯穿在美国的知识产权施法之中。

三、公共领域的平衡与协调

从版权客体论到公共领域论是个质的飞跃。公共领域论实际上将版权客体论从微观领域带到宏观领域，在历史的语境之中，结合到版权客体的扩张对政治、经济和文化的发展可能带来的影响，考察政府和私人围绕公共领域在知识产权制度系统中的所作所为，探讨怎样通过法律制度来达到私人权利和公共领域之间、激励创造和维护公益之间的平衡。从而，版权客体论跳出法律制度的窠臼，置于整个社会发展的大背景之中而出现另一番景象：彰显着历史与现实的交错，创造者和使用者之间及创造者之间的较量，发达国家同发展中国家之间的博弈，立法者及政策制定者应当表现出来的智慧。

一般认为，版权法目的有直接目的和间接目的之分，直接目的是对创作人赋予版权以激励作品的创作，间接目的是促进文化的进步和推动整个社会的发展。❷ 然而，作者创作作品并不是来源于真空之中，而是要建立在一定的基础之上。这个创作基础就是公共领域，因此，必须保证有足够多的公共领域存在才不会导致社会公众创作源泉的枯竭。基本的法律原则是，最高贵的人类创造，即知识、真理、观念和思想，在自愿

---

❶ Tyler T. Ochoa, Origins and Meanings of the Public Domain. *28U. Dayton L. Rev.* 215, 228 (2002).

❷ Christine Wallace, Overlapping Interests in Derivative Works and Compilations, 35*Case W. Res. L. Rev.* 103, 105-106 (1985).

传达给他人之后，就像空气一样自由为公众所使用。❶ 知识产权是"例外"（exception）而不是"常规"（norm），思想和事实必须总是处于公共领域。❷ 知识产权与公共领域之间的消长关系反映了知识产权激励创作和维护公益之间平衡的需要。

从经济学的角度讲，知识产品具有公共物品的属性，即非竞用性和非排他性，这一属性要求法律创制一个有限的垄断权即知识产权来激励知识产品的产出。❸ 从历史发展的角度而言，随着科学技术的发展，复制技术不断进步，复制越来越简便和快捷，复制成本越来越低，知识产品公共物品的属性越来越明显。❹ 知识产品公共物品的属性随着科学技术的发展变得越发明显，创作人对知识产品的控制力就会越发虚弱，在这种情况下加强知识产权保护似乎具有一定合理性。另外，信息附加值产品和信息密集产品重要性的增加是否意味着这种知识产品的知识产权的强度要增加？信息产品之间是相互依赖的关系，信息产品的构成要素是未来创新的原材料。对信息的公共领域进行"圈地"既有损害创新也有支持创新的潜在可能性。对信息产品赋予更多的财产权并不必然导致更多和更好的产品和创新的产生，有时会出现相反的结果。❺

公共领域的维护也涉及言论自由的促进。在一个依赖表达自由的社会里，对表达处于公共领域有持续的需求，❻ 版权与公共领域的对立和统一也关乎版权利益和言论自由利益之间的博弈。在这种博弈中，言论自由并不总是处于上风。例如，扎奇尼（Zacchini）案❼的法院认为第一

---

❶ Int'l News Serv. v. Associated Press, 248 U. S. 215, 250 (1918) (Brandeis, J., dissenting).

❷ James Boyle, The Second Enclosure Movement and the Construction of the Public Domain. 66 *Law & Contemp. Prob.* 47 (2003).

❸ James Boyle, The Second Enclosure Movement and the Construction of the Public Domain. 66 *Law & Contemp. Prob.* 33, 42 (2003).

❹ James Boyle, The Second Enclosure Movement and the Construction of the Public Domain. 66 *Law & Contemp. Prob.* 33, 42-43 (2003).

❺ James Boyle, The Second Enclosure Movement and the Construction of the Public Domain. 66 *Law & Contemp. Prob.* 33, 43-44 (2003).

❻ Meliville B. Nimmer, Does Copyright Abridge the First Amendment Guarantees of Free Speech and Press? 17 *U. C. L. A. L. Rev.* 1180, 1200-04 (1970).

❼ Zacchini v. Scripps-Howard Broadcasting Co. 433 U. S. 562 (1977).

修正案❶并没有赋予新闻媒体广播原告人体炮弹表演的权利。又如哈珀与饶出版公司 Harper & Row Publishers 案❷的法院认为第一修正案并不保护一个杂志在经授权的出版日期之前出版福特回忆录的摘要。这表明，公共领域虽然关乎人民言论自由这一宪法权利的实现，但在处理公共领域与版权之间关系的时候还是要综合各方面的利益，力图达到相关利益之间的平衡和协调。

公共领域不仅关乎国内各方主体之间的利益关系，而且还可能涉及国际利益之间的平衡。例如，传统知识特别是民间文学艺术作品是发展中国家的一笔财富，这些传统知识到底应不应该财产化或者仍然让其处于公共领域，不仅涉及激励创作和公共利益维护之间的关系，而且有关南北发展之间的矛盾。由于历史发展的原因，传统知识多由发展中国家的人民享有，相对于发达国家，发展中国家更强调传统知识的保护，例如，许多非洲的发展中国家已经制定了保护民间文学艺术作品的专门法律。而不少发达国家认为传统知识应当处于公共领域的范畴，如果对其赋予知识产权保护可能会阻碍创新的产生。

四、公共领域的威胁与挑战

知识产权制度和法律制度本身的设计可能导致公共领域的范围受到不合理地限缩。例如，有些客体可以同时受到多种知识产权制度或法律制度的保护。各种类型的知识产品的保护一般具有期限性，知识产权法之所以对其保护施加期限限制，就是要使期限届满的知识产品进入公共领域，实现知识产权法的目标。而知识产权的重叠保护可能影响到公共领域，一种有期限的知识产权到期后，又得到另一个法律部门的保护，这样就延展了私权的范围，缩小了公共领域。❸例如，一个不具有可专利性的物品，就像一个专利权已经到期的物品一样，是处于公共领域的。如果对这种物品赋予反不正当竞争法的保护，则会使专利法限制专利权

---

❶ 美国宪法第一修正案规定了对言论自由的保护。

❷ Harper & Row Publishers, Inc. v. Nation Enterprises. 471 U. S. 539.

❸ A. Samuel Oddi, The Tragicomedy of the Public Domain in Intellectual Property Law, 25 *Hastings Comm. & Ent. L. J.* 1, 43-49 (2002).

保护期限的目的落空。❶ 布吕洛（Brulotte）案❷认为，在专利到期之后，被许可人允诺对专利机器的使用付费的合同不具有可强制执行性。已经处于公共领域的事物不能够从公共领域里移走。❸

从历史发展来看，版权客体有不断扩大的趋势。例如，美国版权法在其诞生之初只保护地图、图表和书籍，到目前为止，其所保护的范围几乎无所不包。❹ 版权法也被称之为"文学产权法"，区别于"工业产权法"，本来是用来保护文学艺术领域的创造。但随着社会和经济的发展，版权法的"工具价值"日益凸显。例如，现代版权制度所保护的诸多领域并不属文学艺术的范畴，比如计算机软件，对软件赋予版权保护更大程度上是为了促进软件产业的发展。版权客体的不断扩张必然导致公共领域的缩小，而公共领域不合理的缩小可能阻碍知识产权法立法目的的实现。有学者将当代知识产权的扩张称之为"第二次圈地运动"（the second enclosure movement）。❺ "圈地运动"这一术语的采用本身表明了作者对公共领域限缩的担忧。另外，版权法其他制度的变迁与发展也在一定程度上导致公共领域的缩小。例如，从"字面侵权"（literary coping）到"实质性相似"（substantial similarity）的演进，计算机软件保护范围的扩张等❻都扩展了版权人的版权保护范围，相应地限缩了公共领域的范围。

市场主体的私人行为也可能对公共领域的范围造成一定冲击。例如，启封合同对私人利益和公共利益的平衡可能造成不利影响。市场主体可能通过启封合同将本来处于公共领域的东西划归私有领域，市场主体的这种私人行为所可能带来的消极影响可以通过知识产权法的一些现有规则加以一定程度的克服。我们也可以通过否定这种合同效力的方法来达到保护公共领域的目的。

---

❶ Sears, Roebuck & Co. v. Stiffel Co., 376 U.S. 225, 231-32 (1964).

❷ Brulotte v. Thys Co. 379 U.S. 29 (1964).

❸ Kewanee Oil Co. v. Bicron Corp. 416 U.S. 470, 481 (1974).

❹ 李响：《美国版权法：原则、案例及材料》，中国政法大学出版社2004年版，第41页。

❺ James Boyle, The Second Enclosure Movement and the Construction of the Public Domain. 66 *Law & Contemp. Prob.* 33, 37-40 (2003).

❻ 李明德、许超：《著作权法》，法律出版社2003年版，第279~283页。

五、公共领域的保护与促进

公共领域指能够自由为所有人使用的材料。[1] 公共领域是由"每个人"（everyone）所有的，而不是"没人"（no one）对其享有所有权。[2] 公共领域具有巨大的社会功能，丰富的公共领域的存在可以说是人类社会赖以生存和发展的基石，是后来者继续创新的源泉。太多的知识产权将会增加接触资源的成本，将会制造创新的"瓶颈"（choke points）。[3] 公共领域和私有财产并非各自独立的不相关的领域，这两个领域不论在历史上还是在经济上都是密切联系在一起的。[4] 公共领域对私有财产权制度是必要的，因为公共领域提供了一定范围的自由作品，资本家可以依靠这些自由作品，而不需要寻求同意或者招致责任。[5]

公共领域对人类社会的发展如此重要，然而，版权客体范围不断增加，权利不断被权利人扩张，公共领域的范围日益缩小，社会公众自由行为的范围不断被压缩，健康的发展结构受到威胁。为了保障激励创作与维护公共利益之间的平衡，保障知识产权的可持续发展，需要保证公共领域的丰富，促进公共领域的发展。公共领域的促进与发展需要采取一定的措施与方法，其可以由政府来采取，例如，政府可以出资建立一些公共数据库，使更多的信息能够为社会公众所接触；又如，政府可以出资创作一些对社会发展极其重要的作品，并且放弃该作品的版权，使其能够为公众所自由使用。市场主体的行为也可能达到促进公共领域增

---

[1] James Boyle, Foreword: The Opposite of Property? 66 *Law & Contemp. Probs.* 1, 1 (2003).

[2] Tyler T. Ochoa, Origins and Meanings of the Public Domain. 28 *Dayton L. Rev.* 215, 260 (2002).

[3] James Boyle, Foreword: The Opposite of Property? 66 *Law & Contemp. Probs.* 1, 29 (2003).

[4] Carol M. Rose, Romans, Roads, and Romantic Creators: Traditions of Public Property in the Information Age, 66 *Law & Contemp. Probs.* 89, 101~102 (2003).

[5] Anupam Chander, Madhavi Sunder, The Romance of the Public Domain, 92 *Calif. L. Rev.* 1331, 1343 (2004).

加的功能。❶ 由市场主体所发起的自由软件运动、开放源代码运动和知识共享运动都在很大程度上促进了公共领域的增加。

李察德·斯托曼（Richard Stallman）在软件领域掀起了一股自由软件运动（free software movement）的思潮，企图通过公布软件源代码的方式寻求软件资源分配的财产权模式的替代措施，对于这种源代码，允许他人自由进行编辑、复制甚至发布。❷ 李察德·斯托曼认为自由软件是一种自由，而非财产价格（"free software is a matter of liberty, not price"）。❸ 自由软件运动引起了强烈的社会反响。计算机从大型机为主导地位到以 PC 机位主导地位的发展，使软件具有财产性，这是软件发展过程中的一个转折点。但李察德·斯托曼崇尚软件的分享文化。他认为在软件的分享过程中，没有人受到损失，因为软件的数字特征使得人们可以在不抛弃原件的情况下得到完美的复制件。我们应当在法律允许的最大限度内分享软件，否则，就是不道德和违反基本的指导原则的。李察德·斯托曼察觉到了软件文化的这一变化，并力图创造一种能够保证人们自由接触到操作系统的源代码的计算机环境。当时，UNIX 是标准的操作系统，他就企图创作出和 UNIX 兼容的系统。他将其称为"GNU"（GNU's Not UNIX）。不久，他创建了自由软件联盟（Free Software Foundation (FSF)）。在 GNU 系统中，李察德·斯托曼发明了不同的版权许可，每一种都追求接触软件的源代码和分享软件的最大可能性。到 1989 年 2 月，这些许可已发展成为 GNU 一般公众许可（GPL）第一版。他发明的这些独特的版权许可模式对自由软件运动产生了巨大的影响。GPL 许可之所以能够被广泛地采用在于软件的自由互动哲学（the license's motivating philosophy），软件应当自由被复制、改进和作相应的发行以促进软件的发展。遵循 GPL 许可条款的很多软件是免费的或者是具有很低的代价，而且软件的改进版的发行也必须是遵循 GPL 许可模式。因此，这种

---

❶ Robert P. Merges, A New Dynamism in the Public Domain, 71U. Chi. L. Rev. 183, 184 (2004).

❷ Teresa Hill, Fragmenting the Copyleft Movement: The Public Will Not Prevail, Utah Law Review Society, *1999 Utah L. Rev.* 797 (1999).

❸ Richard Stallman, What is Free Software? http://prep.ai.mit.edu/philosophy/free-sw.html, 2005 年 9 月 24 日访问。

许可模式便具有自我永续性（self‐perpetuating），因而具有长久的生命力，将广泛被采用。❶

李察德·斯托曼和自由软件联盟反对开源软件的标签，因为他们认为这种标签忽视了自由软件理念的最为重要的部分——用户的自由。❷ 开源软件包括十项标准：自由发行权、知悉源代码权、修改权、发行修改后的文本权、禁止对个人和组织等的歧视等。而自由软件理念则大致包括以下四种自由：为任何目的运行程序的自由；学习程序的运作并使其适应需要的自由，获得源代码是获得这种自由的前提；为帮助邻居的需要再发行复制件的自由；改进程序，并将其改进公布于众以使整个社会受益的自由，获得源代码是获得这种自由的前提。❸

尽管李察德·斯托曼和自由软件联盟反对开源软件的标签，但从自由软件和开放源代码软件的起源来看，这两种软件具有一些相同的特征。开放源代码往往是由松散的自愿的开发者所开发。❹ Linux 操作系统就是典型的开放源代码操作软件。这种软件的发布者需要限制下游软件发布者的财产主张，他们通过各种开放源代码许可协议进行这种限制。❺ GPL 合同是典型的开放源代码协议。在 GPL 合同之下，任何人都可以复制软件，只要这种许可被附在软件之上，软件的源代码一直保持可以获得的状态。使用者可以添加或改变代码，可以建立在代码的基础之上创作作品，可以将代码合并到自己的作品之中。如果使用者这样做的话，其所创作的新程序也受 GPL 许可合同的约束。❻ Linux 的运作就是依赖 GPL

---

❶ Brian W. Carver, Share and Share Alike：Understanding and Enforcing Open Source and Free Software Licenses, 20 *Berkeley Tech. L. J.* 443, 448 (2005).

❷ Why "Free Software" Is Better than "Open Source", at http：//www.gnu.org/philosophy/free‐software‐for‐freedom.html, 2005 年 10 月 2 日访问。

❸ Brian W. Carver, Share and Share Alike Understanding and Enforcing Open Source and Free Software Licenses, 20 *Berkeley Tech. L. J.* 443, 451 (2005).

❹ Robert P. Merges, A New Dynamism in the Public Domain. 71 *U. Chi. L. Rev.* 183, 191 (2004).

❺ Robert P. Merges, A New Dynamism in the Public Domain. 71*U. Chi. L. Rev.* 183, 191 (2004).

❻ James Boyle, The Second Enclosure Movement and the Construction of the Public Domain. 66*Law & Contemp. Prob.* 33, 45 (2003).

合同，该合同项下的软件免费供他人使用（use）、复制（copy）、发行（distribute）和修改（modify）。虽然将程序置于公共领域完全不受财产权限制很容易使这些程序被他人财产化，因为改进程序的人可能会对演绎作品主张版权。❶ 而 GPL 许可合同要求最初程序的演绎作品必须也在 GPL 许可合同项下发行可以在一定程度上解决这一问题。

可见，不论是自由软件也好，还是开放源代码软件也罢，都不过是通过一定的方式放弃或部分放弃软件上的财产权，意图推动软件作品领域公共领域范围的增加。因此，从公共领域的角度出发，自由软件和开放源代码软件都具有相同的属性，软件的版权受到一定限制，用户在使用软件的时候具有更大自由。

另外，知识共享计划也是增进公共领域的一种方式。知识共享计划（The Creative Commons Project）是由斯坦福大学发起，拟通过许可协议构建公共领域。❷ 知识共享（Creative Commons，简称 CC）是一个发布标准合同让创作者放弃其在数字内容上的一些或者全部权利的公司。❸ 根据知识共享官方网站的声明，知识共享是个非营利的公司，该公司的成立是建立在以下观念之上的，即有些人可能并不想行使法律赋予他们的所有知识产权。知识共享界定了在"完全的版权"（full copyright），即"所有的权利被保留"（all rights reserved）和"公共领域"，即"没有权利被保留"（no rights reserved）之间所存在的可能性领域的范围。人们关于创造性产物的控制的争论往往走向极端。一端是完全的控制，即作品的所有使用都受规制，"所有的权利都被保留"是其准则；另一端是"无政府状态"（anarchy）的视角，在这种状态之下，创作者享有广泛的自由，但处于易受盘剥的攻击的境地。平衡（balance）、协调（compromise）和适度（moderation）这些曾经尊重创新和平等保护的版权制度的推动力量已经处于"濒危"的境地。知识共享意图使这些推动力量复活。就像自由

---

❶ Anupam Chander & Madhavi Sunder, The Romance of the pubic Domain, 92 *Calif. L. Rev.* 1331, 1359 (2004)

❷ Anupam Chander & Madhavi Sunder, The Romance of the Public Domain, 92 *Calif. L. Rev.* 1331, 1361 (2004).

❸ Robert P. Merges, A New Dynamism in the Public Domain. 71 *U. Chi. L. Rev.* 183, 197 (2004).

软件和开放源代码运动一样，知识共享的目的是合作与分享，但方式是自愿的和自由的。知识共享为创作者提供各方兼顾的（best-of-both-worlds）的方式，通过该方式保护他们作品的同时鼓励对作品的特定使用，即声明"部分权利保护"（some rights reserved）。[1] 知识共享为艺术家、作家和音乐家提供简单的、预先确定的条款，依据这些条款，他们可以将他们的作品贡献给公共领域。他们可以为了公众的接触和使用放弃其权利，但可以做一些保留，作者可以选择以下条款中的全部或者全部不选：表明原创作者身份（attribution to the original author）、只能用作非商业目的（use for non-commercial purposes only）、不能在此基础上创作演绎作品（no derivative works）和相似分享要求（a requirement to share-alike）（要求演绎作品的作者在相同的许可条款下提供作品）。[2]

六、结　语

综上，文学艺术和科学作品在人类社会的发展中扮演着重要角色，随着人类生活水准的提高，它们在人类生活中的作用日益重要。作品具有公共物品的属性，它们的创作需要一定的激励，版权扮演了这种激励角色。制定版权法背后的经济哲学在于，通过个人获利的方式鼓励个人努力是增进公共福利的最好方式。[3] 版权确实为作品的开发提供了激励，但任何作品的创作都是建立在已有材料的基础之上的，作品创作的基石是大量创作素材的存在。因此，公共领域的存在是版权制度的基本原则。[4] 版权客体的不断扩张显然威胁到公共领域的存在，市场主体也利用知识产权制度对公共领域进行了相当的限制。社会经济和科学技术的发展，法律制度的完善等带给现代人的似乎并不是自由的增加而是限制的增多，文学艺术和科学作品健康发展的法律结构和生态环境遭到一定程度的破坏，激励创作和维护公共利益之间也不太平衡。要保持这种平衡，

---

[1] http：//creativecommons.org/about/，2008年1月15日访问。

[2] Anupam Chander & Madhavi Sunder, The Romance of the Public Domain, 92 *Calif. L. Rev.* 1331, 1361 (2004).

[3] Mazer v. Stein, 347 U.S. 201, 219 (1954).

[4] 朱莉·E. 科恩等：《全球信息化经济中的著作权法》，中信出版社2003年版，第16页。

需要加强"天平"另一边"砝码"的重量,即需要促进公共领域的发展。虽然自由软件、开源软件和知识共享运动为公共领域的发展作出了一定贡献,我们仍然可以作出更多的努力来保卫和促进作为知识产权制度基石的公共领域的可持续发展。

参考文献

一、中文著作和译著

[1]［澳］布拉德·谢尔曼，［英］莱昂内尔·本特利著.现代知识产权法的演进：1760-1911英国的历程［M］.金海军译.北京：北京大学出版社，2006.

[2]［德］M·雷炳德著.著作权法［M］.张恩民译.北京：法律出版社，2005.

[3]［美］阿瑟·R.米勒，迈克·H.戴维斯著.知识产权法：专利、商标和著作权［M］.北京：法律出版社，2004.

[4]［美］朱莉·E.科恩等著.全球信息化经济中的著作权法［M］.北京：中信出版社，2003.

[5]［日］半田正夫，纹谷畅男编.著作权法50讲［M］.魏启学译.北京：法律出版社，1990.

[6]［日］中山信弘.多媒体与著作权［M］.张玉瑞译.北京：专利文献出版社，1997.

[7]［西］德利娅·利普希克.著作权与邻接权［M］.北京：中国对外翻译出版公司，联合国教科文组织，2000.

[8] 冯晓青.知识产权法哲学［M］.北京：中国人民公安大学出版社，2003.

[9] 管育鹰.知识产权视野中的民间文艺保护［M］.北京：法律出版社，2006.

[10] 胡开忠.知识产权法比较研究［M］.北京：中国人民公安大学出版社，2004.

[11] 法国知识产权法典·法律部分［M］.黄晖译，郑成思校.北京：商务印书馆，1999.

[12] 黄勤南.知识产权法［M］.北京：法律出版社，2000.

[13] 李琛.论知识产权法的体系化［M］.北京：北京大学出版社，2005.

[14] 李明德，许超.著作权法［M］.北京：法律出版社，2003.

[15] 李明德.美国知识产权法［M］.北京：法律出版社，2003.

[16] 李响.美国版权法：原则、案例及材料［M］.北京：中国政法大学出版

社，2004.

[17] 李扬.数据库法律保护研究［M］.北京：中国政法大学出版社，2004.

[18] 刘波林译.保护文学和艺术作品伯尔尼公约指南［M］.北京：中国人民大学出版社，2002.

[19] 刘春田.知识产权法［M］.北京：高等教育出版社，北京大学出版社，2000.

[20] 罗明通.著作权法·第一卷［M］.台北：群彦图书股份有限公司，2005.

[21] 罗明通.著作权法·第二卷［M］.台北：群彦图书股份有限公司，2005.

[22] 孟祥娟.版权侵权认定［M］.北京：法律出版社，2001.

[23] 彭学龙.商标法的符号学分析［M］.北京：法律出版社，2007.

[24] 美国版权法［M］.孙新强，于改之译，孙新强校.北京：中国人民大学出版社，2002.

[25] 汤宗舜.著作权法原理［M］.北京：知识产权出版社，2005.

[26] ［美］威廉·M.兰德斯，理查德·A.波斯纳著.知识产权法的经济结构［M］.金海军译.北京：北京大学出版社，2005.

[27] 我国台湾地区"内政部"委托蔡明诚编印.国际著作权法令暨判决之研究四 德国著作权法令暨判决之研究.1996.

[28] 吴汉东，胡开忠.无形财产权制度研究［M］.北京：法律出版社，2005.

[29] 吴汉东等.知识产权基本问题研究［M］.北京：中国人民大学出版社，2005.

[30] 吴汉东等.中国区域著作权制度比较研究［M］.北京：中国政法大学出版社，1998.

[31] 吴汉东.知识产权法［M］.北京：北京大学出版社，2007.

[32] 吴汉东.知识产权法［M］.北京：中国政法大学出版社，1999.

[33] 吴汉东.知识产权国际保护制度研究［M］.北京：知识产权出版社，2007.

[34] 吴汉东.知识产权年刊·创刊号［M］.北京：北京大学出版社，2005.

[35] 吴汉东.著作权合理使用制度研究［M］.北京：中国政法大学出版社，2005.

[36] 谢铭洋.智慧财产权之基础理论·智慧财产权法系列①［M］.台北：翰芦图书出版有限公司，2004.

[37] 薛虹.网络时代的知识产权法［M］.北京：法律出版社，2000.

[38] 张今.知识产权新视野［M］.北京：中国政法大学出版社，2000.

[39] 张玉敏.知识产权法学教程［M］.重庆：西南政法大学出版社，2001.

[40] 郑成思.版权法 [M]. 北京：中国人民大学出版社，1997.

[41] 郑成思.知识产权法 [M]. 北京：法律出版社，1997.

[42] 郑成思.知识产权论 [M]. 北京：法律出版社，2003.

[43] 朱谢群.创造性智力成果与知识产权 [M]. 北京：法律出版社，2004.

二、中文论文和译文

[1] [德] 乌尔里希·勒文海姆著.作品的概念[J].郑冲译.著作权，1991，(3).

[2] 曹世华.论作品独创性之合理规定 [J]. 法律科学，1996，(6).

[3] 曹新明.论知识产权冲突协调原则 [J]. 法学研究，1999，(3).

[4] 丛立先.网络版权侵权行为构成要件探论 [J]. 法学评论，2007，(5).

[5] 丁丽瑛.略论实用艺术品独创性的认定 [J]. 法学评论，2005，(3).

[6] 董炳和.无体物、知识产权与民法典——关于民法典中知识产权问题的"另类"思考 [J]. 法商研究，2004，(3).

[7] 冯晓青、冯晔.试论著作权法中作品独创性的界定[J].华东政法学院学报，1999，(5).

[8] 冯晓青.著作权法中思想与表达"二分法"的法律与经济学分析 [J]. 云南大学学报法学版，2004，(1).

[9] 郭宝明.试析实用艺术作品的知识产权保护 [J]. 电子知识产权，2003，(5).

[10] 何华."中美知识产权第一案"述评与启示 [J]. 法商研究，2007，(6).

[11] 胡开忠.文化多样性的弘扬与知识产权保护 [J]. 法律科学：西北政法学院学报，2007，(3).

[12] 姜颖.作品独创性判定标准的比较研究 [J]. 知识产权，2004，(3).

[13] 金渝林.论版权理论中的作品概念 [J]. 中国人民大学学报，1994，(3).

[14] 金渝林.论作品的独创性 [J]. 法学研究，1995，(4).

[15] 李明德.美国对思想观念提供权的保护 [J]. 环球法律评论，2004，(3).

[16] 李伟文.论著作权客体之独创性 [J]. 法学评论，2000，(1).

[17] 李永明.建筑作品著作权问题研究 [J]. 浙江大学学报：人文社会科学版，2008，(1).

[18] 李永明.知识产权权利竞合研究 [J]. 法学研究，2001，(2).

[19] 刘春田.知识财产权解析 [J]. 中国社会科学，2003，(4).

[20] 刘剑文，王清.关于版权客体分类方法与类型的比较研究 [J]. 比较法研究，2003，(1).

[21] 卢海君.知识产权体系论 [J].知识产权，2006，(4).

[22] 梅术文.著作权制度变革趋向的考察——以现代信息技术革命的主要功能为线索 [J].江西社会科学，2005，(7).

[23] 彭学龙.商标法基本范畴的符号学分析 [J].法学研究，2007，(1).

[24] 邵小平.作品情节的著作权保护 [J].知识产权，2004，(1).

[25] 沈四宝.经济全球化与国际经济法的新发展 [J].中国法学，2006，(3).

[26] 宋慧献.冲突与平衡：知识产权的人权视野 [J].知识产权，2004，(2).

[27] 王太平.美国对创意的法律保护方法 [J].知识产权，2006，(2).

[28] 王太平.著作权法中的思想表现两分理论 [J].吴汉东主编.知识产权年刊.北京：北京大学出版社，2005：219-221.

[29] 吴汉东.财产的非物质化革命与革命的非物质财产法 [J].中国社会科学，2003，(4).

[30] 吴汉东.关于知识产权本体、主体与客体的重新认识——以财产所有权为比较研究对象 [J].法学评论，2000，(5).

[31] 吴汉东.利弊之间：知识产权制度的政策科学分析[J].法商研究，2006，(5).

[32] 吴汉东.文化多样性的主权、人权与私权分析 [J].法学研究，2007，(6).

[33] 肖尤丹.冲突与协调：网络环境下合理使用的合理性考察 [J].知识产权，2006，(6).

[34] 严永和.传统知识知识产权保护正当性的经济分析[J].知识产权，2006，(2).

[35] 杨建斌.论科学作品的含义及其著作权特点 [J].黑龙江省政法管理干部学院学报，2000，(1).

[36] 杨明，肖志远.知识产权与人权：后Trips时代的知识产权国际保护 [J].法律科学：西北政法学院学报，2005，(5).

[37] 杨明.传统知识的法律保护：模式选择与制度设计[J].法商研究，2006，(1).

[38] 张辉.也从郭德纲案谈曲艺作品的概念 [J].中国版权，2007，(2).

[39] 张今.数字环境下私人复制的限制与反限制——以音乐文件复制为中心 [J].法商研究，2005，(6).

[40] 郑成思.临摹、独创性与版权保护 [J].法学研究，1996，18 (2).

[41] 周长玲.浅析实用艺术品的法律保护 [J].当代法学，2000，(4).

[42] 朱雪忠.传统知识的法律保护初探 [J].华中师范大学学报：人文社会科学

版，2004，(3).

三、英文著作

[1] L. Ray Patterson, Stanley W. Lindberg. The Nature of Copyright — A Law of Use's Rights [M]. Georgia: The University of Georgia Press, 1991.

[2] Mark J. Davison. The Legal Protection of Databases [M]. Cambridge: Cambridge University Press, 2003.

[3] Normand Tamaro. The 2007 Annotated Copyright Act: Statutes of Canada Annotated [M]. Toronto: Thomson Canada Limited, 2007.

[4] Peter Ganea Christopher Heath, Hiroshi Saitô. Japanese Copyright Law, Writings in Honour of Gerhard Schricker [M]. Leiden: Kluwer Law International, 2005.

四、英文论文

[1] Aaron M. Broaddus. Eliminating the Confusion: A Restatement of the Test for Copyright Infringement [J]. DePaul-LCA Journal of Art and Entertainment Law, 1995, 5: 43.

[2] Alan L. Durham. Speaking of the World: Fact, Opinion and the Originality Standard of Copyright [J]. Arizona State Law Journal, 2001, 33: 791.

[3] Alfred C. Yen. A First Amendment Perspective on the Idea/Expression Dichotomy and Copyright in a Work's "Total Concept and Feel" [J]. Emory Law Journal, 1989, 38: 393.

[4] Alfred C. Yen. The Legacy of Feist: Consequences of the Weak Connection between Copyright and the Economics of Public Goods [J]. Ohio State Law Journal, 1991, 52: 1343.

[5] Amaury Cruz. What's the Big Idea Behind the Idea-Expression Dichotomy? - Modern Ramifications of the Tree of Porphyry in Copyright Law [J]. Florida State University Law Review, 1990, 18: 221.

[6] Amy B. Cohen. Copyright Law and the Myth of Objectivity: The Idea-Expression Dichotomy and the Inevitability of Artistic Value Judgments [J]. Industrial Law Journal, 1990, 66: 175.

[7] Anani S. Narayanan. Standards of Protection for Databases in the European Community and the United States: Feist and the Myth of Creative Originality [J]. George

Washington International Law Review, 1993—1994, 27: 457.

[8] Andrew O. Martyniuk. Abstraction-Filtration-Comparison Analysis and the Narrowing Scope of Copyright Protection for Computer Programs [J]. University of Cincinnati Law Review, 1995, 63: 1333.

[9] Arjun Gupta. "I'll be Your Mirror"-Contemporary Art and the Role of Style in Copyright Infringement Analysis [J]. Dayton Law Review, 2005, 31: 45.

[10] Beryl R. Jones. The Second Circuit Review-1984 1985 Term: Copyright: Commentary: Factual Compilations and the Second Circuit [J]. Brooklyn Law Review, 1986, 52: 679.

[11] Brian Devine. Free as the Air: Rethinking the Law of Story Ideas [J]. Hastings Communications and Entertainment Law Journal, 2002, 24: 35.

[12] Brian Johnson. An Analysis of the Copyrightability of the "Look and Feel" of a Computer Program [J]. Ohio State Law Journal, 1991, 52: 947.

[13] Brooke J. Egan. Lanham Act Protection for Artistic Expression: Literary Titles and the Pursuit of Secondary Meaning [J]. Tulane Law Review, 2001, 75: 1777.

[14] Camilla M. Jackson. I've Got This Great Idea for a Movie-A Comparison of the Laws in California and New York That Protect Idea Submissions [J]. Columbia-VLA Journal of Law and the Arts, 1996, 21: 47.

[15] Celine Michaud, Gregory Tulquois. Idea Men Should Be Able to Enforce Their Contractual Rights Considerations Rejecting Preemption of Idea-Submission Contract Claims [J]. Vanderbilt Journal of Entertainment Law and Practice, 2003, 6: 75.

[16] Charles C. Huse. Database Protection in Theory and Practice: Three Recent Cases [J]. Berkeley Technology Law Journal, 2005, 20: 23.

[17] Christine Wallace. Overlapping Interests in Derivative Works and Compilations [J]. Case Western Reserve Law Review, 1985, 35: 103.

[18] Clark T. Thiel. The Architectural Works Copyright Protection Gesture of 1990, Or, "Hey, That Looks Like My Building!" [J]. DePaul-LCA Journal of Art and Entertainment Law, 1996, 7: 1.

[19] Daniel Su. Substantial Similarity and Architectural Works: Filtering out "Total Concept and Feel" [J]. Northwestern University Law Review, 2007, 101 (4): 1851.

[20] David B. Feldman. Finding a Home for Fictional Characters: A Proposal for Change in Copyright Protection [J]. California Law Review, 1990, 78: 687.

[21] David E. Shipley. Copyright Protection for Architectural Works [J]. South

Carolina Law Review, 1985, 375: 393.

[22] David M. McGovern. What Is Your Pitch?: Idea Protection Is Nothing but Curveballs [J]. Loyola of Los Angeles Entertainment Law Review, 1995, 15: 475.

[23] David Nimmer. Copyright in the Dead Sea Scrolls [J]. Houston Law Review, 2001, 38: 1.

[24] Denise R. Polivy. Feist Applied: Imagination Protects, but Perspiration Persists – The Bases of Copyright Protection for Factual Compilations [J]. Fordham Intellectual Property, Media & Entertainment Law Journal, 1998, 8: 773.

[25] Dennis S. Karjala. Distinguishing Patent and Copyright Subject Matter [J]. Connecticut Law Review, 2003, 35: 439.

[26] Edward Samuels. The Idea – Expression Dichotomy in Copyright Law [J]. Tennessee Law Review, 1989, 56: 321.

[27] Eric Setliff. Copyright and Industrial Design: An "Alternative Design" Alternative [J]. Columbia Journal of Law & the Arts, 2006, 30: 49.

[28] Gary L. Francione. Facing the Nation: The Standards for Copyright, Infringement, and Fair Use of Factual Works [J]. University of Pennsylvania Law Review, 1986, 134: 519.

[29] Gerard J. Lewis. Copyright Protection for Purely Factual Compilations under Feist Publications, Inc. v. Rural Telephone Service Co. : How Does Feist Protect Electronic Data Bases of Facts [J]. Santa Clara Computer & High Technology Law Journal, 1992, 8: 169.

[30] Gregory S. Schienke. The Spawn of Learned Hand – A Reexamination of Copyright Protection and Fictional Characters: How Distinctly Delineated Must the Story Be Told? [J]. Marquette Intellectual Property Law Review, 2005, 9: 63.

[31] Hartwell Harris Beall. Can Anyone Own a Piece of the Clock?: The Troublesome Application of Copyright Law to Works of Historical Fiction, Interpretation, and Theory [J]. Emory Law Journal, 1993, 42: 253.

[32] Hassan Ahmed. The Copyrightability of Computer Program Graphical User Interfaces [J]. Southwestern University Law Review, 2001, 30: 479.

[33] Irwin Gross. Researching Software Copyrightability: A Practical Guide [J]. Santa Clara Computer and High Technology Law Journal, 1994, 10: 69.

[34] J. H. Reichman. Design Protection in Domestic and Foreign Copyright Law: From the Berne Revision of 1948 to the Copyright Act of 1976 [J]. Duke Law Journal,

1983，1983（6）：1143.

［35］Jack B. Hicks. Copyright and Computer Databases：Is Traditional Compilation Law Adequate? ［J］. Texas Law Review，1987，65：993.

［36］James Boyle. The Second Enclosure Movement and the Construction of the Public Domain ［J］. Law and contemporary problems，2003，66：33.

［37］James Weinstein. A Brief Introduction to Free Speech Doctrine ［J］. Arizona State Law Journal，1997，29：461.

［38］Jane C. Ginsburg. Creation and Commercial Value：Copyright Protection of Works of Information ［J］. Columbia Law Review，1990，90：1865.

［39］Jane C. Ginsburg. No "Sweat"? Copyright and Other Protection of Works of Information after Feist v. Rural Telephone ［J］. Columbia Law Review，1992，92：338.

［40］Jasmina Zecevic. Distinctly Delineated Fictional Characters That Constitute the Story Being Told：Who are they and Do They Deserve Independent Copyright Protection? ［J］. Vanderbilt Journal of Entertainment and Technology Law，2006，8：365.

［41］Jason L. Cohn. The King James Copyright：A Look at the Originality of Derivative Translations of the King James Version of the Bible ［J］. Journal of Intellectual Property Law，2005，12：513.

［42］Jessica Litman. The Public Domain ［J］. Emory Law Journal，1990，39（4）：965.

［43］John Cady. Copyrighting Computer Programs：Distinguishing Expression from Ideas ［J］. Temple Journal of Science and Technology Law，2003，22：15.

［44］John Swinson. Copyright or Patent or Both：An Algorithmic Approach to Computer Software Protection ［J］. Harvard Journal of Law & Technology，1991，5：145.

［45］Jon O. Newman. New Lyrics for an Old Melody：The Idea/Expression Dichotomy in the Computer Age ［J］. Cardozo Arts & Entertainment Law Journal，1999，17：691.

［46］Jonathan S. Katz. Expanded Notions of Copyright Protection：Idea Protection within the Copyright Act ［J］. Boston University Law Review，1997，77：873.

［47］Joseph E. Kovacs. Beyond the Realm of Copyright：Is There a Legal Sanctuary for the Merchant of Ideas ［J］. Brooklyn Law Review，1974，41：284.

［48］Julia Reytblat. Is Orginality in Copyright Law a "Question of Law" or a "Question of Fact"?：The Fact Solution ［J］. Cardozo Arts & Entertainment Law Journal，1999，17：181.

[49] Julian Velasco. The Copyrightability of Nonliteral Elements of Computer Programs [J]. Columbia Law Review, 1994, 94: 242.

[50] Julie E. Cohen, Mark A. Lemley. Patent Scope and Innovation in the Software Industry [J]. California Law Review, 2001, 89: 1.

[51] Justin Hughes. The Personality Interest of Artists and Inventors in Intellectual Property [J]. Cardozo Arts and Entertainment Law Journal, 1998, 16: 81.

[52] Justin Hughes. The Philosophy of Intellectual Property [J]. Georgetown Law Journal, 1988, 77: 287.

[53] L. Ray Patterson, Craig Joyce. Monopolizing the Law: The Scope of Copyright Protection for Law Reports and Statutory Compilations [J]. UCLA Law Review, 1989, 36: 719.

[54] Leo J. Raskind. The Uncertain Case for Special Legislation Protecting Computer Software [J]. The University of Pittsburgh Law Review, 1986, 47: 1131.

[55] Leo J. Raskind. Assessing the Impact of Feist [J]. Dayton Law Review, 1992, 17: 331.

[56] Leslie A. Kurtz. Speaking to the Ghost: Idea and Expression in Copyright [J]. University of Miami Law Review, 1993, 47: 1221.

[57] Leslie A. Kurtz. The Independent Legal Lives of Fictional Characters [J]. Wisconsin Law Review, 1986, 1986: 429.

[58] Linda Skon. Copyright Protection of Computer User Interfaces: "Creative Ferment" in the Courts [J]. Arizona State Law Journal, 1995, 27: 1063.

[59] Lionel S. Sobel. The Law of Ideas, Revisited [J]. UCLA Entertainment Law Review, 1994, 1: 9.

[60] Marc T. Kretschmer. Copyright Protection for Software Architecture: Just Say No! [J]. Columbia Business Law Review, 1988, 1988: 823.

[61] Mark Bartholomew. Protecting the Performers: Setting a New Standard for Character Copyrightability [J]. Santa Clara Law Review, 2001, 41: 341.

[62] Melville B. Nimmer. Does Copyright Abridge First Amendment Guarantees of Free Speech and Press? [J]. UCLA Law Review, 1970, 17: 1180.

[63] Michael D. Murray. Copyright, Originality, and the End of the Scenes a Faire and Merger Doctrines for Visual Works [J]. Baylor Law Review, 2006, 58: 779.

[64] Michael F. Brown. Can Culture Be Copyrighted? [J]. Current Anthropology, 1998, 39 (2): 206.

[65] Michael Freno. Database Protection: Resolving the U. S. Database Dilemma with an Eye toward International Protection [J]. Cornell International Law Journal, 2001, 34: 165.

[66] Michael J. Haungs. Copyright of Factual Compilations: Public Policy and the First Amendment [J]. Columbia Journal of Law and Social Problems, 1990, 23: 347.

[67] Michael L. Sharb. Getting a "Total Concept and Feel" of Copyright Infringement [J]. University of Colorado Law Review, 1993, 64: 903.

[68] Michelle Brownlee. Safeguarding Style: What Protection Is Afforded to Visual Artists by the Copyright and Trademark Laws? [J]. Columbia Law Review, 1993, 93: 1157.

[69] Michelle R. Silverstein. The Copyrightability of Factual Compilations: An Interpretation of Feist Through Cases of Maps and Numbers [J]. Annual Survey of American Law, 1996, 1996: 147.

[70] Miriam Bitton. Trends in Protection for Informational Works under Copyright Law during the 19th and 20th Centuries [J]. Michigan Telecommunications and Technology Law Review, 2006, 13: 115.

[71] Pamela Samuelson. CONTU Revisited: The Case against Copyright Protection for Computer Programs in Machine-Readable Form [J]. Duke law journal, 1984, 1984: 663.

[72] Paul J. Heald. Reviving the Rhetoric of the Public Interest: Choir Directors, Copy Machines, and New Arrangements of Public Domain Music [J]. Duke Law Journal, 1996, 46: 249.

[73] Paul Kuruk. Protecting Folklore under Modern Intellectual Property Regimes: A Reappraisal of the Tensions between Individual and Communal Rights in Africa and the United States [J]. American University Law Review, 1999, 48: 769.

[74] Peter G. Spivack. Does Form Follow Function? The Idea/Expression Dichotomy in Copyright Protection of Computer Software [J]. UCLA Law Review, 1988, 35: 723.

[75] Peter S. Menell. An Analysis of the Scope of Copyright Protection for Application Programs [J]. Stanford Law Review, 1989, 41: 1045.

[76] Ralph D. Clifford. Random Numbers, Chaos Theory, and Cogitation: A Search for the Minimal Creativity Standard in Copyright Law [J]. Denver University Law Review, 2004, 82: 259.

[77] Raphael Winick. Copyright Protection for Architecture after the Architectural

Works Copyright Protection Act of 1990 [J]. Duke Law Journal, 1992, 41: 1598.

[78] Raymond M. Polakovic. Should the Bauhaus Be in the Copyright Doghouse? Rethinking Conceptual Separability [J]. University of Colorado Law Review, 1993, 64: 871.

[79] Robert A. Gorman. Copyright Protection for the Collection and Representation of Facts [J]. Harvard Law Review, 1963, 76: 1569.

[80] Robert A. Gorman. Fact or Fancy? The Implications for Copyright: The Twelfth Annual Donald C. Bruce Memorial Lecture [J]. Journal of the Copyright Society, 1982, 29: 560.

[81] Robert C. Denicola. Applied Art and Industrial Design: A Suggested Approach to Copyright in Useful Articles [J]. Minnesota Law Review, 1983, 67: 707.

[82] Robert C. Denicola. Copyright in Collections of Facts: A Theory for the Protection of Nonfiction Literary Works [J]. Columbia Journal of Law, 1981, 81: 516.

[83] Robert P. Merges. A New Dynamism in the Public Domain [J]. The University of Chicago Law Review, 2004, 71: 183.

[84] Robert Yale Libott. Round the Prickly Pear: The Idea - Expression Fallacy in a Mass Communications World [J]. Copyright Law Symposium, 1968, 16: 30.

[85] Ronald Caswell. A Comparison and Critique of Idea Protection in California, New York, and Great Britain [J]. Loyola of Los Angeles International and Comparative Law Review, 1992, 14: 717.

[86] Ronald E. Karam. Whelan v. Jaslow: An Appraisal: Countervailing Considerations [J]. Journal of Law & Technology, 1987, 2: 25.

[87] Russ Versteeg. Rethinking Originality [J]. William and Mary Law Review, 1993, 34: 801.

[88] Sarah Brashears - Macatee. Total Concept and Feel or Dissection?: Approaches to the Misappropriation Test of Substantial Similarity [J]. Chicago - Kent Law Review, 1993, 68: 913.

[89] Sarah Lum. Copyright Protection for Factual Compilations - Reviving the Misappropriation Doctrine [J]. Fordham Law Review, 1988, 56: 933.

[90] Shira Perlmutter. Conceptual Separability and Copyright in the Designs of Useful Articles [J]. Journal of the Copyright Society of the U. S. A., 1990, 37 (3): 339.

[91] Silke von Lewinski. The Protection of Folklore [J]. Cardozo Journal of International and Comparative Law, 2003, 11: 747.

[92] Steve Reitenour. The Legal Protection of Ideas: Is It Really a Good Idea? [J]. William Mitchell Law Review, 1992, 18: 131.

[93] Steven S. Boyd. Deriving Originality in Derivative Works: Considering the Quantum of Originality Needed to Attain Copyright Protection in a Derivative Work [J]. Santa Clara Law Review, 2000, 40: 325.

[94] Timothy Young. Copyright Law: Copyright Protection for Factual Compilations the White Pages of the Phone Book Are Not Original Enough to Be Copyrighted – But Why? [J]. The University of Dayton Law Review, 1992, 17: 631.

[95] Todd Hixon. The Architectural Works Copyright Protection Act of 1990: At Odds with the Traditional Limitations of American Copyright Law [J]. Arizona Law Review, 1995, 37: 629.

[96] Tyler T. Ochoa. Origins and Meanings of the Public Domain [J]. Dayton Law Review, 2002, 28: 215.

[97] Urszula Tempska. "Originality" after the Dead Sea Scrolls Decision: Implications for the American Law of Copyright [J]. Marquette Intellectual Property Law Review, 2002, 6: 119.

[98] Vanessa N. Scaglione. Building upon the Architectural Works Protection Copyright Act of 1990 [J]. Fordham Law Review, 1992, 61: 193.

[99] Weimin Mo, Wenju Shen. A Mean Wink at Authenticity: Chinese Images in Disney's Mulan [J]. New Advocate, 2000, 13 (2): 129.

[100] William M. Landes, Richard A. Posner. An Economic Analysis of Copyright Law [J]. The Journal of Legal Studies, 1989, 18 (2): 325.

[101] William Patry. Copyright in Collection of Facts: A Reply [J]. Communications and the Law, 1984, 6: 11.

[102] William Patry. Copyright in Compilations of Facts (or Why the "White Pages" Are Not Copyrightable) [J]. Communications and the Law, 1990, 12: 37.

[103] Zachariah Chafee. Reflections on the Law of Copyright [J]. Columbia Law Review, 1945, 45 (4): 719.

后　　记

　　本书是在我的博士论文基础上修改而成的。我的博士论文于 2008 年完成,至今已经有两年的时间了。到目前为止,我求学已经有 20 余年,研习法学已有 10 余年,涉猎知识产权法已有 8 年,但在博大精深的法学殿堂之上,深感自己仍只是一个初学者,更谈不上有任何成就;如果说有所收获的话,那就是我的这本小书。不论这个小小的收获价值如何,细想起来,她都凝结了不知多少人的心血;她的来之不易,使我在品尝不论是甜蜜,还是苦涩的果实的时候,心中的感激之情都不禁油然而生。

　　首先,最为衷心感谢的是我的恩师吴汉东教授。在我初步接触知识产权法之时,有幸遇到名师吴汉东教授,至今已有 8 年。恩师的为人,让我深深感动;恩师的为学,让我由衷钦佩;恩师的一言一行、一举一动,让我铭记在心。恩师赐予我求学之机,授予我求学之道,为我指明求学之方向,助我解决求学之难题。在博士论文写作的过程中,恩师更是细心点拨,耐心指导,谆谆教诲,呕心沥血,不辞劳苦。可以毫不夸张地说,我这本书的字里行间都凝聚了恩师的心血。常言道,一日为师,终身为父。恩师的教诲,是我人生中最为宝贵的财富,我将永远铭记在心;恩师的恩德,是我成长过程中最为丰富的营养,我将一如既往地吮吸着这种甘甜的营养茁壮成长。

　　中南财经政法大学民商法导师组和知识产权法导师组的覃有土教授、陈小君教授、王景川教授、曹新明教授、朱雪忠教授、赵家仪教授、曹诗权教授、麻昌华教授、彭俊良教授、赵金龙教授、刘引玲教授、孟令志教授、蔡军教授、刘普生教授、翟中菊教授、李石山教授、桂菊平教授等在我求学期间,言传身教,使我受益匪浅。

　　中南财经政法大学知识产权研究中心的胡开忠教授、黄玉烨教授、彭学龙教授、唐昭红教授、姜珊玫主任、肖志远博士、何华博士、梅术文博士、王小丽博士、詹映博士、梅丽华老师、吕品老师在承担中心繁重的科研任务的同时，仍不忘对我的关心和指导，帮助我更快更好地成长。

与杨建斌博士、宋慧献博士、余鸿斌博士、吴麒博士、徐永昌博士、陈文元博士、吴行政博士、付小川博士、韦祎博士、张忠民博士、李岩博士、孙文桢博士、陈杰博士、胡振虎博士、周伟博士、王春业博士、李欣红博士、喻采平博士、鲁贵宝博士、颜晓辉博士等同窗学习是我读书期间最为美好的回忆，值得我一生细细地咀嚼和回味。

同门师兄弟周佳念博士、宁红丽博士、董炳和教授、刘大洪教授、唐义虎博士、杨明博士、李中原博士、严永和博士、张鹏博士、彭涛教授、张今教授、张桂红教授、张耀明博士、郭雷生博士、胡淑珠博士、宋哲博士、王莲锋教授、王瑞龙教授、徐伟博士、杨红军博士、胡充寒博士、肖尤丹博士、陈娜博士、刘春霖教授、马波博士、彭玉勇博士、余澜博士、陈淑贞博士、牛强博士、沈贵明教授、熊琦博士、燕妮博士、张爱国博士、张丽端博士、周俊强博士、朱怀祖博士、陈明涛博士、李国英博士、聂振华博士、孙昊亮博士、王浩博士、何平博士、李瑞登博士、梁细林博士、廖冰冰博士、廖尤仲博士、刘凯运博士、司晓博士、汪涌博士、袁荷刚博士、王太平博士后、丛立先博士后、郭德忠博士后、黄武双博士后、王静博士后、邓社民博士后、李强博士后、张钦坤博士、王超政博士、马利博士、锁福涛师弟、徐小奔师弟等饱学之士对我学业上的指导、生活上的帮助是那么的无私，令我没齿难忘。

郭寿康教授、李明德教授、张平教授、刘睿老师、孙璐老师、周春慧老师、李芬莲老师、潘妍老师、张凤杰老师、黄晓老师、潘德勇博士、张晓静女士、雷艳珍博士、彭晓娟博士等良师益友的智慧、宽容、友善，他们对我的提携和帮助，令人感动。

感激杨贝博士对本书的英文摘要所作的细致修订！

感谢养育我的母校——亲爱的中南财经政法大学！

感谢我的父母、姐姐、亲朋好友对我学业的大力支持，谢谢你们！还有我那可爱的外甥女王宏毅小朋友，她为现今略显平淡的生活平添了几分色彩。

感谢我的夫人唐春霞博士，她在生活中给予我的照顾，在学业中给予我的支持，在事业中给予我的帮助是我得以成长，也是本书得以问世最为充足的养分！

2008年7月，我有幸进入对外经济贸易大学法学院工作。以沈四宝教授、王军教授、王晓川教授、鲍禄教授、苏号朋教授、黄勇教授、丁丁教授、冀宗儒教授、梅夏英教授、孙利教授、石静霞教授、李玫教授、盛建明教授、边永民教授、李俊教授、金渝林教授、刘刚仿教授、龚红柳博士、陈剑铃博士、林敏博士、侯猛博士、陈学权博士、王秉乾博士、陈杭平博士、郝金彪老师、姜婷婷老师、范利群老师、潘成铭老师、陈美霞老师等为代表的贸大法学院的同事和朋友们给我树立了一名优秀教师的榜样，为我提供了良好的学术研究氛围，鼓励我在学术研究的道路上不断前进。

在经贸大学法学院，我每学期都给同学们开设知识产权法课程，力图把知识产权法最为基本和最为前沿的知识教授给他们。在讲到版权客体制度时，我尝试着把我的一些研究心得和同学们交流。由于贸大法学院的学生素质都很高，他们不仅没有感觉陌生，而且对版权法产生了极大的兴趣，不少同学在本科毕业论文中还以版权法律制度作为自己选题的范围。在和同学们一起学习与交流的过程中，有不少同学提出了比较好的问题，促使我对版权客体制度进行进一步的思考，对博士论文作了进一步修订与完善。

我刚进入经贸大学法学院，恰逢经贸大学"211工程"项目的申报。于是，我就以我的博士论文为基础，提出了项目申请，最终获得立项。项目名称为"经济全球化条件下我国版权客体制度的建构"，项目号为73400026。在对外经济贸易大学"211工程"三期重点学科建设项目的资助下，我进一步收集资料，进一步进行研究，企图对版权客体制度有进一步的认识。

本书的面世，我要特别感谢知识产权出版社和刘睿编辑的提携和帮助。

尽管本书凝结了众多人的心血，得到许多人无私的帮助，然而终因本人学识有限，不到和错误之处，恳请学界前辈和同仁不吝赐教。

卢海君
2010年6月于北京

再版后记

学术的魅力在于思想。《版权客体论》一书（下称"本书"）到底贡献了多少有价值的思想？如果根本没有学术贡献，何必修订再版？仔细盘点，发现自己还是贡献了一些想法，至于有没有价值，尚须实践的检验。版权客体制度并非新鲜的研究课题，国内外学者已经进行过一定程度的研究，并提出过一些有价值的思想。然而，相对而言，个人认为，本书还是斩获了一些创新。

其一，创造性地对作品的本质进行了定位。本书认为作品的本质是一系列人们所共同认可的意义符号的排列组合，以及由这些排列组合所能够直接予以限定的要素。对作品的本质作出上述解读，不仅能够对文字作品等普通作品的受保护要素做出合理解释，而且能够较为清晰地区分作品的受保护要素和不受保护要素；不仅从学理上揭示了作品应受保护的本质，而且对版权保护的司法实践起到重要的指导作用。

其二，创造性地对知识产权的客体进行了定位。本书认为版权的客体是作品，具体表现为符号组合及其必然限定的表达；专利权的客体是具体性思想；商标权的客体是符号与商品或服务来源的一种表征关系。将知识产权的三大客体作出如上界定，不仅具有合理性，而且能够妥善地解决现实中出现的疑难问题。例如，商标权的客体表面上是标志，但实际上却是一种指代和表征关系，当对符号的利用并没有破坏这种关系时，并不会构成商标侵权，比如商标的指示性使用。

其三，创造性地对思想的财产权地位进行了分析。本书认为思想上不能够存在普通财产权；版权法的一些基本制度对思想提供了一定程度的反射保护；专利权的客体确实是具体性思想；在满足一定条件之下赋予思想以相对权的保护是可行的。本书从财产权客体的本质属性出发，揭示思想之所以不能够成为普通财产权客体；对专利权客体本质的揭示有利于专利制度的理解和适用；揭示思想在相对权关系中的地位有利于实践中思想的提供者和利用者之间公平正义的维护。

其四，创造性地提出"表达的实质"与"表达的形式"这对范畴，深入地对版权客体进行了重新解读。本书创造性地将表达分为表达的实质和表达的形式，认为版权保护的客体是表达的形式，但保护的实质是表达的实质。这对范畴的提出有利于更为深入地认识版权客体，并且对演绎权存在的合理性，对建筑作品的本质等著作权法的难题提供了全新而且更具有说服力的解释。

其五，创造性地对作品进行了新的分类，并在此基础上对不同类型作品的特殊可版权性要件进行了独到分析。本书创造性地把作品分为独立作品和非独立作品，并在此基础之上对作品可版权性要件进行了类型化。这种类型化地建构客体可版权性的思路有利于克服企图统一作品可版权性要件的弊端。

其六，创造性地从创作过程即思想到表达的转化过程对思想表达两分法进行了分析。本书认为思想与表达之所以难以区分，实际上来源于思想与表达的复杂关系。作者的创作行为实际上是从思想到表达的转化过程。不仅作品的表达存在不同层次，而且作者的思想也是存在不同层次的。抽象思想当然不受版权保护，具体想法也是如此，只有具体想法的表达才受版权保护。

其七，创造性地对原创性标准进行了解析，提供了可资利用的作品原创性有无的评判模型。本书不仅从学理上对原创性的法律地位、历史发展、基本范畴、分析方法等进行深入、独到的分析，而且提供了评判作品是否具有原创性的理论模型；不仅有利于原创性要件的学理认识，而且可以用来指导司法实践。

其八，创造性地对客体可版权性的影响因素进行了分析。本书从影响作品可版权性的诸因素中提炼出非独立创作因素、功能性因素、非文字性因素、事实性因素、表达量的因素和传统文化因素等，并列举汇编作品、实用艺术作品、软件作品、标题和民间文艺作品等作品种类对上述要素对作品可版权性的影响进行深入分析，得出了能够指导我国版权客体制度建构的一些建设性的结论。

当然，除了上述明确列举之处外，本书还有不少自己觉得可取之处。例如，在作品原创性有无的判定过程，可以采取"主观创作路径"，从作品的形成是否是由作者的"创作行为"所引起的角度进行检验：如果是作者的创作行为所引起的，作品具有原创性；反之，如果并非由作者的创作行为所引起的，则作品不具有原创性。而"创作行为"的根本衡量标准是是否具有"可复制性"，即具有"可复制性"的劳动并非创作行为，而具有"不可复制性"的劳动则属于创作行为。例如，信息的"搜集之痛"并不能够导致原创性作品的产生，因为搜集信息的劳动具有"可复制性"；反之，信息的"选择与编排"之后形成的个性作品却具有原创性，因为"选择与编排"信息的劳动具有"不可复制性"。

本书的修订主要是添加了版权客体基本原理的应用。在应用过程中，又有一些有价值的想法出现。

其一，约减主义与整体概念与感觉原则是作品之间是否存在实质性相似的评判标准，虽然如此，利用不同的分析路径事实上会导致不同的版权客体范围的界定。本书创造性地提出，在对视觉艺术作品之间是否具有实质性相似的判定中，应采取"整体概念与感觉PLUS"原则：不同于普通文字作品，视觉艺术作品不适合解构，不适合采取约减主义；然而，也不能采取纯粹的整体概念与感觉原则，如果两造作品之间的整体概念与原则相同，尚需要考察这种相同到底是如何引起的，如果是由思想或者其他不受版权保护的要素引起的，两造作品之间并不构成实质性相似；否则，如果是由应受版权保护的要素引起的，两造作品之间构成实质性相似。

其二，创造性地指出合并原则在作品的深层结构中也适用。所谓合并原则，是指当特定思想具有唯一或有限的表达方式时，表达同思想合并，并不能够获得版权保护。通常而言，学界将合并原则限于作品的文本表达之上。本书认为，合并原则的适用不仅应限于文本表达之上，而且，作品中应受版权保护的结构也应适用合并原则。例如，依据中小学教材编写配套教辅，不可避免地在基本框架结构上同于教材，然而，在中小学教材的基础上编写教辅，结构上必然同于教材，根本原因在于"在教材的基础上编写教辅"，在"结构"的选择上具有唯一性，否则，就不能称之为"同步教材"。

其三，创造性地指出判断两部作品是否构成著作权侵权需从质与量的两个方面综合进行判定，两者在著作权侵权判定中是此消彼长的关系。著作权法所保护的是作品中具有作者原创性的部分，该部分又分为要部与非要部。要部是作品原创性的集中体现；非要部则是辅助、凸显要部的部分。著作权侵权判定中的质通常是在要部中予以表现的，量则通常是要结合要部与非要部综合表达的量来进行衡量。当原作品的全部被被告作品使用，除非构成合理使用，无论被使用的部分在被告作品中所占篇幅大小，通常都构成著作权侵权；当原作品中的要部未经授权被被告使用时，除非构成合理使用，无论被使用的部分在被告作品中所占篇幅大小，通常都构成著作权侵权；当原作品的非要部被被告作品使用，如果该非要部构成作者原创性的表达，且在原告作品中所占篇幅较大，通常构成著作权侵权；当原作品的非要部被被告作品使用，如果该非要部构成作者原创性的表达，而在原告作品中所占篇幅较大，但构成被告作品的要部或者在被告作品中所占篇幅较大，通常构成著作权侵权。至于如何衡量要部、非要部、篇幅较大，则通常是法官自由裁量的范畴。另外，判断被告作品是否构成对原告作品的合理使用，一个根本的标准就是考察被告作品对原告作品的使用是否构成"转化性使用"，即以原告作品的表达作为素材，在此基础之上创作新作品。

其四，创造性地提出"实质性贡献"作为合作作品是否构成的评判标准。通常而言，合作作品的构成需要满足两项要件：共同的创作意图与共同的创作行为。不过，何谓共同的创作行为？在有些特殊情形中难以界定。例如，摄影师与助手在拍摄过程中，摄影师做好前期准备工作，但由于天气原因回临时住所取暖，要求其助手在拍摄时点到来时按动快门，结果形成一部获奖作品，摄影师同助手之间就该获奖作品产生了著作权争议，重点是：该作品是否是合作作品？另如，雕刻师在助手雕刻过程中给予了非常具体的指导，以至于没有雕刻师的指导，助手无法完成雕塑，但其并未动刀，最终形成一雕塑作品，该作品是否是合作作品？上述两种特殊情形之下涉案作品是否构成合作作品依据传统理论无法解决。但依据"实质性贡献"理论，不管在创作的过程中，某方有无按动快门、动笔或动刀，只要其行为对作品的表达形式有实质性贡献，即如果没有其行为，作品的最终表达形式无法形成，该行为都构成共同创作行为，实施该行为的人都构成合作作者。

其五，创造性地重新定位了传统知识产权同反不正当竞争法的关系。传统观点通常认为，不正当竞争法为传统知识产权提供了一种兜底保护。而事实上，传统知识产权法与反不正当竞争法不论从保护对象，还是保护手法，都表现出诸多差异。例如，著作权法保护人类的智力创作成果，但并非任何智力创作成果都适合在著作权法之下进行保护。在手法上，著作权法是"设权模式"，即通过设置权利和维权来达到调整社会关系的效果；而竞争法则是"迂回模式"，它不是通过设权，而是在维护公平竞争的市场秩序的宗旨之下，通过对"相对关系"的调整来达到调整社会关系的目的。相对而言，竞争法所带来的调整效力相对于著作权法而言要低，不易把法律调整的不利后果与影响放大。专利法也是如此。而商标法就是反不正当竞争法的有机组成部分。

当然，除了上述创新点之外，本书利用版权客体基本原理，指出著作权法中不受保护的"时事新闻"主要是指应受合并原则限制的思想的表达方式；电视节目模式的本质是设计，在其具有原创性的时候同样可以受版权保护；从表现形式的角度，在著作权法中创制"视听作品"替换"电影作品"，使著作权法的规定更具有包容性；同普通商品一样，应积极建构文化产品的竞争秩序等。

…………

周围的朋友们似乎都很艳羡大学老师的生活，最常问的一句话就是"你天天都不上班吗？"现如今，快6年的大学教师职业生涯，总结一下大学老师的生活："天天都不上班，天天也在上班"：作为一个脑力劳动者，无法清晰地界定上班与下班的内容，下班的时候也在思考上班的事情。而我这几年，几乎每天都在思考版权客体方面的问题，确实，这个问题较为抽象。除此之外，是否还有其他原因？细细琢磨，发现，已经把版权客体的学习与研究当成了自己生活的一部分，难道这就是我的事业？不管未来自己做什么，自己能够做什么，都想把版权客体研究工作延续下去。

卢海君

2014年10月1日于北京